Meinhard Saremba

Sergej Rachmaninoff –

Ein russischer Weltbürger

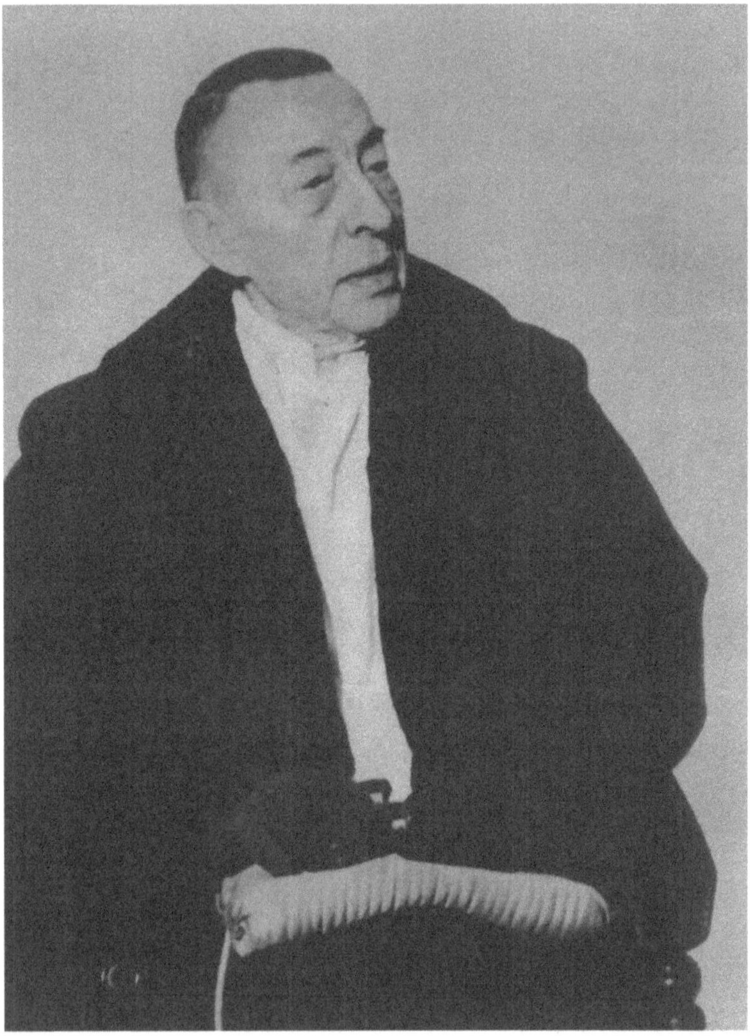

Meinhard Saremba

SERGEJ RACHMANINOFF – EIN RUSSISCHER WELTBÜRGER

Biografie

Osburg Verlag

Frontispiz: Sergej Rachmaninoff (1873–1943)
in Abendgarderobe kurz vor einem Auftritt.
Um seine Hände zu schonen und die Finger warm zu halten,
nutzte der Künstler ein elektrisches Heizkissen.

Die Beauftragte der Bundesregierung
für Kultur und Medien

NEU
START
KULTUR

VG WORT

Erste Auflage 2023

www.osburgverlag.de

Lektorat: Bernd Henninger, Heidelberg
Korrektorat: Alexander Blumtritt, Fischbachau
Umschlaggestaltung: Judith Hilgenstöhler, Hamburg
Satz: Hans-Jürgen Paasch, Oeste
Druck und Bindung: CPI books GmbH, Leck
Printed in Germany
ISBN 978-3-95510-328-6

Inhaltsverzeichnis

Zeitangaben, Währungen, Musikbeispiele, Schreibweise 9

Prolog: »Braucht irgendjemand solche Musik?« 14

I »... mir scheint, dass sie mich nicht mehr lieben!« (1873–1906)
Nowgorod – Sankt Petersburg – Moskau 29
1 Zwischen Pflicht und Neigung (1873–1885) 29
2 Die Welt der Fantasie und Kultur (1885–1894) 45
3 Erfolge und Krisen als Freier Künstler (1894–1900) 100
4 Therapie, Triumphe und Rebellion (1900–1906) 134

II »Intellektuelles Vergnügen an der Schönheit und Vielfalt ...« (1906–1919)
Moskau – Dresden – Kopenhagen – New York 179
5 Wanderjahre (1906–1909) 179
6 Musik für die alte und die neue Welt (1909–1912) 220
7 Neuorientierungen (1912–1919) 233

III »Wahrscheinlich werde ich nie auslernen ...« (1919–1943)
New York – Luzern – Los Angeles 289
8 Pendeln zwischen den Kontinenten (1919–1926) 289
9 Vom Komponieren und Interpretieren (1926–1930) 325
10 Musen und Moden (1930–1936) 348
11 Januskӧpfige Sinfonik (1936–1939) 390
12 Projekte in Zeiten des Krieges (1939–1943) 411

Epilog: »Keine Süßigkeiten, ganz bösartig!« – Rachmaninoff in Aufnahmen und im Konzert 449

Anhang A: Thematische Werk-Zusammenhänge 453
Anhang B: Kürzungen und Überarbeitungen von Rachmaninoffs Werken 454

Danksagung 460
Bildnachweis 461
Literaturhinweise und Anmerkungen 462
Personenverzeichnis 504

»Musik sollte, in der abschließenden Analyse,
Ausdruck der komplexen Persönlichkeit des Komponisten sein.«
(Rachmaninoff, 1873–1943)

»Warum
hören wir über russische Musik
immer nur im Hinblick auf ihr Russentum,
anstatt einfach nur als gute Musik?«
(Strawinskij, 1882–1971,
bei einer Vorlesung an der Harvard University)

»Der Tod ist groß.
Wir sind die Seinen
lachenden Munds.
Wenn wir uns mitten im Leben meinen,
wagt er zu weinen
mitten in uns.«
(Rilke, 1875–1926, Das Buch der Bilder,
vertont in Schostakowitschs 14. Sinfonie)

»Do not go gentle into that good night.
Rage, rage against the dying of the light.«
(Thomas, 1914–1953, Poems;
vertont in Strawinskijs ›In Memoriam Dylan Thomas‹)

»Die Schwester der Musik – die Poesie, und ihre Mutter,
das ist die Wehmut!«
(Rachmaninoff, 1873–1943)

Zu den Zeitangaben

In Westeuropa wurde 1582 der noch heute gebräuchliche gregorianische Kalender eingeführt. Den bis dahin üblichen julianischen Kalender behielt man in Russland bis 1918 bei. Für die Umrechnung der Datumsangaben sind beim julianischen Kalender zwölf Tage hinzuzuzählen

- vom 18. Februar 1800 (jul.) bis zum 16. Februar 1900 (jul.) [die nach dem gregorianischen Kalender der 1. März 1800 (greg.) bzw. der 28. Februar 1900 (greg.) sind]
- und 13 Tage vom 17. Februar 1900 (jul). bis zum 15. Februar 2100 (jul.) [nach gregorianischer Zeitrechnung vom 1. März 1900 (greg.) bis zum 28. Februar 2100 (greg.)].

Dieser ›Nachlauf‹ ergibt sich dadurch, dass das ›julianische Jahr‹ gegenüber dem Sonnenjahr um elf Minuten und 14 Sekunden zu lang ist. Dementsprechend muss der julianische zum gregorianischen Kalender in entsprechenden Abständen um weitere Tage ergänzt werden. Rachmaninoff betrachtete nach der Zeitrechnung ›neuen Stils‹ (wie man sie damals nannte) mit Beginn des 20. Jahrhunderts nicht den 1. April, sondern den 2. April als seinen Geburtstag.[1]

Zu den Währungen

Die Währungen der Länder, in denen Sergej Rachmaninoff längere Zeit lebte – Rubel, Mark, Franken, US-Dollar – lassen sich aufgrund der politischen und wirtschaftlichen Umbrüche der damaligen Zeit nur ansatzweise auf heute umrechnen. Die Hauptbezugspunkte für Rachmaninoffs Einkommen sind das Russische Reich und die USA, aber auch Deutschland und die Schweiz. In Russland verdienten gute Musiker zu der Zeit weitaus mehr als das Durchschnittseinkommen, das monatlich bei 123 Rubel lag.[2] Das Jahresgehalt des Pianisten und Musikpädagogen Nikolaj Swerew belief sich auf etwa 10 000 Rubel.[3] Rachmaninoff erhielt für die Klaviertranskription eines Balletts 100 Rubel und für Konzertauftritte Honorare zwischen 150 und 500 Rubel. Einige Jahre später bot ihm das Bolschoj-Theater 8000 Rubel für eine Saison und die Moskauer Philharmonische Gesellschaft für eine Reihe mit zehn Konzerten 4500 Rubel.[4] Zum Vergleich: Sergej Kusewizkij verdiente 1902 als Stimmführer der Kontrabassisten im Bolschoj-Orchester jährlich 1200 Rubel.

Nach Rachmaninoffs Angaben entsprachen um 1910 20 Dollar etwa 40 Rubel.[5] Bei seinen Auftritten in den USA verdiente er mindestens 500 Dollar pro Abend. Dafür hätte er sich bereits ein Auto der Marke Ford Modell T zulegen können, das etwa 300 Dollar kostete. Ein amerikanischer Durchschnittshaushalt verfügte in den 1920er-Jahren jährlich über gut 3200 Dollar; Rachmaninoff stand durch seine Plattenverträge mit der Victor Company ein jährlicher Vorschuss auf Tantiemen in Höhe von 15 000 US-Dollar zu.[6]

Als Rachmaninoff mit seiner Familie ab 1906 für drei Jahre in Dresden lebte, zahlte man allein für die Unterkunft damals stattliche 2200 Mark jährlich. Diesen Betrag hatte er aber mit wenigen Konzertauftritten bereits eingenommen. Und schließlich besaßen seine Frau und er Rücklagen aus eigenem Vermögen. In dieser Zeit war ein Goldrubel etwa 3 Mark und ein Papierrubel etwa 2 Mark wert.

Anfang des 20. Jahrhunderts, als die Schweiz noch Mitglied der Lateinischen Münzunion war, fand man das Leben dort eher preiswert (»In Luzern mieteten wir ein Klavier, absolut neu, für 50 Franken die zwei Monate und 18 Franken für die Lieferung«, schrieb Rachmaninoff 1902 in einem Brief. »Ziemlich günstig, wie ich finde, und das Klavier ist überhaupt nicht schlecht.«)[7] Als die Währungsunion 1927 offiziell endete, blieb die Goldparität für den Schweizer Franken erhalten. Er galt wie der Dollar als stabile Währung. Im Jahr 1930 kaufte sich Rachmaninoff am Vierwaldstädter See bei Luzern ein 1,5 Hektar großes Grundstück für 205 000 Schweizer Franken, ein Preisniveau, das er aus den USA gewohnt war.

Im Jahr 1928 bezifferte Rachmaninoff seinen Nettoverdienst aus Tantiemen, Schallplattenaufnahmen und Konzerten auf »etwa 9000 Mark«;[8] eine beachtliche Summe, wenn man bedenkt, dass in Deutschland Mitte der 1920er-Jahre Arbeiter jährlich ungefähr 2000 bis 2500 Mark und Bankangestellte etwa 3000 Mark verdienten.[9]

Am 25. Juli 1940 hatte Rachmaninoff nach Angaben der ›National City Bank of New York‹ 50 255,75 Dollar auf seinem Konto.[10] Hinsichtlich der Kaufkraft entspricht dies heute mehr als einer Million US-Dollar.

Zu den Musikbeispielen

Um Rachmaninoff als Künstler mit einem ungetrübten Blick wahrzunehmen, sind nähere Hinweise zu seinen Kompositionen, ihrer Entstehungsgeschichte, ihren kulturellen Zusammenhängen und ihrem intellektuellen Umfeld wichtig. Um diese Biografie allgemeinverständlich zu halten, werden nur wenige Musikbeispiele verwendet. Dies geschieht an ausgewählten Stellen, deren Besonderheit einer Art von ›Illustration‹ zur Verdeutlichung bedürfen. Ansonsten wird bei einigen Werken in den Endnoten auf Referenzaufnahmen verwiesen, bei denen sich markante Passagen mit Zeitangaben nachvollziehen lassen. Für Interessenten bieten diese Anmerkungen auch einige Hinweise auf relevante Einzelstudien.

Hinweise zum Aufbau einer Rachmaninoff-Diskografie finden sich in den Kapiteln »Epilog: Rachmaninoff in Aufnahmen und im Konzert« und »Anhang B: Kürzungen und Überarbeitungen von Rachmaninoffs Werken«.

Zur Schreibweise

Bei deutschen Übersetzungen wurden die Texte der besseren Lesbarkeit halber an die derzeit gültige Rechtschreibung angepasst. Deutschsprachige Originalquellen bis 1943 wurden in ihrer historischen Schreibweise belassen.

Die Abkürzung ›op.‹ bezeichnet die Opus-Zahl, beispielsweise wird ein bestimmtes Lied in einem Zyklus angegeben mit op. 21, Nr. 5. ›WoO‹ steht für ›Werk ohne Opuszahl‹, das sich bei Rachmaninoff genauer einordnen lässt durch die Klassifizierung von Threlfall und Norris (TN),[11] z. B. *Drei Nocturnes* (WoO, TN ii/13).

Russische Namen bestehen aus dem Vornamen, dem Vatersnamen und dem Familiennamen, z. B. Aleksandr Konstantinowitsch Glasunow. Aus Romanen, Theaterstücken und Filmen ist die Gepflogenheit bekannt, sich zuweilen mit Vornamen und Vatersnamen auf eine bestimmte Person zu beziehen, also z. B. ›Aleksandr Konstantinowitsch‹. Im Text und in den Anmerkungen werden einige Titel und Fachbegriffe mit kyrillischen Buchstaben wiedergegeben, denn dies vereinfacht die Suche bei eigenen Recherchen (eine Transkription in lateinischen Lettern erscheint dem Verfasser nicht erforderlich, da es in Westeuropa viele Menschen gibt, die des Russischen mächtig sind – übrigens eine der schönsten und musikalischsten Sprachen der Welt). Zuweilen werden spezielle Begriffe in Klammern mit unseren Buchstaben und Betonungszeichen angefügt [ganz allgemein sei darauf verwiesen, dass Namen wie Мусоргский (Músorgskij) und Снегурочка (Snegúrotschka) – entgegen den deutschen Gepflogenheiten – wie hier markiert zu betonen sind].

Auch wenn es der üblichen Transkription des russischen ›в‹ als ›w‹ widersprechen mag, wird in diesem Buch der Name unseres Titelhelden am Schluss mit ›-ff‹ geschrieben – einfach als Zeichen des Respekts, denn dies war die Schreibweise, die ›Рахманинов‹ selbst außerhalb Russlands fast ausschließlich verwendete (siehe Abbildung rechte Seite). Das russische ›х‹ ist ein ›ch‹ (химия = Chemie) und das ›й‹ wird zum ›j‹ wie in ›Sergej‹ (Сергей). Das Weichheitszeichen ›ь‹ lässt sich am einfachsten als ›j‹ umschreiben: Es wird in Ильич zu Il*ji*tsch bzw. bei Васильевич zu Wasil*je*witsch; wenn es fehlt, wird aus Сергеевич einfach Serg*ee*witsch bzw. aus Танеев schlicht Tan*ee*w (statt des in der englisch- bzw. französischsprachigen Welt üblichen Taneyev oder Taneev).

Die sogenannte »wissenschaftliche Transliteration« mit ihren diakritischen Zeichen ist unpraktisch, weil Buchstaben mit einem Háček (Häkchen) zur Individualität des Tschechischen gehören und das Auslassungszeichen ’ ein schlechter Ersatz für ein russisches Weichheitszeichen ist [wie in der sperrig wirkenden Verbindung von ›Sergej Vasil’evič Rachmaninov‹ (Сергей Васильевич Рахманинов) oder ›Nikolaj Grigor’evič Rubinštejn‹ (Николай Григорьевич Рубинштейн)].

Die Buchstaben der deutschen Sprache reichen vollkommen aus, um Namen wie ›Пётр Ильич Чайковский‹ als ›Pjotr Iljitsch Tschajkowskij‹ wiederzugeben (er ist genauso wenig ein ›Peter‹ wie ›Giuseppe Verdi‹ ein ›Josef Grün‹). Und Метнер wird einfach zu ›Metner‹ und braucht nicht das oft verwendete überflüssige d wie in ›Medtner‹, ebenso wie bei Горовиц das zumeist verwendete tz für ›Horowiz‹ zu viel ist. Das deutsche ›H‹ wird mangels geeigneter Buchstaben im Russischen oft mit ›G‹ (Г) wiedergegeben.

Mit ein klein wenig Fantasie dürfte es leichtfallen, viele Wörter zu identifizieren [da manche Buchstaben ähnlich aussehen – б ist *b*, ф ist *f*, у ein *u* und п ist *p* – und andere etwas verdreht, z. B. я (wird wie ›ja‹ ausgesprochen) und р, das dem deutschen *r* entspricht].

Im musikalischen Bereich sind von der deutschen Sprache folgende russische Begriffe beeinflusst:

музыка, музыкальный, партитура, нотый, пульт для нот, дирижёр, симфонический оркестр, симфониа, вариации, вальс,

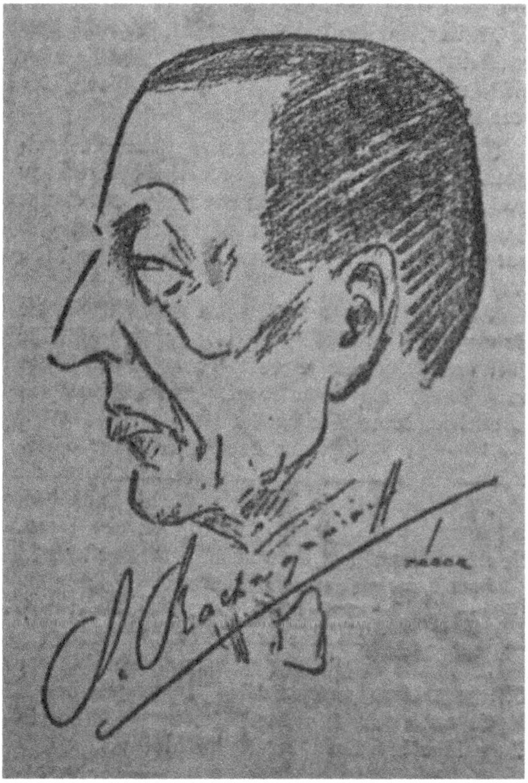

Hamburger Abendblatt, 5. Dezember 1930

филармония, фортепиано, концерт, концертмейстер, опера, балет, хореография, роль, партия, тенор, баритон, бас, сопрано, меццо-сопрано, альтовый, хор, хорист/хористка, композитор, либреттист, театр, ансамбль, академия, консерватория, университет, камерный концерт, концертабенд u. a. m.

Sie lassen sich selbst mit kyrillischen Buchstaben ebenso leicht identifizieren wie die Namen von Komponisten: Бетховен, Бах, Бородин, Брамс, Глинка, Моцарт, Мусоргский, Рахманинов, Римский-Корсаков, Чайковский, Шостакович, Штраус, Шуман und so weiter (die drei aufragenden Linien des ш stehen für die Buchstaben ›sch‹).

Auf seinen ausgedehnten Reisen dürfte Rachmaninoff auch folgende, von der deutschen Sprache beeinflusste russische Begriffe verwendet haben: дрезденский штоллен, крем, шлагбаум, штраф, ландшафт, кильватер, гастролировать, гастроли, одеколон, мебель etc.

Prolog: »Braucht irgendjemand solche Musik?«

Was Sergej Wasiljewitsch Rachmaninoff in 70 Jahren widerfuhr, hätte für mehrere Leben gereicht. Schon im April 1921 sagte der 48-Jährige in einem Interview: »Die gesamte bisherige Zeit meiner musikalischen Tätigkeit – etwa vierundzwanzig Jahre – lässt sich grob in drei Phasen von jeweils etwa acht Jahren des Komponierens, Konzertierens und Dirigierens einteilen.«[12] Zu diesem Zeitpunkt hatte er noch 22 Jahre vor sich, in denen sich seine Schwerpunkte verschoben, er aber unablässig kreativ tätig blieb. Er wuchs in einem Russland auf, in dem die besten Künstler Europas regelmäßig Gastspiele gaben. Auf Einladung der Philharmonic Society in London trat er 1899 selbst als Dirigent und Pianist mit nur 26 Jahren erstmals im Ausland auf. Er lebte mehrere Jahre in für Künstlerkarrieren strategisch günstig gelegenen Orten wie Moskau, Dresden, Kopenhagen, Luzern und New York. Außer Russisch sprach er die in der damaligen Zeit gängigsten Sprachen, Deutsch und Französisch, und machte sich mit etwa 50 Jahren noch mit Englisch vertraut. Zu seinem Freundes- und Bekanntenkreis gehörten überwiegend mehrsprachige Personen, und er fand sich gekonnt in den unterschiedlichsten Kulturkreisen zurecht.

Was nach einer ungetrübten Karriere mit gelegentlichen Höhen und Tiefen klingt, wurde mitunter jedoch zu einem Albtraum. Sergej Rachmaninoffs Leben war von einschneidenden zufälligen Ereignissen bestimmt, die er nicht kontrollieren konnte: Epidemien, unerwartete Todesfälle in seinem Umfeld, dramatische Wirtschaftskrisen, Unruhen, Aufstände, Revolutionen, Kriege – zahllose Entwicklungen, die ihn zu einem Überlebenskünstler werden ließen, führten ihn aus dem östlichsten Land Europas an den äußersten Rand der westlichen Welt. Er war Zeitzeuge prägender historischer Umbrüche, kam in Kontakt mit namhaften Politikern, Künstlern und Intellektuellen, dennoch schrieb er keine Memoiren und keine ästhetischen Abhandlungen. Die ›Widerfahrnisse‹ prägten seine Persönlichkeit, Reflexionen darüber finden sich in seinem Werk. Er hinterließ 167 Einspielungen als Pianist und drei als Dirigent sowie zahlreiche Kompositionen, von denen nur 45 mit einer Opus-Nummer versehen sind. Hinsichtlich der Spieldauer übertreffen seine drei Opern, die ein gewichtiger Beitrag zum europäischen Musiktheater sind, die Spieldauer seiner Sinfonien bzw. Klavierkonzerte; zusammen mit den Kantaten sind sie länger als das Œuvre für Soloklavier. Dem Klavierwerk sind Rachmaninoffs Liederzyklen und Sololieder an Umfang und Komplexität ebenbürtig; das

Chorschaffen stellt eine gehaltvolle Bereicherung der Vokalliteratur dar. Bis auf Orgelmusik schrieb er Werke für alle Genres. Abgesehen von den Opern tragen nur wenige dieser Stücke Titel. Dennoch verweisen Kompositionen wie *Fürst Rostislaw, Der Fels* op. 7, *Die Toteninsel* op. 29 und *Die Glocken* op. 35 auf die engen Verbindungen seines Œuvre zu Historie, Malerei und Literatur.

VON Kindheit an war Rachmaninoff umgeben von prägenden Klängen der unterschiedlichsten Art: Er vernahm Lieder und Kammermusik beim häuslichen Musizieren, die Stille auf dem Lande, bei der man höchstens das Rauschen des Windes hört, und das Läuten von Glocken – russischen Glocken, die nicht bloß die Uhrzeit oder den Beginn einer Messe anzeigen, sondern von Freude und Gefahr, Tod und Auferstehung, Leben und Ewigkeit künden. Seine vertraute Region um Nowgorod war im 14. Jahrhundert die Wiege der russischen Glockengießkunst, in der sich auch eine landestypische Spielart des Glockenläutens herausbildete, die an westeuropäische Kirchenglocken und Carillons erinnert, aber einen völlig eigenen Charakter besitzt. Verordnungen gaben die Tonfolgen für bestimmte Tages-, Fest- und Jahreszeiten vor. Glocken werden in Russland nicht einfach durch das Ziehen an einem Seil in Schwingung versetzt. Wahre Künstler ihres Fachs läuten oder schlagen in die Glocken hinein, um ihnen vielfältige Töne und Klangnuancen zu entlocken. Hierfür wird am Klöppelende ein Strick oder ein Seil angebracht und mit einem Schlagring verbunden. Dadurch können mit Glocken unterschiedlichster Größe und Tonlage individuelle Klang-Bilder erzeugt werden, die ein Stadtviertel oder einen ganzen Ort prägen. »Kaum erwacht der Tag, da ertönt schon von allen seinen goldbehelmten Kirchtürmen die harmonische Hymne der Glocken, gleich einer herrlichen, fantastischen Ouvertüre von Beethoven«, beschrieb der Dichter Michail Jurjewitsch Lermontow das Klanggewand Moskaus. Durch diese Vielstimmigkeit entstanden Tonsilhouetten, die auf ähnliche Weise auch andere Städte Russlands präsentierten. »In ihnen bilden das tiefe Brummen des Kontrabasses, das Dröhnen der Pauke und das Jubilieren von Geige und Flöte ein einziges großes Ganzes«, meinte Lermontow, »und es hat den Anschein, als nähmen die körperlosen Laute sichtbare Gestalt an, als vereinten sich die Geister des Himmels und der Hölle unter den Wolken zu einem mannigfaltigen, unermesslichen, sich schnell drehenden Reigen! Oh, welche Wonne, dieser überirdischen Musik zu lauschen.«[13] Kein Wunder, dass »Die Glocken von Nowgorod« zu einem Volkslied wurde, das

Rachmaninoff noch begleitete, als er schon längst im Westen völlig anderen akustischen Phänomenen begegnete. »Mein ganzes Leben lang habe ich mich an den unterschiedlichen Stimmungen und der Musik von fröhlich läutenden und traurig läutenden Glocken erfreut«, erinnerte er sich. »Eine meiner schönsten Kindheitserinnerungen ist mit den vier Tönen der großen Glocken in der Sophienkathedrale von Nowgorod verbunden, die ich oft hörte, wenn mich meine Großmutter an Kirchenfesttagen in die Stadt führte. Die Glöckner waren Künstler. Die vier Töne waren ein immer wiederkehrendes Thema, vier silbrige, weinende Töne, verschleiert von einer ständig wechselnden Begleitung, die sie umwob. Ich habe immer die Vorstellung von Tränen damit verbunden.«[14] Bei der *Suite Nr. 1* op. 5 für zwei Klaviere stellte Rachmaninoff den vier Abschnitten Gedichte voran: Nach einer Barcarole (Lermontow) und einem Nachtstück (Byron) verband er das ›Largo di molto‹ in g-Moll mit Fjodor Tjuttschews Versen von »Die Tränen«, worauf abschließend der Teil »Pâques: Allegro Maestoso« folgt mit Aleksej Chomjakows Zeilen »Weltweit erschallt eine mächtige Glocke«. Nicht nur hier leben Glocken in Rachmaninoffs Musik weiter, sondern auch zu Beginn des zweiten Klavierkonzerts oder im zweiten Stück der *Morceaux de fantaisie* op. 3, im Allegro vivace-Mittelteil des Nocturne in fis-Moll (Nr. 1 der *Drei Nocturnes*, WoO, TN ii/13), der *Étude-Tableau* op. 39, Nr. 7 sowie der vierteiligen Sinfoniekantate *Die Glocken*. In diesem Hauptwerk aus dem Jahr 1913 repräsentieren Glocken die unterschiedlichen Phasen des Lebens. In Anbetracht des Hintergrunds von Rachmaninoffs Epoche mag er sie auch als ein Friedenssymbol gesehen haben, das für die ›Auferstehung‹ in eine neue Ära steht.

Er wuchs auf in einer Welt der Symbole: Sinnbilder und Bedeutungsträger waren Konstanten in Rachmaninoffs Leben. Elf Jahre bevor er unweit von Nowgorod zur Welt kam, weihte man 1862 vor der Sophienkathedrale im Nowgoroder Kreml das gut 16 Meter hohe Nationaldenkmal »Das tausendjährige Russland« ein. Darauf sollte auf Wunsch von Zar Aleksandr II. sowie der Staatsführung die russische Historie und die Bedeutung des Hauses Romanow angemessen dargestellt werden: Das orthodoxe Christentum, die autokratische Herrschaft des Zaren und das Volk galten als tragende Säulen des Reichs. Die Nowgoroder Wetsche-Glocke versinnbildlichte die demokratische Selbstverwaltung, die eine Folge der ab 1861 einsetzenden politischen Reformen war. Der Norden Russlands hatte sich über die Jahrhunderte stets einer Fremdherrschaft widersetzen können. Als Rachmaninoff fast

10 000 Kilometer entfernt in Beverly Hills verstarb, war seine Heimat jedoch von deutschen Truppen besetzt. Neun Monate nach seinem letzten Atemzug begannen sie im Dezember 1943, das Monument des »Tausendjährigen Russlands« in seine Einzelteile zu zerlegen, um es als Kriegsbeute ins Deutsche Reich zu verfrachten. Als die Rote Armee wenige Wochen später Nowgorod befreite, stand kaum noch etwas bis auf das Postament. Ein drei Meter hohes Kreuz lag verbogen im Schnee, viele Figuren waren zerstört und auf dem Platz verstreut hingeworfen, wobei Schilde, Schwerter, Zepter beschädigt oder zum Teil auch geraubt wurden. Bei der Restaurierung mussten in den folgenden Monaten 1500 fehlende Einzelteile ersetzt werden. Rachmaninoff erging es ähnlich: Musikwissenschaftler und Journalisten vernichteten ihn durch Häme und Ignoranz; in der UdSSR galt er lange als Abtrünniger und seine Musik war zeitweilig sogar verboten. Sein 100. Geburtstag fand 1973 weltweit kaum Beachtung und seinem 150. Geburtstag droht es ähnlich zu ergehen. Ein Meilenstein in der Rezeptionsentwicklung ist indes, dass 2023 Rachmaninoffs ›Villa Senar‹ in Hertenstein in der Schweizer Gemeinde Weggis bei Luzern als internationales Kulturzentrum eröffnet werden soll.[15]

FÜR Rachmaninoff als Komponisten des 20. Jahrhunderts waren die bewährten Klangmittel keineswegs erschöpft, wie viele seinerzeit postulierten. Je nachdem, welcher Ausdruck verlangt wurde, verwendete er das uralte Stilmittel des unbegleiteten Gesangs oder auch moderne Instrumente wie Celesta und Saxofon. Anregungen aus aller Welt standen ihm zur Verfügung, von der Volksmusik bis zum Jazz. Zwei wesentliche Tonchiffren bilden Konstanten in seinem Œuvre: Wenige Monate nachdem seine Lieblingsschwester Jelena mit nur 18 Jahren verstorben war, begegnete ihm als 13-Jährigem das mittelalterliche Hymnenmotiv »Dies irae«. Er lernte es beim Studium von Tschajkowskijs Opus 58 kennen, der Sinfonie nach Byrons *Manfred*-Dichtung, wo es im letzten Satz auftaucht. Dieses Klangbild für den »Tag des Zorns« verwendete Rachmaninoff bis zu seiner letzten Komposition über ein halbes Jahrhundert später regelmäßig in seinen Werken. Gemäß der Deutung in westeuropäischen Kulturregionen steht das viertönige Motiv für die Allgegenwart des Todes. Es ähnelt indes dem russischen причеть (Pritschet), einer Seufzer- bzw. Klagegeste. Es sind osteuropäische – nicht per se russische – rituelle Diktionen der Trauer, die in einer Verbindung aus Rezitation und Gesang eine gemeinsame Form des Ausdrucks sozialer Empfindungen darstellen. Sie stammen ursprünglich aus einer Phase der fernen Vergangenheit, lange bevor der orthodoxe Glaube in den Osten kam. Man hört sie in erster Linie bei Beerdigungen, bei Hochzeiten, wenn eine Braut das Elternhaus verlässt, und bei Rekrutierungen, wenn Männer für lange Jahre fortgehen und möglicherweise nie zurückkehren. Dadurch ist der vermeintliche Schleier des Melancholischen, der über manchen Werken Rachmaninoffs zu liegen scheint, eines geradezu archaischen Ursprungs, denn diese Ausdrucksform kannte er schon erheblich länger als das Dies irae. Bei Pritschets (причитания bzw. причеты) vernimmt man nicht lamentierendes Weinen, denn sie sind als stimmlicher Ausdruck des psychischen Schmerzes wahre Poesie.[16] In Anbetracht von Rachmaninoffs Sozialisation kann man dementsprechend das ›moderne‹ viertönige Dies irae-Motiv sowohl als Symbol der Trauer als auch in einem viel weiter gefassten Sinne als Manifestation einer (unterdrückten) Todesangst sehen. Als er mit Anfang vierzig einmal mit einer Freundin über das Sterben sprach, meinte er: »Vorher hatte ich vor allem und jedem ein bisschen Angst – Räuber, Diebe, Seuchen –, aber zumindest konnte man damit fertig werden. Und hier wirkt gerade die Ungewissheit – es ist beängstigend, wenn nach dem Tod etwas passiert. Es ist besser zu verrotten, zu verschwinden, aufzuhören – aber wenn noch etwas anderes hinter dem Sarg steckt, ist das schrecklich.« Die Dies irae-Todesfurcht erfasst nur einen kleinen Teil der Ängste – immerhin erzählte die Freundin auch, dass Rachmaninoff während des Gesprächs von ihrer Mutter in Salz geröstete Pistazien verzehrte, den Teller näher zu sich heranzog und plötzlich lachte: »Wegen der Pistazien ist die Todesangst irgendwohin verschwunden. Du weißt nicht zufällig, wohin?«[17]

Das markante Pritschetieren ist ein erheblich vielgestaltigerer, erhabener Ausdruck von Sorge, Verzweiflung, Wut und nicht zuletzt auch des sozialen Protests gegen widrige Lebensumstände. Dieser aufbegehrende Lamento-Duktus durchzieht auch den vierten Gesang des Liederzyklus op. 8: Die Frau eines Soldaten beklagt die von der Obrigkeit erzwungene Trennung, durch die ihr Einsamkeit und Verarmung drohen. Der Klagelaut in den letzten sechs Takten nimmt die populär gewordene »Vokalise« (op. 43, Nr. 14) vorweg, deren erste drei Takte das frühere Lied zitieren. Wer will, kann aus einigen viertönigen Klangfiguren auch das Dies irae herauslesen. Der mitunter als melancholisch-düster empfundene Tonfall von Rachmaninoffs Musik geht indes vielfach auf das ›pritschetieren‹ (причитать) zurück. Dadurch erscheint seine Musik in einem völlig anderen, subtiler und vielfältiger strahlenden Licht.

ALS herausragender Musiker, der sowohl als Dirigent als auch Instrumentalsolist und Komponist Außergewöhnliches leistete, ist Sergej Rachmaninoff angesichts seiner Mehrfachbegabung durchaus einem George Enescu, Benjamin Britten und Leonard Bernstein vergleichbar. Der Rumäne lernte den Russen noch persönlich kennen; der Engländer erwarb und studierte zwar die *Präludien* op. 32, schätzte aber Rachmaninoffs Musik nicht: Das zweite Klavierkonzert bezeichnete er nach einer Aufführung mit Solomon und Wood 1931 in London als »terrible – vulgar, old-fashioned«.[18] Dies könnte auch an der Qualität der Aufführung gelegen haben (siehe dazu die Hinweise im ›Epilog‹ und in ›Anhang B‹); immerhin hatte der Amerikaner Bernstein einige Werke von Rachmaninoff in seinem Repertoire. In einer Hinsicht wären sich Britten und Rachmaninoff einig gewesen: Als Britten einmal im Rundfunk gefragt wurde, ob er seine Hauptinspirationsquelle definieren könne, entgegnete er lapidar: »Life.« Das Leben.[19] Beide erlebten intellektuelle Kränkungen, Verlusterfahrungen und Kulturschocks, waren jedoch starke Persönlichkeiten, die Krisen überwanden. Dementsprechend beinhalten ihre Werke universale Aussagen. Dass dadurch Rachmaninoffs Kompositionen zitierfähig sind, macht ihn zu einer wichtigen Referenzquelle in der Musik des 20. Jahrhunderts: Gawriil Popow übernahm 1937 eine Passage aus dem zweiten Klavierkonzert für sein Violinkonzert; Jazz- und Crooning-Musiker nutzten die Melodien; Schostakowitsch bezog sich mit seinem Klaviertrio auf eine von Glinka, Tschajkowskij und Rachmaninoff begründete Tradition. Zudem spielte Schostakowitsch 1960 im Klavierpart des zweiten Lieds in seinem Zyklus *Satiren* op. 109 auf Rachmaninoffs op. 14, Nr. 11 an, und der Amerikaner Michael Chings zitierte in seiner 2011 uraufgeführten Oper *A Midsummer Night's Dream* aus dem zweiten Klavierkonzert, um nur einige Beispiele zu nennen.

DAS gigantische Arbeitspensum von Rachmaninoff ist umso erstaunlicher, wenn man bedenkt, dass sich die seit Langem vertrauten Infrastrukturen damals gerade erst herausbildeten. Heutzutage gelangt man von Luzern aus schneller über den Ozean nach Los Angeles als an einen abgelegeneren Ort im Westen Russlands. Weite Reisen sind in unserer Zeit keine wirkliche Herausforderung mehr, in Rachmaninoffs Welt waren sie eine Strapaze. Der Russe legte zigtausende Kilometer mit Kutschen, Pferdeschlitten, Automobilen, Zügen und Schiffen zurück. Dadurch erlebte er die Erweiterungen der Kontinentalverbindungen durch Transatlantikliner sowie den allmählichen Ausbau des

Straßen- und Eisenbahnnetzes unmittelbar mit. Kein Wunder, dass er sich für die neuesten Entwicklungen sowohl in der Technik als auch der Wissenschaft begeisterte und sowohl Flugzeugpioniere als auch Mediziner finanziell unterstützte. Seine Wege führten ihn von den Sommeridyllen auf dem Gut Iwanowka, 500 Kilometer südöstlich von Moskau, bis in die betriebsamen Metropolen Russlands, zu Tourneen nach London, Paris, Berlin, Wien, Luzern, Stockholm, Frankfurt und in andere Städte Westeuropas sowie privat und beruflich nach Skandinavien, Deutschland, Italien, Kuba, Kanada, in die Schweiz und in die USA. »Die ganze Welt steht mir offen, und überall wartet der Erfolg auf mich«, meinte Rachmaninoff in seinen späten Jahren in einem Interview. »Nur ein Ort ist mir verschlossen, und das ist mein eigenes Land – Russland.«[20] Die Phase, in der er dort zu Lebzeiten wirklich Anerkennung genoss, umfasste nur wenige Jahre. Oft schien es, als ob er andernorts mehr geschätzt würde als im Land seiner Geburt.

Im Laufe des 20. Jahrhunderts beginnt die Rachmaninoff-Rezeption unter dem gleichen Problem zu leiden wie die Beziehungen Westeuropas und der USA zu Russland: Es werden zu viele Klischees einfach ungefragt übernommen. Aber mit einem ›typischen‹ Zitat oder einer ›treffenden‹ Anekdote erschließt sich das abwechslungsreiche Leben und das vielschichtige Œuvre eines Künstlers wie Rachmaninoff nicht. Nur wenige Medienvertreter lassen die neuen Erkenntnisse der Forschung in die Vermittlung von Kulturwissen einfließen. Was in frühen Besprechungen von Rachmaninoffs Musik nicht enthalten war, ist der heute anscheinend unausrottbare Hinweis auf ›das Russische‹ seiner Werke. Zur Abgrenzung spielte dies vornehmlich in Publikationen nach dem Ersten Weltkrieg eine Rolle. Seit Nowgorod im 13. Jahrhundert als Hansekontor eine bedeutende Rolle zukam, ist unsere Kultur auf den unterschiedlichsten Ebenen eng verflochten mit dem östlichsten Land Europas: Russland. Doch anstatt alle Möglichkeiten zu einem Ausgleich auszuschöpfen, paktierten zu Rachmaninoffs Zeit das deutsche Kaiserreich und das Dritte Reich im Zweifelsfall lieber mit Regimen wie dem Osmanischen Reich bzw. der Türkei oder anderen russlandfeindlichen Ländern als mit einer Kultur, die unter anderem auch viele Wörter aus westlichen Sprachen adaptiert hat. Bedauerlicherweise ruft ein intellektueller Künstler wie Rachmaninoff – wie auch die meisten englischen und amerikanischen Komponisten – bei deutschsprachigen Journalisten und Musikgelehrten nicht selten nur Stereotype hervor. Selbst im 21. Jahrhundert müssen noch immer abgedroschene Phrasen von der »Tiefe der russischen Seele« dazu herhalten, um das Fremdartige ›des

Russen‹ zu betonen.[21] Dabei war dieses Seelen-Konzept ein Konstrukt des 19. Jahrhunderts, ersonnen von Intellektuellen, die dem Riesenreich kulturell eine gemeinsame Basis vermitteln wollten.[22] Ebenso ist dem russischen Lied nur rudimentär Volkstümliches eigen, war es doch eine dem Zeitgeschmack angepasste Erfindung der Salons mit ihren Amateursolisten und Klavieren, denen die ›feine Gesellschaft‹ lauschte. Das zur hohlen Werbephrase degenerierte soziale Konstrukt von »russischer Seele« – oder »very British« und »tiefromantischer deutscher Musik« – kündigt schon an, dass man sich weder die Mühe gemacht hat zu recherchieren noch nachzudenken. Nicht zuletzt projizierten ab den 1920er-Jahren viele russische Emigranten ihre Heimatsehnsucht auf Rachmaninoffs Musik. Völlig zu Recht konstatierte der mit Rachmaninoff befreundete englische Pianist, Lektor und Journalist Arthur Hirst: »Immer wieder lese ich Äußerungen über ›eingewurzelte Melancholie‹ oder ›russischen Fatalismus‹ oder ›morbide Introspektion‹ in der Musik dieses Komponisten, aber ich selbst habe solche Dinge nie hören können! Dominierendes Merkmal aller seiner Kompositionen ist ein lebensstrotzendes Aufwärtsstreben, gepaart mit der schieren Freude am kreativen Schaffen und vieles ist verbunden mit einem feinen Sinn für Humor.«[23] Es ist längst an der Zeit, die überkommenen Einschätzungen und Vorurteile zu hinterfragen. Sergej Rachmaninoff – der wie Bartók, Berg, Bernstein, Britten, Mahler, Schönberg, Schostakowitsch, Sibelius, Strawinskij oder Penderecki zu den bedeutendsten Musikern des 20. Jahrhunderts gehört – ist es wert.

Wollen sich Künstlerinnen und Künstler mit ihrer Programmgestaltung die Aura der tiefsinnig Denkenden verleihen, schmücken sie sich gerne mit Komponistennamen wie Beethoven. Um Rachmaninoff zu spielen, so meinen viele mitunter, reiche bloße Virtuosität. Es gab sogar namhafte Pianisten, die sich herablassend über ihn geäußert haben, um ihrer Ernsthaftigkeit mehr Autorität zu verleihen. Durch seinen Werdegang verbindet Rachmaninoff indes über seine Lehrer und deren Vorgänger wie Adolph Henselt mehr mit Beethoven als mit der Liszt nacheifernden ›Schule‹ der Virtuosen. Setzt man sich eingehender mit Rachmaninoffs Œuvre auseinander, stellen sich ähnliche Probleme wie für Charles-Marie Widor und Albert Schweitzer bei den Choralvorspielen von Bach – ihr Verständnis erschließt sich nur durch die damit verbundenen Texte.

Es ist falsch, Sergej Rachmaninoff vorrangig als ›Klavierkomponisten‹ wahrzunehmen, denn etwa 40 Prozent seiner Kompositionen sind

Vokalmusik: Lieder, Chöre mit und ohne Instrumentalbegleitung, Kantaten bzw. Chorsinfonik und Opern. Erst dann folgt die Musik für Soloklavier mit einem Anteil von 20 Prozent, hinzu kommen einige kurze Bearbeitungen anderer Werke für eigene Konzertauftritte – darunter auch Bach – und einige Stücke für Klavier(e) zu vier bzw. sechs Händen. Gut 13 Prozent entfallen auf die Orchestermusik; jeweils 10 Prozent auf Kammermusik und Klavierkonzerte – zählt man die sinfonieartigen Klavierkonzerte zu den Orchesterwerken, ist deren Anteil am Gesamtschaffen höher als jener der Klavierstücke. Einen thematischen Gesamtüberblick über die wichtigsten Werke Rachmaninoffs bietet ›Anhang A: Thematische Werk-Zusammenhänge‹ (Seite 453).

Kam Schweitzer bei Bach zu der Schlussfolgerung, er sei der »konsequenteste Vertreter der malerischen Musik«,[24] so steht Rachmaninoff durchaus in dieser Tradition. In seinen Instrumentalwerken gibt es Verbindungslinien zur Vokalmusik und etliche Stücke sind von Malerei (u. a. Böcklin, Wrubel) und Literatur (u. a. Puschkin, Tjuttschew) inspiriert. Im Leben wie im Werk wurde die Unvereinbarkeit von Gegensätzen zum ›Programm‹. Die vielschichtigen Dimensionen seines Schaffens erschließen sich nicht beim einmaligen Hören. Sie erfordern Aufmerksamkeit und konzentriertes Zuhören.

DAS aus der Rezeption der Emigranten sowie von den Leitmedien vorgegebene Bild Rachmaninoffs wurde nach dem Tod von Sergej Wasiljewitsch zumeist weitergepflegt, ohne es zu hinterfragen. Damit ließ man zu, Gemeinplätze zur Hauptinstanz zu erheben. Obwohl Rachmaninoff nie Filmmusik geschrieben hat, nutzten Regisseure die Kompositionen posthum intensiv für das Kino[25] – insbesondere das zweite Klavierkonzert in Filmklassikern wie David Leans *Brief Encounter* (als emotionale Grundierung) oder Billy Wilders *The Seven Year Itch* (für Komödien-Kitsch). Scott Hicks verwertete das dritte Klavierkonzert in dem oscargekrönten Streifen *Shine*, der in Deutschland vor allem durch die Mitwirkung von Armin Mueller-Stahl viel Aufmerksamkeit fand. Bedenklich erscheint in diesem Film über den an einer schizoaffektiven Störung erkrankten Pianisten David Helfgott die implizierte anscheinend unauflösliche Verbindung von Künstlertum und psychischer Instabilität, von Besessenheit und Rachmaninoffs Musik: »Rach's Three«, nennt David Helfgotts Klavierlehrer in einer Szene die angeblich in den Irrsinn treibende Herausforderung salopp – niemand sei so verrückt, sich an dieses Stück heranzuwagen. »Am I mad enough, professor, am I«, fragt der wie ein durchgeknallter Nerd wirkende David. »It's dangerous – people get hurt«, warnt der alte Mann augurenhaft, als wäre diese Musik eine ansteckende Krankheit. Das Dilemma der Rachmaninoff-Wahrnehmung zeigt sich auch bei der Werbung und der Musikkritik. Rachmaninoffs *Vocalise* aus dem Liederzyklus Opus 34 fand in der Orchesterfassung 1998 Eingang in einen im Internet immer noch abrufbaren, bekannten Reklamespot, der für die »Sinnlichkeit« der Mercedes-Benz S-Klasse warb, und noch heute beruft sich die Firma Steinway weltweit auf ein Schreiben Rachmaninoffs über die Qualität ihrer Flügel.

In der Musikwissenschaft der deutschsprachigen Länder wurde Rachmaninoff für seinen kommerziellen Erfolg mit Verachtung gestraft. Vielleicht ist es aber nur der Neid, der an den Nestoren nagt: Unter jenen, die gute Musik lieben, ist Rachmaninoff heute begehrt wie selten zuvor. Den Stellenwert und die Wertschätzung seiner zweiten Sinfonie belegt allein der Umstand, dass das Originalmanuskript im Mai 2014 für 1,2 Millionen englische Pfund bei Sotheby's verkauft wurde und damit doppelt so viel erzielte wie ein Mozart-Autograph.[26] Auf Youtube wurden Yuja Wangs Interpretationen von Klavierstücken Rachmaninoffs über 30 000 Mal und das zweite Klavierkonzert mit Krystian Zimerman und dem Boston Symphony Orchestra unter der Leitung von Seiji Ozawa bisher über 250 000 Mal abgerufen. Ein Video von der Aufführung des dritten Klavierkonzerts mit Martha Argerich und dem Berliner Radiosinfonieorchester unter Riccardo Chailly wollten bisher über eine Million und Jewgenij Kisins Darbietung des berühmten *Prélude* op. 3, Nr. 2 in cis-Moll sogar über drei Millionen Menschen erleben.

Von der Presse wird Rachmaninoff indes meistens nur als Klischee wahrgenommen: Als Virtuose, der erst nach einer ›Psychoanalyse‹ sein zweites Klavierkonzert schreiben konnte, als ›Tastentiger‹, der eine »tief romantische Seele« sein eigen nennt und der eine »tief russische, noble Empfindsamkeit« zum Ausdruck bringt. Aber im Grunde genommen lohne es sich nicht, Zeit mit ihm zu vergeuden: »Bei Evergreens wie dem zweiten Rachmaninow-Konzert scheint es fast unmöglich, substanziell Neues aus dem abgespielten Notentext herauszuholen.«[27] Niemand würde Formulierungen dieser Art über Mozart, Bruckner, Brahms oder Mahler verwenden oder gar vom »abgespielten Notentext« der Werke Beethovens schreiben bzw. sprechen. Der künstlerische Ehrgeiz, hier immer wieder »substanziell Neues herauszuholen«, treibt sogar weniger erfahrene Dirigenten dazu, den eigentlich umfangreichen Repertoirevorrat jener Epoche zugunsten dieser ›Trophäen‹ zu vernachlässigen. Ein aufgeweichter Begriff von Romantik und eine obskure Vorstellung von ›russischer Seele‹ tragen zu den Rachmaninoff-Stereotypen bei. Selbst 2017 betitelte ein namhafter Musikwissenschaftler in einer Fachzeitschrift einen Artikel allen Ernstes noch mit »Rachmaninow – Kunst oder Kitsch?«.[28] Anhänger des Komponisten glauben, ihn vielfach verteidigen zu müssen – dabei sollte man ihn als herausragenden Musiker einfach nur ernst nehmen und unter dem Blickwinkel neuer, differenzierterer Forschungstendenzen betrachten.

Als Strawinskij im Semester 1939/40 an der Harvard University Vorlesungen hielt, fragte er zu Recht: »Warum hören wir über russische Musik immer nur im Hinblick auf ihr Russentum, anstatt einfach nur als gute Musik?«[29] Bindet man Rachmaninoffs Werke in einen größeren Kontext ein, wird deutlich, dass jede Generation ihr eigenes Rachmaninoff-Bild entwickelte. Während sowjetische Autoren seine kompositorischen Leistungen nach seiner Emigration überwiegend negativ beurteilten, gingen Biografen im Westen zumeist wohlwollender mit ihm um. Ungeachtet des weitgehend affirmativen Zugangs in den wenigen deutschsprachigen Biografien verstand Marie Biesold seine Musik als »die ›Kunst der Stimmung‹, die Suche nach der verlorenen Zeit«;[30] für Andreas Wehrmeyer blieb er »Künstler des 19. Jahrhunderts«[31] und Ewald Reder paraphrasierte zuweilen Urteile der 1920er- und 1930er-Jahre, wenn er Rachmaninoff indirekt vorwarf, er sei kein »Schönberg, Webern, Strawinsky usw.«, denn »vom harmonischen Material aus betrachtet« scheine die 3. Sinfonie »um 50 Jahre zu spät geschrieben«.[32] Betrachtet man das Umfeld der Sinfonik jener Epoche, ist Sergej Rachmaninoff mit seinem Interesse an neuen Instrumenten, dem Jazz und der harmonischen Vielfalt voll und ganz auf der Höhe seiner Zeit. Im Kunstbereich mit Werturteilen wie »rückständig«[33] zu operieren, verweist auf einen fragwürdig gewordenen Fortschrittsbegriff. Die Behauptung, im Exil sei Rachmaninoffs »Kraft der ureigenen Schöpfung« letztlich »gebrochen« gewesen,[34] ist schlichtweg falsch. Die Forschung im anglo-amerikanischen Raum entwickelt seit etlichen Jahren subtile Untersuchungsmethoden, um Transformationsprozessen und Modernität in der Musik der ersten Hälfte des 20. Jahrhunderts gerecht zu werden.

Die Scheuklappenperspektive der deutschen Musikwissenschaft ergab sich im Zuge verschiedener Wellen der Komplexitätsreduzierung nach den beiden Weltkriegen. Generationen von Forschenden entwickelten binäre Modelle, denen zufolge Musik entweder modern ist oder nicht. Daraus gingen scheinbar unvereinbare Kontraste hervor wie Musik des 20. Jahrhunderts gegenüber der des 19. Jahrhunderts, Wagnerianer gegen

Brahminen, die emanzipierte Dissonanz gegen das Konservative. Nicht Genehmes wurde mit einem ›Klingt wie …‹ als reaktionär angeprangert, sodass der Literat Tadeusz Żeleński seinerzeit unkte, man solle doch gleich eine »Wissenschaft vom Einfluss« gründen.[35] Allerdings besteht ›Neue Musik‹ bzw. ›zeitgenössische Musik‹ keineswegs nur aus Berg, Cage, Eötvös, Ligeti, Nono, Schönberg, Stockhausen, Strawinskij oder Rihm, sondern auch aus Adés, Aho, Britten, Henze, McMillan, Nielsen, Nørgård, Schnittke, Sibelius, Vaughan Williams und vielen anderen. Iosif Samuilowitsch Jasser entwickelte in einer Studie über »progressive Tendenzen in Rachmaninoffs Musik« ein anschauliches Bild zur Wahrnehmung von Entwicklungen hinsichtlich einer »historischen Perspektive«. Die neu rekrutierten Anhänger des ›Fortschritts‹ seien wie Beobachter, die »zusammen mit den Komponisten des extrem modernistischen ›Lagers‹ in einem heranrauschenden Schnellzug sitzen, für den die Fahrgäste eines anderen, weniger schnell fahrenden Zuges, der in die *gleiche* Richtung fährt, rückwärts zu fahren scheinen«: »Aufgrund dieser Illusion wurde den Liebhabern von Höchstgeschwindigkeiten in der Entwicklung der Musikkunst – ansonsten in vielen Fällen ausgezeichnete und gewissenhafte Musiker – die Fähigkeit zu einem unvoreingenommenen Urteil in Fragen der kreativen Fortschrittlichkeit und verwandter Themen genommen.«[36] Mit gebührender Distanz ist es möglich, Rachmaninoff unbeeinträchtigt von den ideologischen Grabenkämpfen des 20. Jahrhunderts im Umfeld der Entwicklungen seiner Epoche zu verorten. Rachmaninoff selbst hielt sich bei Debatten zumeist zurück. Wurde ihm vorgeworfen, er verstehe nichts von moderner Musik, hielt er es mit seinem Konservatoriumslehrer Taneew, der einst entgegnete, ihm sei nicht bewusst, dass es »zum Musik-Verstehen nicht ausreicht, ihr sein ganzes Leben zu widmen«.[37] Insgesamt bedarf die Sichtweise auf Rachmaninoff eines Paradigmenwechsels. Wesentlich ist hierfür eine eingehende Auseinandersetzung mit den Wechselwirkungen in seinem facettenreichen Œuvre, mit seiner Entwicklung als Mensch und Künstler sowie mit den Einflüssen auf die Rezeption und die ästhetische Wahrnehmung. Rachmaninoff ist kein russisches, sondern ein internationales Phänomen.

Vor allem einer verbesserten Aufnahmetechnik sowie engagierten Musikern und Musikerinnen ist es zu verdanken, dass Rachmaninoffs Kompositionen aufgrund ihrer grandiosen Aufführungen und der überlieferten Mitschnitte nie in Vergessenheit gerieten. Die nachfolgenden Generationen konnten auf diese Weise das Werk eines der faszinierendsten Musiker des beginnenden 20. Jahrhunderts mit frischem Blick erleben und sich ihr eigenes Urteil bilden. Wie bei der Musik Gustav Mahlers hat die Entwicklung der Stereofonie ab den 1960er-Jahren wesentlich dazu beigetragen, die schillernde Vielfalt der Kompositionen Rachmaninoffs zu erfassen. Seinen eigenen Aufnahmen als Pianist und Dirigent ist noch die Patina der akustischen und elektromagnetischen Tonaufzeichnung in Mono eigen. Spannend wäre ein Experiment, das bereits bei Gershwin erfolgreich erprobt wurde: nämlich das Klavierspiel des Originalinterpreten mit einer klanglich hochwertigen Aufnahme eines Sinfonieorchesters zu verbinden.[38]

Dass sich dabei verschiedene Zeitebenen überlappen, entspräche der Lebenserfahrung Rachmaninoffs: Das Datum der katastrophalen Uraufführung seines Opus 13, der ersten Sinfonie, ist fast identisch mit dem Kalendertag und -monat, an dem er 46 Jahre später verstarb – allerdings war seine Welt eine andere geworden, denn dem Datum des 15. März im russischen Kaiserreich entsprach in den USA der 27. bzw. 28. März.[39] Rachmaninoff führte nicht nur ein Leben zwischen den Welten, sondern auch in verschiedenen Zeitrechnungen. In Russland lebte man bis 1918 nach dem julianischen, in den meisten westlichen Ländern seit dem 16. Jahrhundert nach dem gregorianischen Kalender. Im Anschluss an die Revolution des Jahres 1905 war Rachmaninoff zum ersten Mal mit seiner Familie ausgereist und verbrachte – abgesehen von einer kurzen Unterbrechung auf seinem Landgut Iwanowka – fast drei Jahre in Dresden. Als er in der Spielzeit 1909/10 in New York sein drittes Klavierkonzert herausbrachte, wurde es an Tagen uraufgeführt und wiederholt, die durch die Zeitverschiebung nicht mit den Zeitangaben in Russland übereinstimmten. Als er 1910 im Februar nach Russland zurückreiste, kam er im Januar an. Durch die Oktoberrevolution in die Emigration getrieben, übersprangen er und seine Familie im Winter 1917 mit einer Bahn- und Schlittenfahrt durch hohen Schnee beim Grenzübertritt 13 Tage – ein Riss durch die Zeit, der wie eine der vielen Verletzungen in seinem Leben anmutet.

Bei oberflächlicher Betrachtung wirkt so manches an Rachmaninoffs Musik ernst. Allerdings wurde er in den Erinnerungen seiner Zeitgenossen als heiterer Mensch beschrieben, und bei genauerem Nachdenken vermittelt Vieles in seinen Kompositionen genau diesen Eindruck. Als indes der 26-jährige Rachmaninoff einer einflussreichen moralischen Instanz wie Lew Nikolajewitsch Tolstoj seine Stücke vorspielte, fragte ihn dieser anschließend unverblümt: »Sagen Sie mir, braucht irgendjemand solche Musik?«[40] Der Literat hatte bereits in seiner 1891 veröffentlichten Novelle *Die Kreutzersonate* das Dilemma angesprochen, es sei »erstaunlich, wie der Mensch sich so ganz der Täuschung hingeben kann, dass das Schöne auch das Gute sei«.

Tolstojs Einwände führten zu einer der schwersten von vielen kreativen Krisen. Immer wieder sah sich Rachmaninoff in seinem Leben gezwungen, sich als Künstler neu zu erfinden. Zurückweisung von anderen verunsicherte den Musiker. Sich selbst stellte er indes noch öfter in Frage als andere ihn. Tolstojs anklagendes »Wer braucht das?« ließ für ihn alles Streben als eine Illusion erscheinen. Dabei sahen viele in ihm einen »ernsten Idealen nachgehenden Musiker«, wie es 1909 in der Gazette *Berliner Tageblatt und Handels-Zeitung* hieß.[41] Als nach dem Ersten Weltkrieg viele in Westeuropa und den USA den Kontakt zu Russland bzw. der UdSSR am liebsten abgebrochen hätten, setzte Rachmaninoff sich für die Menschen dort ein, obwohl er nach der Revolution von 1917 nie mehr einen Fuß in das Land setzte. Die Pforte der Kultur hielt er stets geöffnet. Und er verstand, dass Kulturnationen, die über Jahrhunderte in engem Kontakt miteinander standen, auch in Krisenzeiten durch ein gemeinsames Erbe miteinander verbunden sind. Zwar sei »russische Musik in Amerika sehr wenig bekannt«, meinte er in einem Interview, aber »man spürt ihren Einfluss in ganz Europa«, was sich letztlich auch auf die Neue Welt auswirkte. Es sei »wie bei einem Dichter, der von einem anderen Dichter beeinflusst« werde. Wie »der Boykott der deutschen Musik während des Kriegs gezeigt« habe, half diese »schädliche« Maßnahme »den Menschen, klassische Musik jenseits der Grenzen von Deutschland und Österreich zu suchen und zu finden«.[42] Rachmaninoff reiste allerdings nie als professioneller Russe durch die Welt, sondern als Künstler, der mit seinen Interpretationen und Werken etwas Gewichtiges zu sagen hatte. Das Rachmaninoff-Zerrbild von dem ›auf ewig die Seele seines Landes verkörpernden Russen‹ ist ein Produkt der Emigranten nach 1917, der vaterländischen Propaganda der Stalin-Zeit im Umfeld des Krieges sowie der liberaleren Kulturpolitik in den späteren Jahren der Sowjetunion.[43] Im Westen galt er lange als musikalischer Kosmopolit und noch im November 1928 hieß es in der Berliner Presse über einen Auftritt, der letzte Satz im dritten Klavierkonzert sei »in seinem Charakter eher magyarisch als russisch«.[44] Indes ergibt sich die Dynamik seiner Musik, so könnte man meinen, geradezu aus seinem betriebsamen und abwechslungsreichen Leben.

DER Musiker Rachmaninoff war ein stark reflektierender Mensch. In Russland gab es allerdings keine von den Kanzeln der Universitäten verkündeten philosophischen Theorien. Die russische Philosophie bewegte sich gewohnheitsgemäß in den Grenzgebieten von Literatur, Musik, Malerei, Theater, Religion und Politik. Es gab keine Schulen und Systeme – der Sinn des Daseins im Hier und Jetzt war relevanter als Metaphysik. Ein Zusammenspiel von Intuition und interdisziplinärem Wirken prägte die Überlegungen. Rachmaninoff fügte mit jeder neuen Komposition, jeder Aufführung, die er dirigierte, jedem seiner Klavierabende und jeder neuen Schallplatte, die er einspielte, einen weiteren Mosaikstein dem Palast seiner Ideen hinzu. Die Nemesis von Tolstojs »Wer braucht solche Musik?« verfolgte ihn dabei wie das Dies irae.

Rachmaninoff wurde Leidtragender und Zeuge dramatischer privater und historischer Umbrüche. Mehrfach erduldete er Situationen, die ihn entwurzelten und zu Neuanfängen zwangen: Das Sterben der künstlerisch begabten Schwestern und die Trennung der Eltern in seiner Jugend, die Flucht aus dem Land seiner Geburt nach der Revolution als Erwachsener sowie das Zurechtfinden in einer Kultur, die ihn eher als reproduzierenden denn als produzierenden Künstler wahrnahm. Für die intensive Arbeit an eigenen Partituren benötigte er eine ihm angenehme Atmosphäre. »Komponieren ist wie Atmen«, sagte Rachmaninoff,[45] doch auch das Interpretieren von Werken anderer Komponisten war ihm eine Herzensangelegenheit. Er konzertierte außerhalb Russlands nicht nur zum Gelderwerb und aus Verantwortungsbewusstsein gegenüber seiner Familie, sondern nahm auch suboptimale Aufführungsbedingungen in Kauf, um als Vermittler großer Kunst aufzutreten. »Nimmt man mir die Konzerte, verkümmere ich«, bekannte er gegenüber Freunden. »Das Beste wäre es, auf dem Konzertpodium zu sterben.«[46] Sein Empathievermögen und sein Gerechtigkeitsgefühl veranlassten ihn, bei etlichen Wohltätigkeitsveranstaltungen mitzuwirken und individuell Unterstützung zu bieten. Sein Wissen und seine Erfahrungen gab er weiter, indem er zahlreiche Tondokumente hinterließ und viele Menschen durch sein Wirken inspirierte. Sergej Wasiljewitsch Rachmaninoff ist nicht nur ein anspruchsvoller Künstler, der weite Publikumskreise erreichte, er ist zudem ein Phänomen der Musik- und der Zeitgeschichte.

I »... mir scheint, dass sie mich nicht mehr lieben!« (1873–1906) Nowgorod – Sankt Petersburg – Moskau

1 Zwischen Pflicht und Neigung (1873–1885)

DEN Kindern von Wasilij Arkadjewitsch Rachmaninoff und seiner Frau Ljubow Petrowna Butakowa war die Musik in die Wiege gelegt. Sie liebten diese Kunstgattung, besaßen angenehme Gesangsstimmen, verfügten über das absolute Gehör und konnten sich wie Sergej auf ein phänomenales Gedächtnis verlassen. Ein Studienfreund von Sergej Wasiljewitsch Rachmaninoff berichtete, dass ein Kumpan ihnen einmal seine Entwürfe für den Kopfsatz einer Sinfonie zeigte, die Sergej sogleich am Klavier durchging und seine Wertschätzung äußerte. Als man nach über einem Jahr wieder einmal zusammenhockte, fragte er, was aus der Sinfonie geworden sei. Der Kommilitone musste eingestehen, dass er nie über den ersten Satz hinausgekommen war. »Das ist schade«, meinte Sergej, »mir hat die Sinfonie sehr gefallen.« Daraufhin setzte er sich ans Klavier und spielte aus der Erinnerung fast die gesamte Exposition der komplizierten Komposition.[47] Bei einer späteren Gelegenheit verblüffte er seinen englischen Freund Arthur Hirst, als dieser gerade die c-Moll-Polonaise von Chopin gespielt hatte: »Du benutzt in diesem Mittelteil den fünften Finger, aber ich finde, der vierte ergibt eine bessere Wirkung.« – »Dabei saß er dort, wo er meine Hände gar nicht sehen konnte«, staunte Hirst.[48]

Neben der Begeisterung für die Musik zeichnete die Familien ebenso ein Hang zu Disziplin und militärischer Attitüde aus. Dadurch hatten die Rachmaninoffs und die Butakows Wohlstand und Anerkennung gewonnen. Der Kiewer Professor Iwan Rachmaninoff ging den Hintergründen nach und veröffentlichte 1896 die Schrift *Informationen über die Geschichte der Adelsfamilie Rachmaninoff*. Er verfolgte den Stammbaum bis ins 14. Jahrhundert zu einer moldawischen Herrscherdynastie zurück, die mit dem Moskauer Staat Hochzeitsbündnisse und Beistandspakte gegen die Osmanen und andere Feinde verbanden. Von diesem erhielten Vorfahren den Beinamen »Rachmanin«, was im Altrussischen so viel wie »faul« bedeutet. Allerdings kann einer osteuropäischen Gepflogenheit zufolge damit auch das Gegenteil gemeint gewesen sein.[49]

Nachdem im 18. Jahrhundert Sergejs Ururgroßvater, Gerasim Jewlewitsch Rachmaninoff, in der Garde mitgeholfen hatte, Kaiserin

Elisaweta I. auf den russischen Thron zu bringen, erhielt er zum Dank ein Gut im Kreis Koslowo, Gouvernement Tambow, im Südwesten des Landes. Als er in Pension ging, ließ er sich mit seiner Familie in dem noch hinzuerworbenen Nachbargut Snamenskoje nieder. Der Stammsitz der Familie Rachmaninoff war damit etabliert. Ungeachtet dessen, dass sie dem niederen Adel angehörten, waren die Rachmaninoffs nicht in einer Position, die ihnen erlaubt hätte, die politischen Transformationsprozesse in Russland mitzugestalten. Stets konnten sie sich den Entwicklungen nur anpassen.

SERJOSCHA, wie Sergej Wasiljewitsch als Kind genannt wurde, wuchs in einer Atmosphäre von Reformen auf. Das alte Russland der straffen Hierarchien von Staatsobrigkeit, Gutsbesitzern und Bauernschaft war ihm fremd – im Gegensatz zu Rimskij-Korsakow und Tschajkowskij, die in den 1840er-Jahren zur Welt gekommen waren. Serjoscha wurde in ein Milieu liberalen Denkens hineingeboren. Nachdem Russland in dem drei Jahre währenden Krim-Krieg 1856 an einer Allianz von Osmanischem Reich, England und Frankreich gescheitert war, erschienen Reformen notwendig, die über das höhere Bildungswesen und die Zentralverwaltung hinausgingen. Die Regierenden lösten sich unter Zar Aleksandr II. von einem seit Jahrhunderten nicht hinterfragten Fundament der autokratischen Ordnung: der Koalition mit dem Gutsadel. Dieser – nicht die Menschen selbst, die es bewirtschafteten – besaß das Land, an das die Bauern gebunden, also ›leibeigen‹ waren. Die Gutsbesitzer hatten keinerlei Eigentumsrecht an den Personen. Die Hälfte der sogenannten ›Leibeigenen‹ – davon im Süden, wo die Rachmaninoffs lebten, etwa ein Viertel, im Norden drei Viertel – zahlte Pacht. Diese Menschen lebten unter besseren Verhältnissen als Sklaven in Nordamerika oder Fabrik- und Bergarbeiter in Westeuropa. »Eine Kuh zu besitzen, ist überall in Europa ein Zeichen von Luxus«, meinte Puschkin, »bei uns keine Kuh zu besitzen, ist ein Zeichen schrecklicher Armut.«[50] Obwohl das Militär nach dem Dienstantritt automatisch ›Freiheitsrechte‹ garantierte, war es für die Bauern nicht attraktiv. Das System der ›Leibeigenschaft‹ war eine ökonomische Institution. Der Gutsbesitzer – ungeachtet etlicher Fälle von Missbrauch – hatte seine Autorität nicht durch Gewalt, sondern als Beauftragter des Staates. Als 1861 die Leibeigenschaftsverhältnisse aufgelöst wurden, erhielten die Gutsherren keine Kompensationszahlungen für die Bauern in ihrem Verwaltungsbezirk, sondern höchstens für das an die ehemaligen Beschäftigten übertragene Land. Diese umfassten zwischen sieben und neun Millionen arbeitspflichtige Bauern beiderlei Geschlechts auf mittelgroßen und kleinen Höfen, die um 1859 zwölf bis fünfzehn Prozent der Bevölkerung des Landes ausmachten. Auch die Rachmaninoffs waren betroffen, als zwei Jahre später der niedere Adel zwar weite Bereiche seines Landbesitzes behalten konnte, aber die Bauern zumeist kleinere Grundstücke und eine Beteiligung an der Selbstverwaltung erhielten. In Literatur und Oper erlebt man dementsprechend Dorfgemeinschaften – die sogenannte ›Mir‹ (мир), was sowohl ›Friede‹ als auch ›Welt‹ bedeutet – als eine Art Mikrokosmos des Daseins. Ab 1864 wurden als Landschaftsvertretungen ›Semstwos‹ (земство) eingerichtet, also lokale Selbstverwaltungseinheiten auf Kreis- und Gouvernementsebene. Die Hauptstadt Sankt Petersburg und die Metropole Moskau waren zu weit entfernt, um alles zentral zu regeln. Also boten neben Justiz- und Schulreformen auf unteren Ebenen die allmähliche Beteiligung an einer Gewaltenteilung verbesserte Möglichkeiten, die medizinische Versorgung, Sozialfürsorge und Ausbildung selbst zu organisieren. In der zweiten Hälfte des 19. Jahrhunderts waren im Russischen Reich etwa 70 Prozent der Bevölkerung Analphabeten, wobei die Lage in Frankreich nicht viel besser und kaum mit dem gut organisierten Preußen zu vergleichen war. Zwischen den einzelnen Regionen gab es gewaltige Unterschiede, die sich schwer ausgleichen ließen, da viele Nomadenvölker und Bauern wenig Interesse an Schulbildung hegten. Den Radikalen, die einen Systemwandel statt Reformen für Russland forderten, gingen die Entwicklungen nicht schnell genug. Sie planten ein Attentat auf Zar Aleksandr II., in dessen Regierungszeit Serjoscha aufwuchs, bis er acht Jahre alt war.

Als kunstsinnige Streiter für ihr Land pflegten die Rachmaninoffs Umgang mit Intellektuellen, Gelehrten und Künstlern. Sergejs Urgroßvater, der Gardeoffizier Aleksandr Gerasimowitsch, ehelichte eine hochmusikalische Dame der feinen Gesellschaft aus Sankt Petersburg. Er soll recht ordentlich Geige gespielt haben, sie vorzüglich Klavier. Allerdings war das gemeinsame Glück nur von kurzer Dauer, da er mit kaum 30 Jahren in den Steppen des Gouvernements Tambow ums Leben kam, als er einen Erfrierenden retten wollte. Marija, die Witwe, heiratete später ein weiteres Mal und vermittelte ihre Leidenschaft für die Musik auch ihren Kindern aus erster und zweiter Ehe. Sergejs Tante Warwara konnte sich noch an ihre Großmutter erinnern. »Sie war eine Frau von beeindruckender Schönheit«, erzählte sie. »Stets war sie sehr gut und vor allem schick gekleidet. Uns gegenüber war sie sehr streng, und wir hatten immer große Angst vor ihr. Oft habe ich sie Klavier spielen gehört. Sie spielte sehr gut, saß aber dabei immer kerzengerade aufrecht. Meine Schwester und ich mussten abwechselnd zu ihr kommen und für ihre Unterhaltung sorgen. Aber wehe, wenn wir uns an den Stuhlrücken lehnten oder mit krummem Rücken dasaßen. Das galt als Missachtung ihr gegenüber als der Älteren.« Da Adel verpflichtet, parlierte die Grand Dame mit den Enkeln »ausschließlich französisch«.[51]

Nicht nur vom kleinen Serjoscha wäre sie entsetzt gewesen, auch der Jugendliche Sergej hätte kaum ihren Maßstäben entsprochen. »Äußerlich bot Rachmaninoff eine imposante und eigenartige Erscheinung«, berichtete ein Kommilitone. »Hochgewachsen und breit in den Schultern war er dennoch sehr mager: beim Sitzen krümmte er den Rücken.«[52] Noch Jahrzehnte später fiel einem Konzertrezensenten unangenehm auf, Rachmaninoff sitze am Klavier »in einer durchaus unschönen, krummrückigen Tiefvorgebeugtheit des ganzen Oberkörpers, der Kopf liegt förmlich auf den Tasten, die Ellbogen stehen oft quer ab«.[53] Durch sein Wesen und sein Verhalten war er bei seinen Freunden jedoch beliebt. »Der Kopf besaß eine längliche und spitz zulaufende Form mit sehr ausgeprägten Gesichtszügen«, erinnerte sich einer von ihnen. »Der große und schöne Mund verzog sich häufig zu einem ironischen Lächeln.« Rachmaninoff lachte selten herzhaft. Wenn er es jedoch tat, bekam sein Gesicht überaus sympathische Züge, denn »sein Lachen war von einer Aufrichtigkeit, die ansteckend wirkte«.[54] Für seine Urgroßmutter Marija wäre all dies unflätiges Betragen gewesen.

Ihr Sohn Arkadij, Sergejs Großvater, zeigte sich bei einem Besuch indes begeistert von Serjoscha. »Auf dem Lande spielte er mit seinem Enkel eine Beethoven-Sonate vierhändig«, berichtete Sergejs Cousine Anna Trubnikowa. »Sie spielten voller Begeisterung; als die Sonate beendet war, wendete sich der Großvater erfreut und stolz zu seinem Enkel um.«[55] Da Arkadij Aleksandrowitsch verstarb, als Sergej acht Jahre alt war, wird sich kaum Gelegenheit ergeben haben, dem Kind von seinen zahlreichen Erlebnissen bei der Entwicklung des russischen Kulturlebens zu erzählen. Der Großvater war 28 Jahre alt, als 1836 Michail Glinkas bahnbrechende Oper *Ein Leben für den Zaren* uraufgeführt wurde. Seines musste Arkadij selbst einsetzen, als er an Kämpfen gegen das Osmanische Reich teilnahm. Im Grunde genommen zog er jedoch die Kunst dem Krieg vor. Obwohl er in jenem Jahrhundert lebte, in dem das Zeitalter der modernen Waffentechnik begann, die die Kriegsführung entscheidend veränderte, ereignete sich auch im Kulturleben Herausragendes: Die Premiere von Glinkas Oper *Ruslan und Ljudmila* dürfte ihn mehr interessiert haben als Neuigkeiten über Hinterladergewehre, rauchschwaches Pulver und dampfgetriebene Panzerschiffe. In gebildeten Kreisen hielt man sich über aktuelle Entwicklungen in Politik, Kunst und Kultur durch die sogenannten »dicken Journale« auf dem Laufenden, da Tageszeitungen außerhalb der Städte oft schwer zugänglich waren.

Das Musikleben in Russland entwickelte sich seit dem 18. Jahrhundert keineswegs isoliert. In der Hauptstadt Sankt Petersburg entstand 1802 die erste Philharmonische Gesellschaft Europas; dementsprechend hatten Komponisten aus vielen Ländern schon seit Langem Kontakte in die Metropole an der Newa. Wie auch in Deutschland oder England dominierte in Russland Mitte des 19. Jahrhunderts im Musiktheater die italienische Oper. Bei dem in Russland besonders beliebten Ballett galten Franzosen als unverzichtbar und die reine Instrumentalmusik prägten Musiker aus deutschsprachigen Ländern. Gerne schmückten sich Konzertveranstalter und Theater mit großen Namen aus dem Ausland. Franzosen und Italiener stellten an den Theatern neue Ballette sowie Opern vor. In Konzerten wurde in Sankt Petersburg 1824 Beethovens *Missa solemnis* uraufgeführt, Hector Berlioz widmete seine 1845 veröffentlichte *Symphonie Fantastique* Zar Nikolaj I. und die Pianistin Clara Schumann gastierte 1844 sowie 1864 in verschiedenen Orten des Landes. Die Erstfassung von Verdis Oper *La forza del destino* kam 1862 als Auftragswerk in der Hauptstadt heraus und Léon Minkus komponierte zahlreiche Ballettmusiken für Moskau und Sankt Petersburg.

Aufgrund der Konventionen in Adelskreisen und mangels einer Ausbildungsstätte in Russland konnte Arkadij Rachmaninoff seinerzeit kein Berufsmusiker werden. Die ersten Konservatorien des Landes wurden 1862 in Sankt Petersburg und 1866 in Moskau gegründet. Arkadij Aleksandrowitsch eignete sich sein ausgezeichnetes pianistisches Können durch private Ausbildung an. Zeitweilig nahm er sogar Unterricht bei dem angesehenen Musiker John Field, der im Januar 1837 in Moskau verstarb. Der irische Künstler hatte nachhaltigen Einfluss auf die Spieltechnik im 19. Jahrhundert und ersann die Form der Nocturnes – einsätzige Charakterstücke für Klavier –, die Chopin weiterentwickelte. Auch Sergej steuerte ein halbes Jahrhundert nach Fields Tod drei Werke zu diesem Genre bei.

Wie wirkungsvoll Opern zu russischen Themen in russischer Sprache sein konnten, bewiesen Michail Glinka und Alexej Werstowskij, deren Werke sich bis Anfang des 20. Jahrhunderts im Repertoire hielten. Zwar hatten ihre Stücke zuweilen noch einen italienischen

Einschlag, aber andere russische Komponisten, die sich ab Mitte des 19. Jahrhunderts an Bühnenwerke wagten, fanden einen mehr an der Sprache ausgerichteten Tonfall. Die Verbindung zur Literatur des Landes war eng und Puschkin die bedeutendste Inspirationsquelle. Für Sergejs Großvater Arkadij dürften bereits Opern wie *Rusalka* und *Der steinerne Gast* von Aleksandr Dargomischskij, *Das Mädchen aus Pskow* von Nikolaj Rimskij-Korsakow, *Boris Godunow* und *Chowanschtschina* von Modest Musorgskij sowie *Jewgenij Onegin* von Pjotr Tschajkowskij von Bedeutung gewesen sein, sei es, dass er sie im Theater erlebte, den Klavierauszug durchging oder Freunde und Gazetten darüber berichteten. Außerdem stellten ab den 1860er- und 1870er-Jahren Rimskij-Korsakow und Tschajkowskij bahnbrechende Werke der Sinfonik und des Balletts vor. In einer kulturinteressierten Familie wie den Rachmaninoffs muss dies ebenso Gesprächsthema gewesen sein wie Lew Tolstojs neuester Roman *Krieg und Frieden*, Dostoewskijs *Böse Geister* und Turgenjews *Väter und Kinder*.[56]

Die musisch-militärische Familientradition setzte sich fort. Auch der Vater von Sergejs Mutter Ljubow war Soldat und brachte es bis zum Rang eines Generals. Er leitete später eine Kadettenlehranstalt und unterrichtete dort Geschichte, allerdings verstarb er zu früh, als dass sich Sergej Wasiljewitsch noch an ihn hätte erinnern können. Sergejs Vater Wasilij Arkadjewitsch kämpfte schon als junger Mann in den Kaukasuskriegen mit, die dem Russischen Reich einen Zugang zum Schwarzen Meer gewährleisten sollten. Später wurde er in dem seinerzeit russischen Warschau Offizier in einem Husarenregiment. Nach Ende seiner Dienstzeit heiratete er und ließ sich zusammen mit seiner Frau in Oneg im Gouvernement Nowgorod auf einem der Güter ihrer Eltern nieder. »Er musizierte stundenlang, spielte aber nicht die bekannten Stücke, sondern Gott weiß was«, berichtete eine seiner Schwestern. »Er dachte sich auch häufig ungewöhnliche, ja fantastische Geschichten aus, an die er schließlich selbst glaubte.«[57] Seiner Frau Ljubow Petrowna behagte dies nicht, aber immerhin war Wasilij ein fürsorglicher Vater.

Zu den mysteriösen Überlieferungen gehört, dass nicht eindeutig klar ist, auf welchem der Familiengüter Sergej Wasiljewitsch Rachmaninoff am 20. März nach russischer Zeitrechnung, nach westlicher am 1. April 1873 als viertes von sechs Kindern geboren wurde. Er selbst glaubte, dies sei in Oneg gewesen, da er dort die meiste Zeit seiner Kindheit verbrachte. Da allerdings das Ereignis in einer Kirche des Distrikts der Stadt Staraja Russa festgehalten ist, könnte er eher auf dem Gut in Semjonovo zur

Welt gekommen sein.[58] Beide Orte liegen in einer legendenumwobenen Region: Letzterer südlich des Ilmensees, der andere nördlich nahe dem Fluss Wolchow: Beide spielen als Wasserwege und Handelsrouten eine bedeutsame Rolle in Rimskij-Korsakows Oper *Sadko*, die auf der in den 1860er-Jahren veröffentlichten Bilinen-Sammlung des Ethnografen Pawel Ribnikow aufbaut. Diese einst von wandernden Sängern vorgetragenen mittelalterlichen Heldenepen wurden im 19. Jahrhundert für Bucheditionen zusammengetragen. Sie inspirierten Literatur, Malerei und Musik, hinterließen aber kaum Spuren in Rachmaninoffs Werk. Als Kind lernte Sergej die militärische Strenge, die seine Vorfahren geprägt hatte, nie kennen. Sein Vater besaß »ein gutes Herz, war sehr aufmerksam, selbstlos und verständnisvoll, konnte keine Tränen sehen und gab das Letzte hin, um ein weinendes Kind zu trösten«, berichtete eine von Sergejs Tanten. »Zu den Kindern war er wie eine Mutter. Er badete sie selbst, gab ihnen zu trinken und zu essen.«[59]

Mit vier Jahren begann sich Serjoscha für das zu interessieren, was ihn am häufigsten umgab: die angenehmen Töne von Gesang, Geigen, Klavier und Glocken. »An die Art seiner frühkindlichen Musikeindrücke konnte er sich später nicht mehr erinnern«, schilderte seine sechs Jahre jüngere Cousine Sofja Aleksandrowna Satina diese Phase. »Die Mutter erzählte jedoch, er habe, als er noch sehr klein war, sich immer gern irgendwo in eine Ecke gekauert und beim Musizieren zugehört. Auf alle Fälle hat man seine hervorragenden Anlagen schon sehr früh bemerkt.«[60]

Um ein Kind zu unterrichten, das früher Noten lesen als Briefe schreiben konnte, reichten die pädagogischen Fähigkeiten der Mutter und des Kindermädchens vollkommen aus. Über ein halbes Jahrhundert später erhielt Rachmaninoff bei einem Aufenthalt in der Schweiz einen Brief von einer älteren Dame, Madame Defert, die ihn um ein Bild mit Autogramm bat, und sich als jene junge Eidgenossin vorstellte, die 1880 für seine Schwestern Sofja und Jelena als ›Njanja‹ verantwortlich war. »Lassen Sie mich beweisen, dass ich bezeugen kann, wie einst Ihre musikalischen Gaben entdeckt wurden«, schrieb sie. »Sie werden sich daran erinnern, dass Madame, Ihre Mutter, gerne meinen Liedgesang am Klavier begleitete, aber erinnern Sie sich noch an jenen Tag, als für einige Gäste ein Ausflug arrangiert wurde und Sie daheim blieben mit der Ausrede, sich unwohl zu fühlen, und ich genötigt wurde, auch zu bleiben und mich um Sie zu kümmern? Ein paar Minuten nachdem alle weg waren, kamen Sie zu mir und fragten auf die einschmeichelndste Weise, ob Sie auf dem schönen Klavier spielen dürften, das nie jemand ohne Aufsicht auch nur berühren durfte. Als ich mich schließlich breitschlagen ließ, verblüfften Sie mich mit dem Vorschlag, dass ich das Lied singen sollte, das ihre Mutter so gerne hörte, und Sie mich begleiten würden. Ich nahm Sie nicht ernst, aber Sie bestanden darauf und ich stimmte zu. Und wie erstaunt war ich, als Ihre kleinen Hände Akkorde griffen, die vielleicht nicht vollständig waren, aber auf jeden Fall ohne eine einzige falsche Note. Ihretwegen sang ich *drei Mal* Schuberts ›Plainte d'une jeune fille‹ und musste versprechen, Ihrer Mutter nicht zu sagen, was wir am Nachmittag getrieben hatten. Leider – oder eher: glücklicherweise – habe ich mein Wort nicht gehalten und Ihrer Mutter am Abend davon erzählt. Am nächsten Morgen überbrachte man Ihrem Großvater die Neuigkeit, der mit dem nächsten Zug kam und Ihren Vater anwies, nach Petersburg zu fahren und vom Konservatorium einen guten Klavierlehrer mitzubringen.«[61]

Und so wurde Anna Dmitriewna Ornatskaja als Klavierpädagogin engagiert, eine Bekannte der Familie und Absolventin der Klasse des hochgeachteten Gustaw Gustawowitsch Kross am Konservatorium in Sankt Petersburg. Da ihr Lehrer ein Vertrauter von Tschajkowskij war, dürfte dessen neues Werk auch Teil der Ausbildung von Sergej gewesen sein: Der als *Les Saisons* veröffentlichte Klavierzyklus *Die Jahreszeiten*, der in zwölf Miniaturcharakterstücken die monatlichen Eigenheiten des Jahreslaufs im russischen Leben impressionistisch einfing wie Schneefall, Lerchengesang, Karneval, Ernte, Jagd, die Kutschfahrt mit einem Troika-Gespann, die Weihnachtszeit oder Abende am Kaminfeuer. Die Noten erschienen erstmals in den regelmäßigen Musikbeilagen der in kulturinteressierten Kreisen beliebten Petersburger Musik- und Theaterzeitschrift *Neuigkeiten* (Нувеллист). Die Namen etlicher Autoren, die Pate standen für die Mottos der einzelnen Sätze, finden sich auch bei den Liedvertonungen Rachmaninoffs wieder.

Allerdings sollte nach den Plänen der Eltern – wie einst bei den Vorfahren – die Musik nur ein angenehmer Zeitvertreib für Sergej bleiben. Letzten Endes galt es als selbstverständlich, dass er wie sein älterer Bruder Wladimir im Corps des Pages ausgebildet werden sollte, der Elite-Militärakademie des Zarenreichs. Familientradition verpflichtet nun mal: Für Enkel eines Generals und Söhne eines Offiziers, zumal adeliger Abstammung, war die Vorbereitung auf den Dienst an der Waffe das ureigenste Metier.

Der Lebenswandel des Vaters bewahrte Sergej davor. »Wasilij Arkadjewitsch lebte auf großem Fuße und konnte nicht wirtschaften«, erzählte die Cousine und Schwägerin Sofja. »Charakterlich war er ein Mann voller Widersprüche und galt als windiger Schürzenjäger«, wusste sie schon aus früheren Tagen. »In jungen Jahren hatte er sich bisweilen an Zechgelagen beteiligt. Die Frauen mochten ihn, und die Freundinnen seiner Schwestern sollen alle von ihm geschwärmt haben.«[62] Und dementsprechend flossen für manche Extravaganz die Rubel in Strömen. »So geriet die Familie, der es bisher gut gegangen war, in wirtschaftliche Bedrängnis«, konstatierte Sofja.[63]

Durch den Tod von Sergejs Großeltern verlor man wichtige Ratgeber in finanziellen Angelegenheiten. Nach und nach schwand der Besitz dahin. Die Familie sah sich gezwungen, die fünf Güter, die die Mutter mit in die Ehe gebracht hatte, eines nach dem anderen zu verkaufen. Zuletzt musste man das Landgut Oneg versteigern lassen. Im Jahr 1882 zogen die Eltern mit drei kleinen Mädchen und drei Jungen in das etwa 200 Kilometer nördlich gelegene Sankt Petersburg, um dort Arbeit zu finden und sich ein neues Leben aufzubauen. Die Mutter kümmerte sich in einer Etagenwohnung um die Kinder; als Pferdekenner konnte Rachmaninoffs Vater der Enge entkommen und mit bescheidenen Einkünften unter anderem bei der Rennbahn arbeiten.

Von den meisten der Kinder sind die genauen Geburtsdaten nicht bekannt; Jelena war mit fünfzehn Jahren die Älteste, Arkadij mit wahrscheinlich zwei Jahren der Jüngste. Für die größeren Brüder, den neunjährigen Sergej und den zwölfjährigen Wladimir, konnte man sich nun keine kostspielige Militärausbildung mehr leisten. Das Geld reichte nur für einen der beiden, was Serjoschas Neigungen nur entgegenkam. Für ihn nutzte seine Klavierlehrerin, die engagierte Anna Ornatskaja, ihre früheren Kontakte und setzte sich dafür ein, für den hochbegabten Jungen ein Stipendium am Konservatorium zu erwirken. Doch alle Repräsentationsbauten und die über 200 Meter breite Newa konnten den Ilmensee mit seiner urwüchsigen Umgebung nicht ersetzen. So imposant die Architektur in der Hauptstadt des Zarenreichs auch sein mochte, sie bedeutete Sergej nichts im Vergleich zu den mächtigen Wäldern und dem Blick in weite Landschaften. Zwar wurde seine Musik nie von der Natur inspiriert – vielmehr von Philosophie, Malerei und Literatur –, dennoch bildeten Flüsse, weite Landschaften, Berge und Seen ein Leben lang einen emotionalen Anker. »Die Schönheit und die Erhabenheit der Natur sind hilfreich«, meinte Rachmaninoff in Bezug auf die Anregungen für einen Künstler. Aber für ihn ist es »die Liebe, die wie nichts sonst zu inspirieren vermag«. Der Bezug zu anderen Menschen war für ihn entscheidend: »Lieben heißt Glück und Geisteskraft erlangen. Es ist die Entfaltung einer neuen Perspektive intellektueller Energie.«[64] Dies prägte seine Kompositionen. Die Musik seiner Zeitgenossen Skrjabin, Prokofjew, Strawinskij und Schönberg entsprang dem Kopf, Rachmaninoffs Musik der Lebenserfahrung. Bezeichnenderweise meinte der Schriftsteller und Dimitri Mitropoulos-Biograf William R. Trotter einmal über den Dirigenten, der die radikale und die gemäßigte Moderne förderte: »Wenn die Musik von Berg den Intellektuellen in Mitropoulos zum Vorschein brachte, dann zeigte die von Rachmaninoff seine Sinnlichkeit«.[65]

Für Sergej war die Hauptstadt ein Kulturschock und ein Segen zugleich. Nach Auffassung des Kunsttheoretikers Aleksandr Benua dominierte in Sankt Petersburg »der Geist der Ordnung, jener Geist des formvollendeten Lebens, der für die allgemeine russische Schlampigkeit so unerträglich ist, aber doch ganz ohne Zweifel auch seine Reize besitzt«.[66] Um den Neunjährigen an ein diszipliniertes Leben zu gewöhnen, schienen die Voraussetzungen günstig zu sein. »Petersburg ist ein penibler, pünktlicher Mensch«, meinte der Schriftsteller Nikolaj Gogol, »sieht alles mit Berechnung.«[67] Sergejs Eltern vermutlich auch. Parallel zum Schulbesuch erhielt Sergej Unterricht am Konservatorium. Anna Ornatskajas früherer Lehrer, Professor Kross, bewilligte ein Stipendium unter der Voraussetzung, dass Sergej nach angemessener Einweisung in die Grundlagen seiner Kunst bei ihm studieren sollte. Der kleine Junge aus der Provinz musste an Seminaren in Musiktheorie teilnehmen, die ihm jedoch viel zu abstrakt waren. Zudem durchlief er die Vorbereitungsklasse von Wladimir Demjanskij, einem ehemaligen Schüler des Pianisten Gustaw Kross. Beide waren zwar bessere Pädagogen denn Virtuosen, dennoch langweilte Demjanskijs Unterrichtsstil die Anwärter auf die Seminare bei Kross. Viel Selbstdisziplin und Eigeninitiative waren aufzubringen, um die Lehrer am Sankt Petersburger Konservatorium zufriedenzustellen. Einige von ihnen zählten zu den Pionieren der professionellen Musikausbildung in Russland. Der 1831 in Sankt Petersburg geborene Kross gehörte 1865 zusammen mit seinem Kommilitonen Pjotr Tschajkowskij zu den ersten Absolventen des Sankt Petersburger Konservatoriums, wo er bei Anton Rubinschtejn und Adolf von Henselt studiert hatte. Obwohl er bereits anspruchsvolle Werke wie Liszts zweites Klavierkonzert in Russland vorgestellt hatte, war Kross – nur wenige Jahre bevor Sergej an das Konservatorium kam – 1875 in Sankt Petersburg der glücklose Solist bei der russischen Premiere der Urfassung von Tschajkowskijs erstem Klavierkonzert. Diese Version des Werks war mit Hans von Bülow als Solist während einer Tournee in Boston uraufgeführt worden. Zu Tschajkowskijs Leidwesen wurde das Stück aber daheim durch seinen früheren Kommilitonen Kross zu einer »scheußlichen Kakophonie« verhunzt.[68] So wie Tschajkowskijs Klavierstil einen anderen Zugriff erforderte, als ihn Kross einzubringen vermochte, hätte auch der nach dem Umzug verstörte Sergej Rachmaninoff eine andere Betreuung gebraucht. Daheim fand er nicht die emotionale Unterstützung, die er als Kind für seine anstrengenden Studien benötigte.

Nachdem der Vater die Familie in den Ruin getrieben hatte, gab es zunehmend gravierende Streitigkeiten zwischen Sergejs Eltern. Die Mutter Ljubow bemühte sich, Haushalt und Kindererziehung zu bewältigen, während ihr Mann Wasilij seinen Interessen für Pferde frönte und das wenige Geld freigiebig verpulverte. Auch wenn es Sergej später ungerecht erschienen sein mag, so mochten die Kinder den lebenshungrigen Vater mehr als die strenge, ennuyante und durch die Entwicklungen verbitterte Mutter. Die Cousine Sofja erinnerte sich, dass sich bei den Unterlagen, die sie später in Moskau zurücklassen musste, die ihrer Aussage nach »einzige Fotoaufnahme« befand, die Sergej als – wie sie meinte – Achtjährigen zeigte. »Auffallend ist das traurige Gesicht, das der Junge auf diesem Brustbild macht«, erinnerte sie sich. »Er trug eine helle Jacke, und auf dem Bild steht: ›Vom kleinen Maestro‹.«[69] Da Sofjas Zeitangaben nicht immer verlässlich sind, kann das Bild auch durchaus nach dem Umzug oder nach dem Tod der jüngsten Schwester entstanden sein. Es gab kaum einen Ort, in dem er lebte, der für ihn nicht mit traumatisierenden Erfahrungen verbunden war. Die Kindheitsidylle auf dem abgeschiedenen Landgut hinter sich zu lassen, war ein Schock, die häufigen Auseinandersetzungen der Eltern nervenaufreibend. Und nur wenige Monate, nachdem die Familie versuchte, in Sankt Petersburg heimisch zu werden, wurde die Hauptstadt zur lebensbedrohlichen Falle: Im Frühjahr 1883 brach eine Diphtherie-Epidemie aus. Die als »Würgeengel der Kinder« berüchtigte bakterielle Infektionskrankheit[70] befiel auch Wladimir, Sergej und die jüngere Schwester Sofja. Jelena, die Erstgeborene, befand sich zu diesem Zeitpunkt auf einer Internatsschule außerhalb von Sankt Petersburg und blieb verschont. Während die Jungen robust genug waren, die Erkrankung zu überstehen, konnte die kleine Sofja nicht gerettet werden. Erst ein Jahr später wurde in Berlin das Corynebacterium diphtheriae als Erreger bestimmt, und es dauerte weitere zehn Jahre, bis man ein Heilserum entwickelte. Rachmaninoff zeigte Interesse an den neuesten wissenschaftlichen Erkenntnissen. Während Großbritannien und Deutschland hinsichtlich der medizinischen Forschung mit Ärzten wie Rudolf Virchow führend waren, ließen die hygienischen Zustände selbst in russischen Großstädten und der Kenntnisstand der Doktoren mitunter zu wünschen übrig – die Zarenfamilie, und wer es sich sonst noch leisten konnte, bevorzugte dementsprechend, von ausländischen Medizinern betreut zu werden. Auch Rachmaninoff sammelte sein Leben lang einschlägige Erfahrungen, vertraute aber auch russischen Ärzten. Noch in späten Jahren konnte er, selbst wenn er im Ausland weilte, sich darüber aufregen, dass die Frau seines Studienfreundes Morosow bei einer Handverletzung von einem Arzt versorgt wurde, »der sich als so ein Ignorant entpuppte«. Rasch schrieb er Morosow, dass er Fälle kenne, bei denen die Bewegung der Hand auch bei vorangegangenen Behandlungsfehlern vollständig wiederhergestellt werden kann, und empfahl seinem Freund, »den ausgezeichneten Arzt (sehr sympathisch)« zu rufen, »der meinen Onkel vor zwei Jahren bei einer Blutvergiftung durch einen Karbunkel das Leben gerettet« hat: »Dies ist der Chefarzt des Sokolniki-Krankenhauses – der Chirurg Stepan Pawlowitsch Galizkij. Zahlen Sie ihm 5 Rubel pro Besuch. Für diese Summe wird er kommen.«[71] Besondere Anliegen hatten ihren Preis.

Die Auseinandersetzungen der Eltern führten 1883 zur endgültigen Trennung, wobei allerdings eine offizielle Scheidung aufgrund des orthodoxen Kirchenrechts nicht möglich war. Sergej blieb bei seiner Mutter Ljubow, aber die Konsequenzen für die Entwicklung des Kindes waren in der zerstrittenen Familie verheerend. Es gibt kaum angenehme Berichte über den kleinen Sergej. »Wenn wir abends zu Bett gingen, hat er mich immer furchtbar erschreckt«, erinnerte sich eine damals sechsjährige Cousine an den Winter 1884, den der elfjährige Serjoscha in der Familie einer Tante in Sankt Petersburg verbrachte. »Dann kann ich mich noch erinnern, wie sonntags immer sein Bruder Wladimir aus dem Pagenkorps kam, und dann begann ein derartiges Spektakel, dass meine Kinderfrau Theophila fast verrückt wurde. Papa und Mama machten abends Besuche, wir blieben allein, und die Jungen spielten Brettrutschen. Dazu zogen sie alle Bretter aus dem Eßtisch, stellten sie ans Büfett, von dort auf den Tisch, vom Tisch auf den Fußboden, rutschten darauf hinunter und nahmen auch mich mit. Eigentlich war es eher so, dass sie mich hinunterstießen. Die Kinderfrau schrie dann immer, sie würden mir den Hals brechen.« Ihr zufolge galt Sergej als »ein großer Faulpelz«, mit dem man stets »viel Ärger« hatte.[72] Wenn man ihm die Hand zur Unterstützung reichte, stieß er sie weg und flüsterte: »Ich kann's selbst.« Folglich wurde »Ichkannsselbst« (Сам) bald zu seinem Spitznamen in diesem Zweig der Verwandtschaft.[73]

Sergej war ein widerspenstiges Kind. Gezähmt wurde er vom Leben. Während von der Familie die Kosten aufgebracht wurden, um Wladimir die Ausbildung in einem Kadettenkorps angedeihen zu lassen, bewahrte das Stipendium Sergej vor dem Militärdrill. Doch nicht nur dafür war er viel zu undiszipliniert. »Ich wurde ein erstklassiger Schlittschuhläufer«, sagte er einmal über jene Zeit, »machte aber stets einen großen Bogen um das Konservatorium.«[74] Bald geriet er in die Bredouille. »Streitigkeiten in der Familie, fehlende Beaufsichtigung des Jungen und seine frühe Selbständigkeit trugen allerdings wenig zu Lernerfolgen bei«, meinte Sofja. »Serjosha machte keine Schularbeiten, schwänzte häufig den Unterricht und fuhr lieber Pferdebahn oder schlenderte durch die Straßen. Sehr gern sprang er auf eine bereits fahrende Pferdebahn auf und dann in voller Fahrt wieder ab. Er wurde sehr mutwillig und ausgelassen.«[75] Sergej drohte alsbald der Verweis vom Konservatorium.

Lediglich bei den Eltern seiner Mutter hatte er sich stets wohlgefühlt. Nachdem der Mann von Sofja Aleksandrowna Butakowa verstarb, als Sergej vier Jahre alt war, schenkte die Generalswitwe dem Kleinen viel Aufmerksamkeit. »Nur wenn seine Großmutter Sofja Aleksandrowna zu Besuch kam, war er ruhiger, verbrachte viel Zeit mit ihr, und da er sich von ihr geliebt fühlte, war er bemüht, ihr gegenüber aufmerksam und hilfreich zu sein«, erzählte Cousine Sofja. Für den Heranwachsenden wurde Sofja Butakowa eine der wichtigsten Bezugspersonen. Nachdem das erste Jahr am Konservatorium im Frühjahr beendet war, nahm sie »ihren Lieblingsenkel« für den Sommer 1883 zu sich.[76] Gemeinsam erkundete man Nowgorod und verlebte die beiden folgenden Sommer auf ihrem kleinen Gut Borissowo südlich des Ilmensees. »Das Gut hatte die Großmutter gekauft, weil Serjoscha ihr beharrlich dazu geraten und sie geradezu darum gebeten hatte«, meinte Sofia. »Die dortige Atmosphäre von Liebe und Fürsorge sowie die totale Freiheit mit völliger Straflosigkeit machten natürlich einen sehr großen Eindruck auf Serjoscha, der nicht gerade mit Zärtlichkeiten und Zuwendungen verwöhnt war. Einen großen Teil des Tages verbrachte er im Freien, übte sich im Kahnfahren mit einem ausgehöhlten Baumstamm auf dem Wolchow-Fluß, badete, tollte herum, und nur von Zeit zu Zeit, wenn die Großmutter Besuch hatte, mußte er sich ans Klavier setzen und den Gästen etwas vorspielen.« Wie einst sein Vater ließ er dabei seiner

Fantasie freien Lauf. Laut Sofia gab er dann seine Improvisationen oft »für Werke bekannter Komponisten aus«, was die »anspruchslosen Gäste« zumeist nicht bemerkten. »Die beiden Sommer waren zweifellos die glücklichste Zeit in Serjoshas Kindheit«, resümierte die Cousine.[77]

Sein ganzes Leben lang bevorzugte Rachmaninoff die Nähe zu Städten mit großen Flüssen, Seen oder dem Meer. Auch bewahrte er sich in vielen seiner Klavierstücke den Duktus des Improvisatorischen. Ein regelmäßiger Kirchgänger wie seine Großmutter wurde er nie, dennoch faszinierte ihn die akustische Aura sakraler Handlungen. Die Cousine meinte, er »lauschte immer mehr dem geistlichen Gesang und fand Gefallen an dieser Musik«, wenn ihn Sofja Aleksandrowna in die Kathedralen und Klöster mitnahm. Auch diese Erinnerungen leben in seinen Kompositionen weiter.

Einen ganz besonderen Eindruck hinterließ das Glockengeläut. Um dieses in seinen späteren Kompositionen so authentisch wie möglich nachzubilden, boten sich ganz besonders das Klavier und in Orchesterwerken Röhrenglocken an. Sergejs Großmutter verstarb erst 1904 und erlebte noch seine Werke bis zu Opus 22, darunter die erste Sinfonie, das zweite Klavierkonzert, die Kantate *Der Frühling* sowie Chorstücke wie *Deus Meus*, den *Gesang an die Gottesmutter* und *Pantaleon, der Heiler.* Bei den glockenartigen Klängen zu Beginn des c-Moll-Klavierkonzerts und im cis-Moll-Prélude aus den *Morceaux de fantaisie* op. 3 ihres Enkels dürfte sie geahnt haben, was der Ursprung war. »Der Klang von Kirchenglocken bestimmte das Leben in allen Städten Russlands, die ich damals kannte – Nowgorod, Kiew, Moskau«, erinnerte sich Rachmaninoff. »Sie begleiteten jeden Russen von der Kindheit bis zum Grab und kein Komponist konnte sich ihrem Einfluss entziehen.«[78]

Auch wenn Sergej ein undisziplinierter Schüler des Sankt Petersburger Konservatoriums war, nutzte er immerhin jede Gelegenheit, das Klangspektrum der ihn umgebenden Welt zu erkunden. Seine Mutter wünschte sich hingegen für ihren musisch begabten Sohn eine ebenso geregelte, systematische Ausbildung, wie sie Wladimir beim Militär erhielt. Letzten Endes fragte sie ihren angeheirateten Neffen Aleksandr Iljitsch Siloti um Rat, einen in Moskau und Weimar geschulten Pianisten. Siloti war nur zehn Jahre älter als Sergej, hatte seine Ausbildung gerade erst beendet und empfahl, den gleichen Weg einzuschlagen, den er gegangen war: die Unterbringung in dem internatsartigen Haus des Musikpädagogen Swerew und die Ausbildung am Konservatorium in Moskau.

Der Plan dürfte Sergej nicht unsympathisch gewesen sein, sollte er doch zusammen mit seiner Schwester Jelena nach den Sommerferien ein musikalisches Leben beginnen. Die fünf Jahre ältere Schwester verfügte über eine phänomenale Altstimme und Rachmaninoff erinnerte sich später gerne daran, wie er durch sie »die schönsten und tiefsten musikalischen Eindrücke, die ich damals und sogar während meiner ganzen Kindheit erhalten habe«, empfing. Oft begleitete Sergej sie bei Liedern am Klavier, wofür sie ihn sowohl in das traditionelle als auch aktuelle Repertoire einführte und erstmals mit der Musik Tschajkowskijs bekannt machte. Jelena war die Einzige in der Familie, die noch eine gute Beziehung zum Vater aufrechterhielt und sich gelegentlich mit ihm traf. Für Rachmaninoff war sie »ein ungewöhnliches Mädchen: schön, klug, originell und trotz ihrer schmächtigen Figur von herkulischer Körperkraft. Dass sie mit den Fingern einer Hand einen Silberrubel biegen konnte, beeindruckte uns Jungs ungemein.«[79] Die junge Frau hatte viele Verehrer, was die Großmutter beunruhigte und etlichen Gesprächsstoff mit Sergej lieferte. Aber Jelena Rachmaninowa besaß Ehrgeiz und hatte wie ihr Bruder eine musikalische Laufbahn im Sinn. Sie nahm Gesangsunterricht bei dem angesehenen Bariton Ippolit Petrowitsch Prjanischnikow, der seit Jahren in Uraufführungen von Tschajkowskijs Opern sang, darunter die Titelrolle in *Jewgenij Onegin*. Als Jelena sich im Sommer 1885 auf dem Weg zum Besuch einer Tante in Woronesch im Süden des Landes machte, legte sie in Moskau eine Zwischenstation ein, um am Bolschoj-Theater vorzusingen. In der Prüfungskommission saß auch ihr Fürsprecher Prjanischnikow. Jelena hinterließ einen so starken Eindruck, dass sie für den Herbst ein Engagement erhielt. Prjanischnikow bot ihr an, sie bei der Einstudierung der ersten Rollen zu unterstützen. Sein Wohlwollen und die Aussicht, sich an einer der renommiertesten Bühnen des Landes hochzuarbeiten, boten verheißungsvolle Aussichten. Jelena wollte zu Beginn der neuen Spielzeit vom Gut ihrer Tante aus nach Moskau reisen, um dort ihren Bruder Sergej zu treffen: Gemeinsam planten die jungen Leute, Moskau für sich zu erobern: Er als Musikstudent und sie als neue Solistin am Bolschoj-Theater. Sergej stand kurz vor der Abfahrt nach Moskau, als die Familie eine verstörende Nachricht erreichte: Jelena war an perniziöser Anämie erkrankt. Müdigkeit, Taubheitsgefühle, Blässe sowie später eine Neigung zu kollabieren und eine gelbliche Verfärbung der Haut müssen auch bei ihr Vorzeichen für die Blutarmut gewesen sein, die auf einem Mangel an Vitamin B12 beruht. »Ich erinnere mich an das unheimliche Gefühl, das ich hatte, als sie sich in den Finger stach und ich Wasser statt Blut sah«, erinnerte sich Rachmaninoff in späteren Jahren.[80] Die junge Frau hatte keine Chance. Erst Anfang der 1930er-Jahre konnte ein Medikament entwickelt werden, das dem Körper die hohen Dosen des für die Blutbildung erforderlichen Vitamins zuführt. Jelena verstarb, noch bevor sie ihr Engagement antreten konnte. Völlig unerwartet war der junge Sergej Rachmaninoff gezwungen, in Moskau allein zurechtzukommen.

Bevor Serjoscha die über viele Stunden lange Bahnreise antrat, durfte er sich noch von seiner Großmutter verabschieden. Der Aufbruch in seine künstlerische Zukunft bedeutete für den Zwölfjährigen damals nur eine weitere schmerzliche Verlusterfahrung. Die Großmutter »rechnete aus, wieviel Geld ihm für die Reise mitgegeben werden muss«, berichtete Cousine Sofja über Sergejs Abschied, »schneiderte ihm eine graue Jacke, nähte ihm noch hundert Rubel in einen der Fausthandschuhe ein und kaufte ihm die Fahrkarte nach Moskau. Er kann sich erinnern, wie bitter ihm die Fahrt angekommen ist, und wie er geweint hat, als er im Abteil saß und der Zug sich in Bewegung setzte. In Moskau lebte er dann zwei bis drei Tage bei seiner Tante, der Mutter von Aleksandr Siloti, und obwohl er sie fast nicht kannte, verspürte er doch etwas Verwandtes. Von dort brachte man ihn dann zu Swerew.«[81]

2 Die Welt der Fantasie und Kultur (1885–1894)

In Moskau erlebte Sergej Rachmaninoff ab den 1880er-Jahren eine völlig andere Welt. Diese Stadt vibrierte, roch und tönte anders als alles, was er bisher gewohnt war. Über das Sergej mittlerweile vertraute Sankt Petersburg des 19. Jahrhunderts hatte der Gelehrte Aleksandr Iwanowitsch Herzen seinerzeit gelästert, es unterscheide »sich von allen europäischen Städten darin, dass es ihnen allen gleicht«.[82] Der von Puschkin wegen seiner imposanten Architektur und Kanäle einst als »Venedig des Nordens« bezeichnete Ort hatte sich durch den Status als Hauptstadt anders entwickelt. »Moskau ist offenbar in vielem das direkte Gegenteil von Petersburg«, beschrieb der Osteuropahistoriker Karl Stählin die Unterschiede schon kurz nach der Jahrhundertwende. »Wenn in der Stadtanlage P.'s die gerade Linie der vorherrschende Zug ist, so hier der Kreis. Und der schnurgerade, von einem absoluten obersten Willen gezogene Prospekt ist wieder das Symbol der Militär- und Beamtenzentrale und zugleich des steiferen Lebens, während hier alles bequem und gemütlich und sans façon hergeht. Und vor allem: Moskau ist eben die altrussische Residenz mit ihrer ins tiefe Mittelalter reichenden Vergangenheit, ihren durch große Traditionen geheiligten Stätten, ihrem alten Zarenglanz und ihren großen Schicksalen der Tatarenеroberung bis 1812: Petersburg ist diesen Erinnerungen gegenüber der geschichtslose Parvenu.«[83]

Moskowiter und Petersburger beäugten einander misstrauisch. »Halb Petersburg steckt in Uniform«, meinte der Essayist Johann Georg Kohl.[84] Und im Gegenzug hieß es: »Die Petersburger lachen über die Kleidung in Moskau; die ungarischen Röcke, die Schirmmützen und die langen Haare, die unmilitärischen Schnurrbärte beleidigen sie«, beobachtete Herzen. »Moskau ist tatsächlich eine Zivilistenstadt, ein bisschen verdorben, nicht an Disziplin gewöhnt, doch ob das ein Verdienst ist oder ein Fehler, wollen wir dahingestellt sein lassen.«[85] Auch der Lebensrhythmus glich eher einem Allegro als einem Adagio. »Das erste, was mir in den Straßen Moskaus auffiel, sind die Einwohner, welche mir lebhafter im Gange, und offener in ihrer Heiterkeit vorkamen, als die von Petersburg«, konstatierte der Reiseschriftsteller Astolphe de Custine. »Man atmet hier eine Luft der Freiheit, die man in dem ganzen übrigen Reiche nicht kennt.«[86]

Städtischen Volkszählungen zufolge lebten um das Jahr 1900 in der Hauptstadt Sankt Petersburg 1 439 613 und in Moskau 1 175 000 Menschen, wobei die Zahl rasch anstieg und man 1912 bereits 1 618 000 Personen in der Metropole an der Moskwa registrierte. Verglichen mit der 1703 gegründeten und in den trockengelegten Newa-Sümpfen errichteten Stadt war das seit dem 12. Jahrhundert historisch bewährte Moskau ein Ort, der dem jungen Sergej Rachmaninoff nach Nowgorod besonders gefallen konnte. Noch das im Krieg brennende Moskau imponierte den Menschen. Dem Schriftsteller Stendhal, der 1812 als Quartiermeister in Napoleons Stab gegen die Stadt vorrückte, erschien sie als »riesige Pyramide, deren Basis auf der Erde ruhte und deren Spitze in den Himmel ragte«.[87] Umso faszinierender war das Moskau der erlesenen Kultur und des guten Geschmacks. Auf Tourneen schwärmte die Pianistin Clara Schumann gegenüber Johannes Brahms von der »Wunderstadt Moskau«.[88] Hier beeindruckten statt Kasernen und Behörden vielmehr Konzert- und Ballsäle. Dabei war das Moskauer Konservatorium ursprünglich ein ›Ableger‹ des entsprechenden Musikinstituts in Sankt Petersburg. Treibende Kraft war die 1859 in der Hauptstadt initiierte Russische Musikgesellschaft. Auf Initiative des Pianisten und Komponisten Anton Grigorjewitsch Rubinschtejn sowie einflussreicher Persönlichkeiten schuf man aus den Musikklassen der Gesellschaft 1862 das erste russische Konservatorium. Natürlich wurde Anton Rubinschtejn sein Leiter und übernahm eine Professur für Klavier. Die Moskauer Sektion der Russischen Musikgesellschaft bildete sich auf Initiative seines Bruders Nikolaj Rubinschtejn. Er galt als der begabtere Pianist, trat vorwiegend in Russland auf und machte sich einen Namen als Pädagoge, insbesondere durch die Förderung von Talenten wie Sergej Taneew, Alexandr Siloti und Emil von Sauer. Nachdem der Unterricht anfangs in Rubinschtejns Privatwohnung stattfinden musste, gelang es, durch Benefizkonzerte und Spendenaktionen in Russland ein weiteres Ausbildungszentrum für Berufsmusiker zu etablieren. Bereits 1864 wurden 200 Schüler unterwiesen und zwei Jahre darauf offiziell das Moskauer Kaiserliche Konservatorium gegründet. Passenderweise zog man 1871 – zunächst zur Miete – in das imponierende Gebäude der Fürstin Ekaterina Romanowna Woronzowa-Daschkowa, einer namhaften Vertreterin der Aufklärung im Russland des 18. Jahrhunderts. Im Jahr 1878 konnte der palastartige Bau in der Bolschaja-Nikitskaja-Straße für 185 000 Rubel erworben werden. Zu den Umbau- und Erweiterungsmaßnahmen, die 1893 und 1901 vorgenommen wurden, kam es allerdings erst, nachdem Rachmaninoff dem Institut nicht mehr angehörte. Konzerte im Konservatorium oder einer der Aristokratenvillen sowie Opernaufführungen im Bolschoj-Theater nebst Schauspielhäusern, Bibliotheken und Museen boten zahlreiche Gelegenheiten zur Herzens- und Weiterbildung.

In diesem Dschungel der Möglichkeiten hatte Siloti jene harte Schule empfohlen, die er selbst erfolgreich durchlaufen hatte. Das Studium bei Nikolaj Sergeewitsch Swerew sorgte für einen stabilen Bezugsrahmen. Er wusste, dass ein Talent darin nur reifen kann, wenn es auch über die erforderliche Disziplin verfügt – und hierfür war sein eigener Lehrer genau der richtige Pädagoge. Swerew, mittlerweile Anfang 50, bot eine stattliche Erscheinung: Ein Ehemaliger schilderte ihn als Mann mit »majestätischem ›Liszt‹-Gesicht«,[89] ein anderer zeigte sich beeindruckt von der großen, schlanken Gestalt des Feingeistes mit den »schwarzen, buschigen Augenbrauen über dem glattrasierten Antlitz« und seiner »väterlichen Erscheinung, die Frieden und Gelassenheit ausstrahlte«.[90] Swerew gab nie selbst Konzerte, sondern ermöglichte eher seinen Eleven, so oft wie möglich vor kundigen Zuhörern zu spielen. Er komponierte auch nicht wie einst seine eigenen Lehrer Aleksandr Djubjuk – Sohn französischer Aristokraten und 1866 Autor des Handbuchs *Technik des Klavierspiels* (1866) – oder Adolph Henselt. Der Deutsche war 1838 zum kaiserlichen Hofpianisten der Zarin und zum Generalmusikinspektor der kaiserlichen Töchtererziehungsheime nach Sankt Petersburg berufen worden. Sowohl Djubjuk als auch Henselt erlebten noch mit, wie Swerew 1870 Lehrer am Moskauer Konservatorium und dort 1883 zum Professor ernannt wurde. Höchstwahrscheinlich gehörten sie auch zu dem illustren Personenkreis, dem man als Student bei Swerew irgendwann einmal begegnete. Als Reminiszenz spielte Rachmaninoff am 27. Dezember 1923 für die Victor Talking Machine Company in New York Adolph Henselts Etude »Si oiseau j'etais« (Wenn ich ein Vöglein wär') ein, die sechste der *12 Études caractéristiques* für Klavier op. 2.

Nikolaj Swerew konnte sich gegenüber seinen Studenten und Gästen großzügig zeigen, denn seine Lehrtätigkeiten brachten ihm nach Schätzungen eines seiner Studenten mit jährlich etwa 10 000 Rubel ein hohes Einkommen ein. Er gehörte zur Moskauer Homosexuellenszene um Rubinschtejn und Tschajkowskij, erregte damit aber keinerlei Aufsehen. Aufgrund der Vorbilder, die Swerew bei seiner eigenen Ausbildung kennengelernt hatte, präsentierte er sich in der Öffentlichkeit »stets gut gekleidet«, wie Wera Tretjakowa berichtete, die Tochter von Pawel Michailowitsch Tretjakow, der in den 1870er-Jahren begann, seine Gemäldegalerie einzurichten, die bald zu einem der bedeutendsten Kunstzentren Russlands wurde. Ihr erschien Swerew »als ein Adliger im besten Sinne des Wortes«, denn »er war ein Edelmann der Sechziger, ein Liberaler«.[91] Wie prägend Swerow nicht nur als Musiker, sondern auch als Mensch für Rachmaninoff war, zeigt sich daran, dass Sergej

Wasilewitsch später vorbehaltlos Umgang mit homosexuellen Künstlern wie dem englischen Komponisten Roger Sacheverell Coke pflegte und Sofja Wladimirowna Satina erzählte, sie habe »Onkel Sergej«, wenn sie zu Besuch war, »nie im Morgenmantel oder in ungepflegter Kleidung gesehen«. – »Er war immer höflich und erhob nie seine Stimme. Er freute sich über eine gute Geschichte oder einen Witz, machte aber nie böse Bemerkungen über Mitmusiker oder Kollegen.«[92]

In kulturaffinen Zirkeln sprach man offen darüber, Swerew sei »der wichtigste Produzent von Medaillenträgern« in Russland.[93] Der Pädagoge bot den ihm Anvertrauten viel und verlangte von ihnen noch mehr. Nun blieb dem jungen Sergej Rachmaninoff keine Zeit mehr für Müßiggang. Für drei von Swerew handverlesenen Auszubildenden bot sich die Möglichkeit, bei ihm zu wohnen. Zumeist wählte er dafür diejenigen, die sich ein kostspieliges Studium nicht leisten konnten oder die keine Ansprechpartner in der fremden Stadt fanden. Sergej hatte gerade erst seine Lieblingsschwester verloren und die Moskauer Verwandtschaft war ihm fremd, weil die Angehörigen der Mutter und des Vaters sich gegenseitig nur Vorwürfe machten wegen des Zerfalls der Familie. Immer wieder gab es Phasen, in denen der Jugendliche klagte, »mir scheint, dass sie mich nicht mehr lieben!«[94]

Da Siloti seinen früheren Lehrer sicherlich auf Sergejs Neigung zum Schlendrian hingewiesen hatte, war er prädestiniert dafür, unter die strenge Fuchtel der Swerews zu kommen. Er durchlief dabei die harte Schule des Lebens und der Kultur: Nikolaj Sergeewitsch übernahm die Ausbildung der Jungen, während seine unverheiratete Schwester Anna Sergeewna Swerewa für Ordnung und Disziplin sorgte im Haus in der Pljuschtschicha-Straße im westlichen Zentrumsbereich Moskaus, die etwa zwischen dem heutigen Außenhandelsministerium und dem Kiewer Bahnhof auf der anderen Seite der Moskwa liegt. Durch wohlhabende Geldgeber und zusätzliche Klavierstunden konnte Swerew für die Schützlinge in seinem Haus Unterkunft, Verpflegung, Kleidung und Unterricht kostenfrei anbieten. Die Grundbedingung lautete aber, dass der angehende Künstlernachwuchs bei ihm bleiben musste, ohne in den ersten Lehrjahren den Sommer bei den Familien zu verbringen. Nichts sollte sie von der Musik sowie ihrer kulturellen und gesellschaftlichen Ausbildung ablenken. Dadurch sah Sergej seine Großmutter erst wieder, als er 15 Jahre alt war.

AUSSER Sergej lebten noch der drei Jahre ältere Matwej Leontjewitsch Presman und der gleichaltrige Leonid Aleksandrowitsch Maksimow bei den Swerews. Das Hochbegabtenstudium absorbierte die Jungen vollkommen, denn es ging weit über eine übliche pianistische Schulung hinaus. Es umfasste das Aneignen vielseitiger Fertigkeiten, wofür Swerew alle in Moskau zur Verfügung stehenden Register zog: Tanz- sowie Französisch- und Deutschunterricht unterstützten den Umgang in gebildeten Kreisen. Darüber hinaus machte man sich zusammen mit einer eigens engagierten Klavierlehrerin mit dem achthändigen Spiel von Ouvertüren und Sinfonien vertraut. Dies stellte eine höchst ungewöhnliche Herangehensweise dar, da es im 19. Jahrhundert eher üblich war, das Orchester- und Opernrepertoire anhand von Klavierauszügen zu zwei oder vier Händen zu studieren. Vollständige Orchesterpartituren herauszugeben, bedeutete für Verlage ein großes finanzielles Risiko, daher waren diese Editionen selten. Doch Swerews Studentenelite verblüffte selbst die führenden Komponisten Moskaus noch mit einer weiteren Besonderheit. Ihr Lehrer schlug vor, dass seine Eleven nach einer der Frühjahrsprüfungen in seiner Klasse der Kommission des Konservatoriums unter Leitung von Direktor Taneew eine Sinfonie Beethovens in einer Fassung für acht Hände vorstellten. »Nie werde ich die Pose und den Gesichtsausdruck von S. I. Taneew vergessen, als er sah, wie wir zu viert zu den Instrumenten gingen, uns hinsetzten und … vor uns keine Noten lagen«, erzählte Presman. »Er sprang von seinem Platz auf und fragte entsetzt: ›Und die Noten?!‹ Völlig gelassen entgegnete Swerew: ›Sie spielen auswendig.‹ Wir spielten die fünfte Sinfonie von Beethoven. Ob es gut oder schlecht war, weiß ich nicht mehr, nur dass S. I. Taneew sich nicht beruhigen konnte und ständig wiederholte: ›Aber wie ist das möglich?! Auswendig?!‹ Um ihm endgültig ›den Rest zu geben‹, ordnete Swerew an, dass wir noch das Scherzo aus Beethovens sechster Sinfonie spielen sollten, was wir auch erfolgreich ausführten.«[95]

Die angehenden Künstler wurden ununterbrochen in Spannung gehalten und auf Leistung getrimmt. Swerew organisierte Eintrittskarten für gemeinsame Konzert-, Opern- sowie Theaterbesuche, die anschließend im kleinen Kreis ebenso eifrig diskutiert wurden wie das Neueste aus Kunst und Literatur. Durch die weitreichenden Kontakte Nikolaj Swerews kamen zahlreiche Gäste ins Haus, darunter nicht nur Musiker, Maler, Autoren, Schauspieler und Sänger, sondern auch Universitätsprofessoren, Ärzte und Juristen. Geschmack und Geist sollten gleichermaßen geschärft werden. Zudem boten Gesellschaftsabende den angehenden Berufsmusikern die Gelegenheit für öffentliche Auftritte, denn Swerew ließ kaum eine Gelegenheit ungenutzt, um vorzuführen,

»was *meine* Schüler alles können«.[96] Nikolaj Sergeewitsch war stadtbekannt mit den »Jungen aus seinem Rudel«, wie man die »Swerjata« unter Anspielung auf seinen Namen nannte: In einem Wortspiel verband man Зверев (Swerew) mit Elementen von ребята (Jugendliche, Jungs), хищный зверь (Raubtier) und зверята (junge Wildtiere). Und diese mussten gezähmt werden.

Als vorausschauender Pädagoge erteilte Swerew nebenbei auch noch einige ›allgemeinbildende‹ Lektionen. Nach gemeinsamen Theater- oder Konzertbesuchen führte er seine Studenten anfangs noch ins Wirtshaus, um das Erlebte zu besprechen. Es wurde gegessen und getrunken, was sich mitunter in die Länge zog, obwohl man am nächsten Morgen in aller Frühe wieder sein Können unter Beweis stellen musste. Bald baten seine Zöglinge darum, auf einen solchen Ausklang der Abende zu verzichten. Gegenüber Freunden, die seine Methoden kritisierten, sah sich Swerew in seiner Erziehungsstrategie bestätigt. »Ich bin unendlich froh, dass sie das Wirtshaus kennengelernt haben, das Essen dort, ein Gläschen Schnaps, ein Glas Sekt probierten«, meinte er. »Sie sahen und beobachteten den Kreis der Besucher und deren Benehmen. Indem sie dies alles in meinem Beisein kennengelernt haben, kamen sie selber zu der Überzeugung, dass es in dieser verbotenen Frucht überhaupt nichts besonders Angenehmes gibt. Sie werden, wie Sie sehen, vom Lokalen nicht mehr angelockt«, denn »sie kennen jetzt den Preis des Wirtshauses und des Gläschens Wodka; damit bringt man sie nicht mehr zum Staunen«.[97]

Nach Auffassung von Rachmaninoff gelang es Swerew, »sein Zuhause von einem vermeintlichen musikalischen Gefängnis in ein Musikparadies zu verwandeln«. Obwohl er ein »sehr strenger Lehrer« war, erschien er an den gesellschaftlichen Sonntag-Nachmittagen und -Abenden wie ausgewechselt. »Am erfreulichsten war für uns Jungen an diesen Sonntagen, dass Swerew keinem der anwesenden großen Musiker gestatten würde, das Klavier anzurühren, außer es gäbe etwas zu erläutern oder kritisieren«, erinnerte sich Rachmaninoff. »Wir, nicht sie, waren bei diesen Gelegenheiten die künstlerischen Solisten. Unsere improvisierten Darbietungen entzückten Swerew außerordentlich. Ganz gleich, was wir spielten, sein Urteil lautete stets ›Schön! Gut gemacht! Ausgezeichnet!‹ Er ließ uns spielen, was wir wollten, und ermutigte die Gäste, seinem Urteil über uns beizupflichten. Ich finde kaum Worte dafür, um angemessen zu beschreiben, wie beflügelnd für unseren Ehrgeiz diese Gelegenheiten waren, für die bedeutendsten Musiker in Moskau zu spielen und ihre freundliche Kritik zu hören, noch was es für einen Ansporn für unseren Enthusiasmus bedeutete.«[98]

Sergejs Mitbewohner bei den Swerews – Matwej Presman und Leonid Maksimow – entwickelten eher pädagogische Neigungen. Ihr Lehrmeister Swerew stellte deutlich klar, dass zu künstlerischen Erfolgen auch eine strenge Disziplin gehört. »Der Unterricht begann um 6 Uhr morgens«, erinnerte sich Presman, »und wir wechselten uns ab, wer zu dieser Uhrzeit an der Reihe war. Nie wurde irgendeine Ausrede zugelassen – wenn ein Schüler am Abend zuvor im Theater oder bei einem Konzert war oder vor 2 Uhr morgens nicht ins Bett gekommen war – nichts konnte diesen Ablaufplan verändern: Wer um 6 Uhr an der Reihe war, musste aufstehen und sich ans Klavier bemühen, ganz egal, was geschehen war. Und wehe dem, dessen Müdigkeit sich auf sein Spiel auswirkte – Swerew stürmte ins Zimmer, eine furchterregende Gestalt in seiner Unterwäsche, brüllte schrecklich und versetzte uns manchmal einen heftigen Klaps. Der verschlafene Schüler wurde unverzüglich hellwach und begann mit neu gewonnener Sorgfalt zu spielen.«[99]

Damit die Konzentration und Aufmerksamkeitsspannung auch in den Semesterferien nie nachließen, behielt Swerew die Jungen anfangs bei sich, um neben der Erholung auf das einzustimmen, was sie im nächsten Semester erwartete. So war ein Grundlagenkurs in Harmonik die Voraussetzung, um im Herbst dem Unterricht von Anton Stepanowitsch Arenskij am Konservatorium folgen zu können. Dafür mietete Swerew ein bei Moskau gelegenes Sommerhaus oder fuhr mit ihnen auf die Krim. Dort residierte man im Domizil eines Moskauer Millionärs, dessen Kindern Swerew Klavierunterricht gab. »Die Jungen liebten Swerew sehr, obwohl er viel verlangte«, betonte Sofia Satina. »Nicht selten artete seine Strenge sogar in Despotismus aus. Er strafte für kleinste Vergehen, forderte von ihnen unbedingten Gehorsam und konnte Lügen, Ausflüchte und Prahlereien nicht leiden.«[100] Insgesamt war eine härtere Gangart mittlerweile im ganzen Land üblich geworden. Nachdem der Reformzar Aleksandr II. im März 1881 von fanatischen Anarchisten bei einem Attentat ermordet worden war, griff sein Sohn Aleksandr III. durch und löste sich von liberalen Ratgebern, weil er die autokratische Herrschaft stützen wollte. Er demonstrierte nicht nur Stärke, er war selbst ein Musterbeispiel an Körpergröße und Kraft, was sich unter anderem darin zeigte, als er bei einem Eisenbahnunglück Angehörigen ermöglichte, sich in Sicherheit zu bringen, indem er das Dach eines Waggons nach oben drückte, als es herabzustürzen drohte. Die Fähigkeit zu beschützen und zu bestrafen galt als Tugend. Nach biblischem Vorbild lebten die Menschen im 19. und im frühen 20. Jahrhundert in einer Welt der Bestrafung. Während Dostoewskij einen Roman mit dem bezeichnenden Titel *Verbrechen und Strafe* (Преступление и наказание) herausbrachte, publizierte der französische Philosoph Claude-Joseph Tissot darüber, dass dank der Aufklärung die Gesellschaft im späten 19. Jahrhundert zu einer »durch Mitgefühl und Güte gemilderten Gerechtigkeit« gefunden habe.[101] Ideengut aus dem Westen blieb nicht ohne Einfluss auf Russland. Auf einer anderen Ebene gab Nikolaj Swerew den harten, aber durchaus gerechten Pädagogen. Sofja Aleksandrowna Satina betonte, abgesehen von Disziplin »förderte er Findigkeit und Scharfsinn«, und »ihm gelang das Kunststück, bei all seiner Strenge nicht die Individualität der Zöglinge zu ersticken«.[102]

Die vier Jahre bei den Swerews waren geprägt von einem materiell sorgenfreien Leben, hochkonzentrierten Studien, Erfolgserlebnissen bei Auftritten, Prüfungsdruck und intellektuelle Anregungen, die auch in Leipzig oder Wien kaum hätten intensiver sein können. »Die strenge Aufsicht bei den Schularbeiten der Zöglinge, die Kontrolle über deren allgemeines Verhalten sowie vor allem die interessante und hochgebildete Gesellschaft, in der diese zukünftigen Künstler verkehrten, taten ein Übriges, um ihren Geschmack zu bilden, ihre Auffassungen zu formen und ihre Interessen zu entwickeln«, meinte Cousine Sofja.[103]

KONZERTBESUCHE waren kein Zeitvertreib, sondern eine Fortsetzung des Unterrichts mit anderen Mitteln. Swerew wusste, wie er seine Studenten inspirieren konnte. »Die Konzerte Silotis waren die ersten, die ich in meinem Leben besuchte«, erzählte Presman. »Ich werde nie vergessen, wie sich das gesamte Publikum – erstaunt vom Klang – während der Aufführung des ›Pesther Carneval‹ [der *Ungarischen Rhapsodie* Nr. 9] von Liszt von den Plätzen erhob, um sich mit eigenen Augen zu vergewissern, dass da ein Klavier klingt und nicht ein ganzes Orchester.«[104] Wenn Aleksandr Siloti nach Moskau kam, lud ihn Swerew gerne zu sich, um seinen Eliteeleven aus nächster Nähe einen Eindruck zu bieten, was fulminante Könner alles auf dem Klavier zu vollbringen vermögen. Siloti hatte noch zusätzlich drei Jahre bei Liszt in Weimar studiert und damit sein Spektrum erweitert. So erlebte Rachmaninoff in seiner Ausbildung die unterschiedlichsten stilistischen ›Schulen‹ von dem ungarischen Tausendsassa durch Siloti bis zu Field und Henselt bei Swerew. Sergej Wasiljewitschs Studienfreund, der Cellist und Musikpädagoge Michail Bukinik, beschrieb Silotis Auftreten als »geschmeidig, lebhaft mit einem freundlichen Lächeln«.[105] Mit seinem Resümee: »Nicht nur habe ich nie etwas Ähnliches gehört; dieses Spiel erschien mir geradezu übernatürlich und faszinierend«, sprach Presman auch seinen Kommilitonen aus dem Herzen. »Seine erstaunliche Virtuosität und Brillanz blendeten; die ungewöhnliche Schönheit und der Reichtum des Klangs und die Fülle der allerfeinsten Ausdrucksmittel seiner Interpretation der besten Werke der Klavierliteratur waren bezaubernd.«[106] Mit solchen eindrucksvollen Demonstrationen wurde allen deutlich, was Swerew meinte, wenn er forderte, dass ein Konzertflügel wie ein ganzes Orchester erschallen solle und singen wie die Patti oder Rubini, die einst die größten Opernstars ihrer Epoche waren.

Trotzdem erwartete Swerew keine Imitation, sondern Individualität. Bei Besuchen von Aufführungen konnte man die unterschiedlichen Künstlerpersönlichkeiten und illustre Gäste bestaunen. Schauspielidole wie Eleonore Duse und Ludwig Barnay, die Pianisten Josef Hofmann, Eugen d'Albert und Hans von Bülow, die Geiger Leopold Auer und Eugène Ysaÿe sowie die Opernsänger Mattia Battistini, Felija Litwin und Francesco Tamagno gehörten zu den berühmtesten Interpreten ihrer Zeit. Auf Auftritte bedeutender Dirigenten wie Arthur Nikisch und Gustav Mahler in Russland musste Rachmaninoff etwas länger warten. Sie fanden erstmals 1895 bzw. 1897 statt, aber zuvor dürfte er bereits von Tschajkowskij Lobeshymnen über beide gehört haben, da sie sich erfolgreich für dessen Musik einsetzten. Tschajkowskij hatte Nikisch bereits 1889 nach Moskau eingeladen, aber als dieser die Leitung des Boston Symphony Orchestra übernahm, musste das Gastspiel verschoben werden. Von Mahlers erstem großen Instrumentalwerk kann Rachmaninoff zunächst nur über Tschajkowskij erfahren haben, da die D-Dur-Sinfonie erst 1899 veröffentlicht wurde und Mahler bis zum September 1907 wartete, bis er mit seiner ›Fünften‹ dem russischen Publikum auch ein eigenes Werk vorstellte.

Den Umgang mit bedeutenden Künstlern war Sergej Rachmaninoff von Jugend an gewohnt. Bei privaten Darbietungen und Schülerabenden des Konservatoriums mit gemischten Programmen, bei denen er und Kommilitonen wie Aleksandr Skrjabin beteiligt waren, kam man auch unmittelbar in Kontakt mit Musikergrößen wie Tschajkowskij und Rubinschtejn. Pjotr Iljitsch Tschajkowskij verstand sich in erster Linie als Komponist, und durch die großzügige Unterstützung einer wohlhabenden Gönnerin konnte er sich ab 1876 ausschließlich dieser Tätigkeit widmen. Einer der frühen prägenden Eindrücke für Sergej war die Uraufführung von Tschajkowskijs neuem Orchesterwerk im März 1886 in Moskau: »*Manfred* – Symphonie en quatre tableaux d'après le poème dramatique de Byron«, wie es auf der im gleichen Jahr publizierten Partitur hieß. Obwohl auch vom Komponisten abgesegnete Klavierauszüge für zwei, vier und acht Hände erschienen, versuchte sich der 13-jährige Sergej daran, nach der Partitur eine eigene vierhändige Klavierfassung zu erstellen. Swerew bot ihm die Möglichkeit, zusammen mit Presman seine pianistische Interpretation des Opus 58 dem Sinfoniker vorzustellen. In Tschajkowskijs Tagebüchern sind bei den Einträgen zu Begegnungen zwar mehrfach »Swerews Schüler« oder »Abend bei den Swerews« aufgelistet, diese individuelle Leistung ist aber nicht hervorgehoben. Allerdings behielt der namhafte Komponist die Entwicklung des 33 Jahre jüngeren Studenten im Auge. Nach dem Verlust seiner Schwestern und seiner Heimat dürften Sergej Rachmaninoff etliche der in der *Manfred-Sinfonie* ausgedrückten Empfindungen vertraut gewesen sein. Tschajkowskij hatte zum besseren Verständnis den einzelnen Sätzen noch kurze Beschreibungen vorangestellt: »Sein Leben ist zerschlagen, viele brennende Fragen bleiben unbeantwortet, nichts ist ihm geblieben außer den Erinnerungen«, heißt es zum ersten Satz. »Gedanken und Erinnerungen quälen ihn, er sucht Vergessen, das ihm niemand geben kann.« In Manfreds Gefühlschaos dürfte sich Sergej wiedererkannt haben.

Im gleichen Jahr wurde die neue Sinfonie in New York vorgestellt und in Sankt Petersburg, wo sie Anton Grigorjewitsch Rubinschtejn dirigierte. Er gehörte zu Swerews Generation, war aber in erster Linie ein profilierter Komponist und Pianist. Sein Können stellte er zuweilen in den Dienst der musikalischen Bildung, als er Ende der 1880er-Jahre am Sankt Petersburger Konservatorium für Gelehrte, Studierende und Musikliebhaber einen Vorlesungszyklus zur Geschichte der Klavierkunst anbot. Dabei standen in der Spielzeit 1887/88 insgesamt 58 von Vorträgen begleitete Konzerte auf dem Programm, und in der folgenden Saison interpretierte er 877 Werke von 57 Komponisten. Von dieser Reihe seiner »Historischen Konzerte« stellte Rubinschtejn ebenfalls eine Auswahl in Moskau vor, die auch Swerews Studenten im Haus der Moskauer Adelsversammlung besuchen konnten, dem heutigen Haus der Gewerkschaften in der Großen Dimitrowka-Straße (der früheren Puschkinstraße). »Der Saal war überfüllt«, beobachtete Presman. »Es war unheimlich schwer, dort noch hinein zu gelangen. Hinter den Säulen stand die Menge wie eine Wand.« Mit geballter Energie fesselte Rubinschtejn die Anwesenden beinahe drei Stunden. »Ich erinnere mich, wie ich fürchtete, auch nur einen Ton zu verpassen«, erzählte Rachmaninoffs Kommilitone. »Er zog die Zuhörer in seinen Bann, gleichzeitig begeisterte er sie durch sein elegantes und graziöses Spiel, durch sein aufbrausendes, feuriges Temperament, durch seine

Warmherzigkeit und Zärtlichkeit. Sein Crescendo ließ die Lautstärke schier grenzenlos anwachsen, sein Diminuendo erreichte ein unglaubliches Pianissimo, das jedoch auch in den entferntesten Winkeln des riesigen Saals zu hören war. Mit seinem Spiel war Rubinschtejn gleichzeitig schöpferisch, gestaltete unnachahmlich, genial.«[107] Auch Sergej Rachmaninoff zeigte sich tief beeindruckt. Seine Freunde beobachteten, dass er sich die Musik aus Vergangenheit und Gegenwart nicht nur aneignete, sondern zugleich studierte, wie sie zu interpretieren sei. »Wir wussten über seine Fähigkeiten, die Form eines jeden Stückes rasch aufzunehmen, Noten schnell zu analysieren und lesen«, berichtete Bukinik. »Sein absolutes Gehörvermögen sowie auch seine brillanten Analysen der Werke von Tschajkowskij und Arenskij erstaunten und begeisterten uns. Als Pianist hat er uns vorerst weniger beeindruckt.«[108] Rachmaninoff hatte seine Vorbilder genau im Blick. »Meiner Meinung nach überragte Anton Rubinschtejn in seiner Pianistik alle, die in der Zeit nach ihm spielten«, meinte er später. »Die Kunst des Klavierspiels hat die Grenzen ihrer Entwicklungsmöglichkeit nicht nur noch nicht erreicht, es ist sogar zweifelhaft, ob das gegenwärtige Niveau der Pianistik sich annähernd auf der Höhe befindet, auf der sie zu Zeiten Anton Rubinschtejns gewesen ist.«[109]

Im Sommer 1888 durfte Sergej nach dem obligatorischen Studienaufenthalt mit Swerew auf der Krim wieder seine Familie in Sankt Petersburg besuchen. Ab September fokussierte er sein Moskauer Studium auf die intensive Ausbildung zum Konzertpianisten und Komponisten. Rachmaninoff wohnte weiterhin bei den Swerews und nahm Unterricht in Harmonik bei Arenskij. Als »agil, mit einem schiefen spöttischen Lächeln auf seinem klugen, halbtatarischen Antlitz« schilderte ihn ein Kommilitone. »Er sprühte stets vor geistreichen Scherzen oder regte sich über irgendetwas auf. Sein Spott wurde gefürchtet und sein Talent bewundert.«[110] Ein solcher Überflieger war bei Anton Stepanowitsch Arenskij in besten Händen. Arenskij bot fundiertes Wissen und spannendes Anschauungsmaterial: Seine famose, 1883 uraufgeführte erste Sinfonie war noch im gleichen Jahr als Partitur und Klavierarrangement von Taneew zu vier Händen erschienen; die zweite konnte man ab 1889 studieren. Zudem beeindruckte Arenskijs Vokal- und Kammermusik, darunter seine Sonate für zwei Klaviere op. 15, die er Sergejs anderen prägenden Lehrern gewidmet hatte: Aleksandr Siloti, bei dem der Student den Feinschliff am Klavier erhielt, und Sergej Iwanowitsch Taneew, bei dem er Seminare in Kontrapunktik, Fuge und Formenlehre besuchte.

Mit Anfang 30 war der korpulente, kurzsichtige Taneew eine der schillerndsten Gestalten einer neuen Musikergeneration. Nicht nur als anerkannter Pädagoge, auch mit drei Sinfonien – deren dritte er Arenskij widmete – sowie etlichen Streichquartetten hatte er sich bereits einen Namen gemacht. Die Sinfonik bestach durch ihren Farbenreichtum und die Kammermusik mit kunstvoll geflochtenen, ausdrucksstarken Quartettsätzen. Zudem war Taneew ein brillanter Pianist, der nach Tschajkowskijs Desaster mit Kross das erste Klavierkonzert seines Freundes mit Bravour in Moskau vorstellte. Taneew hegte auch Interesse an der Philosophie, insbesondere Platon und Spinoza, der bereits seit dem 18. Jahrhundert in Russland rezipiert wurde. Allerdings erschienen ihm weniger die Vokalkompositionen, sondern komplexere Instrumentalformen geeignet, um Gedankentiefe und Welthaltigkeit zu erfassen. Sein Ideal bestand darin, durch die »Macht des Verstandes« zu »wahrer menschlicher Freiheit« zu gelangen.[111] Dazu konnte seiner Meinung nach die ethische Substanz von Kunst beitragen. Er betrachtete es geradezu als Verpflichtung des Menschen, Beiträge zu leisten für eine moralische Vervollkommnung der Gesellschaft. Wie Komponisten in ganz Europa zu jener Zeit entwickelte auch er ein historisches Bewusstsein für die Künste und schätzte wie auch Verdi, Sullivan oder Brahms die Könner früherer Epochen: Sergej Taneew mauserte sich zu einem Spezialisten für die Werke von Palestrina, Händel und Mozart. Doch mit seinen Studenten und Kollegen setzte er sich auch intensiv mit zeitgenössischer Musik auseinander. Taneew veranstaltete Treffen in seiner Wohnung, um gemeinsam die Musik von Richard Wagner näher zu erkunden. Die »Creme der Musikwelt« hatte sich bei ihm eingefunden und »das kleine Zimmer war überfüllt«, erinnerte sich Leonid Sabaneew. Rachmaninoff, Konjus, Igumnow, Goldenwejser und viele andere waren gekommen. Taneew und Egor Katuar spielten am ersten Abend aus der Oper *Tristan und Isolde*. Wer bis zum Schluss durchhielt, konnte sich auf Kohl-Piroggen und Kwas freuen. Der Schmaus verzögerte sich oft, denn bereits während der Darbietung waren die Meinungen äußert konträr. Katuar zeigte sich hingerissen von Wagners Musik, die für Taneew nur ein Klangbrei war. »Es ist so kompliziert, dass Wagner selbst wahrscheinlich nichts von dem, was er geschrieben hat, jemals auswendig im Kopf behalten konnte«, urteilte er voller Widerwillen. »Wohin gerät die Musik noch, wenn das so weiter geht?«[112]

Zwei Vertreter von denkbaren neuen Wegen waren anwesend. »Skrjabin«, so Sabaneew, »der sich übrigens sehr wichtig nahm (ich hielt ihn damals nicht für einen Komponisten, sondern ausschließlich für einen Pianisten), sagte mir, der ich bereits zu Wagner bekehrt war, dass er die Wagner'sche Formlosigkeit nicht ertragen könne: ›Was ich komponiere, wird stärker sein, da es viel strukturierter ist. Die Kraft liegt in Konstruktion und Ebenmaß!!!‹. Ich empfand seine Worte als bloße ›Konservatoriums-Prahlerei‹. Die übrigen zeigten sich an Wagners Musik interessiert, wenn auch eher unter negativem Vorzeichen.« Rachmaninoff thronte mit einer Partitur im Schaukelstuhl, von wo er gelegentlich mit Grabesstimme lamentierte: »Es bleiben noch achthundert Seiten.«[113]

Als Jugendlicher versuchte Sergej bereits, den souveränen Künstler zu mimen. »Er raucht viel, spricht mit einer tiefen Stimme und obwohl er unseres Alters ist, scheint er doch älter«, erinnerte sich Bukinik. »Wir alle haben über seine Erfolge in den Kompositionsstunden bei Arenskij gehört.«[114] Rachmaninoffs Kompositionen aus der Studienzeit waren zumeist geprägt von seinen Eindrücken aus jener frühen Phase seiner Ausbildung. Später interessierte ihn die Kombination von Klavier mit Streichinstrumenten oder Streichern kammermusikalisch unter sich kaum noch. Zu seinen frühesten Werken gehörten indes eine *Romanze* in a-Moll für Violine und Klavier (1880), ein Lied für Cello und Klavier (1890) sowie ein unvollendetes Streichquartett (1889). Bei den ersten eigenen Klavierstücken erprobte sich Rachmaninoff an kleinen traditionellen Formen und schrieb bis zum 14. Lebensjahr eine Etüde, ein Lento, ein Scherzo sowie in seinen *Vier Stücken* eine weitere Romanze, ein Präludium, eine Melodie und eine Gavotte. Alle frühen Klavierwerke erscheinen wie Mosaiksteine eines weit gefächerten emotionalen Kosmos. Einzeln betrachtet passen sie in den Rahmen gehobener Salonmusik, aber sie zeigen, warum seine Lehrer seinerzeit das Kompositionstalent förderten: Sergej dürfte in jungen Jahren stundenlang derartige Musik auf dem Klavier improvisiert haben und bis zur Niederschrift des ersten bemerkenswerten Stücks mehr als zehntausend Stunden an Klavieren und Flügeln verbracht haben. Manches deutet sich bereits an, wie die Glockeneffekte im letzten der *Drei Nocturnes* ohne Opuszahl (in fis-Moll, 1888), die volksliedhaften Elemente in der *Russischen Rhapsodie* für zwei Klaviere in e-Moll (1891) oder das assoziative Komponieren nach visuellen bzw. literarischen Impressionen, wie in der als »Fantaisie-tableaux« bezeichneten ersten *Suite* für zwei Klaviere op. 5 (1893), deren vier Abschnitten jeweils literarische Texte vorangestellt sind. Auffallend ist das Talent, eingängige Melodien zu entwickeln, und die Art, wie Streichinstrumente in Verbindung mit dem Klavier streckenweise wie eine Gesangsstimme geführt werden. Im Grunde genommen reichte es Rachmaninoff, sich mit Streichinstrumenten so weit vertraut zu machen, um für sie als Orchesterinstrumente schreiben zu können. Selbst als er Mitte der 1890er-Jahre an zwei weiteren Streichquartettsätzen herumwerkelte, drängte es ihn nicht danach, zusammen mit den früheren Entwürfen aus ihnen ein vollständiges Streichquartett zusammenzustellen. Dies wäre aufgrund der unterschiedlichen Charaktere der einzelnen Sätze durchaus möglich gewesen, aber die Gattung reizte Rachmaninoff nicht. Außerdem hatte er nie engen Kontakt zu Quartettensembles oder Solisten, für deren Repertoire er mehrere derartige Werke hätte komponieren können. Auch dass Taneew seinem Studenten sein drittes Streichquartett widmete, konnte ihn nicht für dieses Genre begeistern.

Die Kammermusik für mehrere Instrumente steht eher am Rande von Rachmaninoffs Schaffen. Tatsächlich aufhorchen lassen aus der Jugend eigentlich nur zwei seiner Werke für kleine Besetzungen: Ein Trio und der Satz eines Streichquartetts. Im Januar 1892 führte Rachmaninoff zusammen mit Kommilitonen am Konservatorium ein *Trio élégiaque* (WoO, TN ii/34) für Violine, Cello und Klavier auf. Wahrscheinlich dürften nur die wenigsten geahnt haben, was ihn zu diesem Werk bewog. In der russischen Musiktradition gilt das Trio als Resonanzboden schwerer emotionaler Erschütterung: Einst hatte Glinka 1832 sein *Trio pathétique* für Klarinette, Fagott und Klavier nach einem seelischen Zusammenbruch geschrieben. Er stellte ihm den Leitgedanken »Je n'ai connu l'amour qu'à travers le malheur qu'il cause« voran – »Ich habe die Liebe nur durch den Kummer gekannt, den sie verursacht«. Die Besetzung gestaltete Glinka flexibel und ließ zu, dass mit der Zeit eine Version für Violine, Cello und Klavier beliebter wurde. Um das große Vorbild russischer Musiker zu ehren, wurde dieses ausgesprochen private Werk erst 20 Jahre nach seinem Tod von dem in Moskauer ansässigen baltischen Verleger Peter Jurgenson herausgegeben. Tschajkowskij führte die Tradition fort, erduldetes Leid in Gestalt eines Trios zu transformieren. Er komponierte wenige Jahre später das Trio in a-Moll für Klavier, Violine und Violoncello op. 50, welches laut Untertitel »À la mémoire d'un grand artiste« zur Erinnerung an seinen Mentor und Freund entstanden war, den mit nur 45 Jahren verstorbenen Nikolaj Rubinschtejn. Tschajkowskijs Trio geriet etwa drei Mal so lang wie Glinkas 15-minütiges Werk, dem Sergej Rachmaninoffs erstes Klaviertrio in g-Moll hinsichtlich der Länge ähnelt. Später knüpfte Sergej Wasiljewitsch noch mit seinem Opus 9 an die Tradition an und

Schostakowitsch folgte mit seinem zweiten Trio op. 67, das er im Gedenken an einen seiner besten Freunde entwarf. Möglicherweise stand ein von einer Moll-Tonart geprägtes Werk für drei Instrumente symbolisch für die триединство bzw. святая троица, die Dreifaltigkeit des christlichen Glaubens. Auch wenn die Komponisten nicht tiefreligiös waren, respektierten sie die Gepflogenheiten. Rachmaninoff nannte zwar keinen Bezugspunkt, allerdings kann das frühe Werk (WoO, TN ii/34) nur ein Epitaph für seine Schwestern sein, die wenige Jahre zuvor jung verstorben waren. Warum hatte er die Diphtherieerkrankung überlebt, aber Sofja verloren? Warum konnte er schweren Infektionen trotzen und Jelena erlag chancenlos ihrer Anämie? Im Lento lugubre-Beginn stellt das Klavier etliche offene Fragen, und wenn Cello und Violine seine Melodik aufgreifen, wirkt es fast wie ein Trost. Nach Abschnitten voller Con anima- und Appassionato-Erinnerungen verwandelt sich das Eingangsmotiv nach einem dramatischen Übergang mit dem Dies irae-Thema in einen pritschetartigen Trauermarsch. Üblicherweise fand in der ›offiziellen‹ Kunst nur die Trauer um namhafte Persönlichkeiten Anerkennung – wie um Caesar oder die Klage Iwans IV. um seinen Sohn in der Malerei –, wohingegen Rachmaninoff in diesem wie in vielen Folgewerken persönliche Erfahrungen verarbeitete.

Noch ein anderes Frühwerk zeigt eine ähnliche Sensibilität für den instrumentalen Ausdruck, der später einer transparenten Orchesterbehandlung zugutekam: Das »Andante molto sostenuto«, der fast siebenminütige zweite Satz des unvollendeten zweiten Quartetts (TN ii/35), der spätestens Mitte der 1890er-Jahre entstand. Der angespannte, sinistre Gestus verweist deutlich auf die später komponierte sinfonische Dichtung *Die Toteninsel*: Beide Werke haben mit 3/8 bzw. 5/8 ein ungerades Metrum, und die eindringliche, wellenartige Bewegung der Streicher mutet an wie eine Skizze zu dem etwa 15 Jahre später entstandenen Orchesterwerk. Seinen eigentlichen Ausdrucksmodus fand Sergej Rachmaninoff indes bei dem Instrumentenkollektiv des Sinfonieorchesters, das er nach Möglichkeit selbst dirigierte, sowie auf dem acht Oktaven umfassenden modernen Konzertflügel, den er perfekt zu beherrschen lernte.

In jungen Jahren war Sergej Rachmaninoff durchaus gesellig, aber eigenwillig. »Seine Freunde meidet er nicht, er unterhält sie mit Witzen, wenn auch manchmal jugendlich-zynisch, verhält sich einfach, positiv«, schilderte Bukinik.[115] Durch das breite Spektrum an Musik, das Arenskij und Taneew vermittelten, bildeten sich bei Sergej Rachmaninoff die eigenen Vorlieben heraus. Er schätzte Präzision und Prägnanz. Rachmaninoffs Anfänge als kreativer Künstler, der eigene Musik entwirft, nahmen die meisten eher am Rande wahr. Seine erste Komposition für Orchester währt gerade einmal fünf Minuten. Dieses Scherzo in d-Moll ist unwesentlich kleiner besetzt als Mozarts erste Sinfonie mit Klarinetten, KV 297, die jeweils zwei Flöten, Oboen, Klarinetten, Fagotte, Hörner und Trompeten umfasst (Rachmaninoff verwendet nur ein Horn und eine Trompete), zudem die Pauke und die übliche Streicherbesetzung eines Sinfonieorchesters. Sein Anfang 1888 vollendetes Werk widmete der 15-jährige Sergej seinem Vetter Aleksandr Siloti. Es erhielt noch keine Opuszahl, wurde erst im 20. Jahrhundert wiederentdeckt und im November 1945 in Moskau wahrscheinlich zum ersten Mal öffentlich aufgeführt.

Die meisten Kompositionsversuche Rachmaninoffs gegen Ende der 1880er-Jahre und Anfang der 1890er-Jahre blieben zumeist Experimente in wichtigen musikalischen Genres. Sie entwickelten Schwingungen, die zu Vibrationen und Wellen führten, die im Resonanzraum von Rachmaninoffs Œuvre weiterhallten. Die Ausdrucksintensität einprägsamer Momente seiner frühen Werke – so unvollkommen sie vielfach waren – erklärt, warum sich immer wieder Menschen fanden, die den jungen Mann bei seinem künstlerischen und privaten Weg unterstützten. Sie müssen etwas Besonderes wahrgenommen haben in dem melancholischen Gesang des *Lieds ohne Worte* für Klavier (WoO, TN ii/11, 1886), der Nachgestaltung vielstimmigen Glockenklangs im ersten der *Drei Nocturnes* (WoO, TN ii/13, 1887/88) oder der bittersüßen »Mélodie« (der Nr. 3 der *Vier Stücke* für Klavier, WoO, TN ii/12/3, 1887).[116] Durchhaltevermögen für lange Werke bewies Rachmaninoff Anfang der 1890er-Jahre selten: Bei einem c-Moll-Klavierkonzert und einer d-Moll-Sinfonie kam er über den ersten Satz nicht hinaus, auch von einem ersten Streichquartett sind nur eine Romanze und ein Scherzo überliefert. Der gut zehnminütige Satz der sogenannten *Jugendsinfonie* (Юношеская, TN ii/43) bietet einige muntere musikalische Einfälle und vor allem in den Streicherpassagen etliche Sequenzierungen, die sich Rachmaninoff von Tschajkowskij abgeschaut hat. Allerdings sind die Übergänge unorganisch, wenn nach schier endlos scheinenden Wiederholungen Entwicklungen zum Pianissimo weggeblendet werden, um Neues zu beginnen, das dann ebenso in seinen eigenen Wiederholungen steckenbleibt. Düsteres Geraune in den tiefen Registern zu Beginn und am Schluss erscheint hier noch unmotiviert und aufgesetzt. Rachmaninoffs Miniaturen sind keineswegs die Laboratorien für große

Orchesterstücke oder Sonaten. Auch als erfahrener Komponist blieb er den wenige Minuten dauernden Stücken treu. »Junge Komponisten neigen dazu, die kleineren Formen der Musik oft herablassend zu betrachten und all ihre Energie und Hingabe auf die großen Gattungen wie Sinfonik und Solokonzert auszurichten – dies ist ein Fehler«, beklagte er in einem Interview. »Ein kleines Stück kann ein ebenso dauerhaftes Meisterwerk werden wie ein großes.«[117]

In Sergej sah Swerew in erster Linie den herausragenden Pianisten. Erst allmählich begann er zu ahnen, dass sich Rachmaninoff durch die Begegnungen mit Arenskij, Taneew und Tschajkowskij zunehmend ermutigt fand, sein Talent als Komponist zu nutzen. Dabei stieß er im Hause Swerews allerdings auf organisatorische Hindernisse: Es gab nur ein Klavierzimmer und zwei Klaviere. Zumeist übten seine Kommilitonen Maximow und Presman stundenlang an ihnen, sodass wenig Gelegenheit blieb, kompositorische Einfälle auszuprobieren und weiterzuentwickeln. Im Herbst 1889 wagte Rachmaninoff den Vorstoß, Swerew zu fragen, ob er ein weiteres Klavier anschaffen und ihm, Sergej, einen separaten Raum, möglicherweise sogar ein eigenes Zimmer zugestehen könne. Solch kühne, jugendliche Überheblichkeit bedauerte Rachmaninoff in späteren Jahren. Möglicherweise brachte er damals gegenüber Swerew nicht zum Ausdruck, wie dankbar er ihm bereits für die großzügige Unterstützung und die fundierte Ausbildung war. Vielleicht trat er zu forsch und fordernd auf. Jedenfalls eskalierte das Gespräch zu einem heftigen Streit, bei dem Swerow gegen den 16-jährigen Sergej die Hand erhob. »Sie wagen es nicht, mich zu schlagen!«, soll der Jugendliche zu seinem Mentor gesagt haben.[118] Während der nächsten vier Wochen unternahm Swerew keinerlei Schritte, auf eine Versöhnung einzugehen. Er ignorierte Sergej daheim und am Konservatorium. Schließlich bat sein Lehrer ihn um ein Treffen und führte ihn schweigend in die Pretschistenka im Zentrum Moskaus, eine Querverbindungsstraße vom Kreml zum Nowodewitschij-Kloster, in der die Familie Satin lebte. Die Schwester von Sergejs Vater, Tante Warwara, hatte Anfang der 1870er-Jahre in sie eingeheiratet, allerdings blieben Besuche wegen Swerews Ausbildungsdisziplin rar. Nun wurde gemeinsam mit Swerew beratschlagt, wie fortan zu verfahren sei. Derweil schickte man Sergej in ein anderes Zimmer, wo die Kinder der Satins – zwei jüngere Mädchen und zwei Jungen – unter anderem mit einem Fadenspiel beschäftigt waren. Der zwölfjährigen Natalija wurde aufgetragen: »Geht und redet mit ihm – er ist so unglücklich.«[119]

Niemand ahnte zu diesem Zeitpunkt, dass dies der Beginn einer lebenslangen Verbindung werden sollte.

Die Erwachsenen kamen bei der langen Debatte zu keiner Einigung. Swerew nahm Sergej wieder mit, ungesprächig wie zuvor. Er ließ ihn seine Sachen zusammenpacken und sorgte dafür, dass er bei einem anderen Studenten des Konservatoriums einzog. Michail Akimowitsch Slonow war fünf Jahre älter als Sergej und ließ sich als Opernsänger ausbilden. Aus der Notgemeinschaft entwickelte sich eine dauerhafte Freundschaft; Sergejs erstes überliefertes Lied, die Lermontow-Vertonung »Am Tor des heiligen Klosters«, ist Slonow gewidmet.

Sergejs Mutter bot ihrem Sohn an, nach Sankt Petersburg zurückzukehren, um am dortigen Konservatorium Klavier bei Rubinschtejn und Komposition bei Rimskij-Korsakow zu studieren. Allerdings war Sergejs Ausbildung bei Siloti, Arenskij und Taneew schon so weit gediehen, dass ein Lehrerwechsel zu diesem Zeitpunkt keine Option mehr war. Glücklicherweise konnte sich Tante Warwara in Moskau nicht mit Swerews Ausgrenzung von Sergej abfinden und mahnte an, dass er von der Familie mehr Unterstützung verdiene. Sie setzte durch, ihm bei sich ein eigenes Zimmer zuzugestehen, in dem er sich seinen Studien und Kompositionsversuchen widmen konnte. Mit ihren Kindern verstand sich der 16-jährige Sergej bestens: Aleksandr Satin war in seinem Alter, Natalija – die mit der russischen Koseform ›Natascha‹ gerufen wurde – vier Jahre jünger, Sofja zehn und Wladimir acht Jahre alt. Sie akzeptierten ihn als eine Art älteren Bruder, mit dem man auch herumalbern konnte. Landete beim Spielen ein Ball auf dem Dach, war Serjoscha der Erste, der hinaufkletterte, um ihn herunterzuholen. Um Natascha zu necken, warf er sich dann an der äußersten Kante in Pose und schmetterte aus Rubinschtejns Oper *Der Dämon* die Zeilen »Weine nicht, mein Kind«. Zuweilen lud er alle in sein Zimmer, um ihnen etwas am Klavier vorzuspielen und Geschichten zu erzählen. Sergej wurde Teil einer großen Gemeinschaft. Auch das Personal war ihm wohlgesonnen. Feona, eine frühere Dienerin, war auch nach Beendigung der Leibeigenschaft 1861 bei der Familie geblieben und kümmerte sich um das Haus; ihre Schwester war die Köchin und ihre Tochter Maria das Hausmädchen. Der von seiner Kernfamilie entfremdete und dadurch emotional verwaiste Sergej wurde von der weit gefächerten Verwandtschaft aufgefangen. Sie gab ihm einen zuvor nie gekannten Halt.

Wie die Bezugspersonen wechselten auch die Landschaften. Einst waren es die waldreiche Region um den Ilmensee, das historische

Nowgorod, das imperiale Sankt Petersburg sowie Strände, Berge, Natur und die imposante Architektur der Krim; nun das eher merkantile Moskau und die Steppe des Südens. Zur lebhaften Stadt an der Moskwa bildete die – je nach Wetterlage – zehn- bis zwanzigstündige Reise zu einem Gut im Nirgendwo einen denkbar starken Kontrast. Rachmaninoff brauchte Zeit, um sich an die vielfach eintönige Vegetation der Schwarzerde-Region mit ihren fruchtbaren Böden und der Waldsteppe zu gewöhnen. »Ich fand Gefallen an dieser weiten Landschaft, und wenn ich ihr fern war, begann ich allmählich, mich danach zu sehnen, denn Iwanowka bot ein Refugium in einer Umgebung, die man für intensives Arbeiten braucht – ich zumindest«, bekannte er schließlich. »Dort gab es keine Schönheiten der Natur, wie man sie sich gemeinhin vorstellt – keine Berge, Felshänge oder verwinkelte Küsten. Die Steppe lag da wie ein grenzenloser See, bei dem es anstatt Wasser eher unermessliche Felder gab voller Weizen, Roggen, Hafer, die sich von Horizont zu Horizont erstreckten. Oft wird die Seeluft gepriesen, aber um wie vieles mehr liebe ich die Luft der Steppe mit ihren Aromen von Erde und allem, was wächst und blüht – und zudem hat man kein schlingerndes Boot unter sich.«[120]

Ab Mitte 1890 verbrachte die Familie die Sommermonate auf dem etwa 500 Kilometer südöstlich von Moskau gelegenen Gut Iwanowka in der Region Tambow, das den Satins gehörte. Dort fanden sich auch die Silotis ein und in der Nachbarschaft die Familie Skalon, deren drei Töchter zu Sergej Cousinen zweiten Grades waren. Natalija Skalona war fünf Jahre älter als Sergej und ihre Schwestern Ljudmila und Wera ein bzw. zwei Jahre jünger als er. Warwara Satina erinnerte sich an ihn als »einen großen, dünnen Jugendlichen«, der ihr »sehr blass, mit ungekämmtem, hellem Haar« entgegentrat. Er wirkte »so mürrisch, so ungesprächig«, dass zu befürchten war, es würde sehr schwer, miteinander warm zu werden.[121] Doch mit der Zeit taute er auf. Klavierwerke zu sechs Händen – wie die 1891 verfertigten *Zwei Stücke* ohne Opuszahl (Walzer, Romanze) – entstanden für die drei Schwestern. Im Sommer zuvor entwickelte Rachmaninoff auch schon die ersten ausgereiften Ideen für ein Klavierkonzert. Allerdings boten die Mädchen zu viel Ablenkung. »Alles Schöne hilft«, äußerte Rachmaninoff einmal in Bezug auf die Inspiration. Er sprach aus Erfahrung, wenn er sagte, »eine schöne Frau kann gewiss eine dauerhafte Inspiration sein«, aber man müsse sich von ihr fernhalten und die Abgeschiedenheit suchen, wenn man komponiert. »Bewahre die Inspiration im Herzen«, lautete seine Devise, »denke an sie, sei aber bei dir selbst für die kreative Arbeit.«[122]

Sergej Rachmaninoff galt selbst als gutaussehender junger Mann. »Er ist hochgebaut und dünn und seine Schultern geben ihm eine viereckige Form«, beschrieb ihn Bukinik. »Sein langes Gesicht ist sehr ausdrucksvoll; er gleicht einem Römer. Sein Haar ist stets guten Schnitts.«[123] Wera Skalona war die beste Freundin von Natalija Aleksandrowna Satina und verstand sich auch mit Serjoscha bald so gut, dass die Erwachsenen misstrauisch wurden. Dass er ihr 1890 das Lied »In der Stille der geheimen Nacht« (später op. 4, Nr. 3) und im August 1890 eine *Romanze für Cello und Klavier* widmete, mochte gerade noch angehen. Als er allerdings anfing, mit ihr Händchen zu halten, griff die Familie ein. Sergej wurde verboten, ihr nach seiner Rückkehr aus Moskau Briefe zu senden. Infolgedessen ist vornehmlich Korrespondenz mit den älteren Schwestern Natalija und Ljudmila Skalona überliefert. Das erste, 1955 in einer Briefsammlung veröffentlichte Schreiben stammt vom 1. (13.) September 1890. Der 17-jährige Sergej berichtete darin unter anderem von einem Besuch bei seinem Vater, einer schweren Erkältung und seiner Arbeit an einer Klaviertranskription von Tschajkowskijs Ballett *Dornröschen*. Rachmaninoff entwickelte sich zu einem flexiblen Verfasser von Briefen, der sorgfältig die Position und das Alter seiner Briefpartner berücksichtigte. Vielfach sind seine Schreiben pragmatisch abgefasst, denn spätestens um die Jahrhundertwende bot sich öfter die Möglichkeit, Privates »am Telefon« zu besprechen, worauf er selbst einmal in einem Brief hinwies.[124]

Den Gepflogenheiten der Zeit entsprechend verwendete er gegenüber Natalija und Ljudmila die Sie-Anrede und duzte eher Studienfreunde. Abgesehen von der im Russischen üblichen Anrede mit Namen und Vatersnamen, nutzte Sergej scherzhaft auch Kosenamen: Natalija Skalona war für ihn »meine liebe Mentorin« (дорогой мой ментор) bzw. »Tata« oder »Tatuscha« (Тата, Татуша), ihre Schwester Ljudmila Dmitriewna wurde zu »Eure Exzellenz« (Ваше Превосходительство) bzw. »Zucchini« (Цукина Дмитриевна) – in Anspielung auf die seinerzeit in Russland erfolgreiche italienische Primaballerina Virginia Zucchi – und Wera nannte er die »kleine Psychopathin« (психопатушка), die »Spinnerin« (беленькая) oder sie wurde gleich mit einer skurrilen Wortschöpfung wie »Brikuschka« (брикушка) belegt, was soviel wie ›kleines Biest‹ oder gar ›Luder‹ bedeutet. Vor allem Natalija Dmitriewna Skalona wurde bis 1902 seine Hauptansprechpartnerin, die er über seine Fortschritte, Rückschläge und Durchhänger auf dem Laufenden hielt.

Die Aufenthalte auf dem Landgut Iwanowka waren keineswegs nur dem Herumstreifen, Ausritten, Müßiggang und Poussieren gewidmet.

Von Beginn an nutzte Rachmaninoff sie zum Arbeiten. Notfalls nahm ihn Aleksandr Siloti an die Kandare, als er etwa einen Brief von Tschajkowskij erhalten hatte, der unzufrieden war mit Sergejs Klaviertranskription des Balletts *Dornröschen*, für die der 18-Jährige vom Verlag P. Jurgenson 100 Rubel erhielt. Tschajkowskij meinte, es sei »ein großer Fehler gewesen, dass wir diese Arbeit einem Jugendlichen anvertraut haben, mag er auch noch so talentiert sein«. Der Transkription ermangele es an »Mut, Meisterschaft, Entschlusskraft« und es sei »zu offensichtlich«, dass sich Sergej bei seiner Klavierbearbeitung für vier Hände an Silotis Ausgabe für zwei Hände und nicht an der Partitur orientiert habe. »Viele Details gehen dadurch verloren«, klagte Tschajkowskij und man spüre überall »Unerfahrenheit und Zaghaftigkeit«.[125] Rachmaninoff räumte gegenüber Natalija Skalona ein, dass er »angemessen und zu Recht kritisiert« worden sei.[126] In zwei Wochen intensiver Zusammenarbeit mit seinem Cousin Aleksandr Siloti entstand schließlich die gründlich überarbeitete Klavierfassung von *Dornröschen*, die der Verlag im Oktober 1891 veröffentlichte.

Ein Schreiben an die »liebe Natalija Dmitriewna« dokumentiert die Entstehung der ersten umfangreichen Komposition Rachmaninoffs. »Übrigens, Sie haben mich in Ihrem Brief gefragt, was ich gerade Neues verfasse«, schrieb der 18-Jährige an Natalija Skalona. »Ich komponiere derzeit ein Klavierkonzert. Zwei Sätze sind bereits niedergeschrieben, der letzte noch nicht aufgeschrieben, aber komponiert; ich stelle das Konzert aller Wahrscheinlichkeit nach bis zum Sommer fertig und im Sommer werde ich es dann instrumentieren.«[127]

Ganz so planvoll, wie er es in den Briefen darstellt, ging Sergej allerdings nicht vor. Er werkelte auch an einer Sinfonie herum, aber es spricht für seine hohen Ansprüche an sich selbst, dass er dieses Projekt fallen ließ. Möglicherweise hatte er von Taneew gelernt, sich nicht zu sehr in eine Kompositionsarbeit zu verbeißen, mit der man künstlerisch in eine Sackgasse geraten war, hatte dieser doch selbst seine eigene zweite Sinfonie einst unvollendet aufgegeben.

Hinsichtlich seiner Arbeitsmethode deutete Rachmaninoff in seinem Schreiben an, ›komponieren‹ bedeute für ihn nicht, dass er seine Ideen unverzüglich zu Papier brachte. Fragmentarische Notizen und kleinteilige Skizzen sind von ihm kaum überliefert. Erst wenn ihm ein Werk konzeptionell klarer war, notierte er ausgereiftere Einfälle.[128] Dementsprechend konnte ein Musikstück für ihn »noch nicht aufgeschrieben, aber komponiert« und fertiggestellt sein, bevor die Instrumentation vollends ausgearbeitet war. Durch diese Vorgehensweise lässt sich nicht mehr feststellen, inwiefern Ideen für ein 1889 angedachtes Klavierkonzert in die erste zusammenhängende Komposition eines solchen eingegangen sind. Ein fast drei Monate später verfasster Brief an seinen Kommilitonen Michail Slonow zeigt indes, dass er gegenüber Natalija Skalona seine Fortschritte bei der Arbeit in etwas zu rosigen Farben gemalt hatte. Nun gab er zu, er »hätte viel früher fertig werden können, aber nach dem ersten Satz bummelte ich lange Zeit herum und begann erst am 3. Juli, die folgenden Sätze aufzuschreiben«. Nach eigenen Angaben »komponierte und instrumentierte« er den zweiten und dritten Satz in zweieinhalb Tagen. »Ich schrieb von fünf Uhr in der Frühe bis abends um acht«, erzählte er. Die Mühe hatte sich gelohnt, denn er ließ die Freundin zuversichtlich wissen: »Ich bin zufrieden mit dem Konzert.«[129]

In seinen Briefen schimmerte aber auch eine große Unsicherheit durch. Rachmaninoff bedankte sich bei Michail Slonow für Gedichte, die er ihm geschickt hatte, zeigte sich gegenüber dem befreundeten Sänger aber unzufrieden mit dem, was er selbst daraus gemacht hatte. »Qualitativ ist es eine der minderwertigsten meiner Kompositionen«, lamentierte er, aber er wolle »definitiv keine Veränderungen dran vornehmen« – es lohne sich nicht, also »zum Teufel damit!«. In gewissen Momenten fand er seine Arbeiten – wie hier – nur »schwach, schlecht und hässlich«,[130] und erst als ihm vier Tage später ein Präludium in F-Dur für Klavier gelang, wurde er »ein wenig ruhiger und die niedergedrückte Stimmung hob sich wieder«.[131] Dieses parallel zu den Präludien aus verschiedenen Werkzyklen entstandene, gut dreieinhalbminütige Einzelstück klingt, als wollte Rachmaninoff sich mit der sanft wiegenden Melodie selbst beruhigen. Diese Julitage auf Iwanowka waren bereits Vorbote und Anzeichen einer Neigung zu destruktiver Selbstkritik.

Von allen Zweifeln und nachdenklichem Sichhinterfragen befreit war sein Kommilitone Aleksandr Nikolajewitsch Skrjabin. Ein Studienkollege beschrieb Skrjabin als »schwächliche, aber tadellose« Erscheinung, als jemanden, »der sich nicht herabließ, mit irgendjemandem Konversation zu treiben oder zu scherzen (wenn es schneit, trägt er hohe Galoschen und ist immer modisch gekleidet)«.[132] Hingegen machte Rachmaninoff auf die Kommilitonen »mit seiner schwarzen Jacke und mit ledernem Gürtel noch einen knabenhaften Eindruck und war sehr zurückhaltend«. Er galt als »eher schüchtern und machte nie viele Worte, besonders wenn sich das Gespräch um ihn selbst und um seine Arbeit drehte«.[133] Skrjabin wiederum war »jemand, der sich ohne weiteres auch eine oberflächliche Bühnendarbietung ansehen konnte«, meinte Presman. Rachmaninoff »unterschied sich auch im Alltagsleben mit seiner nach außen getragenen Strenge« deutlich davon. Doch so wie Skrjabin ständig sich selbst in Szene setzte, schien manchen Vertrauten Rachmaninoffs auch dessen »äußerliche Zurückhaltung« zumeist nur »speziell ›gemacht‹ und aufgesetzt«, ja, »nur Schein, denn sie kam vom Kopfe her, nicht vom Herzen«.[134]

Frei und unbefangen artikulieren konnte sich Sergej nur in seiner Musik. Er war kein Freund von Auftragsarbeiten wie seine Zeitgenossen Tschajkowskij oder Britten, musste nicht andauernd seine kontrapunktische Gelehrsamkeit unter Beweis stellen wie Taneew oder Bruckner und wähnte sich auch nicht im Auftrag höherer Mächte unterwegs wie Skrjabin oder Messiaen. Er wollte auf seine eigene Weise Neues ausprobieren und individuelle Wege erkunden; hingegen war ihm das Experimentieren um seiner selbst willen fremd. »Ständig habe ich beim Hören von radikalen Werken vieler junger Menschen das Gefühl, dass sie sich bei ihrer Musik harmonisch und kontrapunktisch in alle möglichen Richtungen entwickeln, weil sie nicht ausreichend gut genug in den alten Methoden ausgebildet wurden, um sie zu brauchbaren Arbeitsinstrumenten zum Umsetzen ihrer Ideen zu machen«, sagte er in einem Interview. »Meine persönliche Meinung ist, wenn man etwas Wichtiges zu sagen hat, braucht man keine neue Sprache, um es auszudrücken. Die alte Sprache ist reichhaltig und einfallsreich genug. Die jungen Komponisten begehen den Fehler zu glauben, dass man Originalität durch *Technik* erreicht. Dabei besteht die einzige Originalität, die es wert ist, errungen zu werden, aus *gehaltvoller Substanz*. Ein Komponist kann durch die Nutzung aller anerkannten kompositorischen Mittel ein Werk hervorbringen, das sich in Stil und Themenwahl von jedem anderen bisher geschriebenen völlig unterscheidet, weil er in die Musik seine eigene Persönlichkeit und seine eigenen Erfahrungen eingebracht hat.«[135]

Von der Presse wurden Rachmaninoff und Skrjabin ungerechtfertigterweise zu Rivalen stilisiert. Sie studierten zwar am selben Ort, lebten aber gedanklich in parallelen Universen. Beide waren Vertreter unterschiedlicher ästhetischer Konzepte, die einander ausschlossen. Durch Arenskij und Taneew genossen sie die gleiche theoretische Ausbildung. Allerdings war Rachmaninoff nicht nur Klavierschüler, sondern auch Anhänger von Aleksandr Siloti, während Skrjabin ein Eleve von Wasilij Iljitsch Safonow war. Als Taneew sich von der Direktion des Moskauer Konservatoriums zurückzog, um nur noch zu unterrichten und zu komponieren, folgte ihm Safonow als Leiter des Instituts nach. Bei diesem plumpen, untersetzten Patron mit seinen stechenden Augen hatten die Dozenten und Studenten, laut Bukinik, stets den Eindruck, er lasse einen »besitzergreifenden Blick« über sie schweifen.[136] Von Beginn an hegte Safonow Vorbehalte gegen Siloti. Am Ende standen heftige Auseinandersetzungen, die schließlich zum endgültigen Bruch führten. Siloti bat darum, unverzüglich von all seinen Verpflichtungen entbunden zu werden. Einem Pianisten mit seinen Fähigkeiten boten sich noch ganz andere Möglichkeiten. »Sie vergeuden Ihre Zeit mit zu viel Trivialem«, schrieb ihm Tschajkowskij, der froh war, dass Siloti dem Konservatoriumsklüngel den Rücken kehrte. »Lassen Sie die doch in Moskau bleiben und in ihrem Ameisenhügel herumhetzen. Da Sie ein Falke sind, sollten Sie weit fortfliegen … Meiner Ansicht nach wäre es schön für Sie, nach Amerika zu gehen, da man nirgendwo anders so viel Geld verdienen kann.«[137]

Silotis Kündigung brachte Rachmaninoff in die Bredouille. Da er in seinem letzten Studienjahr nicht noch den Lehrer wechseln wollte, bat er darum, vorzeitig seinen Abschluss machen zu dürfen. Direktor Safonow hielt ohnehin nicht viel von dem Siloti-Schüler und grantelte: »Ich weiß, dass Ihre Interessen anderswo liegen«, und willigte ein.[138] Da Siloti sich nicht mehr am Konservatorium blicken ließ, bereitete sich Sergej mit Privatunterricht bei ihm vor. Die Prüfungsstücke – Beethovens *Waldstein-Sonate* op. 53 und der erste Satz von Chopins h-Moll-Sonate op. 58 – meisterte er mit Bravour. Zur gleichen Zeit standen auch die Abschlüsse in Theorie an. Arenskij war zwar ein geachteter Komponist, aber kein begnadeter Pädagoge. Infolgedessen schenkten Rachmaninoff, Skrjabin und einige andere seinen trockenen Übungsstunden wenig Aufmerksamkeit. Als Arenskij kurz vor dem Examen erkrankte, sprang Taneew ein. Rachmaninoff gestand seinem Kommilitonen Aleksandr Goldenwejser, dass ihn dies »gerettet« habe. Als Taneew »erfahren musste, dass die Studenten von der Fuge nicht die geringste Ahnung hatten, erklärte er ihnen in den beiden Stunden die wichtigsten Prinzipien des Fugenaufbaus«.[139] Sowohl Rachmaninoff als auch Skrjabin erhielten drei Tage Zeit, um aus einem vorgegebenen musikalischen Thema eine Fuge zu gestalten. Man plagte sich mit »einem ziemlich vertrackten Thema, zu dem sich nur schwer eine richtige Antwort finden ließ«, berichtete Goldenwejser. »Keiner der Prüflinge (Rachmaninoff, Skrjabin, Nikita Morosow und Leo Conus) wusste damals einen Ausweg. Rachmaninoff erzählte mir dann, er habe die Aufgabe eingesteckt und beim Verlassen des Konservatoriums gesehen, wie Taneew und Safonow, die beide vor ihm gingen, irgend etwas miteinander besprachen. Taneew musste Safonow die richtige Beantwortung des Fugenthemas vorher gezeigt haben, denn plötzlich pfiff Safonow mitten im Gespräch mit Taneew das Fugenthema und dessen Beantwortung laut vor sich her. Rachmaninoff hatte Safonows Pfeifen gehört und wusste nun, wie die richtige Antwort war. Er komponierte eine brillante Fuge und erhielt wieder die Höchstnote ›fünf plus‹. Skrjabin hingegen konnte keine Fuge zur Prüfung vorlegen. Stattdessen bekam er zur Aufgabe, über den Sommer sechs Fugen zu schreiben. Bis zum Herbst brachte er sie irgendwie zustande, aber man munkelt, er habe sie nicht selbst geschrieben.«[140]

Safonow ließ seinem Liebling Skrjabin viel durchgehen. Dem Lehrplan gemäß musste Arenskij darauf bestehen, dass die Pianisten bei ihm nicht nur Klavierstücke ablieferten, sondern auch nachwiesen, dass sie in der Lage waren, für Orchester, Gesangssolisten und Kammermusikensembles zu schreiben. Wie es Presman schon damals auffiel, zeigte sich Rachmaninoff »als Komponist unvergleichlich vielseitiger als Skrjabin«.[141] Nach Einschätzung Goldenwejsers war sich Arenskij der »großen Begabung Skrjabins« bewusst.[142] Aber da dieser sich zierte, irgendetwas anderes zu Papier zu bringen als sein Experimentieren am Klavier, konnten seine Kompositionslehrer wenig mit ihm anfangen. Skrjabin verzichtete schließlich ganz auf theoretische Unterweisungen und strebte nur noch den Abschluss in Safonows Klavierklasse an. Während Rachmaninoff dem Feinschliff, den er durch Aleksandr Siloti erhalten hatte, mittlerweile eigene Akzente hinzufügte, versank Skrjabin zunehmend in seiner eigenen Welt. »Ihm fehlte die souveräne Brillanz des Klaviervirtuosen, aber auch der volle und tragende Ton, der für einen großen Saal notwendig war«, beobachtete Presman. »In kleineren Sälen und im intimen Kreise war Skrjabin indes als Pianist unvergleichlich. Rachmaninoff hingegen gilt, wie wir alle wissen, derzeit als der einzige Pianist auf der Welt, der über jeden Vergleich mit anderen erhaben ist.«[143]

Wasilij Safonow sorgte dafür, dass seinem Protegé Skrjabin alle Steine aus dem Weg geräumt wurden. Er verschaffte ihm 1898 sogar eine Professur für Klavier am Moskauer Konservatorium und brachte als Dirigent mehrere seiner Werke zur Uraufführung. Rachmaninoff hatte das Pech, dass seine erste bedeutende Komposition Safonow in die Hände fiel.

Sergej hatte sich bereits im Dezember 1890 darüber geärgert, dass er bei der geplanten Aufführung einer für ein Studentenorchester instrumentierten Orchesterfassung der beiden vollendeten Sätze seines ersten Streichquartetts ausgebootet wurde. »Mit meinem Werk hat man mir einen bösen Streich gespielt«, schrieb er wütend an einen Freund. »Es wird am Konservatorium aufgeführt, aber nicht dirigiert von mir, sondern von Safonow. Ich weiß gar nicht, wozu sie mich hier noch brauchen.«[144] Schließlich wurde die Aufführung des ersten Klavierkonzerts für den 17. (29.) März 1892 angesetzt und Sergej als Pianist eingeplant. Allerdings unterwarf sich Safonow nicht der Mühe, das ganze Werk einzustudieren – ihm reichte der erste Satz. Bei den Proben wagte keiner der drei anderen Studenten, von denen Werke geboten wurden, darunter Morosow, den Anweisungen und Änderungswünschen des Direktors zu widersprechen. »Aber Safonow hatte es schwer mit Rachmaninoff«, beobachtete Bukinik. »Dieser Student weigerte sich nicht nur kategorisch, Änderungen zu akzeptieren, sondern besaß auch noch die Kühnheit, Safonows Dirigat zu unterbrechen und auf seine Fehler hinsichtlich von Tempo und Details hinzuweisen. Dies missfiel Safonow offensichtlich, aber er war klug genug, um einzusehen, dass einem Urheber, so jung er auch sein mochte, das Recht auf seine eigene Interpretation zugestanden werden musste, und so bemühte er sich, alles Unerwünschte zu bereinigen. Immerhin war ja Rachmaninoffs Talent als Komponist offensichtlich und seine ruhige Selbstsicherheit beeindruckte uns dermaßen, dass selbst der allgegenwärtige Safonow einlenken musste.«[145]

Als Konservatoriumsveranstaltung fand die Uraufführung des ersten Satzes des Konzerts gerade einmal wohlwollende Beachtung. Naheliegend ist die Vermutung, dass sich Safonow nur halbherzig für das Stück einsetzte, weil er wusste, dass es seinem Rivalen Siloti gewidmet war. Zudem hatte er bereits seinen besonderen Liebling, den er protegierte. Ungekürzt führte Safonow deshalb das von Skrjabin im Herbst 1896 begonnene Klavierkonzert auf, von dem der Dirigent überzeugt war, es werde »bestimmt eine Sensation in der Musikwelt hervorrufen«.[146] Hierfür wählte er im Oktober 1897 eine Konzertveranstaltung der Sektion der Russischen Musikgesellschaft in Odessa, um die Leistungen seines Schützlings einem Forum von Kennern darzubieten. Trotz Bedenken von Rimskij-Korsakow erschien im Folgejahr die Partitur von Skrjabins erstem und einzigem Klavierkonzert bei dem in Leipzig unter dem Namen ›M. P. Belaieff‹ firmierenden Musikverlag von Mitrofan Petrowitsch Beljaew.

Im Gegensatz zu Rachmaninoff beschränkte sich Skrjabin bei seinem Studium ausschließlich auf das Klavier, das zu seinem eigentlichen Medium wurde. »Um ein bereits komponiertes Konzert zu instrumentieren, braucht man doch nicht vorher mehrere Sinfonien zur Übung zu komponieren«, spottete er in einem Brief an Anatolij Ljadow über Rimskij-Korsakows Ratschläge. »Das gilt für eine *ideale* Instrumentation«, meinte Skrjabin. »Mir dagegen genügt für diesen meinen ersten Versuch eine *anständige* Instrumentation.«[147] Die selbstkritische Haltung Rachmaninoffs konnte er nicht nachvollziehen. Weder feilte er an seinem Klavierkonzert weiter, noch drängte es ihn zu einem zusätzlichen Versuch in diesem Genre. Anders als bei Rachmaninoff spielt das Orchester in Skrjabins Klavierkonzert eine untergeordnete Rolle. Er orientierte sich an der ungewöhnlich ruhigen Kurzeinleitung der damals bekannten frühen Fassung von Griegs Klavierkonzert mit den Piano- bzw. Pianissimo-Vorgaben für Streicherpizzikato, Hörner, Posaunen, Klavier und Pauke (ohne den späteren Tuttischlag im Forte) und gestaltete die ersten Takte für Hörner, Geigen, Bratschen, Fagotte und Soloklarinette im *piano*. Die folgenden elf Takte für das Klavier solo deuten schon an, dass für Skrjabin – wie einst für Chopin – das Orchester ein notwendiges Übel ist, wenn man ein Klavierkonzert präsentieren will. Der improvisatorisch wirkende Klavierpart verselbständigt sich und lässt die Beteiligung anderer Instrumente vielfach überflüssig erscheinen. Skrjabin dachte als Pianist, Rachmaninoff als Dirigent. »Der Pianist Skrjabin konnte aufgrund seiner unbedeutenden technischen Voraussetzungen, die möglicherweise die Folge des Umstandes waren, dass er nach den Studienjahren niemals als Interpret fremder Werke in Erscheinung getreten ist, keine Karriere als Konzertpianist in Angriff nehmen«, beobachtete Presman.[148]

Hingegen wurde der einst als Jugendlicher so rebellische Serjoscha als der Student Sergej Wasiljewitsch Rachmaninoff zu einem Musterexemplar an Fleiß und Einfallsreichtum. Wie alle bedeutenden Komponisten lernte er zunächst sein Handwerk, bevor er sich an die großen Gattungen wagte. Gemäß einer seit Jahrhunderten gängigen Praxis wählte Rachmaninoff für sein erstes umfangreiches Werk einen vorgegebenen Rahmen, den er individuell ausgestaltete. Beim ersten Klavierkonzert entschied er sich mit dem 30 Jahre älteren Edvard Grieg für einen Musiker, der durch seine Harmonik und seine Klangfarben weitreichenden Einfluss auf die Moderne ausübte. Rachmaninoff begeisterte sich für Griegs 1868 uraufgeführtes Klavierkonzert, das Siloti im Sommer auf Iwanowka für eigene Konzertauftritte einstudierte. Allein die

Gesamtanlage des Werks beeindruckte. Im Austausch mit Siloti dürften beide gewahr geworden sein, dass sich Grieg an Schumanns Klavierkonzert orientierte – dadurch schimmerte noch dessen ursprünglicher Charakter einer Fantasie für Klavier und Orchester durch. Rachmaninoff kannte wie Skrjabin die 1872 publizierte Erstfassung von Griegs Klavierkonzert, die sich von der 1908 posthum veröffentlichten letzten Version des Norwegers nicht in der generellen Melodieführung, dafür aber in gut 300 Details hinsichtlich Instrumentierung, Tempowahl, Dynamik und Artikulationsbezeichnungen unterschied. Rachmaninoff war es zwar nicht mehr vergönnt, Grieg persönlich kennenzulernen, aber er stand mit der dänisch-norwegischen Sopranistin Nina Grieg in Kontakt, eine geborene Hagerup, die die Cousine und Ehefrau des Komponisten war. Nach dessen Tod kehrte sie 1907 nach Kopenhagen zurück und kümmerte sich um den musikalischen Nachlass ihres Mannes, von dem auch Rachmaninoff Balladen und einen Walzer in seinem Konzertrepertoire hatte. Von ihr ist eine auf Deutsch verfasste Karte überliefert, in der sie gemeinsame Erinnerungen anspricht. »Sehr verehrter lieber Meister!«, heißt es in dem fast kommalosen Schreiben. »Wie bin ich unglücklich dass ich nicht zu Hause war! Herzlichen Dank für die Ehre die Sie mir getan haben. Hoffentlich werde ich die grosse Freude haben Sie später zu treffen. Sie haben ja leider nicht Grieg aber Tschaikowsky gut gekannt, verehrt und geliebt wie mich. In hellster Bewunderung – Nina Grieg.«[149] (Wahrscheinlich meinte sie »... geliebt wie ich.«)

Die Erstfassung von Griegs Klavierkonzert war nicht die einzige Bezugsgröße für Rachmaninoffs fis-Moll-Konzert. Bei Griegs früher Version ist erst beim solistischen Auftrumpfen des Klaviers im zweiten Takt ein *ff* vorgeschrieben, Rachmaninoff verlangte ein Fortissimo mit scharfen Akzenten gleich zu Beginn, wofür er wie im Auftakt der vierten Sinfonie von Pjotr Tschajkowskij Fagotte und Hörner schmettern ließ. »Das ist das Fatum«, charakterisierte Tschajkowskij diesen Auftakt seines Opus 36, »die verhängnisvolle Macht, die unser Streben nach Glück verhindert und eifersüchtig darüber wacht, dass Glück und Frieden nie vollkommen und wolkenlos werden, eine Macht, die wie ein Damoklesschwert über unserem Haupte schwebt und unsere Seele unentwegt vergiftet.«[150] Da der Komponist eine ausführliche Beschreibung des Werks an seine Gönnerin Nadeschda von Meck und seinen Freund Taneew sandte, dürfte Rachmaninoff durch seinen Lehrer mit der Deutung vertraut gewesen sein. Im Gesamtzusammenhang betrachtet, mag Sergej Rachmaninoff durchaus bewusst auf Tschajkowskijs Sinfonie angespielt haben. Bemerkenswert ist dessen Verwendung des Begriffs фатум, der ausgehend von dem lateinischen Ursprung »fatum« (Geschick, Wille, Plan) eine philosophische Dimension beinhaltet. Im Russischen sind eher die Begriffe судьба und рок gängig. Mit рок bezeichnet man etwas Verhängnisvolles (z. B. роковая весть: die Hiobsbotschaft, oder роковая любовь: eine verhängnisvolle Liebe). Ohne die Hintergründe der antiken Mythologie ist der Ausdruck судьба gängiger für »Schicksal« und wurde auch für die in Sankt Petersburg uraufgeführte Verdi-Oper über »die Macht des Schicksals« verwendet (Сила судьбы). Rachmaninoff kannte zudem Aleksej Nikolaewitsch Apuchtins 1886 publiziertes Gedicht »судьба«, in dem »das Schicksal« im Sinne von Beethovens 5. Sinfonie verstanden wird, und vertonte es um die Jahrhundertwende. Von Taneew oder Tschajkowskij selbst konnte der junge Komponist erfahren, dass sich die vierte Sinfonie unmittelbar auf Beethovens Fünfte bezog, allerdings nicht auf deren musikalische Ausformung, sondern auf die Ideengrundlage.

Die Anspielung auf das Fatum in Tschajkowskijs vierter Sinfonie zu Beginn von Rachmaninoffs Klavierkonzert wirkte sich in der Erstfassung auf das gesamte Werk aus. Der Schlusssatz von Rachmaninoffs erstem Klavierkonzert ist in seiner Originalversion verhaltener als die gut 20 Jahre später überarbeitete und publizierte Ausgabe. Ursprünglich nahm sich der junge Komponist die Dreisätzigkeit von Griegs Opus 16 zum Vorbild, ließ aber indirekt die viersätzige Anlage der vierten Sinfonie Tschajkowskijs durchschimmern. Er beginnt im dritten Satz nicht wie Grieg sofort mit dem Hauptthema den Endspurt, sondern leitet das Finale mit einem Allegro scherzando-Abschnitt ein, der auf Tschajkowskijs Scherzo im dritten Satz der vierten Sinfonie verweist. Erst mit dem Übergang zum Animato beginnt das eigentliche Finale. Die zuvor in den Scherzando-Teil eingeschobene Andante espressivo-Episode könnte durchaus Aleksej Apuchtins Verweis illustrieren, dass man in einer Welt, in der »Schicksal« den Alltag, die Träume und die Freuden bedroht, nur im privaten Glück seinen Frieden finden kann.[151]

Safonow dürften die Verbindungen zu Tschajkowskij aufgefallen sein. Zu der Zeit, als Rachmaninoff sein Examen ablegte, hatte sich der Leiter des Konservatoriums nicht nur mit dem Widmungsträger Siloti zerstritten, auch das Verhältnis zu Tschajkowskij war aufgrund von Diskrepanzen wegen Safonows Führungsstil am Konservatorium angespannt. Rachmaninoff stand zwischen den Fronten. Veröffentlicht wurde sein erstes Klavierkonzert 1892 jedenfalls nur in einer Fassung für zwei Klaviere. Für Aufführungen waren die Partitur und die Orchesterstimmen über den Moskauer Verleger Gutheil erhältlich. Wie bei Grieg begleitete das erste Klavierkonzert den Komponisten ein Leben lang. Beide kümmerten sich in verschiedenen Phasen immer wieder einmal darum, ihr Frühwerk zu verfeinern und dem aktuellen Stand ihrer künstlerischen Intentionen anzupassen. Dazu gehört der von Rachmaninoff vor allem im dritten Teil verfeinerte Orchestersatz, für den er den strukturell reizvollen Scherzando-Animato-Kontrast aufgab. In der Endfassung legt er gleich mit einem Allegro vivace-Wirbel los und schiebt eine Andante ma non troppo-Episode (statt espressivo) ein, die inmitten des rastlosen Taumels aber weniger zur Geltung kommt als in der skurrileren Ursprungsversion. Letztlich erschien die Partitur der Originalfassung erst 1946, drei Jahre nach Rachmaninoffs Tod; die überarbeitete Fassung des ersten Klavierkonzerts lag allen Interessierten bereits 1919 in einem Arrangement für zwei Klaviere sowie als Partitur vor.

Aus Dankbarkeit für die vielseitige Unterstützung hatte Rachmaninoff schon die Erstfassung Aleksandr Siloti gewidmet. Insgeheim wird er natürlich auch gehofft haben, dass durch die Widmung an einen der besten Pianisten der Welt das Werk öfter aufgeführt wird. Siloti spielte das erste Klavierkonzert bei verschiedenen Gelegenheiten, unter anderem stellte er die vollständige Fassung erstmals im Dezember 1893 in Wiesbaden vor und im Rahmen seiner Tourneen auch in Frankfurt, Wien und New York. Vorerst erntete Rachmaninoff in Abwesenheit nur einen Achtungserfolg.

Als Sergej Rachmaninoff im September 1891 nach einem dreimonatigen Sommeraufenthalt auf Iwanowka wieder seine Großmutter Sofja Aleksandrowna besuchen konnte, nahm er gerne eine über zehnstündige Reise zum Gut Borissowo auf sich. Des Abends wird er ihr seine Kompositionen vorgestellt und Erinnerungen geteilt haben, sowohl an schöne Erlebnisse als auch an verschiedene Grenzerfahrungen. Die Trennung seiner Eltern und der Tod seiner Schwestern brachten ihm unersetzliche Verluste, nur die Musik und die Vertrautheit mit seiner Großmutter bescherten ihm unbeschwerte Momente. Sportlich und robust durchstreifte er die seit seiner Kindheit vertraute Region. Auf dem Rückweg nach Moskau begann ihn ein sporadisch auftretendes Fieber zu beunruhigen. Nach der Ankunft stand er morgens noch tatendurstig auf, doch im Verlauf des Tages stieg die Körpertemperatur zunehmend an und am Abend kollabierte der 18-Jährige. Michail Slonow war entsetzt über den desolaten Gesundheitszustand und, allein auf sich gestellt, mit der Situation überfordert. Da die Satins noch nicht von Iwanowka nach Moskau zurückgekehrt waren und die Fieberschübe immer bedrohlicher wurden, bat er Jurij Sachnowskij um Hilfe. Der Spross einer wohlhabenden Kaufmannsfamilie und Konservatoriumszögling komponierte, wirkte aber auch als Musikkritiker. Er lebte in der Nähe des Weißrussischen Bahnhofs in einem eleganten, holzvertäfelten Haus am Twerskaja-Sastawa-Platz, in dem seine Eltern ein Unternehmen für Pferderennen betrieben. Er kannte Rachmaninoff und zeigte sich sofort bereit, den Schwerkranken bei sich aufzunehmen. Das Fieber verschlimmerte sich zusehends. Rachmaninoff delirierte und verlor das Bewusstsein. Die jungen Leute alarmierten Aleksandr Siloti, der – so zitierte sein erster Biograf Oskar von Riesemann später Rachmaninoff – seinem Vetter »das Leben rettete«.[152] Er rief Professor Mitropolskij an das Krankenlager, einen der angesehensten Ärzte Moskaus. Dieser diagnostizierte eine Hirnhautentzündung.[153] Gegenüber Riesemann äußerte Rachmaninoff, die Koryphäe »ordnete die denkbar sorgfältigste Pflege an, ohne indes viel Hoffnung auf eine Genesung zu haben«.[154] Der junge Mann war allerdings robust genug, um die schwere Erkrankung zu überstehen. Bis kurz vor den Weihnachtstagen war er bettlägerig und erholte sich nur langsam. Aber die Erfahrung zeigte ihm, warum sein Herz an Moskau hing und Sankt Petersburg für ihn stets nur ein Ort zum Arbeiten war: »Wenn man in Moskau einen Freund ein paar Tage lang nicht gesehen hat, denkt man, es stimmt etwas nicht und schickt jemanden, um sich nach seiner Gesundheit zu erkundigen und sicherzugehen, dass er nicht tot ist«, hieß es im April 1903 in einem Artikel der auf historische Themen fokussierten Zeitschrift *Russische Altertümer* (Русская старина). »Aber in Piter kann man sich ein Jahr lang nicht sehen lassen, ohne dass einen jemand vermisst.«[155] Die Erkrankung war »nicht folgenlos« geblieben, vertraute Rachmaninoff Riesemann an. »Am schlimmsten war, dass mir das Komponieren nicht mehr so leicht von der Hand ging.«[156] Letztendlich soll Rachmaninoff davon überzeugt gewesen sein, es gebe »ernste Erkrankungen und todbringende Schicksalsschläge, die den Charakter eines Menschen vollkommen verändern« können.[157] Durch seine bedrohliche Krankheit erfuhr Rachmaninoff am eigenen Leib, wie schmal die Grenze ist, die das Leben vom Tod trennt.

Kaum war Sergej Rachmaninoff wieder halbwegs auf den Beinen, beschloss er, Arenskij zu bitten, dass er nach der Ausbildung als Pianist so bald wie möglich sein Examen als Komponist ablegen dürfe.

Er eignete seinem Lehrer ein Instrumentalstück zu, das er zu Papier gebracht hatte, als er sich allmählich von seiner Erkrankung erholte: das gut 15-minütige »Poem für Orchester« *Fürst Rostislaw* (Князь Ростислав, TN ii/44). »Gewidmet meinem geschätzten Lehrer Ant. St. Arenskij«, überschrieb Rachmaninoff die Partitur – passend zum russischen Weihnachtsfest (das nach westlicher Zeitrechnung auf den 7. Januar fällt). Das Thema war mit Bedacht gewählt, denn Rachmaninoff wusste, dass Arenskij ein Faible für Geschichtliches besaß und sich selbst in jenen Jahren mit Opernthemen beschäftigte wie *Ein Traum auf der Wolga* op. 16 (1888) und *Raffael* op. 37 (1894). Dabei neigte Arenskij dazu, zuweilen mit folkloristischen oder zeittypischen Klangelementen den Ton der Epoche treffen zu wollen, hingegen versuchte Rachmaninoff von Anfang an seine eigene Stimme zu finden.

Dem jungen Musiker dürfte klar gewesen sein, dass Vorbilder wie Tschajkowskij und Grieg in ihren Werken immer wieder Elemente des kollektiven Unbewussten verarbeiteten, indem sie auf alte Überlieferungen Bezug nahmen. Auch Rachmaninoff ließ sich davon inspirieren. Für sein erstes gehaltvolles Orchesterwerk *Fürst Rostislaw* wurde er durch die 1856 erschienene, im Untertitel als »Die Ballade« charakterisierte Dichtung von Aleksej Tolstoj angeregt. Der zugrundeliegende Text basiert auf einem Fragment aus einem anonym verfassten, mittelalterlichen Epos der Rus, dem altslawischen *Lied von der Heerfahrt Igors* aus dem 12. Jahrhundert: Im 11. Jahrhundert verliert Fürst Rostislaw im zentralukrainischen Perejaslaw eine Schlacht und ertrinkt auf der Flucht im Fluss Stwiga. Vom Grund des Flusses aus ringt der Sterbende darum, sich Gehör zu verschaffen. Die vergangenen Ereignisse beunruhigen ihn noch im Sterben und er versucht, mit drei Klagerufen auf sich aufmerksam zu machen: Bei seiner (bald wieder verheirateten) Frau, seinem Bruder und dem Kiewer Klerus. Letztlich muss er sich mit seiner Ohnmacht abfinden sowie der Erkenntnis, in der realen Welt keine Stimme mehr zu haben. Seine aus der Zone des Lebens verschwundene Seele lebt in der vitalen Sphäre der Wassernymphen weiter.

Rachmaninoffs *Fürst Rostislaw* entstand im Dezember 1891, als Wiktor Wasnezows Gemälde »Fürst Igor Swjatoslawitschs Niederlage gegen die Kiptschaken« (1889)[158] Aufmerksamkeit gefunden hatte, sowie nach der spektakulären posthumen Erstaufführung von Aleksandr Borodins Oper *Fürst Igor* (1890). Borodin hatte sich von 1869 bis zu seinem Tode 1887 mit der Thematik befasst. Sie behandelt den im Jahre 1185 unternommenen missglückten Feldzug des russischen Fürsten Igor Swjatoslawitsch von Nowgorod-Sewersk gegen die Polowzer Fürsten. Die

Phasen des 11. bis 15. Jahrhunderts gehören zu den großen Traumata der russischen Geschichte. Der Süden wurde überrannt von nomadisch lebenden Völkern wie den Kumanen (so der deutsche Begriff), die in slawischen Sprachen als Polowzer bezeichnet werden (половцы, Feldleute bzw. Steppenleute). Auch als diese kurzzeitig eine Allianz mit den Russen eingingen, konnten sie nicht verhindern, dass sie schließlich von den Mongolen besiegt wurden. Diese dominierten bis gegen Ende des 15. Jahrhunderts die Regionen südlich von Moskau, wodurch diese Teile Russlands von der kulturellen Entwicklung und dem Kontakt mit dem Westen Europas abgeschnitten waren. Rostislaws Sprachlosigkeit und sein Nichtgehörtwerden zeigen zugleich, dass die Überlagerung durch östliche und orientalische Kulturen Teile Russlands in der Entwicklung behinderten. Russische Künstler thematisierten die Problematik von Niederlage und Niedergang mit Werken, die Wege in die Zukunft der russischen Malerei, Literatur und Musik weisen sollten. Ihnen war klar, dass nur derjenige die Gegenwart auch politisch kreativ gestalten kann, der sich über die geschichtliche Entwicklung im Klaren ist.

Rachmaninoffs Themenwahl war eine Positionsbestimmung. Er hegte lange Jahre Vorbehalte gegen die um die Jahrhundertwende zunehmend populärer werdenden, aber vielen weltfremd erscheinenden Dichter des Symbolismus. Diese betrachteten aber unter anderem einen seiner bevorzugten Literaten, Fjodor Tjuttschew, als einen der ihren. Vielfach lagen Rachmaninoff konkrete Texte mehr, zumal wenn die Autoren über eine Lebenserfahrung verfügten wie Aleksej Tolstoj. Als ehemaliger Infanteriemajor im Krimkrieg wusste er, was Krieg bedeutet, als er »Fürst Rostislaw« schrieb. Das Leben in den höchsten gesellschaftlichen Kreisen war dem einstigen Jugendfreund von Zar Aleksandr II. vertraut. Allerdings glorifizierte er es nicht, sondern betrachtete Historisches mit kritischer Distanz. In Kreisen wie Sergejs Familie war man sich der geschichtlichen Zusammenhänge bewusst. Künstlerisch blieb bei musik-literarischen Konzepten ein deutscher Tonsetzer das Vorbild: Rachmaninoff bewunderte Beethoven. Er schwärmte von der neunten Sinfonie und das C-Dur-Klavierkonzert op. 15 empfand er als »himmlische Musik«.[159] Einst hatte Beethoven über aristokratische Kreise eine enge Beziehung zu Russland gepflegt, wodurch seine Musik nicht nur durch den Auftrag für die »Rasumowskij-Quartette« op. 59 beeinflusst wurde – die Anspielungen auf russische Lieder enthalten –, sondern zudem durch die Auswahl zu seiner Sammlung *Aus den Liedern verschiedener Völker* (WoO 158) sowie den *Zwölf Variationen über den russischen Tanz aus Paul Wranitzkys Ballett*

›*Das Waldmädchen*‹ *für Klavier* (WoO 71). Analog dazu schrieb Rachmaninoff in seinen Jugendjahren einen »Russischen Tanz« für Klavier. Beethoven vermochte in seinem Opus 58, der Ouvertüre zu Heinrich Joseph von Collins Drama *Coriolan*, das Dilemma von Demagogie und Selbstzweifel zu thematisieren. Daran anknüpfend erzählt Rachmaninoffs *Fürst Rostislaw* vom Scheitern und vom Akzeptieren der Gegebenheiten, die man nicht ändern kann. Dahinter steht nicht zuletzt die einfache, aber zutreffende Lebenshaltung von Sergej Wasiljewitschs Mutter, die meinte: »Alles hat seine Zeit.«[160] Als junger Erwachsener sah sich Rachmaninoff mehr als einmal gezwungen, sich mit den Gegebenheiten zu arrangieren und seine Zeit wohlweislich einzuteilen. *Fürst Rostislaw* dürfte Arenskij beeindruckt haben. Aber das Stück blieb ohne Opuszahl, eine zu Rachmaninoffs Lebzeiten nie aufgeführte Studienarbeit, die erstmals im November 1945 in Moskau erklang. Arenskij konnten die Fortschritte, die Sergej in der Instrumentalbehandlung gemacht hatte, kaum entgangen sein. In Anlehnung an Beethovens Äußerungen über seine 6. Sinfonie bedeutete für Rachmaninoff die Skizzierung der Geschehnisse »mehr Empfindung als Malerei«. Die bedrückende Stimmung der Niederlage offenbart sich in den unruhigen Streicherbewegungen und dem dreifachen Pianissimo der Bläser. Die von einer Solo-Oboe eingeleiteten positiven Erinnerungen in Allegretto- und Con moto-Passagen werden übertönt von Warnrufen in Posaunen und Tuba sowie dem Entsetzen angesichts von Gemetzel und Flucht. Nach dem Fortissimo-Höhepunkt ersticken die ungehört verhallenden Posaunen- und Tuba-Rufe im Pianissimo.[161] Vereinzelte Gestaltungselemente übernahm Rachmaninoff wenige Jahre darauf in seine sinfonische Dichtung *Der Fels* op. 7, wo sie Teil einer versierter ausgefeilten musikalischen Struktur wurden.

Dass Rachmaninoff *Fürst Rostislaw* – ein Stück, auf das manch anderer Komponist stolz gewesen wäre – nie in seinen Werkkanon aufnahm, lag zum einen daran, dass er recht bald aus den seinerzeit populären Fahrwassern der ›historischen Themen‹ ausscherte, und zum anderen an der verständlichen Abneigung vieler Künstler gegenüber früheren, unausgereifteren Werken. Schon bald entwickelte Rachmaninoff den Ehrgeiz, der alle seriösen Künstler antreibt: Er war stets bestrebt, dass das nächste Werk besser wird als das vorherige. Auch die Oper reizte Rachmaninoff. Ganz besonders fesselten ihn die Dramen von Puschkin. So versuchte sich der 17-Jährige auch an zwei mit Klavier begleiteten Monologen aus dem Schauspiel *Boris Godunow*: den Worten des Zaren für Bass (»Du, Vater Patriarch«, Ты, отче патриарх) sowie den Reflexionen des Mönchs Pimen aus der Klosterszene (»Ein letzter Bericht«, Ещё одно последнее сказанье). Bei Musorgskij ist diese Rolle einer Bassstimme anvertraut, während Rachmaninoff den betagten Verfasser einer Landeschronik gegen die üblichen Rollenkonventionen mit einem Tenor besetzte. Zu diesem Zeitpunkt konnte er Musorgskijs Oper noch nicht in ihrer endgültigen Form erlebt haben. Dessen *Boris Godunow* war damals wenig bekannt und wurde bei Aufführungen 1874 in Sankt Petersburg und 1889 in Moskau noch ohne die Kloster- und Revolutionsszene gespielt. Der Text weicht dementsprechend von Musorgskijs Libretto ab, weil Rachmaninoff Originalpassagen aus Puschkins Drama wählte. Hier sinniert Boris zu Beginn der Szene im Kremlpalast mit dem Patriarchen und den Bojaren über das Gewicht der Verpflichtungen nach, die ihm als Regent zufallen. In Musorgskijs Oper beschleichen ihn schon beim ersten Auftritt unheilvolle Ahnungen, als er sich nach der Wahl zum Zaren dem Volk zeigt.[162] Wesentlich war für Rachmaninoff eine enge Verflechtung von Text und Musik, die zu einer Art musikalischer Prosa führte, welche er im Laufe der Jahre weiter verfeinerte. Mit ambitionierten Opernplänen kam er in jungen Jahren jedoch nur schleppend voran. Wie schon Dargomischskij 1839 versuchte er sich an Hugos *Der Glöckner von Notre-Dame* und wählte ebenfalls den Titel *Esmeralda*. Instrumentiert hatte Rachmaninoff seine Entwürfe aus dem Jahr 1888 nicht, sodass nur eine Klavierfassung der Einleitung zum ersten Akt und ein Teil des dritten Akts vorliegt. Bemerkenswert ist jedoch die Themenwahl. Das Ausgegrenztsein der Protagonisten, Aspekte wie Einsamkeit, Hoffnung und Verzweiflung mögen ihn an dem Sujet angesprochen haben. Sie finden sich ebenfalls in etlichen frühen Einzelliedern und Klavierstücken. Auch wenn anfangs manches mehr für seine Ambitionen als für sein Können sprach – beispielsweise eine Gesangsszene wie Arbenins Monolog aus Lermontows Drama *Maskerade* –, wuchs Rachmaninoff an seinen selbst gestellten Aufgaben. Eine andere Lermontow-Vertonung, das Lied »Am Tor des heiligen Klosters« (У врат обители святой, WoO, TN ii/50/1, 1890), ist bereits von ganz anderem Kaliber. Rachmaninoff engagierte sich schon früh für den Zeitgenossen Puschkins, von dem Blok noch 1906 schrieb, »seine Entdeckung durch die Nachkommen steht noch aus«, denn »der Schatz Lermontow ist ausdauernder Mühen würdig«.[163] Der Dichter war auch Titelgeber der Orchesterfantasie *Der Fels* op. 7 (Утёс), die zwar von einer Kurzgeschichte Tschechows inspiriert wurde, der jedoch ein Vers aus Lermontows gleichnamigen Poem als Motto vorangestellt ist. Mit Zeilen aus Tschechows Schauspiel *Onkel Wanja*, die später als das dritte Lied in Opus 26 eingingen, vertonte Rachmaninoff sogar den Text eines Autors, mit dem er persönlichen Kontakt pflegen sollte. Arenskij erkannte seinen Ehrgeiz und überreichte ihm ein Libretto, das der Dramaturg und Regisseur Wladimir Nemirowitsch-Dantschenko aus einem Puschkin-Stoff destilliert hatte: *Aleko*. Sergej Wasiljewitsch, gerade 18 Jahre jung, machte sich unverzüglich an die Arbeit.

Durch einen Sonderling wie seinen Vater und eigene Lebenserfahrung wusste Rachmaninoff, wie es um Außenseiter stand. Die Frage, wie man innerhalb der russischen Gesellschaft seinen Platz findet, ohne seine Integrität aufzugeben, beschäftigte Literaten und Philosophen. Wissarion Belinskij propagierte »die Wiedergabe der Wirklichkeit in ihrer ganzen Wahrheit«[164] und stellte die »natürliche Schule«, als deren Hauptvertreter er Gogol sah, über die »rhetorische«. Es sei eine ästhetisierende Richtung der russischen Literatur, die sich nicht engagiere, sondern lediglich auf reines Wohlgefallen abziele. Das Anliegen, der Gesellschaft durch die Kunst zu helfen, sich ihrer selbst bewusst zu werden, vertrat Belinskijs Schüler Nikolaj Dobroljubow noch viel radikaler. Anhand einer zweibändigen Ausgabe der Dramen Aleksandr Ostrowskijs charakterisierte Dobroljubow 1859 das geschilderte Milieu der russischen Mittelschicht als das »Reich der Finsternis«: Aus der dumpfen Stagnation der zaristischen Gesellschaft gebe es keinen Ausweg. »Nicht abstrakte Ideen und allgemeine Prinzipien interessieren den Künstler, sondern lebendige Bilder, in denen eine Idee erscheint«, postulierte er.[165] Zumeist waren es Frauenfiguren wie Katja Kabanowa oder Anna Karenina, die in der Literatur jener Zeit versuchten, aus den sie umgebenden Zwängen auszubrechen. Hingegen versanken Männer wie Iwan Gontscharows Romanfigur Oblomow entweder in Lethargie oder sagten sich von ihrer Umgebung los, wie die Titelfigur in Rachmaninoffs Oper *Aleko* (WoO, TN ii/70).

Die Vorlage setzte mit dem Titel einen eigenen Schwerpunkt. Die Oper greift die Haupthandlung aus Aleksandr Puschkins 1824 verfasstem und erstmals 1827 veröffentlichtem Erzählgedicht *Die Zigeuner* auf. Aleko ist auf eine nicht näher beschriebene Weise mit dem Gesetz in Konflikt geraten, verlässt die ihm bis dahin vertraute Umgebung und schließt sich dem ›fahrenden Volk‹ an. Puschkin schrieb das Werk, als er selbst drei Jahre lang in Verbannung auf dem Familienlandsitz Michailowskoje in der Region Pskow im Nordwesten des Reichs zubringen musste. Der Schriftsteller schlug mit dieser Stoffwahl einen neuen Weg ein. Nach der märchenhaften Erzählung *Ruslan und Ljudmila*, die

Glinka als Opernvorlage diente, gestaltete er mit *Die Zigeuner* erstmals eine realistische tragische Geschichte. Diese Wirklichkeitsbezogenheit kam Rachmaninoff eher entgegen als skurrile Stoffe des bei etlichen russischen Komponisten beliebten Nikolaj Gogol, der für Tschajkowskijs *Die Pantöffelchen*, Rimskij-Korsakows *Die Mainacht* oder Schostakowitschs *Die Nase* die Vorlagen lieferte. Im Umfeld der Uraufführungen von Märchen- und Legendenopern wie Rimskij-Korsakows *Mlada* (November 1892) oder Tschajkowskijs *Iolanta* (Dezember 1892), historischen Stoffen wie Borodins *Fürst Igor* (November 1890) oder Gesellschaftsstücken in adeligen Kreisen wie Anton Rubinschtejns *Gorjuscha* (Dezember 1889) und Tschajkowskijs *Pique Dame* (Dezember 1890) bildete Puschkins Versdichtung *Die Zigeuner* eine ungewöhnliche Wahl.

Im weitesten Sinne geht es bei Puschkin um die Emanzipation alternativer Gesellschaftsmodelle. In die Entstehungszeit der Dichtung fiel der Offiziersaufstand der Dekabristen im Dezember 1825 (deren Name sich vom russischen Wort für Dezember ableitet: декабрь, dekabr). Diese Vertreter des Militärs verweigerten seinerzeit in Sankt Petersburg den Eid auf den neuen Zaren Nikolaj I. als Protest gegen den Herrscher. Eine weitere Ikone des Widerstands wurde der Kampf der Griechen, die sich 1824 erfolglos gegen die Diktatur des Osmanischen Reichs zur Wehr setzten. Seine Erzählung von Scheitern und Entwurzelung siedelte Puschkin in Bessarabien an: Es ist eine Art Niemandsland, das umschlossen wurde vom Schwarzen Meer im Süden sowie von den Flüssen Dnjestr im Osten und Pruth im Westen, dem zweitlängsten Nebenfluss der Donau. Jahrhundertelang war diese historische Landschaft eine Pufferregion zwischen den Großmächten Russland, Österreich und dem Osmanischen Reich. Das Fürstentum Moldau trat sie 1812 an Russland ab. Dank seiner Reisen kannte Puschkin diesen Landstrich. Aufgrund seiner Erfahrungen wandte er sich gegen die Idealisierung des Exotischen sowohl bei Shelley als auch Byron und konterkarierte Rousseaus naive Vorstellungen vom ›Edlen Wilden‹. Aleko findet auch außerhalb der reglementierten gesellschaftlichen Strukturen nicht sein Glück. Letzten Endes zerbricht er an den Spannungsfeldern Zivilisation und Natur, Verstand und Leidenschaft, Notwendigkeiten und Freiheit. Als es unter Aleksandr I. zu Reformen der Rechtsprechung kam und den Bedürfnissen des Volkes zunehmend Beachtung geschenkt wurde, boten sich immer mehr Möglichkeiten, individuelles Streben in die Tat umzusetzen und auszuleben. Sowohl in der Verserzählung als auch der Oper löst sich Aleko von allen Verpflichtungen bzw. Zwängen: Aus Liebe zu der jungen Semfira schließt er sich einer Gruppierung an, die anscheinend in völliger Freiheit miteinander umgeht und auskommt. In dieser Gesellschaft ohne festgeschriebene Gesetze führt der ehemalige Stadtbewohner mit den Zigeunern »das Leben eines Nomaden«. Aleko fühlt sich »so frei wie sie«, erkannte »keinerlei Macht an« und »verachtete die Aufklärung«. Dann begeht er eine Untat, als Semfira ihn betrügt. Sie spottet, dass sie zusammen mit ihrem Liebhaber über sein ergrautes Haar lache, woraufhin er beide mit einem Messer tötet. Die Gruppe, die scheinbar ohne Gebote zusammenlebt, bestraft Aleko zwar nicht nach festgelegten gesetzlichen Vorgaben, verstößt ihn aber aus ihrer Gemeinschaft.

Bei dem Namen ›Aleko‹ handelt es sich um eine Koseform des Vornamens Aleksandr. Allerdings verlieh Puschkin dem Geschehen noch eine archaische Dimension, da diese Form des Namens auf ›Alekto‹ verweist, eine der Rachegöttinnen, der Erinnyen aus der griechischen Mythologie: die ›Rasende, die bei ihrer Jagd Unaufhörliche‹. Die Titel deuten indes unterschiedliche Zielsetzungen bei Dichtung und Oper an: In Puschkins *Die Zigeuner* liegt der Fokus auf dem gesellschaftspolitischen Aspekt, bei Nemirowitsch-Dantschenkos Libretto zu *Aleko* geht es vordergründig um ein Verbrechen aus Leidenschaft. Mit dieser Prüfungsaufgabe hätte Rachmaninoff kaum etwas Besseres widerfahren können. Er hielt das Operntextbuch eines der angesehensten Autoren des Landes in Händen, das auf der Vorlage des größten russischen Literaten beruhte, Puschkin, ohne dessen Werke die Vielseitigkeit des russischen Opernschaffens undenkbar gewesen wäre. Die Geschichte von Idealen und enttäuschten Hoffnungen fesselte Rachmaninoff derart, dass die Ideen nur so sprudelten und er sich unverzüglich an die Arbeit setzte. In nur drei Wochen hatte er den ersten Entwurf der Komposition vollendet.

Rachmaninoff war der musikalische Stil der sogenannten ›Zigeuner‹ vertraut, bei denen der Begriff ›Rom‹ schlicht ›Mensch‹ bedeutet. Er hatte Warwara Wasiljewa erlebt, eine Roma, Tochter eines Pferdehändlers in Moskau, die 1886 im Alter von 14 Jahren eine Karriere als Sängerin von ›Zigeunerliedern‹ startete – zunächst in einem Folklorechor und später als eine charismatische Solistin, die mit ihrer dunklen Altstimme auch Aleksandr Blok, Lew Tolstoj und Anton Tschechow bezauberte. Im Stil ihrer Musik schrieb Rachmaninoff das Lied »O nein, ich bitte dich, verlasse mich nicht« (O, нет, молю, не уходи!, op. 4, Nr. 1). Dieses Lied hatte er der Roma Anna Lodischenskaja gewidmet, für die er als 18-Jähriger schwärmte, obwohl die Mittzwanzigerin mit Pjotr Lodischenskij, einem Amateurmusiker und Freund Schaljapins, verheiratet war. Ihre

Schwester Nadeschda Aleksandrowa war als Sängerin des ›Zigeunerrepertoires‹ erfolgreich und hinterließ später auch einige Aufnahmen dieser von Rachmaninoff geschätzten Musik. Im Umfeld der Arbeit an *Aleko* entstand auch Rachmaninoffs *Capriccio auf Zigeunerthemen* (Каприччио на цыганские темы) für Orchester, das 1896 mit einer Widmung an Pjotr Lodischenskij vom Verlag A. Gutheil als *Capriccio bohémien* op. 12 veröffentlicht wurde. Lodischenskij revanchierte sich, indem er Rachmaninoff sein eigenes Lied »Flüchtige Träume trieben dahin« (Поснеслись мимолетные грезы) zueignete.

Im Bereich der russischen Oper boten sich für *Aleko* keine Vorbilder. Die thematisch ähnliche Erfolgsoper *Carmen*, die in Sankt Petersburg erstmals 1878 zu hören war, erlebte man im 19. Jahrhundert zuweilen in Mischfassungen aus der Originalversion mit Dialogen und den später nachkomponierten Rezitativen. Sie geht auf eine Novelle von Prosper Mérimée zurück, der sich dabei selbst auf Puschkins dramatische Vorlage stützte. Da Bizets Musikdrama nur artifizielle Folklore bot, konnte sie für Rachmaninoff keine Orientierung sein. Der angehende Komponist traf die kluge Entscheidung, auf seinen Personalstil zu vertrauen. Auch die Verbindungen zu der einaktigen Oper *Cavalleria rusticana*, die nach der aufsehenerregenden Uraufführung in Rom 1890 und der baldigen Veröffentlichung auch in Russland gespielt wurde, sind eher oberflächlich. Entgegen Giovanni Vergas illusionsloser Erzählung über ›dörfliche Ehre‹ in seiner sizilianischen Heimat, brachte der Komponist Pietro Mascagni ein versöhnliches Element ein, indem der Verführer kurz vor seinem Tod in einem Duell seine Mutter in einer rührseligen Arie bittet, seine ehemalige Freundin in ihre Obhut zu nehmen. Rachmaninoff verzichtete an den entscheidenden Stellen auf Pathos. Dennoch ist sein Ausklang im zwei- bis dreifachen Pianissimo nicht minder intensiv und desillusionierend als Puschkins Vorlage.

Die Oper *Aleko* thematisiert das Leben einsamer Menschen, Isolation und Verlust. Stellte Puschkin die Illusionen Byrons und Rousseaus in Frage, so zweifelte Rachmaninoff an der Heroisierung bzw. Idealisierung des ›einfachen Volkes‹, wie man es in Glinkas *Ein Leben für den Zaren* findet. *Aleko* ist vornehmlich eine Oper der Monologe, die in Rachmaninoffs musikdramatischem Schaffen die Konflikte stets ins Innere verlagern und ein psychologisches Dilemma bzw. einen Zwiespalt zum Ausdruck bringen. Hierfür waren die Liedkompositionen eine gute Vorbereitung. Thematisch passend entstanden in den Jahren vor der Oper Vertonungen von Fets »Im Schweigen der rätselhaften Nacht« (В молчаньи ночи тайной, op. 4, Nr. 3) über verlorene

Liebe, Puschkins »Singe nicht, meine Schöne« (Не пой, красавица, op. 4, Nr. 4) über schmerzvolle Erinnerungen, Golenischew-Kutusows »Wie lange, mein Freund« (Давно ль, мой друг, op. 4, Nr. 6) über das wechselvolle Miteinander von Liebenden, Rathaus' »Lied eines Enttäuschten« (песня разочарованного, WoO, TN ii/53/1) und »Die Blume starb« (Увял цветок, WoO, TN ii/53/2). Wenn Rachmaninoff von Verlassenheit und Tod singen lässt, hat seine Kunst die Substanz von Lebenserfahrung. Dies verleiht seinen Kompositionen Glaubwürdigkeit, obwohl es befremdlich anmutet, dass seine ›Zigeuner‹ sich in musikalischen Formen der westlichen Zivilisation ausdrücken, wenn sie bühnenwirksame Tänze abliefern und eine Fuge anstimmen. Diese Theaterkonvention ist indes akzeptabel, da Meinungsäußerungen in gesungener Form generell etwas Unnatürliches haben.

Als Student hatte Rachmaninoff keinerlei Einwände, eine den Standards der Nummernoper entsprechende Szenenabfolge mit Musik auszugestalten. Rachmaninoffs *Aleko* ist eine jugendliche Unbefangenheit eigen, deren melodische Erfindungsgabe und instrumentaler Feinschliff eine bemerkenswerte Leistung für einen 18-Jährigen darstellen. Trotz der hochemotionalen Entwicklungen kommt die Musik ohne das übliche exaltierte Schreien und die hämmernden Orchesterschläge der italienischen Oper aus. Ihr ›Kreislauf des Lebens‹ beginnt mit unbegleiteten Holzbläsern im »Andante cantabile« und endet mit dem Aufgreifen einer Wendung aus den Takten 3 bis 5 in Klarinette nebst Fagott. Mit der ›Schreckensfuge‹ nach der Mordszene bewies Rachmaninoff natürlich Arenskij und Taneew, was er handwerklich von ihnen gelernt hatte. Dramaturgisch verdeutlicht die strukturierte Form der Fuge zudem den Willen der Gruppe, nach der schrecklichen Tat die Ordnung aufrechtzuerhalten. In jedem Vielvölkerstaat, auch dem Russischen Reich, ist es ein grundsätzliches Problem, gemeinsam ethische Normen zu entwickeln. Rachmaninoffs Oper zeigt, dass es bei Kapitalverbrechen auch noch alternative Urteilsmöglichkeiten zur Todesstrafe gab.

Die Uraufführung am Moskauer Bolschoj-Theater erfolgte am 27. April (9. Mai) 1892. »Natürlich gibt es Mängel«, hieß es in einer Rezension einer der auflagenstärksten russischen Zeitungen, den *Moskauer Nachrichten* (Московские ведомости), »aber sie werden von Verdiensten bei weitem überwogen, was dazu führt, dass man von diesem jungen Komponisten in der Zukunft viel erwarten kann.«[166] Tschajkowskij zeigte sich von dem Einakter mehr als angetan. »Schüchtern und bescheiden, als hätte er Angst, ich könnte ablehnen, fragte er mich, ob ich damit einverstanden wäre, dass mein Werk mit einer seiner Opern aufgeführt wird«, erinnerte sich Rachmaninoff. »Mit Tschajkowskij auf dem Plakat zu stehen, war so ziemlich die größte Ehre, die man einem Komponisten erweisen konnte, und ich hätte es nicht gewagt, so etwas vorzuschlagen. Tschajkowskij wusste das. Er wollte mir helfen, war aber auch darauf bedacht, mich nicht zu beleidigen oder zu demütigen.«[167] Und so genoss Rachmaninoff das Privileg, dass *Aleko* am 6. (18.) Dezember gemeinsam mit Tschajkowskijs neuer Oper *Iolanta* am Mariinskij-Theater in Sankt Petersburg gegeben wurde. Von Tschajkowskij konnte Rachmaninoff lernen, sich nie zu wiederholen und mit jedem Werk das Tor zu neuen thematischen und klanglichen Ausdrucksmöglichkeiten zu öffnen. Pjotr Iljitsch entwarf für seine Umsetzung des märchen- und gleichnishaften Sujets nach dem Drama *König Renés Tochter* des dänischen Schriftstellers Henrik Hertz im Dezember 1891 ein Orchestervorspiel, in dem ausschließlich Holzbläser verwendet werden. Die musikalische Parallele zu den ersten viereinhalb Takten von *Aleko* ist ihm sicher aufgefallen.

Die ethische Grundierung seines Œuvres schuf Rachmaninoff mit seinem ersten Lied, dem ersten kammermusikalischen Trio und seinen ersten Orchesterwerken bereits im Alter von 17 bis 19 Jahren. Alles Weitere ergänzte und präzisierte seine künstlerischen Intentionen, sei es in den kleinen oder großen Formen. Seine Affinität zu den visuellen Künsten und zur Literatur wurde prägend. »Beim Komponieren hilft es mir sehr, wenn ich ein Buch im Sinn habe, das ich erst kürzlich las, ein schönes Bild oder ein Gedicht«, gestand er in einem Interview. »Manchmal bleibt eine bestimmte Geschichte haften, die ich versuche, in Klang zu verwandeln, ohne den Ursprung meiner Anregung preiszugeben. Damit meine ich nicht, dass ich Programmmusik schreibe. Da die Quellen meiner Inspiration niemals offengelegt werden, muss das Publikum die Musik als Ganzes erfassen. Aber ich glaube, dass es mir leichter fällt, klangliche Ideen zu entwickeln, wenn ich ein bestimmtes nicht-musikalisches Thema darstelle. Dies gilt insbesondere für kürzere Klavierstücke.«[168] Rachmaninoff tastete sich mit vielen Versuchen an seine ausgefeilteren Werke heran. Die meisten frühen Klavierwerke haben den Charakter von Studien. Sie wirken mitunter wie Skizzen, in denen er sich an Formen und Vorbildern ausprobierte. Dementsprechend prägt ein maßvoller Andante ma non troppo-Duktus das mit »Romanze« überschriebene erste seiner »Salonstücke«, den *Morceaux de salon* für Violine und Klavier op. 6. Mit dem zweiten scheint der junge Musiker einem Vorbild wie Brahms nacheifern zu wollen, doch versprüht sein »Danse hongroise« trotz der Vivace-Vorgabe eine erzwungene virtuose Heiterkeit, verglichen mit den von Erfahrungen mit Land und Leuten beseelten *Ungarischen Tänzen* von Brahms. Rachmaninoffs Musik aus diesen Jahren hat fast ausschließlich einen melancholischen Charakter – bezeichnend ist hierbei, dass auch einige Lieder aus dem Zyklus op. 8 Titel tragen wie »Gedanken« (Дума, op. 8, Nr. 3) oder »Ich habe meine Traurigkeit liebgewonnen« (Полюбила я на печаль свою, op. 8, Nr. 4).

Zufällig finden sich unter den zahlreichen Gelegenheits- und Improvisationsstücken auch fünf, die Rachmaninoff erstmals im September 1892 während der Moskauer Elektrizitätsausstellung präsentierte und im Folgejahr bei Gutheil veröffentlichte. Er ahnte zu diesem Zeitpunkt noch nicht, wie eines dieser Werke und der Rahmen der Uraufführung seine Zukunft bestimmen sollten. Die Internationalen Elektrizitätsausstellungen waren aus den Weltausstellungen hervorgegangen und machten erstmals 1881 in Paris Furore. Dort wurde als Neuheit bereits das Theatrophon vorgestellt, eine Errungenschaft zur Übertragung von Opern-, Konzert- und Theateraufführungen über ein Telefon bzw. die Leitungen eines Fernsprechnetzes. Kommerziell wurde es bis 1932 auch für die Übertragung von Gottesdiensten und aktuelle Nachrichten genutzt, dann aber von dem sich in den 1920er-Jahren etablierenden Rundfunk verdrängt. Rachmaninoff wuchs im Zeitalter technologischer Revolutionen auf, in denen das elektrische Licht die Tage länger machte und das Automobil den Bewegungsradius der Menschen erweiterte. Er entwickelte ein lebhaftes Interesse für technische Neuerungen. Zugleich begeisterte er sich für die Literatur der Vergangenheit und der Gegenwart. Die umfassende Bildung Rachmaninoffs zeigt sich daran, wie gekonnt er vielfach seine Briefe mit oft auch scherzhaften literarischen Anspielungen spickte. So zitierte er frei aus der vierten Strophe von Lermontows Gedicht »Wenn das vergilbte Feld Sorgen bereitet« (Когда волнуется желтеющая нива), als er die Skalon-Schwestern wissen ließ, sie sollen ihm so schnell wie möglich schreiben, denn erst dann werde er »ziemlich zufrieden sein, dann wird nur meine Angst gedemütigt werden, und ich werde Gott im Himmel sehen können«.[169] Das Einfühlungsvermögen wirkte sich auf sein Privatleben aus. Sein Vater, Wasilij Arkadjewitsch, den er lange nicht mehr gesehen hatte, war nach Moskau gezogen. Sergej Rachmaninoff vermittelte ihm einen Arbeitsplatz beim Vater seines Retters Jurij Sachnowskij, der die Unterstützung eines Pferdekenners gut gebrauchen konnte. Sergej zog mit seinem Vater und Slonow in einen Vorort hinter dem Twerskaja Sastawa-Platz, in die Nähe der Rennbahnen.

Mit seiner schweren Erkrankung mochte Sergej Rachmaninoff seine Unbefangenheit beim Komponieren verloren haben, aber wie die Entwicklung von *Fürst Rostilaw* (WoO, TN ii/44) zu *Der Fels* (op. 7) zeigte, verbesserte er sich mit jedem Stück zusehends. Bei Besuchen in Sankt Petersburg, wo seine Mutter lebte, kam er mit weiteren Komponistengrößen des Landes in Kontakt. Ein Sammelpunkt waren die regelmäßigen Treffen bei Mitrofan Beljaew, einem wohlhabenden Holzhändler, der das Musikleben förderte. Er hatte in den 1880er-Jahren den Glinka-Preis für verdienstvolle Kompositionen gestiftet, finanzierte die Konzerte der Russischen Musikgesellschaft und war einst von der ersten Sinfonie des jugendlichen Glasunow so begeistert, dass er einen Musikverlag gründete, um das Werk herauszubringen. Dabei ließ er den Verlag unter dem Namen ›M. P. Belaieff‹ im Juli 1885 in Leipzig ins Handelsregister eintragen – ein kluger Schachzug, denn im Gegensatz zu seinem Heimatland gab es in Deutschland seit 1845 ein Urheberrecht, das Werke bis 30 Jahre nach dem Tod eines Komponisten bzw. Autors schützte. In Leipzig standen auch die modernsten Notendruckereien der Welt zur Verfügung. Den Vertrieb seiner Veröffentlichungen in Russland sicherte Beljaew durch einen Kooperationsvertrag mit dem in Moskau ansässigen estnischen Verleger Peter Jurgenson. Rachmaninoff publizierte nie bei Beljaew, weil ihn sein Verleger Gutheil besser bezahlte. Aber er verwendete das Notenmaterial, denn – wie Glasunow betonte – der Herausgeber dehnte es »auf eine ganze Plejade von russischen Tonschöpfern« aus.[170]

Einen der eindrucksvollsten Kontakte, den Sergej Rachmaninoff durch den Beljaew-Kreis knüpfte, war der zu Nikolaj Rimskij-Korsakow. Rachmaninoff vergaß nie ein besonderes Erlebnis, als er bei Beljaew eingeladen war und zusammen mit Feliks Blumenfeld seine Sonate für zwei Klaviere op. 5 vorstellte. Sergej spielte auswendig und Blumenfeld war der Einzige, der gut vom Blatt spielen konnte. »Alle waren da – Ljadow, Rimskij-Korsakow – und hörten sehr aufmerksam zu«, erinnerte sich Rachmaninoff. »Ich dachte, sie mochten es. Rimskij lächelte die ganze Zeit. Dann fingen sie an, mich zu loben, und Rimskij sagte: ›Alles ist in Ordnung, bloß am Ende, wenn die Melodie ›Christus ist auferstanden …‹ zu hören ist, wäre es besser, sie separat vorzustellen und nur beim zweiten Mal mit Glocken erklingen zu lassen.« Als junger Mann restlos von sich selbst überzeugt, nahm Rachmaninoff den

Hinweis des 30 Jahre älteren Künstlers nicht ernst. »Ich war dumm und arrogant«, bedauerte er später, »damals war ich erst 21 Jahre alt, also zuckte ich mit den Schultern und sagte: ›Warum? Schließlich taucht dieses Thema im Leben immer zusammen mit den Glocken auf‹, und änderte keine einzige Note. Erst später wurde mir klar, wie berechtigt Rimskij-Korsakows Kritik war. Ich habe die wahre Größe von Rimskij-Korsakow erst nach und nach begriffen und bedauerte sehr, nie sein Schüler gewesen zu sein.«[171]

Allerdings war bereits das Studium der Orchester- und Opernpartituren von Rimskij-Korsakow ungemein lehrreich. Bei Rachmaninoffs erster bedeutender Orchesterkomposition, die Anerkennung fand, spielten zudem gleich zwei seiner Lieblingsautoren eine Rolle – der politisch unbequeme Puschkin-Zeitgenosse Michail Lermontow und Anton Tschechow. Dessen Erzählung »Unterwegs« war im Dezember 1886 in der Sankt Petersburger Zeitung *Die neue Zeit* (Новое время) erschienen. Für den Literaten Iwan Bunin gehörte sie zu den besten Geschichten Tschechows.[172] Als Motto hatte ihr der Schriftsteller zwei Zeilen aus Lermontows Gedicht »Der Fels« vorangestellt: »Eine goldene Wolke schlief in der Nacht / Auf der Brust der Klippe des Riesen.« Eine optische Vorstellung vermittelte eine 1890 veröffentlichte illustrierte Ausgabe der Dichtungen Lermontows, in der Nikolaj Dubowskij diese Szene aus der Ballonperspektive darstellte. Tschechow hatte die Zeilen und vor allem den Autor mit Bedacht ausgesucht: Pjotr Kropotkin sah Lermontows Werk von Humanität geprägt, selbst sein Pessimismus sei »ein kühner Protest gegen alles Unedle im Leben«.[173] Rachmaninoff wählte das harte Gestein als Titel, da es anschaulich die emotionalen Barrieren zwischen den Menschen symbolisiert. Idyllische Naturbilder spielten in seinen Instrumentalwerken und Lyrikvertonungen kaum eine Rolle. Im elften Lied seines Opus 26 lässt ein Brunnen einen Wassernebel himmelwärts streben, »wie eine lebendige Wolke« (как облаком живым). In Lermontows »Der Fels« schmiegt sich statt einer Cumuluswolke (облако) eine Regen- bzw. Gewitterwolke (туча) an das Gestein.

Eine dauerhafte Verbindung ist zwischen beiden unmöglich. Als Tschechow in »Unterwegs« während eines Schneesturms eine junge Frau und einen etwa doppelt so alten Witwer mit seiner kleinen Tochter in der Passagierstube einer Poststation aufeinandertreffen und sie am nächsten Morgen wieder ihrer Wege gehen ließ, deutete er bereits durch das vorangestellte Zitat an, dass beide keine gemeinsame Zukunft haben werden.[174] Rachmaninoffs Komposition ist ambivalent, weil offen bleibt, ob sich die changierenden Klangfarben von dunklen

Instrumentalstimmen und lichteren Tönen auf Fels und Wolke oder zwei Menschen beziehen. Das gut 15-minütige Stück beginnt und endet in den tiefsten Lagen im vierfachen Pianissimo, aber dazwischen verbringen die imaginären Protagonisten eine wunderschöne Zeit. Die häufig solistisch eingesetzten Instrumente plaudern miteinander, umspielen zusammen musikalische Gedanken, wobei eine schwebende Leichtigkeit entsteht, die – wie in Tschechows Geschichte – darauf hoffen lässt, dass eine aussichtsreiche Zukunft möglich ist. Aber Rachmaninoffs »Fantasie« für Orchester endet realistisch: Immer aufgeregtere Stimmen von Horn, Posaune und Tuba erinnern an die Hilflosigkeit des ertrinkenden Fürst Rostislaw.[175] Da niemand außer Arenskij und einem kleinen Kreis das unveröffentlichte Frühwerk kannte, integrierte Rachmaninoff eine damals nur von wenigen Menschen dechiffrierbare Anspielung. Als er *Der Fels* im September 1893 bei einem von Taneews Musikabenden präsentierte, fand das Stück auch das Wohlwollen von Tschajkowskij. Er deutete an, dass er die Orchesterfantasie bei einer seiner Konzerttourneen in Westeuropa vorstellen könnte. Tschajkowskij schätzte Lermontow ebenfalls und hatte in diesen Jahren erwogen, eine Oper nach dem Roman *Ein Held unserer Zeit* zu schreiben, zu der Nemirowitsch-Danschenko oder Tschechow das Libretto beisteuern sollten – eines seiner vielen nie realisierten Projekte.

Rachmaninoff widmete *Der Fels* op. 7 schließlich einem der größten Lehrmeister facettenreichen Instrumentierens, Nikolaj Rimskij-Korsakow. Im April 1894 wurde das Werk in Moskau bei einem Konzert der Russischen Musikgesellschaft erstmals vorgestellt. In der bald danach veröffentlichten Partitur findet sich nur ein Hinweis auf die von Tschechow zitierten Zeilen Lermontows. Die eigentlichen Hintergründe von Rachmaninoffs instrumentalem Juwel traten erst zutage, lange nachdem der Komponist den hochverehrten Anton Tschechow persönlich kennengelernt hatte: In Tschechows Bibliothek fand sich eine Partitur von *Der Fels* mit Rachmaninoffs Widmung »an den lieben und zutiefst respektierten Anton Pawlowitsch Tschechow, den Autor der Geschichte ›Unterwegs‹, deren Inhalt, mit dem nämlichen Motto, als Programm für diese musikalische Komposition diente – 9. November 1898«.[176]

Bedeutsam für die Substanz seiner Musik wurde Rachmaninoffs Interesse an Textvertonungen. »Die Poesie inspiriert mich sehr«, bekannte er in einem Interview. »Von allen Künsten ist mir nach der Musik die Poesie am liebsten.«[177] Sie bildet einen Schlüssel zu dem, was in Sergej Rachmaninoff vorging, denn er wählte ausschließlich Texte, die ihm etwas bedeuteten und passte sie zuweilen durch Auslassungen oder Umformulierungen seinem Bedarf an. Dabei bezog er sich nicht nur auf die Dichter seines eigenen Landes. »Unseren Puschkin finde ich bewundernswert«, äußerte er einmal in einem Interview. »Auf Russisch lese ich aber auch immer wieder Shakespeare und Byron. Stets bin ich von Büchern mit Gedichten umgeben. Die Poesie inspiriert die Musik, denn Gedichte sind so reichhaltig. Beide sind wie Zwillingsschwestern.«[178] In Rimskij-Korsakow und Tschajkowskij fand er eindrucksvolle Vorbilder. Beide hatten 85 bzw. 103 Liedvertonungen veröffentlicht und 15 bzw. zehn Opern herausgebracht – bei Rachmaninoff schlug mit letztlich drei Opern, neun Chorstücken und 85 Liedern das Pendel eindeutig zugunsten der intimeren, klavierbegleiteten Textvertonungen aus. Von dem Schriftsteller Nikolaj Grekow wählte er zwar nur einen einzigen Text, den er zwischen 1890 und 1893 mit Musik versah, aber Grekows Charakterisierung der Dichtkunst umreißt treffend die Bedeutung des Liedschaffens in Rachmaninoffs Œuvre: »Im Leben ist die Poesie die Rose in einer Girlande voller Dornen.«[179]

Rachmaninoffs Lieder sind wie ungeschriebene Briefe – sie vermitteln einen Eindruck seiner Einstellungen sowie seines Befindens und Empfindens. Oft sind sie nahestehenden Personen gewidmet, wodurch sie zunächst zu privaten Stellungnahmen werden, bevor sie als Bestandteil in einen der zwischen 1893 und 1916 veröffentlichten Liederzyklen eingingen. Rachmaninoff war eigenwillig: Zwei Drittel seiner Lyrikvertonungen entstanden auf Texte, die kein anderer Komponist gewählt hatte. Stimmung und Gehalt der Verse waren ihm zuweilen wichtiger als der Bekanntheitsgrad der Verfasser.

Sergej Rachmaninoff war ein leidenschaftlicher Leser. Seine Lektüre bestand nicht nur aus Büchern – wie etwa der 1893 in Kiew publizierten Gedichtsammlung von Daniil Rathaus –, sondern ebenso aus Zeitschriften, die unter anderem Lyrik veröffentlichten. So erschien Dmitrj Mereschkowskijs »O nein, ich flehe dich an, gehe nicht!« (О, нет, молю, не уходи!, op. 4, Nr. 1) 1890 erstmals in dem Magazin *Russisches Denken* (Русская мысль), Marija Dawidowas »Ich warte auf dich« (Я жду тебя, op. 14, Nr. 1) 1893 in dem Theater- und Musikjournal *Künstler (Artiste)* und Fets »Ich werde dir nichts erzählen« (Я тебе ничего не скажу, WoO, TN ii/50/2) 1886 in *Der Bote Europas* (Вестник Европы). Rachmaninoff bevorzugte Schriftsteller, die auch gesellschaftspolitisch etwas zu sagen hatten. Eine Schlüsselposition nahm Aleksandr Sergeewitsch Puschkin ein, einer der schärfsten Beobachter des Lebens. Rachmaninoff wählte zwei seiner Stoffe für Opern *(Aleko, Der geizige*

Ritter) und vier Gedichte für die Liederzyklen op. 4 und op. 34. Mit Dichtern wie ihm bildete sich die ethische Basis seiner Kunst heraus. Schon in den frühen Werken finden sich gelegentlich Anspielungen auf Pritschet-Seufzer wie in der linken Hand bei der Klavier-Einleitung zu dem Lied »Im Schweigen der rätselhaften Nacht« (В молчаньи ночи тайной, op. 4, Nr. 3), das Wera Skalona gewidmet wurde, oder bei »Ach, du, mein Feld« (Уж ты, нива моя, op. 4, Nr. 5). Zu den wichtigsten seiner Liedautoren, von denen er neben Puschkin vier oder mehr Texte vertonte, wurden um 1890 der noch junge Daniil Rathaus, der bereits altersschwache Afanasij Fet und die schon 1873 bzw. 1875 verstorbenen Fjodor Iwanowitsch Tjuttschew und Aleksej Konstantinowitsch Tolstoj, ein Vetter des Romanciers Lew Tolstoj.

Nur fünf Jahre älter als Rachmaninoff war der Schriftsteller Daniil Maksimowitsch Rathaus, von dem er vier Texte vertonte. Noch als Student in Kiew hatte Rathaus im August 1892 einige seiner Gedichte an Rachmaninoffs Mentor Pjotr Tschajkowskij geschickt, in der Hoffnung, dass sie sich für Vertonungen eignen. Dem berühmten Musiker fiel bald auf: Diese »Dichtung neigte dazu, sehr traurig zu sein«.[180] Der Komponist sprach den Literaten unmittelbar darauf an: »Weshalb ist Ihr Leben ›traurig und unmittelbar mit Wehmut verbunden‹«, wollte er wissen, obwohl ein derart talentierter Mensch »alles besitzt, was man für ein zufriedenes Leben braucht«, sodass kein Grund für seine pessimistische Weltsicht vorliege. Tschajkowskij, der mitunter zu Depressionen neigte, hielt sich selbst für »einen glücklichen Menschen«, wie er Rathaus schrieb.[181]

Rachmaninoff fühlte sich ohne Vorbehalte von dem Poeten unmittelbar angesprochen. Nur allzu gut kannte er Momente der Verzweiflung. »Die Blume starb«, heißt es in einem 1893 entstandenen, aber erst posthum 1947 in der Sammlung *12 Lieder ohne Opuszahl* veröffentlichten Lied (Увял цветок, WoO, TN ii/53/2). »Und du endetest im erbarmungslosen Grab …« Es war, als ob der Dichter ihn schon seit langer Zeit kennen würde. »Alles vergeht und kehrt niemals wieder«, las er bei Rathaus (Проходит всё, op. 26, Nr. 15). Doch wie in den Vokalstücken, die Tschajkowskij in seinen Zyklus op. 73 aufnahm, enthalten auch die Zeilen, die Rachmaninoff wählte, zuweilen Schimmer von Zuversicht. Wie man durch die Liebe zu einem anderen Menschen die Höhen und Tiefen des Daseins zu bewältigen vermag, zeigte Rathaus in seinen Versen zu »Diese schönen Sommernächte« (Эти летние ночи прекрасные, op. 14, Nr. 5). Und selbst das »Lied eines Enttäuschten« (песня разочарованного, WoO, TN ii/53/1) vermag – wie ein mitfühlender Freund bzw. eine Freundin allein durch einen liebevollen Blick – zu vermitteln: »Lebe!« Wie in den Hörnern und Blechbläsern zu Beginn von *Fürst Rostislaw* gibt es auch im Klavierpart eine Art pochenden Todesrhythmus. Während das Orchesterstück vom Scheitern und von vergeblichen Hoffnungen erzählt, verdeutlicht ein sensibler Wechsel der Klangfarben in dem 1893 entstandenen, aber erst posthum veröffentlichten Sololied, wie stark der Wille ausgeprägt ist, durchzuhalten und zu leben.

Fünf Texte wählte Rachmaninoff von Fjodor Iwanowitsch Tjuttschew, einem Diplomaten, der anspruchsvoller Lyrik zugetan war. Mütterlicherseits war der Literat mit der Familie Tolstoj verwandt und väterlicherseits mit den Rimskij-Korsakows. Er arbeitete lange in Deutschland, wo er unter anderem mit Heinrich Heine persönlich bekannt wurde, von dem Rachmaninoff für seinen Zyklus Opus 8 mit »Die schlanke Wasserlilie« und »Ich hatte einst ein schönes Vaterland« zwei Texte in Übersetzungen vertonte. Seinerzeit setzte sich Puschkin für Tjuttschews Lyrik ein und veröffentlichte Verse in seinem Magazin *Der Zeitgenosse* (Современник). Auch wenn Tjuttschew schon vier Monate nach Sergejs Geburt verstarb, behandelte Rachmaninoff seine Verse ebenfalls wie zu seiner eigenen Gegenwart gehörend: Er hielt sich nicht immer sklavisch an die Texte, sondern stellte bei Bedarf Worte um, ersetzte altmodische Ausdrücke durch modernere [ты знал его »Du kanntest ihn« statt ты зрел его à la »Du erschautest ihn« (op. 34, Nr. 9)] oder ließ auch ganze Passagen weg. In Tjuttschews »Der Brunnen« (Фонтан, op. 26, Nr. 11) konzentrierte sich Rachmaninoff auf den »strahlenden Brunnen«, dessen Wasser »wie eine lebendige Wolke« emporsteigt; ein Lichtstrahl, der, sobald er seinen höchsten Punkt erreicht hat, »dazu verurteilt ist, auf die Erde hinabzustürzen«. Ihm reichten für dieses Gleichnis des Daseins die Naturgesetze. Deswegen eliminierte er die metaphysisch angehauchte zweite Strophe, in der die Wolke »himmelwärts strebt« und eine »unsichtbare Hand« sie zurückdrängt.

Gerade durch Fjodor Tjuttschews Lyrik erhielten Rachmaninoffs Lieder einen engen Bezug zur Philosophie. Das kurz nach einem Schlaganfall entstandene »Alles ward mir genommen« (Всё отнял у меня, op. 26, Nr. 2) gilt als das letzte Gedichte Tjuttschews, das er seiner Frau widmete. Der »strafende Gott« hatte ihn um alles gebracht: Gesundheit, Willenskraft, Atem, Schlaf. Nur durch den einzigen Menschen, der ihm geblieben war, fand er die Kraft, überhaupt noch zu beten. Die Vergänglichkeit des Daseins ist ein wiederkehrendes Thema. Dementsprechend findet sich das Lebensbejahende in der Musik Rachmaninoffs, solange das Werk noch ›lebendig‹ ist, solange es erklingt, und kaum am Schluss. Andere Komponisten mochten die Disposition ihrer Werke zum Ende hin auf Sieg, Triumph oder Überhöhung hin anlegen. Egal ob im Fortissimo oder Pianissimo, für Rachmaninoff bedeutete der ›letzte Atemzug‹ eines Musikstücks das Aus. Seine Sinfonien und Klavierkonzerte enden abrupt und nicht mit verbissen wiederholten Akkordschlägen. Er hätte seinen Liederzyklus op. 26 mit den schönen Worten »eine immerwährende Erinnerung« und einem dreifachen Pianissimo im Klavier ausklingen lassen können (»Der Ring«, Кольцо, op. 26, Nr. 14), allerdings gestaltete er das vorletzte Lied auf diese Weise. Der 15. Gesang von Opus 26, »Alles vergeht« (Проходит всё), schließt im Fortissimo mit der Zeile: »Ich kann keine heiteren Lieder singen!«.

Sergej Rachmaninoff lebte in Umbruchzeiten und fand Gefallen an kritisch eingestellten Autoren. Tjuttschews Verbindung mit Afanasij Afanasjewitsch Fet bestand darin, dass beide Schiller ins Russische übersetzten. Die Lektüre des deutschen Lyrikers und Dramatikers begeisterte kritisch eingestellte Kreise, insbesondere durch seine Losung »In tyrannos«. Deshalb wählte Aleksandr Herzen für seine Exilzeitschrift den Titel *Die Glocke* (Колокол) in Anlehnung an Schillers Dichtung. Die Veröffentlichung des Magazins war zwar schon 1867 eingestellt worden und der Publizist drei Jahre später verstorben, aber in Rachmaninoffs Jugend erlebten die Schriften und Erinnerungen des kritischen Intellektuellen ab den 1880er-Jahren eine Renaissance. Herzens früherer Klage, man habe »zu nichts als unseren Büchern« gegriffen und sich »fern der Tat« gehalten, denn »alle waren kühn und mutig nur im Reich des Denkens«, setzte eine neue Generation zunehmend Agitation und Aktivismus bis hin zur Gewalt entgegen.[182] Ob der einflussreiche Afanasij Fet noch mitbekam, dass ein Musikstudent begonnen hatte, die ersten von insgesamt fünf seiner Texte zu vertonen, ist fraglich, denn sein Leben endete 1892 im Alter von 72 Jahren. Bei russischen Intellektuellen hatte Fet sich auch als Übersetzer von Schopenhauers Weltbild einen Namen gemacht. Fets Auffassung, die Dichtung habe »Linderung der Qualen als Bewusstmachung des Glücks« zu sein,[183] dürfte auch Rachmaninoff beeindruckt haben. Durch einen unsentimentalen, allen Klischees abholden Zugang zu Fets realistischen Texten erlangen die Vertonungen psychologische Tiefe und Glaubwürdigkeit. Die brennende Unruhe in »Seit langem kennt unsere Liebe wenig Freuden« (Давно в любви отрады мало, op. 14, Nr. 3) oder die schmerzhaften Erinnerungen an eine frühe Liebe in »Im Schweigen der rätselhaften Nacht« (В молчаньи ночи тайной, op. 4, Nr. 3) sind von bewegender Eindringlichkeit. Rachmaninoff schrieb das Lied mit 17 Jahren für Wera Skalon. Aber schon früh entwickelte sich seine Neigung, die Arbeit ständig zu reflektieren und zu überarbeiten. So feilte er an Details und revidierte das Stück zwei Jahre später. Aus musikalischen Gründen wiederholte er einige Wörter und Wendungen; vier Zeilen strich er völlig, um nicht enigmatisch-nebulöse Floskeln mit Musik ausgestalten zu müssen.

Am stärksten angesprochen fühlte sich Rachmaninoff von der Dichtkunst des Grafen Aleksej Konstantinowitsch Tolstoj, einem Künstler, der Goethe begegnet war und E. T. A. Hoffmann kannte. Sergej war fünf Jahre alt, als eine komplette Edition der Werke Aleksej Tolstojs erschien. Letztendlich stammten mit sechs Texten die meisten Vertonungen in Rachmaninoffs Liedschaffen aus der Feder des geachteten Poeten und Bühnenautors. Er hatte sich mit einer Trilogie von Zarendramen einen Namen gemacht, die mit Iwan IV., Fjodor Ioannowitsch und Boris Godunow die Ära vom 16. bis zum 17. Jahrhundert umfasst. Möglicherweise inspirierte dies Rachmaninoff später dazu, *Aleko* durch weitere Werke zu einer Trilogie von Kurzopern zu ergänzen. Er sah sie indes nie als Triptychon wie Puccini sein abendfüllendes *Il Trittico* und distanzierte sich später von seinem frühesten Bühnenstück. Immerhin regten die ausdrucksstarken Texte Aleksej Tolstojs in den 1890er-Jahren Rachmaninoff zu Chor- und Orchestermusik an. Nachdem bereits Tschajkowskij aus dessen Drama *Don Juan* die Serenade der Titelfigur für seinen Romanzenzyklus op. 38 vertont hatte, wählte er den »Chor der Geister« für einen gemischten Chor a cappella (WoO, TN ii/62) und die Dichtung »Fürst Rostislaw« für ein unveröffentlicht gebliebenes Orchesterstück. Rachmaninoff verzichtete schon bald auf historische Stoffe und wandte sich lieber Themen von allgemeingültigem Charakter zu. »Mein Herz kämpfte mit dem Leben«, heißt es in dem Lied »Tief im Herzen gibt es viele Klänge« (Есть много звуков в сердца глубине, op. 26, Nr. 1), »doch das Leben tobt wie ein Sturm, der große Nadelbäume bricht; aber wie das Murmeln der Gewässer flüstert die Stimme des Herzens.« Wo Linderung zu finden ist, verriet ein anderer Text von Aleksej Tolstoj, »Pantaleon, der Heiler«, den Rachmaninoff für ein vierminütiges a cappella-Stück über den »Alles-Erbarmenden« wählte (nach den griechischen Worten ›panta‹, alles, und ›elein‹, Erbarmen haben bzw. heilen; Пантелей-целитель, WoO, TN ii/63). Damit würdigte er den eher in Osteuropa bekannten Patron der Heilkundigen, einen ehemaligen Leibarzt des Hofes von Kaiser Maximianus. Pantaleon wurde im 4. Jahrhundert als Christ denunziert und hingerichtet. In dem

Gesang geht es nicht allein um das Kurieren von körperlichen Leiden, sondern vor allem auch um den geeigneten Balsam für die Wunden der Herzen und Seelen. Rachmaninoffs Zeitgenosse Pjotr Kropotkin, ein Theoretiker des antiautoritären Anarchismus, bescheinigte Aleksej Tolstoj einen »ruhigen Idealismus«, der ein Wesenszug des Autors sei.[184]

Dieser Idealismus dürfte Rachmaninoff stärker angesprochen haben, als die Losungen des zuweilen eher aggressiven Weltverbesserers Lew Tolstoj. Oft spielen bei Aleksej Tolstoj intime Momente eine Rolle: das Zwielicht der Dämmerung, vertrautes Beisammensein, Hoffnungen, Enttäuschungen, Erinnerungen und das Sterben. Wenn in »Die Dämmerung brach an« (Смеркалось, WoO, TN ii/52/2) davon die Rede ist, dass »die ruhigen Abendstunden« erst zu genießen sind, wenn die bedrückende Gluthitze der Sonne nachlässt, so kann man das Gedicht 1856 vor den politischen Reformen ebenso im übertragenen Sinne verstehen wie 1891 in Zeiten der Stagnation kurz vor einer drohenden Hungersnot. Das Erntefeld wird zum Gleichnis für vom Wind zerstörte Erträge und emotionale Wüsten in »Ach, du mein Feld« (Уж ты, нива моя, op. 4, No. 5). Psychische Instabilität »verborgene Leiden«, wie es in dem Lied op. 14, Nr. 6 heißt – wird ebenso bei den Tolstoj-Vertonungen in Opus 14 (Nr. 6 und 7) thematisiert. Für »Erinnerst du dich an den Abend?« (Ты помнишь ли вечер, WoO, TN ii/53/3) verzichtete Rachmaninoff auf einige Verse, um sich auf das Wesentliche zu konzentrieren und – wie des Öfteren – Grundsätzliches zu demonstrieren: Dies war für ihn nicht eine Schilderung, wie Aleksej Tolstoj mit seiner Frau eines Tages auf der Krim entlang des Schwarzen Meeres ausritt, sondern wie wichtig ein geliebter Mensch ist, mit dem man sich wortlos, Hand in Hand, gemeinsam auf enge, überwachsene Pfade wagen kann. In der poetischen Bündelung der Gedanken sah Rachmaninoff viele seiner Empfindungen gespiegelt.

Wie wertvoll die Dichtung für Rachmaninoff war und wie intensiv er sie verinnerlicht hatte, belegt eine Erinnerung des drei Jahre älteren Schriftstellers Iwan Alekseewitsch Bunin, der 1933 als erster Russe den Nobelpreis für Literatur erhielt. Rachmaninoff vertonte in seinem Opus 26 mit den Nummern 9 und 12 zwar nur zwei seiner Texte, war dem Dichter aber freundschaftlich verbunden. Nachdem man sich im Mai 1900 in Jalta bei einem Treffen mit Tschechow und Mitgliedern des Moskauer Künstlertheaters kennengelernt hatte, verbrachten beide den größten Teil der Nacht mit einem Strandspaziergang. Bunin berichtete, man rezitierte dabei wechselseitig Verse von Puschkin, Lermontow, Fet und Tjuttschew. Im Morgengrauen umarmte ihn Rachmaninoff und sagte: »Lass uns auf immer Freunde sein!«[185] Rachmaninoff korrespondierte bis in die ersten Jahre des Zweiten Weltkriegs hinein mit ihm. Bunin konnte er sich anvertrauen, wenn er »missgestimmt war«.[186] Befand sich der Freund in finanzieller Not, unterstützte Rachmaninoff ihn. Und mit Bunin und seiner Frau teilte er später die Sorge um die Töchter in Europa.[187]

Im Herbst 1893 verlor Sergej Rachmaninoff innerhalb von acht Wochen zwei Menschen, die ihm für seine künstlerische und persönliche Entwicklung viel bedeuteten: Nikolaj Swerew, der mit 60 Jahren am 30. September (12. Oktober) 1893 in Moskau verstarb, war der älteste von ihnen. »Sie haben vielleicht schon von Swerews Tod gehört«, schrieb Rachmaninoff den drei Skalon-Schwestern. »Wir haben ihn gestern begraben. Es ist unglaublich schade. Jedes Jahr lichtet sich die alte Konservatoriums-Familie immer mehr und beim Nachzählen stellt man fest, dass wieder einer ihrer ›Mohikaner‹ vermisst wird. Gleichzeitig gibt es einen guten Menschen weniger auf der Welt: Traurig und bedauernswert.« Wie sehr ihn das Sterben seines Lehrmeisters mitgenommen hatte, zeigt Rachmaninoffs ausführliche Schilderung der letzten Stunden: »Niemand erwartete ein so schnelles Ende, und er selbst fühlte den Tod fünf Stunden vorher nur, als er einem von denen, die mit ihm saßen, sagte: ›Auf Wiedersehen, Bruder. Es ist aus.‹ Fünf Minuten vor seinem Sterben schrie er durch die ganze Wohnung, die Vorhänge zu öffnen (er starb nachts), die Fenster, die Türen zu öffnen, dass es stickig sei, unerträglich stickig. Er wirkte fürchterlich gehetzt. Sein alter Koch und die Haushälterin (er starb in ihren Armen; niemand sonst war da) hoben ihn auf, er nahm die Luft auf – und … hat sie nicht freigegeben. Es ist aus!, wie er bereits sagte. Er starb ohne Kommunion, nachdem er bereits zehn Jahre lang keine Kommunion mehr empfangen hatte. Noch einmal, wie schade um ihn!«[188]

Auf der Beerdigung traf Rachmaninoff Pjotr Tschajkowskij wieder. War Swerew jemand, der seine Jugend geprägt hatte, so hatte er in Tschajkowskij einen namhaften Fürsprecher, der für seine Zukunft entscheidend werden konnte. Im Oktober 1893 begab sich Tschajkowskij ins Moskauer Konservatorium, um mit einem Studentenorchester seine sechste Sinfonie durchzugehen. Er wollte sicher sein, dass bei der bevorstehenden Uraufführung in Sankt Petersburg alle beabsichtigten Klangwirkungen, die er auf dem Papier ersonnen hatte, auch angemessen zur Geltung kommen. Bei dieser Gelegenheit konnte ihm Rachmaninoff erzählen, dass er bald aufbreche, um seine Oper *Aleko* in Kiew zu leiten und zudem eine Einladung zu einer Produktion in Odessa erhalten habe. »Siehst Du, Serjoscha, wir sind jetzt berühmte Komponisten!«, scherzte Tschajkowskij. »Der eine geht nach Kiew, um seine Oper zu dirigieren, der andere nach Sankt Petersburg, um seine Sinfonie zu leiten.«[189]

Niemand ahnte, dass es die letzte Begegnung war. In Kiew erhielt Rachmaninoff die schockierende Mitteilung, dass der große russische Künstler um 3 Uhr in der Nacht vom 24. auf den 25. Oktober (5./6. November) 1893 im Alter von nur 53 Jahren verstorben war – »völlig unerwartet und vor der Zeit«, wie es in einer Pressemeldung hieß.[190] Angestachelt durch eine sensationsheischende Berichterstattung begann man nicht nur in Musikerkreisen, verwegen zu spekulieren. Über die Ursachen von Krankheit und Tod, hieß es in den *Neuigkeiten* (Новосты), »laufen in der Stadt die widersprüchlichsten Gerüchte um«. Vor allem mündlich gab es Spekulationen darüber, was wohl tatsächlich vorgefallen sei. »Man begann von Vergiftung, Selbstmord und anderem Unsinn zu reden«, fasste der Journalist Jurij L. Dawidow die Überlegungen zusammen. Es hieß, einer der bedeutendsten russischen Komponisten der Gegenwart sei weder von der Cholera noch ihren Folgen dahingerafft worden, sondern durch äußeren Einfluss. »All das ist Unsinn«, meinte Dawidow. Er könne vollkommen sicher bezeugen, dass die Krankheit »eine richtige Cholera war, auf die eine Komplikation folgte, die die Nieren betraf und eine Urämie hervorrief, mit der der geschwächte Organismus nicht fertig werden konnte. Eine Urämie ist aber eine Vergiftung des Blutes durch Harn; kann es sein, dass das zu den falschen Gerüchten führte?«[191]

In Teilen der Presse erhob man schwere Vorwürfe gegen die Ärzte und spekulierte über Behandlungsfehler. Es erschien geradezu unglaublich, dass jemand mit einem gehobenen Lebensstil, wie ihn Tschajkowskij pflegte, an einer Krankheit sterben konnte, die in erster Linie durch mangelnde Hygiene verursacht wurde. Die Zeitungen gaben die medizinischen Bulletins allerdings nur stark verkürzt wieder und zitierten Bruchstücke nach handschriftlichen Notizen aus schlecht oder gar nicht geführten Interviews. Dies provozierte Gegendarstellungen der Betroffenen, die beklagten, im Zusammenhang mit Tschajkowskijs Erkrankung würden ihnen »Meinungsäußerungen in so entstellter Form zugeschrieben«, dass man sich gezwungen sehe, sich »von ihnen zu distanzieren«.[192] Ein Zeitgenosse konstatierte, es »wurde die Schwere des Verlustes noch vergrößert durch das Bewusstsein seiner Zufälligkeit und durch die Überzeugung, dass man ihn leicht hätte abwenden können«.[193]

Auch wenn es in der Gerüchteküche weiterhin kochend heiß brodelte, dürfte sich Rachmaninoff letztlich der Haltung von Pjotrs Bruder Modest Tschajkowskij angeschlossen haben, denn er arbeitete mit ihm in den nächsten Jahren noch an Opernprojekten zusammen. Der Schriftsteller veröffentlichte am 7. (19.) November 1893 in der *Neuen Zeit* (Новое время), einer politischen und literarischen Tageszeitung aus Sankt Petersburg, einen Brief, in dem er betonte, dass er und seine Familie »irgendwelche Vorwürfe, die sich gegen die Behandlung von Pjotr Iljitschs tödlicher Krankheit richten, unbedingt für ungerecht« halte. Obwohl die Angehörigen »die Bitterkeit dieses Verlustes stärker empfinden als irgend jemand sonst«, hege keiner von ihnen gegenüber den Ärzten »ein anderes Gefühl als das der Dankbarkeit für ihr herzliches und untadelig-sorgfältiges Verhalten gegenüber der Krankheit des Verstorbenen«.[194]

Rachmaninoff verlor nicht nur einen Mentor und eine Inspirationsquelle. Tschajkowskijs Bekanntheitsgrad hätte ihm viele Türen öffnen können. Er hatte bereits geplant, im Januar *Der Fels* bei einem seiner Konzerte in Sankt Petersburg zu dirigieren, und hätte er das Rachmaninoff-Stück mit auf seine Tourneen genommen, wäre der junge Komponist bereits viel früher in Westeuropa anerkannt worden. Möglicherweise verstand Tschajkowskij die musikalische Ausdrucksweise des jungen Talents besser als jeder andere im russischen Musikleben der damaligen Zeit. Aber mit einem Mal war Rachmaninoff auf sich allein gestellt.

Die Religion bot ihm keinen Trost. Ein als »Chorkonzert« bezeichnetes, zu Lebzeiten unveröffentlichtes, zehnminütiges a cappella-Stück »Die wachsame Gottesmutter im Gebet« (В молитвах неусыпающую Богородицу, WoO, TN ii/61), führte Wasilij Orlow im Dezember 1893 mit seinem Chor im Rahmen eines Konzerts mit geistlichen Werken von Archangelskij, Rimskij-Korsakow, Sokolskij und Tschajkowskij in der Synodalschule auf. Es stellte einen frühen Versuch in dieser Gattung dar. Das eigentliche Totengedenken wurde das laut Rachmaninoff nach julianischem Kalender zwischen dem 25. Oktober und dem 15. Dezember 1893 entstandene, knapp 50-minütige *Elegische Trio* in d-Moll op. 9.[195] Die Erstausgabe des später überarbeiteten dreisätzigen Werks ziert der Hinweis »Zur Erinnerung an einen großen Künstler«. Jeder, der Ende Januar 1894 die Uraufführung in Moskau erlebte, wusste, dass damit Pjotr Tschajkowskij gemeint war. Wie bedeutsam die Begegnung für Rachmaninoff war, deutet das Thema der Variationen im zweiten Satz an, das der eigenen sinfonischen Dichtung *Der Fels* entnommen ist.[196] Dieser Variationensatz ist zudem eine Hommage an den zweiten Satz von Tschaikowskijs eigenem Trio op. 50. Der Länge dieses Werks kommt auch Rachmaninoffs Opus 9 nahe. »Die Musik schien uns schwierig, aber von einer bemerkenswerten Ehrlichkeit«, erinnerte sich der Cellist Michail Bukinik. »Wir luden Rachmaninoff ein, bei einer der Proben mitzuspielen, um Tempi, Nuancen etc. herauszufinden. Hier wunderten wir uns, dass die Tempi des Komponisten nicht zu unseren passten und er entweder schneller oder ruhiger spielte, als es die Musik selbst erforderte, und seine Interpretation erschien uns akademischer, als wir dachten. Wir fühlten, dass sein natürlicher Stolz ihn dazu brachte, den Schmerz und das Leid, das in diesem Werk zum Ausdruck kommt, zu dämpfen, und dies war uns zunächst unverständlich, aber dann spürten wir tief und aufrichtig die Bedeutung seiner zurückhaltenden Interpretation. In der Folge war ich immer wieder erstaunt über diese Seite, wenn Rachmaninoff eigene Werke aufführte. Den Schmerz und die Trauer, die er in seiner Musik ausdrückte, verbarg sozusagen seine Darbietung, denn er wollte seine Seele nicht vor den Menschen zur Schau stellen.«[197]

Im Herbst 1893 bezog Rachmaninoff erstmals eine eigene Wohnung. Er mietete ein »Amerika« genanntes möbliertes Zimmer in einem Haus in der Wosdwischenka-Straße im zentralen Moskauer Bezirk Arbat. Rachmaninoff war bewusst, dass er ohne einen Fürsprecher wie Tschajkowskij nun wieder einer von vielen kleinen Fischen in einem großen Teich war. In Russland gab es eine außergewöhnlich hohe Zahl an Talenten, und der Konkurrenzdruck war enorm. Um groß herauszukommen, hatte Sergej Rachmaninoff im Grunde genommen keine Chance. Er wollte sie trotzdem nutzen.

3 Erfolge und Krisen als Freier Künstler (1894–1900)

Inwiefern Ereignisse von ›historischer Bedeutung‹ sind, zeigt sich zumeist erst viele Jahre später. Wie die meisten Menschen war Sergej Rachmaninoff viel zu sehr mit seinem eigenen Leben beschäftigt, als dass er die wechselnden Verbindungen und Allianzen auf höchster politischer Ebene und ihre Konsequenzen intensiv verfolgen konnte. Er hätte sie ohnehin nicht beeinflussen können. Im Frühjahr 1894 vereinnahmten ihn intensiv die Uraufführungen seines zweiten Klaviertrios und der Orchesterfantasie *Der Fels* in Moskau, aber auch die geplante Herausgabe der Partituren beim Moskauer Verlag P. Jurgenson. Da er nicht immer vor Ort war, unterstützte ihn Michail Slonow, um seine Vorstellungen präzise umzusetzen. »Die Bezeichnung der Pedale für die Harfe sollte sowohl in der Partitur als auch in separaten Stimmen stehen, und ich bitte dich, die Tonarten sorgfältig zu überprüfen und streng darauf zu achten, dass jeder Hinweis, der sie bezeichnet, an seinem Platz steht, d. h. er sollte dort stehen, wo ich ihn notiert habe«, schrieb er seinem »lieben Freund Mischa« und bat ihn zusätzlich: »Gehe bitte alsbald zu Jurgenson und teile ihm meine neue Adresse mit, die er für die ersten Korrekturen von *Der Fels* brauchen wird. Die Adresse lautet: Tambow, Postamt Semskaja. Niederlassung Stepanowsko Wolostnow. Landgut ›Iwanowka‹, A. Satin.«[198]

Derweil wurden die Weichen gestellt für die Regentschaft des letzten Zaren und der vier Jahre jüngeren Frau an seiner Seite, die wesentlichen Einfluss auf die Entwicklungen nehmen sollte. Der Thronfolger Nikolaj Aleksandrowitsch Romanow hatte sich in Alix von Hessen-Darmstadt verliebt, seine Cousine zweiten Grades und Enkelin der britischen Königin Victoria. Nicht nur in Königshäusern kam es zuweilen zu Eheschließungen unter Verwandten, sie bedurften aber einer besonderen Genehmigung. Rachmaninoffs enge Beziehung zur Familie, seine Sympathie für Deutschland und eine Tendenz, abergläubisch zu sein, spiegelten manche Verhaltensmuster auf höchster Ebene. Zarewitsch Nikolaj verdross mit der Zuneigung für Alix seinen Vater, obwohl die Partnerin aus Hessen im Gegensatz zu früheren Affären immerhin adelig war. Aleksandr III. und seine Gemahlin hegten indes beide Vorbehalte gegenüber den Deutschen. Diese hatten seit der Reichsgründung ab Anfang der 1870er-Jahre zunehmend an Souveränität gewonnen und erhielten 1888 mit Wilhelm II. einen selbstgerechten Kaiser, der glaubte, am deutschen Wesen solle die ganze Welt genesen. In höheren Kreisen war zudem bekannt, dass die Ahnenreihe des Hauses Hessen durch die Bluterkrankheit belastet war. Der Unternehmer und Finanzminister Sergej Juljewitsch Witte notierte in seinen Erinnerungen, »in der Zarenfamilie herrschte eine eigenartige Gewohnheit, nicht einzugestehen, dass man krank ist« und es gebe einen »äußersten Widerwillen gegen jede Art von ärztlicher Behandlung«.[199] Dies lag Rachmaninoff fern. Er hätte es nicht zugelassen, dass wie bei Aleksandr III. bei einer schweren Nierenentzündung mit nur 48 Jahren keineswegs die besten Ärzte gerufen wurden, sondern Kleriker am Krankenbett standen. Nachdem an Ostern 1894 eines Abends im Winterpalast alle Lichter erloschen, deutete man dieses Ereignis als unheilvolles Omen. Obgleich Aleksandr III. sich kaum Zeit genommen hatte, seinen ältesten Sohn auf die Nachfolge vorzubereiten, wollte er wenigstens noch wichtige Familienangelegenheiten regeln. Und so stimmte er zu, dass sich Nikolaj im April 1894 in Coburg mit Alix verlobte. Ein halbes Jahr später war Aleksandr tot. Nikolaj Aleksandrowitsch Romanow übernahm als Nikolaj II. mit 26 Jahren die Herrschaft und damit eine schwere Bürde. Er wurde Regent eines von Krisen geplagten Landes, als Sergej Rachmaninoff in das Erwachsenenalter eintrat.

Nur wenige trauten ihm etwas zu. »Seine gute Erziehung überdeckt seine ganze Unfähigkeit«, kommentierte Sergej Witte bissig.[200] Nikolaj war indes ein kluger Kopf, aber mehr an seinem Privatleben als am Regieren interessiert. Immerhin musste er als fast 13-Jähriger miterleben, wie nach einem Bombenattentat sein sich im Todeskampf windender Großvater Aleksandr II. mit abgerissenen Gliedern in den Zarenpalast gebracht wurde. Dass danach die ›Ochrana‹ gegründet wurde, die ›Sicherheitsabteilung‹ mit Geheimdiensten und Geheimpolizei, beruhigte ihn kaum. Als er 1890 von seinem Vater auf eine diplomatische Mission nach Japan geschickt wurde, wo er Tokio, Nagasaki und Kyoto bestaunte, verübte in Otsu ein junger Japaner einen Anschlag auf ihn und fügte dem Zarewitsch eine stark blutende Schädelverletzung zu. Zeit seines Lebens wurden Nikolaj die Jagd, Roulette, Schlittschuhlaufen und die Stunden im Kreis seiner Familie wichtiger als Treffen mit seinen Ministern und Repräsentationsverpflichtungen.

Auch Sergej Rachmaninoff ließ in den 1880er- und 1890er-Jahren das Leben eher geschehen und zog sich lieber in die Schutzsphäre des Privaten zurück, als dass er sich aktiv engagierte. Zur Zarenzeit wahrten bedeutende russische Künstler zumeist Distanz zu den obersten Schaltstellen der Macht, während sich Opernkomponisten in Italien mit etlichen Werken aktiv für die Belange des Landes einsetzten, deutsche Musiker wie Richard Wagner mit Königen und Kaisern Kontakte pflegten, böhmische Musiker eifrig Werke für ihr neues Nationaltheater schrieben und Königin Victoria den namhaftesten englischen Komponisten ihrer Zeit, Arthur Sullivan, zu einer großen Oper ermunterte. Zu den offiziellen Feierlichkeiten anlässlich der Krönung des neuen Zaren im Mai 1896 schickte Nikolajs zehn Jahre älterer Vetter, Kaiser Wilhelm II., die Berliner Philharmoniker nach Sankt Petersburg. Die Veranstaltungen waren prunkvoll und zugleich streng bewacht. »Die Furcht vor Attentaten war so groß, dass nicht einmal ein russischer Hoffotograf geschweige denn ein Amateur, eine öffentliche Aufnahme machen durfte«, berichtete der Maler Wilhelm Beckmann, der im Auftrag der Deutschen Botschaft zu den Feierlichkeiten gereist war. »Tausende von Geheimpolizisten überwachten die Fenster und Eingänge der Häuser, Tausende von Beamten in Zivil befanden sich unter dem Publikum.«[201]

Den Bürgern wollte man das Wohlwollen und die Güte des neuen Herrschers zeigen, indem man auf dem riesigen Chodinkafeld nordwestlich von Moskau ein großes Volksfest veranstaltete. Der Platz war mit Bedacht ausgewählt worden: Hier wurde den Menschen mehr als einmal demonstriert, dass Russland auf dem Weg in eine große Zukunft sei: Bereits im Sommer 1882 hatte hier die Allrussische Industrie- und Handwerksausstellung stattgefunden. Sie bedeutete nicht nur für den Petersburger Juwelier Peter Carl Fabergé den Durchbruch, der einige wertvolle Stücke an den Zaren verkaufte und für seine kostbar gestalteten Eier eine Goldmedaille erhielt; vor allem wurde mit der elektrischen Eisenbahn von Siemens & Halske ein Verkehrsmittel der Zukunft vorgestellt, welches das Potenzial hatte, nicht zuletzt auch den Aktionsradius von angesehenen Künstlern enorm zu erweitern. Die Ende Mai 1896 beginnende nächste Allrussische Industrie- und Handwerksausstellung wurde in die Messestadt Nischnij Nowgorod verlegt – eine fast zwei Mal so große Leistungsschau, bei der unter anderem das erste russische Automobil präsentiert wurde, was dem von technischen Entwicklungen faszinierten Rachmaninoff sicher nicht entgangen sein dürfte. Der neue Herrscher wollte seinem Volk demonstrieren, dass seine Regentschaft von Fortschritt und Mildtätigkeit geprägt wird. Allerdings ereignete sich in dieser Zeit bei dem Volksfest auf dem Chodinkafeld ein verheerendes Unglück: Anlässlich der Krönungsfeierlichkeiten sollte jeder Besucher ein Geschenkbündel mit Lebensmitteln, Branntwein und einem Emaille-Becher mit dem russischen Doppeladler, dem Zarenwappen sowie der Angabe 1896 – das Jahr der formellen Krönungsfeierlichkeiten – erhalten. Der Andrang war indes so gewaltig, dass es in der Menschenmenge zu einer Massenpanik kam und Tausende verletzt wurden und viele dabei ihr Leben verloren. Zu diesem Zeitpunkt war Rachmaninoff als Künstler noch viel zu unbedeutend, um sich – wie in späteren Jahren – wirkungsvoll bei Wohltätigkeitsveranstaltungen zu engagieren. Aber in einigen seiner Lieder, die 1896 für den Zyklus op. 14 entstanden, fallen Themen wie Verlust und Vergänglichkeit auf. In »Allzu lang kannte unsere Liebe so wenig Freude« (op. 14, Nr. 3) klingt das Bedauern über versäumte Gelegenheiten an: In Anbetracht der Zeitumstände bekommt es eine besondere Bedeutung, wenn es heißt: »Lass mich gehen, überlasse mich der Menschenmenge«. Selbst wenn Afanasij Fet mit dem Begriff ›Menschenmenge‹ (толпа) ein anderes Bild verband, so konnte man es vor dem aktuellen Hintergrund auch als Trost sehen: »Die Rosen sind herabgefallen, die Träume sind zerschellt«, aber man muss sich damit abfinden, denn wenn der oder die Scheidende »noch immer geliebt« wird, fällt das Verlassen unendlich schwer.

In einem anderen Lied aus jener Zeit heißt es »Oh, trauere nicht um mich« (op. 14, Nr. 8), denn »wo ich bin, gibt es keine Leiden«. Der Wunsch für die Zurückgebliebenen »Mögen alle Erinnerungen an mich heller strahlen als der erste Maientag« wird in der letzten Strophe gesteigert zu der Aufforderung: »Lebe! Du musst leben!«. Rachmaninoff variierte eigens die ersten Worte des Gedichts aus der Feder Aleksej Apuchtins von »sehne dich nicht« zu »sei nicht traurig« – wieder einmal passte er den Text der gewünschten Aussage seiner Vertonung an.

Mit Beendigung seiner Konservatoriumsausbildung hatte Sergej Rachmaninoff den Status eines ›Freien Künstlers‹ erlangt: Dies bedeutete, dass die Tage der Studien und Stipendien vorbei waren. Er musste selbst zusehen, wie er auf dem freien Markt zurechtkam. Auftrittsmöglichkeiten waren für einen unbekannten Musiker rar und Einnahmen durch Kompositionen flossen anfangs eher spärlich, sodass sich nur wenige Möglichkeiten boten, um finanziell über die Runden zu kommen. Als Pianist fand Rachmaninoff durchaus Beachtung, wenn er Engagements erhielt. Eine Kommilitonin berichtete später, dass bereits zu Studienzeiten am Konservatorium »alle hingingen, um ihm zuzuhören, wann immer bekannt wurde, dass Rachmaninoff bei einem Studentenabend spielen würde«.[202] In frühen Rezensionen hieß es, seine Auftritte seien »sowohl technisch als auch musikalisch schön«.[203] Allerdings verblasste seine Erscheinung gegen den Charme eines Klavierwunderkinds wie Iosif Lewin, der später als Josef Lhévinne international Karriere machte.

Die für die meisten naheliegendste Tätigkeit behagte Rachmaninoff am wenigsten: das Unterrichten. Er verfügte weder über pädagogisches Talent, noch reizte es ihn, sein Können als Pianist und Komponist anderen zu vermitteln. Ihm erschien es naheliegender, seine eigenen musikalischen Ideen zu Papier zu bringen und Konzerte zu geben. Etliche seiner frühen Musikstücke entstanden für eigene Darbietungen und für einen Musikmarkt, auf dem es großen Bedarf an neuen Werken gab, an denen man sich mit Gesang oder mit seinen eigenen Instrumenten daheim versuchen konnte. Rachmaninoffs Kompositionen boten eine attraktive Melodieführung, waren aber – wie die *Fantasiestücke (Morceaux de fantaisie)* op. 3 oder die *Salonstücke (Morceaux de salon)* op. 10 – anspruchsvoll. Bei Auftritten fühlte er sich als Solist vorerst am wohlsten. Aus finanziellen Gründen ließ er sich im Herbst 1895 darauf ein, die italienische Geigerin Teresina Tua auf eine Tournee durch kleinere und größere Orte des Russischen Reichs zu begleiten. Die Musikerin war durch eine Heirat zur Gräfin Franchi-Verney della Valetta sozial aufgestiegen. Ihr Hauptrepertoire bestand vornehmlich aus kürzeren Virtuosenstücken, mit denen man zwar Erfolge feierte, was aber keineswegs Rachmaninoffs Vorstellungen von einem gehaltvollen Abendprogramm entsprach. Er fand ihre »Technik nur durchschnittlich«, aber »mit den Augen und einem Lächeln spielt sie wunderbar vor Publikum«, klagte er Slonow in einem Brief. »Sie ist keine ernsthafte Künstlerin, obwohl sie sicherlich talentiert ist. Aber ihr süßes Lächeln, ihr Innehalten bei hohen Tönen, ihre Fermaten (in der Art von Mazini) kann ich kaum ertragen ohne wütend zu werden.«[204] Berichte von anderen Auslandsauftritten der Italienerin bestätigten Rachmaninoffs Eindruck, dass sie vornehmlich durch »ihr keckes Temperament, ihre Warmblütigkeit und ihre bezaubernde Lebendigkeit« die Anwesenden becircte. »Daß ihr oftmals etwas Technisches misslingt, dafür ist der Grund weniger im Nichtkönnen als grade in dem Reichthum ihrer Begabung zu suchen«, hieß es über ein Konzert in Dresden, bei dem »häufig Vollendetes neben Unfertigem zu stehn« komme.[205] Als ihm nicht unverzüglich sein Honorar gezahlt wurde, nutzte Rachmaninoff die Gelegenheit, vorzeitig aus dem Vertrag auszusteigen und nach Moskau zurückzukehren.

Um Geld zu verdienen, arbeitete er zeitweilig als Musiklehrer am Mariinskij-Institut in Moskau. Um dem ungeliebten Unterrichten an der Mädchenschule etwas abzugewinnen, versuchte er sich an weltlichen Chorstücken, die er dort aufführen konnte. So entstanden die 15-minütigen *Sechs Chöre für hohe Stimmen* op. 15, die von Kindern oder Frauen vorgetragen werden können. Die zweistimmig komponierten Texte beschwören Naturbilder sowie den Willen zu Freiheit, Unabhängigkeit und Beständigkeit. Neben russischen Autoren wie Nekrasow und Lermontow findet sich bei »Die Fichte« auch die russische Fassung eines Heine-Textes (»Ein Fichtenbaum steht einsam«). Bei seinen Kompositionsversuchen in jener Zeit probierte Rachmaninoff verschiedene Genres aus, darunter auch jene, die ihm nicht lagen. Hin und wieder wurde ihm ein Auftrag zugeschustert, wie der, von der sechsten Sinfonie Glasunows einen Klavierauszug zu erstellen. Aber ein regelmäßiges Einkommen bot vorerst nur das Unterrichten. Bei seinen Privatschülerinnen hatte er seine eigene Methode, die Spreu vom Weizen zu trennen. Die später als Sopranistin und Pianistin aktive Jelena Schukowskaja erinnerte sich, dass Rachmaninoff sie zunächst etwas vorspielen ließ, um dann ihre Probleme aufzuzählen: Die Handhaltung sei schlecht, die Hände zu klein, und um solche Mängel auszugleichen, seien viel Geduld und harte Arbeit erforderlich. Er zeigte ihr Übungen, die sie vor der nächsten Stunde machen musste. »Man wusste, dass Sergej Wasiljewitsch nicht gern unterrichtete, und es scheint mir, dass er mit seiner ziemlich harten Herangehensweise an mich sofort herausfinden wollte, wie stark mein Wunsch zu lernen war, wie fähig und aufnahmefähig ich war und ob es sich überhaupt lohne, mit mir zu arbeiten«, erzählte sie. »Ich begann mit großer Begeisterung zu lernen, und eine Woche später, als Sergej Wasiljewitsch zum Unterricht kam, führte ich alle seine Aufgaben genau so aus und hatte bereits eine solche Verbesserung erreicht, dass sich die Einstellung meines Lehrers mir gegenüber nach und nach zu ändern begann. Das Klavier in unserer Wohnung stand an der Wand, sodass Sergej Wasiljewitsch während des Unterrichts auf meiner rechten Seite saß. Als ich zu Beginn unseres Unterrichts verschiedene Übungen zur Neuanordnung der Hand machte, war Sergej Wasiljewitsch zweifellos sehr gelangweilt, ihnen zuzuhören, und so hatte er Spaß daran, meine Übungen mit verschiedenen Variationen mitzuspielen.«[206] Nicht selten demonstrierte er ihr auch, wie bestimmte Passagen klingen sollten. Allerdings wurde Rachmaninoff nie ein gewiefter Pädagoge.

Das Komponieren fiel ihm in dieser Zeit leichter, brachte aber nicht genug ein, um auf Dauer Fahrten in den besseren Droschken, Restaurantbesuche mit großzügigen Trinkgeldern und gute Kleidung zu finanzieren. Jelena Schukowskaja fiel auf, dass er im Winter 1893 zunächst eine Weile im Pelzmantel mit einem Umhang erschien, »der an Puschkins Zeiten erinnerte«. »Solche Kleidung erhöhte seinen ohnehin schon großen Wuchs noch, aber er trug sie nicht lange und wechselte bald zu einem einfachen Wintermantel«, schilderte sie und beobachtete einen Wandel hin zu größerer Schlichtheit: »Im Allgemeinen entfernte Sergej Wasiljewitsch von seinem Kostüm und Aussehen alles, was im geringsten von der strengen Einfachheit abwich. Er hasste Fotografien von sich aus den frühen 1890er-Jahren mit langen Haaren. Er schnitt seine Haare auf Anraten der Skalon-Schwestern ab und trug seitdem sein ganzes Leben lang kurze Haare.«[207] Rachmaninoffs Tochter Irina pflegte später zu sagen: »Vaters Haar ist etwas Besonderes; wenn man es nach unten zum Gesicht streicht, ist es wie Seide, aber wenn man es in die entgegengesetzte Richtung streicht, fühlt es sich an wie Samt.«[208]

Trotzdem war sein finanzieller Bedarf so hoch, dass er sich öfter bei Freunden wie Sataewitsch Rubel leihen musste, woraufhin er dann in Briefen klagte, er »habe es eilig, an einem bestimmten Tag das Geld zu bekommen, das ich brauche, um es leider sofort in andere Hände« zu geben. »Dieser ständige Geldbedarf ist einerseits sehr nützlich für mich – das heißt, ich arbeite sorgfältig; aber andererseits bewirkt diese Ursache, dass mein Geschmack nicht besonders wählerisch ist«, meinte er Ende 1896 einmal. »Seit Oktober habe ich auf diese Weise 12 Romanzen, 6 Kinderchöre (die übrigens kein Kind singen kann) geschrieben, und schließlich muss ich in diesem Monat bis zum 20. noch 6 Klavierstücke zu Papier bringen.« Im Notfall brachte er auch schon einmal Dinge in eine Pfandleihe, um sie »in Geld umwandeln«.[209] Dennoch leistete er sich noch Unachtsamkeiten und ließ sich im Herbst 1896 bei einer Zugreise seine Rubel stehlen. Mit den *Moments musicaux* op. 16 versuchte er, den Verlust auszugleichen. Diese hintergründigen Stücke sind jedoch anspruchsvoller als Schuberts gleichnamige, ornamentierte Klaviermusik und waren beim heimischen Musizieren eher für versierte Musikfreunde geeignet.

Bis 1895 hatte sich Sergej Rachmaninoff alle musikalischen Genres erschlossen bis auf eines – die Sinfonik. Im Spätsommer begann er voller Eifer mit der Arbeit, die ihm zunächst so leicht von der Hand ging, dass »Stolz und Selbstachtung« angespornt wurden. »Ich war überzeugt, völlig neue Wege in der Musik entdeckt und erschlossen zu haben«, soll er nach der Überlieferung von Riesemann geäußert haben. Und ein »Sucher nach neuen Wegen«, gar »ein Erneuerer« zu sein, so Leonid Sabaneew, galt damals am Konservatorium »als Schande, jedenfalls als Verletzung des guten Tons«.[210] Angespornt wurde Rachmaninoff seinerzeit durch die Wertschätzung ehemaliger Kommilitonen, die laut Michail Bukinik schon seit dem ersten Klavierkonzert seine »gewagten Harmonien« schätzten, und so mancher fand, er gehe weit über die Klangkombinationen von Tschajkowskij und seinen Nachahmern hinaus, ja, er biete »chromatisch gewagte Kompositionen« und beeindrucke durch »die Frische seiner musikalischen Gedanken«.[211] Der Komponist erzählte seinem Biografen Oskar von Riesemann über das Sinfonie-Projekt: »Ich hatte eine sehr hohe Meinung von meinem Werk, das auf Themen aufbaute, die dem Oktoecho – dem Chorbuch mit den Gesängen des russischen Gottesdienstes – in allen seinen acht Tonarten entnommen waren.«[212] Möglicherweise wollte er damit seinem Gesprächspartner besonders imponieren, denn Riesemann hatte über die Notationen des altrussischen Kirchengesangs promoviert.[213] Die spätere Fassung des Werks lässt davon indes kaum etwas erkennen. Taneew nahm ihm den Wind aus den Segeln, indem er auf etliche Mängel hinwies. Der Weg zur Endfassung bestand – wie zumeist – im vielfachen Überarbeiten.

Es zeichnete sich die Möglichkeit ab, dass Rachmaninoffs erste Sinfonie im Rahmen der Konzerte der Russischen Musikgesellschaft in Sankt Petersburg uraufgeführt werden sollte. Als Dirigent bot sich der erfahrene Aleksandr Glasunow an. Doch was zunächst als eine glückliche Fügung erschien, wurde zum Albtraum. Glasunow war acht Jahre älter als Rachmaninoff und damit vom gleichen Jahrgang wie die bedeutenden skandinavischen Sinfoniker Carl Nielsen und Jean Sibelius. Der Russe vollendete bis 1906 acht Sinfonien. Da er sich bereits im Alter von 17 Jahren mit seinem Erstling den Ruf als musikalisches Wunderkind erworben hatte, blieb ihm genug Zeit, um bereits bis 1896 fünf weitere Sinfonien herauszubringen. Noch im selben Jahr transkribierte Rachmaninoff auf Anfrage des Verlags die sechste Sinfonie des 31-jährigen etablierten Glasunow in einer Fassung für zwei Klaviere. Glasunow hatte bereits die Uraufführung von Rachmaninoffs Opus 7, *Der Fels*, geleitet, und der Nachwuchskomponist erwartete gewiss, dass er seiner drei Mal so langen Sinfonie das gleiche Wohlwollen entgegenbringen müsste. »Sehr geehrter Aleksandr Konstantinowitsch! Verzeihen Sie mir bitte die Störung, aber ich möchte sehr gerne wissen, wann die Aufführung meiner Sinfonie angesetzt ist«, schrieb ihm Rachmaninoff Anfang 1897. »Wenn es Ihnen keine Mühe macht, teilen Sie mir auch mit, wer dirigieren wird und ob Sie die Stimmen abschreiben lassen oder ob ich das hier besser übernehmen soll. Ferner möchte ich Ihnen sehr dafür danken, dass Sie meine Sinfonie überhaupt bei sich ins Programm aufnehmen. Ich warte auf Ihre Antwort.«[214]

Diese ist nicht überliefert, aber einen Monat nach der erfolgreichen Premiere seiner eigenen sechsten Sinfonie leitete Glasunow in der Hauptstadt Sankt Petersburg die einzige Aufführung der d-Moll-Sinfonie, die jemals zu Rachmaninoffs Lebzeiten stattfand.

Diesmal ging er jedoch völlig anders an die Aufgabe heran als noch drei Jahre zuvor bei der sinfonischen Dichtung. Mit dem musik-literarischen Tongemälde *Der Fels* vermochte Glasunow noch etwas anzufangen, aber dieses neuartige, merkwürdige, fast einstündige Stück sprach ihn ebenso wenig an wie die späten Sinfonien Gustav Mahlers. Glasunow war Garant für eine lebensbejahende Ästhetik. Über seine Sinfonik äußerte damals der Musikwissenschaftler Boris Wladimirowitsch Asafjew, »ungeachtet des sichtbaren Verströmens, ja der Zügellosigkeit der Klänge im uferlosen Meer des musikalischen Elements« trete Glasunow als »schöpferisch ausgeglichene, sich markant selbst ausdrückende Persönlichkeit« in Erscheinung. Das »willensstarke Element seines ›Ichs‹« setze »sich nicht die Lösung von Weltproblemen zum Ziel, kennt keine Fixierung auf die ›ewigen Fragen‹, weil jede Zwiespältigkeit Glasunow fremd ist«. Verglichen mit dem selbstbewusst auftrumpfenden Glasunow war Rachmaninoff ein Zweifler und Zauderer. Glasunows sinfonisches Œuvre schillert brillant voller Ebenmaß und bietet ein facettenreiches Spiel der Klänge. »In Glasunows Musik gibt es keine Unstimmigkeit«, meinte Asafjew. »Sie ist die ausgewogene Verwirklichung lebensnaher Stimmungen und Empfindungen, widergespiegelt in Tönen.«[215] Dadurch war es irrelevant, ob das von Rachmaninoffs Freunden gestreute Gerücht, Glasunow sei bei der Premiere betrunken gewesen, der Wahrheit entspricht oder nicht. Aleksandr Konstantinowitsch erfüllte seine Zusage, das Werk aufzuführen, obwohl es ihm nach genauerem Kennenlernen zuwider war. »Glasunow stand phlegmatisch am Dirigentenpult und dirigierte ebenso phlegmatisch«, erinnerte sich Ljudmila Skalona. »Wir, die drei Schwestern und Natascha, waren im Stillen wütend auf Glasunow und das gesamte Publikum, das nichts verstand.«[216] Einem Schöngeist wie Glasunow war es nicht gegeben, Verständnis für Rachmaninoffs von persönlichen Erfahrungen geprägte Sinfonik aufzubringen. Da er die Orchesterleitung nicht an einen wohlwollenderen Dirigenten abgab, war es seine Schuld, dass die Uraufführung der d-Moll-Sinfonie am 15. (27.) März 1897 in einem Fiasko endete und er die Komposition zu einer Totgeburt verhunzte. Rachmaninoff konnte es seinerzeit nicht ertragen, der Aufführung im Saal beizuwohnen. Stattdessen soll er auf der Treppe, die zu den Rängen führte, ausgeharrt und sich die Fäuste auf die Ohren gepresst haben, um nicht mitzubekommen, was drinnen vor sich ging. »Ich bin erstaunt darüber, wie so ein hochtalentierter Mensch wie Glasunow so schlecht dirigieren kann«, schrieb Rachmaninoff in einem Brief. »Ich spreche nicht von Dirigiertechnik (da gibt es nichts zu beanstanden), ich spreche von seiner Musikalität. Beim Dirigieren spürt er nichts. Es ist, als würde er nichts verstehen! Als Ant[on] Rubinschteijn eines Tages beim Abendessen gefragt wurde, wie ihm der Sänger N. gefalle, der die Rolle des Dämons sang, nahm Rubinschteijn, anstatt zu antworten, ein Messer und legte es senkrecht vor den Fragesteller. Das kann ich auch sagen. Also gehe ich davon aus, dass die Hinrichtung diese Ursache des Scheiterns sein könnte. (Ich behaupte es nicht, ich nehme es an). Wenn diese Sinfonie dem Publikum bekannt wäre, dann würde sie dem Dirigenten die Schuld geben (ich ›nehme weiterhin an‹), aber wenn das Stück unbekannt und schlecht aufgeführt ist, dann ist das Publikum geneigt, dem Komponisten die Schuld zu geben.« Rachmaninoff meinte, er werde »in einem halben Jahr« sich das Werk noch einmal vornehmen – »vielleicht korrigiere ich es, vielleicht drucke ich es« –, aber zu einer Überarbeitung kam es nie.[217] Dabei bestand in späteren Jahren auch im Ausland durchaus Interesse an dem Stück: Als im November 1928 Furtwängler in Berlin nach dem dritten Klavierkonzert mit Rachmaninoff nur die erste Sinfonie von Brahms bot, beanstandete ein Rezensent: »Warum wählte er statt dessen nicht eine der beiden Symphonien von Rachmaninoff? Es wäre doch wirklich der gegebene Anlaß gewesen, uns einmal mit einem der beiden Werke bekannt zu machen!«[218] 30 Jahre zuvor hatte die Ablehnung die Haltung des einst zuversichtlichen Rachmaninoff auf eine fast selbstzerstörerische Weise dramatisch verändert.

Nicht zuletzt fiel Sergej Rachmaninoff den traditionellen Animositäten zwischen Petersburg und Moskau zum Opfer. Seit Langem galt den Verfechtern eines ›russischen‹ Kunstschaffens in der Hauptstadt der Rivale Moskau erklärtermaßen als »das Zentrum von allem, das sklavisch nachahmend, anstößig und unkünstlerisch« ist.[219] Den Rezensenten bot sich nun wieder einmal eine Möglichkeit, einem Absolventen aus Moskau, der als ›Freier Künstler‹ sein erstes großes Werk präsentierte, die Flügel zu stutzen. Die Kritiker verdammten ihn mit dem gängigen Vokabular des Musikjournalismus: Sein sinfonischer Erstling leide an »der Armseligkeit der Themen, seiner krankhaften Widernatürlichkeit der Harmonik«.[220] Zesar Kjui, ein Mann mit französischen Vorfahren und einer größeren Gabe für geistreiche Gemeinheiten als fürs Komponieren, spottete in seiner Besprechung, »wenn es in der Hölle ein

Konservatorium gibt und wenn einer seiner talentiertesten Studenten eine Programmsinfonie über die Zehn Plagen Ägyptens schreiben sollte, und wenn er dann eine Sinfonie wie die von Herrn Rachmaninoff komponierte, so hätte er seine Aufgabe auf hervorragende Weise erfüllt und alle Bewohner der Hölle damit erfreut«. Die Sinfonie hinterlasse »einen ganz üblen Eindruck«, stöhnte Kjui, und beklagte »die gebrochene Rhythmik, das Unklare und das Unbestimmte der Form, die nichtssagenden Wiederholungen der immer gleichen kleinen Kniffe, den nasalen Orchesterklang, das forcierte Blechgetöse, sowie erst recht die dürftige, unnatürliche Harmonisierung und die melodieartigen Konturen, die fehlende Schlichtheit und Natürlichkeit, das vollständige Fehlen jeglicher Thematik«.[221]

Bei den Vorwürfen, die Kjui gegen das Werk selbst richtete, kam ihm anscheinend nie in den Sinn, dass die Ursache des Problems die unzulängliche Aufführung war. Ein wohlwollender Rezensent der *Russischen Musikzeitung* (Русская музыкальная газета) meinte, die Sinfonie sei »nicht sehr erfolgreich interpretiert worden und wurde daher größtenteils von den Zuhörern missverstanden und unterschätzt«. Er gestand ihr zu, dass sie »neue Impulse, Tendenzen zu neuen Farben, neuen Themen, neuen Bildern« vermittle, allerdings sei sie »das Produkt eines Komponisten, der noch nicht ganz zu sich selbst gefunden« habe. »Derzeit könnte er entweder ein musikalischer Exzentriker oder ein Brahms werden«, lautete relativierend das Resümee.[222]

Rachmaninoffs Sinfonie in d-Moll wurde zu seinen Lebzeiten nie wieder aufgeführt und fand erst 1947 Anerkennung, als man sich an die Klänge von Harris, Mahler, Nielsen, Roussel, Sibelius, Strauss, Mjaskowskij, Prokofjew und Schostakowitsch gewöhnt hatte.[223] Bis dahin konnte der Kulturwissenschaftler Iwan Sollertinskij den historisch-ideologischen Rahmen entwerfen, in den sich auch Rachmaninoffs Sinfonik einbetten ließ. Sollertinskij differenzierte zwischen dem Shakespeare'schen und dem Byron'schen Typus der Sinfonie. Den ersteren sah er in Beethovens Schaffen realisiert. »Diesen Typ der Sinfonik kann man in erster Linie definieren als einen Typ, aufgebaut auf der objektiven und verallgemeinerten Widerspiegelung der Wirklichkeit und den sich in dieser Wirklichkeit vollziehenden Prozessen und Kämpfen«, notierte er. Eine Sinfonie, die sich an diesem Grundmuster orientiert, benötige wie die ›Eroica‹ oder die Fünfte von Beethoven ein charakteristisches »›Impulsthema‹, ein ›Raketenthema‹, das schon das Element des Widerspruchs und der Bewegung in sich birgt«.[224] Nach Sollertinskijs Auffassung entwickelte sich nach Beethoven ein anderer Typ der Sinfonik, »der eng mit der gesamten romantischen Philosophie und Ästhetik, dem romantischen Weltverständnis und ›Lebensstil‹ zusammenhängt. Das ist der Typ der lyrischen oder auch monologischen Sinfonik«. Bei diesem »Byron-Typ« handle es sich »um eine besondere Spielart der Sinfonik«, deren Ursprünge sich »in die Epoche des ›Sturm und Drang‹ und der Frühromantik zurückverfolgen« lassen, »insbesondere in manchen subjektiv gefärbten Werken Mozarts und namentlich in seiner g-Moll-Sinfonie«. Bei dieser Art Sinfonik wird »der gesamte reale Prozess des Kampfes zwischen den Ideen und Personen, wird die Welt der sozial-ethischen Konflikte durch das Prisma des zutiefst individuellen Schöpfer-Ichs gebrochen und einzig durch die Stimme des Autors vorgetragen.«[225] Dementsprechend fügte sich Rachmaninoffs erste Sinfonie zu dem Byron-Typus. Die Moskauer Erstaufführung nach dem Zweiten Weltkrieg war ein Brückenschlag zu den Alliierten jenseits des Pazifiks, bei denen Rachmaninoffs Musik ungemein beliebt war. Sie leitete in der UdSSR eine künstlerische Rehabilitierung des im Exil verstorbenen Komponisten ein: Nun konnte man sich selbst ein Urteil bilden, ob Rachmaninoffs erste Sinfonie ein Fremdkörper in seinem Œuvre ist oder ein verkanntes Meisterwerk. Selbst bei den berühmtesten Komponisten erscheint – in größeren Zusammenhängen betrachtet – keine der ersten Sinfonien aus jungen Jahren vollends gelungen. Die entsprechenden Werke von Brahms und Elgar sind Juwelen, weil beide Künstler sich mehrere Jahrzehnte Zeit ließen, bevor sie sich an die Sinfonik wagten. Ihre Stücke sind allemal gehaltvoller als die auf Provokation abzielenden sinfonischen Erstlinge von Prokofjew und Schostakowitsch. Rachmaninoff steht als Komponist sinfonisch angelegter Orchesterwerke Tschajkowskij und Mahler nahe. Während beide ihre erste Sinfonie nach der Uraufführung noch überarbeiteten, rührte Rachmaninoff seine Partitur nicht mehr an. Beide Zeitgenossen reflektierten in der Sinfonik ihre emotionale Befindlichkeit und ihre Wahrnehmung der Gegenwart. Schon bei ihnen ist eine Sinfonie nicht mehr ein rein abstraktes Tongebilde aus ›Zusammenklingendem‹, wie es die eigentliche Wortbedeutung charakterisiert. Auch Rachmaninoffs Orchesterwerke gehen weit über das ›Spielen‹ mit Ton und Form hinaus. Die Losung der ersten Sinfonie beinhaltete literarische Anspielungen, denn die Worte »Die Rache ist mein, / Ich will vergelten« stammen aus dem Brief an die Römer, Kapitel 12, Vers 19, im *Neuen Testament* und waren als Motto bereits Lew Tolstojs Epos *Anna Karenina* vorangestellt. Rachmaninoff widmete seine Sinfonie seinem Jugendschwarm Anna Lodischenskaja, die wie ihre Namensvetterin im Roman eine verheiratete Frau war. Allerdings überschritt sie nie die Grenzen. In Rachmaninoffs erster Sinfonie findet sich der aggressivste Auftakt, den er je geschrieben hat. Auf ein dreifaches Fortissimo des Orchesters folgt eine kurze Beruhigung, dann wieder ein Aufbäumen, bei dem die Blechbläser vom Forte zum dreifachen Fortissimo anschwellen, um dann unmittelbar mit den anderen Instrumenten ins Piano und Pianissimo zu verebben. Das Eingangsmotiv wird zu Beginn eines jeden Satzes aufgegriffen, sei es in ein friedvolles Larghetto gewendet oder mit seiner ursprünglichen Kraft angedeutet. Jene Passagen, die zu Beginn des Schlusssatzes an Militärkapellen erinnern, könnten parodistisch gemeint sein – Sergej brach mit der Familientradition, sein Bruder Arkadij wurde Offizier – oder auch wie das Finale von Bruckners achter Sinfonie auf das ›Dreikaisertreffen‹ im September 1884 in Skierniewice bei Brünn anspielen, bei dem Wilhelm I., Franz Joseph I. und Aleksandr III. zusammentrafen, ohne die Differenzen in der Balkanpolitik überwinden zu können. Da der Bruckner-Apologet Arthur Nikisch in Russland sehr geschätzt wurde, könnte auch die 1892 veröffentlichte Partitur in Bibliotheken des Zarenreiches zu finden gewesen sein.

Es ist nicht überliefert, inwiefern nach den Besprechungen mit Taneew Rachmaninoff von seiner Ausgangsidee abgewichen ist, Melodien des russischen Kirchengesangs zu verwenden. Was noch übrig geblieben sein mag von den Snamennij-Gesängen, den alten in Neumen überlieferten Melodien, ging vollends in der musikalischen Struktur der ersten Sinfonie auf. In der Endfassung gibt es kein Zitat, und selbst wenn es sich um eine Anverwandlung liturgischer Themen handeln sollte, ist sie so diskret, dass man sie kaum wahrnimmt. Auffallend sind die Kontraste höchster Anspannung und emotionaler Wüsten. Selbst wenn im Kopfsatz durch eine Fuge ›Ordnung‹ in das ›Chaos‹ gebracht werden soll, bleibt mit »sempre marcato«-Hinweisen und der Tempovorgabe »Allegro vivace« stets eine Unruhe gegenwärtig. Ausgeprägter als in allen seinen bisherigen Werken bietet diese frühe Sinfonie Gestaltungselemente, die viele von Rachmaninoffs Werken durchziehen: Das Dies irae-Motiv, das Pritschetieren, und wer will, mag auch Snamennij-Melodik heraushören. Eine Auferstehung – die wesentlich ist für den orthodoxen Glauben – findet sich nach zahlreichen Zusammenbrüchen in dieser Sinfonie indes nicht. Das Werk ist bis zuletzt zerklüftet mit zahlreichen Episoden, die Melodisches hinterfragen, und selbst kurz vor Schluss gibt es eine Hemmung, die ein zielgerichtetes Fortissimofinale abwürgt. Der letzte Satz der ersten Sinfonie Rachmaninoffs legt die Vermutung nahe, dass Dmitrij Schostakowitsch irgendwann einmal in jungen Jahren die 1895 entstandene Einrichtung für Klavier zu vier Händen in die Finger bekommen hat.[226] Er hegte eine Affinität zu Rachmaninoff, denn er zitierte 1960 im Klavierpart des zweiten Lieds in seinem Zyklus *Satiren (Bilder aus der Vergangenheit)* op. 109, »Der Frühling erwacht«, aus Rachmaninoffs op. 14, Nr. 11 (»Die Frühlingsgewässer«), und 1943 – nachdem in der UdSSR bekannt wurde, dass der Emigrant in den USA verstorben war – verwendete er im Largo-Satz der achten Sinfonie die Dies irae-Chiffre.

Hören konnte Schostakowitsch das lange verschmähte sinfonische Frühwerk erst nach dem Zweiten Weltkrieg, bevor er selbst seine eigene zehnte Sinfonie op. 93 schrieb.

Mit seiner ›Ersten‹ wagte Rachmaninoff ein mutiges Unterfangen. Der gleichaltrige Dichter Walerij Jakowlewitsch Brjusow, den Rachmaninoff in seinem Zyklus 38 vertonte, hatte in seinem Poem »Dem Dichter« jeden Künstler gemahnt: »Deine Tugend muss darin bestehen, / bereit zu sein, den Scheiterhaufen zu besteigen.« Sergej Rachmaninoff kam mit harscher Kritik aber nie zurecht. Seine erste Sinfonie ist ein ausgesprochen persönliches Werk, gerade deswegen bedeutete sie ihm so viel. Wenn er 13 Jahre nach dem Scheitern in Moskau in einem Interview äußerte, die »unvergleichliche Schönheit« von Musikstücken gehe verloren, »wenn wir versuchen, in ihnen Widerspiegelungen der Stimmungen des Komponisten zu suchen«, wirkt dies wie eine Schutzbehauptung. Gegen Ende seines Lebens meinte er, »Musik sollte, in der abschließenden Analyse, Ausdruck der komplexen Persönlichkeit des Komponisten« sein.[227] Und dies ist die erste Sinfonie in hohem Maße. Wer sie verurteilte, lehnte ihn auch als Mensch ab.

Nach dem Scheitern in der Hauptstadt reiste Sergej zu der Person, bei der er sich immer geborgen gefühlt hatte: Zur seiner Großmutter nach Nowgorod. Von dort schrieb er Natalija Skalona, er schlafe schlecht – »insgesamt nur drei Stunden« – und sei froh, dass sie und ihre Schwestern ihm für die Reise nach Sankt Petersburg Geld gegeben hatten, denn »allein der Gedanke«, er hätte Glasunow darum bitten müssen, wäre für ihn »entsetzlich gewesen«. »Ihn hätte ich nicht fragen wollen, selbst wenn ich nicht Ihr Geld in den Taschen gehabt hätte«, meinte er. »Meine Zunge hätte sich dagegen verwahrt.«[228]

Rückzugsmöglichkeiten im Familien- und Freundeskreis wurden Rachmaninoff wichtiger als das grelle Licht der Öffentlichkeit. In den 1890er-Jahren hatte er schon gut 30 Stücke ohne Opuszahl verfasst – darunter Kammermusik, Lieder, eine Oper, eine Tondichtung und ein Klavierkonzert – sowie weitere Werke mit 16 Opus-Nummern bedacht. Doch anstatt mit jedem neuen Stück Selbstvertrauen für das nächste zu gewinnen, türmten sich stets weitere Fragen und Zweifel auf. In den folgenden 43 Jahren kamen nur noch 29 Kompositionen mit Opuszahl hinzu. Rachmaninoff wurde wählerischer. Er wurde vorsichtiger. Und er wurde unsicherer. Gegenüber einer Vertrauten – wie später Marietta Schaginjan – räumte er offen ein, dass er tatsächlich mit der beinahe »kriminell bescheidenen geistigen Demut«, die sie ihm vorwarf, geschlagen sei.[229] Vergleicht man Originalbriefe von Rachmaninoff und Skrjabin, zeigen sich deutlich die Unterschiede der Persönlichkeit: Der blau gedruckte Briefkopf Skrjabins nimmt fast ein Drittel der Seite ein, zeigt links ein Foto des Genius, darunter ein Notenbeispiel aus dem Manuskript des Nocturne op. 9, Nr. 2 und mittig groß den Namen in der französischen Schreibweise »Alexander Scriabine«, außerdem darunter den Hinweis »The Noted Russian Composer-Pianist«, die Handschrift dazu ist groß und ausladend; Rachmaninoffs Briefköpfe aus New York und von der Villa Senar enthalten blau, klein, mittig und schlank nur die Adresse – dadurch konnte sie die ganze Familie nutzen –, hinzu kommt die fast zierlich wirkende Handschrift Rachmaninoffs. Aus späteren Jahren gibt es einen auf Englisch verfassten, maschinengeschriebenen Brief an den Pianisten Josef Hofmann, der deutlich zeigt, was Rachmaninoff bevorzugte: »Mein lieber Herr Hofmann: Es gibt folgende Geschichte: ›... Es war einmal in Paris zu einer Zeit, als dort sehr viele Schneider lebten. Als es einem von ihnen gelang, ein Geschäft in einer Straße zu mieten, in der es keine Schneider gab, schrieb er auf sein Ladenschild: ›Der beste Schneider in Paris‹. Der nächste Schneider, der in der gleichen Straße sein Geschäft eröffnete, sah sich gezwungen auf sein Schild zu schreiben: ›Der beste Schneider auf der ganzen Welt‹. Was blieb dann noch für den dritten Schneider übrig, der einen Laden zwischen den beiden anderen mietete? – Er schrieb mit angemessener Bescheidenheit: ›Der beste Schneider in dieser Straße‹ ... Ihre bewegende Bescheidenheit, die in Ihrem Brief vom 15. Januar zum Ausdruck kommt, sowie Ihr unvergleichliches professionelles Wissen zeigen, dass Ihnen mit vollem Recht dieser zuletzt genannte Titel gebührt: ›Sie sind der beste in Ihrer Straße‹. Hochachtungsvoll, ...«[230]

Rachmaninoffs Korrespondenz der späten 1890er-Jahre zeigt, wie die einstige Unbekümmertheit verloren gegangen war. »Ich habe schon lange keinen Brief mehr geschrieben, lieber Freund Aleksandr Wiktorowitsch«, ließ er Sataewitsch im Mai aus Moskau wissen. »Weder Ihnen noch jemand anderem. Der Hauptgrund dafür war – meine Mattigkeit, die mich nötigt, mich die ganze Zeit hinzulegen. Dies ist alljährlich meine Verfassung im Frühling. Ich liege, lese aber kaum. Komponieren kann ich auch nicht. Das alles zieht sich hin, seit ich auf dem Lande angekommen bin.«[231]

Gerade dort hatte Rachmaninoff oft die Muße für neue Arbeiten gefunden. Nun waren ihm jeglicher Mut und jede Tatkraft abhandengekommen. Er haderte nur noch mit sich selbst. Seine Eindrücke von der katastrophalen Uraufführung konnte er dem Freund gegenüber kaum in Worte fassen, denn er »verstehe selbst nicht«, was eigentlich passiert sei. »Das Scheitern trifft mich nicht, ebenso wenig beunruhigt mich die Ablehnung der Zeitungen«, behauptete er gegenüber Sataewitsch und meinte zu seiner Sinfonie: »Nach sechs Monaten, wenn sich die Lage etwas entspannt hat, werde ich sie mir noch einmal anschauen, vielleicht einiges verbessern, und möglicherweise wird sie sogar gedruckt – und vielleicht werde ich mich dann sogar mit ihr versöhnen.«[232] Monatelang schwankte Rachmaninoff zwischen solch aufgesetzter Zuversicht, Niedergeschlagenheit und dem Laborieren an psychosomatischen Symptomen. Immer öfter erwähnte er in seinen Briefen »Unglück und Ärger!«,[233] »unentschuldbare Faulheit«, »meine Nierenbeschwerden«,[234] und lamentierte über »mein Nervensystem«.[235] Sein Freundeskreis sann auf Abhilfe.

Prinzessin Aleksandra Liwen wusste, dass Rachmaninoff die Erzählungen und Romane von Lew Tolstoj außerordentlich schätzte. Sie glaubte, dass eine Begegnung mit dem berühmten Literaten für ihn einen Motivationsschub mit sich bringen könnte.[236] Allerdings hatte sich um 1897 so manches in den Einstellungen Lew Tolstojs gewandelt. Aus dem distanzierten Beobachter, der mit *Krieg und Frieden* ein Panorama seiner Epoche und der russischen Gesellschaft entworfen hatte, war ein pedantischer Moralist geworden. Zu dieser Zeit entstand seine Schrift *Was ist Kunst?*, die wegen der Zensur zunächst auf Englisch erschien. Sie zeigt deutlich, dass Tolstoj mittlerweile für künstlerische Tätigkeiten nur noch wenig Verständnis aufbrachte. Er vertrat die Haltung, man »vergeudet für sie ebenso, wie für den Krieg, einfach Menschenleben: hunderttausende von Menschen widmen von Jugend auf ihr ganzes Leben, um möglichst schnell die Beine drehen zu lernen (die Tänzer); andere (die Musiker), um möglichst schnell die Tasten oder die Saiten berühren zu lernen; andere (die Maler), um in Farben malen zu lernen und alles was sie erblicken, wiederzugeben; die vierten, um jede Phrase auf jegliche Art umzuwenden, zu verstehen und für jedes Wort einen Reim zu finden«. Tolstoj hatte andere Prioritäten: »Und solche Menschen«, meinte er, »die oft sehr gut, klug und zu jeder nützlichen Arbeit fähig sind, verwildern in diesen ausschließlichen sinnberaubenden Beschäftigungen, stumpfen gegen alle ernsten Erscheinungen des Lebens ab, werden einseitige und selbstzufriedene Spezialisten, die nur die Beine, die Zunge oder die Finger zu drehen verstehen.«[237]

Diesem Grantler sandte Prinzessin Liwen ein Schreiben, in dem sie ihn bat, auf dem Stammgut der Familie – Jasnaja Poljana bei Tula – einen jungen Mann zu empfangen, der das Vertrauen in seine Fähigkeiten verloren hatte. Der Besuch der ›Hellen Lichtung‹ – so die wörtliche Bedeutung von Ясная Поляна – war ernüchternd. Über dieses Intellektuellen gegenüber feindlich eingestellte Milieu überlieferte Rachmaninoff zwei Varianten seiner ersten Begegnung mit dem berühmten Schriftsteller. In einer davon erzählte er über Tolstoj: »›Junger Mann‹, sagte er zu mir, ›glauben Sie etwa, dass in meinem Leben alles glatt verläuft? Sind Sie etwa der Ansicht, ich hätte keine Probleme, zögere nie oder verliere niemals das Vertrauen in mich selbst? Denken Sie tatsächlich, dass der Glaube immer gleich stark ist? Wir alle durchlaufen schwierige Momente, aber so ist das Leben. Kopf hoch und bleiben Sie auf dem Ihnen zugewiesenen Weg.‹«[238]

Später erinnerte sich Rachmaninoff vor allem, wie unangenehm ihm die Begegnung war. Als er eintraf, spielte Tolstoj gerade mit Goldenwejser Schach. Obwohl er Tolstoj »verehrte«, so Rachmaninoff, spürte er, wie ihm »die Knie zitterten«. »Er ließ mich neben sich sitzen und berührte meine Knie. Er sah, wie nervös ich war. Und später, am Tisch, sagte er zu mir: ›Sie müssen arbeiten. Glauben Sie etwa, dass ich mit mir zufrieden bin? Arbeiten. Ich arbeite jeden Tag‹ und ähnliche stereotype Phrasen.«[239] Mochte Tolstoj eher die Tätigkeiten mit Spaten oder Hammer im Sinn gehabt haben, sah sich Rachmaninoff vielmehr als Geistesarbeiter, mit einem Stift über Notenpapier gebeugt. Doch was hätte er Lohnendes zu Papier bringen sollen? Und selbst wenn es gut gewesen wäre, drohte ihm, dass es ein Fremder mit einem Orchester lieblos einstudiert. Um seine künstlerischen Vorstellungen nicht nur auf dem Papier, sondern auch im Konzertsaal angemessen umzusetzen, war noch etwas Entscheidendes zu lernen.

Eine wesentliche Erfahrung, die Sergej Rachmaninoff als Musiker fehlte, war das Dirigieren von großen Opern- und Sinfonieorchestern. Sicherlich hatte er oft genug diese Tätigkeit bei anderen beobachtet und gewiss wie jeder Musikfreund nach Aufführungen Bemerkungen voller Wohlwollen oder Häme fallen lassen. Allerdings war es etwas völlig anderes, wenn man selbst bei Konzerten vor bis zu hundert Instrumentalisten stand, denen man seine Lesart einer Komposition vermitteln sollte, oder im Opernhaus zugleich noch die szenischen Abläufe, die Sänger und den Chor im Blick behalten musste. Dirigieren ist ein Erfahrungsberuf. Aber so oft man auch mit Orchestern aufgetreten sein mag – nicht jeder Instrumentalsolist ist in der Lage, Dutzende von Musikern zu einer Einheit zusammenzuschweißen und sie zu einer überzeugenden Interpretation einer Partitur anzuregen. Als Komponist hatte Rachmaninoff jedoch eine Klangvorstellung von dem, was er realisieren wollte. Er begeisterte sich mehr als einmal für die vielfältigen Nuancen und Schattierungen, zu denen fähige Dirigenten ein Orchester inspirieren konnten. Ihm selbst fehlte dafür noch die praktische Erfahrung. Rachmaninoff hatte das Glück, dass ihn Freunde dem mehr als doppelt so alten Industriellen und Kulturförderer Sawwa Iwanowitsch Mamontow empfahlen. Dieser besaß ein phänomenales Gespür dafür, das Potenzial in jungen Talenten zu entdecken. Mamontow engagierte vorzugsweise junge Sänger, die mitunter gerade erst das Konservatorium absolviert hatten. Dadurch entsprachen sie in vielen Fällen optisch den Rollenanforderungen und waren noch nicht in der Lage, allzu hohe Gagenforderungen zu stellen. Einer von ihnen war der Bassist Fjodor Iwanowitsch Schaljapin (siehe Abbildung S. 448). Er war nur sechs Wochen älter als Rachmaninoff, stammte aus Kasan und hatte seine Bühnenlaufbahn in Tiflis begonnen. Sawwa Mamontow konnte Rachmaninoff zuvor höchstens als Pianist oder Komponist erlebt haben. Seine Ahnung, dass sich etwas Grandioses entwickeln könnte, wenn ein Musiker, dessen Soloauftritte und Werke allein eine packende Faszination ausstrahlten, diese Energien auf ein Orchester überträgt, führte zu dem Angebot, Rachmaninoff für die Mamontow'sche Privatoper als Dirigent zu engagieren. Mamontow förderte Maler und Musiker, wodurch er Entwicklungen in Gang setzte, die das Musiktheater im 20. Jahrhundert grundlegend verändern sollten. Ein Impresario wie Sergej Djagilew beobachtete und lernte von Mamontow, der Wesentliches vorwegnahm. Die Balletttanzerei war für ihn nur eine nebensächliche Petitesse, denn »Belangloses bleibt eine Bagatelle, auch wenn man es noch so bunt anmalt«, lautete seine Haltung. »Gebt mir klassische Opern, die mit präziser Kunstfertigkeit inszeniert und aufgeführt werden und mich vor Ehrfurcht erbeben lassen; gebt mir elegante, fröhliche, strahlend und energiegeladen aufgeführte komische Opern ohne alles Herumgeschwelge, aber reich an künstlerischer Bedeutung und Brillanz – dann werde ich meinen Hut abnehmen und mich tief verneigen.«[240]

Als Rachmaninoff Sawwa Mamontow kennenlernte, verfügte dieser schon über gut 20 Jahre Erfahrung im Umgang mit den Künsten. Die Familie war durch den Eisenbahnbau ab den 1850er-Jahren zu Wohlstand gekommen. Ungeachtet seines kaufmännischen Talents begeisterte sich Mamontow mehr für die Kultur und scharte nach dem Tod seines Vaters zunehmend einen Künstlerkreis um sich, zu dem unter anderem Ilja Repin, Walentin Serow und andere liberal gesinnte Maler gehörten. Mit dem Kauf des etwa 60 Kilometer nordöstlich von Moskau an der Worja gelegenen Landguts Abramzewo schuf er ein kulturelles Zentrum, das Künstlern der unterschiedlichsten Ausprägungen eine Anlaufstelle bot.

Auf Abramzewo konnten sich insbesondere Maler frei entfalten. Sie fanden Anregungen in der Natur, und vor allem Mamontows Töchter wurden mehrfach als Modelle eingespannt. In dieser Künstlerkolonie wirkten mit Ilja Repin, Wasilij Polenow, Konstantin Korowin und Walentin Serow zeitweise Maler, die sich aufgeschlossen zeigten gegenüber den neuesten Entwicklungen aus Frankreich. Die Lichtwirkungen des Impressionismus beeindruckten, und die russischen »Dunkelmaler«, wie der weitgereiste Künstler Aleksej Petrowitsch Bogoljubow sie nannte, begannen auf einmal, ihre Bilder »nicht mit Schmutz, sondern mit Farben« zu gestalten.[241] Auch wenn zu dem Kreis einige gehörten, die zugleich in der Künstlergruppe »Die Wanderer« (Передвижники) aktiv waren, bedeutete dies nicht, dass Mamontow ihre Ästhetik vollends teilte. Er grenzte sich dadurch von dem einflussreichen Kunst- und Kulturkritiker Wladimir Wasiljewitsch Stasow ab, der vorbehaltlos für sie und eine nationale Kunst eintrat.

Mamontow war Teil einer kulturellen Bewegung, die über den Anspruch der ›Peredwischniki‹ hinausging, die ab 1870 Wanderausstellungen in verschiedenen Städten des Russischen Reichs organisierten, um sich von dem ihrer Meinung nach zu steifen, festgefahrenen Stil der Sankt Petersburger Akademie abzusetzen. Sie verschrieben sich einer realistischen, am ›wahren Leben‹ ausgerichteten Malerei. Der russische Name ihrer Gruppe impliziert nicht nur den Anspruch, sich frei bewegen zu können, sondern deutete zudem an, auch intellektuell keinen Beschränkungen zu unterliegen. In einem noch weiter gefassten Sinn vertrat auch Mamontow diese Vorstellungen. Dass er später unter anderem auch das Kulturmagazin *Welt der Kunst* (Мир искусства) förderte, belegt sein breit gefächertes Interesse an der Vermittlung von zeitgenössischer Kultur. Er regte alle Anwesenden schon auf Abramzewo zu kleinen Theateraufführungen an und gönnte sich ab 1885 das Vergnügen, ein privates Opernensemble aufzubauen.

Mamontow besaß ein einzigartiges Geschick, unterschiedliche Kunstformen zu einer Einheit zu verschmelzen. Bei den von ihm geförderten Künstlern erinnerten die Interieurs auf Gemälden an Bühnenbilder, und die Theaterdekorationen waren nicht mehr bloß beliebige Baum-, Säulen-, Tempel- oder Zaunattrappen, sondern individuell angefertigte szenische Elemente, die die persönliche ›Handschrift‹ eines Künstlers trugen. Konstantin Korowin war der mit der Ausstattung am meisten beschäftigte Künstler. Bei 20 Produktionen wirkte er mit, die nicht zuletzt das breit gefächerte Repertoire von Mamontows Oper verdeutlichen, darunter Saint-Saëns' *Samson et Dalila*, Bizets *Carmen*, Puccinis *Le Villi* und *La Bohème*, Verdis *Aida* und *Otello*, Humperdincks *Hänsel und Gretel*, Wagners *Lohengrin*, Borodins *Fürst Igor*, Dargomischskijs *Der steinerne Gast*, Musorgskijs *Boris Godunow*, Rimskij-Korsakows *Das Mädchen von Pskow*, *Sadko* sowie *Die Mainacht*. Hingegen stattete Walentin Aleksandrowitsch Serow vornehmlich die Opern seines Vaters Aleksandr Serow aus, darunter *Judith* und *Rogneda*. Man beauftragte Michail Wrubel mit den Bühnenbildern und Kostümen für Rimskij-Korsakows *Mozart und Salieri*, *Das Märchen vom Zaren Saltan* nebst *Die Zarenbraut*, sowie Anton Rubinschtejns *Der Dämon*, ein Motiv, das sich in verschiedenen Varianten auch in seiner Malerei findet.

Mamontow wollte jedermann, insbesondere auch die Jugend, fesseln und fortbilden. »Die Menschen brauchen Musik«, sagte er in einem Interview, »die Menschen lieben Oper – für mich ist das eine unbestreitbare Tatsache.« In Moskau plante er, »ein grandioses Gebäude für eine Volksoper« errichten zu lassen, »in dem Tausende für bloß zehn bis 15 Kopeken einen Platz finden«.[242] Rimskij-Korsakow war von diesen neuartigen Ansätzen einer szenischen Umsetzung derart begeistert, dass er nach Unstimmigkeiten mit dem Mariinskij-Theater in der Hauptstadt Mamontows Ensemble die Uraufführung etlicher seiner Werke anvertraute. Nicht allein eine Opernaufführung wollte Mamontow ermöglichen, sondern die Gäste an einem Gesamtkunstwerk mit einer Symbiose von Drama, Bild und Klang teilhaben lassen. Dabei lag ihm, der selbst einmal mit einer Bühnenkarriere geliebäugelt hatte, vor allem der Gesang am Herzen. Mamontow besaß ein besonderes Talent, ausgezeichnete Solisten zu entdecken. So wurde die Sopranistin

Nadeschda Iwanowna Zabela-Wrubel, die Gattin des Malers, zu einer herausragenden Interpretin der weiblichen Hauptrollen in Werken Rimskij-Korsakows und der Bassist Fjodor Iwanowitsch Schaljapin zu einem international gefeierten Star.

Beide erwiesen sich auch als begabte Darsteller. Mamontow unterstützte eine Haltung, die Schaljapin damit umriss, man solle sich bei den Hauptrollen »von der traditionellen Verkörperung lösen«, um sie »neu zu durchdenken und vollkommener zu machen«.[243] Der Bassist beeindruckte den jungen Dirigenten durch seine reflektierten, reifen Darbietungen. »Die Solisten waren ausgezeichnet«, schrieb Rachmaninoff über eine *Aleko*-Aufführung in Sankt Petersburg, »ganz zu schweigen von Schaljapin, hinter dem alle, wie auch andere, blass wirkten. Er ist drei Köpfe über ihnen allen. Übrigens höre ich noch, wie er am Ende der Oper schluchzte. Ein solches Schluchzen kann nur von einem großen Theaterkünstler kommen oder von einem Mann, der in seinem eigenen Leben so tief gelitten hat wie Aleko.«[244] Rachmaninoff und Schaljapin wurden rasch miteinander vertraut. »Ich freundete mich mit dem jungen Mann bald an, und zwar mit aller Leidenschaft, deren nur ganz junge Menschen fähig sind«, erzählte Schaljapin. »Wir gingen in jenen Tagen recht oft ins Restaurant von Testow, wo wir Fleischkuchen aßen und viel über Theater, Musik und tausend andere Dinge sprachen.«[245] Rachmaninoff trug wesentlich dazu bei, die Fähigkeiten des Bassisten zu fördern. »Er brachte mir die Elementarbegriffe der Musik und sogar ein wenig Harmonielehre bei und war überhaupt um meine musikalische Bildung bemüht«, betonte Schaljapin. Rachmaninoff unterstützte seinen Kumpan auch, als er eingeladen wurde, an der Mailänder Scala die Titelrolle in Boitos Oper *Mefistofele* zu singen. »Das kommt mir sehr gelegen«, sagte Rachmaninoff. »Ich werde mich dort mit Musik befassen, und in meiner freien Zeit helfe ich dir beim Einstudieren deiner Rolle.«[246] Rachmaninoff setzte sich auch intensiv mit Werken auseinander, die er nie selbst dirigierte. Bei vielen Gelegenheiten lernte Schaljapin den Kollegen und Freund auch von seinen heitersten Seiten kennenlernte. »Er war ein lebhafter, fröhlicher und geselliger Mensch. Als ausgezeichneter Künstler, hervorragender Musiker und Schüler Tschajkowskijs spornte er mich an, mich vor allem mit Musorgskij und Rimskij-Korsakow zu beschäftigen.«[247]

Rachmaninoff stieß zu einem denkbar günstigen Zeitpunkt zu dem Ensemble. Im Umfeld von Sawwa Mamontow konnte er nicht nur das Handwerk des Dirigierens erlernen, sondern zugleich die unterschiedlichsten philosophischen und ästhetischen Grundsätze inklusive ihrer praktischen Umsetzung studieren. Der Mäzen spornte alle an, vorab auf Abramzewo die eigenen Fähigkeiten bei privaten Theaterproduktionen auszuprobieren. Allmählich kristallisierte sich dabei sein besonderes Talent heraus: Während andere Wohltäter wie sein Schwager Pawel Tretjakow Kunst sammelten, erschuf er selbst Kunst. Mit scharfem Blick und Verstand vermochte er Dargestelltes zu analysieren, interpretieren und zu gestalten. Der Mann, der sich selbst als »exzentrisch« bezeichnete,[248] wurde zum Regisseur seiner Kulturwelt. Er inspirierte die Trägen und Depressiven und spornte die Eifrigen an. Es hieß über ihn, er studiere Bühnenbildentwürfe wie Gemälde, und man wusste, dass er Proben vom hinteren Teil des Saales aus beobachtete. Als ihm bei den Vorbereitungen zu Aleksandr Serows Oper *Die Macht des Feindes* einer der Darsteller, Pjotr Olenin, gar zu elegant auf einem Stuhl thronte, griff er ein und brüllte durch das ganze Theater: »Olenin, sitzen Sie da nicht herum wie ein Herzog!« Mamontow stürmte auf die Bühne und zeigte höchstpersönlich, wie eine einfach gestrickte Person sitzt, ohne dabei affektierte Posen einzunehmen. »Mamontow war der geborene Spielleiter«, erinnerte sich Rachmaninoff.[249] In den Gründungsjahren seiner Privatoper gab es noch keinen Regisseur. Erst mit Pjotr Melnikow wurde 1896 ein geeigneter Künstler gefunden.

Schaljapin und Rachmaninoff machten sich die Grundhaltung an Mamontows Oper zunutze, dass ein Bühnenkünstler nicht nur seinen eigenen Text wissen muss, sondern das ganze Stück kennen sollte und zudem mit den historischen Hintergründen der Handlung sowie dem Tiefencharakter der Bühnenfiguren vertraut sein sollte. Zur Vorbereitung traf sich Schaljapin auch schon einmal mit Historikern, um mehr Einzelheiten zu erfahren. Für Mamontow war seine Initiative auch mit einem selbst erteilten Bildungsauftrag verbunden. »Wir sollten nicht vergessen«, sagte er einmal in einem Interview, »dass die Bühne keine Unterhaltung für die Reichen oder ein Spektakel für vergnügungssüchtige Leute mit dem entsprechenden Kapital ist, sondern eine Schule, ein Forum, von dem aus den Leuten reine und edle Kunst vermittelt wird.«[250] Die Künste waren im Europa des 19. Jahrhunderts ein wesentlicher Beitrag zur Gelehrsamkeit, und ›Schönheit‹ galt nicht als eine ästhetische, sondern als eine moralische Kategorie. »Die Schönheit«, so hieß es 1889 in einem Essay von Wladimir Solowjow, »ist nicht Ausdruck irgendeiner Meinung, sie ist die Verkörperung einer Idee.«[251] Wesentlich waren Fragen eines menschlichen, das gesellschaftliche Zusammenleben fördernden Verhaltens. Hinzu kamen Aspekte der Rechtschaffenheit, der Bildung und der Weisheit. Einen der Hintergründe bildete die Ästhetik des Dichters und Religionsphilosophen Wladimir Sergeewitsch Solowjow, der Geschichtswissenschaft, Literatur, Kunst und Musik auf unterschiedlichste Weise beeinflusste. Er war mit namhaften russischen Schriftstellern wie Dostoewskij persönlich bekannt, und dementsprechend neigte er zu einer an der Praxis orientierten Philosophie und Mystik. Mamontow konnte mit einem Regisseur wie Wasilij Schkafer auf diese Grundlagen zurückgreifen. Dieser schrieb ihm, es gehe beim Theater darum, »die Ideale des Guten und der Wahrheit« umzusetzen.[252] Dabei verwendete er die Begriffe добро (dabró), »das Gute«, und истина (ístina), der eine höhere, sublimere Form von »Wahrheit« bezeichnet als die im Realismus verhaftete правда (práwda). Mamontow verstand sich auch mit dem Regisseur Konstantin Stanislawskij gut, dem er schrieb, selbst wenn die eigenen Ansichten exzentrisch erscheinen mögen, so verwirkliche dieses Anderssein etwas, das »die Gesellschaft davon abhält, zu Tieren zu werden und sie aufruft, sich den Idealen zuzuwenden«. »Durch alle Zeitalter hindurch hatte die Kunst einen unwiderstehlichen Einfluss auf die Menschen, aber in unserer Zeit, so glaube ich, aufgrund des Wankelmuts in anderen Bereichen des menschlichen Geistes dürfte sie noch heller strahlen«, meinte Mamontow. »Wer weiß, vielleicht ist das Theater dazu bestimmt, die Predigt zu ersetzen?«[253] Der Geist von Mamontows künstlerischen Idealen beeinflusste Rachmaninoff dergestalt, dass sein Freund Arthur Hirst später feststellen konnte: »Der herausragende Punkt in Rachmaninoffs Charakter war seine künstlerische Integrität. Er hatte einen mächtigen Intellekt, der die ganze Logik der Musik verstand, besaß aber gleichermaßen jene Intuition, die über die Logik hinausgeht und die ich Genie nenne – sodass er sich dessen, was er erklären konnte, ebenso sicher war wie dessen, was seinem Empfinden nach richtig war; aber es musste von seiner Warte aus das Richtige sein. Er konnte niemals irgendeinen Takt Musik schreiben oder irgendeine Note spielen, es sei denn sein eigener innerer Sinn für das musikalisch Angemessene war vollends zufrieden gestellt.«[254]

Ein wichtiges Vorbild für Sawwa Mamontow war das Theater in Meiningen, der ehemaligen Hauptstadt des Herzogtums Sachsen-Meiningen. Die innovativen Inszenierungen fanden durch Tourneen in ganz Europa Aufmerksamkeit. Herzog Georg II. von Sachsen-Meiningen war klar, dass die Kultur für ein verständnisvolles, vorausschauendes politisches Handeln wesentlich ist. Nur sie bietet vielschichtige geistige Anregungen und inspiriert zu durchdachten, ethisch-philosophisch begründbaren Einschätzungen. Dementsprechend waren Meininger

Theaterinszenierungen, an deren Ausgestaltung der Herzog und seine Frau intensiv mitwirkten, Ereignisse, die alle Besucher unmittelbar packen und ansprechen sollten. Eine glaubwürdige Darstellung, fesselnd choreographierte Massenszenen, eine prägnante Textbehandlung, stupende optische Wirkungen und lebensnahes Zusammenspiel beeindruckten das Theaterpublikum im In- und Ausland. Mamontow erlebte bei Gastspielen Proben und Aufführungen. Passenderweise bezeichnete ein Mitarbeiter Mamontows die Privatoper als »unser Meiningen«.[255] In Rezensionen wurde gewürdigt, dass die »schauspielerische Darbietung der Statisten und des Chors liebevoll ausgearbeitet« sei, ja, die »wahrhaft kunstvolle« Vorstellung mitunter »in ihrem bemerkenswerten Realismus verstörend« wirke.[256] Im Idealfall gelang eine Einheit von Szenischem und Musikalischem, die als Gesamtkunstwerk eine frappierende Wirkung entfaltete. Mamontows Impulse waren entscheidend für die Entwicklungen hin zu Stanislawskijs Künstlertheater und Djagilews Ballets Russes.

Die zeitgenössische russische Oper faszinierte Rachmaninoff. Als wichtigster russischer Komponist der Gegenwart sorgte Rimskij-Korsakow bei seinen eigenen Opern – mit Rachmaninoff als Leiter im Orchestergraben – dafür, dass die Musik nicht nur ein schmückender Klangteppich war, sondern subtil die psychologischen und gesellschaftlichen Konflikte auf der Bühne ausleuchtete. Künstler in Russland waren sich der sozialen Krisen und Spannungen bewusst. Von Rimskij-Korsakow konnte Rachmaninoff lernen, dass das Musiktheater politisch relevant ist. Der ältere Kollege testete von seiner ersten Oper an die Grenzen des Möglichen auf der Theaterbühne aus. In *Das Mädchen von Pskow* stellte er eine republikartig verwaltete Stadt auf die Bühne und in *Die Mainacht* spielte unter anderem die Nationalitätenfrage im Russischen Reich eine Rolle. Ein Regierungsmitarbeiter erinnerte sich, dass seit Nikolaj I. »die Zensurbehörden darauf aus waren, insbesondere die verderblichen Ideen des Kommunismus, Sozialismus und aller Arten von Liberalismus aufzuspüren und auszulegen«.[257] Um die Werke angemessen musikalisch auszudeuten, sammelte Rachmaninoff seine Dirigiererfahrung unmittelbar in der Praxis. Mit der Unbekümmertheit eines 24-Jährigen stürzte er sich auf die neuen Aufgaben und merkte bald, dass mehr dazu gehört, als lediglich ein Orchester anzutreiben. Der Chefdirigent von Mamontows Privatoper, Eugenio Esposito, hielt es für sinnvoll, dem Neuling zunächst ein Werk anzuvertrauen, das die Solisten, der Chor und das Orchester bestens kannten: *Ein Leben für den Zaren* von

Glinka. Rachmaninoff hatte diese Oper schon auf den großen Bühnen erlebt, sich bestens vorbereitet und den Notentext verinnerlicht. In der Absicht, seine eigene Lesart des Klassikers einzubringen, orientierte er sich an Glinkas originaler Partitur, berücksichtigte die ursprünglichen Angaben zur Dynamik, eliminierte von fremder Hand hinzugefügte Fermaten und achtete besonders auf eine ausgeklügelte Disposition der Tempi. Bei der Probe mit dem Orchester lief alles glatt, doch sobald das Bühnengeschehen sowie musikalisch komplizierte Solisten- und Ensembleszenen hinzukamen, geriet die musikalische Balance ins Wanken. Nicht nur auf Rachmaninoff wirkte das Ganze »chaotisch«, sodass wieder der erfahrene Praktiker Esposito die Leitung übernahm. Bei den Aufführungen behielt Rachmaninoff ihn genau im Visier. Zu seinem Verdruss musste er feststellen, dass seinen Ideen zu einer sorgfältigeren Umsetzung der Partitur kein Raum gewährt wurde – wenn die Probenzeit äußerst knapp bemessen ist, funktionieren viele Abläufe nur mit eingespielter Routine. Von Esposito konnte Rachmaninoff durch scharfes Beobachten vor allem Handwerkliches lernen, das ein Dirigent beherrschen muss. Dadurch erkannte er, dass sein Fehler vor allem darin bestand, den Sängerinnen und Sängern auf der Bühne nicht die Einsätze gegeben zu haben. Er war davon ausgegangen, dass alle das Stück genauso gut kannten wie er und wüssten, was im nächsten Augenblick zu tun sei. Schon bald wurde Rachmaninoff klar, dass viele Opernsolisten in erster Linie mit ihrer eigenen Rolle vertraut waren, aber nicht mit den Zusammenhängen des Stücks. Ausnahmen waren selten, aber gerade sie bereicherten Mamontows Privatoper.

Im Grunde genommen war es ein tollkühnes Unterfangen zu versuchen, ein alternatives Musiktheaterensemble in einer Stadt auf die Beine zu stellen, die – abgesehen von der Hauptstadt Sankt Petersburg – mit dem Bolschoj-Theater eines der besten Opernhäuser des Landes besaß. Das Orchester konnte allein von der Größe her nicht mithalten, zudem stand man in Konkurrenz zu den klanggewaltigen Massenchören und opulenten Szenerien, mit denen das Bolschoj-Theater betörte und überwältigte. Die Aufführungen von Mamontows Opernensemble fanden im Solodownikow-Theater in der Bolschaja-Dmitrowka-Straße statt, das der Geschäftsmann Gawrila Solodownikow in den Jahren 1894 und 1895 hatte erbauen lassen. Die Bühne dieses Hauses war etwa genauso groß wie die über 20 Meter breite und tiefe des Bolschoj-Theaters. Der Raum musste angemessen gefüllt werden: Den Umständen entsprechend bestand das Konzept darin, ein individuelles Repertoire zu bieten, mit durchdachten Inszenierungen, ungewöhnlichen Bühnenbildern fantasievoller junger Maler sowie exzeptionellen Solisten, die auch als Darsteller überzeugten.

Sergej Rachmaninoff teilte Mamontows ästhetische Grundhaltung, da ihn – wie Schaljapin es formulierte – »die Oper in ihrer derzeitigen Gestalt nicht befriedigte«. Insbesondere die Werke des russischen Musiktheaters, mit denen Rachmaninoff sein Repertoire bereicherte, erforderten einen neuen Ansatz. »In dem Bestreben, Oper und Schauspiel zu vereinen, hatte Dargomischskij in der *Rusalka* einigen Sätzen einen spürbaren dramatischen Akzent verliehen«, umriss Schaljapin die Zusammenhänge. Aber er hatte den Eindruck, dass »Sänger und Regisseure gegen die Absicht des Autors die lyrischen Momente der Oper zu Ungunsten der dramatischen betonten und auf diese Weise dem Werk die Seele und die Kraft nahmen«. Der Schauspieler Mamont Dalskij lästerte, in der Form der Oper lasse sich Shakespeares Dramatik nicht zum Ausdruck bringen. Aber die führenden Künstler von Mamontows Privatoper vertraten eine andere Haltung. Ein wesentlicher Aspekt der Überlegungen war, »wie scharf sich Rimskij-Korsakows Opern von *Rigoletto*, *Traviata*, *Fra Diavolo* und sogar *Margarethe* unterschieden«, meinte Schaljapin.[258] Die gemeinsame Arbeit an Musorgskijs Werken ließ umso deutlicher werden, dass »man eine Oper auch wie ein Drama von Shakespeare spielen konnte«.[259]

Soweit es die bescheidenen Möglichkeiten des Orchesters von Mamontows Privatoper zuließen, bereicherte Rachmaninoff das fesselnde Geschehen auf der Bühne mit einer differenzierten Interpretation. Der Kritiker des *Russischen Worts* (Русское слово) rieb sich an der fehlenden technischen Makellosigkeit und bemängelte bei *Samson und Dalila*, dass der junge Dirigent »zwar eine bemerkenswerte Zuneigung zu dem Werk hegt, zugleich aber ausgesprochen wenig Erfahrung besitzt, was die Sänger mehr als einmal in Verlegenheit brachte«.[260] In den *Moskauer Nachrichten* (Московские ведомости) würdigte man vornehmlich das Potenzial: »Rachmaninoff ist als Komponist und Pianist in Moskau gut bekannt, dies aber war sein erster Test als Operndirigent – und das noch bei einer Oper mit vielen Ensembleszenen, bei denen das Orchester eine wichtige und oft unabhängige Rolle spielt«, schrieb der Rezensent. »Dementsprechend ist es verständlich, dass der junge Debütant eine gewisse Zurückhaltung nicht ablegen konnte, insbesondere wenn der Chor ins Spiel kam. Aber als der erste Akt zur Hälfte vorüber war, verflüchtigten sich diese Unsicherheiten; Rachmaninoff gebot über das Orchester sicher und bestimmend, wodurch er bald zeigte, über welch vielversprechende Fähigkeiten zum Dirigieren er verfügt.« Vor allem fiel auf, dass »seine besondere Fähigkeit darin bestand, wie es ihm gelang, den Klang vom Orchester der Privatoper in so beträchtlichem Maße zu wandeln«.[261]

Mit sich selbst ging Rachmaninoff wie immer hart ins Gericht. Nach seinem ersten Auftritt als Operndirigent im Oktober 1897 fand er die zweite Aufführung »genauso mittelmäßig«. »Alle Zeitungen loben mich«, schrieb er Natalija Skalona. »Aber ich traue ihnen nicht.«[262] Zu Rachmaninoffs Repertoire gehörten in der Spielzeit 1897/98 neben *Samson et Dalila* von Camille Saint-Saëns noch Georges Bizets *Carmen*, Aleksandr Serows *Rogneda*, Dargomischskijs *Rusalka* sowie von Rimskij-Korsakow die Opern *Snegurotschka* und *Das Mädchen von Pskow*. In der Saison 1897/98 kamen noch Aleksej Werstowskijs *Askolds Grab* hinzu, nebst Musorgskijs *Chowanschtschina* und *Boris Godunow* sowie Rimskij-Korsakows *Die Mainacht* und *Mozart und Salieri*. Allerdings übernahm Eduardo Esposito selbst die Uraufführung von Rimskij-Korsakows neuer Oper *Sadko*, die Ende Dezember 1897 (Anfang Januar 1898) erstmals im Solodownikow-Theater über die Bühne ging.

Zunächst gefiel Sergej Rachmaninoff die abwechslungsreiche Tätigkeit als Operndirigent außerordentlich. Es wurde zu dieser Zeit von Schaljapin berichtet, dass Rachmaninoff im Allgemeinen guter Laune war und eines Morgens sogar die Mamontow-Truppe zu Schaljapins Wohnung führte, um auf Pilzjagd zu gehen. Schaljapin schildert, wie er an diesem Morgen von einer lärmenden Menge aufgeweckt wurde, angeführt von einem schamlosen, singenden Rachmaninoff. »Ich verstehe mich mit allen im Theater gut«, schrieb Rachmaninoff an Natalija Skalona, »auch wenn ich manchmal ganz schön wütend werden kann.« Allerdings, so scherzte Rachmaninoff, sei er »ein vielbeschäftigter Mann, alt, ein wenig kränkelnd und ermüde rasch von zu viel Arbeit«.[263] Mit den Monaten nahmen die Klagen zu. Bei seinem Freund Sataewitsch entschuldigte er sich wortreich, sich so lange nicht gemeldet zu haben, aber es sei »keine Übertreibung, all dies auf meine neuen Verpflichtungen zu schieben«, die ihn »12 Stunden am Tag auf Trab halten«. »Ich war so müde und werde noch immer so müde, glaube mir, ich kann an nichts anderes denken.«[264]

Schnell realisierte Rachmaninoff, dass er sich im Hamsterrad des Opernbetriebs aufzureiben drohte. Er nutzte die Zeit, um ein weit gefächertes Spektrum an ästhetischen Positionen kennenzulernen. Und er beschloss nach einer Theatertournee durch Südrussland im Sommer

1898, seine Stellung als Dirigent von Mamontows Oper im Solodownikow-Theater aufzugeben. Er wollte den Kopf frei bekommen für eigene Projekte.

Die neu gewonnene Freiheit brachte andere Zwänge mit sich. Als Freier Künstler konnte man seinen Lebensunterhalt nur durch Unterrichten und Auftritte bestreiten. Das Komponieren warf immer noch zu wenig ab. Um zwischen diesen drei Tätigkeiten eine ausgewogene Balance zu wahren, bedurfte es einer Selbstdisziplin, die Rachmaninoff zuweilen schwer fiel. Dies brachte ihn bald in Bedrängnis. Wohlhabenden Eleven Klavierstunden zu geben, war ihm von allen Aktivitäten nach wie vor am unsympathischsten. Er hatte als Korrepetitor und Dirigent für Mamontows Oper seine ganze Kraft aufgeboten und ungeahntes Selbstbewusstsein entwickelt. Allerdings hielten sich andernorts die Auftrittsmöglichkeiten in Grenzen. Zwar wurde er als Pianist und Dirigent hoch geschätzt, wenn er die Gelegenheit erhielt, sich zu beweisen. Seine Ambitionen gingen jedoch in eine andere Richtung: Durch sein Wirken für ein Opernensemble lag es natürlich nahe, sich auf die Komposition einer neuen Oper zu konzentrieren. Rachmaninoff stand mit Tschajkowskijs Bruder Modest in Kontakt, einem erfahrenen Autor, der neben Libretti zu *Pique Dame* und *Iolanta* unter anderem auch für Arenskij Textbücher verfasst hatte. Zum Gedenken an Pjotr Tschajkowskij arbeitete Modest an einer dreibändigen Biografie. Er kaufte das Anwesen seines Bruders in Klien und baute es zum ersten russischen Museum aus, in dem ein Musiker gewürdigt wurde. Modest Tschajkowskij hatte Shakespeares Drama *Richard II.* ins Russische übersetzt und korrespondierte mit Rachmaninoff über eine musikdramatische Umsetzung. Der Komponist zeigte sich interessiert an dem Thema, das Aspekte wie die Legitimität von Herrschaft und die Etablierung einer funktionierenden staatlichen Ordnung berührt. Er bat Modest Tschajkowskij darum, ein Textbuch auszuarbeiten und äußerte im Hinblick auf seine Arbeitsweise bei seiner ersten Oper *Aleko*: wenn er »eine Oper komponiert, muss sie rasch geschrieben werden«.[265] Nach Aussage des gemeinsamen Freundes Iwan Bunin war Modest Iljitsch »ein ausgesprochen angenehmer Mensch, wohlerzogen und charmant«,[266] aber nicht der Schnellste. Und so kam er mit einem Opernlibretto für das Ideendrama nicht voran. Stattdessen überließ er Rachmaninoff einige schon ausgefeiltere Szenen- und Textentwürfe für einen Stoff aus Dante Alighieris *Göttlicher Komödie*. Das Werk hatte auch in Osteuropa Aufmerksamkeit gefunden, nachdem 1855 die erste russische Übersetzung von »Die Hölle«

erschienen war. Der Rechtsmediziner Dmitrj Jegorowitsch Min hatte sich sorgfältig an die Form der Terzinen gehalten, die den Stil von Dantes *Divina Commedia* prägen. Diese Versform aus dem 14. Jahrhundert wurde im 19. Jahrhundert auch von Dichtern wie Giovanni Pascoli und Gabriele D'Annunzio wiederentdeckt und frisch belebt. Gut 20 Jahre nach Mins Übersetzung ließ sich Pjotr Tschajkowskij durch die Lektüre zu seiner sinfonischen Dichtung *Francesca da Rimini* anregen. Die Geschichte von Francesca, die der Gatte nach ihrem Ehebruch zusammen mit dem Liebhaber umbringt, nahm auch in Russland eine besondere Stellung ein, zumal sie Dmitrij Min bereits 1843 als Auszug aus dem »Fünften Gesang« der »Hölle« in der Zeitschrift *Der Moskowiter* (Москвитянин) veröffentlicht hatte. Auch Rachmaninoff begeisterte sich für das Thema und Modest Tschajkowskijs Aufbau und Verse. »Ich möchte Sie bitten, noch etwa dreißig Zeilen mehr für den unsichtbaren Chor im Prolog zu schreiben«, bat er den Schriftsteller. »Und wenn es nicht dreißig werden, dann zumindest genug, um sie aufzuteilen und verschiedenen Chorgruppen zu geben. Abgesehen davon möchte ich die sieben Strophen, die Vergil gegeben sind – ab den Worten ›Mein Sohn‹ – dem Chor anvertrauen, wobei natürlich durchgehend alle Pronomen angepasst werden.«[267]

Leider ließ sich Modest Tschajkowskij mit der Umarbeitung des Librettos ungebührlich viel Zeit, sodass zu Rachmaninoffs Verdruss die kompositorische Arbeit wieder stagnierte. Sein Arzt riet ihm, sich in südlichen Gefilden zu erholen, um das innere Gleichgewicht wiederzufinden.

Einen erneuten Aufenthalt auf der Krim ermöglichte im September 1898 eine Konzerttournee mit Fjodor Schaljapin. Dabei ergab sich die Gelegenheit, einen Künstler kennenzulernen, den Rachmaninoff schon seit Langem als Leser und Theaterbesucher bewunderte: Anton Pawlowitsch Tschechow. Als bekannt wurde, dass der Schriftsteller sich für das Konzert in Jalta interessierte, ließ man ihm eine Eintrittskarte für die Intendantenloge in Bühnennähe zukommen. Von dort aus hatte er einen guten Blick auf die Musiker, und auch Rachmaninoff konnte ihn während der Aufführung sehen. Anschließend kam Tschechow ins Künstlerzimmer. »Ich habe Sie die ganze Zeit beobachtet, junger Mann«, sagte er zu Rachmaninoff. »Sie haben ein wunderbares Gesicht – Sie werden einmal ein großer Mann.« Wenn Rachmaninoff später von dieser Begebenheit erzählte, erfüllte sie ihn mit »Stolz und Freude«.[268]

Den Arzt und Künstler Tschechow faszinierte die Mimikanalyse. Für ihn war die »Physiognomie« eines Menschen ein Spiegelbild seines

Wesens und seiner Befindlichkeit. Im vierten Akt des Schauspiels *Drei Schwestern* lässt er jemanden äußern: »Ich könnte Ihnen schon sagen, womit Ihre Physiognomie jetzt Ähnlichkeit hat, aber ich wage es nicht.« Und in *Onkel Wanja* heißt es: »Bei einem Menschen sollte alles erstklassig sein, sein Antlitz, seine Kleidung, seine Seele und seine Gedanken.« Wie hoch Tschechow Rachmaninoffs Können achtete, zeigte sich daran, dass er ihm Entwürfe für Operntextbücher anbot. Rachmaninoff befand allerdings, dass sie sich nicht für eine Vertonung eigneten. Bei den Adaptionen des eigenen Romans *Der schwarze Mönch* oder von Lermontows Novelle *Ein Held unserer Zeit* als *Prinzessin Bela* beachtete der Bühnendramatiker Tschechow zu wenig die Erfordernisse einer musikalischen Umsetzung. Rachmaninoff bedauerte dies sehr, da er die Lektüre und jedes Treffen mit Tschechow höchst anregend fand.

Die Begegnungen mit Tschechow besaßen etwas Erfrischendes, bargen aber auch den Keim für neue Zweifel. Die Haltung des Schriftstellers, er habe »noch nie unmittelbar nach der Natur geschrieben«, ja, er müsse ein Thema erst durch das »Gedächtnis filtern, bis unten im Sieb nur noch das hängenbleibt, was wichtig und typisch ist«, wird dem mit Bedacht vorgehenden Komponisten sympathisch gewesen sein.[269] Hinsichtlich der Ausarbeitung künstlerischer Werke vertrat Tschechow einen Ansatz, den die meisten Musiker zunächst als eher hinderlich empfunden hätten. »Die Kürze ist die Schwester des Talents«, hatte Anton Pawlowitsch einmal an seinen als Gelegenheitsautor aktiven Bruder Aleksandr geschrieben, und diese Einstellung dürfte auch in Gesprächen mit Rachmaninoff deutlich geworden sein.[270] Im Laufe der Jahre wurden knapp formulierte musikalische Aussagen, Kürze und Präzision für Rachmaninoff ein wesentliches Bedürfnis in seiner Kunst. Als problematisch erwies sich, dass mit dieser Sorgfalt die Ansprüche an sich selbst stiegen.

Vorerst erkannten weder Sergej Rachmaninoff noch seine Freunde und Verwandten, in welche Sackgasse ihn der Misserfolg der ersten Sinfonie geführt hatte. Es folgte eine schwere Depression, die kein plötzlicher Zusammenbruch kennzeichnete, sondern die sich als schleichender Prozess allmählich entwickelte. Konzerte, die Rachmaninoff vereinzelt gab, und die Arbeit für Mamontows Opernensemble bedeuteten für den freien Künstler eine Art Zusatzqualifikation. Sie beschäftigten ihn intensiv und ließen für einige Zeit keine Muße zur Selbstbespiegelung. Allmählich dämmerte es Rachmaninoff jedoch, dass er als Komponist stagnierte. Wie ein Langstreckenläufer, den Lähmungserscheinungen am Vorankommen hindern, begann er, an paralysierter Kreativität zu leiden. Die verheerend schlechte Aufführung seiner Sinfonie war nur ein Teil der Ursachen. Anders als seine Zeitgenossen Prokofjew, Skrjabin und Mahler erfreute es Rachmaninoff keineswegs, wenn er andere provozierte. Viel eher dürfte er schockiert darüber gewesen sein, in seiner d-Moll-Sinfonie Wesentliches über sich und seine Emotionen preisgegeben zu haben.

Es gehört zum Schlimmsten für einen Künstler, den Willen zur Produktivität zu spüren, sich aber zugleich einer absoluten inneren Leere bewusst zu sein. Einer Leere, die unfähig werden lässt, in sich eine Resonanz auf alles Erlebte wahrzunehmen. Eine Resonanz, die sich umwandeln lässt in Gedichte, Lieder, Gemälde, Romane, Kammermusik, Sinfonien oder Opern. Die persönliche Entwicklung Rachmaninoffs geriet in eine Sackgasse zu einem Zeitpunkt, als seine Musik allmählich Beachtung fand.

UNGLÜCKLICHERWEISE bekam Sergej Rachmaninoff es zunächst kaum mit, dass sein Name im Ausland mitunter positiver konnotiert war als in seiner Heimat. Dazu trug insbesondere der technische Fortschritt bei, der die Reisemöglichkeiten per Bahn und Schiff enorm erweiterte. Dadurch gelangte ein Starpianist wie Sergejs Vetter Aleksandr Siloti auf Tourneen komfortabel bis nach Westeuropa und in die USA. Er baute immer wieder Klavierstücke seines komponierenden Verwandten in die Konzerte ein. Besonders aufhorchen ließ eine Nummer aus dem fünfteiligen Zyklus *Morceaux de fantaisie (Fantasiestücke).* Das cis-Moll-Prélude op. 3, Nr. 2 – das Rachmaninoff 1892 in einer Rahmenveranstaltung der Moskauer Elektrizitätsausstellung präsentiert hatte – ist auf den ersten Blick ein unscheinbares, etwa vier Minuten langes Klangstück, das ungeahnt einen besonderen Nerv traf, als Siloti die Musik in Deutschland, England und Nordamerika vorstellte. Die Wirkung war sensationell: In der Hauptstadt des britischen Empire – weit über tausend Kilometer westlich von Moskau – war der junge russische Komponist bald mehr Gesprächsthema als im eigenen Land. Siloti nutzte seine Möglichkeiten als international geachteter Künstler, um mit dem cis-Moll-Präludium auf Sergej Rachmaninoff aufmerksam zu machen. »In dem *Prélude* von Rachmaninoff waltet ein wohlthuender Gesinnungsernst«, hieß es im November 1894 in der *Neuen Zeitschrift für Musik* über ein Konzert in Leipzig, »er verfehlt denn auch nicht, in den Herzen Gleichgesinnter ein lautes Echo zu wecken.«[271] Für das in New York erscheinende Monatsmagazin *The Delineator* – laut Untertitel

»ein Journal für Mode, Kultur und bildende Künste« – befragte man ihn noch 1910 gezielt nach dem berühmten »Prélude in C-sharp minor«, denn immerhin hatte es ihm den Weg bis in die USA geebnet. »In Anbetracht der Umstände sollte ich vermutlich dankbar sein, dass ich das Stück komponiert habe«, meinte Rachmaninoff. »Aber mir ist unklar, ob mein Versäumnis, mir das Copyright weltweit zu sichern, insgesamt günstig für mich war. Besäße ich das Copyright, dann hätte es mir möglicherweise sowohl Reichtum als auch Ruhm gebracht. Es hätte auch sein können, dass ich weder das eine noch das andere erlangte.« Zu seinem Leidwesen hatten die USA und Russland die auf Initiative von Victor Hugo erarbeitete »Übereinkunft zum Schutze von Werken der Literatur und Kunst« 1886 in Bern nicht mit ratifiziert. Insofern ließ sich nichts gegen Raubkopien oder willkürliche Bearbeitungen für andere Instrumente unternehmen. Die Konsequenz, die sein Verleger Gutheil zog, war eine Kooperation mit dem deutschen Verlag Breitkopf & Härtel in Leipzig, der zudem den Notenstich und Druck übernahm. Rachmaninoff meinte, dass seine 1904 veröffentlichten *Präludien* op. 23 viel bessere Werke seien, aber zu seinem Bedauern zeigte sich das Publikum nicht geneigt, seine Auffassung zu teilen. »Ich vermag nicht zu sagen, ob meine Einschätzung falsch ist oder ob der in diesem Fall greifende Urheberrechtsschutz ihre Popularität verhindert hat«, sagte er später. »Dementsprechend wird es immer eine offene Frage bleiben, ob gerade das Fehlen eines Urheberrechtsschutzes für den Erfolg meines früheren Stücks verantwortlich war.«[272]

Passenderweise widmete er das Opus 3 seinem Lehrer Arenskij – das letzte Zeichen der Wertschätzung, das Rachmaninoff ihm geben konnte.

Da die Neugierde geweckt war, gelang es Aleksandr Siloti zu erwirken, dass die Philharmonische Gesellschaft in London Sergej Rachmaninoff 1899 zu einem Konzert einlud. Für den ersten Auftritt seines Vetters im Ausland hatte Siloti im Sinn, dass das ihm gewidmete erste Klavierkonzert mit Sergej als Solist aufgeführt wird. Mittlerweile beschlichen Rachmaninoff jedoch Zweifel. Ihm erschien das Konzert zu lang und zu unausgewogen, kurzum: es entsprach nicht mehr seinen gestiegenen Ansprüchen an eine ausgereifte Komposition. Allerdings sah er sich nun in der Lage, seine neu erarbeiteten Fähigkeiten als Orchesterleiter unter Beweis zu stellen und nicht nur als Pianist, sondern auch als Dirigent aufzutreten. Da Rachmaninoff nur wenig Englisch verstand, erfolgte die Verständigung mit dem exzellenten Orchester der Philharmonic Society wie mit vielen gebildeten Briten wahrscheinlich auf

Französisch und Deutsch. Am Abend des 19. April 1899 war die Londoner Queen's Hall mit fast 2500 Zuschauern beinahe ausverkauft. Wie seinerzeit üblich, traten verschiedene Künstler auf: Bevor Alexander Mackenzie nach der Pause Beethovens fünfte Sinfonie leitete, wählte Rachmaninoff für seinen Teil des Abends eine laut Programm von »Mlle. Andray« gesungene Arie aus Borodins *Fürst Igor* – eine Oper, die in England noch völlig unbekannt war –, seine Orchesterfantasie *Der Fels* op. 7 und spielte zudem zwei Stücke aus seinem Opus 3. Sein beliebtes cis-Moll-Prélude musste er für das begeisterte Publikum wiederholen. In dem Magazin *The Monthly Musical Record* meinte man hochnäsig, es sei »unvernünftig, anzunehmen jeder russische Komponist produziere Meisterwerke wie die *Pathétique*«.[273] Hingegen fand der Rezensent der *Times,* die Instrumentierung des Opus 7 sei »kurz gesagt, superb und originell«, wenn man auch bei manchen Stoffen durchaus die Meinung vertreten könne, »nicht alles, was instrumentiert werde, sei des Orchestrierens wert«. »Als Dirigent setzte sich der russische Musiker noch weitaus besser in Szene«, hieß es. »Seine Stabführung war exzellent; seine Methodik, seine Gelassenheit hochgelobt.«[274] Viele dürften bedauert haben, dass sie nicht auch noch das von Siloti empfohlene erste Klavierkonzert erleben durften. Der Erfolg bestärkte den Vorstand der Philharmonischen Gesellschaft immerhin, Rachmaninoff zu bitten, wiederzukommen und ein neues Werk mitzubringen. Eine größere Ehre und Anerkennung hätte er kaum erfahren können. Warum hatte ihm nicht ein russisches Orchester einen solchen Auftrag erteilt? Rachmaninoff versprach, mit einem zweiten Klavierkonzert nach London zurückzukehren. Dies brachte ihn jedoch schon bald in Verlegenheit.

Nur schleppend kam Sergej Rachmaninoff mit seinen Kompositionen voran. Eine Transkription der ersten Sinfonie für Klavier, vage Skizzen zur Oper *Francesca da Rimini*, ein Fantasiestück in g-Moll und eine Fughetta in F-Dur für Klavier waren ein spärliches Ergebnis für die zurückliegenden beiden Jahre. Die Ideen sprudelten nicht mehr so ergiebig wie zuvor, als er manche Klavierstücke weniger aus Neigung schrieb, sondern weil sie als Bereicherung des Notenmarkts für anspruchsvolle Hausmusik eine willkommene Einkommensmöglichkeit boten. Anstatt zu arbeiten, verbrachte Sergej Wasiljewitsch zunehmend mehr Zeit mit Natalija Satina, die Pianistin werden wollte. Er kannte sie seit dem Frühjahr 1888 und litt sehr darunter, dass er ihr seinerseits kaum etwas bieten konnte. Zudem wurden enge Verbindungen zwischen Cousin und Cousine von der Verwandtschaft und der orthodoxen Kirche nicht gerne gesehen. Für den Zaren hatten sich in einer ähnlichen Situation alle Hindernisse aus dem Weg räumen lassen. Aber Rachmaninoff war zu diesem Zeitpunkt nur ein wenig bekannter Musiker.

»Bei mir läuft immer noch alles schief«, schrieb er bereits Ende 1897 an Natalija Skalona. Die Stimmungsschwankungen wurden immer gravierender. Er habe »wie ein Idiot geflennt« und selbst, wenn er »noch nicht begonnen habe, Wodka und Wein zu trinken«, werde er »damit anfangen, wenn sich die Lage nicht ändert«.[275] Immer wieder aufkommende depressive Schübe konnte Rachmaninoff noch unterdrücken, solange ihm die Arbeit für Mamontows Oper oder Konzertvorbereitungen wenig Zeit zum Nachdenken ließen. Wollte er sich aber auf eine umfangreiche neue Komposition konzentrieren, drohte die Gefahr, »an einem Anfall von schwarzer Melancholie zu erkranken«. Daran werde er spätestens gegen Ende der Saison zugrunde gegangen sein, wie er es formulierte und pathetisch bat: »Komm mich an meinem Grab besuchen.«[276]

Die Gesellschaft seines Hunds Lewko war ihm zuweilen angenehmer als die vieler Menschen. Das Tier hieß genauso wie der Sohn des Dorfältesten in Rimskij-Korsakows Oper *Die Mainacht*, aber dies blieb eine der letzten Verbindungen zur Musik, die ihn erfreuten. Rachmaninoff versuchte es mit einem Wechsel der Umgebung. Den Sommer 1899 verbrachte der 26-jährige Sergej Wasiljewitsch auf Einladung der befreundeten Familie Kreutzer auf deren Gut Krasnenkoje im Gouvernement Woronesch. Auch hier konnte er der von ihm oft erwähnten »schwarzen Melancholie«[277] nicht entkommen, die ihn seit längerem plagte. Wie sollte er dabei große Werke für Orchester zustande bringen? Als Pianist und Dirigent leistete er Hervorragendes, aber letzten Endes verschaffte es ihm nur vollends Befriedigung, wenn er die eigenen Klangfantasien zu ausdrucksstarken Kompositionen bündeln konnte. Mit den Opernplänen und dem Angebot für ein weiteres Klavierkonzert boten sich aussichtsreiche Möglichkeiten. Er hielt viele lose Fäden in den Händen und musste sie nur geschickt ziehen und gekonnt zusammenführen, um seine Musikerkarriere voranzubringen. Aber in seinem momentanen Zustand fehlte Rachmaninoff die Kraft, diese Fäden überhaupt festzuhalten.

4 Therapie, Triumphe und Rebellion (1900–1906)

DIE schweren depressiven Verstimmungen, die Rachmaninoff in den Jahren 1897, 1898 und 1899 durchlitt, verfolgten den Künstler noch lange. 20 Jahre später meinte er über das längste Werk seiner Jugendzeit, er werde »niemandem mehr diese Sinfonie zeigen und in meinem Testament ein Verbot erlassen«, sich weiterhin mit ihr auseinanderzusetzen.[278] »Sie ist durchgefallen, was eigentlich noch nichts beweist«, schrieb er einem Freund. »Immer wieder sind gute Stücke gescheitert und noch öfter haben schlechte Sachen Anklang gefunden. Bevor die Sinfonie aufgeführt wurde, hatte ich eine übertrieben hohe Meinung von ihr. Nachdem ich sie erstmals gehört hatte, änderte sich diese Haltung radikal. Jetzt scheint mir, dass die Wahrheit irgendwo zwischen diesen beiden Extremen liegt. Es findet sich etliche gute Musik darin, aber es gibt auch Vieles, das schwach, kindlich, gekünstelt und pompös ist.«[279] Sogar auf andere Frühwerke fiel der Schatten der Selbstkritik. Die Oper *Aleko* erschien ihm auf einmal nicht mehr bühnenwürdig zu sein und auch beim ersten Klavierkonzert glaubte er, mehr Nachteile als Vorzüge zu erkennen. Tolstojs Bemerkung, er brauche einfach nur weiterzuarbeiten, tönte in ihm nur noch dumpf wie eine hohle Phrase. Dies hinderte Sergej Rachmaninoff aber nicht daran, anderen Komponisten Respekt zu zollen. Für die Werke von Wasilij Sergeewitsch Kalinnikow setzte er sich bei dem Musikverleger Peter Jurgenson ein, der 1861 einen Musikverlag gegründet hatte, welcher sich zum größten im Russischen Reich entwickeln sollte und mit Niederlassungen in Leipzig und anderen europäischen Städten expandierte. Rachmaninoff konnte den Herausgeber dazu bewegen, die Rechte an drei Liedern Kalinnikows für 120 Rubel zu erwerben. Das Geld war eine große Hilfe für den Künstler und seine Frau, da er mit Anfang 30 schwer an Tuberkulose erkrankte und seine Stellung als Dirigent an Moskauer Theatern aufgeben musste. »Rachmaninoff ist hier«, freute sich Wasilij Sergeewitsch über einen Besuch am Krankenlager. »Manchmal besucht er mich und macht mir große Freude mit seinem Spiel, indem er mir Neuheiten vorstellt, die ich nicht kenne.«[280] Zusammen mit einigen Kollegen gelang es Rachmaninoff auch, Jurgenson zu überzeugen, zusätzlich die beiden in Kiew erfolgreich uraufgeführten Sinfonien Kalinnikows ins Programm zu nehmen und – aufgestockt durch Spendengelder – ein ungewöhnlich stattliches Honorar für die phänomenalen Werke zu zahlen. Der mittlerweile todkranke Kalinnikow ahnte nichts von diesem wohltätigen Engagement hinter den Kulissen. Auch wenn Rachmaninoff ihn nur gelegentlich sah, wenn er in Jalta war, so mag ihn das Sterben dieses großen Talents in jungen Jahren an den zu frühen Tod seiner Schwestern erinnert haben.

Im Herbst 1899 heiratete Rachmaninoffs Jugendschwarm Wera Skalona einen anderen Freund aus jenen bereits fernen Tagen. Es handelte sich um den ein Jahr älteren Sergej Petrowitsch Tolbusin, mit dem sie sich in Moskau niederließ. Da man weiterhin in Kontakt blieb, hat sie Sergej bei Gelegenheit sicher wissen lassen, dass sie kurz vor der Hochzeit über hundert seiner Briefe an sie verbrannt hatte. Ungeachtet dieser Vorsichtsmaßnahme meinte ihre Schwester Ljudmila rückblickend, Wera konnte »Serjoscha weder vergessen noch aufhören ihn zu lieben«.[281] In jener Lebensphase entstand unabhängig von den Zyklen mit Opuszahl die Einzelvertonung des Poems »Wunschtraumgeflüster« (Под шёпот мечты) von Daniil Rathaus, das Rachmaninoff ursprünglich nicht veröffentlichen wollte. Das daraus entstandene Lied »Nacht« (Ночь, WoO, TN ii/55) erzählt von schlaflosen Stunden, in denen das lyrische Ich sich des Alleinseins und der Stille bewusst wird, in der es »klagende Lieder« vernimmt, die sich ihm »zärtlich zuwenden«. Die Stimme scheint vertraut: »Die Seele erstarrt«, heißt es im Text, »bist du es, mein Herzensliebstes, mein geheimer Freund, mein Traum vergangener Kindheitstage?« Rachmaninoff verzichtete auf die dritte Strophe aus Daniil Rathaus' Gedicht, in der es um die noch immer herbeigesehnte weibliche Jugendliebe geht. Erst 1904 überließ der Musiker seine Vertonung dem Verlag P. Jurgenson für den zweiten Band von dessen *Sammlung von Werken zeitgenössischer russischer Komponisten.*

So gelungen das Lied auch sein mag, Rachmaninoff hatte den unbedingten Willen zum Komponieren verloren. Negative Resonanz sowie die erneute Konfrontation mit Verlust und Sterben lähmten seine Energien: Neben Kalinnikow erkrankte auch Tschechow an Tuberkulose. Das Entwerfen von Musik fiel Rachmaninoff zunehmend schwerer. Im Sommer 1899 brachte er nur einen spöttischen Gesang zustande, weil er einer ihm immer vertrauter werdenden jungen Frau beweisen wollte, dass er das Notenschreiben noch nicht vollends aufgegeben hatte: Natalija Aleksandrowna Satina. Sie war vier Jahre jünger, studierte mittlerweile am Moskauer Konservatorium und gehörte zum Freundeskreis von Wera Skalon und Elena Krejzer, einer langjährigen Klavierschülerin von Rachmaninoff. Elena ermöglichte ihrem Lehrer, während des Sommers 1899 auf ihrem Familiengut Krasnenkoje zu verweilen. Dorthin lud sie auch Natalija Satina ein. Dem Lied »Warum hast du gehickst?« (Икалось ли тебе?, WoO, TN ii/54) stellte Rachmaninoff eine Zueignung voran: »Nein! Meine Muse ist nicht gestorben, liebe Natascha. Ich widme dir meine neue Romanze.« Es ist das humorvollste, ausgelassenste Lied, das Sergej Rachmaninoff je geschrieben hat. In gut eineinhalb Minuten huschen die ersten drei Strophen des 1838 entstandenen Gedichts »Épernay« von Pjotr Wjasemskij vorüber. Rachmaninoff verzichtete auf die 15 folgenden Strophen, bezog sich nicht auf die Traditionskellerei Moët, sondern auf die Weinkeller von Woronesch und ersetzte eine andere Bezugnahme durch Natascha, den russischen Kosenamen für Natalija. In der jungen Cousine reifte die Frau heran, der er bedingungsloses Vertrauen entgegenbrachte und die neben seinen Krisen auch die jungenhaften, heiteren Seiten seines Wesens kannte wie niemand sonst. Die meiste Zeit schienen diese allerdings begraben unter dem Druck, den Rachmaninoff auf sich selbst ausübte. Als Pianist und Dirigent agierte er mittlerweile mehr routiniert, als dass er wie zuvor voller Leidenschaft bei der Sache war. Den Komponisten in sich hatte er aufgegeben.

Die Familie Satin sorgte sich um den jungen Musiker. »Mir ging es wie einem Menschen, der einen Schlaganfall erlitten hatte und für lange Zeit unfähig war, seinen Kopf und seine Hände zu gebrauchen«, beschrieb Rachmaninoff seine Verfassung später.[282] Sprach Schaljapin zunächst noch von einer »›hamletischen‹ Periode«, so wurde bald deutlich, dass Sergej Wasiljewitsch ernsthaft psychisch erkrankt war. Seine Depression lähmte ihn derart, dass Verwandte und Freunde keine andere Möglichkeit mehr sahen, als professionelle Unterstützung zu suchen. Die ärztliche Behandlung von psychischen Leiden stand damals allerdings gerade erst am Anfang. In Russland hatte die wissenschaftliche Psychologie seit Mitte der 1860er-Jahre durch den Physiologen Iwan Setschenow allmählich Anerkennung gefunden. Der Hirnforscher Wladimir Bechterew initiierte in den 1880er-Jahren die Gründung einer »Gesellschaft für Neurologie und Psychiatrie«. Männer wie er und der Psychotherapeut Nikolaj Wladimirowitsch Dahl hatten sich eigens auf den Weg nach Paris gemacht, um die Vorgehensweise des Neurologen Jean-Martin Charcot kennenzulernen. Dieser integrierte auch die Hypnotherapie in die Behandlung. Sigmund Freud, der sich wie sein Kollege Josef Breuer der Hypnose bediente, übersetzte Ende der 1880er-Jahre Charcots Fachartikel und das dreibändige Standardwerk *Le leçons sur les maladies du système nerveux* (Vorlesungen über die Krankheiten des Nervensystems) sowie Hippolyte Bernheims Buch *De la suggestion et de ses applications à la thérapeutique* (Die Suggestion und ihre Heilwirkung) ins Deutsche. Gebildete Russen jener Zeit sprachen fließend Französisch und ließen sich in Paris bzw. Nancy unmittelbar vor Ort inspirieren oder rezipierten die Originalpublikationen.

Nicht allzu weit von der Wohnung der Satins in Moskau entfernt lag die Praxis von Doktor Nikolaj Dahl. Sergejs Verwandte stellten über einen gemeinsamen Bekannten, den Neurologen Dr. Grigorij Grauermann von der Moskauer Universität, einen Kontakt her. Was Dahl mit Rachmaninoff verband, war die Leidenschaft für die Kunst. Er musizierte auf der Bratsche, mit der er zuweilen in Amateurensembles mitwirkte. Die Satins konnten Sergej überreden, es einmal bei ihm zu versuchen. Vom Januar bis zum April 1900 unterzog sich Sergej Rachmaninoff täglich einer Behandlungssitzung von Nikolaj Dahl. Wesentlicher Bestandteil war die Hypnotherapie, die mit den heutigen Behandlungsmethoden indes nicht zu vergleichen ist.[283] Eine jetzt nicht mehr übliche Vorgehensweise bestand in der Pionierzeit dieser Therapieform darin, mit der suggestiven Kraft des behandelnden Arztes und der Energie der Worte dem Patienten neue Perspektiven zu eröffnen. Seinerzeit wurde der Fokus der Aufmerksamkeit dahin gelenkt, dass die Gedanken eine individuelle, positive Idee umfangen. Dementsprechend erkundigte sich Dahl zuvor bei den Satins nach den Symptomen und welcher Art eine Komposition sein solle, die sie von ihrem Verwandten erwarteten. Ein Klavierkonzert, meinten sie, denn dies habe er schon vor einem Jahr der Philharmonischen Gesellschaft in London versprochen, aber nie mit der Arbeit begonnen. Wie die Sitzungen genau abliefen, lässt sich nur schwer nachvollziehen, da die frühesten Schilderungen erst 30 Jahre später festgehalten wurden: Dabei notierte der nicht immer zuverlässige Oskar von Riesemann für seine Biografie das, woran sich Rachmaninoff noch erinnerte bzw. woran er sich zu erinnern glaubte. Später wurde das Bild von Biografen und Forschern zuweilen mit Spekulationen ergänzt. Diese beruhten auch auf Tratsch in der Verwandtschaft: So meinte Rachmaninoffs Enkel Alexandre in einem Interview sogar, seinerzeit hätte seinen Großvater eher Dahls Tochter gereizt, zu ihm zu gehen.[284] Nachfolgende Generationen wunderten sich, warum die Therapie nicht bald nach der erfolglosen Uraufführung der ersten Sinfonie erfolgte, ob es sich um eine kurzzeitige Schreibblockade oder eher um eine langfristige Beeinträchtigung der Kreativität gehandelt habe, warum Rachmaninoff während der Krise noch in der Lage war, am Theater zu arbeiten, und warum überhaupt bei der Anamnese von harmlos klingenden Einschränkungen wie Schlafproblemen, Melancholie und Appetitlosigkeit die Rede war.

Der Musikwissenschaftler Sergej Bertensson bezog sich in den 1950er-Jahren auf Riesemanns Buch und die Schwägerin Sofja Aleksandrowna Satina, als er die Behandlung beschrieb: »Diese Sitzungen in Dr. Dahls Arbeitszimmer, in dem Rachmaninoff in einem tiefen, bequemen Sessel saß, konzentrierten sich darauf, ihm zu helfen, jede Nacht fest und friedlich zu schlafen, seine Tagesstimmung aufzuhellen, seinen Appetit zu verbessern und vor allem wieder seine Lust aufs Komponieren zu wecken. Die eigentliche Hypnose wurde durch allgemeine Gespräche ergänzt, und da Dahl ein kultivierter und musikalisch intelligenter Mann war, müssen diese Gespräche die heilsame Wirkung der Behandlung verstärkt haben. Kurz nachdem die Behandlungen im Januar begonnen hatten, bemerkte die Familie Satin Anzeichen einer Besserung. Rachmaninoff sagte später zu Riesemann, dass der besondere Schwerpunkt dieser Sitzungen jenes Konzert war, das er für London versprochen hatte.«[285]

Der Komponist und Rachmaninoff-Forscher Elger Niels meinte, dass das Problem, das Rachmaninoff zu jener Zeit zu schaffen machte, allgemein überschätzt wird. Seiner Ansicht nach wählte Dahl die Methode der ›posthypnotischen Suggestion‹. Diese kann nur leichte Beschwerden heilen, zudem erfolgte die Behandlung, so intensiv sie war, nur über einen kurzen Zeitraum. Möglicherweise war Rachmaninoff nicht völlig unfähig zu komponieren, sondern fühlte sich eher unwohl dabei, weil es ihm zuvor so leicht von der Hand gegangen war. Also galt es, ihn bloß von seinen momentanen negativen Gedanken zu befreien. Für Niels deutet eine stilistische Diskontinuität zwischen den Opera 17 bis 25 darauf hin, dass manches in einer früheren Schaffensphase entstanden sein müsse. Er zweifelt auch Rachmaninoffs Schilderung der Sitzungen an, wie sie bei Riesemann wiedergegeben sind (bei denen es sich um Rachmaninoffs Erinnerungen drei Jahrzehnte nach den Ereignissen handelt, die zudem aus der deutschen Sprache ins Englische übersetzt wurden). Rachmaninoff soll erzählt haben: »Folglich hörte ich Tag für Tag dieselbe hypnotische Formel, während ich halb schlafend in einem Sessel in Dahls Arbeitszimmer lag. ›Sie werden beginnen, Ihr Konzert zu schreiben. ... Die Arbeit wird Ihnen leicht fallen. ... Es wird ein ausgezeichnetes Konzert werden. ...‹ Es war immer dasselbe, ohne Unterbrechung.«[286] Nach Elger Niels' Auffassung sind dies eher Wendungen, die Befehle ausdrücken, aber nicht suggestiv wirken. Er vermutet, Dahl könnte gesagt haben: »Sobald Sie anfangen, Ihr Konzert zu schreiben, werden Ihnen musikalische Gedanken frei und mühelos kommen. Sie werden zu ihrem Schreibgerät greifen. Sie werden mit großer Leichtigkeit schreiben. Das Konzert wird von ausgezeichneter Qualität sein …«[287]

Da keine Patientenakten erhalten sind, wird sich nie feststellen lassen, worüber genau zwischen Dahl und Rachmaninoff gesprochen wurde. Bei (vielleicht fast) täglichen Treffen wird der Musiker im Verlauf von drei Monaten den Arzt gut 90 Mal aufgesucht haben – dies entspricht bei einer Therapie mit einer Sitzung pro Woche einer Dauer etwa zwei Jahren. Die Intensität der Behandlung spricht eher für ihre Dringlichkeit und Bedeutung. Rachmaninoff entwickelte ein Vertrauensverhältnis zu Dr. Dahl, mit dem er auch danach in Kontakt blieb. Noch 1928 schrieb er ihm, er bedauere, dass er die Medizin aufgegeben habe, sonst würde er ihn sofort aufsuchen wegen seiner Neuralgie.[288] Nikolaj Dahl gab später schriftlich Rat, hatte aber auf die Entfernung nichts Besseres zu bieten als einen Talisman und eine selbst erfundene Heilmethode von Trigeminusneuralgie, die aus »einer alkoholischen Tinktur aus roter Geranie« bestand.[289] Rachmaninoff bedankte sich – im amerikanischen Stil – enthusiastisch, aber zu diesem Zeitpunkt kamen bereits andere gesundheitliche Probleme erschwerend hinzu. Im Hinblick auf Rachmaninoffs Situation um die Jahrhundertwende sollte man nicht unterschätzen, dass die gelegentlich schon früher aufgetretene Schwermut allmählich zur Krankheit wurde. Er verwendete immer öfter Begriffe wie »schwarze Melancholie« und »apathischer Zustand«,[290] und gegenüber einer Freundin meinte er im Kriegsjahr 1916, es sei ihm »manchmal gelungen«, Mut zu fassen, »aber die Krankheit hält sich hartnäckig an mir fest und gräbt sich mit den Jahren wahrscheinlich immer tiefer ein«.[291] Die Ablehnung, die Rachmaninoff nach der Uraufführung der ersten Sinfonie erfuhr, war weder alleiniger Grund noch Ursache seiner psychischen Probleme. Vielmehr liegt die Vermutung nahe, dass die »Apathie« des 27-jährigen Rachmaninoff der Gipfelpunkt sich anstauender Krisen war und die Summe traumatischer Erfahrungen: Die Eltern zerstritten sich wegen teilweise selbstverschuldeter ökonomischer Krisen, hinzu kommen der erlebte Statusverlust und finanzielle Zukunftssorgen. Er war ein Scheidungskind und als Christ geplagt von Schuldgefühlen, weil eine Schwester an einer Erkrankung starb, der er ebenso gut hätte zum Opfer fallen können. Zudem verlor er seine Lieblingsschwester sowie seinen Mentor Tschajkowskij. Wie eine Freundin beobachtete, hatten Todesfälle in seinem Umfeld immer »eine schreckliche Wirkung auf ihn«.[292] Er musste sich als Jugendlicher allein in einer fremden Umgebung zurechtfinden, war überaus selbstkritisch und zweifelte regelmäßig an seinen Arbeiten. Die scharfe Kritik an seiner ersten Sinfonie traf ihn bis ins Mark, aber er unterdrückte seine Gefühle, indem er sich in die reproduzierende Arbeit für Mamontows Opernensemble stürzte. Dies hielt ihn allerdings von angestrebten kreativen Tätigkeiten ab, was zu großer Frustration geführt haben muss, die selbst die ersten Konzerte im Ausland nicht aufwiegen konnten. In gehobener Stimmung nach einem Konzertabend ein neues Klavierkonzert anzukündigen, ist leicht gesagt, aber dann nicht die Kraft aufbringen zu können, ein Versprechen einzulösen, ist schockierend. Rachmaninoffs psychische Schwierigkeiten müssen weit über eine depressive Verstimmung hinausgegangen sein, zumal sie ja auch sein Umfeld dahingehend alarmierten, Unterstützung bei Fachleuten zu suchen. Welche Vorgehensweise oder Kombination von Methoden Dahl anwendete, lässt sich den spärlichen Informationen nicht entnehmen. Bertenssons Verweis, dass die Behandlung »durch allgemeine Gespräche ergänzt« wurde, kann auf eine Gesprächstherapie hindeuten; der Aspekt von Schlafproblemen, Melancholie und Appetitlosigkeit verweist vielleicht auf erste Anzeichen der Akromegalie, die Rachmaninoff in späteren Jahren zu schaffen machte.[293] Da er mittlerweile in einem angenehmen familiären Umfeld lebte, kann man annehmen, dass ein wichtiger Aspekt für Dr. Dahl war, Hilfe zur Selbsthilfe zu lehren und zumindest Rachmaninoffs Cousinen in den Heilungsprozess mit einzubeziehen. Später sprach Rachmaninoff davon, er habe fast keinen anderen Arzt gehabt als »Dahl und meine beiden Cousinen«.[294]

Auch wenn es Sergej Rachmaninoff selber kaum glauben konnte, aber die Behandlung zeigte positive Wirkung auf seine psychische Stabilität, das Selbstvertrauen und die Kreativität. Noch während der Behandlungsphase nahm er sich im Februar 1900 ein etliche Monate zuvor begonnenes Lied wieder vor und vollendete es zügig. Aleksej Apuchtins Verse zu dem Gedicht »Schicksal« werden im Untertitel als »Zur 5. Sinfonie von Beethoven« gehörend bezeichnet. Es bildet einen philosophischen Hintergrund für Rachmaninoffs Werke der 1890er-Jahre und des beginnenden 20. Jahrhunderts. Das Genus des russischen Begriffs судьба (Sudbá) für ›Schicksal‹ ist weiblich und so erscheint das Schicksal in dem Gedicht personifiziert als weißhaarige Frau mit einer Gehstütze. »Mit ihrem finsteren Blick folgt uns Schicksal wie ein hartnäckiger Wächter, wohin auch immer wir gehen«, heißt es im Text. Zehn Mal wird im Verlauf der fünf Strophen das mahnende »стук, стук, стук« (klopf, klopf, klopf) wiederholt – ein Geräusch, das verursacht wird von der Stütze, die eigentlich beim Vorankommen helfen soll. Musikalisch untermalt den Monolog an diesen Stellen eine

Anspielung auf das Eingangsmotiv aus Beethovens fünfter Sinfonie: »So pocht das Schicksal an die Pforte«, hatte der deutsche Komponist es einst beschrieben, wie sein Biograf Anton Schindler behauptete.[295] »Doch«, so heißt es in der vierten Strophe des Lieds, »es gibt Glück auf der Welt!« Dieses findet sich indes nur individuell in der Liebe zu einem anderen Menschen: »Liebe, Sorge, Erwartungen, Glückseligkeit – alles verbindet sich für beide in einem wilden Kuss!«. Am Ende klopft Schicksal wieder an: »Eine alte Freundin ist zu dir gekommen; nun ist's genug des Glücks!« Mit судьба verankerte Rachmaninoff sein Œuvre in einem anderen Kontext als Tschajkowskij mit seiner Wahl des Begriffs фатум (Fátum). Der Terminus ›Sudba‹ impliziert kein Damoklesschwert, das die Existenz bedroht und das Dasein vergiftet. ›Sudba‹ umfasst die verhängnisvollen Seiten des Lebens, aber auch alles Positive, das zu den Beziehungen zu anderen Menschen gehört, wie es auch Paolo und Francesca in der Oper erfahren. »Schicksal« ist das erste von fünf Liedern, die Rachmaninoff seinem Freund Fjodor Schaljapin widmete. Es erschien als Einzellied bereits im April 1900 und wurde zwei Jahre später als Eröffnung des Zyklus von zwölf Gesängen op. 21 auserkoren.

Durch die Hypnotherapie gelang es Nikolaj Dahl, Sergej Rachmaninoff aus seinem Tief zu befreien. Doch es bedurfte weiterer Anstrengungen, um ihm eine angemessene Arbeitsatmosphäre und die Unabhängigkeit von Auftritts- und Lehrverpflichtungen zu ermöglichen. In Absprache mit den Satins und Pjotr Lodischenskij bat Rachmaninoff seinen Vetter Aleksandr Siloti um finanzielle Zuwendungen. Der renommierte Pianist und Dirigent unterstützte Sergej, von dem er sich eine Bereicherung für das Konzertrepertoire erwarten konnte.

Ende April 1900 reiste Rachmaninoff zur Erholung auf die Krim. Mit fast gleichlautenden Formulierungen schrieb er in Briefen an Natalija Skalona und Michail Slonow, wie ruhig das Leben in Jalta verlaufe, dass dies aber auf Dauer »ziemlich langweilig« sei.[296] Immerhin begegnete er Tschechow wieder und lernte bei dieser Gelegenheit Iwan Bunin kennen, den er noch oft in Jalta treffen sollte. Für den Sommerurlaub begab sich Rachmaninoff nach Italien. Zunächst begleitete er Fjodor Schaljapin zu seinen Auftritten an der Mailänder Scala, fand aber noch genug Zeit für eigene Projekte. In Varazze bei Savona setzte er mit seinem Librettisten Modest Tschajkowskij die Korrespondenz über ein Opernprojekt nach Dantes *Göttlicher Komödie* fort und schrieb zügig ein Duett für Francesca da Rimini und ihren Liebhaber. Sicherlich hatte er Dr. Dahl im Sinn, als er sein reizvolles a cappella-Chorstück *Pantaleon, der Heiler* entwarf. Mit dem Text von Aleksej Tolstoj konnte er zugleich den unangenehmen Erinnerungen an die Begegnungen mit dessen Vetter Lew etwas entgegenstellen. Mit diesem leidenschaftlichen Werk erwies Rachmaninoff einem eher in Osteuropa bekannten Patron der Heilkundigen die Reverenz, der im 4. Jahrhundert den Märtyrertod starb. Wahrscheinlich entstanden in Italien auch die ersten Ideen zu dem von Dahl mit ihm imaginierten grandiosen Klavierkonzert. Allerdings benötigte Rachmaninoff hierfür eine andere Atmosphäre. »Morgen reise ich von hier aus nach Russland und nirgendwohin sonst«, schrieb er Nikita Morosow aus Mailand. »Das Leben hier ist für mich so langweilig, dass es Brechreiz erregt, ja und das Arbeiten ist mir allein wegen der Hitze unmöglich.«[297]

Auf dem Gut Krasnenkoje, wo ihm die Kreutzers wieder einen Aufenthalt ermöglichten, genoss er eine ganz anderes, anregenderes Ambiente. Sergej Rachmaninoff begann endlich, den mittleren und letzten Satz des erhofften Klavierkonzerts auszuarbeiten. Seine Tante Warwara Satina und Prinzessin Liwen halfen ihm Anfang Dezember 1900, das komplizierte neue Werk auszuprobieren. Im Rahmen eines Wohltätigkeitskonzerts des Frauenkomitees für Gefängnisbetreuung machte es nichts aus, dass der Einleitungssatz fehlte, denn die mit »Adagio sostenuto« und »Allegro scherzando« überschriebenen Teile kamen auch ohne diesen in dem gemischten Programm gut an. Siloti unterstützte die Veranstaltung als Dirigent und Rachmaninoff konnte sich als Pianist des Abends inmitten der Tonkaskaden auf der Bühne selbst davon überzeugen, dass das Wechselspiel und der Zusammenklang der Instrumente gelungen waren. In der Presse hieß es, erst jetzt scheine es, als sei dieses Talent sich seiner inneren Kraft völlig bewusst und deshalb frei von dem früheren Zwang, außergewöhnlichen Effekten der Harmonik und Instrumentierung hinterherzulaufen.

Rachmaninoff lernte selbst zu bestimmen, wie seine Welt aussehen soll. Allerdings sah er sich mit einem Dilemma konfrontiert: Die politische Entwicklung Europas und die Auswirkungen auf sein Land konnte er nicht kontrollieren.

PRÄGEND für Rachmaninoffs Haltungen und sein soziales Bewusstsein wurde die Freundschaft mit zwei bedeutenden Literaten wie Bunin und Tschechow. Sie vermittelten in ihren Werken und in Gesprächen ein starkes Verantwortungsbewusstsein. Bunin war nur drei Jahre älter und verfügte über einen vergleichbaren familiären Hintergrund. Als man sich kennenlernte, hatte er vor allem Lyrik und Erzählungen publiziert. Rachmaninoff wird die Musikalität seiner Prosa angesprochen haben, in der Naturbilder und Farben sowie Aspekte wie Alltagssorgen und das Sterben eine Rolle spielen. Nicht zuletzt dürfte ihn Bunins Grundhaltung beeindruckt haben, die dieser in einer späteren Erzählung mit den Worten »nichts stirbt – es gibt nur Veränderungen« umriss.[298] Das Ziel der Literatur sei, so Bunin, »eine unmittelbare emotionale Wirkung zu erzielen«, denn »gerade dieses emotionale, organische Element fehlt in den Werken zeitgenössischer Schriftsteller, während das Intellektuelle im Übermaß vorhanden« ist.[299] Rachmaninoff konnte die Schwierigkeiten, mit denen sich Autoren plagten, leicht auf sein Metier übertragen. Als Komponist und Interpret stellte er sein Talent zur Verfügung und präsentierte neue Kompositionen auch bei Wohltätigkeitskonzerten. Der aus einfachen Verhältnissen stammende Anton Tschechow war als Arzt mit den sozialen Problemen des Landes vertraut und engagierte sich auch für die armen Bevölkerungskreise. Bunin sprach in seinen Erinnerungen an den Schriftstellerkollegen voller Bewunderung von der »Hochherzigkeit seiner menschenfreundlichen Taten«: »Er behandelte alle gleich, welchen Rang ein Mensch auch immer bekleidete.«[300] Als Mediziner wusste der Autor um die Verbindungen bzw. die Wechselwirkungen zwischen Krankheit und Armut. Diese thematisierte er in seinen Erzählungen und Dramen, die Rachmaninoff bestens kannte. Leider sind bedeutende Dramatiker nicht unbedingt effiziente Verfasser von Operntextbüchern, und so verliefen Überlegungen, ein Schauspiel wie *Onkel Wanja* in ein Musikdrama zu verwandeln, im Sand. Das Stück war von dem 1898 gegründeten Moskauer Künstlertheater uraufgeführt worden, das sich schnell einen guten Ruf erspielte, indem es sich neben Tschechow auch für Alexej Konstantinowitsch Tolstoj engagierte und seine Hauptwerke, beginnend mit *Zar Fjodor Joannowitsch*, aufführte. Für Rachmaninoff wurde die Haltung von Aleksej Tolstoj wichtiger als die seines Namensvetters Lew. Alexej Konstantinowitsch bekundete einen »allgemeinen Hass auf Despotismus, in welcher Form auch immer«[301] und betrachtete Russland im Gegensatz zu nationalistisch eingestellten Kreisen als ein europäisches Land und Russen als Europäer. Dies dürfte für Rachmaninoff Grund genug gewesen sein, ihn besonders zu schätzen. Der Musiker las unter anderem liberale Magazine wie *Der Bote Europas* (Вестник Европы), das von 1866 bis 1918 erschien und unter anderem Texte seiner Lieblingsschriftsteller bot.

In Anbetracht der vielfältigen, teils widersprüchlichen, teils einander ergänzenden intellektuellen Einflüsse spiegelt sich in Rachmaninoffs

Werk ein weit gefächertes Spektrum an Perspektiven. Es enthält sowohl Elemente der Hochkultur als auch der den weiten Kreisen zugänglichen Musik. Der sozialen Krisen und Spannungen im Lande war er sich bewusst aufgrund von Begegnungen und Debatten in den Künstlerkreisen von Repin bis Tschechow. Für den Prosa- und Bühnenautor bedeutete die Kunst eine Wirklichkeitssimulation, die zu abstraktem Denken befähigt. In seinen Orchesterwerken und seiner Kammermusik hob Rachmaninoff die Erfahrungen des Lebens auf eine andere Ebene. Mit seinen Liedern, Opern, Tänzen und Sakralwerken integrierte er auch Facetten volkstümlicher Kunst in sein Werk. Dahinter stand das Ideal, dass Kunst zur Volksbildung beiträgt und je höher die Bildung ist, desto komplexer ist die Kunst. Als 1912 in Moskau eine Musikbibliothek eröffnet wurde, die Zugang zu Magazinen und Fachliteratur aus ganz Europa ermöglichte, jubelte der Musikjournalist Julij Engel: »Nun wird deutlich, dass die allgemeine Losung unserer Zeit – ›Bildung, Bildung, Bildung!‹ – auch im musikalischen Bereich eine Umsetzung erfahren hat.«[302]

Während in den Bühnenwerken des national gesinnten Musorgskij das Volk als Chormasse eine Rolle spielte und einfach strukturierte Persönlichkeiten eher als skurrile Individuen auftauchen, zeigte Rachmaninoff auch Menschen niederen Standes differenzierter. Das genaue Beobachten von Personen lernte er nicht nur von Tschechow und Bunin, auch Ilja Repin bewies mit seinem Gemälde »Kreuzprozession im Gouvernement Kursk«, wie man in einer Menschenmenge noch den Einzelnen wahrnehmen und ihn mit Farben, Kleidung, Gestik und Mimik charakterisieren kann.[303] Ebenso strebte Rachmaninoff an, jedem Gesangsstück, jeder Klavierminiatur, jeder Phase seiner Instrumental- und Orchesterwerke ein angemessenes Klanggewand zu verleihen.

Während er versuchte, die Konzert- und Opernwelt zu erobern, agitierten in Hinterzimmern und auf Versammlungen im Ausland diejenigen, denen Bauern-Literatur wichtiger war als die Kunst der Großstädter, und die, die Musik erst dann für wertvoll hielten, wenn sie auch den Arbeitern auf den Feldern und in den Fabriken gefiel. Eine Sozialdemokratische Partei Russlands war 1898 gegründet worden, im folgenden Jahr erschien Lenins Traktat *Die Entwicklung des Kapitalismus in Russland*, 1901 erschoss ein Student den Minister für Volksbildung, Nikolaj Pawlowitsch Bogolepow. Zwei Jahre darauf spalteten sich auf dem Exilparteitag in London die Sozialisten in Menschewiki und Bolschewiki. Der Einfluss revolutionärer Kreise aus dem Ausland wuchs zu einem immer bedrohlicher werdenden Schatten. Bereits Jahrzehnte zuvor hatte Aleksej Tolstoj in einem Moment der Verzweiflung in einem Brief geäußert, er sei »zu der Schlussfolgerung gelangt, dass wir keine Verfassung verdienen«, denn »ganz gleich, wie barbarisch unsere Herrscher sind, sie sind immer noch besser als diejenigen, die sie regieren«.[304] Rachmaninoff hätte einen moderaten politischen Weg bevorzugt.

Im Sommer 1901 genoss Sergej Rachmaninoff auf dem Gut Krasnenkoje bei der Familie Kreutzer die Muße, seine Opera 17 bis 19 zu vollenden. Dank der Therapie bei Nikolaj Dahl fand er zu einer Konzentrationsfähigkeit und Arbeitsdisziplin, die sein weiteres Leben prägte. Er hatte aufgehört zu trinken und rührte fortan kaum noch Alkohol an. Zuweilen beunruhigte ihn die ersehnte, aber lange ungewohnte Produktivität, und er lamentierte in Briefen an Natalija Skalona, dass »alles« für ihn »ungesund« sei.[305] Dann wiederum legte er die ganze Energie seiner Persönlichkeit in die Musik. »Ideen häuften sich an und neue musikalische Einfälle trieben mich um – weitaus mehr als ich für mein Konzert benötigte«, schrieb er.[306] Sie reichten schließlich für zwei weitere Kompositionen.

Voller Stolz berichtete er in seinen Briefen von seiner schwungvollen zweiten *Suite* für zwei Klaviere op. 17, die sein Opus 5 weit übertraf. Er widmete sein Opus 17 dem ehemaligen Kommilitonen Aleksandr Goldenwejser. Mit der viersätzigen Sonate für Klavier und Cello op. 19 brachte er sein letztes kammermusikalisches Werk für mehrere Instrumente zu Papier. Er führte sie im Dezember 1901 in Moskau zusammen mit dem Widmungsträger Anatolij Brandukow erstmals auf. Das etwa 35-minütige Miniaturdrama ist geprägt von Anspielungen auf das Lied »Schicksal« (Судьба, op. 21, Nr. 1), da im ersten Satz, dem längsten des Werks, mehrfach das personifizierte Schicksal anklopft.[307]

In diesem Werkkontext vervollständigte Rachmaninoff den noch ausstehenden ersten Satz des c-Moll-Klavierkonzerts op. 18. In seinem Freundeskreis fand er wieder wertvolle Ratgeber. Dass die früheren Unsicherheiten und die Neigung zur nervenzerfetzenden Selbstkritik nicht vollends beseitigt waren, sondern in gewissem Maße noch unter der Oberfläche schwelten, bewies eine Irritation mit Nikita Morosow. »Du hast Recht, Nikita Semenowitsch!«, schrieb Rachmaninoff dem Freund sieben Tage vor der Uraufführung der Gesamtfassung seines zweiten Klavierkonzerts. »Gerade habe ich den ersten Satz meines Konzerts durchgespielt und erst jetzt ist mir plötzlich klar geworden, dass der Übergang vom ersten zum zweiten Thema nicht gut ist, und dass auf diese Weise das erste Thema nicht mehr als eine Einleitung darstellt, und dass an der Stelle, an der ich das zweite Thema einsetzen lasse, kein Narr annehmen würde, es sei das zweite Thema. Alle werden denken, dass dies der Beginn des Konzerts ist. Ich sehe den ganzen Satz als ruiniert an, und von diesem Augenblick an finde ich ihn absolut scheußlich. Ich bin völlig verzweifelt! Warum piesackst du mich mit deiner Analyse ausgerechnet fünf Tage vor der Aufführung!«[308]

Da Rachmaninoff in den Anfangsmonaten immer selbst der Solist bei seinen Klavierkonzerten war, konnte er bei Bedarf Details spontan improvisieren. Bis zur Drucklegung des zweiten Klavierkonzerts 1901 blieben immer noch Gelegenheiten, auch in der Orchesterfaktur Einzelheiten zu verfeinern. Die Premiere am 27. Oktober (9. November) 1901 im Großen Saal des Moskauer Konservatoriums mit dem Orchester der Philharmonischen Gesellschaft unter der Leitung von Aleksandr Siloti verblüffte wahrscheinlich sogar Rachmaninoff selbst. Das Stück ging bald in das Repertoire der besten Musiker seiner Zeit über: Siloti spielte es im März 1902 in Sankt Petersburg unter der Leitung des Gastdirigenten Arthur Nikisch, der es auch bei den Gewandhauskonzerten in Leipzig vorstellte. Bald darauf fand das Werk zudem in Wien und Prag Anklang. Das zweite Klavierkonzert bot Großstadtmusik, die von Moskau über Berlin, Paris und London bis New York international verständlich war. Mochte der Grundduktus auch durch glockenartige Klänge und die langen Melodiebögen in der Manier der orthodoxen Sakralmusik geprägt sein, gemahnt vieles an Rachmaninoffs Opus 18 zuweilen an Spaziergänge durch riesige Städte mit weit angelegten Boulevards voller verlockender Seitengassen, Parks, Uferpromenaden, bis man nach etlichen Nebenwegen zurück zu den Prachtstraßen gelangt. Den Blick hatte Baudelaire vorgegeben: Er fand durch die ersten Übersetzungen seit den 1860er-Jahren in Russland Aufmerksamkeit. Für den Franzosen war der moderne Künstler kein Guru mehr – und Rachmaninoff trug entgegen den Gepflogenheiten seiner Zeit nie einen Prophetenbart. In dem Prosagedicht »Perte d'Auréole« (Der Verlust des Heiligenscheins) erzählte der Franzose 1862, wie ein Mann eilig eine breite Straße überquerte, »inmitten des brodelnden Chaos durch den Schlamm spritzte und der Tod von allen Seiten auf ihn zugaloppierte«. Dabei glitt ihm sein Heiligenschein vom Kopf in den »Sumpf der makadamisierten Straße«. Er beschloss, es sei fortan besser »inkognito herumzulaufen« und sich »wie gewöhnliche Sterbliche der Ausschweifung hinzugeben«, denn ihn »langweilt die Würde«. Zudem sei es spaßig, sich vorzustellen, wie ein »schlechter Dichter« den Heiligenschein »aufhebt und ihn sich dreist aufsetzt« – »Jemanden glücklich machen, ach, was für ein Vergnügen!«

Die einzigen Ausschweifungen, denen Rachmaninoff sich hingab, waren ein komfortables Leben und temporeiche technische Neuentwicklungen. Posen und Allüren brauchte er nicht. Wenn ab seinem zweiten Konzert das Miteinander von solistischem Klavier und Orchesterinstrumenten die Auseinandersetzung zwischen Individuum und Masse nachzeichnet, dann geschieht dies nicht – wie noch im Finale der Originalfassung des ersten Konzerts – im Maestoso-Gestus, sondern mit Vorgaben wie Allegro vivace, Adagio sostenuto, Allegro ma non tanto, Moderato oder Allegro scherzando. Dies zeigt Rachmaninoffs ›Verlust des Heiligenscheins‹ vom ›Maestoso-Halo‹ 1891 bis zum Baudelaire'schen ›Scherzando-Vergnügen‹ 1901. In dem c-Moll-Konzert werden weite Wege zurückgelegt, aber ein Verirren war Rachmaninoff nunmehr unmöglich. Er wusste, wem er dies zu verdanken hatte. Dementsprechend erhielt die gedruckte Partitur die Zueignung »À Monsieur N. Dahl«.[309]

In seinem Privatleben suchte Rachmaninoff gleichfalls nach Stabilität und fand sie in der Verbindung mit Natalija Aleksandrowna Satina. Seit der ersten Begegnung 14 Jahre zuvor war die Beziehung zu Natalija zunehmend inniger geworden. Sie und ihre Familie hatten ihm in seiner schwierigen Jugendzeit Konsolidierung und Zuneigung geboten. Beide wussten, dass sie sich liebten und aufeinander verlassen konnten. Bei Menschen wie seiner Natascha konnte Rachmaninoff vollkommen unbeschwert sein. Jeder wusste, dass sie eine am Moskauer Konservatorium ausgebildete Pianistin war, dennoch neckte er sie gerne, wenn er beschwingt in »voller Vaudeville-Laune« war, wie Freunde es nannten. »Alle sangen mit, wenn Rachmaninoff ›Bublitschki‹ begleitete«, erzählten sie über den Ausklang eines Musikabends. »Aber er wollte es nicht dabei bewenden lassen; es machte ihn schwermütig. Und so sagte er: ›Und jetzt werden Nataschenka und ich Euch die *Italienische Polka* spielen. Das ist das einzige Stück, das sie kennt.‹« In einem bemerkenswerten, um 1942 von dem Steinway-Mitarbeiter Aleksandr Greiner privat mitgeschnittenen Tondokument sind beide Stücke mit ihnen überliefert.[310]

Der nächste natürliche Schritt schien die Hochzeit zu sein, doch es gab ein Problem: Natalija und Sergej waren miteinander verwandt. Als eine Satina gehörte sie zur Familie der Schwester seines Vaters. Die orthodoxe Kirche untersagte jedoch die Eheschließung von Cousin und Cousine ersten Grades. Allerdings gab es vergleichbare Verbindungen in höheren Kreisen bis hin zum Zarenhof. Selbst Nikolaj II.

war mit einer Cousine zweiten Grades verheiratet. Die Verbindungen der Rachmaninoffs und der Satins zum Hof wurden wahrscheinlich noch verstärkt durch Taneews Ehefrau Nadeschda, die aus der Familie Tolstoj stammte und ein Spross des adeligen Militärangehörigen Illarion Nikolaewitsch Tolstoij war. Ihre Tochter hatte schon früh bei der feinen Gesellschaft Eindruck gemacht und begann 1905 eine Karriere als Hofdame, die sie schließlich zur Mittlerin zwischen der Zarin und Rasputin machte. Die Familien kämpften um die Genehmigung zur Heirat und letztendlich legten viele ein gutes Wort ein: Eine Freundin der Rachmaninoffs berichtete, dass Sergej »der Kirche nicht nahe stand«, denn »er fastete nie und weigerte sich kategorisch, zur Beichte zu gehen«. Es gelang jedoch, einen gebildeten, wohlwollenden Geistlichen ausfindig zu machen, Walentin Amfiteatrow, den der Künstler als Gesprächspartner akzeptierte. »Er kehrte zufrieden und freudig zurück und sagte, wenn er Amfiteatrow schon früher gekannt hätte, dann wäre er natürlich längst zu ihm gegangen«, berichtete die Vertraute. »Wie er es geschafft hat, dieses komplizierte Problem zu lösen, erzählte Serjoscha nicht, und niemand fragte ihn danach.«[311] Schließlich gelang es mit einer Sondergenehmigung des Hofes, einen Dispens zu erwirken, die kirchliche Ausnahmebewilligung. Trotzdem war es schwierig, einen Priester zu finden, der die miteinander verwandten jungen Liebenden getraut hätte. Niemand wollte riskieren, dafür zur Buße die Verbannung in ein Kloster auf sich zu nehmen. Hier kam den Rachmaninoffs ihr Kontakt zum Militär zugute: Ein Regimentspriester erklärte sich bereit, die Trauung zu vollziehen, da er nicht der Synode, sondern den Militärbehörden unterstand. Die Hochzeit fand am 29. April (12. Mai) 1902 in der Armeekapelle des 6. Grenadier-Regiments in einem Außenbezirk Moskaus statt. In den Dokumenten wurde sie als die Verbindung eines 29-jährigen »erblichen Adligen« und der 25-jährigen »Tochter eines Staatsrats« festgehalten. Anatolij Brandukow und Aleksandr Siloti waren die Trauzeugen. Natalija Aleksandrowna Satina erinnerte sich später, dass Siloti sie noch scherzhaft darauf hinwies: »Du kannst deine Meinung noch ändern – dafür ist es nicht zu spät ...«. Aber Natalija wusste, was sie wollte und davon konnten sie auch keine widrigen Umstände mehr abbringen. »Ich fuhr in einem Hochzeitskleid in einer Kutsche, und der Regen strömte herab wie aus Eimern«, erinnerte sich die Braut später, deren Bräutigam passenderweise in einem eleganten Frack erschien. »Man konnte die Kirche nur betreten, indem man durch die längste Kaserne ging. Soldaten lagen auf den Etagenbetten und sahen uns verwundert an.« Von der Kirche fuhr man direkt zu den Silotis, wo ein »Champagnerfest« veranstaltet wurde. Danach kleidete sich das junge Paar rasch um und begab sich direkt zum Bahnhof, um nach Wien aufzubrechen.[312]

Damit er die Hochzeitsreise finanzieren konnte, stellte Rachmaninoff zwölf Lieder für seinen Zyklus op. 21 zusammen, für den ihn der Verlag Gutheil mit einem ansehnlichen Betrag entlohnte. Die Route führte Natalija und Sergej nach Wien, Venedig und Luzern, wo man die Umgebung des Vierwaldstätter Sees genoss. Das Hochzeitsgeschenk der Silotis war ein Besuch der Bayreuther Festspiele. Dort erlebte das junge Paar *Der Fliegende Holländer*, *Parsifal* und *Der Ring des Nibelungen*. Für Rachmaninoff war es eine wertvolle Erfahrung in einem Opernkosmos, den er musikalisch reizvoll fand, dessen unrealistische Themenkreise ihm jedoch fremd blieben. Den Rest des Sommers verbrachte man mit den Silotis auf Iwanowka, wo Sergej Wasiljewitsch seine *Variationen über ein Thema von Chopin* entwarf, das er dem c-Moll-Prélude (op. 28, Nr. 20) entnahm. Rachmaninoff galt als einer der bedeutendsten Chopin-Interpreten seiner Zeit. In Konzertbesprechungen staunte man darüber, dass er selbst »Standardwerke wie frisch aus der Schmiede erscheinen lassen konnte, jede Note lebendig und voller Bedeutung«. Für die Gestaltung habe er »den Instinkt des Komponisten für das Wesentliche einer Struktur«, als Pianist galt »seine Klangfülle als ungezwungen, denn sie ist eine Frage der Intensität, nicht des Getöses«. Besonders fiel sein »perfektes Timing« beim Einsatz der Pedale »für die Licht- und Schattenwirkungen« auf.[313] Sein Chopin-Stil bestach durch eine »schlicht-naturhafte Darstellung, die sich gleich weit entfernt hält von poetischer Improvisation wie von virtuoser Selbstbespiegelung«. Das Resümee lautete: »Diese Darstellung trifft immer und überall den Kern der Sache. Und zugleich beleuchtet sie doch einen seltenen Fall von individueller Vollendung.«[314]

Im Herbst bezogen Sergej und Natalija Rachmaninowa eine gemeinsame Wohnung in Moskau. Im Kreis der Freunde und Angehörigen begrüßte man die Verbindung. Für Sergej hätte man sich »keine bessere Frau aussuchen können«, meinte eine entfernte Verwandte, denn Natalija »liebte ihn von ihrer Kindheit an«: »Sie war klug, musikalisch und wir gönnten es Serjoscha, weil wir wussten, in welche zuverlässigen Hände er fallen würde.«[315] Natalija versuchte ihren Sergej sogar vom Rauchen abzubringen. »Ich flehte ihn ständig an, nicht zu rauchen, bedrängte ihn, damit aufzuhören, schrieb ihm sogar in Dresden eine Notiz: ›Hör auf zu rauchen – dann bleibst du gesund‹ und er steckte den Hinweis auch in einen Rahmen auf seinen Schreibtisch, womit ich mich schließlich durchsetzte«, erzählte Rachmaninoffs Frau. »Er hat wirklich aufgehört zu rauchen! Er rauchte mehrere Monate nicht und ging nach Sankt Petersburg, um in einem von Silotis Konzerten zu spielen. Man stelle sich nur meine Enttäuschung vor, als ich ihn nach seiner Rückkehr wieder rauchen sah. Es stellt sich heraus, dass Siloti ihm bei seiner Ankunft in Sankt Petersburg zunächst eine Zigarette angeboten hatte.«[316] Das junge Paar lebte nun im zentral gelegenen Bezirk Twerskoij in dem Gebäude, das das erste Mädchengymnasium in Moskau beherbergte. In der Nähe lag das Strastnoj-Kloster, bei dem sich eine zentrale Haltestelle für Kutschen befand. Auf dem Strastnaja-Platz stand eine aus öffentlichen Mitteln finanzierte Puschkin-Statue, die 1880 von Turgenew und Dostoewskij enthüllt worden war. Dieser Bereich Moskaus wurde Sergejs und Natalijas Heimat für die nächsten 15 Jahre.

Noch immer muss Lew Tolstojs Vorwurf Rachmaninoff Kopfzerbrechen bereitet haben, wie relevant seine Musik eigentlich für das Leben sein mag. Das im April 1902 komponierte Lied »Ich bin kein Prophet« (op. 21, Nr. 11) erscheint wie eine darauf Bezug nehmende Stellungnahme. Der Text von Aleksandr Kruglow war erst im Vorjahr erschienen. Rachmaninoff ist der einzige Künstler, der ihn je vertonte, und er verzichtete auf eine Widmung. Der Verfasser, ein Bibliothekar aus Sankt Petersburg, vertraute Rachmaninoffs Freund Tschechow einmal an, er sei vielleicht ein schwacher Autor, aber er »schreibe immer aufrichtig«. Dies spürten selbst die scharfzüngigsten Literaturkritiker, wenn sie betonten, Kruglows Verse seien nicht »rührselig, behandeln die Jugend nicht herablassend und moralisieren nicht«.[317] Das Lied wirkt, als wolle Rachmaninoff darin eine programmatische Aussage machen, die eine Leitlinie für die kommenden Jahre vorgibt:

Я не пророк, я не боец,
Я не учитель мира;
Я, Божьей милостью, певец,
Мое оружъе – лира.
Я волю Господа творю;
Союза избегая с ложью,
Я сердцу песней говорю,
Бужу в нем искру Божью.

Ich bin kein Prophet, ich bin kein Kämpfer,
Ich bin kein Lehrmeister der Welt;

Ich bin, so Gott will, ein Barde,
Meine Waffe ist – die Lyra.
Ich erschaffe, was Gott will,
Vermeide jede Art von Lüge,
Ich will mit meinen Liedern zu den Herzen sprechen,
Und in ihnen den göttlichen Funken entfachen.

Rachmaninoff war kein regelmäßiger Kirchgänger, aber gläubig. Die aktuellen Debatten um eine Beendigung des Schismas und eine Annäherung zwischen der Russisch-Orthodoxen Kirche und der Römisch-Katholischen Kirche, die der Religionsphilosoph Wladimir Solowjow angestoßen hatte, können ihm nicht entgangen sein. Solowjow sah nach eigenem Bekunden in Religionsgemeinschaften eine moralische Kraft und in der Religiosität »die Verbindung von Mensch und Welt mit dem absoluten Prinzip und dem Mittelpunkt alles Seienden«.[318] Sein Ideal einer gerechteren Welt muss Rachmaninoff sympathisch gewesen sein.

Ein Pendant zu der Kruglow-Vertonung bildet das zehn Jahre später entstandene Lied »Der wahre Diener« (оброчник, op. 34, Nr. 11), das Rachmaninoff Schaljapin widmete. Der historische Begriff ›Obotschnik‹ bezeichnet einen Bauern, der versprochen hat, seinem Herrn einen bestimmten Betrag in Form von Arbeit und Produkten zu zahlen, und dafür von dem belastenden Fronsystem befreit wird. Abermals war Rachmaninoff der Einzige, der den Text von Afanasij Fet vertonte. Darin wird das Bild eines Bannerträgers gezeichnet, der einer großen Zahl an Menschen voranschreitet. Er ist »gesegnet und stolz, das Heiligste zu besingen«. Die zweite Strophe könnte man beinahe als Rachmaninoffs künstlerisches und privates Credo zu Beginn des 20. Jahrhunderts betrachten:

Пою и помыслам неведом детский страх:
Пускай на пенье мне ответят воем звери,
С святыней над челом, и песнью на устах,
С трудом, но я дойду до вожделенной двери.

Ich singe weiter, unbeeinträchtigt von kindlicher Angst:
Selbst wenn wilde Tiere meinen Gesang mit ihrem Gebrüll übertönen,
Mit dem Heiligsten über meinem Haupt und einem Lied auf meinen Lippen
Gelange ich trotz aller Mühsal zur ersehnten Pforte.

Waren in den 1890er-Jahren das erste Klavierkonzert und der sinfonische Erstling, die Gedenk-Trios sowie Kammermusik und Lieder für Freunde und Verwandte noch Werke, bei denen letzten Endes Rachmaninoff stets selbst im Mittelpunkt stand – mit seinen Leidenschaften, Ängsten, Freuden, Sorgen, seiner Trauer, Verzagtheit, Hingabe und seinem Engagement –, so weitete sich der Blick ab den frühen Jahren des neuen Jahrhunderts. Zu der technischen Reife, die schon die frühen Kompositionen auszeichnete, kam noch eine emotionale Reife hinzu. Die Glockenakkorde im Moderato-Beginn des zweiten Klavierkonzerts signalisieren das Erwachen hin zu einer neuen Phase: Vom Pianissimo-Auftakt münden sie nach einem neuntaktigen Crescendo in ein Fortissimo, das laut Partitur »con passione« zu spielen ist – mit Leidenschaft! Vermehrt integrierte Rachmaninoff Gestaltungselemente russischer Choräle in seine Musik. Dabei zitierte er nicht, sondern entwickelte mitunter unscheinbare melodische Bausteine zu weit ausgesponnenen instrumentalen Strukturen. Dieses Netz thematischer und melodischer Entwicklungen wurzelt in dem Grundduktus russischer Sakralmusik mit seinen schier endlos ausschwingenden Klangbögen, dem langen Atem der Phrasen und dem soliden Bassfundament. Der musikalische Diskurs wird immer wieder bestimmt durch Gegensätze wie den Wechsel zu entlegenen Tonarten oder inhaltliche Konflikte wie in *Der Fels* op. 7. Für Wolke und Fels in Lermontows Poem sowie den Mann und die Frau in Tschechows dazugehöriger Erzählung ist keine gemeinsame Zukunft möglich. Aber ist es ein ›Gesetz der Natur‹, dass – wie in *Aleko* – auf einen Treuebruch Rache und Tod folgen muss? Mit seinem nächsten großen Werk fand Rachmaninoff eine andere Antwort: In Nikolaj Alekseewitsch Nekrasows Dichtung *Grünes Rauschen* – entstanden 1863 zwei Jahre nach Aufhebung der Leibeigenschaft – wird der Gewalt eine Absage erteilt. Auch Bauern und andere einfach lebende Menschen sind für Rachmaninoff zur Humanität fähig. Seinen literarischen Idolen ist er darin vergleichbar, dass er nie pauschalisierte. Wie Bunins und Tschechows Erzählungen bieten Rachmaninoffs Vokalwerke Momentaufnahmen individuellen Verhaltens. Mit leichten Anpassungen verwendete er Nekrasows Text für seine Kantate *Der Frühling* op. 20 für Bariton, Chor und Orchester: Der Titel klingt weniger poetisch als der des Originals, stellt aber unmittelbar eine Verbindung von Naturereignis und der psychischen Verfassung der Protagonisten in den Mittelpunkt. Opus 20 schildert, wie ein Mann mit sich hadert, als ihm klar wird, dass in seiner Abwesenheit seine Frau mit einem Freund des Hauses eine Affäre hatte. Er hat das Messer schon parat, um sie zu bestrafen, als die ersten warmen Sonnenstrahlen des Frühlings und das »grüne Rauschen« ihn besänftigen: Das »fröhliche Rauschen des Kiefernwalds« und das »neue Lied der blassen Linde« erscheinen ihm wie eine Wiedergeburt und er wagt einen Neuanfang mit seiner Gefährtin.

Die Wahl eines Textes von Nekrasow war eine programmatische Entscheidung. Der Autor hatte sich einen Namen gemacht als Herausgeber der Zeitschrift *Der Zeitgenosse* (Современник) und mit seinen empfindsamen Gedichten über Armut und Anteilnahme, über Frauen, die in die Prostitution getrieben werden sowie das harte Leben russischer Bauern. War Sergej auch erst fünf Jahre alt, als der Schriftsteller im Beisein von 4000 Menschen auf dem Nowodewitschij-Ehrenfriedhof in Sankt Petersburg beigesetzt wurde, die Bedeutung, die ihm Dostoewskij in seiner Grabrede beigemessen hatte, hallte lange nach: Nekrasow galt als einer der bedeutendsten russischen Literaten seit Puschkin und Lermontow. Seine Schrift »Wer lebt zufrieden in Russland«, an der er bis 1877 kurz vor seinem Tod feilte, begeisterte moderate und radikale Vorkämpfer der Revolution bis hin zu Lenin. Nekrasow trieb die Frage um, ob die Dichtkunst die Welt verändern könne. Rachmaninoff hingegen war als junger Mensch zu sehr mit seinen Problemen beschäftigt und kam eher in Berührung mit Kreisen, denen die Erkundung des eigenen Seelenlebens näher lag als gesellschaftspolitisches Engagement. Auch wenn Lew Tolstojs vorwurfvolle Frage, wer denn Musik wie die seine überhaupt braucht, zunächst ein Schock gewesen sein mag, so hatte sie dennoch einen berechtigten Kern. »Das Leben, dieses Enigma, in das man geworfen wird, ängstigt einen und erscheint unerträglich ungerecht«, hatte Nekrasow einst an Tolstoj geschrieben. »Aber dann merkt man, dass einen jemand braucht; und auf einmal erlangt die ganze Existenz eine Bedeutung; dann ist das Gefühl, man sei eine Waise, die niemand haben will, verschwunden.«[319]

So wie sich Rachmaninoffs Freunde und Verwandte für ihn und sein zweites Klavierkonzert eingesetzt hatten, ließ Rachmaninoff seine Erkenntnisse in die Philosophie seiner Werke einfließen. Die knapp 20-minütige Kantate *Der Frühling* op. 20 bildet eine reizvolle thematische Verbindung zwischen den Opern *Aleko* und *Francesca da Rimini*. In allen Werken geht es um Untreue: In den beiden Opern werden Semfira bzw. Francesca und ihre jeweiligen Liebhaber von den eifersüchtigen Gatten ermordet; nur Nekrasow fand eine andere Lösung: In *Grünes Rauschen* (Зеленый шум) bzw. Rachmaninoffs *Der Frühling* (Весна) entscheidet sich der Ehemann schließlich dagegen, Rache zu üben, denn so wie die Natur kann auch die Liebe wieder neu erblühen. Das Stück ist ein kluger Appell an die Mitmenschlichkeit. In den vom Solisten und dem Chor angestimmten Schlusszeilen reift mit dem melodischen Aufblühen der Musik nüchtern die Erkenntnis:

> Люби покуда любится,
> Терпи покуда терпится,
> Прощай пока прощается,
> И Бог тебе судьяю.
>
> Liebe solange du lieben kannst,
> Dulde solange du es aushalten kannst,
> Vergib solange du es kannst,
> Und Gott mag über dich richten.

Sergej Rachmaninoffs Werk steht den Konventionen der ›romantischen‹ Tradition entgegen, da es nicht sensationsheischend eine Vergeltung dramatisiert, sondern in einem – durchaus auch szenisch realisierbaren – inneren Monolog einen Erkenntniswandel nachvollziehbar werden lässt. Nach dem Erfolg des cis-Moll-Prélude und des zweiten Klavierkonzerts erschien die Kantate *Der Frühling* 1903 mit dem russischen Text von Nikolaj Nekrasow und einer deutschen Gesangsfassung. Um die Verbreitung seines Werks in anderen Ländern zu fördern, veröffentlichten Verlage auch seine Lieder mit Gesangstexten in anderen Sprachen (siehe Abbildung Seite 178), vornehmlich Deutsch, Französisch und Englisch: Das *Vigil* op. 37 kam 1920 als »Songs of the Church« in einer vom Komponisten autorisierten englischen Fassung heraus, *Die Glocken* op. 35 im Jahr 1920 als *The Bells*. Rachmaninoff war auf dem besten Weg, ein international geachteter Tonsetzer zu werden.

Die frühen Jahre des neuen Jahrhunderts gehörten für Rachmaninoff zu den kompositorisch kreativsten. Neben dem Klavierkonzert, der Kantate, Kammer- und Vokalmusik schrieb er zwei Opern. Er wollte den Blick nach vorn richten und kümmerte sich kaum noch um frühere Kompositionen. Als das Moskauer Trio 1903 das zweite *Trio élégiaque* im Jahr des zehnten Todestags von Tschajkowskij spielen wollte, traf Rachmaninoff den Pianisten David Schorr auf der Straße und meinte zu ihm: »Warum bestehen Sie darauf, ein Werk aufzuführen, das mich nicht mehr interessiert?« Später am Tage erhielt Schorr eine Nachricht des Komponisten, dass seine Frau zu dem Konzert kommen werde. Sie muss ihren Mann überzeugt haben, einer weiteren Aufführung doch beizuwohnen. Nach dem Konzert soll er den Musikern gesagt haben: »Durch Sie habe ich das Stück wieder lieben gelernt. Nun muss ich es nur noch irgendwann selbst spielen.«[320] Die Gelegenheit ergab sich nicht. Mit jeder neuen Entwicklungsphase gewann Rachmaninoff Abstand zu vielen früheren Werken. In Konzerten interpretierte der selbstkritische Künstler nur einen kleinen Teil seines Œuvres regelmäßig. Es war, als ob 1902 eine neue Zeitrechnung begonnen hätte durch seine Heirat mit Natalija Aleksandrowna Satina und die internationale Anerkennung des zweiten Klavierkonzerts. Auch seine Oper *Aleko* hätte er am liebsten nicht mehr auf der Bühne gesehen. Gerne beschäftigte er sich mit seinen neuen Opernprojekten *Der geizige Ritter* und *Francesca da Rimini*. Lediglich das erste Klavierkonzert versuchte er in spätere Phasen seines Lebens hinüberzuretten, indem er es einer intensiven Überarbeitung unterzog. Wichtiger war ihm indes die Geburt seiner Tochter Irina am 14. Mai 1903. Dies beflügelte ihn zur Komposition von drei Stücken, die in die *Préludes* op. 23 eingingen.

Ein Angebot des Moskauer Bolschoj-Theaters im Frühjahr 1904 eröffnete völlig neue Gestaltungsmöglichkeiten: Rachmaninoff sollte als Dirigent für fünf Monate die Leitung der russischen Opern übernehmen und im Erfolgsfall langfristig den 27 Jahre älteren Ippolit Karlowitsch Altani ersetzen. Dieser war seit 22 Jahren der Chefdirigent am Bolschoj-Theater, wo er in Moskau nicht nur erstmals Tschajkowskijs Opern *Mazepa* (1884), *Die Zauberin* (1890), *Pique Dame* (1891) und *Jolanta* (1893) vorgestellt, sondern 1881 auch die Festouvertüre *Das Jahr 1812* uraufgeführt hatte. Zumeist waren seinerzeit eher kurze Vertragslaufzeiten üblich, wie sie Rachmaninoff angeboten wurden. Um ihm die Monate so schwer wie möglich zu machen, streute der ihm nicht wohlgesonnene Kompositionsprofessor Michail Ippolitow-Iwanow, der kurz davor stand, als Nachfolger Safonows die Leitung des Moskauer Konservatoriums zu übernehmen, bereits vorsorglich Gerüchte: Man könne nicht kooperativ mit jemandem wie Rachmaninoff zusammenarbeiten, da er zu pingelig, grummelig und eigensinnig sei. Wie wirkungsvoll das Gerede war, zeigt die Unsicherheit der Sopranistin Nadeschda Wasilewna Salina, als sie zur ersten Probe mit dem neuen Dirigenten ging. »Die Begegnung war besonders aufregend, denn ein beunruhigendes Gemunkel machte in den Garderoben die Runde: Rachmaninoff mäkele an jedem herum – jeder bringt ihn in Rage – er behaupte, niemand verstehe zu singen, und so weiter«, erinnerte sie sich. Nachdem er mit Nadeschda Salina die Arie der Jaroslawna aus

Borodins *Fürst Igor* durchgegangen war, lobte er sie vor den Orchestermitgliedern sowie anderen Mitwirkenden ausdrücklich und bedankte sich.[321]

Ein wesentlicher Grund für die Berufung Rachmaninoffs war, dass man ihn nach seinen Leistungen als Komponist und Dirigent von Mamontows Opernensemble für den geeignetsten Kandidaten hielt, um die Gedenkveranstaltungen zum 100. Geburtstag von Michail Glinka zu leiten. Für sich selbst erkannte Rachmaninoff Anknüpfungsmöglichkeiten, nach *Aleko* vor gut zehn Jahren nun seine fast vollendeten neuen Opern – *Der geizige Ritter* und *Francesca da Rimini* – als Doppelabend in Szene zu setzen.

Die Stücke, die er gemäß seinen Verpflichtungen übernahm, ermöglichten ihm, sich wieder intensiv mit dem Kernrepertoire der russischen Oper auseinanderzusetzen. Dazu gehörten Dargomischskijs *Rusalka*, Tschajkowskijs *Jewgenij Onegin* und Borodins *Fürst Igor*, ein monumentales Werk, das Rimskij-Korsakow und Glasunow vollendet hatten. Die Festaufführungen zum Glinka-Jubiläum fanden im September 1904 statt. Für die 478. Aufführung von seiner Oper *Ein Leben für den Zaren* gestand man Rachmaninoff anstatt der bei Wiederaufnahmen üblichen zwei nun sieben Proben zu. Diese besondere Sorgfalt unterstrich die Bedeutung Glinkas, der zwar nur zwei Opern geschrieben, aber damit wesentliche Grundlagen für das russische Musiktheater geschaffen hatte. Historisches und Sagenwelt ergänzten Tschajkowskij um Stoffe aus dem bürgerlichen Milieu und Rimskij-Korsakow um komödiantische Themen. Rachmaninoff wählte die Außenseiter: Roma, verarmte Adelige, höllenverdammte Liebende. Die Mühen der Vorbereitungen zahlten sich aus. »War auch die Aufführung von *Ein Leben für den Zaren* nicht optimal, so erlebte man doch etwas, was Moskau seit Langem nicht mehr gehört hat«, hieß es in einer Rezension. »Es gab neue Bühnenbilder und neue Kostüme, aber am wichtigsten war ein talentierter neuer Dirigent, Herr Rachmaninoff, der frischen Wind brachte und allen Beteiligten von den Solisten über den Chor bis hin zum Orchester neue Energie vermittelte. Alle erfüllte ein neues Bestreben, entschlossen und intensiv das Beste zu geben. Und das Publikum im Theater spürte dies.«[322]

So instruktiv das intensive Studium der Partituren seiner Kollegen auch sein mochte, es hielt Rachmaninoff davon ab, seine eigenen Arbeiten zügig zu vollenden. »Wenn ich Konzerte gebe, kann ich nicht komponieren«, meinte er einmal, »Ich weiß das, weil ich früher ein- oder zweimal versucht habe, zwischen Konzertpausen etwas zu schreiben, und ich konnte mich einfach nicht konzentrieren. Und wenn ich Lust habe, Musik zu Papier bringen, dann muss ich mich darauf konzentrieren – dann kann ich das Klavier nicht anrühren. Und wenn ich dirigiere, kann ich weder komponieren noch Konzerte geben. Andere Musiker mögen diesbezüglich besser dran sein, aber ich muss mich auf alles, was ich tue, in einem solch hohen Maße konzentrieren, dass es mir anscheinend nicht gegeben ist, dann irgendetwas anderes zu machen.«[323]

Rachmaninoff wusste um die Schwierigkeiten der bevorstehenden Aufführungen seiner Opern und führte als leitender Dirigent des russischen Repertoires einige Neuerungen ein, die langfristig den Qualitätsstandard garantieren sollten. Anstatt dass der Orchesterleiter mit dem Rücken zur Bühne saß und nur seine Instrumentalisten im Blick hatte, wandte der Dirigent nun – nach westeuropäischem Vorbild – dem Publikum den Rücken zu, sodass er problemlos mit den Singenden auf der Bühne und den Orchestermusikern verbal, durch Zeichengebung oder mit Blicken kommunizieren konnte. Wenn Altani ans Dirigentenpult trat, ließ er den Stuhl noch nach der ihm vertrauten früheren Methode aufstellen, aber die neue Positionierung wurde bald zu einer sinnvollen Gewohnheit.

Ferner ließ Rachmaninoff zu, dass junge Talente als Assistenten des Dirigenten ausgebildet wurden. Der Bürokratie der Theaterleitung und dem Verwaltungsaufwand brachte er wenig Sympathie entgegen. Sie beeinträchtigten mitunter sogar die Probenarbeit. Im zweiten Akt von Glinkas Oper bat Rachmaninoff, einen Tanz bei den Feiern der Polen im Pianissimo zu spielen. Da jedoch die 60 männlichen Tänzer alle Sporen trugen, war bei all dem Geklirre von der Musik kaum noch etwas zu hören. »Ich unterbrach das Orchester und bat den Inspizienten, mir das störende Geräusch zu ersparen«, erzählte Rachmaninoff. »Er entgegnete, dass er nicht befugt sei, etwas zu unternehmen, denn man erwartete, dass alle polnischen Offiziere Sporen tragen sollten. Ich bestand auf meiner Bitte. Nachdem schließlich etliche schriftliche Berichte zu den Vorkommnissen zwischen den Inspizienten und dem Direktorium hin- und hergegangen waren, erließ letzteres eine Resolution: Bei dieser speziellen Szene wurde den polnischen Offizieren gestattet, die Sporen abzunehmen.«[324]

Ergänzend zum Glinka-Gedenken würdigte Rachmaninoff auch den im zurückliegenden Jahrzehnt verstorbenen Komponisten Anton Rubinschtejn mit Aufführungen der Oper *Der Dämon*. Pjotr Tschajkowskij wurde eine ganze Woche gewidmet mit Aufführungen seiner drei Ballette und den von Rachmaninoff geleiteten Einstudierungen von *Jewgenij Onegin*, *Der Opritschnik* und *Pique Dame.* Insbesondere bei der letztgenannten Oper pries man in der Presse die Gesamtkonzeption des Dirigenten und wie er mit dem Orchester »die Entwicklung des Dramas spiegelt«.[325]

Als Dirigent prägte Rachmaninoff die moderne russische Oper. Unter den lebenden Komponisten kam vor allem Rimskij-Korsakow zu Ehren, von dem er im September 1905 das neue Musikdrama *Pan Wojwode* erstmals in Moskau aufführte. Dabei konnte er sich mit dem Komponisten genau abstimmen und seine Interpretation mit ihm besprechen. »Er war mit allem einverstanden«, erinnerte sich Rachmaninoff. »Als aber bei der letzten Probe irgendein Ton von den Blechbläsern zu hören war, sprang er plötzlich auf und rief: ›Diese Note habe ich nicht geschrieben!‹ Dabei muss man bedenken, dass mehr als ein Jahr vergangen war, seit er diese Oper komponiert hatte und zu dieser Zeit längst mit einem anderen Werk beschäftigt war, *Kitesch.* Ich zeigte ihm, dass diese Note in der Partitur stand. Es stellte sich heraus, dass es sich um einen Schreibfehler handelte. Was für ein feines Ohr er doch hatte!«[326] Rimskij-Korsakow sah in Rachmaninoff auch den idealen Orchesterleiter für sein aktuelles Projekt *Die Legende von der unsichtbaren Stadt Kitesch und von der Jungfrau Fewronija.* Die Uraufführung verzögerte sich aber bis zu einem Zeitpunkt, an dem Rachmaninoff seine Festanstellung am Theater aufgegeben hatte.

Im Januar 1905 stellte er noch ein Werk vor, an dem Rimskij-Korsakow beteiligt war: Musorgskijs Musikdrama *Boris Godunow.* Nachdem die Uraufführung kein Erfolg gewesen war, stellte Rimskij-Korsakow im November 1896 eine von ihm sorgsam bearbeitete Version des Stücks vor. Musorgskij war schon 1881 im Säuferdelirium gestorben, deswegen engagierte sich Rimskij-Korsakow für den Nachlass des Freundes, mit dem er zeitweise zusammengelebt und -gearbeitet hatte. Er plante, der Instrumentation von *Boris Godunow* eine den Orchestern genehme Form zu geben und fehlende Passagen von *Chowanschtschina* und *Die Heirat* zu ergänzen. Dadurch wollte er diesen Opern zu bühnentauglichen Fassungen verhelfen, die von der Zensur unter den damaligen Verhältnissen akzeptiert wurden. Diese wertvolle Geburtshilfe fand Unterstützung durch Rachmaninoff und vor allem Schaljapin, der in den ersten Jahrzehnten des 20. Jahrhunderts zahlreiche Aufführungen von *Boris Godunow* im In- und Ausland mit seiner Bühnenpräsenz bereicherte. Rimskij-Korsakow war sich bewusst, dass seine Einrichtungen – die längst nicht so weit gingen wie spätere von

Ravel, Strawinskij und Schostakowitsch – nur eine Übergangslösung sein sollten, bis Musorgskijs Werk vollends Anerkennung gefunden hatte. Den »fanatischen Musorgskij-Verehrern [...] sei noch einmal gesagt, dass ich mit meiner Bearbeitung des Werkes die alten Fresken ja nicht für immer übermalt habe«, betonte der Freund in seinen Memoiren. »Sollte man einst zu der Überzeugung gelangen, dass das Original besser und wertvoller ist, so wird man diese Bearbeitung beiseite legen und den *Boris* nach seiner Originalpartitur aufführen.«[327] Die Version von Rimskij-Korsakow wurde in den folgenden Jahrzehnten die maßgebliche Fassung. Eine Auseinandersetzung mit den Originalversionen Musorgskijs erfolgte erst 40 Jahre nach seinem Tod. Der russische Musikwissenschaftler Pawel Lamm gab 1928 und 1931 Editionen heraus, die neue Sichtweisen ermöglichten. Ob Rachmaninoff diese Publikationen sowie die darauf basierenden Aufführungen von *Chowanschtschina* 1928 in Philadelphia und von *Boris Godunow* 1935 in London zur Kenntnis nahm, ist nicht überliefert.

Mit ihrem Engagement für *Boris Godunow* trugen Rachmaninoff und Schaljapin wesentlich dazu bei, einem Werk Anerkennung zu verschaffen, das einen kritischen Blick auf die russische Historie und autokratische Herrschaftsstrukturen warf. Sie betrieben Hintergrundrecherchen, um zu einer angemessenen atmosphärischen und szenischen Umsetzung der ihnen anvertrauten Opern zu gelangen. Und sie wurden zu regelmäßigen Besuchern in der Tretjakow-Galerie, um sich von Gemälden mit historischen Darstellungen inspirieren zu lassen. Als Lektüre boten sich die literarischen Quellen wie Puschkin und Karamsins Darstellungen geschichtlicher Hintergründe an. Um sich von den historischen Persönlichkeiten, die er zu verkörpern hatte, ein lebendiges Bild zeichnen zu lassen, wie es sich aus der Quellenforschung ergab, traf sich Schaljapin mit dem Historiker Wasilij Kljutschewskij. Dieser schilderte ihm äußerst lebhaft die Persönlichkeit Iwan IV. sowie Auseinandersetzungen zwischen dem Fürsten Schuiskij und dem Zaren Boris Godunow – »als sei er zugegen gewesen«, meinte Schaljapin.[328]

In Presseberichten lobte man Rachmaninoffs Orchesterleitung, die »durchgehend lebendig blieb«.[329] Die Beobachtung des von ihm geschätzten Schriftstellers Maksim Gorkij, der über die *Préludes* op. 23 geäußert hatte: »Wie gut er versteht, auf die Stille zu hören!«,[330] dürfte auch ein Markenzeichen des Dirigenten Rachmaninoff gewesen sein. Sowohl Rimskij-Korsakow als auch Rachmaninoff sorgten in einer brisanten Phase der russischen Geschichte für die Wiederbelebung von Musorgskijs Oper *Boris Godunow.* Rimskij-Korsakow setzte in seiner bearbeiteten Version einen Volksaufstand unmittelbar vor den Tod des Zaren als Schlussszene. Das Bühnenwerk war nicht weit entfernt von der Realität.

DIE politischen Ereignisse wirkten sich zunehmend auf das Kulturleben aus. Im Februar 1903 fand zum letzten Mal ein historischer Kostümball im Winterpalast statt, jene Veranstaltungsreihe, die Zar Aleksandr III. 1883 initiiert hatte. Dabei waren die Gäste gewandet wie Menschen aus den Epochen vor den Reformen von Peter I. und die Herrscherfamilie kleidete sich im Stil der Regenten des 16. und 17. Jahrhunderts. Die gründlichen Recherchen für die korrekten Rekonstruktionen der Kostüme beeinflussten auch die akkurate Szenengestaltung bei Theaterinszenierungen von Historienstücken.[331] Doch allmählich geriet das höfische Operettenleben der Gegenwart immer mehr zum realistischen Sozialdrama. Die Regierungsvertreter wurden zunehmend nervöser, weil sich neben Reformgruppen, die Gewalt ablehnten, auch etliche Kreise radikalisierten. Selbst in den Räumlichkeiten des Staatsrates im Sankt Petersburger Mariinskij-Palast konnten sich hochrangige Politiker nicht mehr sicher fühlen: Dort wurde ein Unterstützer von Wittes moderatem Kurs, der Innenminister Dmitrij Sipjagin, im April 1902 von einem Studenten mit vier Schüssen getötet. Sein Nachfolger Wjatscheslaw von Plewe denunzierte Witte und prahlte, mit einem »kleinen und siegreichen Krieg«[332] gegen die auf das asiatische Festland vordringenden Japaner werde man der Leitung des Reichs Ansehen verschaffen und alles wieder ins Lot bringen. Aber mit Versprechungen und Machtdemonstrationen ließ sich niemand mehr beeindrucken. Trotz gesteigerter Vorsichtsmaßnahmen zerfetzte eine Bombe Plewe an einem Julimorgen des Jahres 1904 auf dem Ismailowskij-Prospekt in Sankt Petersburg. Mit ihm starben der Kutscher und die Pferde, während ein Leibwächter auf dem Fahrrad schwer verletzt überlebte. Zar Nikolaj II. zog mit seiner Familie in die Residenz in Zarskoje Selo und ließ sich nur noch zu offiziellen Anlässen in der Hauptstadt blicken. An der Front im weit entfernten Osten scheiterte die Oktoberoffensive gegen die Japaner zur Befreiung von Port Arthur, dem einzigen eisfreien Tiefwasserhafen Russlands im Fernen Osten auf der chinesischen Halbinsel Liaodong. In der Folge hielten viele die auf etlichen Ebenen diskreditierte und geschwächte russische Staatsführung für willens, landesweit Reformen einzuleiten.

Ein Agitator war Sergej Rachmaninoff nie. Er komponierte weder Hymnen und Märsche, noch ging er in Revoluzzermanier auf die Straße. Aber er zeigte sich solidarisch, wenn er ein Anliegen für richtig hielt. Er wirkte eher im Stillen mit seiner Kunst, die nie plakativ war, jedoch durchaus gesellschaftskritische Elemente enthielt. So wie Aleksej Tolstoj meinte, ein historisches Drama müsse »wahr« sein auf eine »humanistische Weise«,[333] transformierte Rachmaninoff die ›Wahrheit‹ seiner Erfahrungen in Kompositionen, denen seine durch Literatur und die visuellen Künste geschulte Ethik zugrunde lag. Wie in Gemälden, die eher auf den zweiten Blick erkennen lassen, wie hintergründig sie sind, ist auch in seiner Musik vieles zwischen den Zeilen ausgesprochen. So thematisierte der Spross einer Militaristenfamilie in einem Lied über »die Frau eines Soldaten« das Los derer, die »von mächtigen Leuten« fremdbestimmt wurden: Das vierte Lied seines Zyklus op. 8 erzählt von einer zurückgelassenen Frau, die beklagt, dass sie von ihrem Liebsten getrennt ist, da er genötigt wurde, Rekrut in der Armee zu werden, was nach damaligen Gepflogenheiten eine Abwesenheit von 25 Jahren im Dienst des Heeres bedeutete. Sie bleibt allein und ihr droht, als Frau eines zum Kriegsdienst gedungenen Mannes allein in ärmlichen Verhältnissen alt zu werden. Ihren Mann sieht sie, wenn überhaupt, vielleicht erst nach langer Zeit wieder. Der Text stammte von Alexej Pleschtscheew, einem Anhänger des liberalen, antizaristischen Petraschewskij-Zirkels, der wie andere Mitglieder an einer ritualisierten Scheinhinrichtung teilnehmen musste. Der Heine-Übersetzer starb in Paris im Oktober 1893, dem Entstehungsjahr des Liedes, dessen Text eine Übertragung von Versen des ukrainischen Nationaldichters Taras Schewtschenko ist. Da Rachmaninoff sicherlich auch in Sankt Petersburg Museen besuchte, kann er Konstantin Apollonowitsch Sawizkijs 1888 vollendetes Gemälde »Auf in den Krieg!« gekannt haben.[334] Es zeigt sorgfältig beobachtete Szenen mit Soldaten und Familienangehörigen auf einem Bahnsteig, an dem bereits die Dampflok zur Abfahrt bereitsteht. Der Abschied in den Russisch-Osmanischen Krieg von 1877/78 wurde für viele der Auftakt zu einer Reise ohne Wiederkehr. So wie Rachmaninoff in seinen Vokalwerken an den Menschen als Einzelpersonen Anteil nahm, individualisierte der Maler in dem 15 Quadratmeter großen Bild, auf dem es von Figuren wimmelt, zahllose Personen durch Mimik und Haltung. Wie in Rachmaninoffs Musik spürt man die Angst, die Trauer, die Verbitterung, das Entsetzen und die Sorge, die vielen die Kehle zuschnürt: Ein junger Mann wird fast mit Gewalt von seiner Familie weggeführt, Männer tanzen mit freudlosen Gesichtern zum Spiel eines Geigers, ein Soldat schaut sich mit traurigem Blick noch einmal nach seiner Heimat um und am rechten Rand umarmt ein Uniformierter seinen Bruder oder Vater, legt die Stirn auf dessen Schulter, sodass man spürt, wie entsetzlich schwer dieser Abschied fällt. Rachmaninoff lernte von Jugend an: Die Kunst des Zarenreichs war subtil.

DIE Politik des Zaren hingegen war naiv und ignorant. Es hatte seit den 1860er-Jahren viele Verbesserungen in der Verwaltung und Gesetzgebung des Russischen Reichs gegeben. Bauern, Stadtbewohner und Adelige konnten sich auf Kreis- und Gouvernementsebene in den Selbstverwaltungseinheiten der Landschaftsvertretung (Semstwo) einbringen. Die Analphabetenrate war drastisch gesenkt worden und etwa 50 Prozent der Menschen konnten mittlerweile lesen und schreiben. Alle positiven Entwicklungen zeigten jedoch nur auf lokaler Ebene Wirkung. Wie an den Entwicklungen in anderen europäischen Ländern zu beobachten war, ging ein höherer Bildungsstand einher mit zunehmenden Forderungen. Revolutionen in England und Frankreich fanden statt, als die Alphabetisierung ein vergleichbares Niveau erreicht hatte. Ungeachtet aller Erleichterungen fehlte indes noch immer eine unmittelbare politische Beteiligung weiter Bevölkerungskreise. Sozialdemokratische Gruppierungen agierten zumeist von anderen Ländern aus. Während Rachmaninoff den Sommer 1903 wieder auf Iwanowka verbrachte, spalteten sich die etwa 5000 Mitglieder zählenden russischen Sozialdemokraten beim zweiten Parteitag in London: Eine knappe Mehrheit (die Bolschewiken) wollten die Gruppe zu einer straff geführten Kaderpartei umgestalten, die einen baldigen revolutionären Umsturz herbeiführt; die Minderheit (die Menschewiken) strebten eine Erneuerung Russlands auf demokratisch-parlamentarischer Grundlage an. In Anbetracht von Versorgungsengpässen und sozialen Notlagen erschienen Reformen in der Regierungsführung immer notwendiger. Vertreter der Semstwos organisierten im November 1904 einen Nationalkongress in der Hauptstadt Sankt Petersburg. Der Innenminister sprach zunächst nur von einer »privaten« Versammlung, aber bei der Anzahl von 400 Beteiligten erteilten er und der Zar schließlich eine offizielle Genehmigung. Reizwörter wie ›Verfassung‹ oder ›Parlament‹ vermieden die Delegierten zwar, aber die Tendenz der Erwartungen wurde auch zwischen den Zeilen der Resolutionen deutlich. Am 5. (18.) Januar 1905 erschien in der Sankt Petersburger Zeitung *Unser Leben* (Наша жизнь) ein Brief, den Beteiligte der ersten Ausstellung der ›Union russischer Künstler‹ in den Sälen der Akademie der Künste bereits am 30. Dezember 1904 (12. Januar 1905) unterzeichnet hatten: »Nur freie Kunst ist lebensnotwendig, nur freie Kreativität macht Freude, und wenn unsere talentreiche Heimat keine Zeit hat, ein entscheidendes Wort auf dem Gebiet der Kunst zu sagen und die großen künstlerischen Kräfte, die sich noch im Verborgenen halten, herauszustellen, wenn unserer Kunst der lebendige Bezug zum russischen Volk genommen wird, dann ist nach unserer tiefen Überzeugung der Hauptgrund dafür die bevormundende Unterdrückung der Kreativität, die nicht nur die Kunst, sondern auch andere kreative Bestrebungen der russischen Gesellschaft abtötet. Aus diesem Grund können wir uns mit den Vertretern der russischen Gesellschaft, die mutig und standhaft für die Befreiung Russlands kämpfen, solidarisch fühlen und schließen uns den bekannten Semstwo-Resolutionen an.«[335]

Der Zar meinte allerdings, er könne »keiner der Tradition der Alleinherrschaft widersprechenden Form gewählter Macht zustimmen«.[336] Eine konstitutionelle Monarchie mit einem starken Parlament wäre eine sinnvolle Option für das Russische Reich gewesen, aber dem Erzfeind Schweden wollte man nicht nacheifern. Vorerst erließ die Regierung im Dezember ein Demonstrations- und Versammlungsverbot, um weitere Diskussionen zu beenden. Rachmaninoff wurde zum Beobachter dieser Entwicklungen; seine Reflexionen zur Epoche finden sich in seiner Musik. Passenderweise meinte er einmal, er fühle sich »wie ein Phantom, das allein in einer Welt umherirrt, die ihm fremd ist«.[337]

Zur Eskalation auf den Straßen kam es am 9. (22.) Januar 1905, als sich trotz des Verbots ein friedlicher Demonstrationszug auf den Winterpalast in Sankt Petersburg zubewegte, der die Wachen beunruhigte. Um nicht unnötig zu provozieren, hatten die Veranstalter ausdrücklich die roten Fahnen der aggressiven Revolutionsanhänger verboten. Die Menge wurde von dem Prediger Georgij Gapon angeführt, den Lenin schätzte, weil er meinte, der religiöse Radikalismus sei charakteristischer für die russischen Massen als sein eigener Marxismus.[338] Gapon arbeitete auch als Agent provocateur der zaristischen Geheimpolizei und hatte bewusst einen Sonntag gewählt (воскресенье), der von der Wortbedeutung her im Russischen auch für die ›Auferstehung‹ steht (воскресение). Einen Neuanfang für das Land erwartete man sich vom Zaren, von dem Portraits getragen wurden mit Spruchbändern wie »Soldaten, schießt nicht auf das Volk!«.[339] Geplant war, eine Petition zu überreichen, in der »Arbeiter und Bewohner von Sankt Petersburg verschiedener Stände, unsere Frauen, unsere Kinder und unsere betagten hilflosen Eltern« den Herrscher bitten, ihnen »Gerechtigkeit und Schutz zu gewähren« in Anbetracht der Verelendung, Unterdrückung und Rechtlosigkeit.[340] Wenn sich das Volk mit einem Bittgesuch an den Zaren wendet, so meinten die frommen Anführer, werde er sich vor Gott verpflichtet fühlen, ihm zu helfen. Die Schutztruppen des Palastes wurden zunehmend nervöser. Schließlich erhielt eine Kavallerieschwadron den Befehl, die Menge auseinanderzutreiben. Als der Zug sich nicht aufhalten ließ, feuerte man Warnsalven ab und dann – aus kurzer Distanz – Schüsse auf die unbewaffneten Demonstranten. 40 Menschen starben und Hunderte wurden verletzt, als der Kugelhagel noch auf die fliehenden Menschen anhielt. In anderen Teilen der Hauptstadt kam es zu weiteren Gemetzeln, als das Militär versuchte, die Kontrolle über 60 000 Demonstrierende zu erlangen. Die Zahl der Toten stieg auf über 100. Diese später als »Blutsonntag« bezeichneten Ereignisse wurden zum Trauma des Landes. Überall folgten Solidaritätskundgebungen und Streiks von Hunderttausenden. Aber der Widerstand erfolgte oft spontan, planlos und ohne eine vernetzte Organisation. Die breite Masse oder die Arbeiter konnten keine Veränderungen herbeiführen, aber die Mittelschicht und liberal gesinnte Adelige erkannten, dass die Zeit für Veränderungen endgültig gekommen war. Schon seit Jahren hatten sie sich für die Einberufung einer Nationalversammlung eingesetzt, und nun schien der geeignete Augenblick gekommen. In den folgenden zwölf Jahren sollte Russland einer konstitutionellen Monarchie so nahe wie möglich kommen. Der Haken bei der Sache war: Alle Reformen erfolgten nicht *durch* Zar Nikolaj II., sondern *trotzdem* er das Land regierte.

Die Vertreter der Kulturszene mussten Stellung beziehen. Am 16. (29.) Januar 1905 unterzeichnete Rachmaninoff einen Brief von Moskauer Kunstschaffenden an die Redaktion der Zeitung *Unsere Tage* (Наши дни), in dem man sich mit dem Zitat »Nur freie Kunst ist lebenswichtig, nur freie Kreativität macht Freude« auf eine Erklärung der ›Union russischer Künstler‹ berief und konstatierte: »Wir, die Musiker, schließen uns diesen wunderbaren Worten von Künstlerkollegen voll und ganz an. Nichts anderes auf der Welt als die innere Selbstbestimmung des Künstlers und die Grundvoraussetzungen des Gemeinschaftslebens, sollten die Freiheit der Kunst einschränken, wenn sie nur wirklich mächtig sein will, wirklich heilig, wirklich fähig, auf die tiefsten Forderungen des menschlichen Geistes zu reagieren. Aber wenn das Leben an Händen und Füßen gefesselt ist, kann auch Kunst nicht frei sein, denn Kunst ist nur ein Teil des Lebens.«[341]

Rachmaninoff stand auf der Seite derer, die grundlegende Reformen erwarteten, denn – so hieß es in der Verlautbarung – »wenn es im Lande weder Gedanken- und Gewissensfreiheit noch Meinungs- und

Pressefreiheit gibt, wenn alle lebendigen schöpferischen Bestrebungen dem Volk verwehrt sind, verkümmert auch das künstlerische Schaffen« und »dann klingt der Titel eines Freien Künstlers wie bitterer Hohn«. Die Haltung war unmissverständlich: »Wir sind keine freien Künstler, sondern dieselben entrechteten Opfer moderner gesellschaftlicher und rechtlicher Verhältnisse wie andere russische Bürger, und aus unserer Sicht gibt es nur einen Ausweg: Russland muss endlich den Weg grundlegender Reformen einschlagen, umrissen in den bekannten elf Klauseln der Resolutionen des Semstwo-Kongresses, denen wir uns anschließen.«[342]

Zu den Unterstützern gehörten auch Taneew, Goldenwejser, Schaljapin, Glier und Konjus. Der landesweiten Streikbewegung schlossen sich auch viele Studenten an, die einen Fundus an Intellektuellen bildeten, der den Forderungen Nachdruck verlieh. »Wir Studentinnen und Studenten des Petersburger Konservatoriums«, hieß es in einer Verlautbarung, »die wir die falsche und unwürdige Auffassung ablehnen, dass die Kunst vom Leben isoliert sein soll, halten es aus dem Gefühl der Solidarität mit allen Hochschulen und mit unseren Moskauer Mitbrüdern heraus nicht für möglich, ohne unsere staatsbürgerliche und menschliche Würde zu verletzen, unser Studium fortzusetzen, bis alle Forderungen des Volkes erfüllt worden sind und das ganze Land die Möglichkeit erhalten hat, frei zu atmen und sich zu entwickeln.«[343] Die Folge waren immer öfter Zusammenstöße der Studentenschaft mit der Polizei, Hausdurchsuchungen und Verhaftungen. Das Konservatorium habe »in letzter Zeit das Aussehen und den Charakter einer Polizeieinrichtung angenommen«, meinte ein Student, und »auf ein Examen beim Polizeirevier habe ich mich jedoch nicht vorbereitet und sehe von den Examen bis zu einer glücklicheren Zeit ab … «.[344]

Als Rimskij-Korsakow Anfang Februar in Sankt Petersburg verlauten ließ, dass er Mitte Januar die Moskauer Resolution mit unterzeichnet habe und – um weitere Eskalationen zu vermeiden – der Petersburger Konservatoriumsleitung nahelegte, bis zum September den Unterrichtsbetrieb einzustellen, überschritt er eine heikle Grenze. Bisher hatte er sich nur in musikalischen Angelegenheiten öffentlich geäußert, aber seine Anregung, das Direktorium solle nicht weiterhin von den Beschlüssen der Russischen Musikgesellschaft abhängig sein – laut Rimskij-Korsakow »einem Kreis dilettantischer Amateure«[345] –, war politisch motiviert. Die Organisation reagierte umgehend und entledigte sich »dieses Haupträdelsführers der Streikbewegung«, indem man ihn kurzerhand suspendierte.[346]

Der Vorstand der Russischen Musikgesellschaft unterschätzte Rimskij-Korsakows Beliebtheit unter den Studenten und in der Musikwelt. Auch Rachmaninoff unterstützte die Protestwelle. Zusammen mit Glier, Goldenwejser, Konus, Kruglikow, Mamontow, Metner, Morosow, Rubinschtejn, Slonow, Taneew und vielen anderen unterzeichnete er im März 1905 ein Schreiben an die Direktion der Russischen Musikgesellschaft in der Hauptstadt. »Sie haben es gewagt, N. A. Rimskij-Korsakow aus dem Personal des Sankt Petersburger Konservatoriums zu ›entlassen‹. Seit 34 Jahren schmückt dieser strahlende Name das Konservatorium und das nicht nur wegen des Ruhmes und der Autorität eines Komponisten von Weltrang wie Nikolaj Andreewitsch, sondern auch wegen seiner unersetzlichen nützlichen pädagogischen Tätigkeit, die von der gesamten russischen Musikwelt bezeugt wird«, hieß es über den namhaftesten russischen Musiker der Gegenwart. »Egal ob Sie diesen Namen aus Ihren klerikalen Listen und Aussagen streichen, er wird weiterhin mit seinem Glanz ganz Russland, die ganze Welt erleuchten.« Nicht der gemaßregelte Künstler müsse sich schämen, dass er »gefeuert« wurde, sondern diejenigen, die »es wagten, gegen den Stolz ihrer einheimischen Kunst die Hand zu erheben, gegen einen großen Künstler und einen tadellosen Bürger«.[347]

Musikfreunde boykottierten Konzerte der Petersburger Musikgesellschaft, in denen Werke missliebiger Künstler verboten wurden. Während man in der Hauptstadt vor bloß schwach belegten Zuschauerreihen spielte, waren die Konzerte in Moskau überfüllt. Nur der Leiter des Moskauer Konservatoriums, Safonow, verurteilte die Studentenproteste. Taneew zeigte sich dementsprechend erbost und erklärte seinen Rücktritt als Professor des Instituts. Sergej Rachmaninoff unterschrieb einen Sammelbrief und drückte damit sein Einverständnis mit der fortschrittlichen Position seines hochgeschätzten Komponistenkollegen aus. Bei einem von Petersburger Konservatoriumsstudenten organisierten Solidaritätskonzert gab man am 27. März (9. April) 1905 Rimskij-Korsakows Oper *Der unsterbliche Kaschtschej*, wofür Glasunow als Dirigent gewonnen werden konnte. Das erst im Dezember 1902 von Mamontows Ensemble in Moskau uraufgeführte Werk besaß starken Symbolcharakter: Die Legende vom erbarmungslosen Kaschtschej – der seelenlos ist wie die Machtstrukturen des Landes und Menschen in Gefangenschaft hält – wurde zum Gleichnis für die politische Lage: Erst das Mitgefühl der Menschen und ein Sturm, der die Pforten öffnet und das Sonnenlicht in Kaschtschejs Reich eindringen lässt, bringt die Befreiung. Rimskij-Korsakow war überwältigt von der

Unterstützung. »Nach Schluss der Oper erlebte ich etwas noch nie Dagewesenes«, erinnerte er sich. »Ich wurde auf die Bühne gerufen, wo man mir Adressen verschiedener Gesellschaften und Verbände verlas und flammende Reden hielt. Vom Rang soll sogar jemand ›Nieder mit der Autokratie!‹ geschrien haben. Nach jeder Adresse und jeder Ansprache brach ein entsetzlicher Lärm los. Die Polizei ließ den Eisernen Vorhang schließen und machte der Veranstaltung ein Ende.«[348]

Noch während die Konflikte schwelten, bereitete Rachmaninoff am Bolschoj-Theater die Moskauer Erstaufführung von Rimskij-Korsakows Oper *Pan Wojewode* für den September 1905 vor. Damit knüpfte er an eine politisch heikle Frage an. Das Werk ist »dem Andenken an Fryderyk Chopin gewidmet« und bekundete Solidarität mit den Polen, die wie die Finnen den stärksten Maßnahmen einer Russifizierung ausgesetzt waren. Einen Monat später wurde eine Verfügung »Über die Vollendung der staatlichen Ordnung« erlassen – das sogenannte Oktobermanifest –, mit dem Zar Nikolaj II. dem Land ein Parlament und bürgerliche Freiheiten zugestand. Im folgenden Frühjahr begann die erste Staatsduma im Thronsaal des Winterpalasts mit ihrer Arbeit. Ihr sollten noch etliche Parlamente in unterschiedlicher Zusammensetzung folgen.

In Anbetracht der landesweit angespannten Lage nahm sich Rachmaninoff vor, wenigstens seine beiden Kurzopern zur Uraufführung zu bringen, solange er am Bolschoj-Theater noch Einfluss hatte. Durch nach wie vor drohende Streiks oder Präventivmaßnahmen wie Entlassungen, die ein kontinuierliches Arbeiten erschwerten, ließen es die äußeren Umstände fast unmöglich erscheinen, dass die anspruchsvollen Werke zu Repertoirestücken werden konnten. Dies war bedauerlich, denn hinter ihnen steht das Ethos, dass große Kunst zur Humanisierung der Gesellschaft beitragen kann, insbesondere wenn sie in den langen Traditionslinien der europäischen Kultur verwurzelt ist.

Fünf Jahre lang hatte Rachmaninoff sich mit den Stoffen beschäftigt. Im Juni 1900 entstand bereits das Duett von Paolo und Francesca und im August 1903 begann er mit der Komposition von *Der geizige Ritter*. Dessen Klavierauszug stellte er im Februar des folgenden Jahres fertig, die Instrumentierung schloss er im Mai 1905 ab. Im Sommer 1904 setzte er die Arbeit an *Francesca da Rimini* fort und vollendete die Instrumentierung im Juli 1905. Noch im gleichen Jahr erschienen die Partituren und die vom Komponisten eingerichteten Klavierauszüge beim Verlag Gutheil. Der 11. (24.) Januar 1906 wurde der große Tag der

Uraufführung am Bolschoj-Theater unter Rachmaninoffs Leitung. Die Opern brachten ihm Enttäuschungen und Genugtuung zugleich.

Eine wichtige Anregung während der Arbeit war das sichere Gefühl, die führenden Bassrollen des Barons und des Lanciotto Malatesta explizit für seinen Freund Fjodor Schaljapin zu schreiben. »Ich komponierte die Oper für ihn«, sagte Rachmaninoff gerade über die Puschkin-Vertonung. Er versuchte, die Arbeit so rechtzeitig abzuschließen, dass genügend Zeit für die Vorbereitung blieb. Schaljapin hingegen nahm die Aufgabe auf die leichte Schulter und glaubte, es genüge, seine Parts in den jeweils nur einstündigen Opern kurzfristig einzustudieren. Aber dies war nicht mehr jener Rachmaninoff, der *Aleko* komponiert hatte. Es reichte nicht, sich einfach nur an die Rampe zu stellen und eine Arie aus einer Nummernoper vorzutragen. Die Musikdramen *Der geizige Ritter* und *Francesca da Rimini* sind Kleinode von einem völlig anderen Kaliber. Rachmaninoff war verärgert und Ippolit Altani dankbar, der ihm den jungen Bass-Bariton Georgij Baklanow empfahl, welcher terminlich nicht so ausgelastet war wie der Starbassist. Er war gerade erst Mitte 20, wagte es aber trotzdem, die Rollen eines bösartigen Vaters und eines eifersüchtigen älteren Ehemanns zu übernehmen. Sein Mut wurde belohnt und brachte ihm den Durchbruch für eine Laufbahn, die ihn später nach Westeuropa und in die USA führte. Tondokumente belegen, dass er es exzellent verstand, mit dem Text umzugehen. »Wie im Drama ist auch in der Oper die interessanteste Szene die zweite, der Monolog des habgierigen Barons«, hieß es in der liberalen Zeitung *Russische Nachrichten* (Русские ведомости). »Hier sind einzelne Momente großer Kraft. Das Talent des Komponisten zeigt sich im gesamten *Geizigen Ritter* im harmonischen Reichtum und der Orchesterfarbe sowie in der geschmeidigen Präzision seiner musikalischen Deklamation, die mit dem Text verschmolzen ist. Und doch ist diese Oper nichts für das große Publikum; dies ist vielleicht ein Kabinettstück für diejenigen, die die subtile Filigranarbeit seiner exquisiten Komposition zu schätzen wissen.«[349]

Schaljapin sang ›seine‹ Rollen erst im Februar 1907 bei einer Aufführung unter Silotis Leitung in Sankt Petersburg. Da die ambitionierten Opern sehr schwer zu besetzen sind, blieben Folgeaufführungen rar. Häufiger wurde zu Rachmaninoffs Lebzeiten *Aleko* gespielt, beispielsweise 1893 in Kiew, 1897, 1914 und 1923 in Sankt Petersburg (bzw. Petrograd/Leningrad), 1902 in Rostow am Don, 1903 in Moskau und 1943 in Gorkij. Außerhalb des Russischen Reichs bzw. der Sowjetunion erklang das Werk 1910 in Boston und im Juli 1915 in London, als Wladimir

Rosing in dem Theaterbau, wo sich heute das Peacock Theatre befindet, eine »Allied Opera Season« durchführte. Von *Der geizige Ritter* gab es weitere Aufführungen in Boston 1910, in Petrograd 1921 sowie in Gorkij 1943 und von *Francesca da Rimini* 1912 in Moskau sowie 1913 in Boston.

Selbst wenn sowohl *Der geizige Ritter* als auch *Francesca da Rimini* jeweils nur eine Stunde dauern, empfahl sich Rachmaninoff damit nachdrücklich als Musikdramatiker. Beide Stücke sind von einer beeindruckenden Prägnanz und gehen weit über ein konventionell strukturiertes Werk wie *Aleko* hinaus. Die Einteilung in drei Szenen gliedert das Musikdrama *Der geizige Ritter* durch die Stimmung der grundlegenden Tempi (Largo-Allegro vivace – Largo – Allegro vivace) wie eine Sinfonie. Die formale Balance wird verstärkt durch eine Soloszene im Binnenakt und die Konfrontation von jeweils drei Personen in den äußeren Akten. Hingegen erinnert *Francesca da Rimini* mit einem Prolog, sechs Szenen und einem Epilog mit Solisten und Chor eher an eine weltliche Kantate. Wesentlich ist eine Klangfarbendramaturgie, wie sie Carl Maria von Weber und Giuseppe Verdi verfochten haben. Rachmaninoff kannte die Stätten, an denen sie gewirkt hatten, wie Dresden und Mailand, durch seine Auslandsaufenthalte. Zudem waren beide Komponisten in Russland bekannte Größen. In *Der geizige Ritter* charakterisieren der Rhythmus und die Wahl der Instrumentenzusammenstellung Vater und Sohn mit ihren unterschiedlichen Lebensentwürfen, während in *Francesca da Rimini* subtile harmonische Veränderungen die morbide Atmosphäre sowie die – im Lied op. 21, Nr. 1 definierte – ›Sudba‹ von glücklichen und verhängnisvollen Momenten veranschaulichen.

Beide Bühnenwerke sind Teil eines kulturellen Kontinuums. Dantes literarische Aufbereitung von Hölle, Fegefeuer und Paradies in der *Göttlichen Komödie* aus dem 14. Jahrhundert begeisterte bereits Puschkin. Er selbst verfasste um 1830 vier Einakter, die unter der Bezeichnung »Kleine Tragödien« bekannt wurden. Sie boten russischen Komponisten reizvolle Opernsujets: Nach *Der steinerne Gast* (von Dargomischskij, posthum uraufgeführt 1872, vollendet von Kjui und Rimskij-Korsakow), *Mozart und Salieri* (Rimskij-Korsakow, 1898) und *Das Gelage während der Pest* (Kjui 1900, Prokofjew 1908/09) nahm sich Rachmaninoff des letzten Werks an: *Der geizige Ritter*. Erzählt wird die Geschichte eines wohlhabenden Barons, der Reichtümer gescheffelt hat, aber seinen Sohn nicht daran teilhaben lassen will. Wie in den anderen der kleinen Tragödien Puschkins werden Fragen von Gerechtigkeit und Verantwortung thematisiert, die auch in *Francesca da Rimini* eine Rolle spielen.

Diese Aspekte sind ebenfalls in der russischen Volkstradition verankert: Das Motiv des Wohlhabenden, der mit niemandem teilen will, findet sich auch in Märchen wie »Der Geizhals« und »Marko der Reiche«. Diese waren bereits in die im 19. Jahrhundert veröffentlichten Märchensammlungen des Russen Aleksandr Afanasjew und des Balten August von Löwis of Menar aufgenommen worden. Gemeinsam ist beiden Opern zudem die archetypische Dimension ihrer Hauptfiguren und Situationen. Im zweiten Bild von *Der geizige Ritter*, in dem der geld- und machtgierige Baron allein inmitten seiner Schatztruhen seiner Raffgier frönt, erinnert der Handlungsort an den Abgrund der Hölle, in dem die Verdammten hausen.

Die Stoffwahl des *Geizigen Ritters* berührt zudem Probleme des gesellschaftlichen Zusammenlebens der Generationen. Rachmaninoff konnte solche Fragen in seinem Umfeld unmittelbar erleben und mit seinen Freunden Bunin und Tschechow sowie den Vertretern des Moskauer Künstlertheaters, zu denen er gute Kontakte hatte, diskutieren. Auch in Tschechows um die Jahrhundertwende uraufgeführten Dramen gibt es Personen mit unvereinbaren Lebenszielen. Alle Protagonisten sind eher ›Anti-Helden‹, die versuchen, für sich individuell ein Stück Selbstbestimmung zu erringen, wie Nina Saretschnaja, die Tochter eines reichen Grundbesitzers in *Die Möwe* oder Irina Prosorow in *Drei Schwestern*.

Für *Der geizige Ritter* vertonte Rachmaninoff Puschkins Originaltext, womit er an frühere Versuche Musorgskijs und Rimskij-Korsakows anknüpfte, die gesprochenen Worte der Dramen direkt musikalisch auszugestalten. Die Oper *Der geizige Ritter* steht thematisch zwischen den Liederzyklen op. 21 (1902) und op. 26 (1906) – hier finden sich Verse wie die zu »An einem frischen Grabe« (Над свежей могилой, op. 21, Nr. 2) und »Alles nahm er mir« (Всё отнял у меня, op. 26, Nr. 2) im Orbit von Opus 24. Es ist eine Oper ohne Sympathieträger: Der Herzog steht hilflos zwischen dem selbstsüchtigen Baron und dem ehrgeizigen, verschwendungssüchtigen Sohn, während der Bankier Garantien fürs Geldverleihen fordert und rät, notfalls durch Gift dafür zu sorgen, dass das Erbe früher angetreten werden kann. Diese Szene ist zentral für die Handlung, weil der großspurige Sohn des Barons diesen Vorschlag vehement ablehnt und später zu Recht seinen Vater der Lüge beschuldigt, als dieser den Herzog glauben machen will, sein Nachkomme wolle ihn umbringen.

Die Figur des Geldgebers wird bei Puschkin wie auch bei Rachmaninoff mit »Der Jude« bezeichnet. Im Russischen Reich wurden jüdische Mitbürger nicht als Angehörige einer Religion betrachtet, sondern zu einer Volksgruppe gezählt, die aufgrund der historischen Entwicklungen zu einem Synonym für ›Bankier‹ bzw. ›Geldverleiher‹ geworden war.[350] In Künstlerkreisen arbeitete Rachmaninoff mit vielen jüdischen Kollegen zusammen. Einmal ließ er es auf einen Eklat ankommen: Als ihm bei der Kaiserlichen Russischen Musikgesellschaft, deren Vizepräsident er 1909 geworden war, im Frühjahr 1912 zu Ohren kam, dass ein ausgezeichneter Musiker in einer der Schulen der Gesellschaft von einem Verwaltungsposten entlassen werden sollte, weil er Jude war, trat er von seinem Amt zurück, da seiner Ansicht nach in künstlerischen Fragen gesellschaftspolitische Aspekte keine Rolle spielen sollten.[351]

Etliche anregende Ideen jüdischer Denker waren Rachmaninoff geläufig, da sich bereits sein Lehrer Taneew unter anderem für den Philosophen Spinoza begeistert hatte. Von der Oper seines ehemaligen Schützlings war Taneew beeindruckt. Er fand die dramaturgisch wichtige Szene mit dem Geldverleiher sowie den Monolog des Barons besonders gelungen. »Viel an edler und guter Musik«, notierte er im Tagebuch.[352] Die spannungsgeladenen Selbstreflexionen in den prägnant formulierten Monologen sind der Kürze und Klarheit von Rachmaninoffs Opern geschuldet. Was andere Komponisten szenisch aufwändig in langen Akten vorführen, spiegelt sich bei ihm in den Erinnerungen und der psychischen Befindlichkeit der Protagonisten.

Mit *Francesca da Rimini* erwies Rachmaninoff seinem früheren Mentor, Modests Bruder Pjotr Tschajkowskij und dessen Orchesterwerk op. 32 die Reverenz. Er stellte sich jedoch in unmittelbare Konkurrenz zu Eduard Napravníks gleichnamiger Oper, die 1902 in Moskau uraufgeführt worden war und eine modernere Schauspielvariante der Geschichte verarbeitete. Der Dante-Bezug und die Rahmenhandlung fehlen völlig, sodass Napravníks vieraktige Nummernoper mehr Kostümstück als Seelendrama blieb.

Hingegen erschien Rachmaninoffs symbolreiches Musiktheater wie ein Gegenentwurf zu dem aktuellen Bühnenstück von Rimskij-Korsakow, *Die Legende von der unsichtbaren Stadt Kitesch und von der Jungfrau Fewronija*. Es wurde zwar erst im Februar 1907 in Sankt Petersburg uraufgeführt, war aber bereits in den Jahren 1903 und 1904 entstanden, sodass in informierten Kreisen bekannt war, um was es sich bei Rimskij-Korsakows neuestem Projekt handelte.

Die Inkarnation der Unschuld, Fewronija, bringt am Schluss sogar ihre Peiniger auf den Weg ins Paradies. In Rachmaninoffs Gegenentwurf leiden die Liebenden in der Hölle, während die wahren Schuldigen in der Oper straffrei ausgehen und bei Dante milder beurteilt werden. Rachmaninoff nennt sie mit Namen und stellt die Anklage ins Zentrum des Geschehens: »Deinen Vater mache ich für alles verantwortlich!«, singt Lanciotto Malatesta in seinem Monolog. »Verfluchter Guido! Er hat dich getäuscht, er hat die Wahrheit verschwiegen!« Er war es, der dem unerfahrenen, jugendlichen Paolo heimtückisch riet, Francesca zu verschweigen, dass er, der Knabe, eigentlich für seinen wenig attraktiven Bruder Lanciotto Malatesta wirbt. »Da liegt die Wurzel allen Übels«, konstatiert dieser. Francesca muss Lanciotto heiraten, fühlt sich aber zu Paolo hingezogen. Lanciotto ermordet die beiden Liebenden, wird bei Dante aber nur mit der höllenartigen, nach Kain benannten eiskalten ›Kaina‹ für den Brudermord bestraft. Rachmaninoffs Oper warf letzten Endes Fragen auf wie: Ist Gottes Urteil gerecht? Garantiert die Ehe einen Besitzanspruch auf Menschen? Oder gibt es ein ›natürliches‹ Recht auf Liebe? Dieser Aspekt spiegelt auch Rachmaninoffs eigene Situation wider, da er mit einer Verwandten verheiratet war, was rechtlich nur in Ausnahmesituationen erlaubt wurde. »Euer Leid rührt mich zu Tränen«, lassen Modest Tschajkowskij und Rachmaninoff Dante sagen, der von Virgil als Beobachter durch die Sphären der Verdammnis geführt wird. Rachmaninoffs Opern regen zur Empathie an und wurden dadurch ein wesentlicher Teil seines gesellschaftspolitischen Engagements.

Die Inhalte vermitteln eindringlich verblüffende szenische und klangliche Wirkungen. Viele der erforderlichen optischen Effekte – Palast, Turm, Kellergewölbe, Felsenlandschaft, Abgründe, wechselnde Beleuchtung, ein Sturm mit vorbeischwebenden Verurteilten aus der Hölle, mit Wolken und Schatten nebst einem Überlagern von Perspektiven sowie fließenden Übergängen – sind indes erst in neuerer Zeit mit moderner Licht- und Bühnentechnik überzeugend umzusetzen. Wieder einmal finden sich Parallelen zur Malerei, wie etwa zu den um die Jahrhundertwende entstandenen Dämonenbildern von Michail Alexandrowitsch Wrubel, die als Vorbilder dienten und die szenische Fantasie beflügelten. Rachmaninoff hatte Kontakt zu ihm und seinen Kreisen durch die Zusammenarbeit mit Mamontow und der Sopranistin Nadeschda Iwanowna Sabela-Wrubel, die er mehrfach bei Liedvorträgen begleitete.

Musikalische Details gehen einher mit genauen szenischen Anweisungen in der Partitur: Während Rachmaninoff an *Francesca da Rimini* arbeitete, tobte vom Februar 1904 bis zum Sommer 1905 im Osten des Reichs der Russisch-Japanische Krieg, bei dem auf der siegreichen japanischen Seite etwa 80 000 und auf russischer Seite bis zu 120 000 Menschen ums Leben kamen. In nur zwei Takten bei der Partiturziffer 39 illustriert Rachmaninoff, wie Klerus und Adel gelernt haben, die Bomben zu lieben: Beim ersten Auftritt des Lanciotto Malatesta gibt es eine Szene, in der er mit seinen Mannen in den Krieg zieht. Der Kardinal, der in der Partitur ausdrücklich im Mitwirkendenverzeichnis als stumme Rolle aufgeführt wird, erteilt ihm den Segen zum Kriegführen. Begleitet von einem tiefen Ton von Klarinette und Fagott dominieren an dieser Stelle für einen kurzen Moment Celli und Kontrabässe unheildrohend in den tiefsten Lagen, woraufhin die Violinen mit der Vorgabe »dolce«, zart, den Verweis auf die Gefahr konterkarieren. Auch wenn die Geigen – begleitet von den Holzbläsern – mit einer Melodiefolge fortfahren, liegt unter dieser ›Segnung des Krieges‹ ein synkopisch angelegtes ›Trauermarsch-Ostinato‹ von Celli und Bässen. So kurz der Moment in der Oper sein mag – die Musik ergibt nur Sinn, wenn die Szene des Kardinals erhalten bleibt, der den Waffengang billigt – sie korrespondiert mit vielen anderen Momenten von Gefahr, Gewalt und Krieg in Rachmaninoffs Werk, wie man sie in dem Lied op. 8, Nr. 4, dem *Étude-Tableau* op. 33, Nr. 7 oder der Szene mit den Alarmglocken in op. 35 findet.

Auch wenn er ein großes Orchester verwendet, setzt er es gezielt ein, wie seinerzeit Janáček, der seine eigenen Notenzeilen auf kleinen Blättern zog, um sich nicht von vorgedruckten Standardseiten verführen zu lassen, die Instrumentierung zu üppig auszufüllen. Auch Rachmaninoff kombiniert die Instrumente so individuell und sparsam, dass oft zwei Akkoladen auf eine Partiturseite passen, wobei der Wechsel durch zwei Schrägstriche markiert ist. Ohne selbst Synästhetiker zu sein, übertraf Rachmaninoff mit seinen Opern noch die Farb- und Klangwirkungen Skrjabins. Die Stelle, bei der in *Der geizige Ritter* der Baron in Ekstase gerät, als er alle Goldtruhen öffnet, sich am Glanz seines Reichtums berauscht und ausruft »Ich herrsche!«, war für Rimskij-Korsakow ein Beleg dafür, dass Skrjabin recht hatte mit seiner Überzeugung, es gebe einen Zusammenhang von Tonart und Klangfarbe. Als einige Monate nach der Uraufführung die beiden mit Rachmaninoff zufällig in einem Pariser Café darüber sprechen konnten, waren sie überzeugt, dass D-Dur einem güldenen Braun entspreche. »Sehen Sie«, meinte Skrjabin, »Ihre Intuition ist unbewusst jenen Gesetzen gefolgt, deren Existenz Sie vergeblich versucht haben abzustreiten.« Für Rachmaninoff war der Grund viel naheliegender. Er war sich sicher, dass sein Unterbewusstsein ihm vielmehr das vierte Bild aus Rimskij-Korsakows Oper *Sadko* in Erinnerung gebracht hatte, in dem der Titelheld wettet, er könne goldene Fische fangen. Als die Fischer tatsächlich golden glänzende Fische aus dem Ilmensee ziehen, brechen alle in den Jubelruf »Gold! Gold!« aus. »Dieser Ausruf steht ebenfalls in D-Dur«, konstatierte Rachmaninoff.[353]

In der Hölle bei *Francesca da Rimini* dominieren Chromatik und finstere Klangfarben. Mit dem literarischen Überbau, der im Drama Dante und Virgil das Geschehen erleben lässt, und der modernen Musik seiner Gegenwart verknüpft Rachmaninoff verschiedene Zeitebenen miteinander, zwischen denen die Horrorszenarien eines Matthias Grünewald, Hieronymus Bosch und Michail Wrubel entstanden. Seine Version von *Francesca da Rimini* zeigt – noch mehr als *Der geizige Ritter* – eine Verflechtung von Literatur, Malerei, Theater und Musik. Die Rezensenten beeindruckte Rachmaninoffs Verwendung vom »Chor als Instrument«. Besonders wirkungsvoll sind in *Francesca da Rimini* die pritschetierenden Vokalisen, die – hinter der Bühne – laut Partituranweisung teilweise »mit geschlossenem Mund« (»la bouche fermée«) zu singen sind. In der Presse sprach man von dem Chor mit seinen »stöhnenden Chromatismen« als einem »singenden Instrument«.[354] Der personifizierte Dichter und Gelehrte Dante Alighieri wird bei Rachmaninoff zum Zeugen und Mit-Leidenden. Das Dilemma, das das Musikdrama *Francesca da Rimini* aufwirft, hat ein Pendant in der Kantate *Der Frühling.* In dem Werk, das auf Nekrasows Dichtung *Grünes Rauschen* zurückgeht, verzichtet der betrogene Ehemann auf die Rache und versucht einen Neuanfang mit seiner Frau. In dem Moment, als er noch sinniert, ob er sie umbringen soll, lässt Rachmaninoff den Chor bereits erstmals Vokalisen singen als Ausdruck der Qual und des Leidens. Der betrogene Ehemann verzichtet auf die Rache und der Chor findet wieder zur Sprache zurück. Zumeist regiert in Rachmaninoffs und Dantes Hölle die Sprachlosigkeit der Leidenden.

Dramaturgisch sind beide Werke verwandt und zeigen, wie Rachmaninoff das Thema von Hintergehen, Eifersucht und Rachegefühlen viel subtiler angeht als Maeterlinck in seinem Schauspiel *Pelléas et Mélisande* (1893), das zur gleichen Zeit Debussy zu einer Oper inspirierte (1902), Schönberg zu einer sinfonischen Dichtung (1905) sowie Fauré (1898) und Sibelius (1905) zu Schauspielmusik nebst einer Orchestersuite. Die Grundkonstellation ist ähnlich: Ein älterer Mann liebt eine junge Frau, die eine Beziehung zu seinem Bruder beginnt; schließlich tötet er beide dafür. Die Handlungsweise ist realistisch und kam in der damaligen Gegenwart durchaus vor, ja, sie war in vielen Kreisen sogar akzeptiert.

Dementsprechend kann man es durchaus als dramaturgischen Fehlgriff Maeterlincks betrachten, daraus ein – mehr gelesenes als gern gesehenes – symbolistisches Drama zu machen. Jedes Werk von Puschkin und Shakespeare verdeutlicht besser, dass die Menschen weder sich noch die Welt begreifen. Maeterlinck überfrachtete sein Bühnenstück mit Wasser- und Verfallssymbolen, mit einem blinden Alten und mit Liebenden, die ihre Liebe nicht sogleich erkennen, sowie mit einer sterbenden Protagonistin, die nicht wahrnimmt, dass sie stirbt. Als realistische Alternative griffen Dantes Beispiel aus der *Göttlichen Komödie* zur gleichen Zeit unter anderem Gabriele D'Annunzio mit seiner »Tragödie in Versen« *Francesca da Rimini* (1901) auf – aus der Antonio Scontrino und Riccardo Zandonai Opern gestalteten – und Stephen Phillips mit dem Drama *Paolo and Francesca* (1900–02), das Napravník zu einer Oper formte. Rachmaninoffs und Modest Tschajkowskijs Kunstgriff, mit der Rahmenhandlung unmittelbar auf Dante zurückzugehen, indem der Schatten Virgils und der Dichter selbst zusammen mit den Zuschauern zu Zeugen werden, ermöglicht es, dem Geschehen etwas Zeitloses einzuhauchen und Anteilnahme zu evozieren. Wie so oft bietet Rachmaninoff keine Überhöhung oder Verklärung. Lieben, Leiden und Sterben wird ohne Sentimentalität beobachtet. Die Anteilnahme liegt im Herzen des Betrachters.

Nur langsam begann man, im Land die Veränderungen zu spüren, die die Konsequenzen des Jahres 1905 mit sich brachten. Russland hatte zwar ein Parlament, allerdings hielt Zar Nikolaj II. noch immer an seiner Macht und seinem Einfluss fest, was für ihn langfristig riskant zu werden drohte. Er hätte sich Großbritannien als Vorbild nehmen können, dessen Königsfamilie man durch verwandtschaftliche Beziehungen verbunden war, oder sogar von Russlands Erzrivalen Schweden lernen können: Dort hatte das Königshaus weiterhin Bestand, weil man schon 1720 zu Kompromissen bereit war und das Regieren weitgehend den Parlamentariern überließ. Nikolaj II. übersah, wie gefährlich sein Misstrauen war.

Rachmaninoff hingegen wusste, dass er für bestimmte Ziele auf andere Dinge verzichten musste. Privat entzog er sich den Dilemmata, denen die Protagonisten seiner Opern ausgesetzt waren. Er war ein namhafter Künstler, der indes nicht von Ruhmsucht geplagt war. Er zog sich gerne ins Ländliche zurück, wusste aber, dass seine Kunst das Urbane brauchte. Er hatte eine attraktive Frau und eine charmante Tochter, piesackte sie aber nicht mit Besitzansprüchen.

Sein Lebensstandard stieg immer mehr, trotzdem gab er sich nicht der Verschwendungssucht hin oder quälte andere mit seinem Geiz – im Gegenteil: Er war ein überaus großzügiger Mensch. Obwohl Schaljapin ihn bei der Uraufführung seiner Opern im Stich gelassen hatte, zeigte sich Rachmaninoff nicht allzu nachtragend. Auch später widmete er ihm noch Lieder, wie 1912 »In der Seele eines jeden von uns sprudelt die Quelle unserer eigenen Traurigkeit« (В душе у каждого из нас, op. 34, Nr. 2), »Die Auferstehung des Lazarus« (Воскрешение Лазаря, op. 34, Nr. 6), »Du kanntest ihn« (Ты знал его, op. 36, Nr. 9) und »Der wahre Diener« (Оброчник, op. 34, Nr. 11).

»Für mich war Onkel Sergej der Inbegriff eines Gentleman«, meinte Sofja Wladimirowna Satina. »Er war groß und schlank und trug immer Maßanzüge, die ihm wunderbar passten. Ich liebte es, ihm nach dem Essen zuzusehen, wie er sein Lederetui hervorholte und seine Zigarette vorbereitete, indem er sie in zwei Teile schnitt und den Halter mit Baumwollwatte stopfte, damit ein Teil des Nikotins absorbiert wurde. Seine großen, kräftigen Hände anzusehen war ein Genuss. [...] Ich habe nie gehört, dass Onkel seine Stimme erhoben hat. Es war immer dieselbe leise, gemächliche Rede. Was ich an ihm am meisten mochte, war seine Einstellung zu Menschen. Wenn er abends heimkam, ging er in die Küche, um das Kindermädchen zu begrüßen, die damit beschäftigt war, das Abendessen für uns vorzubereiten. Er hinterließ ihr immer ein Geschenk, bevor er ging.«[355]

Für den Künstler Rachmaninoff waren seine vielen Talente zuweilen jedoch eine Bürde. »Findet man als Komponist und ausübender Musiker seine kreative Arbeit durch die Anforderungen des Lebens als interpretierender Künstler beeinträchtigt?«, sinnierte er in einem Interview. »Sehr viel hängt von der Person ab. Strauss zum Beispiel verfolgt gleichzeitig die aktive Karriere als Komponist und Dirigent; Rubinschteijn arbeitete jeden Morgen von sieben bis zwölf an den Kompositionen, den Rest des Tages verbrachte er an seinem Klavier. Ich persönlich fände ein solches Doppelleben unmöglich. Wenn ich Konzerte gebe, kann ich nicht komponieren; wenn ich komponiere, will ich nicht Klavier spielen.«[356] Diesbezüglich äußerte sich Rachmaninoff – jeweils mit anderen Beispielen – ähnlich in Interviews, die er 1921 und 1934 gab. Daran hatte sich nichts geändert.

Rachmaninoff stellte nach den Aufführungen seiner Werke das Amt des Leiters für russische Opern am Bolschoj-Theater zur Verfügung. Nie mehr wollte er sich fest an ein Haus binden. Er war überzeugt, er könne Mamontows Ideal, dass die Kultur zur Humanisierung beiträgt, auch als Leiter Philharmonischer Konzertreihen in Moskau realisieren. In noch stärkerem Maße wäre ihm dies aber mit neuen Kompositionen möglich. Um Ideen für kreative Projekte zu gewinnen, schien es geboten, sich ganz von seinen Verpflichtungen als Dirigent zurückzuziehen. Er wollte nicht einmal in Russland bleiben, weil man ihn vor Ort leichter hätte überreden können, Konzerte zu dirigieren. Er nutzte seine durch neue Tantiemen für den Liederzyklus op. 26 günstige finanzielle Lage, um sich und seiner Familie eine Auszeit in Deutschland zu gönnen. Und selbst dort erhielt er noch Anfragen, ob er 1907 für den erkrankten Arthur Nikisch Konzerte der Philharmonischen Gesellschaft in Moskau übernehmen könne. Er winkte ab. Um eine neue Oper und eine weitere Sinfonie zu entwerfen, brauchte er mindestens 1500 Kilometer Abstand zu Moskau. Die Ziele waren Italien und Deutschland.

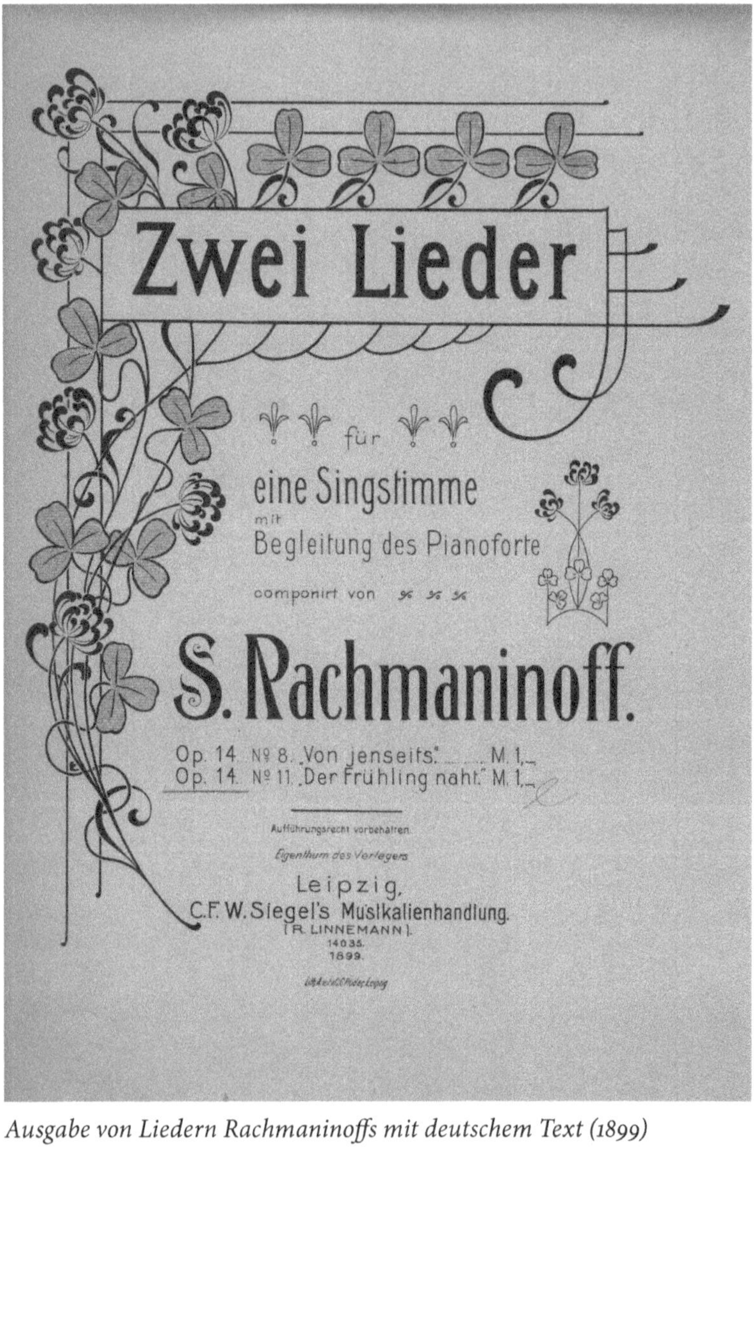

Ausgabe von Liedern Rachmaninoffs mit deutschem Text (1899)

II »Intellektuelles Vergnügen an der Schönheit und Vielfalt …« (1906–1919) Moskau – Dresden – Kopenhagen – New York

5 Wanderjahre (1906–1909)

Im März 1906 begab sich Rachmaninoff mit seiner Frau und der dreijährigen Irina zum ersten Mal gemeinsam auf eine längere ›Zeitreise‹: Als sie die Grenze zum Habsburgerreich auf der Bahnstrecke von Warschau nach Wien überquerten, übersprang die Familie 13 Kalendertage. In der zweiten Monatshälfte traf man in Florenz ein. Die Rachmaninoffs genossen das milde Klima und den Abstand zum unruhigen und unsicheren Leben in Moskau. »Bis jetzt gefällt es mir hier«, schrieb Rachmaninoff an Morosow, »obwohl ich Angst vor dem Beginn der Saison habe, wenn sich hier alles füllt und die Stille verschwindet.«[357] Was ihm noch mehr Kopfzerbrechen bereitete, waren seine aktuellen Projekte, Angebote aus den USA und die gegenwärtige Lage in Russland. Er bezog russische Zeitungen wie *Die neue Zeit* (Новое время), eine politische und literarische Tageszeitung, die von 1868 bis zum November 1917 in Sankt Petersburg herausgegeben wurde, und die *Russischen Nachrichten* (Русские ведомости), eine sozialpolitische Tageszeitung aus Moskau, die zwischen 1863 und 1918 ein Gegengewicht zu den *Moskauer Nachrichten* (Московские ведомости), dem Sprachrohr des Adels und der Geistlichkeit, bot. »Jedes Mal, wenn es klingelt, haste ich selbst zur Haustür, weil ich denke, es ist Post gekommen«, schrieb er in einem Brief, was zeigt, wie interessiert er an den Entwicklungen in seinem Heimatland war. Die »feierliche Eröffnung der Duma« kommentierte er gegenüber seinem Freund Morosow: »Die Rede von Petrunkewitsch schien mir erfolglos. Die erste Rede auf der ersten Sitzung zur Eröffnung des ersten russischen Parlaments – und noch dazu eine Rede zu einem solchen Thema – hätte vollständiger, in jeder Hinsicht erhellender und daher überzeugender sein sollen. Und wie haben die Mitglieder der Duma darauf reagiert? Sie applaudierten nur selten.«[358]

Die Italienreise brachte Abstand, aber keine Entspannung und kaum Inspiration. Rachmaninoff empfand seine Situation als »äußerst verstörend«. Zudem zogen sich seine Frau Natalija und die kleine Irina Mitte Mai Infektionskrankheiten zu, die sie wochenlang ans Bett fesselten.

In persönlicher Hinsicht war für ihn schwer abzuschätzen, wie sich seine Laufbahn durch die politischen Unabwägbarkeiten entwickeln würde. Hinsichtlich zukünftiger Pläne stocherte er mehr im Nebel herum, als dass er klare Ziele vor Augen hatte. »Es scheint, als würde nichts mit Amerika klappen. Ich glaube, sie wollen mich ausnutzen. Ich habe ihnen ein Ultimatum mit einer Frist von einem Monat geschickt. Amerika brauche ich übrigens unbedingt, wenn ich auf die Moskauer Angebote verzichte – ohne das eine oder das andere kann ich nicht existieren. An welchen soll ich mich orientieren? Ich halte an Amerika fest, nicht nur, weil es viel Geld einbringen würde, sondern vor allem, weil es nur zwei Monate in Anspruch nimmt. Aber angenommen, ich werde dort betrogen und komponiere nichts? So mein ewiger Refrain.«[359]

Da Italien das europäische Land mit der längsten Operntradition war, erhoffte sich Rachmaninoff vor Ort anscheinend Inspiration für eigene Projekte. Zusammen mit Slonow und Morosow korrespondierte er über Flauberts 1862 erschienenen historischen Roman *Salammbô* als einem möglichen Opernprojekt. Die Geschichte vor dem Hintergrund eines Söldneraufstands in Karthago hatte bereits Musorgskij gereizt, der sie aber ebensowenig in eine Oper verwandelte wie Rachmaninoff. Als er Slonows Libretto mit etwa tausend Textzeilen erhielt, war er »entsetzt über diese Ausmaße«, die sich »nur schwer in eine Ordnung bringen« ließen, da »mit nur wenigen Ausnahmen kaum etwas entbehrlich« erschien.[360] »Vorerst habe ich noch nichts zu *Salammbô* komponiert«, bedauerte Rachmaninoff. »Ich wäge noch ab und prüfe die Sache.«[361] Lediglich Gelegenheitsstücke wie die *Polka italienne* für Klavier kamen am Ende dabei heraus, deren Melodie einem Straßenmusikanten abgelauscht war.

Erst nachdem es Natascha und Irina ab Mitte Juni gesundheitlich wieder besser ging, fühlte sich Rachmaninoff in der Lage, Entscheidungen zu treffen. Nun konnte er sich endgültig dazu durchringen, Angebote aus den USA vorerst nicht anzunehmen, Theaterpläne hintanzustellen und für die Leitung von Sinfoniekonzerten in Moskau zuzusagen, obgleich er wenig konkrete Vorstellungen von geeigneten Programmen hatte und Morosow um Anregungen bat.

Er fand auch seinen Humor wieder und schilderte Morosow die zurückliegenden Ereignisse in Gestalt der Sonatenhauptsatzform einer Sinfonie: »Ich kann mich nicht an einen so schlimmen Sommer wie diesen erinnern!«, hieß es zum Auftakt. »(Das ist die Einleitung – dann beginnt das erste Thema): Natascha ist seit dem 14. Mai krank und hat seither erst am 16. Juni zum ersten Mal das Bett verlassen. (Zweites Thema): Irinotschka wurde am 26. Mai krank. (Nun die Durchführung): Nataschas Krankheit war weder schmerzhaft noch gefährlich;

Irinotschkas Krankheit war sehr schmerzhaft und wir hatten große Angst. […] (Reprise): Natascha hat sich inzwischen erholt. Obwohl ich dir in meinem letzten Brief geschrieben habe, dass Irinotschka auf dem Weg der Genesung sei, war das verfrüht. […] (Nun zu einem grandiosen Finale.) In einer Woche reisen wir nach Russland ab […]«[362]

Zwei Wochen später befanden sie sich schon wieder daheim auf dem Landgut im Süden. »Iwanowka gefällt mir und den Meinen wie immer, und ich bereue bis heute gelegentlich, dass ich in Italien so viel Zeit verloren habe«, lautete das Resümee.«[363]

Wie immer bot Iwanowka Entspannung. 500 Kilometer weiter nördlich begannen die Ungewissheiten. Was Rachmaninoff Morosow als »ein Geheimnis«[364] anvertraute, dürfte in Moskau unter Musikern ein aktuell heißes Diskussionsthema gewesen sein: Sein Verlag P. Jurgenson fühlte sich verpflichtet, Rachmaninoff vorzuwarnen, dass die Musikalische Gesellschaft in einem beklagenswerten Zustand sei und man noch nicht absehen könne, ob sich in der nächsten Spielzeit Konzerte realisieren lassen. Rachmaninoff meinte, er sei in Anbetracht dieser Umstände »berechtigt, mich nicht an mein Versprechen gebunden zu fühlen und meine Zusage zur Leitung der Konzerte zurückzuziehen«.[365] Gegenüber Morosow äußerte er, nun bleibe ihm nichts mehr, »weder für die Seele noch fürs Portemonnaie«, ja, seine Hosentaschen seien so krümelfrei und rein »wie ein abgenagter Knochen«.[366] »Es gibt nur einen Weg, um aus einer solchen Situation herauszukommen: Komponieren«, schlussfolgerte Rachmaninoff.[367]

Ohne die Aussicht auf Arbeit und ohne die erforderliche Ausgeglichenheit dafür hielt ihn nichts mehr im kulturell und politisch instabilen Russland. »Ich habe das mit der Familie besprochen«, ließ er Morosow wissen. »Wir haben entschieden, dass wir zum Beispiel in Leipzig oder Dresden wohnen können. Das ließe sich mit den Kleinigkeiten bezahlen, mit denen ich mich gerade beschäftige.«[368] Das Honorar für den Liederzyklus op. 26 brachte vorerst genug ein, um wenige Monate nach dem missglückten Italienaufenthalt erneut zu den Ereignissen in Russland auf Abstand zu gehen. Und auch wenn ihm für seine Kantate *Der Frühling* op. 20 daheim der Glinka-Preis winkte, dachte Rachmaninoff an die Zukunft und suchte Freiräume für neue Kompositionsideen.

Deutsche Städte mit einer Jahrhunderte währenden Musiktradition waren eine gute Wahl, zumal dort gut 30 Jahre nach der Reichsgründung stabilere Verhältnisse bestanden als im krisenanfälligen Zarenreich. Qualitativ bot Wien eine ausgezeichnete Alternative, aber die russischen Verbindungen zu Deutschland waren traditionell enger als zum Habsburgerreich. In Hamburg und Leipzig fanden bereits Tschajkowskijs Werke mehr Anerkennung als in Wien oder Budapest. In Deutschland verehrte man die eigenen, vermeintlich unerreichbaren Schöpfer wie Beethoven und betrachtete Komponisten aus Russland als »frisch«, »unverbraucht«, ja, gar als »Urkraftnaturen«.[369] Um die Jahrhundertwende begann man sich indes auch im deutschen Nachbarland Frankreich verstärkt für russische Komponisten zu begeistern. Ein Werk wie Musorgskijs *Boris Godunow* wurde bereits 1908 in Paris gegeben, während es erst 1913 bei einer Produktion in Breslau als Neuheit in Deutschland vorgestellt wurde. Allmählich verschoben sich die Interessen- und Einflusssphären. Da das Deutsche Reich seinen Rückversicherungsvertrag mit Russland nicht verlängerte, begann die Ära von Nikolaj II. 1894 mit einem vorerst geheim gehaltenen Defensivvertrag zwischen Russland und Frankreich. Aus dieser französisch-russischen Allianz entwickelte sich 1907 die Triple Entente mit Großbritannien, durch die sich Deutschland und das Habsburgerreich bedroht fühlten.

Rachmaninoff ließ sich von künstlerischen und nicht politischen Erwägungen leiten. Er behielt im Blick, dass Richard Strauss eine enge Beziehung zu Dresden entwickelt hatte, wo dessen Opern *Feuersnot* und *Salome* 1901 bzw. 1905 am Königlichen Opernhaus uraufgeführt wurden. Für Rachmaninoff sprach dies eher zugunsten der Elbmetropole als Standort. In Russland dürften viele skeptisch gewesen sein. Eine verhängnisvolle Nähe zu Richard Strauss glaubte ein Rezensent der *Neuen Zeit* (Новое время) schon acht Jahre zuvor erkannt zu haben, als er Rachmaninoffs erste Sinfonie kritisierte und meinte, der junge Mann sei damit »auf dem Holzweg«.[370] Nichtsdestotrotz sah Rachmaninoff in Dresden den idealen Standort, um dort zu arbeiten und frische Impulse zu empfangen. Die Stadt, deren Einwohnerzahl sich in den letzten 30 Jahren auf gut 400 000 Seelen mehr als verdoppelt hatte, bot eine ideale Verbindung aus Großstadt und Ländlichkeit. In dem auch in der Fläche expandierenden Ort sah man sich als »ein gewerbefleißiges Volk«,[371] das einen Wohlstand ermöglichte, der Dresden neben Wien, Berlin, Frankfurt, Hamburg, Leipzig und München als eine der schönsten und kulturell attraktivsten deutschsprachigen Städte hervorhob. Neues hatte es in der traditionsbewussten Region nicht leicht, aber wenn es sich hinzugesellte, wurde es in höchster Qualität geboten. »Die Stadt selbst mag ich sehr«, meinte Rachmaninoff einmal, »aber die Menschen hier wirken ziemlich abweisend und rüde, überall nur Gauner, aber vielleicht habe einfach nur ich das Glück, überall auf solche Leute zu treffen.«[372]

Am 9. November 1906 bezogen die Rachmaninoffs eine Wohnung in Dresden. Für zweieinhalb Jahre wurde die Stadt an der Elbe – abgesehen von Sommerbesuchen auf Iwanowka – ihr Hauptwohnsitz. Vermutlich durch Vermittlung des Vormieters Franz Koppel-Ellfeld, des damaligen Intendanten des in der Semperoper beheimateten Dresdner Hoftheaters, mietete der Komponist ein Haus in der Sidonienstraße, einer Querstraße der Prager Straße, im hinteren Teil des Grundstücks Nummer 6. »Hier nennt man es ›Garten-Villa‹«, schrieb Rachmaninoff unter Verwendung des deutschen Begriffs in einem Brief.[373]

Das Leben in Dresden wurde indes kostspieliger als erwartet. Allein für die Unterkunft zahlte man damals stattliche 2200 Mark jährlich und da für die Anmietung von Möbeln mindestens 1500 Mark verlangt wurde, kaufte man sich kurzerhand die benötigten Möbelstücke selbst, »aber natürlich nicht in allen Zimmern, sondern nur in vieren, wobei eines unten und eines oben leer blieb«, ließ Rachmaninoff seinen Freund Morosow wissen. »Glaube niemandem, der dir weismachen will, man könne hier billig leben«, schrieb er. »Um einige Beispiele zu nennen: Ein Pfund Suppenfleisch kostet 1 Mark. 1 Pfund Schinken – 2 Mark. Huhn oder Ente – 3 [Mark]. Und ich habe versucht, den Preis für eine Gans zu erfragen, und sie sollte, reden wir nicht weiter davon, 7 Mark kosten. Sechs Kerzen – 75 Pf[ennige], eine Flasche Milch 22 Pf[ennig] usw. Musik ist hier auch teuer. Ein schlechter Platz in einer zweiten Loge kostet 6 M[ark].«[374] Am neuen Hauptwohnsitz Dresden zogen sich die Rachmaninoffs soweit möglich vom Trubel der Kulturmetropole zurück. »Wir leben hier wie echte Einsiedler: Wir sehen niemanden, wir kennen niemanden und wir gehen nirgendwohin«, schrieb Sergej Wasiljewitsch. »Ich arbeite viel und fühle mich sehr wohl. So ein Leben für mein Alter gefällt mir ungemein, und passt mir jetzt genau. Ich strebe nach nichts, ich will nichts mehr, und ich beneide niemanden. Ich wünsche mir nur, dass alle gesund bleiben und meine Arbeit erfolgreich vorankommt. Letzteres ist noch nicht passiert, aber wer hindert mich daran zu hoffen!«[375]

Sergej Rachmaninoff korrigierte für Publikationen die überarbeitete Fassung seines Trios op. 9 und den Liederzyklus op. 26. »Meine Augen sind ziemlich ruiniert (›Im Alter wurden die Augen des Affen schwach‹)«, schrieb er in Anspielung auf einen Text des Fabeldichters Iwan Krilow. »Auf einen Rat des Arztes hin trage ich schon eine Brille.«[376] Da er den Eindruck hatte, seine Augenprobleme würden dadurch eher schlimmer, wechselte Rachmaninoff zu einem anderen Doktor, der ihm stattdessen Massagen der Augen verordnete und empfahl, nicht bei künstlichem

Licht zu lesen und zu arbeiten. Dennoch wurde seine Brille langfristig ein wichtiger Begleiter. Im Februar 1931 musste er seinem Assistenten Slonow eine dringende Nachricht schicken: »In einer meiner Jacken, die im Schrank hing, hatte ich meine Brille in einem zerfetzten Lederetui vergessen. Finden Sie sie und schicken Sie sie mir.« Dies sollte »nur per Einschreiben, damit sie nicht verschwindet« geschehen, denn »wenn sie verloren geht, muss ich zum Arzt«.[377]

Dresden bot die intellektuellen Herausforderungen, die Rachmaninoff suchte. Er war stets wissbegierig und offen für Anregungen. Allein bei einem Spaziergang durch die Innenstadt wurde dies sofort deutlich: In der Kreuzkirche fanden Konzerte in der ehemaligen Wirkungsstätte von Heinrich Schütz statt; Rachmaninoff dürfte aber aufgefallen sein, dass der 1897 bei einem verheerenden Brand zerstörte Innenraum mittlerweile mit modernen Jugendstil-Elementen umgestaltet worden war. Auf Litfaßsäulen sah er Konzertankündigungen der 240 Mitglieder starken Dreyssig'schen Singakademie, die nach dem Vorbild der Berliner Singakademie initiiert worden war. Gastspielreisen hatten das Ensemble bereits bis nach Sankt Petersburg geführt und für 1907 plante man Festveranstaltungen zum 100-jährigen Bestehen. Der prall gefüllte Spielplan der Semperoper las sich wie die Inhaltsangabe eines Opernführers mit Werken, die in Russland vielfach unbekannt waren. Es war üblich, mit kurzen Probenzeiten innerhalb weniger Wochen Stücke zahlreicher verblichener Tonsetzer auf die Bühne zu bringen. Dadurch bot sich für Rachmaninoffs Familie eine üppige Auswahl wie Aubers *Des Teufels Anteil* und *Fra Diavolo*, Beethovens *Fidelio*, Mozarts *Die Hochzeit des Figaro*, Bizets *Carmen*. Gounods *Margarete (Faust)*, Lortzings *Zar und Zimmermann*, Maillarts *Das Glöckchen des Eremiten*, Marschners *Hans Heiling*, Meyerbeers *Die Afrikanerin*, Nicolais *Die lustigen Weiber von Windsor*, Offenbachs *Hoffmanns Erzählungen*, Rossinis *Der Barbier von Sevilla*, Verdis *Violetta (La Traviata)* und *Aida*, Wagners *Rienzi*, *Der fliegende Holländer*, *Lohengrin* nebst *Tannhäuser*, Webers *Der Freischütz* und *Oberon* sowie konzertant Schumanns »Dramatisches Gedicht« *Manfred*. Hinzu kamen teilweise mit Ur- oder Erstaufführungen Werke zeitgenössischer Komponisten [d'Alberts *Die Abreise*, Grünfelds *Die Schönen von Fogaras*, Kienzls *Der Evangelimann*, Leoncavallos *Der Bajazzo*, Mascagnis *Sizilianische Bauernehre (Cavalleria rusticana)*, Puccinis *Die Boheme*, Schillings *Der Moloch* und Strauss' *Salome*]. Russische Opern waren selten, wurden aber in Bestbesetzung geboten wie Rubinschtejns *Der Dämon* mit Carl Perron in der Titelpartie, der auch in den Uraufführungen etlicher Strauss-Opern glänzte. Die mangelnde Repertoirefähigkeit russischer Stoffe dürfte bei Rachmaninoff zu der Überlegung geführt haben, es wieder mit einer Vorlage eines westlichen Literaten zu versuchen.

Es drängte Rachmaninoff selbst nicht danach, in Dresden aufzutreten. Hier wollte er in Ruhe an Kompositionsideen feilen, aber er wird gewiss mit Wohlwollen zur Kenntnis genommen haben, wenn in der Fachpresse darauf hingewiesen wurde, dass man in Hamburg, München oder Prag seine Lieder aufführte, oder hervorhob, dass er bei Konzerten mit russischer Musik in Paris im Opernhaus sein zweites Klavierkonzert spielte und seine Kantate *Der Frühling* dirigierte.

Auch andernorts gab es großartige Veranstaltungen mit seiner Musik: Beispielsweise im März 1907 in Köln, das seine Besucher »unter dem erhebenden Eindrucke besonders hochstehender musikalischer Ausbeute« entließ. »Dafür waren die Zusammenstellung des Programms und seine Ausführung in einer Weise gemeinsam massgebend, wie es in solch intimem Anschmiegen und Sichergänzen selten zu beobachten ist«, hieß es in einem Bericht der vorübergehend »Vereinigten musikalischen Wochenschriften« *Musikalisches Wochenblatt/ Neue Zeitschrift für Musik*, die aus Kostengründen von September 1906 bis 1910 fusionieren mussten. Einer der bedeutendsten Interpreten seiner Zeit, der Brahms-Intimus Fritz Steinbach, präsentierte sich mit seinem Gürzenichorchester »in seiner ganzen Dirigentengrösse«, kombinierte Beethoven mit César Franck und Rachmaninoffs zweitem Klavierkonzert, zu dem er als Solisten einen der frühen Medienstars geladen hatte: den französischen Pianisten Raoul Pugno. Er hatte als einer der ersten Virtuosen 1903 Klavierstücke und Lieder zusammen mit der Sängerin Maria Gay für die Firma Grammophone in Paris eingespielt und nahm bis 1907 insgesamt 24 Notenrollen für das Reproduktionsklavier Welte-Mignon auf. Rachmaninoff konnte lesen, wie Pugno sein Klavierkonzert »in seiner so schlichten, wundervoll künstlerischen Weise« vermittelte, dass es »zu hohem Genusse« führte. Später erschienen Francks *Sinfonische Variationen* »mehr im akademischen als im allgemeinen Sinne wertvoll und anregend«, aber: »Des Russen Konzert qualifiziert sich als eine der gehaltvollsten Arbeiten jüngster Zeit auf diesem Gebiete, reich an interessanten Ideen, voller Temperament und äusserst geschickt gehalten in der das Orchester gegenüber dem solistischen Klavier auf weiten Strecken bevorzugenden Ausgestaltung.«[378]

Auffallend ist, dass bis in die 1920er-Jahre hinein in der Berichterstattung ›das Russische‹ an Rachmaninoffs Kompositionen keine besondere Rolle spielte, sondern sie – je nach Standpunkt – als uninteressante oder wertvolle Musik wahrgenommen wurde. Zudem wusste jedermann anscheinend, worum es ging, wenn – in der damaligen Schreibweise – von »Rachmaninoff's Klavierkonzert in Cmoll« die Rede war, denn zuvor hatte sein erstes Klavierkonzert kaum Beachtung gefunden. Der Mittdreißiger aus Moskau war international bekannt durch sein gut vierminütiges cis-moll-Prélude und ein Klavierkonzert; andere seiner Werke galten als Nebenprodukt. In seiner Heimat achtete man ihn als Dirigenten, Komponisten von Kurzopern, Klavierstücken und Liedern sowie als Pianisten. Doch selbst in Verbindung mit gelegentlich aufgeführten Stücken wie *Der Fels* und *Der Frühling* ließ sich noch keine klare künstlerische Linie erkennen.

Deutschland und insbesondere Dresden bot in vielerlei Hinsicht Anregungen, um die musikalischen Genres mit großen Werken zu erweitern. Rachmaninoff verfügte nicht nur über eine breit gefächerte Repertoirekenntnis, sondern war auch in der Lage, neu Gehörtes unverzüglich zu verinnerlichen. Ein früherer Kommilitone hatte schon immer gestaunt, dass er auch bei einmaligem Hören ein Musikstück, »wenn es ihm gefallen hat«, so spielen konnte, als hätte er es eigens einstudiert – »Solch phänomenale Fähigkeiten habe ich noch nie in meinem Leben bei jemand anderem erlebt, und ich habe etwas Ähnliches nur über die Fähigkeiten von Mozart gelesen.«[379] Da die erste Sinfonie nie in das Bewusstsein der Öffentlichkeit gedrungen war – obwohl ein deutscher Rezensent einmal darauf verwies, es wäre interessant, auch sie einmal zu hören –, stand Rachmaninoff in diesem Bereich wieder ganz am Anfang. Zudem reizte ihn das Musiktheater. Damals sang man an deutschen Opernhäusern zum besseren Verständnis der Inhalte nur in deutscher Sprache. Dementsprechend war es illusorisch, an einem deutschen Theater mit einer russischen Uraufführung reüssieren zu wollen, aber das Literarische ließ sich möglicherweise auch auf Klavierkompositionen übertragen. Und zusätzliche Impulse durch die bildende Kunst eröffneten weitere Spielräume für Kompositionsprojekte.

Die Erfahrungen im Deutschen Reich wurden zu einem wichtigen Katalysator: In der Intellektuellenszene kann Rachmaninoff nicht entgangen sein, dass bereits ab 1902 auch Künstler der Dresdner Hofoper zu den Grammophonpionieren gehörten. Schon in den ersten Wochen produzierte man 200 Aufnahmen mit Musik der unterschiedlichsten Stilrichtungen – an Bänkelliedern, Coupletvorträgen auf Sächsisch,

Militärkapellengetöse, Werken für Soloinstrumente und Opernarien stand ein breites Spektrum zur Auswahl. Rachmaninoff dürfte bereits Anfang des neuen Jahrhunderts in Europa klar geworden sein, dass ›der Markt‹ nach Abwechslung verlangte. Skrjabin spielte 1908 in Leipzig Notenrollen mit seiner Musik bei der Firma Hupfeld ein, Wilhelm Backhaus machte 1909 mit dem Klavierkonzert von Edvard Grieg die erste Gesamtaufnahme eines Orchesterstücks mit Solisten, und Arthur Nikisch nahm 1915 mit den Berliner Philharmonikern mit Beethovens Fünfter die erste Einspielung einer Sinfonie vor. Als Sergej Ljapunow 1910 in Moskau für ein Werbefoto zu Welte-Mignon-Aufnahmen an dem Reproduktionsklavier posierte, stand Rachmaninoff neben einigen Firmenmitgliedern im Hintergrund und schaute zu.

Für Sergej Rachmaninoff boten sich viele Gelegenheiten, seine Fähigkeiten als Musiker zu sensibilisieren und neu auszurichten. »Ich habe die Oper *Salome* von Richard Strauss gehört und bin ganz begeistert von ihr«, schrieb er Morosow. »Am meisten natürlich vom Orchester, aber an der Musik selbst hat mir vieles gefallen, wenn es nicht zu dissonant klang. Dennoch ist Strauss ein sehr talentierter Mann. Und seine Instrumentierung ist erstaunlich. Als ich dort im Theater saß, nachdem ich *Salome* gehört hatte, stellte ich mir plötzlich vor, wenn hier eine Oper von mir gespielt werden sollte, wie verlegen und beschämt ich mich fühlen würde. Ein Gefühl, als wäre ich unbekleidet vor dem Publikum aufgetreten. Dieser Strauss weiß, wie man sich herausputzt.«[380]

In Deutschland erweiterte Rachmaninoff auch seinen Horizont hinsichtlich der unterschiedlichsten Musikepochen und Interpretationsweisen. Im Juni 1907 wurde in Dresden ein Mozart-Denkmal enthüllt, das der Bildhauer Hermann Hosaeus mit den Genien verzierte, die Ernst, Grazie und Heiterkeit symbolisieren. Wenige Wochen zuvor hatte man in Dresden ein Konzert erleben können, das »mit einer sehr eigenartigen Darbietung« aufwartete, wie die Presse befand. »Frau Wanda Landowska spielte erst auf einem Bechsteinflügel Mozart's Es dur-Konzert, sodann aber auf einem Pleyel'schen Clavicembalo mit zwei Manualen drei alte Sachen von Couperin, Rameau und Händel«, erzählte der Berichterstatter. »Die Künstlerin verdient hohes Lob, und für ihre tadellose Technik, ihre feinsinnige Auffassung darf man ihr billig einige kuriose Äusserlichkeiten nachsehen, wie z. B. ihre langwallende schwarze Sammetrobe, deren düstre, strenge Linie durch kein Schmuckstück, kein Band unterbrochen wird, oder das völlig lautlose, gespensterhafte Hereinschweben; bei phantasievollen Menschen erreicht sie durch dieses vom Üblichen sofort scharf abweichende Auftreten das gewiss beabsichtigte Gefühl, als ob eine Zeitgenossin Couperin's (1668–1733) der Gruft entstiegen sei. Die Wirkung wäre gewiss eine überwältigende im halbverdunkelten Salon, im erlesenen kleinen Kreis stimmungsvoller Menschen; sie versagte und schlug um in das Gefühl des Unwahren und Unmöglichen im hellerleuchteten Opernhaus, im grossen Raum vor mehr als tausend Menschen. Hier verflatterte überdies der dünne Klang des Clavecins bis zur Grenze des Spieluhrartigen, um nicht zu sagen des Komischen. Frau Landowska sollte sich künftig vor der Stilwidrigkeit hüten, das altertümliche Instrument in grossen Räumen vorzuführen; selbst ihrer unbestrittenen Meisterschaft, gelingt es nicht, diesen Gefühlszwiespalt zu überbrücken. Dagegen ist ihr Spiel auf dem modernen Instrument wohl geeignet, mit den Besten zu rivalisieren.«[381] Falls Rachmaninoff nicht persönlich anwesend war, konnte er in der Presse über die Anfänge der historisch informierten Aufführungspraxis sowie ihre Möglichkeiten und Grenzen lesen, die die kulturaffinen Kreise beschäftigten. Madame Landowska war eine Landsmännin von ihm, da sie 1879 in Warschau zur Welt gekommen war, das damals zum Zarenreich gehörte. In Leipzig trat die in Paris ansässige Künstlerin in einem Saal des Hotel de Prusse auf und spielte abwechselnd auf einem modernen Konzertflügel der Firma Blüthner und ihrem Clavicembalo von Pleyel. »Es war ein zu ungleicher Kampf, als dass nicht der massive moderne Konzertflügel die zartbesaitete Cembalo-Imitation leicht hätte aus dem Felde schlagen sollen«, ulkte ein Rezensent. »Denn obwohl das Clavicembalo in seinen verschiedenen Pedalzügen, in der Abwechselung, Mischung oder Koppelung der Manuale dem Spieler mancherlei Vorteile hinsichtlich der Klangfarbenveränderung dem heutigen Flügel gegenüber gewährt, bleibt es gegenüber dem modernen Instrument doch wegen der sehr kleinen Skala seiner dynamischen Abstufungen, vor allem aber deswegen im Nachteil, weil es eigentlich nur in seiner Diskanthälfte Klänge von einem gewissen spielerischen Reiz produziert, in seiner Basshälfte aber für unser Ohr gar zu dürftig bezw. direkt unschön klingt. Indessen handelte es sich bei der diesmaligen Vorführung nicht sowohl um ein Vergleichen der beiden Instrumente an sich, als vielmehr um ein Abwägen ihrer Eignung zur Wiedergabe alter Klaviermusik überhaupt.«[382]

Rachmaninoff trat in der Öffentlichkeit nie mit einem Cembalo auf. Allerdings war er von Kindheit an mit Bachs Musik vertraut, die sich nicht zuletzt dank der Fürsprache von Aleksandr Siloti Anfang des 20. Jahrhunderts in Russland etablierte. Die interpretatorischen

Ansätze unterschieden sich jedoch erheblich. Es gibt manche Überschneidungen in den Stücken, die Rachmaninoff für seine Konzerte wählte und Landowskas Standardrepertoire, darunter einige Toccaten, Partiten, Präludien und Suiten von Bach, Mozart-Sonaten (vor allem KV 331), Rameaus Variationen in a-Moll und Sonaten von Scarlatti. Während Wanda Landowska versuchte, dem Originalklang so nahe wie möglich zu kommen, verwendete Rachmaninoff bei Bach gelegentlich Bearbeitungen von Busoni, Liszt oder Tausig und ab den 1930er-Jahren auch eigene Fassungen. Die Musik des 18. Jahrhunderts trug er ausschließlich auf modernen Konzertflügeln vor: bei öffentlichen Auftritten in Europa zuweilen auf Flügeln der Firma Bechstein, zumeist jedoch auf Instrumenten von Steinway. Heute sind im Musik-Lesesaal der Library of Congress in Washington, wo sich das Rachmaninoff-Archiv befindet, sowohl Rachmaninoffs eleganter Schreibtisch als auch ein nach Wünschen von Wanda Landowska angefertigtes Pleyel-Cembalo nebeneinander ausgestellt.

An den technischen Möglichkeiten und Grenzen des Klavierbaus zeigte Rachmaninoff großes Interesse. In der Dresdner Neustadt befand sich im Wallgässchen mit der königlich-sächsischen Hof-Pianofabrik von Albert und Hermann Rönisch einer der weltweit angesehensten Klavierhersteller. Zahlreiche namhafte Musiker wie Hans von Bülow, Richard Strauss, Edvard Grieg, Giacomo Puccini, Josef Hofmann, Wilhelm Backhaus und Anton Rubinschtejn verwendeten Rönisch-Flügel. Rachmaninoff besichtigte die Klavierfabrik und legte sich dort ein eigenes Instrument zu, das er auf Iwanowka nutzte, wo es heute im Museum ausgestellt ist.[383]

Es wird Rachmaninoff kaum entgangen sein, dass es in Deutschland allenthalben aktuelle Debatten darüber gab, wie es um die Künste in der Gegenwart bestellt ist. Gelegenheit, eine Zwischenbilanz zu ziehen, boten 1906 die Feierlichkeiten zum 50-jährigen Bestehen des Königlichen Konservatoriums für Musik und Theater zu Dresden. Im *Musikalischen Wochenblatt* sinnierte man im März 1906 über »Dekadenz in der Musik«. Als »die allgemeinen Kennzeichen« sah man »statt kraftvoll-bewusstem Vorwärtsstreben ängstlich klügelndes Raffinement, Unnatürlichkeit, Pessimismus«, denn »die Dekadenz liegt sozusagen in der Luft, sie wird also auch die, wie man oft behauptet, mit den empfindlichsten, reizbarsten Nerven ausgestatteten Künstler, die Musiker, nicht unberührt gelassen haben«. Das Magazin beklagte »ein übertriebenes Anhäufen von verschiedenartigsten Rhythmen«, aber auch einen »sich noch öfter bemerkbar machenden fühlbaren Mangel an belebender Rhythmik«, »übertriebene Weltschmerzstimmung« und »Originalitätshascherei«. »Das Schlagwort unseres Zeitalters, ›Persönlichkeit‹, tut da auch das Seinige«, hieß es. »Persönlichkeiten waren immer vorhanden (wahrscheinlich auch prozentuell gleich vertreten), wer aber keine gehabt hat, hat sich damit beschieden und ruhig seinen Kohl gebaut. Heutzutage ›macht‹ man sich zur Persönlichkeit.« Als Hauptproblem dieser Entwicklung sah man »die rasend gesteigerte Konkurrenz«, denn durch sie »tritt ein in die Kunst absolut nicht gehöriger Begriff vor unser geistiges Auge: die Mode«. Sie sei »gewiss auch schon früher zu beobachten« – man denke nur »an das Heer der Mozartnachahmer« und »die Periode gänzlicher, sklavischer Wagnernachbeterei« –, aber nun sei es jeder, der »absolut einen ganz neuen Weg zur ›Neukunst‹ finden« wolle. Wesentlich sei aber eine Persönlichkeit, die »die Kraft und die genügende Reife erlangt hat, uns Kraftgestalten zu schenken, die mit der alles bezwingenden Souveränität des Genius auftreten«.[384] In Dresden konnte Rachmaninoff beobachten, wie sich die organisierten Vertreter der zeitgenössischen Musik das gelobte Land vorstellten. Seit Mitte des 19. Jahrhunderts hatten sich vor allem in den deutschsprachigen Ländern Musiker zusammengefunden, um mit gut funktionierenden Strukturen gegen eine von ihnen als »musikalischen Kretinismus« geziehene Kunst vorzugehen. Musik der Gegenwart dürfe nur »vom Standpunkt der Kunst der Zukunft« aus entstehen, sie müsse für »die Vertretung der Neuzeit, die Vertretung des Fortschritts« und »gegen das Alte und Abgelebte, gegen das Schlechte und Gesinnungslose« kämpfen.[385] Diese Auseinandersetzungen um die moderne Kunst wurden in Westeuropa viel aggressiver geführt als in Russland. Rachmaninoff versuchte, sich aus den Debatten herauszuhalten. Er gab wenig Interviews, veröffentliche keine Traktate zur Ästhetik und wollte sich nicht auf konkrete Aussagen zu seinem Werk und seiner künstlerischen Position festnageln lassen. Er beobachtete. Er hörte zu. Er besuchte so viele Proben und Konzerte wie möglich. Auch mit einer abgeschlossenen Ausbildung als ›Freier Künstler‹ lernte er sein Leben lang hinzu.

Beim Tonkünstlerfest, das vom 29. Juni bis zum 2. Juli 1907 in Dresden ausgerichtet wurde, hätte er vor Ort erleben können, wie sich die Künstler des ›Allgemeinen Deutschen Musikvereins‹ die Zukunft der Musik vorstellten. Rachmaninoff befand sich zu diesem Zeitpunkt aber gerade wieder auf Iwanowka, wo seine Frau das zweite Kind zur Welt gebracht hatte. Die Veranstaltungen waren zuvor und noch bei seiner Rückkehr Gesprächsthema in Dresden. In der Presse berichtete man darüber, dass wegen der lange »ablehnenden Haltung unseres künstlerischen Hauptfaktors, der Königlichen Kapelle«, die Aufführung großer Werke nicht möglich erschien. Aber nachdem Richard Strauss und Max von Schillings im Vorstand des Allgemeinen Deutschen Musikvereins saßen, »war die Fühlung gewonnen; die Königl. Kapelle opferte noch zwei Tage ihrer Ferien und ermöglichte dadurch die Darbietung von glanzvollen und umfangreichen Konzerten« sowie eine spektakuläre Leistungsschau der Moderne.[386] Nachdem am Vorabend des Musikfests Wilhelm Kienzls Musikdrama *Der Evangelimann* zu erleben war, bot das Opernhaus Schillings *Der Moloch* und Strauss' *Salome*. Im Bereich der Orchester- und Kammermusik wurden unter anderem Werke von Pfitzner, Reznicek, Thuille und Liszt vorgestellt sowie vieler anderer, die schon zu Rachmaninoffs Lebzeiten in Vergessenheit gerieten. Ein Komponist fand bei der Presse indes besondere Aufmerksamkeit, denn so mancher empfand, dass »ein fast einstündiges Streichquartett in einem Satze von Arnold Schönberg« gewiss »den Gipfelpunkt der unerträglichsten ›modernen‹ Zumutungen bedeutet, Strauss' *Salome* und Reger sind unschuldige Waisenknaben gegen diesen Wiener Himmelsstürmer«. Seinerzeit konnte Rachmaninoff durchaus in Konzerten miterleben, dass – wie hier – Teile des Publikums »zischten«, während »Freunde oder Kampfgenossen« eines Komponisten sich »mit wüstem heftigem Klatschen und Trampeln« ins Zeug legten, sodass sich »eine energische Opposition erhob«.[387] Der Kampf um Anerkennung wurde zuweilen auf eine Weise geführt, die Rachmaninoff sicherlich abstieß. Er dürfte froh gewesen sein, diesmal nicht selbst zur Zielscheibe zu werden. Mitunter wurde die Suche nach Originalität zum Wertmaßstab, wenn es beispielsweise in einer nicht untypischen Rezension hieß, ein Komponist verstehe sich in der Musik lediglich »geschickt an ›berühmte Muster‹ anzulehnen«.[388] Über das Ziel hinauszuschießen, wurde ebenfalls missbilligt. Bei Gustav Mahlers Sinfonik fand so mancher »den ungeheuren Aufwand orchestraler Mittel ausser Verhältnis zum geistigen Gehalt« und »seine Effekthascherei und geschraubte unnatürliche Originalitätssucht als unerträglich«. Als aber Ernst von Schuch bei der sechsten Sinfonie in einem Konzert lediglich »nur die beiden ziemlich harmlosen Mittelsätze« ansetzte, wurde er dafür kritisiert, er sei »unbekümmert um diese wunderliche Zusammenstellung, unbekümmert auch um die Verstümmelung des Mahler'schen Werkes«. Selbst wenn er Mahlers »Erfindung für gering« halte, meinte ein Rezensent, bleibe er dennoch »ein ernsthafter, ernst zu nehmender Musiker, der verlangen darf, wenn schon, dann auch mit seinem vollständigen Werke vorgeführt zu werden, nicht mit herausgerissenen Bruchstücken, noch dazu mit den zwar gefälligsten, aber doch unbedeutendsten Teilen, die erst durch die grossen Ecksätze ins richtige Licht gesetzt werden können«. Hätte Schuch diese Ecksätze »so wenig erquicklich gefunden, dass er sie nicht vorführen mochte«, wäre es nur konsequent gewesen, das ganze Werk abzusetzen, denn »so hat er Mahler sicher keinen Dienst erwiesen«, da die zusammenhanglosen Teile unverständlich wirkten und »neben schwachem Beifall spöttisches Gelächter und lebhaftes Zischen« erweckten.[389] Dass der Respekt vor dem Komponisten als wesentlich für eine angemessene Interpretation erachtet wurde, muss Rachmaninoff imponiert haben.

Bei nächster Gelegenheit ließ er sich von Morosow in Sachen Sonaten- und Rondoform beraten. Rachmaninoff versuchte sich an einem Musikstück, bei dem er mit der Ausarbeitung von drei musikalischen Themen ins Stocken geriet und nach flexibleren Möglichkeiten suchte, um die Ideen miteinander zu verbinden. Er ahnte, es handle sich um eine dieser »verflixten Rondoformen«, und bat den Freund entnervt, ihm »alle fünf dieser verdammten Rondos in Beethovens Klaviersonaten zu zeigen«.[390] Er erhielt eine umfassende Antwort und gelobte, er werde den Brief über die Rondoformen »aufbewahren und in Ehren halten«, denn mithilfe der Sonaten habe er »eine Lösung für eine Passage gefunden, die Schwierigkeiten bereitete«. Zudem meinte er, das informative Schreiben könne sich »in Zukunft als nützlich erweisen, wenn mir wieder etwas schleierhaft ist«.[391]

Auch vor Ort bildete sich Rachmaninoff ständig weiter. Er besuchte Proben nebst Aufführungen in Dresden und fuhr gelegentlich auch ins nur hundert Kilometer entfernte Leipzig, um dort das Musikleben zu studieren. Dabei besuchte er die Druckerei vom Musikverlag Breitkopf & Härtel, bei dem er sich zwei Stunden lang den Herstellungsprozess vom Beginn bis zur fertigen Notenausgabe vorführen ließ. Im Gewandhaus beobachtete er Arthur Nikisch bei der Arbeit mit dem Orchester. Der Neubau des Konzertgebäudes war gut 30 Jahre zuvor im Musikviertel südwestlich der Altstadt an der Ecke Grassistraße/Beethovenstraße eingeweiht worden und wurde zum Vorbild der 1900 errichteten Symphony Hall in Boston. Am Giebel des Eingangsportals zum Gewandhaus konnte er den Leitspruch des Orchesters lesen: »Res severa verum gaudium«, die wahre Freude ist eine ernste Angelegenheit. Die Auswirkungen beobachtete Rachmaninoff, als er eine Dirigierklasse von Nikisch am Konservatorium besuchte. »Es war ausgesprochen langweilig, aber der Unterricht interessierte mich sehr«, fand Rachmaninoff, der in Wut geriet, als er Nachwuchsleute erlebte, die er für »Dummköpfe« und »Esel« hielt: »Ich habe bei drei Dirigierstudenten zugeschaut. Der arme Nikisch! Alle drei sollten meiner Meinung nach Stolipin übergeben werden, damit er sie nach den Gesetzen des Kriegsrechts für ihre verbrecherischen Gedanken über das Dirigieren aufhängt.«[392] Als Rachmaninoff miterleben musste, dass Nikisch »Max Regers miserable *Serenade* und Carrenos Darbietung eines schlechten Klavierkonzerts von einem gewissen Dowell« leitete, echauffierte er sich über das Publikum, das »auf die ärgerlichste Weise alles mit frenetischem Beifall bedachte« – »All das hat mich krank gemacht, ich nieste und hustete drei Tage lang ohne Unterbrechung.«[393]

Die wahre Begeisterung stellte sich für Rachmaninoff erst ein, als er Nikisch im Gewandhaus mit einem Konzertprogramm nach seinem Geschmack erlebte: Bei Brahms erster und Tschajkowskijs sechster Sinfonie fand er den Dirigenten »außergewöhnlich an Geist und Wirkung«, sodass ihm die »wilden Ovationen« für die brillante Leitung mehr als gerechtfertigt erschienen.[394]

In Dresden studierte Rachmaninoff bei Aufführungen die unterschiedlichsten Stilrichtungen, von Beethovens *Missa Solemnis* über Händels *Samson*, Bachs *h-Moll-Messe*, Mendelssohns *Petrus* bis hin zu Wagners *Tristan und Isolde* nebst *Die Meistersinger von Nürnberg*. Beethovens Messe gefiel ihm am besten und einiges bei Händel erschien ihm »genial«. »Wenn ich ehrlich bin«, gestand er Morosow, »schreiben sie heutzutage gut, aber früher schrieben sie noch besser.« Eines der wenigen Stücke, das er für einen Geniestreich hielt, »obwohl es jetzt geschrieben wurde«, war Lehárs *Die lustige Witwe*: »Ich habe wie verrückt gelacht. Es war absolut großartig!« Rachmaninoff saugte alles auf, was er an musikalischen Eindrücken bekommen konnte. Diese »geistige Nahrung«, wie er seine Erlebnisse nannte, bot eine abwechslungsreiche Grundlage für die eigene Arbeit.[395]

Kompositorisch fuhr Rachmaninoff mehrgleisig. Er hatte mit einer neuen Oper begonnen, seine erste Klaviersonate konzipiert und sich in eine weitere Sinfonie vertieft. Die Hauptschwierigkeit war, viele lose Enden sinnvoll miteinander zu verknüpfen. Aus der Sonate hoffte er, bei konzentriertem Arbeiten in nur zwei Wochen ein überzeugendes Ganzes zu gestalten. Am wenigsten stellte ihn die Sinfonie zufrieden. Bisher war nur der Entwurf fertiggestellt und Rachmaninoff schob das Ausarbeiten der Orchesterpartitur vor sich her. Ununterbrochen plagte ihn das Gefühl, nicht genug Zeit zu haben, dabei nahm *ihm* seine Frau sowie *beiden* das Haus- und Kindermädchen einen Großteil der häuslichen Arbeiten ab.

Zumeist behandelte er aktuelle Projekte wie Staatsgeheimnisse. »Du weißt, dass ich mir generell beim Komponieren misstraue«, schrieb er Slonow einmal, »und ganz besonders, wenn es darum geht, ein Sujet auszuwählen.«[396] Nur wenige, von denen er sich verstanden fühlte, erfuhren Näheres. »Lieber Freund Michail Akimowitsch, keine einzige Seele darf wissen, was ich dir jetzt schreibe«, mahnte er Morosow. »Sei bitte so freundlich und schlage Maeterlincks *Monna Vanna* (in der Übersetzung von Mattern and Worotnikow) auf Seite 27 auf (Auftritt Vannas) und versuche, diese Szene für mich bis zum Ende des Akts auszuarbeiten.« Wie Rachmaninoff den Stil seiner früheren Opern weiter verfeinern wollte, zeigen die Hinweise, dass er ungereimte Verse wünschte, aber keine inhaltlichen Kürzungen, wobei die Zeilen nicht zu lang ausfallen sollten und »alle Aufmerksamkeit darauf gerichtet werden muss, dass die Rede natürlich fließt, wie in der Prosa«.[397]

Aus der von Rachmaninoff erwähnten Szene muss sich der erste kompositorische Impuls für die Oper *Monna Vanna* (WoO, TN ii/71) ergeben haben. Zwei Bilder lang ist von der Frau des Garnisonskommandanten von Pisa nur die Rede. Als sie dann endlich erscheint, ist es, als ob in der von Gewalt beherrschten düsteren Männerwelt die Sonne aufgeht. Zentrales Thema ist die Erpressbarkeit der Staatsmacht: Darf man, ja, muss man einen einzelnen Menschen opfern, um Zigtausenden das Leben zu retten? Das belagerte Pisa steht kurz vor der endgültigen Vernichtung, als der Feind ein Ultimatum stellt. Man soll Giovanna, genannt Monna Vanna, an den Anführer des Feindes ausliefern, dann werde die Stadt verschont. Rachmaninoff hatte konkrete Vorstellungen, welche Szenen und welche Textmenge er für eine musikalische Realisierung benötigte. Allerdings sah er sich selbst nicht in der Lage, literarisch tätig zu werden. »Einmal wollte ich es allein machen«, bedauerte er, »dabei ist nichts herausgekommen.«[398]

Slonow half ihm und bereits Mitte April 1907 war auf großformatigen Partiturseiten das Klavierparticell des ersten Akts fertig. Dann hielten ihn Vorbereitungen zu Konzertverpflichtungen in Paris und die Instrumentation der zweiten Sinfonie für die Premiere in Moskau vorerst von der Kompositionsarbeit ab. Was er bei allem Enthusiasmus für das neue Opernprojekt nicht bedachte und was bei Puschkin- und Dante-Vertonungen noch keine Rolle gespielt hatte: Anfang des 20. Jahrhunderts gab es neue, teilweise sogar erste Urheberrechts-Regelungen. Der Autor des 1902 uraufgeführten Dramas *Monna Vanna* war gerade erst Mitte 40 und Rachmaninoff hatte vergessen, bei ihm nachzufragen, ob er mit einer Opernfassung seines Bühnendramas einverstanden sei. Stattdessen beschäftigte er sich lieber schon mit dem zweiten Akt, als sich Stanislawskij für ihn erkundigte. Bald gab es ernüchternde Neuigkeiten: Maeterlinck hatte längst selbst ein Libretto erstellt und die Rechte bereits an Henry Février vergeben, einen Massenet- und Fauré-Schüler, der sich zu einem fleißigen Opernkomponisten mauserte. Sein »Drame lyrique« in vier Akten wurde im Januar 1909 an der Académie Nationale de Musique in Paris uraufgeführt. Es wurde eine traditionelle Nummernoper; Rachmaninoff dürfte sich zudem geärgert haben, dass das Stück im Dezember 1913 in Boston gegeben wurde und man in den 1920er-Jahren statt seiner Opern Tonaufnahmen von Févriers *Monna Vanna*-Arien mit Sängern der Uraufführung einspielte. Auch wenn die Presse in Boston Févriers Komposition als »ziemlich mittelmäßig« bewertete,[399] geriet die Oper des Franzosen zu Rachmaninoffs Lebzeiten nie vollends in Vergessenheit. Da sowohl Maeterlinck als auch Février nach Rachmaninoff verstarben, ergab sich nie mehr ernsthaft die Gelegenheit, das *Monna Vanna*-Projekt weiter voranzutreiben, das für Rachmaninoff lange Zeit sein »einziger Trost« war.[400]

Russland hatte das internationale Urheberrechtsabkommen nicht unterzeichnet, aber da ansonsten alle relevanten Länder beteiligt waren, wäre Rachmaninoffs Bühnenfassung der Weg auf ausländische Bühnen verwehrt geblieben. Seine Reisen nach Westeuropa und in die USA machten ihn mit Mitte 30 zu einem Weltbürger, der mehr im Sinn hatte, als sein Wirken lediglich auf Russland zu beschränken. Dafür konnte das Projekt einer Sinfonie und einer Klaviersonate ebenso gut dienen.

In der Heimat verbreiteten sich schon Gerüchte darüber, womit der dort keineswegs vergessene Musiker wohl demnächst Furore machen würde. »Kürzlich habe ich von Slonow gehört, dass er in irgendeiner Zeitung gelesen habe, ich hätte eine Sinfonie vollendet«, schrieb er Morosow. »Vor einem Monat oder länger habe ich wirklich eine Sinfonie fertiggestellt, aber dazu muss noch der Ausdruck ›im Entwurf‹ hinzugefügt werden. Ich habe es ›der Welt‹ nicht angekündigt, weil ich zuerst ihre endgültige Niederschrift vollenden möchte.«[401] Als ihn Siloti in Dresden besuchte, bedrängte er Rachmaninoff, mehr über das Projekt preiszugeben. Als dieser zugab, an einer Sinfonie zu arbeiten, zauderte der Cousin nicht lange. »So habe ich bereits eine Einladung erhalten, sie in der nächsten

Saison zu dirigieren!«, klagte Rachmaninoff seinem Freund Morosow. »Ich kann dir privat mitteilen, dass ich darüber unzufrieden bin, aber es wird ›so kommen‹; allerdings nicht vor dem Herbst, da ich mit der Instrumentierung erst im Sommer beginnen werde.«[402]

Von Dresden aus reiste die seinerzeit schwangere Natalija mit Irina im Mai 1907 in den Sommerurlaub nach Iwanowka, während Sergej in Richtung Paris aufbrach, um Geld zu verdienen. Er ärgerte sich stets, wenn er vom Komponieren abgehalten wurde. Für Konzerte in der französischen Hauptstadt sei er »gezwungen, Klavier zu spielen«, klagte er in einem Brief, und das koste »nicht nur eine Stunde wie zuvor, sondern zwei«, was »einen großen Zeitverlust« darstelle. »So habe ich beispielsweise heute von 9 Uhr morgens bis 14:30 Uhr gearbeitet«, schrieb er Morosow. »Dann gab's Mittagessen, und jetzt schreibe ich dir anstatt zu arbeiten. Ich habe eine Stunde frei und dann gehe ich eine Stunde spazieren. Dann 2 Stunden Üben, und dann ziehe ich mich mit den Hühnern zurück. So habe ich nur etwa 4 Stunden am Tag für die Komposition. Ist das zu wenig?«[403]

Nach Paris brachte ihn eine Einladung, bei der von Sergej Djagilew organisierten ›Saison Russe‹ mitzuwirken. Zahlreiche Prominente waren beteiligt wie Rimskij-Korsakow, Glasunow, Skrjabin und Schaljapin. Rachmaninoff klagte, er müsse dort »ein Konzert geben, auf das ich mich gar nicht freue«.[404] Die französische Presse zeigte sich wohlwollend, aber in deutschsprachigen Zeitungen kam Rachmaninoff letzten Endes bei Berichten noch am besten weg. Das Klavierkonzert von Skrjabin galt als »die fleissige Arbeit eines ganz sympathischen, aber keineswegs besonders hervorragenden Musikers«, während man Rachmaninoff »eine kräftigere Individualität« bescheinigte und ihn als den erst wenig über 30 Jahre alten Komponisten vorstellte, »der ja in Deutschland kein Unbekannter ist (und auch seit einem Jahre in Dresden lebt)«: »Sein Klavierkonzert, das er selbst, und zwar ganz ausgezeichnet vortrug, ist ein, ersichtlich von der deutschen Romantik, namentlich von Schumann, stark beeinflusstes, aber doch der nationalen Färbung nicht entratendes Werk, voll individueller Züge: dagegen muss man die gleichfalls zur Aufführung gelangte Kantate *Der Frühling* als ein etwas konventionelles Opus betrachten.«[405]

Rachmaninoff wollte seiner Frau so bald wie möglich nach Iwanowka folgen, denn er wusste, dass »dieser Sommer nicht so geruhsam wird wie gewohnt«, da alle »Nataschas Niederkunft im Juni erwarten«. »Ich bin sehr froh ein weiteres Kind zu haben, wenn nur diese verfluchte Prozedur reibungslos und zügig verläuft«, schrieb er Morosow.[406] Er rechnete diesmal mit einem Sohn, freute sich aber ebenso über eine gesunde Tochter. Nicht minder glücklich war er, dass seine Frau Natalija alles gut überstanden hatte. Beide beschlossen, das Kind Tatjana zu nennen, wie die weibliche Hauptfigur aus Puschkins Versroman und Tschajkowskijs Oper *Jewgenij Onegin*.

Wenn Rachmaninoff von den Konzertsälen in den Kreis seiner Familie heimkehrte, wurde er ein anderer Mensch. Fremden gegenüber mochte er mitunter distanziert und abweisend wirken. Wer indes hinter die Schutzfassade blickte und ihn nicht auf dem falschen Fuß erwischte, lernte eine Seele von einem Menschen kennen. Für Arthur Hirst war er »eines der liebenswertesten Wesen, denen ich je begegnet bin«.[407] Die Mitglieder des Westminster Choir bezeichneten ihn sogar als »sweet«, süß. »Vielleicht haben Sie noch nie gehört, dass junge Leute dieses Eigenschaftswort für Sie verwenden«, schrieb ihm der Vorsitzende des Chors, »aber sie haben sich in Ihre vollkommene Aufrichtigkeit verliebt, in Ihre Schlichtheit und Ihre große Ehrlichkeit, und sie benutzten das Wort ›süß‹ in seiner wahren und nicht irgendeiner sentimentalen Bedeutung.«[408]

Rachmaninoff besaß ein gutes Gespür für den Umgang mit jungen Menschen. In schwierigen Momenten half ihm zuweilen sein Humor. Als Kleinkinder hatten seine Töchter Irina und Tatjana etliche Erkrankungen zäh durchgestanden. »Unser Haus war die reinste Hölle«, erinnerte sich Rachmaninoff. »Die arme Irinotschka schrie fast den ganzen Tag.«[409] Doch mit der Zeit konnte er dem auch etwas Positives abgewinnen. Tatjana »schläft viel mehr als Irina anfangs und brüllt weniger«, berichtete er in einem Brief, »aber wenn sie anfängt zu schreien, dann mit einer Donnerstimme. Im Allgemeinen haben meine Töchter sehr kraftvolle Stimmen.«[410] Dies bestätigte auch ein anderer Hinweis, dass die kleine Irina den ganzen Tag über Lieder singt und »alle ihre Gesänge sind wild, verzweifelt, durchdringend – so als ob sie in Strauss' *Salome* auftreten würde«.[411] Allerdings entwickelte sich keine der beiden Töchter zu einer professionellen Musikerin oder schlug eine Laufbahn ein, wie sie die einst jung verstorbene Schwester von Sergej Wasiljewitsch, Jelena, angestrebt hatte.

Anfangs sorgte sich Rachmaninoff um Tatjana. »Am 21. Juni wurde Tanja ein Jahr alt. Wie zuvor läuft sie nicht, kriecht sie nicht, spricht sie nicht. Nur ›buh‹ in allen Tonarten.«[412] Ein Besucher berichtete, dass das Kind Fremden gegenüber schüchtern wirkte, fast wie ihr Vater. Doch der bewunderte stets den »starken Charakter« von Tatjana und staunte, als sie später in Frankreich den Führerschein machte. »Ich hatte nie den Eindruck, dass sie ein Talent fürs Autofahren hat«, meinte er.[413] Die vier Jahre ältere Irina wirkte robuster und kesser. Eine gängige Erfahrung beschrieb Rachmaninoff in einem Brief an einen Bekannten: »Ich arbeite den ganzen Tag, Natascha langweilt sich den ganzen Tag und Irina treibt den ganzen Tag ihr Unwesen.«[414] Zuweilen war Irina »ein Schlingel und eine große Kanaille«.[415] Seine Frau Natalija achtete darauf, dass Sergej Wasiljewitsch genug Zeit zum Komponieren fand.

Mit großer Sorgfalt widmete sich Rachmaninoff auf Iwanowka seiner zweiten Sinfonie. Die Dresdner Erfahrungen halfen bei der Entwicklung neuer Lösungen. Das Netz der thematischen Verknüpfungen und des vielstimmigen instrumentalen Wechselspiels ist so feinmaschig wie in einer Brahms-Sinfonie, von denen Rachmaninoff besonders die zweite bewunderte. Die spieltechnischen und interpretatorischen Herausforderungen entwarf er im Hinblick auf die Leistungsfähigkeit von Orchestern, die auch Richard Strauss' neueste Werke souverän bewältigten. Die Ausarbeitung der Sinfonie gehe nur »entsetzlich mühsam und schwer voran«, teilte Rachmaninoff im August 1907 seinem Freund Morosow mit. »Der Grund dafür liegt neben der Instrumentierung selbst, die mir meistens schwerfällt, auch darin, dass die Sinfonie bisher erst im Entwurf vorliegt und daher einige Sätze noch ausgearbeitet werden müssen.« Die Schwierigkeiten ergaben sich durch das Generieren der üppigen Melodik aus teilweise kleingliedrigen Motiven. Diese sind zu einem polyphonen Netz verwoben, in dem sie in vielerlei Gestalt variiert und in scheinbar unerschöpflichen Metamorphosen mit Reminiszenzen an vorangegangene Abschnitte bzw. Sätze ausgestaltet werden. »Es ist peinlich zugeben zu müssen, dass ich in zwei Wochen lediglich die Einleitung und das erste Thema mit der Durchführung geschafft habe, d. h. 25 Seiten«, klagte Rachmaninoff. »Wenn ich das Tempo nicht beschleunige (was ich hoffe!), dann werde ich die Sinfonie kaum früher als in sechs Monaten beenden «.[416] Immer wieder feilte er an Details, nahm »Tausende von dummen Korrekturen« vor.[417] Die e-Moll-Sinfonie hat etwas Rhapsodisch-Pasticciohaftes. Die Schwierigkeit bei der Ausarbeitung bestand darin, dies zu einer Einheit zu verschmelzen.

Da das Werk im Frühjahr in Sankt Petersburg uraufgeführt und bald darauf in Moskau gespielt werden sollte, musste er sich sputen. Gegen Jahresende resümierte er, dass er für die Vollendung des ersten Satzes drei Monate, für den zweiten Teil dreieinhalb Wochen, für den dritten Abschnitt zwei Wochen und für das Finale gut einen Monat gebraucht hatte. Es wurde die erste seiner Sinfonien mit Opuszahl: 27. Formal spiegelt dieses Werk (II) die verdrängte erste Sinfonie (I): Es gibt eine langsame Einleitung (I Grave / II Largo), auf die ein abwechslungsreicher erster Satz folgt (I Allegro ma non troppo / II Allegro moderato). An ein lebhaftes Scherzo (I Allegro animato / II Allegro molto) schließt sich ein langsamer dritter Satz an (I Larghetto / II Adagio). Im Finale explodiert die Musik geradezu (I Allegro con fuoco / II Allegro vivace). War die erste Sinfonie ein Rohdiamant mit bemerkenswerten Ecken und Kanten, den Rachmaninoff glücklicherweise nie bearbeitete, so wurde sein Opus 27 ein perfekt geschliffenes Juwel.

Von Dresden aus schilderte er Anatolij Brandukow, der mittlerweile Professor und Leiter der Philharmonischen Musik- und Schauspielschule in Moskau war, dass die Sinfonie einige zusätzliche Instrumente benötigte: Als dritte Flöte ein Piccolo, als dritte Oboe ein Englischhorn, eine dritte Trompete und eine Bassklarinette sowie ein umfangreiches Schlagwerk mit Trommeln, Glockenspiel, Tamburin, Becken und zusätzlich verschiedene Formen von »Barabans«, die ursprünglich im Regiment der Janitscharen genutzt wurden. Für eines verwendete Rachmaninoff im Russischen den Begriff Военный барабан, »Kriegstrommel«.[418] Schlaginstrumente kommen vor allem im zweiten und vierten Satz zum Einsatz – beispielsweise bei martialisch wirkenden Momenten oder als mahnende, düster pochende Stimme im Hintergrund. Im ersten Satz sticht eine Passage für Solovioline heraus, die vorübergehend vom Englischhorn begleitet wird. Dabei handelt es sich nicht um eine Virtuosenstelle, denn Rachmaninoff verlangt vom Konzertmeister eine höchst differenzierte Vortragsweise zwischen Mezzoforte und Piano, Crescendo und Decrescendo pendelnd, zeitweilig mit Dämpfer, aber stets »espressivo«. Ein Pendant zu dieser Passage gibt es im dritten Satz. Man mag darin, wie auch an anderen Stellen der Sinfonie, Varianten des Dies irae-Motivs herauslesen. Viel naheliegender ist es indes, darin die osteuropäische Variante des Klagens zu sehen, ein Pritschet (причеть). Auch viele andere Solopassagen für Horn, Klarinette, Flöte oder Oboe erinnern an diese rituelle Gesangs- und Rezitationsform. Sie stellen individuelle Kommentare zu den vielen unheilvollen Passagen der Sinfonie dar.

Rachmaninoff kannte möglicherweise aus der Partitur die 1901 uraufgeführte und 1902 veröffentlichte vierte Sinfonie von Gustav Mahler. Im Ländler des zweiten Satzes erklingt durchdringend mit unheimlicher Klangfärbung eine Solovioline, für die ein separates, um einen Ton heraufgestimmtes Instrument verwendet wird, dessen Klang an die Fiedel spielenden Skelette in mittelalterlichen Darstellungen von Totentänzen denken lässt. Rachmaninoff macht auf eine andere Weise deutlich, dass der Schrecken, der hinter der vorübergehenden Harmonie lauert, immer gegenwärtig ist. Einen jähen tragischen Einbruch kündigen sinistere Blechbläserstimmen zur Mitte des ersten Satzes an: Paukenwirbel und unruhige Streicherbewegungen steuern auf einen Konflikt zu, der vorübergehend die gelöste Stimmung trübt. Zu der dunklen Färbung tragen die markanten Stimmen der tiefen Streicher bei, die mit etlichen Crescendo- und Marcato-Anweisungen durchsetzt sind. Mahler will mit dem Grotesk-Makabren schockieren; Rachmaninoffs Pritschetieren ist eine soziale Anklage. Hinzu kommt eine auffällige Parallele zum Orchestervorspiel der Oper *Der geizige Ritter*. Dort gibt es die gleiche Tempoanweisung wie bei der Sinfonie (Largo) und ebenfalls einen Auftakt mit Celli, Kontrabässen und Holzbläsern in den tiefen Lagen. Eine Anspielung auf den ›Geiz‹ der Obrigkeit, die die Macht für sich behalten und mit niemandem teilen will? Der folgende Allegro moderato-Teil in e-Moll ist durchzogen von dramatischen, ›revolutionären‹ Ausbrüchen, bis hin zum dreifachen Fortissimo. Das Allegro molto des nachfolgenden Satzes mit seiner ausgelassenen Lebensfreude mutet an wie eine Flucht in die kulturell lebenshungrige, glamouröse, aber auch unruhige Welt von London, Florenz und Dresden. Ein peitschenhafter Sforzando-Schlag des gesamten Orchesters leitet über zu einem Meno mosso-Einschub, bei dem die Streicherstimmen wie Flammen züngeln und zusammen mit Bläsern und Schlaginstrumenten ein militärischer Einschlag hinzukommt, bis schließlich der Großstadttrubel weitergeht.

Das A-Dur-Adagio vermittelt eine Ausgeglichenheit, wie sie das Landgut Iwanowka bot. Zunächst. In diesem Satz dominieren über weite Strecken sanfte Streicherbewegungen sowie die Holzbläser, die von einer gelassenen Ruhe zeugen. Scheinbar. Bereits ab dem fünften Takt werden die Streicher geteilt und neben den Geigen entwickeln sich Bratschen, Celli und Kontrabässe mit unterschiedlichen melodischen Linien auseinander. Schon zurückhaltende Einwürfe der Blechbläser genügen, um einen Schatten auf die Cantabile-Melodik zu werfen. Daraufhin wenden sich die Streicher- und Holzbläserklänge zu verstörenden, bewegenden Klagen, gerade so, als ob Rachmaninoffs ›schwarze Melancholie‹ zurückkehrt. Mit Hilfe jeweils eines Violin-, Klarinetten- und Flötensolos erwachen diese für den gesanglichen Tonfall geeigneten Instrumente aus ihrer Depression und schwingen sich zu lichteren Farbgebungen auf, bevor der Satz im Pianissimo verebbt.

Im Allegro vivace des Finales wird – wie am Schluss von Tschajkowskijs vierter Sinfonie – die volksfesthafte Stimmung durchbrochen von bedrohlichen Eintrübungen. Diese sind gespickt mit Anklängen von Motiven aus dem Kopfsatz; die lange schwelenden Konflikte lassen sich nicht ohne Weiteres abschütteln. Man kann Rachmaninoffs Dramaturgie als Reverenz gegenüber dem großen Freund sehen, aber im weitesten Sinne auch an das Krönungsjahr 1894 denken, als der neue Zar seinem Volk ein Unterhaltungsfest bieten wollte, das aber mit einem großen Unglück, Massenpanik und vielen Toten endete.

Die Uraufführung der Sinfonie dauerte etwa eine Stunde. Die divergierenden Klangfelder ermöglichten es später, leichte Kürzungen vorzunehmen, da sich einzelne Bausteine aus dem Gesamtgefüge herauslösen lassen. Dies geschah zu einem Zeitpunkt, als sich der Komponist wieder einmal durch Einwände von Außenstehenden verunsichern ließ. Allein durch ein Missachten der Originalpartitur ergaben sich in der Spieldauer Unterschiede von bis zu 20 Minuten (siehe im ›Anhang B: Kürzungen und Überarbeitungen von Rachmaninoffs Werken‹, Seite 454–459). Dabei ist jeder Satz der ungekürzten Fassung ausgewogen und gleich gewichtig, jeder bietet mit einer gewaltigen expressiven Spannweite andere Facetten des emotionalen Prismas. Alle Komponenten wirken vertraut und erscheinen doch in neuer Gestalt. Die tiefen Pianissimo-Seufzer in den Celli und Kontrabässen zu Beginn gemahnen an das »pppp« in den tiefen Streichern zu Anfang und zum Ausklang von *Der Fels*. Auch im ersten Satz der zweiten Sinfonie haben sie das letzte Wort mit einem tiefen E, das energisch »sff« gespielt werden muss, also stark hevorgehoben »sforzatissimo«. Bei vielen Aufnahmen und Aufführungen werden sie von einem Nachdröhnen der Pauke übertönt, die aber – wie das ganze Orchester – schon längst wieder verstummt sein muss. Nur so bleiben die Proportionen und Parallelen der Struktur gewahrt.[419]

Während in Brahms' Sinfonik der Kopfsatz den wesentlichen Ausgangspunkt für alle weiteren Entwicklungen bildet und bei Bruckner alles auf den Finalsatz verweist – also das, was dereinst noch kommen mag –, findet sich bei Rachmaninoff kein emotionales Zentrum im eigentlichen Sinn. Entwicklungen werden angeregt, Ideen angerissen, mal funkelt und sprüht es, mal versinkt die Musik in düsteres Brüten. Er entwickelt – oft in ein und demselben Satz auf kleinstem Raum – dreidimensional wirkende Klangfelder, die Trostlosigkeit und Entsetzen vermitteln, dann aber auch in tosende Heiterkeit umschlagen können. Rachmaninoffs Sinfonik lebt im Augenblick.

Für die amerikanische Erstaufführung sorgte Modest Altschuler im Januar 1909 in New York. Im Westen glaubte man erst viel später, in der Sinfonie etwas archetypisch Russisches zu erkennen, dabei entstand sie größtenteils nicht in Russland, enthält keinerlei Anspielungen auf Volkslieder und ist vornehmlich durch ihren Schöpfer geprägt – wenn sie auch eine andere Facette zeigt als seine bisherigen Orchesterwerke. Wesentlich und für alle Europäer und Nordamerikaner ansprechend ist, dass die instrumentalen Dramen in Rachmaninoffs Orchesterwerken – wie die Opern – Momente der Identifikation bieten. Die Emotionalität dieser beiden Kulturkreise ist ähnlich: Wie im Westen erfasste man bereits Mitte des 19. Jahrhunderts in Russland die Leidenschaften und Empfindungen italienischer Opern, da sie »unserem Alltagsleben nahestehen«, denn sie vermitteln im Buch des Lebens »eine Seite, die der Jugend eines jeden von uns entrissen« wurde.[420] Gerade ein Mann vom Format Rachmaninoffs verstand es, Lebenserfahrung, Sensibilität, Praxisbezug und Kreativität in Kunstwerken zu verschmelzen, die Klangkörper dafür zu begeistern und anzufeuern, um damit den Konzertsaal zum Glühen zu bringen – die von ihm geleiteten ersten Aufführungen in Sankt Petersburg und Moskau wurden im Februar 1908 große Erfolge. »Gespielt wurde die Sinfonie wunderbar«, hieß es in einer Rezension, »mit diesem kraftvollen Temperament und dieser gleichzeitig sicheren Selbstdisziplin, die die gesamte künstlerische Persönlichkeit Rachmaninoffs charakterisieren: Keine überflüssige Geste beim Dirigieren, keine überflüssige Eitelkeit im Orchester.«[421] Ein anderer Beobachter konstatierte: »Nachdem man den vier Sätzen mit unermüdlicher Aufmerksamkeit zugehört hat, stellt man überrascht fest, dass die Zeiger der Uhr fünfundsechzig Minuten vorgerückt sind. Das mag für das breite Publikum etwas überlang sein, aber wie frisch, wie schön ist das!«[422] In seiner Heimat begann man, die Frage zu debattieren, warum solche herausragenden Komponisten, die zugleich vorzügliche Dirigenten sind, nicht zum Chefdirigenten der Russischen Musikgesellschaft berufen werden.

In der deutschen Presse irritierte der Facettenreichtum der Sinfonie. Nach Ansicht des *Musikalischen Wochenblatts* erlebte man bei der deutschen Erstaufführung »ein tüchtig gearbeitetes, klangvoll und charakteristisch instrumentiertes Tonstück« des »jungen russischen Komponisten«. Zwar werde im ersten Satz »ohne deutlich erkennbaren Plan« noch etwas zu »viel hin und her musiziert«, zudem könnte er, wie das Adagio, durchaus kürzer ausfallen, aber vor allem dieser dritte Satz »fesselte durch die sinnliche Schönheit des Klanges«. Das »scherzoartige« Allegro molto sei »ein reizendes, feingearbeitetes Stück« und auch das »einherstürmende« Finale mit seinen »wuchtigen, charakteristischen

Rhythmen« erschien als »eine glückliche Eingebung«.[423] Dem Rezensenten der Gazette *Berliner Tageblatt und Handels-Zeitung* gefiel das neue Stück verglichen mit dem c-Moll-Klavierkonzert Rachmaninoffs zwar weniger, da es sich »ins Weitschweifige verliert«, aber immerhin musste er zugeben, die Sinfonie »nötigt uns Achtung ab als Arbeit eines ernsten Idealen nachgehenden Musikers«. Sie bot ihm aber nicht, was er von einer Aufführung erwartete, denn sie regte ihn nicht »zu lebhafter oder gar herzlicher Teilnahme« an.[424] Die Introduktion vermittelte seiner Meinung nach eine »kalte, abweisende Haltung«, die er dann sogar dem ganzen ersten Satz attestierte. Formulierungen wie »wärmere Töne« in Bezug auf das Adagio legen nahe, dass im Konzertsaal letzten Endes wie auch im Opernhaus erwartet wurde, dass die Werke in erster Linie berühren, die Empfindungen der Besucherinnen und Besucher freilegen, sie fesseln, schockieren, erfreuen, trösten. Da das Publikum zumeist empfindsamer war als hartgesottene Zeitungskritiker, brachte genau dies Rachmaninoff den Erfolg in Westeuropa und den USA: Er sprach die meisten Menschen emotional an. Dass er russischer Herkunft ist, erschien hierfür völlig irrelevant und spielte in frühen Rezensionen kaum eine Rolle. Als allgemeine Tendenz lässt sich beobachten, dass nach den langen Verbindungen der Kulturräume erst nach dem Ersten Weltkrieg allmählich dem »nationalen Stil in der russischen Musik« Bedeutung beigemessen wurde, vornehmlich, um sich von ›dem Fremden‹ abzugrenzen.[425] Zuvor war es nicht Rachmaninoffs Musik, die als russisch wahrgenommen wurde, sondern eher seine äußere Erscheinung. »Die schlankaufgeschossene magere Gestalt in der schlechten Haltung, in der wir uns unseren Schiller etwa zu denken haben, mit diesem müden, unentschlossenen Gang – man könnte sagen: der Mann wird mehr gegangen als er geht – diese Asketenzüge, in denen Begierde von Selbstzucht unter tyrannischem Verschluß gehalten zu sein scheint; der halb lauernde, halb erschreckte Blick von Augen, die Kinderreinheit und – das Gegenteil widerspiegeln – das ist mehr als ein Einzelner, das ist eine Verkörperung des russischen Volkes, wie es uns im Seelenspiegel seiner großen, epischen Dichter seit einem halben Jahrhundert so rätselvoll fasziniert, von Dostojewsky bis Tolstoi«, so ein Beobachter im März 1912. »In dieser Seele – fühlt man – lebt und bebt ein Stück Raskolnikow und Ssanin.«[426] Bei der Musik hingegen zeigen Rachmaninoffs kleinere und größere Klavierkompositionen »streng persönlichen, rhythmischen und chromatischen Eigensinn«, seine Musik zeige »seine eigene blühende Seele« und hat dadurch »eine echte Beglaubigung; sie ist gewollt, aber *mußte* gewollt werden« – »Diese knappe Bestimmtheit ihres Inhalts wie ihrer Formen, die auch die Orchesterbehandlung beherrscht, ist es, die so stark auf das Publikum wirkt. Das Publikum liebt diese stark Subjektiven.«[427] Wenn überhaupt, bescheinigte man Rachmaninoff in den 1920er-Jahren in der *Vossischen Zeitung*, einem Blatt des liberalen Bürgertums, »ein Russentum, das auf dem Wege ins Westeuropäische gehörig verdünnt ist«.[428] Allmählich wurde – beeinflusst durch sentimentale Erinnerungen der Emigranten – der Klischeerusse lieber gewürdigt als Russlands Beitrag zum Weltkulturerbe der Musik.

Erzählte die erste Sinfonie des jungen Rachmaninoff von der emotionalen Befindlichkeit des Komponisten – die wie bei Mahler seinerzeit niemanden interessierte –, reflektierte die zweite Sinfonie das psychische Profil der Epoche. Rachmaninoff war sich der Ambivalenzen seiner Zeit bewusst. Während einerseits ein breites kulturelles Spektrum gepflegt wurde, gab es andererseits keinerlei Zugeständnisse: »In der Kunst müssen Sie hassen können, sonst verliert Ihre eigene Musik jedes Gesicht«, hatte der Impresario Sergej Djagilew einst Prokofjew eingeschärft – und wahrscheinlich nicht nur ihm. »Die Kanonenkugel fliegt auch bloß deswegen so weit, weil sie aus einem engen Rohr herausschießt.«[429] Als kluger Beobachter erkannte Rachmaninoff, dass die Radikalität eines Schönberg oder Prokofjew eher der Zertrümmerungswut der Berufsrevolutionäre entsprach und die im Laufe seiner Karriere chamäleonhafte stilistische Anpassungsfähigkeit Strawinskijs der Flexibilität vieler Emigranten.

»Ich empfinde keine Sympathie gegenüber Komponisten, die Werke mit vorgefassten Formeln oder vorgefassten Theorien schreiben; oder gegenüber Komponisten, die in einem gewissen Stil schreiben, weil es gerade modisch ist«, meinte Rachmaninoff einmal. »Große Musik ist niemals auf diese Weise produziert worden – und ich wage zu sagen, sie wird es auch nie.«[430] Rachmaninoff sah keinen Sinn darin, Werke zu schreiben, die so unterschiedlich sind, dass man sie für Stücke völlig verschiedener Komponisten halten könnte. Seine Modernität bestand in einem In-Frage-stellen traditioneller Formmodelle, durch das Idyllen auf einmal trügerisch wirken, Phasen tonaler Stabilität zu einem zögerlichen Vorantasten der Instrumente wechseln, Schwelgerisches sich zu Schwebendem wandelt und auf einmal instabil zu zittern und zu vaszillieren beginnt.[431] Er war sich bewusst, dass Kompositionen auch ohne ein im Titel festgelegtes Thema Wirkung entfalten können. »Absolute Musik vermag beim Zuhörer eine Stimmung zu suggerieren oder hervorzurufen, aber ihre Hauptfunktion besteht darin, intellektuelles Vergnügen an der

Schönheit und Vielfalt ihrer Form zu wecken«, äußerte er 1910 in einem Interview. Konkret bezogen auf sein cis-Moll-Präludium fügte er hinzu, wenn man Musik »psychologisieren« müsse, solle man sich darüber im Klaren sein, dass ihre Funktion nicht darin bestehe, eine »Stimmung darzustellen, sondern sie vorzubereiten«.[432] Rachmaninoffs Kompositionen sind geradezu ein ›Appell‹, sich auf seine ›Angebote‹ einzulassen. In subtilen Brechungen entpuppen sich vermeintlich ›schöne‹ Solostellen als Lamento, ein Melodienrausch versandet zu Tonwüsten, in denen Klänge einsam umherirren, Erwartungen werden aufgebaut und wieder enttäuscht. Rachmaninoffs Finali sind ein Hinterfragen von Schönheit, Sieges- oder Heilsgewissheit und enden ohne Apotheose zumeist abrupt.[433] Diese Ambivalenzkomplexität entsprach den Lebenserfahrungen. Der kulturpolitisch engagierte Rachmaninoff hatte die Revolution von 1905 unmittelbar erlebt, sein Zeitgenosse Schostakowitsch nicht. Der ab den 1920er-Jahren aufsteigende Jungstar der sowjetischen Komponistenszene schrieb später als elfte Sinfonie ein Propagandawerk mit dem Titel »Das Jahr 1905«, Rachmaninoff hingegen unterwarf sich nie einer Doktrin. Schostakowitsch unterzeichnete im Suff Pamphlete gegen Regimekritiker, Rachmaninoff unterschrieb nüchtern aus Solidarität Protestnoten für die Weiterbeschäftigung von Rimskij-Korsakow nach seiner Entlassung und trat von Posten zurück, wenn er Diskriminierungen durch eine Institution missbilligte.

In seinen Klängen gestaltete er Psychogramme und Gesellschaftsstudien, die sein Opus 27 zu einer Sinfonie des Jubels und der verzweifelten Klagen machen.[434] Für eine Verlängerung des Aufenthalts in Dresden waren ihm die 1000 Rubel willkommen, die er im sinfonischen Bereich durch den Glinka-Preis erhielt, was gut dem Achtfachen eines monatlichen Durchschnittseinkommens entsprach. Als ›Freier Künstler‹ hatte sich Rachmaninoff in einem gewissen Rahmen finanzielle Unabhängigkeit erarbeitet. In Russland konnte er darauf bauen, dass er als Komponist anerkannt war und als Pianist sowie vor allem als Dirigent, der eigene und andere Werke interpretierte, ein Auskommen hatte. Die Grenzen der Freiheit waren indes abgesteckt durch die mehr oder weniger kluge Bündnispolitik der Politiker und die fatalen Abhängigkeiten, in die man sich dadurch begab. Teuflische Pakte, mit denen Rachmaninoff sich etwa in seiner ersten Klaviersonate künstlerisch befassen sollte, waren in der Politik üblich.

Zwei von drei Werken aus der Dresdner Zeit sind mit konkreten Inhalten verbunden. Dabei erweiterte Rachmaninoff neben der Literatur sein Spektrum um die Malerei. Selbst wenn er abstrakte Musik ohne Texte schrieb, hatte Sergej Wasiljewitsch immer Passagen aus der Literatur oder ein Bild vor Augen. Gegenüber amerikanischen Journalisten bekannte er sich zu den Anregungen aus seinem Umfeld. »Die Schönheit und Erhabenheit der Natur hilft; auch die Poesie inspiriert mich«, zitierte man ihn im *Musical Observer.* »Unter allen Künsten liebe ich die Dichtung nach der Musik am meisten.«[435]

Als der Freund Konstantin Igumnow, der Rachmaninoffs Frau unterrichtet hatte, die Familie in Dresden besuchte, erfuhr er, dass neben der Oper *Monna Vanna* eine Klaviersonate in Arbeit sei, zu der Goethes *Faust* den Hintergrund bildete. Der Komponist vertraute Igumnow etliche Details an und übertrug ihm die ersten Aufführungen in Moskau, Berlin und Leipzig. Igumnow wusste vom Komponisten, dass »der erste Satz dem Faust, der zweite Gretchen und der dritte der Nacht auf dem Brocken und Mephistopheles entspricht«.[436]

Öffentlich wies Rachmaninoff auf den literarischen Hintergrund der Sonate erst nach der Uraufführung hin. In einem Brief an Nikita Morosow erklärte er die Dimension des »sperrigen und endlosen« Werks, mit dem er lange Zeit nicht recht zufrieden war. Es gab auch Überlegungen, die Ideen zu einem sinfonischen Gebilde auszuarbeiten, aber die pianistische Faktur ließ sich nicht in eine Fassung für Streicher und Blasinstrumente übertragen. Die Umsetzung lehnt sich weniger an die plastische ›Dreidimensionalität‹ des Theaters an, auch nicht an Sinfonisches wie Liszts *Faust-Sinfonie.* Deren nachkomponierter, optionaler »Chorus mysticus« am Schluss wirkt wie ein vom Inhalt unabhängiger vierter Satz. Das ›Zweidimensionale‹ der beiden Hände auf der Klaviertastatur entspricht vielmehr der Flächigkeit der Malerei: Rachmaninoffs Komposition ist ein dreiteiliges Werk, das wie Michail Wrubels Faust-Triptychon in der Tretjakow-Galerie aufgebaut ist.

Die Verknüpfung von Literatur und bildender Kunst lag in Dresden nahe. Dort hatte der Maler Gerhard von Kügelgen gewirkt, der neben literarisch-mythologisch inspirierten Ölbildern nicht nur ikonische Portraits deutscher Geistesgrößen wie Goethe anfertigte, sondern auch in Russland bekannt war. Er hatte den Zaren Aleksandr I. fünfmal in Öl und zweimal in Pastell hoch zu Ross abgebildet und 55 Miniaturen gestaltet, die sich bei der Petersburger Gesellschaft bestens verkauften und für weitere Aufträge sorgten. Goethes Dramen wurden auch in Russland rezipiert und in Deutschland erschien 1906 ein neues Buch, in dem ein Dr. James Simon sich mit *Faust in der Musik* auseinandersetzte. Rachmaninoff war durch Schaljapin mit Opern wie Gounods *Faust* und

Boitos *Mefistofele* vertraut, während er sich mit Siloti gewiss über Liszts Bearbeitung des Themas ausgetauscht hatte. Rachmaninoffs Faust-Fassung bildet eine Antithese: Während die meisten Gretchen und Faust wie bei Goethe Vergebung gewähren, endet Rachmaninoffs Sonate im Sinne der Volkslegende mit der Höllenfahrt. Wie viele seiner Werke schließt auch dieses unvermittelt, indem nach dem Sturz in die tiefsten Register noch zwei grell gehämmerte Akkorde wie ein Aufschrei erklingen. Durch Boitos Oper, die auch den zweiten Teil von Goethes Faust-Dichtung mit einbezieht, besaß Rachmaninoff ein umfassenderes Verständnis des Mythos: Faust ist auch ein ambitionierter Schöpfer neuer Welten – wie zuvor der kulturell gebildete Eisenbahnmagnat Sawwa Mamontow, die Erbauer der Transsibirischen Eisenbahn und alle, die sich 1905 in Russland für positive Veränderungen eingesetzt hatten. Erheblich idealistischer als der Text von Boitos Originallibretto klingt die Übersetzung in dem 1888 vom Verlag P. Jurgensson veröffentlichten italienisch-russischen Klavierauszug: Im Epilog gibt es Anspielungen auf den Zaren durch Reizwörter wie ›herrschen‹ (царствовать) oder das Leben in Russland mit ›weise Gesetze‹ (мудрые законы) und ›ein gesegnetes Schicksal für Millionen von Bürgern‹ (гражданъ миллионы судъбу благословляли).[437] Im wirklichen Leben endeten alle Initiativen mit ruinierten Karrieren, verlorenen Kriegen oder enttäuschten Hoffnungen. Für Rachmaninoff konnte die Geschichte des Doktor Faust in der ersten Klaviersonate nur tragisch enden. Er zitierte Boito nicht, doch im lebhaften dritten Satz, dem Mefistofeles-Teil, gibt es ein Innehalten mit zwei Moderato-Passagen – analog zu der soeben beschriebenen Andante sostenuto-Szene des Faust, gerade so als ob ebenfalls über die idealistischen Utopien reflektiert wird.[438] »Diese neue Sonate ist musikalisch komplex und pianistisch ziemlich vertrackt«, hieß es bei Igumnows Uraufführung in der Moskauer Presse. »Sie allein am Klavier selbst zu lesen, dieses Gewirr von Passagen, Rhythmen, Harmonien, polyphonen Wendungen zu entwirren, ist selbst für einen versierten Pianisten keine leichte Angelegenheit.«[439]

Rachmaninoff spielte die Sonate selten, verstand es aber, den Klangbildern Leben einzuhauchen. »Sein Spiel war absolut, dämonisch«, befand eine Beobachterin.[440] Allerdings empfand Rachmaninoff zu dieser Zeit höchster Kreativität Konzerttourneen, die ihn unter anderem von Amsterdam bis Frankfurt führten und Einladungen aus den USA einbrachten, wie so oft als Last. »Ich bin sehr müde und fürchte nur allzu sehr, dass ich bald zum Teufel gehen werde«, klagte er in einem Brief.[441] »Ich passe schließlich nicht zu diesen ›Tourneen‹ und frage mich, ob ich die Amerika-Reise, die ich wahrscheinlich nicht durchhalten werde, nicht ganz ablehnen sollte?«[442]

Nach fast zweieinhalb Jahren in Dresden kehrte Rachmaninoff im April 1909 mit seiner Familie endgültig nach Moskau zurück. Dort war er unverzüglich wieder als Dirigent gefragt. Nikisch hatte Konzerte abgesagt, nachdem ihm Gerüchte über eine Choleraepidemie zugetragen worden waren. Rachmaninoff war mehr als ein Ersatz für ihn und stellte – ermuntert durch seine Erfahrungen aus erster Hand in Deutschland – unter anderem Werke von Wagner und Strauss vor, widmete sich aber auch Skrjabins erster Sinfonie. In dieser Phase begann Rachmaninoff, sein Œuvre um eine weitere Facette zu bereichern, die sich bisher erst im Hintergrund angedeutet hatte: das unmittelbare Verschmelzen von Musik und Malerei. Er begeisterte sich von Jugend an für die Kunst und bestaunte das abwechslungsreiche Angebot namhafter Sammlungen wie der Tretjakow-Galerie in Moskau oder der Galerie Alter und Neuer Meister in Dresden. Unmittelbaren Kontakt zu Malern hatte er im Umfeld von Mamontow und durch seinen Freund Nikolaj Gustawowitsch Struwe, dessen Frau Wera beim Leiter der Dresdner Kunstakademie, Robert Sterl, studiert hatte. In Dresden muss er schon bald nach seiner Ankunft auf den Maler Arnold Böcklin aufmerksam geworden sein. Der Schweizer war erst wenige Jahre zuvor im Januar 1901 verstorben, worauf zwei Jahre später ein Buch mit »Erinnerungen seiner Zürcher Freunde« erschien. Weitere Publikationen über den Künstler folgten, und allein in Rachmaninoffs ersten Jahren in der sächsischen Hauptstadt kam eine Böcklin-Biografie und eine umfangreiche Analyse von »Böcklins Technik« heraus.[443] Selbst wenn Rachmaninoff diese Bücher nicht gelesen haben mag, konnte ihm nicht entgangen sein, dass Böcklin ein in Westeuropa hoch angesehener Künstler war. Das Bildthema, das Rachmaninoff am meisten beindruckte, lag sogar in mehreren Fassungen auf diversen Materialien und in verschiedenen Formaten vor: Zu sehen ist eine Insel mit gewaltigen, hoch aufragenden Felsen, auf der eine Phalanx von Trauerzypressen steht. Über das Wasser, das das Eiland umschließt, fährt mit einem verschlossenen Sarg ein Kahn auf sie zu, in dem eine in einen weißen Umhang gehüllte Gestalt steht. Böcklins Galerist, der Berliner Kunsthändler Fritz Gurlitt, schlug als Titel »Die Toteninsel« vor, den Böcklin dann auch selbst verwendete, obwohl er zeitweilig auch die Bezeichnung »Die Gräberinsel« nutzte. Die erste und größte Version entstand für Böcklins Mäzen Günther Alexander und wurde im Mai 1880 vollendet. Als ihn noch während der Arbeit Marie Berna bat, für sie »ein Bild zum Träumen« zu malen, fertigte er eine zweite Fassung an. Da diese Bilder bei den Auftraggebern verblieben, malte Böcklin drei Jahre später für seinen Galeristen eine dritte Fassung. Noch zu Lebzeiten Rachmaninoffs erwarb 1936 Adolf Hitler diese Version, die erst auf dem Berghof hing und ab 1940 in der Neuen Reichskanzlei in Berlin. Als Böcklin Geld benötigte, hatte er 1884 das Motiv zum vierten Mal genutzt, und zwei Jahre später bestellte das Museum der bildenden Künste in Leipzig eine eigene Fassung.[444] Die Unterschiede finden sich in Details der Ausgestaltung. Rachmaninoff lernte zunächst eine Schwarzweiß-Reproduktion des fahlfarbenen Gemäldes kennen. »Zum ersten Mal sah ich in Dresden nur eine Kopie des wunderbaren Gemäldes von Böcklin«, erzählte er einem Journalisten. »Die gewaltige Komposition und mystische Handlung dieses Bildes hat mich sehr beeindruckt und die Atmosphäre der Dichtung bestimmt. Später in Berlin sah ich das Originalbild. Farblich hat sie mich nicht besonders begeistert. Wenn ich das Original zuerst gesehen hätte, hätte ich meine *Toteninsel* vielleicht nicht komponiert. Das Bild gefällt mir in schwarz-weiß besser.«[445] In seiner Korrespondenz verwendete Rachmaninoff als Titel sowohl den deutschen Begriff »Toteninsel« als auch Остров мертвых. Das Bild Böcklins wird eher als Остров смерти bezeichnet, wodurch der Tod etwas Faktisches bzw. Endgültiges bekommt (wie in год смерти: Todesjahr, день смерти: Todestag, ангел смерти: Todesengel) – bei Rachmaninoffs Terminus мертвых zeigt sich, dass er mit der Bibel vertraut war, denn es schwingt die Assoziation einer kulthaften Handlung bzw. einer Hoffnung auf die Ewigkeit mit (культ мёртвых: Totenkult, воскресение из мёртвых: Auferstehung von den Toten).

Noch in Dresden hatte Rachmaninoff mit größter Sorgfalt an seinem neuen Werk gefeilt. »Meine Haltung zu den neuen Kompositionen bleibt die gleiche – sie fallen mir nach wie vor ungemein schwer, und ich bin ständig unzufrieden mit mir«, lautete sein übliches Wehklagen. »Nichts als eine endlose Plackerei.«[446] Schließlich vermerkte er nach westlicher Zeitrechnung in deutscher Sprache am Schluss des Manuskripts: »Ende. Dresden. 17. April 1909«.[447] In Russland hatte der April gerade erst begonnen, sodass noch zwei Wochen Zeit blieben bis zur Uraufführung in Moskau. Am 18. April (1. Mai) 1909 befriedigte dieses Ereignis das Publikum mehr als den Komponisten. Rachmaninoffs erbarmungslose Selbstkritik nahm mitunter pathologische Züge an. Selbst wenn eine Komposition abgeschlossen war, ließ sie ihm keine Ruhe. Spätestens sobald er sie nach den ersten Aufführungen für die

Drucklegung vorbereitete, feilte er weiterhin an Details. »Ich habe darin sehr viele Korrekturen vorgenommen«, schrieb er über *Die Toteninsel*. »Fast die Hälfte ist umgeschrieben. Änderungen gibt es hauptsächlich in der Instrumentierung, wobei ich auch die Exposition selbst geändert habe; und an einer Stelle habe ich wegen des Modulationsschemas sogar eine Transposition vorgenommen. Gestern habe ich es endlich an die Druckerei abgeschickt. Ich habe Angst, es zu garantieren, aber es scheint mir, dass diese Komposition jetzt etwas gewinnen und besser klingen wird.«[448]

Sein Opus 29 ist die ikonische Umsetzung eines Gemäldes in Klang. Während Felix Woyrsch 1910 sich bei seiner »Toteninsel« im ersten Teil der *Drei Böcklin-Phantasien für Orchester* in monotonen Themenwiederholungen ergeht und zwischendrin die Blechbläser kurz dramatisch plärren lässt, und Max Reger 1913 bei seiner Version im dritten Teil seiner *Vier Tondichtungen nach A. Böcklin* zwischen Rachmaninoff-Imitation und zusammenhanglosem Gedröhne schwankt, erfasst Sergej Rachmaninoff das Wesentliche des Bilds. Die Varianten der anderen Komponisten sind kaum halb so lang wie seine gut 20-minütige sinfonische Dichtung, dennoch wirkt seine Ausgestaltung geschlossener durch organische Übergänge und subtil verwendete Instrumentalfarben. Das Werk beginnt verhalten mit den dunkel timbrierten Streichern und Bläsern in den tiefen Lagen. Es ist, als ob ein Schleier gelüftet und dann am Schluss wieder – ebenfalls piano-pianissimo – darüber gesenkt wird. Dies passt genau zu Böcklins Hinweis zu seinem Bild: »Es soll so still werden, dass man erschrickt, wenn an die Tür gepocht wird«.[449] Die Musik vermittelt die Bewegung des Wassers und das allmähliche Annähern an die Insel. Eingebettet in die oszillierenden Klangfarben des Bewegungsmotivs sind drei statische Intermezzi, die wirken, als ob Schlaglichter auf den Kahn mit dem Sarg, die stehende Gestalt und die Felseninsel geworfen werden. Andere Zeitgenossen nahmen mit ihren Kompositionen nur oberflächlich auf die Substanz des Themas Bezug, Rachmaninoff verfügt indes bei *Die Toteninsel* über ein ungleich größeres Ausdrucksspektrum: Die wechselnden Stimmungen vaszillieren zwischen scheinbarem Stillstand und Vorwärtsbewegungen, Erregung und Gelassenheit.[450] Die musikalischen Motive verarbeitet Rachmaninoff mit kleinen Tonschritten minimalistisch, woran er sich bereits als Student im zweiten Satz seines zweiten Streichquartetts versucht hatte. Sein Opus 29 hat noch einen anderen wichtigen Vorläufer: Das Lied »Die Insel« (островок, op. 14, Nr. 2). Es war 13 Jahre zuvor Rachmaninoffs erste Vertonung von Versen des symbolistischen Dichters

Konstantin Balmont, der Verse Shelleys übersetzt bzw. sich anverwandelt hatte. Dass sich im Originaltext mit den Wolken und Bergen, die sich im See spiegeln, eine Kluft, ein Riss, ein tiefer Schlund öffnet, spielt bei Balmont keine Rolle (Shelley: »Girt by many an azure wave / With which the clouds and mountains pave / A lake's blue chasm.«) Er übernimmt vornehmlich das Bild der Ruhe, die das Eiland durch eine dichte Vegetation voller Grün, Veilchen und Anemonen umfängt. Und auf der Insel ragen »traurige Bäume wie Wunschträume« empor, und stehen dort »wie unbewegliche Statuen«.

War *Die Toteninsel* fern von Russland entstanden, so schrieb Rachmaninoff sein nächstes Werk für eine Uraufführung auf einem anderen Kontinent: Für die lange hinausgezögerte Tournee in den USA entwarf er ein drittes Klavierkonzert. Während sein Opus 29 dem Symbolismus nahestand, wurde sein Opus 30 eines seiner expressivsten Werke. Dieses Klavierkonzert in d-Moll wirkt wie die Umsetzung eines Pendants, ja eines ›Positivbilds‹, das Böcklin 1888 vollendete: »Die Lebensinsel«. Mehrfach hatte der Maler auf Anfragen Versionen seines morbiden Themas angefertigt, hingegen blieb seine »Lebensinsel« ein Unikat.[451]

Um sein drittes Klavierkonzert abzurunden, brauchte Rachmaninoff einen anderen Himmel über sich. Iwanowka war der ideale Ort, um sich der Ausarbeitung zu widmen. Der Komponist riegelte sich vollkommen von der Außenwelt ab und feilte auf seinem Landgut an dem Werk. Es musste möglichst bald fertig werden, denn für Ende November war die Uraufführung in der New Yorker Carnegie Hall angesetzt. Anfang des Sommers gab es Irritationen, als Rachmaninoffs amerikanischer Manager Wolfsohn unerwartet verstarb. Zwar wurden die Witwe und einige andere Personen als Rechtsnachfolger genannt, aber Rachmaninoff schickte vorerst seinen nach langen Verhandlungen ausgearbeiteten Vertrag zurück und verlangte »eine angemessene Garantie« für die Durchführung der Veranstaltungen.[452] Die Korrespondenz benötigte etwa drei Wochen. Beinahe verging ihm die Lust auf die Reise. »Zum Teufel damit«, stöhnte er in einem Brief an Morosow,[453] aber die Vorstellung, sich von dem Honorar ein Auto leisten zu können, beflügelte ihn doch. Rachmaninoff gelang die Fertigstellung in letzter Sekunde. Zum Üben blieb kaum Zeit. So nutzte er die lange Atlantiküberfahrt nach New York, um den Solopart auf einer stummen Klaviatur einzustudieren – ein Verfahren, das er noch in späteren Jahren beibehielt, wenn auf Reisen kein Klavier zur Verfügung stand oder er im Hotel niemanden in den benachbarten Zimmern stören wollte.[454] Sein erstes Automobil sollte ein Wagen der Marke ›Loreley‹ der Rud. [Rudolf] Ley Maschinenfabrik in Arnstadt werden.

Gängigen Übersetzungen zufolge äußerte Rachmaninoff gegenüber Wladimir Horowiz einmal, er habe sein drittes Klavierkonzert »für Elefanten geschrieben«.[455] Dies scheint zu suggerieren, dass nur Dickhäuter mit brachialer Gewalt dieses Konzert stemmen können. Da indes der Komponist und der Pianist miteinander sicherlich Russisch gesprochen haben, wird Rachmaninoff den Begriff слон verwendet haben – dieser bezeichnet sowohl Elefanten unterschiedlichster Art als auch den Läufer im Schachspiel. Dadurch schwingt einerseits die Bedeutung mit, dass es sich um ein gewichtiges, bedeutungsvolles Konzert handelt, und andererseits, dass man – so wie die Läufer auf den schwarzen bzw. weißen Diagonalen lange Distanzen überwinden – auf den schwarzen und weißen Klaviertasten ein weites tonales Spektrum umfängt. Rachmaninoff verstand etwas vom Schachspielen, denn es gehörte – wie auch bei Musikern wie Goldenwejser, Prokofjew, Rimskij-Korsakow, Schostakowitsch und Skrjabin – zu seinen großen Leidenschaften.[456] Möglichweise beinhaltet Rachmaninoffs Wortspiel mit слон (slon) noch scherzhafte Anspielungen auf den Nachnamen seines Konservatoriumfreundes Michail Slonow.

Rachmaninoffs musikalische ›Lebensinsel‹ durchmisst eine breite Palette an Erfahrungen und Emotionen. War die Grundierung im zweiten Klavierkonzert eher lyrisch, so bietet das dritte Konzert pralle Lebensfülle. Das Dasein wird aus verschiedenen Blickwinkeln betrachtet. Der Puls zu Beginn vermittelt Gelassenheit: »commodo« (gemächlich) lautet die Spielanweisung für den Klavierpart in dem Allegro ma non tanto-Satz. Einige Jahre später wurde Rachmaninoff gefragt, ob es sich dabei um russische Musik handle? Die Antwort lautete: Nein. Konkret hatte sich der 20 Jahre jüngere Musikwissenschaftler Iosif Jasser – Verfasser von *A Theory of Evolving Tonality (Eine Theorie der sich entwickelnden Tonalität)* – an ihn gewandt, um für seine Forschungen Hinweise zu erhalten, die für seine »wissenschaftliche Arbeit von großer Bedeutung sein werden«. Er befasse sich mit »der Beziehung zwischen russischen Volksliedern und orthodoxen Melodien und ihrem gemeinsamen Einfluss auf das Werk russischer Komponisten«. Dafür glaubte er, im Beginn des dritten Klavierkonzerts ein besonders geeignetes Beispiel gefunden zu haben. »1.) War das vorgegebene Thema das Ergebnis bewusster (zumindest teilweiser) Anleihen bei volkslied- oder kirchenmusikalischen Quellen?«, wollte er wissen. »Wenn ja, was sind diese Quellen und inwieweit wurde Ihr Thema abweichend vom Original überarbeitet? 2) Wenn Ihr Thema eine völlig eigenständige Schöpfung ist, haben Sie sich bewusst darum bemüht, ihm einen Volksliedcharakter zu verleihen? Vielleicht liturgisch? Oder beide (Misch-)Charaktere zugleich, wie bei manchen geistlichen Volksliedern?«[457] Rachmaninoff nahm sich ausführlich Zeit, um auf das Anliegen einzugehen. »Sie haben Recht, wenn Sie sagen, dass russische Volkslieder und orthodoxe Kirchenmelodien einen Einfluss auf die Arbeit russischer Komponisten hatten … Ich würde nur ›auf einige‹ hinzufügen!«, entgegnete er. »Ob dieser Einfluss ›unbewusst‹ (was für Ihre Schlussfolgerungen ›der bedeutendste‹ ist) oder ›bewusst‹ ist, scheint mir schwer zu beantworten. Besonders im Hinblick auf das Unbewusste!« Die Gestaltung der Einleitung zum dritten Klavierkonzert bezeichnete Rachmaninoff als »gefälschten Stil« (подделкой под стиль). »Das erste Thema meines 3. Konzerts war weder Volksliedformen noch kirchlichen Quellen entlehnt; es wurde einfach so ›geschrieben‹!«, fuhr er fort. »Sie werden dies wahrscheinlich als ›unbewusst‹ bezeichnen! Wenn ich beim Verfassen dieses Themas irgendwelche Pläne hatte, dann ging es dabei allein um den Klang. Ich wollte eine Melodie auf dem Klavier ›singen‹, wie die Sänger sie singen, und eine passende Orchesterbegleitung finden, die diesen ›Gesang‹ nicht übertönt. Das ist alles!«[458] Das ›Singen‹ auf dem Klavier wurde nicht nur zu einem Merkmal der russischen Pianistenschule, sondern erinnert auch an die Lehren von Nikolaj Swerew. Das Wort спеть, das Rachmaninoff verwendete (Я хотел ›спеть‹ мелодию), beinhaltet sowohl die Bedeutung ›singen‹ als physische Aktivität als auch den Aspekt ›reifen, reif werden‹. Die auf dem Klavier gesungene Tonfolge ist zugleich Ausgangspunkt einer umfangreichen musikalischen Entwicklung im ersten Satz.

Jasser hakte nach. Er vermutete eine »Mischnatur Ihres Themas« und nannte konkrete Beispiele, wo er die »natürliche Urquelle« entdeckt zu haben glaubte.[459] Er hatte einen bestimmten liturgischen Gesang des Kiewer Höhlenklosters im Sinn und schickte dem Komponisten die Noten. Eine Antwort ist nicht überliefert. Bereits zuvor hatte Rachmaninoff betont, er »habe also nicht versucht, dem Thema einen liedhaften oder liturgischen Charakter zu geben«. Vielmehr wurde es »einfach und unkompliziert ›geschrieben‹« und »diese Bemerkung schließt die Möglichkeit einer Entstehungsgeschichte des Themas aus«.[460]

Das vermeintlich Ur-Russische dürfte Rachmaninoff in jenen Jahren suspekt geworden sein, in denen der Wanderprediger Grigori

Jefimowitsch Rasputin die Gunst des Zarenhofs für sich gewonnen hatte. Im Jahr 1903 begann in Sankt Petersburg sein Aufstieg als angeblicher ›Wunderheiler‹, doch mit den Jahren gab es vermehrt Kritik an dem charismatischen Scharlatan. Als er das Jahr 1909 nicht in der Hauptstadt verbrachte, sondern in Pokrowskoje sowie einem Kloster in Zarizin (dem heutigen Wolgograd), war er Rachmaninoff auf Iwanowka näher als dem Machtzentrum an der Newa. Als ein Mensch, der sich für Wissenschaft und Technik interessierte, blieben Rachmaninoff die nationalistischen Auswüchse des vielbeschworenen ›traditionellen Russentums‹ fremd. Als christliches Land war Russland ein Teil Europas – Trennendes gab es nur in den Spitzfindigkeiten der Fundamentalisten – und die russische Kultur bereicherte die Länder im Westen genauso wie sie Impulse von dort empfing. Die sentimental-naive Affinität des Westens zu Ländern, die sich nicht auf der eurasischen Kontinentalplatte befinden, und die eine Reihe von Stilimitationen hervorgebracht hat (z. B. bei Rossini, Bantock u. a.), war Rachmaninoff fremd. Er äußerte in einem Interview einmal, Musik solle »Ausdruck der komplexen Persönlichkeit des Komponisten sein, sein Geburtsland ausdrücken, seine Liebesaffären, seine Religion, die Bücher, welche ihn beeinflusst haben, die Bilder, die er liebt«.[461] In einem Brief verglich er Russland mit anderen Ländern: »Wie verhält es sich mit den Schöpfern der nichtrussischen Nationalität? Nun, sagen wir, mit den Franzosen? Wie wurden sie geboren? Wie schreiben sie? Haben sie auch etwas von ihren Liedern oder von katholischen, kirchlichen Melodien? (Diese besitzen übrigens eine erstaunliche Qualität!).«[462]

Bestimmte regionale Grundkonstanten begleiten Menschen ein Leben lang. Aber die Lebenserfahrungen, die Rachmaninoff anspricht, gehen weit darüber hinaus. Es ist ein Pawlow'scher Reflex geworden, bei Musik russischer oder skandinavischer Komponisten unablässig Phrasen von Seen und weiten Landschaften zu dreschen. Wie diese ließ sich auch Rachmaninoff nie darauf festlegen, seine Musik drücke Naturimpressionen aus. Allerdings waren ihm die Empfindungen von Entfremdung und Isolation vertraut. In dem als »Intermezzo« überschriebenen zweiten Satz gibt es neben dem Klavier auch Solostellen für Flöte, Klarinette, Oboe, Fagott, zudem auch eine Passage, an der die Streicher geteilt werden. Die absteigende Phrase zu Beginn wandelt eine ähnliche Wendung des Einleitungsmotivs aus dem ersten Satz nun zu einem Adagio. Wenn das Klavier nach 31 Takten zu der getragenen melodischen Wendung des Orchesters hinzukommt, wirkt es ›verwirrt‹: Die ersten drei Töne sind dem Gesangsmotiv des Beginns entlehnt, werden aber statt piano nun forte weitergeführt in einer chromatisch umherirrenden Passage. Das ›Intermezzo‹ bringt eher die Einsamkeit von Individuen zum Ausdruck und zeichnet keine Landschaftsbilder. Die Menschen emotional anzusprechen, kann durchaus mit der Vorstellung von ›Schönheit‹ im Sinne Solowjows einhergehen. Ein Rezensent beobachtete bei einer Aufführung des Werks in der Berliner Philharmonie mit Rachmaninoff und Furtwängler nicht nur emotionale Reaktionen des Publikums, sondern »in der herrlichen Schlußphrase der Streicher (unisono) gegen Ende des letzten Satzes« auch bei den ausführenden Musikern: »Ich habe beobachtet, wie die Cellisten, als sie diese grandiose und melodisch wundervolle Stelle spielten, Kopf und Oberkörper hin- und herwiegten – das tun sie nur, wenn sie der Geist packt und sie sich aus ganzem Herzen der Schönheit einer solchen Sache hingeben!«[463]

Den sinfonischen Charakter des dritten Klavierkonzerts unterstreicht eine latente Viersätzigkeit: Nach dem etwa 16-minütigen ersten Satz folgt ein knapp 23-minütiger Teil, in dem mit dem Hinweis »attacca subito« konkret als »Intermezzo« und »Finale« bezeichnete Abschnitte miteinander verbunden werden (die man gemeinhin als zweiten und dritten Satz betrachtet). Man kann die Zäsuren aber auch ›sinfonisch‹ betrachten: Im Klavierpart ist bereits drei Takte nach der Partiturziffer 33 die Spielanweisung »scherzando« zu finden – ein Hinweis, der für alle Instrumente zwei Takte vor Partiturziffer 48 wieder aufgegriffen wird. Dementsprechend könnte man das Adagio bis vier Takte vor Partiturziffer 33 als zweiten Satz ansehen und das Scherzo mit der ›Poco piú mosso‹-Passage beginnen lassen. Der Lento-Einschub ab Partiturziffer 55 scheint an frühere Erfahrungen zu erinnern. Das eigentliche Finale beginnt erst bei Partiturziffer 59, wenn das Eingangstempo »Alla breve« wieder aufgegriffen und die Musik furios gesteigert wird.[464]

Im Übrigen bietet die zunehmend energischer vorangetriebene Rhythmik des Konzerts wieder eine Art Großstadtatmosphäre: War das zweite Klavierkonzert noch beeinflusst von der lässigen Eleganz des als »Zivilistenstadt« charakterisierten Moskau, scheint das dritte Klavierkonzert im Sog des quirligen, merkantilen, rastlosen, umtriebigen und geschäftigen New York zu stehen. Die Motorik wirkt perkussiv nach dem vielfach gesanglichen Auftakt, und zudem unruhig, hektisch, bizarr. Der Empfänger des Konzerts war das Publikum in New York und der Urheber ein Komponist, der von schnellen Autos träumte. Selbst in Moskau lebte er in einer zukunftsorientierten Stadt, von der aus man mit einer Reisegeschwindigkeit von – damals verblüffenden – gut

100 Stundenkilometern mit Zügen in die verschiedensten Teile des Landes fahren konnte; parallel dazu wurden die von Pferden gezogenen Bahnen auf Gleisen aus den 1870er-Jahren schon ab 1908 von modernen elektrischen Straßenbahnen abgelöst. Mit seinem dritten Klavierkonzert schuf Rachmaninoff den Tonfall für den in Brooklyn aufgewachsenen George Gershwin, der zur Zeit der Uraufführung elf Jahre alt war, und andere amerikanische Komponisten. Während Gershwin 20 Jahre später das Orchesterwerk *Ein Amerikaner in Paris* komponierte, schrieb Rachmaninoff mit seinem dritten Konzert für Klavier *und* Orchester ein Werk, das man mit »Ein Europäer in New York« überschreiben könnte. Wie es in den USA zuging, wird ihm Aleksandr Siloti nach seinen Tourneen ausführlich berichtet haben. Nicht von ungefähr hatte ein Amerikaner, der Neurologe George M. Beard, 1880 in seinem Buch *Neurasthenia* ein neues Krankheitsbild beschrieben. Seine Analysen ergänzten europäische Wissenschaftler: »Jedes Geräusch ist schwingende Luft. Alle diese Geräusche erzeugen ein Zittern und Vibrieren der Luft, die Geräuschwellen dringen auf uns ein. Sie dringen durch das Trommelfell in unser Gehirn ein, sie teilen sich ihm mit, sie lassen es mitschwingen und bringen es so in eine beständige Erregung.« Man befand, letztlich kamen »der Kapitalismus – die Industriekultur – das Zeitalter des Verkehrs – oder wie man es nennen will« über die Welt, und »nicht bloß mit gewaltigem Rumor und Radau, sondern mit einer eisigen Brise, die unsere in romantischer Gemütlichkeit gewärmten Glieder erstarren ließ – und wir wurden die Epoche der Nervosität«.[465] Vieles in Rachmaninoffs Musik spiegelt dies.

Sein sinfonieartiges Konzert verlangte nicht nach Virtuosen, sondern nach Schauspielkunst. Im Vorjahr hatte Rachmaninoff dem Regisseur Konstantin Stanislawskij und dem Moskauer Künstlertheater zu seinem zehnjährigen Bestehen mit einem Lied gratuliert – damit dürfte er wohl der einzige Komponist sein, der ein Glückwunschschreiben mit Signatur vertont hat (Письмо К.С. Станиславскому от С.В. Рахманинова, WoO, TN ii/56). Darin erwähnt er, dass es auch für das Theaterensemble in all den Jahren nur ein »vorwärts, vorwärts, vorwärts« gegeben habe. Im Gegensatz zu Skrjabin, der mit seinen späten Schöpfungen der Welt konfuse Ideologien aufzwingen wollte, beobachtete Rachmaninoff die Menschen wie ein Schauspieler, um in seiner Musik innere und äußere Vorgänge subtil darstellen zu können. Skrjabin ging es um Kontrolle, Rachmaninoff um ein Reflektieren, Erfassen und Bewusstwerden. Vertraut mit Stanislawskijs Methoden am Künstlertheater – der später ein Buch zum Thema *Die Arbeit des Schauspielers an sich selbst* (Работа актёра над собой) verfasste[466] – arbeitete Rachmaninoff als Mensch und Künstler an sich selbst, um sich und andere besser zu verstehen. In seiner Interpretationsweise als Musiker gab es etliche Berührungspunkte mit Stanislawskijs Vorstellungen von der Kunst der Darstellung. Ein Regieassistent berichtete, der Regisseur erörterte immer wieder »darstellerisches Befinden in bestimmten Rollenmomenten«, wobei »das Erleben und die Übergänge von einem Gefühl zum anderen, die Einfachheit, Natürlichkeit und anderes« eine wesentliche Rolle spielten.[467] Es ging – wie auch in der Musik – darum, den »Kern« der äußeren Gestalt zu erfassen, wobei vermieden werden sollte, »Gefühl und Gestalt zu mimen«, denn »die Suche nach den Elementen des äußeren Charakterbildes« müsse inspiriert sein von dem Streben nach »einem tiefen Eindringen in die innere Welt der Gestalt«.[468]

Im Gegensatz zu Komponisten früherer Tage, die zugleich Pianisten waren, schrieb Rachmaninoff seine Werke nicht für sich allein. Er selbst galt als ein eher nüchterner Interpret. Metner betonte hingegen, dass sein Spiel von Ort zu Ort stets abwechslungsreich sei. »Ich bin mir bewusst, dass mein Spiel von Tag zu Tag variiert«, sagte Rachmaninoff in einem Interview. »Ein Pianist ist der Sklave der Akustik. Erst wenn ich mein erstes Stück gespielt, die Akustik des Saals getestet und die allgemeine Atmosphäre gespürt habe, weiß ich, in welcher Stimmung ich mich bei einem Konzert wiederfinden werde. Das ist für mich in gewisser Weise unbefriedigend, aber es ist vielleicht besser, niemals sicher zu sein, was man tun wird, will man ein gleichbleibendes Leistungsniveau erreichen, weil sich sonst allzu leicht bloß eine mechanische Routine entwickeln kann.«[469]

Obwohl er einer der wenigen war, die seinerzeit das dritte Klavierkonzert überhaupt im Griff hatten, befand man in der *New York Times*, dass sein Vortrag zwar genehm war, »aber viele den Eindruck hatten, dass etliche andere Pianisten es besser spielen könnten als der Komponist«.[470] Er widmete das Konzert dem von ihm bewunderten, drei Jahre jüngeren Klaviermagier Josef Hofmann, der im polnischen Teil Russlands zur Welt gekommen war. Rachmaninoff schätzte Hofmanns Fähigkeiten höher ein als seine eigenen. Nach Ansicht des Pianisten Jorge Bolet geben Hofmanns Einspielungen zwar seine Tempi korrekt wieder, erfassen aber nicht seine »grenzenlose Vorstellungskraft« sowie den gewaltigen Eindruck, den der Klang seines Spiels, die Tonqualität und die gewaltige dynamische Spannweite bei den Konzertbesuchern hinterließ. Bis zu einem gewissen Punkt gab es Ähnlichkeiten zwischen Rachmaninoff und Hofmann. »Ich konnte mich nicht erinnern,

Hofmann von der Bühne aus lächeln gesehen zu haben«, meinte Bolet. »So war Rachmaninoff auch. Beide zuckten nie mit einem Muskel, machten nie eine Handbewegung, die nicht absolut notwendig war.«[471] Er betrachtete sie als Pianisten auf Augenhöhe, bevorzugte aber Rachmaninoffs Herangehensweise an die Musik. An Hofmann begeisterte ihn, dass er auch etwas Schlichtes wie ein Chopin-Nocturne »fast geradeaus spielte, ohne abzuschweifen«, wodurch er im Saal eine Stimmung von Ruhe und Frieden hervorrief. Nie habe Hofmann versucht, effektvoll große Spannung zu erzeugen wie Horowiz oder allein durch die Kraft seiner Persönlichkeit zu beeindrucken wie Artur Rubinstein. Aber Hofmann hatte seine Eigenheiten. Mochten bei Rachmaninoff noch so viele Jahre zwischen den verschiedenen Schallplattenmitschnitten liegen, es zeigten sich kaum Veränderungen in der Interpretationsweise. Er gehörte nicht zu den Pianisten, die je nach Laune Tempoveränderungen vornahmen oder auf Kosten des Werks nach eigenem Gutdünken die Darbietung auf manierierte Weise variierten. »Ich kann mir nicht vorstellen, dass Rachmaninoff jemals nach jenen Wirkungen gestrebt hat, die Hofmann fasziniert haben«, kommentierte die Pianistin Nadia Reisenberg die unterschiedliche Ästhetik der Künstler. »Hofmann war sehr an polyphonen Strukturen interessiert, aber er entdeckte Polyphones auch dort, wo es überhaupt nicht vorkam. Vor allem in späteren Jahren brachte er Ornamentierungen zum Erklingen, die seiner Fantasie entsprangen und nicht den Absichten des Komponisten, aber er mochte nun mal diese ungewöhnlichen Klangwirkungen.«[472] Der Pianist hatte auch Werke von Rachmaninoff im Repertoire, spielte aber das ihm gewidmete Klavierkonzert nie. Ihm behagte die Form des Werks nicht. Hinzu kam – wie der Komponist Gian Carlo Menotti kritisierte – dass für Hofmann »nur Konzertauftritte an sich von Belang« waren und »alles an zeitgenössischer Musik ihn überhaupt nicht interessierte«.[473] Dazu gehörte auch Rachmaninoffs neuestes Werk, selbst wenn es ihm zugeeignet war. Rachmaninoff nahm es ihm nicht übel. Josef Hofmann war ein witziger Kollege, mit dem man viel Spaß haben konnte. Seinen Schriftwechsel mit Rachmaninoff – bei dem er die Anrede oft zu »Mein lieber Herr Rach ….. off!« verkürzte – führte er auf Deutsch, Französisch, Russisch und Englisch. Er war reich an geistreichen Bemerkungen, beispielsweise wenn er – in seinen auf Deutsch verfassten Briefen – Hinweise benötigte, sei er »immer noch dabei Sie musikalisch anzuzapfen«. Hofmann bezeichnete Tourneen als »das amerikanische ›Tastenkitzeln‹« oder versprach: »Wir haben dann immer noch nach dem Essen eine bis zwei Stunden Zeit über sämtliche lebende Pianisten herzufallen«.[474] Im Gespräch mit seinen Kollegen äußerte sich Rachmaninoff gewiss kritischer als in Gesellschaft von Musikliebhabern. Das mit ihm befreunde Ehepaar Thorp, das ihn in Cincinnati als Gast empfing, berichtete, dass ihm ein bestimmter Typus von ›Virtuosen‹ besonders missfiel. Über ein Konzert in Europa, bei dem eine der späten Beethoven-Sonaten auf dem Programm stand, erzählte ihnen Rachmaninoff verschmitzt: »Als dieser Bursche zum langsamen Satz kam, fing er an zu schwitzen, und er schwitzte immer mehr, bis es fertig war. Dann kam der schnelle und schwierige letzte Satz. Hier war er zu Hause, und sein Schweiß verschwand schnell. Das passiert allen Virtuosen«, wobei, so die Thorps, »die letzte Äußerung von einem eher verächtlichen Lächeln begleitet« wurde. Beide bewunderten Rachmaninoffs »unnachgiebigen Idealismus«, »seine künstlerische Integrität und seine Einstellung zur Musik im Allgemeinen«. Alles was »nach Pyrotechnik, nach Übertreibung oder dem Wunsch, durch bloße Brillanz zu betäuben, roch, war ihm ein Gräuel und entlockte ihm eine entschiedene Verurteilung, als hätte sich der Täter eines Verrats schuldig gemacht«. Nicht zuletzt beeindruckte sie auch »seine beharrliche Hingabe an Ideale, seine Einfachheit und Freiheit von Zynismus« sowie »seine Bereitschaft, sich der Größe anderer zu beugen«.[475] Im Hinblick auf das dritte Klavierkonzert fand Rachmaninoff erst in Wladimir Horowitz fast 20 Jahre nach der Uraufführung einen anderen Künstler, der den besonderen gestalterischen Anforderungen gewachsen war.[476] Mit seiner *Toteninsel* gemahnte Rachmaninoff an die Endlichkeit des Daseins, die Lebensinsel des turbulenten dritten Klavierkonzerts feiert in extenso die irdische Existenz. Es war das geeignete Stück, um sich persönlich in den USA einen guten Ruf zu erwerben.

6 Musik für die alte und die neue Welt (1909–1912)

Als Sergej Rachmaninoff per Schiff Ende Oktober 1909 – nach westlicher Zeitrechnung – ohne seine Familie in New York eintraf, empfing ihn Modest Isaakowitsch Altschuler am Pier. Sergej Wasiljewitsch kannte den früheren Cellisten schon vom Konservatorium in Moskau. Dort hatte Altschuler als Student zu den Kreisen um Skrjabin gehört. Nach Beendigung seiner Ausbildung war er bereits 1895 in die USA ausgewandert, wo sich der jüdische Künstler bessere Chancen ausrechnete. Er entwickelte sich zu einem versierten Dirigenten und gründete 1903 in New York das Russische Sinfonieorchester, um die Neue Welt mit der Musik seiner Heimat bekannt zu machen. Dabei brachte er etliche Werke russischer Komponisten zur amerikanischen Erstaufführung, darunter Sinfonien Taneews, Glieres und Kalinnikows, das Violinkonzert von Arenskij, die *Kaukasischen Skizzen* op. 10 von Ippolitow-Ivanow, Orchesterwerke von Musorgskij sowie Werke von Glasunow und Rimskij-Korsakow nebst Skrjabins *Le Poème de l'Extase*. Kollegen wie die Pianisten Prokofjew und Skrjabin unterstützten seine Arbeit mit Auftritten in seinen Konzerten. Altschuler leitete sein Orchester auch, als 1908 der erst 17-jährige russische Geiger Mischa Elman mit sensationellem Erfolg in der Carnegie Hall mit Tschajkowskijs Violinkonzert debütierte. Später emigrierte der jüdische Virtuose wenige Jahre nach Rachmaninoff, wurde amerikanischer Staatsbürger und brillierte gern mit eigenen Bearbeitungen von Rachmaninoffs Serenade und der Vokalise in seinen Konzerten. Auch Altschuler setzte sich für Rachmaninoffs Musik ein und führte bereits 1903 *Der Fels* erstmals außerhalb Europas auf.

Nun konnte Rachmaninoff ihn unterstützen, indem er als Klaviervirtuose das Publikum für seine Orchesterkonzerte anlockte. »Wann ist die erste Probe?«, fragte der von der Reise erschöpfte Ankömmling sogleich.[477]

Ihm war bewusst, dass er aus einer Kultur der Kunstschöpfer in den Kulturkreis der ›performer‹ gekommen war: Namhafte Institutionen wie Konzertsäle und Orchester, berühmte Dirigenten und famose Instrumentalisten zogen die Aufmerksamkeit auf sich. Amerikanische Komponisten hatten es hingegen schwer und sollten erst ab den 1920er-Jahren mehr Beachtung finden. Bereits durch Aleksandr Siloti dürfte Rachmaninoff gewusst haben, worauf er sich einzustellen hatte. Für Spitzenleistungen wurden Höchstpreise gezahlt. Gustav Mahler arbeitete mittlerweile an der Metropolitan Opera und für die New Yorker Philharmoniker. Hatte er in Wien noch ein Jahresgehalt von 24 000 Kronen mit zusätzlichen Anreizen und Pensionsberechtigung bekommen, bot man ihm nun für eine nur dreimonatige Spielzeit 15 000 Dollar, was 75 000 Kronen entsprach.[478]

Über Altschuler war Rachmaninoff mit der Konzertagentur Wolfsohn in Kontakt gekommen, die der belgische Stargeiger Eugène Ysaÿe einmal als »meine Bande von Dieben« bezeichnet hatte.[479] Immerhin arrangierte das ›Wolfsohn Bureau‹ für Rachmaninoff ›guest appearances‹ als Pianist und Dirigent mit renommierten Ensembles wie dem Boston Symphony und Damroschs New York Symphony Orchestra, dem Philadelphia Orchestra sowie Mahlers New York Philharmonic. Einige zusätzliche Gelegenheitsauftritte kamen hinzu, als Rachmaninoffs Name allmählich bekannter wurde.

Sein erstes Konzert in den USA hatte Rachmaninoff am 4. November 1909 bei einem Klavierabend in Northampton, Massachusetts, mit eigenen Werken. Neben kleineren Stücken spielte er einige seiner *Préludes* und die erste Klaviersonate. Vier Tage später wirkte er in Philadelphia erstmals in einem Konzert mit dem Boston Symphony Orchestra unter Leitung von Max Fiedler als Solist in seinem zweiten Klavierkonzert mit. Baltimore, New York und Toronto gehörten zu den zahlreichen Städten auf dem Tourneeplan. Am 27. November dirigierte Rachmaninoff seine zweite Sinfonie und Musorgskijs *Eine Nacht auf dem kahlen Berge* beim Philadelphia Orchestra. Das neue Klavierkonzert stellte er als Solist erstmals am 28. und 30. November 1909 mit dem New York Symphony Orchestra unter der Leitung von Walter Damrosch vor.

Die Vermutung liegt nahe, dass die Aufführungen mit Damrosch besser waren als eine am 16. Januar 1910 um 15 Uhr angesetzte Wiederholung unter der Leitung von Gustav Mahler. Orchestermitglieder erzählten später, dass der Böhme beim New York Philharmonic nicht allzu beliebt war, denn »er war sehr unpersönlich und freundete sich nicht mit Musikern an«. Stattdessen fand sich ein Mitglied aus der Gruppe der zweiten Geigen, das ihm alles ›Wissenswerte‹ zutrug. Als sich Musiker beim Management über den »Judas des Orchesters« beschwerten, wurde er entlassen. Vor allem die russischen Musiker im Orchester konnten Mahler nicht leiden, denn sie kamen mit ihm nicht zurecht. Es hieß, »Mahler interessierte sich natürlich mehr für seine Kompositionen als für das Dirigieren, sein Geist war oft weit weg von dem, was er tat«.[480] Bei dem Nachmittagskonzert war Rachmaninoffs drittes Klavierkonzert eingebettet zwischen

Bachs Suite für Orchester zu Beginn (im Programmheft mit dem Zusatz versehen: »Mr Mahler will play the Bach Klavier in this Suite«) und hernach dem Vorspiel zu Wagners *Tristan und Isolde* sowie der Ouvertüre zu Smetanas *Die verkaufte Braut*. Im biografisch und technisch gehaltenen Erläuterungstext des Programmhefts wurde darauf hingewiesen, dass bei dem noch nicht gedruckten neuen Werk das Autograph der Partitur verwendet wird. Dies führte zu Verständigungsproblemen. »Es gab diverse Fehler von verschiedenen Instrumentalisten«, erinnerte sich ein Orchestermitglied, »und Mahler hat es offensichtlich nicht gehört oder wollte es nicht hören, aber Rachmaninoff ist immer aufgestanden und hat die Fehler, die vielleicht drei oder vier Mal während der Probe passiert sind, korrigiert. Das ärgerte Rachmaninoff nun sehr, weil er dachte, Mahler sei an seiner Arbeit nicht interessiert und gleichgültig. Und nach der Probe sprach er mit einer Gruppe russischer Musiker, die im Orchester waren, und sagte, er sei tatsächlich sehr enttäuscht von der Behandlung, die er in den Händen Mahlers erfahren habe. Zu dieser Zeit war Mahler gerade dabei, Tschajkowskijs *Pique Dame* an der Metropolitan Opera zu dirigieren. Und Rachmaninoff sagte, er werde sich die Aufführung anhören, und wenn er irgendwelche Änderungen an der Originalinstrumentierung vornimmt – was Mahler oft tat, sogar in Beethovens Sinfonien änderte er die Orchestrierung, fügte Instrumente hinzu oder strich sie –, dann werde er damit an die Presse gehen. Dazu ist es dann aber nicht gekommen.«[481]

Bei den Gastspielen in den USA konnte sich Rachmaninoff langfristig vor allem als Komponist profilieren. Seine Leistungen als Dirigent und Pianist blieben nur denen im Gedächtnis haften, die sie unmittelbar vor Ort erlebten. Finanziell lohnten sich die Auftritte: Bei 26 Konzerten in drei Monaten verdiente er mindestens 500 Dollar pro Abend. Da seinen Berechnungen in der Korrespondenz zufolge 20 Dollar etwa 40 Rubel entsprachen, kehrte er mit einem hohen Gewinn an Prestige und Geld zurück.[482] Dies war erheblich einträglicher als das Angebot, in Moskau in der Saison 1906/07 von September bis Februar zehn Opernaufführungen für 8000 Rubel zu leiten, zehn Sinfoniekonzerte für 4500 Rubel sowie drei Konzerte der Russischen Musikgesellschaft für 900 Rubel.[483] Als Familienmensch wusste Rachmaninoff, dass es wichtig war, für sich und die Seinen eine angemessene Bezahlung zu fordern. Westeuropa – und auch die USA, wie sich gezeigt hatte – übertrafen seine Honorare in Russland erheblich. Als Idealist ließ er sich indes auch auf kulturpolitische und künstlerische Projekte in Gefilden ein, in die er sich bisher noch nicht gewagt hatte.

Kurz nachdem Rachmaninoff mit seiner Familie aus Dresden zurückgekehrt war, zeichneten sich Veränderungen im russischen Kulturleben ab, sowohl auf künstlerischer als auch organisatorischer Ebene. Als Rimskij-Korsakow im Juni 1908 auf dem Gut Ljubensk bei Luga verstorben war, weilte Rachmaninoff gut tausend Kilometer südlich auf Iwanowka. In der Presse sah man »die russische Musik verwaist«, denn »auf dem Gebiet der Oper wurde eine große Lücke hinterlassen«.[484] Bei der Sinfonik und Kammermusik sehe es für das Land besser aus, ja, warte eine aussichtsreiche Zukunft. »Hier steht Rachmaninoff in vorderster Reihe«, hieß es. »Um sich davon zu überzeugen, genügt es, sich an seine letzten drei wichtigen Werke zu erinnern – die zweite Sinfonie, das zweite Klavierkonzert und die Cellosonate. Jedes Stück war ein Ereignis auf seinem Gebiet, jedes bezeugte wie sich Rachmaninoffs Talent steigerte, und jedes erweiterte den Kreis der Bewunderer.«[485] In Russland betrachtete man ihn bereits als einen »würdigen Nachfolger von Tschajkowskij«, denn er ist »eine der bedeutendsten Persönlichkeiten in der Welt der zeitgenössischen Musik«. Mit seiner »Konzentration, Ernsthaftigkeit und subjektiven Empfindsamkeit« sei er wahrlich »ein Nachfolger und kein Nachahmer, denn er besitzt bereits seine eigene Individualität«.[486]

Als die in Sankt Petersburg geborene Prinzessin Helene von Sachsen-Altenburg 1909 Präsidentin der Kaiserlichen Russischen Musikgesellschaft wurde, lag es für sie nahe, einen prominenten Künstler wie Rachmaninoff zum Vizepräsidenten zu berufen. Dieser war für die musikalischen Belange der Gesellschaft zuständig, wozu langfristig auch die Überprüfung der Lehranstalten in der Provinz gehörte. Dabei traf er mitunter sogar alte Bekannte wieder, wie im Januar 1911 in Rostow am Nerosee, gut 220 Kilometer nordöstlich von Moskau, seinen Studienfreund Nikolaj Awerino. Der Geiger und Bratschist war dort mittlerweile Direktor der Musikschule. Bei seinen Besuchen in der Stadt übernachtete Rachmaninoff üblicherweise bei ihm. Als ihn Awerino nun vom Bahnhof abholte, sagte ihm der Gast gleich, dass es diesmal nicht möglich sei, weil er in offizieller Funktion zu einer dreitägigen Inspektion der Musikschule komme. Der Lehrkörper und die Studenten waren verunsichert. Rachmaninoff überprüfte die finanziellen Angelegenheiten und Awerino erinnerte sich, dass er die Buchhalterin »mit Fragen nach verschiedenen Posten in schreckliche Verlegenheit« brachte. Dann stand der Besuch des Unterrichts an. »Manchmal blieb er im Klassenraum des Lehrers für eine halbe Stunde, und seine Gegenwart ging Lehrer und Studenten beträchtlich auf die Nerven«, erzählte

Awerino. Nachdem er aber am letzten Tag noch ein Konzert der Studenten mit Chor und Orchester unter Leitung des Schuldirektors erlebt hatte, kam am Schluss – so Awerino – »Rachmaninoff auf das Podium, streckte seine Hände aus und sagte ziemlich laut, was für ihn ungewöhnlich war: ›Ich danke dir, Nikolaj Konstantinowitsch, alles, was ich hier gesehen und gehört habe, auch hinsichtlich der Ordnung und Disziplin, überstieg alle meine Erwartungen!‹ Ich war im siebenten Himmel. Als danach Rachmaninoff und ich allein waren, erzählte er mir, ›weißt du – ich hatte Angst, deine Schule zu inspizieren. Es ist schwer, einen alten Freund zu überprüfen, und ich war mir deiner nicht sicher. Ich überlegte, was für ein Direktor kann Awerino sein? Gott weiß, was dort vor sich geht! Ich dachte schon ernsthaft daran, dass es vielleicht besser gewesen wäre, überhaupt nicht nach Rostow zu fahren.‹«[487] Wie wichtig sein kulturpolitisches Engagement war, zeigte im Mai 1909 sein Eingreifen in Auseinandersetzungen um die Musikschule in Tambow. Der Gouverneur des Regierungsbezirks beschwerte sich bei Prinzessin Helene mit antisemitischen Untertönen über die Schulleitung. Rachmaninoff sollte die Lage vor Ort überprüfen. Er kam zu der Einschätzung, dass nichts zu beanstanden sei: Wie verlangt listete er auf, dass unter den insgesamt zwölf Lehrern der Musikschule fünf Juden seien und sich unter den 212 Studierenden nur 20 jüdische Menschen befinden. Das Niveau des Unterrichts und die kurzfristig zusammengestellten Konzerte gefielen ihm, jedoch gebe es ein Manko: Die Ausstattung des Schulorchesters mit guten Instrumenten sei unzureichend, allerdings läge dies nicht an den Lehrern und Schülern, sondern an dem zu knapp bemessenen Etat. Rachmaninoff dürfte sehr wohl bewusst gewesen sein, dass bereits 1908 der Musikjournalist Julij Engel in Moskau zu den Mitbegründern der Gesellschaft für jüdische Volksmusik gehörte, die alsbald erste Konzerte organisierte und Editionen veröffentlichte. Engel hatte bereits viele Vorträge zum Thema gehalten und gehörte zu den ersten Herausgebern, die die moderne Form der Tonaufzeichnung für das Sammeln originaler Volksmelodien verwendeten.

Gegenüber der Russischen Musikgesellschaft stellte Rachmaninoff klar, dass er es sich nicht leisten könne, eine gewissenhaft durchgeführte, zeitaufwändige Tätigkeit ehrenamtlich zu erledigen, und so wurde er für den Aufwand angemessen entschädigt. Allmählich konnte er seinen ›Marktwert‹ besser einschätzen und dadurch unabhängig werden vom ungeliebten Unterrichten: Als die Künstleragentur Ibbs and Tillett 1911 für ihn eine Tournee als Pianist und Dirigent in Großbritannien vorbereitete, drohte er mit einer Absage von Auftritten, wenn ihm nur zwei

Orchesterproben zugestanden wurden und verlangte als Pianist pro Abend 70 Guineen [etwa 280 Dollar].[488] Trotz seines Aufstiegs verlor er den Nachwuchs nie vollends aus den Augen. Er engagierte sich dafür, dass die Musikschule in Kiew den Status eines Konservatoriums erhielt und gab noch 1911 ein Konzert mit eigenen Werken für Studenten am Sankt Petersburger Konservatorium, nach dem ihm Glasunow, der dort seit 1905 der Direktor war, öffentlich seinen Dank aussprach. Für die Studenten war es eine Erfahrung, die jener vergleichbar war, die Sergej Wasiljewitsch und seine Kommilitonen hatten, als sie in jungen Jahren Gastspiele von Siloti und Rubinschtejn erlebten. Rachmaninoff scherzte und plauderte zwischen den einzelnen Stücken. Ausgesprochen gerührt wirkte er, als jemand so unauffällig wie möglich auf die Bühne schlich, um eine Vase mit weißem Flieder auf ein zweites Klavier zu stellen. Jeder im Saal verstand die Anspielung: Rachmaninoff war der Erste, der 1902 Jekaterina Beketowas Gedicht »Flieder« (сирень, op. 21, Nr. 5) vertont hatte. Nicht nur in Russland gilt fünfblättriger Flieder, anstatt des üblichen vierblättrigen, als Glückssymbol. Thematisch verband die Komposition Rachmaninoff wieder einmal mit Michail Wrubel, der kurz zuvor sein Gemälde »Fliederblüten« vorgestellt hatte.[489] Da das Publikum keine Ermüdungserscheinungen zeigte und etliche Zugaben genoss, scherzte Rachmaninoff schließlich: »Ich weiß nicht, ob es gut oder schlecht ist, aber es scheint sich ein Brauch etabliert zu haben, dass eine Anfrage nach meiner Polka ein Signal an mich ist, dass das Publikum genug hat. Also schließe ich damit.«[490]

Rachmaninoff war auch willkommen als Förderer neuer Kompositionen. Der wohlhabende Sergej Kusewizkij gründete im August 1909 den Russischen Musikverlag, um eine Lücke zu schließen, die nach dem Tod von Beljaew entstanden war. Nikolaj Struwe wurde zum Leiter berufen und Rachmaninoff gehörte einem Gremium an, das neue Werke prüfte. Scherzhaft schrieb Rachmaninoff an Morosow, er werde zur Eröffnung der Geschäftsstelle des »Kaiserlich-russischen Musikverlags gehen, um Champagner zu trinken«.[491] Das ›Kaiserlich‹ war eine humorvolle Zuspitzung, aber er befand sich durchaus im Kreise der führenden Künstler seiner Zeit. Kusewizkij war ein brillanter Kontrabassist und konnte es sich nach der Eheschließung mit der Tochter eines wohlhabenden Teehändlers leisten, sich auf das Dirigieren zu konzentrieren. Er zog für einige Jahre nach Berlin, und als er im Januar 1908 sein Debut bei den Berliner Philharmonikern gab, führte er unter anderem Rachmaninoffs zweites Klavierkonzert mit dem Komponisten als Solisten auf. Sein international als ›Éditions Russes de Musique‹

firmierender Verlag brachte unter anderem die neuesten Werke von Metner, Prokofjew, Strawinskij und Skrjabin heraus. Skrjabin selbst gehörte der Redaktion an; hingegen verhielt sich Rachmaninoff bei eigenen Publikationen zurückhaltend, da er dem Verlag Gutheil, der viel für ihn getan hatte, nach Möglichkeit nicht untreu werden wollte. Kusewizkij setzte sich als Dirigent für seine Musik ein und organisierte, soweit es möglich war, für seine Moskauer Konzertreihen auch schon einmal einen Abend, der mit der zweiten Sinfonie, dem zweiten Klavierkonzert und *Die Toteninsel* vollständig Rachmaninoff gewidmet war, der natürlich höchstpersönlich mitwirkte. Er wurde ein vielbeschäftigter Mann. Mitunter litten die privaten Kontakte darunter, und so entschuldigte er sich zuweilen bei einem Freund wie Morosow damit, er könne »keine anderen mildernden Umstände nennen, abgesehen von der Arbeit«. Das Pendeln zwischen Komponieren, Dirigieren, Repräsentieren, Musizieren, Korrekturlesen, Kontakte knüpfen, Organisieren, Auftritte vorbereiten und Tourneen durchführen brachte ihm, wie er Morosow gestand, »einmal die schöne Bemerkung ein, ich sei der fliegende Holländer geworden«. Dann wünschte er sich Unterstützung, denn es wäre »generell nicht schlecht, eine Sekretärin zu haben«.[492] In dieser Phase kam ihm ein Projektvorschlag gelegen, mit dem er sich wieder ›erden‹ konnte.

Der fünf Jahre jüngere frühere Studienkollege Nikolaj Michajlowitsch Danilin war 1904 Leiter des Moskauer Synodalchors geworden und bat im Hinblick auf das 200-jährige Bestehen des Ensembles um einen Beitrag Rachmaninoffs. Der Synodalchor war Russlands ältestes professionelles Musikensemble, stammte aus dem 16. Jahrhundert und entwickelte sich aus dem damaligen Chor der Patriarchaldiakone. Bisher hatte sich Rachmaninoff kaum aktiv mit religiöser Musik befasst. Er kannte sie aus den Gottesdiensten seiner Jugend, wobei ihn besonders die räumlichen Klangwirkungen fesselten. Diese hingen vor allem mit der Aufstellung eines Chors zusammen, bei dem jeweils individuell die Akustik angemessen berücksichtigt werden musste. In den alten Kirchen und Kathedralen standen die Sänger leicht erhöht auf Podesten links und rechts der Ikonostase, der mit Ikonen geschmückten Wand. Den zunehmend größer werdenden Chören boten die Galerien und Balkone im Oberrang der ab dem 18. Jahrhundert gebauten Kirchen die Möglichkeit, sie als Chorempore zu nutzen. Zumeist befanden sie sich im hinteren Bereich der Kirche und hatten Platz für einen Chor, seltener an den Seiten, auf denen der Chor für bestimmte Klangwirkungen aufgeteilt werden konnte. Beim Moskauer Synodalchor gehörte eine gemischte Aufstellung zur Konzertpraxis, bei der sich Bässe mit den Tenören abwechselten und Knaben mit hohen Stimmen neben den Altsängern standen. Bisher hatte sich Rachmaninoff nur an kurze Gelegenheitswerke ohne Opuszahl gewagt wie *Deus meus* (TN ii/60) und *Pantaleon, der Heiler* (TN ii/63). Fast doppelt so lang wie diese beiden Stücke war aus seiner Studienzeit ein zehnminütiges Chorkonzert über die Gottesmutter (TN ii/61). Hierbei hatte er sich an einem der sogenannten ›Chor-‹ bzw. ›Sakralkonzerte‹ versucht, deren Tradition in Russland auf den Komponisten Dmitrj Bortnjanskij zurückgeht, formal orientierte er sich jedoch eher an einer von Tschajkowskijs Vertonungen des ›Vaterunsers‹. Schon als 18-Jähriger hatte Rachmaninoff bei dem Chorleiter und Gelehrten Stepan Smolenskij Vorlesungen über die Geschichte der russischen Kirchenmusik gehört. Als Textvorlage für seinen Mariengesang wählte Rachmaninoff ein Kontakion, eine poetische Dichtung zum Fest Mariä Himmelfahrt, das am 15. August des julianischen Kalenders begangen wird. Dies war sein bisher einziger Beitrag zu einem rituellen Fest, dem in den orthodoxen Kirchen ein zweiwöchiges Marienfasten vorausgeht. Was traditionell nach einer standardisierten Melodie gesungen wurde, gestaltete Rachmaninoff aus zu einem meditativen, ausdrucksvollen Hymnus. Dabei zeigte sich bereits ein wesentliches Charakteristikum seines Umgangs mit überlieferten Texten: Als keineswegs streng religiöser Mensch besaß Rachmaninoff sehr persönliche Vorstellungen, wie er der russisch-orthodoxen Sakralmusik in seinem Land neues Leben einhauchen konnte. »Soweit ich es erahnen konnte, war der große Mann formell nicht religiös«, erzählte später sein Freund Arthur Hirst, »aber wenn Plotin Recht hat mit seiner Haltung, dass ›die Bewunderung und Ehrfurcht vor der Schönheit den Weg hinan zu Gott markiert‹, dann dürfte sicher sein, dass dieser Musiker die Religion in jedem Moment seines Daseins gelebt hat.«[493] Rachmaninoff pflegte eine persönliche Form des Glaubens. Einer Freundin gestand er einmal, bei Krisen habe ihm das Christentum keinen Trost geboten: »Im Gegenteil, sie haben mich mit allen möglichen Höllen- und Fegefeuern zu Tode erschreckt.«[494]

Da geistliche russische Werke einen wesentlichen Bestandteil des kreativen Umfelds bildeten, in dem er sich bewegte, war ihm durch seinen Freundeskreis bewusst, dass die ursprüngliche russische Chor- und Sakralmusik im Laufe der Jahrhunderte ins Hintertreffen geraten war. Die mündlich weitergegebene Volksmusik wurde im 19. Jahrhundert zumeist nur gefiltert durch die Kunstmusik überliefert, und auch die

Kirchenmusik fand Eingang in den Konzertsaal. Im christlich-orthodoxen Ritus schmückt der Gesang die Gottesdienste indes nicht bloß aus, sondern ist eine wesentliche Komponente, um in einer möglichst ästhetischen Form die Wahrheit und Schönheit des Glaubens zum Ausdruck zu bringen. Dabei spielen nicht zuletzt auch ein angemessener Raum, die Bilder, die Beleuchtung, die Ikonen und die Poesie der Texte eine wichtige Rolle. Traditionell waren in der russischen Kirche tausend Jahre lang der Gesang einstimmig und viele Melodien mit bestimmten Inhalten verbunden. Während die gregorianischen Hymnen der römisch-katholischen Kirche in Latein vorgetragen wurden, sang man in den orthodoxen Kirchen in dem für alle verständlichen Kirchenslawisch, das der im Lande gesprochenen Sprache nahesteht und nicht eigens erlernt werden musste.[495] Spätestens ab dem 17. Jahrhundert machten sich in der russisch-orthodoxen Kirche auch Einflüsse aus der westlichen Kunstmusik bemerkbar: Mehrstimmige Gesänge, stärkere dynamische Kontraste sowie üppigere Harmonien und Verzierungen fanden Eingang in den überlieferten Choralgesang, und traditionelle Chorpartien wurden zuweilen sogar im italienischen Stil in Arien umgewandelt. Erst in der zweiten Hälfte des 19. Jahrhunderts engagierten sich namhafte Komponisten wie Rimskij-Korsakow und Tschajkowskij wieder für den Chorgesang. Pjotr Tschajkowskijs Version der *Liturgie des Heiligen Johannes Chrysostomos* kam dabei besondere Bedeutung zu, weil es dem Komponisten gelang, sich rechtlich über das Publikationsverbot der Kaiserlichen Hofkapelle hinwegzusetzen und Sakralmusik zu veröffentlichen, die nicht ausschließlich für die Verwendung in Gottesdiensten gedacht war. Sie ist nach Johannes von Antiochia, dem Erzbischof von Konstantinopel, benannt, der aufgrund seiner Begabung als Prediger den Beinamen Chrysostomos (Goldmund) erhielt. Er galt als ein liberaler Mann des Ausgleichs zwischen zerstrittenen Parteien, und Tschajkowskijs Idol Mozart erhielt einst den langen Taufnahmen ›Joannes Chrysostomus Wolfgangus Theophilus‹.

Inspirierend war für Rachmaninoff, dass der Moskauer Synodalchor sich ab den 1880er-Jahren auch mit moderner Kirchenmusik profilierte und in den 1890er-Jahren zudem in einer Reihe ›Historischer Konzerte‹ den russischen Sakralgesang früherer Jahrhunderte wiederbelebte. Für Danilins Synodalchor entstand die Idee, die *Liturgie des Heiligen Johannes Chrysostomus* (Литургия Святаго Иоанна Златоуста) zu vertonen. Damit war ein umfangreiches Werk gefordert, denn die ›Liturgie‹ – also der eucharistische Gottesdienst, der in der westlichen Welt der ›Messe‹ entspricht – ist die gebräuchliche Form der Gottesverehrung an

Sonn- und Werktagen. Rachmaninoff spielte schon seit geraumer Zeit mit dem Gedanken, sich daran zu versuchen, und als er endlich die Muße dazu fand, ließ er einen Freund wissen, er habe »schon lange nicht mehr ein Werk mit solchem Vergnügen geschrieben«.[496] Für sein Opus 31 knüpfte Rachmaninoff an Tschajkowskijs 30 Jahre zuvor entstandene Fassung an, sodass er zugleich dem 17 Jahre zuvor verstorbenen Mentor die Reverenz erwies. Rachmaninoffs *Liturgie* enthält indes 20 Abschnitte für unbegleiteten gemischten Chor mit Lobgesängen und Szenen aus der Bibel und ist damit umfangreicher als die frühere Vertonung. Um sich in die Feinheiten des unbegleiteten liturgischen Gesangs einzuarbeiten, korrespondierte Rachmaninoff mit einem Fachmann für russische Kirchenmusik, Aleksandr Kastalskij, der ihn bezüglich der nach dem Ritus korrekten Verwendung von Texten und traditionellen Gesängen beriet. Dies bedeutete allerdings keineswegs, dass Rachmaninoff sich letztlich an die Empfehlungen hielt. »Wenn man es nicht gestattet, lässt es sich leicht ändern; oder es schlüpft vielleicht auch so durch wie es ist??«, lautete seine Einstellung im Hinblick auf mögliche Einwände der Zensur gegenüber seinen Ideen.[497] Der feierliche Grundduktus einer orthodoxen russischen Sakralmusik blieb stets gewährleistet, allerdings beharrte Rachmaninoff zuweilen auf seinen Vorstellungen hinsichtlich Melodik, Harmonik und Tempowahl, die er oft nur geringfügig modifizierte. Von den 41 Punkten, die er beispielsweise bei seiner Fassung der *Liturgie des Heiligen Johannes Chrysostomus* mit Kastalskij diskutierte, nahm er in 25 Fällen die Vorschläge an und blieb 16 Mal bei seinen Versionen.

Während auf kultureller Ebene die europäischen Länder ihre Gemeinsamkeiten pflegten, verstrickten untaugliche Politiker ihre Länder in eine riskante Bündnispolitik, die durch den für Krisen anfälligen Balkan zu einer verhängnisvollen Kettenreaktion führen konnte. Im Jahr 1911 unternahm Nikolaj Danilin mit seinem Synodalchor eine Gastspielreise durch Italien, Österreich und Deutschland, um die russische Kunst des Chorgesangs zu präsentieren. Allerdings wurde der kulturelle Austausch von den höchsten Ebenen nicht ausreichend gefördert. Zu wenige begreifen, dass eine Länder verbindende Kulturpolitik zugleich Friedenspolitik ist. Ohne sie ist der Krieg in nicht allzu weiter Ferne. Rachmaninoff sehnte sich nach Ausgleich und Ruhe. Nachdem ihm und seiner Frau das Gut Iwanowka überschrieben worden war, zog er sich immer öfter dorthin zurück und übernahm die Verantwortung für das Anwesen mit Begeisterung. Er entwickelte eine Vorliebe für die Landwirtschaft, die ihn für den Rest seines Lebens begleitete. Damals gab es in Russland außerhalb der großen Städte nur sehr wenige Automobile, und Rachmaninoffs neuer Wagen – laut Beleg ein dunkelgrüner »Mercedes Chassis mit Cardan-Antrieb« und Extras wie Teppich, passendes grünes Leder in matter Ausführung und Klubsessel mit mittlerer Armlehne –,[498] diente ihm sowohl zum Erkunden der Landschaft als auch seiner Erholung mit Spazierfahrten. Er besuchte Freunde in einem Umkreis von 200 Kilometern und fand Freude daran, stundenlang durch die Schwarzerdesteppe zu fahren. Ihm war klar, »Iwanowka ist ein altes Anwesen, das meiner Frau gehört«, dennoch war er stolz festzustellen: »Ich betrachte es auch als das meine, als mein Zuhause – denn ich lebe hier seit 23 Jahren.«[499]

Die Familie konnte dort viel Zeit miteinander verbringen. Die Töchter von Natalija und Sergej Rachmaninoff entwickelten sich prächtig. »Die beiden sind ungehorsam, widerspenstig und unbestechlich – aber die charmantesten und interessantesten Mädchen«, meinte Sergej Wasiljewitsch. »Ich liebe sie schrecklich! Sie sind das Kostbarste in meinem Leben! Und das Hellste! (Und in dieser ›Helligkeit‹ herrscht Stille und Freude!).« Er wusste, »die Mädchen lieben auch mich sehr«, trotzdem kam es mitunter zu Unstimmigkeiten. »Einmal wurde ich kürzlich wütend auf die Jüngere«, erzählte er, »und sagte ihr, dass ich aufhören würde, sie zu lieben, woraufhin sie einen Schmollmund zog, den Raum verließ und mir sagte, wenn ich aufhörte, sie zu lieben, würde sie ›in den Wald weggehen‹! Wahrscheinlich könnte ich in Bezug auf sie dasselbe sagen.«[500]

In einer Phase, in der sich Sergej Rachmaninoffs Leben weiter stabilisierte, wollte er auch eine Lücke in seinem kompositorischen Œuvre schließen. Vor allem in der Phase seiner Hochzeit und der Geburt der ersten Tochter Irina hatte er bisher elf Präludien komponiert, die als Gelegenheitswerke eher unsystematisch entstanden waren. Die *Préludes* op. 23 konnten die übergroße Popularität des cis-Moll-Präludiums nicht neutralisieren: Noch am 26. Mai 1908 signierte er in London eine Karte mit seinem Konterfei und dem Aufdruck »Rachmaninoff«, indem er seinen Namen in lateinischen Lettern ausnahmsweise mit einem ›w‹ schrieb und die Eingangstakte des *Prélude* op. 3, Nr. 2 einfügte. Zwei Jahre später versuchte er, dem Stück seinen Ausnahmecharakter zu nehmen: Um alle 24 Tonarten abzudecken, wie es bei Präludien traditionell üblich war, begann er, zu ihm und seinem Opus 23 die 13 noch ausstehenden Tonarten für seine *Préludes* op. 32 auszuarbeiten. Ein Kreis schloss sich, und mit ihm vollendete Rachmaninoff seinen Quintenzirkel. Dabei hatte er nie im Sinn, Lehrstücke zu schreiben. Johann Sebastian Bach gestaltete seine Präludien und Fugen des *Wohltemperirten Claviers* noch »zum Nutzen und Gebrauch der Lehrbegierigen Musicalischen Jugend«, Chopin verstand das Präludieren bereits als Fantasieren auf den Tasten. Rachmaninoff hatte bei seinen Stücken nicht unbedingt zyklische Aufführungen im Sinn. »Das *Prélude*, wie ich es verstehe, ist eine Form der absoluten Musik«, meinte er. »Diese Form ist gewachsen, um für Musik von eigenständigem Wert verwendet zu werden. Aber solange einem Musikstück diese Bezeichnung gegeben wird, sollte das Werk in gewisser Weise die Bedeutung des Titels zeigen.«[501] In den einzelnen Stücken stellte er den improvisatorischen Charakter in den Vordergrund. Verweise auf die Bach-Zeit bieten Adaptionen barocker und frühklassischer Stilelemente wie bei dem toccataartigen Prélude in a-Moll (op. 32, Nr. 8), einer Invention beim e-Moll-Prélude (op. 32, Nr. 3) oder einem ›Tempo di minuetto‹-Prélude (op. 23, Nr. 3). Zugleich werden die Erwartungen unterlaufen, wenn dem vermeintlichen ›Menuett‹ gar nichts Schmeichlerisches eigen ist und die Nummer eher an einen Stakkato-Totentanz erinnert. Folklore, ›Zigeunerweisen‹ und Kirchengesang werden in den Werken gestreift und derart ›aufgesogen‹ in die Kompositionen, dass es unmöglich ist, einen Katalog mit entsprechenden ›Zitaten‹ zu erstellen. Schon Rachmaninoffs Studienkollege und Freund, der Pianist Aleksandr Goldenwejser, wies darauf hin, dass sich »eine Nähe zum Melos alter russischer Melodien, die sich im ›alltäglichen‹ Gesang erhalten haben [...] nicht so sehr in Form von Zitaten (es gibt nicht so viele davon) spiegelt, sondern eher in seinen Melodien«.[502] Die Ambivalenz der scheinbar unbeschwerten Fantasie-Präludien zeigt sich in Momenten, in denen die eigentlich zugrunde gelegte Tonalität nicht monothematisch durchgeführt wird, sondern wie beim H-Dur-Prélude keineswegs von Anfang an klar hervortritt (op. 32, Nr. 11; aber auch bei op. 32, Nr. 4, 8. 9 und 10) oder wie beim C-Dur-Prélude durch zahlreiche chromatische Töne verschleiert wird (op. 32, Nr. 1). Als Ganzes bieten die Opera 3, Nr. 2 sowie 23 und 32 eine Art ›Konzeptkunst‹, bei der die Vervollständigung des Quintenzirkels den Vorrang hat gegenüber der Realisierung durch eine Aufführung. Sollte es zu einem ›Happening‹ mit Darbietungen etwa in Form eines Konzerts kommen, bleibt dem Interpreten überlassen, welche ästhetischen Qualitäten der Stücke er zur Geltung bringen möchte. Die *Préludes* boten Rachmaninoff ein Experimentierfeld, um innerhalb eines eng gezogenen Rahmens seinem Einfallsreichtum freien Lauf zu lassen. Zugleich suchte er nach Inspiration in Texten. Seine Frau schien ihm keine angemessene Ratgeberin in literarischen Fragen zu sein, denn dieses Thema spielte in ihren Erinnerungen keine Rolle, zudem sind – im Gegensatz zu anderen Personen – keine wesentlichen Anregungen von ihr überliefert. Aber bald bekam er unverbrauchte Impulse auf eine nicht geahnte Weise.

7 Neuorientierungen (1912–1919)

Als Rachmaninoff im Februar 1912 sechs Aufführungen seiner Lieblingsoper, Tschajkowskijs *Pique Dame*, am Mariinskij-Theater übernahm, ahnte niemand, dass er zum letzten Mal eine Oper dirigieren würde. Seine Interpretation löste Begeisterung aus. »Rachmaninoff ist ein wahrlich ›gottbegnadeter‹ Dirigent, der sowohl das Publikum als auch das Orchester aufwühlt«, hieß es in der Presse. »Er ist wohl der einzige große russische Dirigent, den wir mit Persönlichkeiten im Westen wie Nikisch, Colonne und Mahler vergleichen können.«[503] Um sich eine solche Anerkennung zu verdienen, musste er ein versierter Vermittler von musikalischen Inhalten und Intentionen sein. Es gibt zwar keine Probenmitschnitte, aber als Rachmaninoff im Dezember 1940 am Klavier dem Dirigenten Eugene Ormandy Wesentliches zur Gestaltung der *Sinfonischen Tänze* vermittelte, ließ jemand heimlich ein Aufnahmegerät mitlaufen. Es stand zu weit entfernt, um die Gespräche verständlich einzufangen, aber es ist deutlich zu vernehmen, wie Rachmaninoff Passagen mit- und vorsang, während des Spielens auf Englisch Anweisungen rief (»Grand!« bei der Steigerung ab Partiturziffer 21) und mit großer Sorgfalt Übergänge gestaltete, durch die sich ein natürlicher Fluss und Sog ergab, bei dem nicht ›schöne Stellen‹ zelebriert wurden, sondern die Intensität der Musik mitriss.[504] Dementsprechend hatte Rachmaninoff eine stattliche Zahl von Anhängern, die zu seinen Auftritten erschienen oder ihm Dankesschreiben zukommen ließen. Er genoss die Anerkennung und war sich bewusst, dass er besondere Fähigkeiten besaß. »Von allen musikalischen Begabungen ist das Dirigieren eine Klasse für sich – ein persönliches Talent, das nicht erworben werden kann«, äußerte er über 20 Jahre später in einem Interview. »Um ein guter Dirigent zu sein, muss ein Musiker eine enorme Zurückhaltung besitzen. Er muss die Kraft haben, ruhig zu bleiben. Und mit ›ruhig‹ meine ich nicht gelassen und ungerührt. Die volle Intensität der musikalischen Emotion muss da sein, aber im Kern ist diese Ruhe von perfekter mentaler Ausgeglichenheit und kontrollierter Kraft. Beim Dirigieren verspüre ich fast das gleiche Gefühl wie beim Autofahren – eine innere Ruhe, die mir die vollständige Beherrschung meiner selbst und der mir zur Verfügung stehenden musikalischen oder mechanischen Fähigkeiten verleiht.«[505]

In Sankt Petersburg erhielt er kurz nach seinem Gastspiel einen Brief, der sich abhob von den üblichen Schreiben von Bewunderern. »Ich danke Ihnen für Ihren freundlichen Brief, den ich gestern erhielt«, antwortete er der Person umgehend, obwohl sie anfangs ihren Namen und ihr Geschlecht nicht preisgab. Bei der Unterschrift verwendete sie einen geheimnisvollen musikalischen Decknamen, mit dem sie ihre Identität verschleierte: »Re«, die italienische Bezeichnung für den Ton D. Sie muss Rachmaninoff in dem nicht mehr überlieferten Brief gebeten haben, dass es für sie äußerst dringend sei, ihn zu treffen, denn er bezeichnete es als »Ihr Ultimatum am Schluss Ihres Briefes«. Dementsprechend reagierte er besorgt: »Ist etwas nicht in Ordnung?«, fragte er nach. »Woran sind Sie erkrankt und warum macht Ihr Brief einen so traurigen Eindruck?«[506]

Vorerst musste die direkte Begegnung warten. »Ich bin durchaus bereit, mit Ihnen zu reden«, ließ Rachmaninoff den ihm unbekannten, aber offensichtlich jungen Menschen wissen, »aber ich bin so beschäftigt, ich habe so viele Dinge zu erledigen, zu reisen, und das macht mich so müde, dass ich nur gelegentlich dazu komme, mich auszutauschen.«[507] Möglicherweise reizte ihn die intellektuelle Herausforderung einer Auseinandersetzung mit der jungen Generation, denn Rachmaninoff merkte schon nach vier Wochen, dass es ihm in Bezug auf Lyrik scheine, »dass ›Re‹ auf diesem Gebiet sehr viel weiß, ja, fast alles – vielleicht sogar alles«.[508] Auf Privates wollte er sich hingegen nicht einlassen, denn er setzte deutliche Grenzen. »Ich schreibe Ihnen nichts über mich selbst«, notierte Rachmaninoff. »Ich weiß nicht wie und ich mag es nicht. Es war die Wahrheit (und keinesfalls eine Lüge), als Ihnen jemand sagte, ich sei ein ganz normaler und uninteressanter Mensch.«[509] Dennoch ließ er sich auf einen Briefwechsel mit der unbekannten weiblichen Person ein. Aus »Liebe Re« wurde in wenigen Wochen schon »Meine liebe Re«. Die Fremde sprach gut 40 Jahre später in ihren Erinnerungen von »unserer ›Freundschaft in Briefen‹«.[510] Es entwickelten sich etliche anregende schriftliche ›Gespräche‹, ganz in dem Sinne, wie sie der Verfasser der ersten russischen Literaturgeschichte, Nikolai Gretsch, im 19. Jahrhundert charakterisierte, als er meinte, »Briefe, im strengen Sinne des Wortes, sind Unterhaltungen oder Gespräche mit Abwesenden«.[511] Rachmaninoff spürte, dass Res Sensibilität für die Dichtkunst durchaus anregend für ihn war. »So können Sie mir helfen: Ich brauche Texte für Lieder. Könnten Sie nicht einige vorschlagen, die Sie für geeignet halten?«, fragte er. »Die Autoren können lebend oder tot sein – es macht keinen Unterschied! – nur die Sachen müssen Originale sein, keine Übersetzungen, und nicht mehr als 8 bis 12 Zeilen, höchstens 16. Und noch etwas; die Stimmung sollte eher traurig als fröhlich sein. Ich habe nicht so viel Glück mit lichten Tönen!«[512]

Auch wenn er in seiner Kunst eher den düsteren Seiten des Lebens zugetan war, inspirierte ihn die klare Sommersonne über Iwanowka. Das Ergebnis des Austauschs wurde schließlich der Liederzyklus op. 34, den Rachmaninoff im Juni 1912 auf dem Landgut fertigstellte. Diplomatisch geschickt schlug die Briefpartnerin bei ihrer ersten Zusammenarbeit zumeist Autoren vor, die ihm lagen. Im Gegensatz zu der Unbekannten konnte er sich nicht für die Dichtung der zeitgenössischen Symbolisten erwärmen und fand die poetisch klareren Wortmalereien des 19. Jahrhunderts anregender. Dementsprechend verwies ihn Re auf von ihm noch nicht genutzte Verse von Puschkin, Korinfskij, Chomjakow, Majkow, Polonskij, Tjuttschew und Fet. Um anzudeuten, wohin für sie langfristig die gemeinsame Reise gehen sollte, ließ ihm Re bei ihrer Auswahl auch die im Jahr zuvor vom Verlag Musaget veröffentlichte *Anthologie der modernen russischen Poesie* mit Gedichten von Belij, Brjusow, Gorodezkij, Solowjow, Werkowskij, Woloschin, Gumiljow, Kusmin und anderen zukommen.

Während der Arbeit dämmerte Rachmaninoff allmählich, wer sich hinter dem Pseudonym ›Re‹ verbarg. In seine Schreiben flocht er entsprechende Anspielungen ein. »Ich habe die von Ihnen verschickte *Anthologie* erhalten«, ließ er sie wissen. »Mir hat dort nicht viel gefallen! Ich bin entsetzt über die meisten Gedichte. Ich stieß oft auf eine Notiz von ›das ist gut‹ oder ›es ist alles gut‹. Und lange Zeit versuchte ich zu verstehen, was soll das da?! M. Schaginjans Bemerkung aus dem Buch, das ich erhielt, kam mir auch in den Sinn: ›Es ist manchmal sehr schwierig, einem anderen die Bedeutung des Gedichts zu erklären.‹ Diese Bemerkung ist im Hinblick auf die *Anthologie* durchaus zutreffend.«[513]

Die 15 Jahre jüngere Marietta Sergeewna Schaginjan, Spross einer Arztfamilie, interessierte sich für Musik, Naturwissenschaften und das Schreiben, sodass sie nach Abschluss eines Studiums der Geschichte und Philosophie erste Artikel veröffentlichte. Sie begeisterte sich für Fragen der Ästhetik sowie die zeitgenössische Literatur, von der sie Rachmaninoff jedoch nicht vollends überzeugen konnte. Er schätzte Autoren wie Maksim Gorkij, jedoch blieb der einzige noch lebende Autor in Rachmaninoffs Opus 34 Konstantin Balmont: Er hatte sich nicht nur als Verfasser symbolreicher Lyrik einen Namen gemacht, sondern auch als Übersetzer. Zudem schrieb er im Zuge der Revolution von 1905 Schmähgedichte auf den Landesvater, in denen er Nikolaj II. wie in »Unser Zar« als einen »Blutfleck« charakterisierte, dem »der Gestank von Schießpulver und Rauch« anhaftet und dessen Reich von »Gefängnis, Peitsche, Gerichtsbarkeit und Hinrichtungen« geprägt wird. Aber

»die Stunde der Abrechnung wartet«, wobei sich viele, die mit dieser Haltung sympathisierten, einen geschmeidigen Übergang zu einer wirkungsvolleren Beteiligung einer Volksvertretung vorstellten. Es war ein kluger Schachzug von Re, Rachmaninoff diesen Autor anzubieten. Der Komponist hatte bereits mit dem Lied »Die Insel« (Островок, op. 14, Nr. 2) eine Shelley-Übersetzung Balmonts vertont. Von dessen eigenen Versen sprach Rachmaninoff »Zugwind« (Ветер перелётный, op. 34, Nr. 4) an.

Mit diesen erweiterten Möglichkeiten der Dichtung lag Rachmaninoff durchaus im Trend, denn bis 1917 war Konstantin Balmont der russische Lyriker, dessen Texte am häufigsten vertont wurden. Damit überflügelte er sogar Puschkin, der ihn erst überholen konnte, als Balmont von einem neuen Regime aus dem Kanon getilgt wurde. Bezeichnenderweise eignete Rachmaninoff Marietta Schaginjan das Eröffnungslied des Zyklus zu: »Die Muse« mit Puschkins 1828 verfassten Versen. Ein Jahr später widmete sie Rachmaninoff ihre erste eigene Gedichtsammlung, *Orientalia*. Schließlich kam es im Dezember 1912 zur persönlichen Begegnung von Rachmaninoff und Re.

Im Sommer 1912 schlug sich Rachmaninoff mit Plänen zu einer Sinfonie herum. Er skizzierte einige Ideen, kam aber mit der Ausarbeitung nicht voran. Völlig unerwartet erhielt er eines Tages einen Brief ohne Absender, dem ein abgetipptes Manuskript beigefügt war: Konstantin Balmonts Übertragung von Edgar Allen Poes umfangreicher Dichtung *The Bells* unter dem russischen Titel Колокольчики и Колокола *(Glöckchen und Glocken)*. »In dem anonym verfassten Schreiben wurde ich gebeten, Balmonts wunderbare Übersetzung von Poes Gedicht zu lesen, da die Verse für Musik ideal seien und mich besonders ansprechen müssten«, erinnerte sich der Komponist. »Ich las die beigefügte Dichtung und entschloss mich sogleich, sie für eine Chorsinfonie in vier Sätzen zu verwenden.«[514] Erst zwei Jahre zuvor hatte Rachmaninoff in Leeds als Solist bei seinem zweiten Klavierkonzert an jenen Abend mitgewirkt, an dem Vaughan Williams' *A Sea Symphony* uraufgeführt worden war, bei der ebenfalls Gesangssolisten und Chor mitwirken. Die Textvorlagen stammten von Walt Whitman. Das Meer war für Großbritannien von ebenso großer symbolischer Bedeutung wie Glocken für Osteuropa. Der Text von Balmonts Inspirationsquelle Poe war posthum 1849 veröffentlicht worden und auch erst nach Rachmaninoffs Tod stellte sich heraus, wer die Absenderin des Schreibens war: Eine in Sewastopol lebende Celloelevin von Michail Bukinik namens Maria Danilowa. Die

Studentin des Moskauer Konservatoriums bereitete Rachmaninoff viel Arbeit. Er begeisterte sich derart für die russischen Verse von Balmonts »Glöckchen und Glocken«, dass er mit höchster Intensität zu arbeiten begann. Als Titel für die Chorsinfonie wählte er indes Колокола, *Die Glocken*, worin man durchaus eine Bezugnahme auf Aleksandr Herzens Exilzeitschrift Колокол *(Die Glocke)* sehen kann. Der Herausgeber vertrat Schillers Freiheitsideale, zugleich wurde der württembergische Autor bereits seit dem Ende des 18. Jahrhunderts in den USA rezipiert – sein »Lied von der Glocke« beeinflusste die Grundelemente von Poes »The Bells«. Dementsprechend ist Balmonts Text eine ›Variation‹ von Poes Transformation des Schiller'schen Poems.

Sergej Rachmaninoffs Skizzen zu *Die Glocken* sind mit dem Hinweis »26. März 1913. Rom« datiert.[515] Bei einer Reise in die Schweiz und nach Italien mit der Familie hatte ihm Modest Tschajkowskij in der italienischen Hauptstadt jenes Arbeitszimmer bei der Piazza di Spagna zur Verfügung gestellt, in dem sein Bruder Pjotr komponiert hatte; dadurch entstanden die ersten Entwürfe zu *Die Glocken* an dem gleichen Schreibtisch wie einst das *Capriccio Italien*. Diese inspirierende Atmosphäre wirkte sich auch auf die Chorsinfonie aus, denn, so meinte Rachmaninoff, »das erforderliche düstere Finale hat einen Vorläufer bei Tschajkowskij und bildet keinen allzu seltsamen Abschluss für eine Sinfonie«.[516] Auch wenn der Begriff letztendlich nicht in der Druckfassung auftauchte, hatte sein Opus 35 für Rachmaninoff durchaus den Status einer ›Chorsinfonie‹. Riesemann überlieferte Hinweise des Komponisten, dass er diesen Begriff bevorzuge und das Werk »nicht eine ›Kantate‹ nennen würde«.[517] Somit stellte er sich in eine Traditionslinie, bei der er an das von ihm am meisten bewunderte Vorbild anknüpft: Beethovens neunte Sinfonie. Nachdem Rachmaninoff eine besonders gelungene Aufführung in Dresden erlebt hatte, schrieb er begeistert an Morosow: »Niemand wird jemals etwas Besseres schreiben als diese Sinfonie.«[518]

Das inspirierende Umfeld während der Arbeit an *Die Glocken* boten in Rom und auf Iwanowka Familienmitglieder. Mit ihnen teilte er nicht nur die Freude während der Reise, sondern auch die Angst: In Rom erkrankten seine beiden Töchter, die zehnjährige Irina und die sechsjährige Tatjana, an Typhus. Rachmaninoff war unzufrieden mit den italienischen Ärzten und fuhr mit den Seinen nach Berlin, wo die Kinder besser versorgt wurden. Insbesondere Tatjana ging es immer schlechter, aber die Eltern fanden einen Arzt, der sich hingebungsvoll um die Kleinen kümmerte. »Ich bin sicher, dass dieser Arzt ihr Leben gerettet hat«, betonte Natalija Rachmaninowa später.[519] Somit entstand das Opus 35 parallel zu existenziellen Erfahrungen, die die Rachmaninoffs durch halb Europa führten. Letzten Endes verbrachte man sechs Wochen in Berlin, bis Irina und Tatjana wieder soweit genesen waren, dass sie mit ihren Eltern nach Moskau zurückreisen konnten. Wenig später kurierten sie sich auf dem Gut Iwanowka vollends aus. Die vorübergehende Befürchtung, dass eine seiner beiden Töchter wie einst seine Schwestern einer schweren Krankheit erliegen könnte sowie der Tod seines älteren Bruders Wladimir, der als Leutnant im Alter von 42 Jahren verstarb, mag Balmonts Text für Sergej Rachmaninoff noch überzeugender gemacht haben.

Die ersten beiden Teile von *Die Glocken* arbeitete der Komponist im Juni 1913 auf Iwanowka aus. »Sowohl die Kinder als auch ich – wir sind jetzt alle gesund«, schrieb Rachmaninoff einen Monat später an Goldenwejser und frotzelte: »Wir müssen davon ausgehen, dass die Mädchen am Ende des Sommers ziemlich stark sein werden. Was mich betrifft, so müssen wir hier mit einem anderen Ausgang rechnen, nämlich dass ich bis zum Herbst vollständig geschwächt sein werde. Ich arbeite den ganzen Tag und sehe kein Ende. In der Zwischenzeit müssen Arbeitsstunden hinzugefügt werden, da ich fürchte, bis zum Abgabetermin nicht fertig zu werden. Ich schreibe nur. Ich spiele seit April kein Klavier mehr. Spätestens am 15. Juli muss ich wenigstens eine Stunde mit dem Spielen beginnen. Du möchtest sicher wissen, woran ich schreibe. Derzeit ist es ein großes Ding für Solostimmen, Chor und Orchester. Es heißt *Die Glocken*. Der Text ist von Edgar Poe. Du erinnerst dich wahrscheinlich? Jetzt bin ich erst beim dritten Teil. Und in der Zwischenzeit muss ich mich ranhalten, um eine F[orte]p[iano]-Sonate zu schreiben, die nur im Rohentwurf vorliegt. Wenn du berücksichtigst, dass ich am 1. Oktober eine [Konzert-]Reise antreten muss, dann wirst du wahrscheinlich Mitleid mit mir haben, mitfühlen und entschuldigen, wenn ich dir nichts mehr sage und den Brief damit beende.«[520]

Die Partitur seines Opus 35 vollendete Rachmaninoff Ende Juli bzw. Mitte August rechtzeitig, um alle Vorbereitungen für die Uraufführung in Sankt Petersburg am 30. November (13. Dezember) 1913 zu treffen. Als Maria Danilowa im Herbst wieder zu ihrer Ausbildungsstätte zurückkehrte und in der Zeitung las, dass ihr Idol Rachmaninoff eine herausragende Chorsinfonie verfasst habe, die bald zur Aufführung kommen sollte, war sie so aufgeregt, dass sie sich kaum auf ihr Cellospiel konzentrieren konnte und ihr Geheimnis mit jemandem teilen musste. Ihr Cellolehrer Bukinin sollte versprechen, die Identität der unbekannten Inspirationsquelle für sich zu behalten. »Danilowa war außer sich vor

Freude«, wusste ihr Lehrer, hütete aber ihr Geheimnis. »Ich war erstaunt darüber, dass unser zurückhaltender und eher unsentimentaler Rachmaninoff willens war, sich auf den Rat einer Fremden hin zu etwas inspirieren zu lassen – und dann noch ein so bedeutendes Werk zu schaffen!«[521]

»Diese Komposition habe ich mit leidenschaftlicher Begeisterung geschrieben«, bekannte Rachmaninoff später, »und unter all meinen Werken ist es mir das liebste.«[522] Sein Opus 35 erscheint allein durch die Entstehung welthaltig: Er vertonte in Rom und auf Iwanowka die russische Fassung des Poems eines von deutscher Dichtung inspirierten amerikanischen Autors, dessen Lyrik durch die begeisterte Fürsprache des Franzosen Baudelaire in Europa Verbreitung fand. Das Thema erinnerte Rachmaninoff besonders an die Erfahrungen in seinem Heimatland, kann aber durchaus Allgemeingültigkeit beanspruchen und auch Menschen ansprechen, denen Spirituell-Symbolhaftes fernsteht. Ein gutes Beispiel bot sein wortkarger Freund Tschechow. Er liebte das Angeln, da man dabei nicht viel reden müsse, erzählte Rachmaninoff, aber eines Tages, als der Glockenklang bis zum Ufer zu vernehmen war, sagte er in den Nachhall hinein zu seinem Begleiter: »Ich mag es, Glocken zu hören. Sie sind alles, was mir an Religiösem geblieben ist.« Auch wenn »Glaube und Hoffnung sich verflüchtigt haben mag«, meinte Rachmaninoff, »lockte die Schönheit eines Glockenlieds noch immer ein Echo in seiner Seele hervor«.[523]

Die Chorsinfonie *Die Glocken* op. 35 ist wie ein Episodendrama, bei dem mit Tenor, Sopran, Chor-›Menge‹ bzw. ›Volks‹-Chor und Bass in jedem ›Akt‹ andere Protagonisten im Mittelpunkt stehen. »Sollte es mir gelungen sein, in meinen Werken die Glocken in Verbindung mit den menschlichen Empfindungen zum Schwingen zu bringen, so liegt es größtenteils daran, dass ich die meiste Zeit meines Lebens inmitten der Schwingungen der Glocken in Moskau zubrachte«, äußerte Rachmaninoff, dem es am Herzen lag, mit den Stimmen der Glocken »die unterschiedlichen Schattierungen des menschlichen Lebens darzustellen«. [524] Erst im dritten Satz setzt sich der Chor als Gemeinschaft im Widerstreit mit dem Orchester mit den Gefahren auseinander, die durch Sturmglocken angekündigt werden. In den anderen Sätzen treten Solisten auf – Tenor, Sopran, Bass –, die als Individuum eingebettet sind in die Klangresonanz von Orchester und Chor, gerade so, wie ein Familienverband den Einzelnen auffängt. »Mein ganzes Leben lang habe ich Gefallen gefunden an den unterschiedlichen Stimmungen sowie der Musik des freudigen Geläuts und der traurigen Totenglocken«, bekannte der Familienmensch Rachmaninoff, der diese Erlebnisse vielfach im

Kreis von Angehörigen geteilt hatte.[525] Sein etwa 40-minütiges, vierteiliges Werk besitzt die Dimensionen einer Chorsinfonie, wie man sie von Suk, Britten, Schostakowitsch und Penderecki kennt. Die Ambivalenzen der Lebenserfahrungen und der literarischen Vorlage münden in eine vielschichtige musikalische Umsetzung, bei der in der Allegro ma non tanto-Einleitung – die freudenreichste Musik, die Rachmaninoff je geschrieben hat – die munteren Schlittenglocken, die auf unbeschwerte Tage der Jugend verweisen, mit Andeutungen auf das Lebensende kontrastiert werden. Rachmaninoff vertonte nicht einfach Poes Verse wie sieben Jahre zuvor Joseph Holbrooke mit dem »Dramatischen Poem« *The Bells*, op. 50a. Bei dieser von Hans Richter in Birmingham uraufgeführten, fünfteiligen und Elgar gewidmeten Kantate für Chor und großes Orchester kommen Glocken unterschiedlichsten Formats zum Einsatz. In seinem kleiner besetzten Orchester verwendete Rachmaninoff lediglich moderne Instrumente, die Glocken symbolisieren – darunter Celesta, Glockenspiel, Harfe und Klavier. Dies passt zu den bezugsreichen Versen Konstantin Balmonts, der nicht nur frei mit Poes Vorlage umging, sondern auch Ergänzungen vornahm. Rachmaninoff wusste, dass er mit Balmonts Text eine Nachdichtung vertonte, die eigene Schwerpunkte setzte. Die Originalzeilen von Poe passten nicht zur Musik, sodass für die 1920 von Breitkopf & Härtel herausgegebene Veröffentlichung von Колокола neben dem russischen Text eine neue englische Fassung von Fanny S. Copeland erstellt werden musste. Sie wurde zusammen mit der deutschen Version von Berthold Feiwel in der Einleitung und als Unterzeile zum russischen Original in den Noten abgedruckt.

Die Chorsinfonie ist Bestandsaufnahme, Bewusstmachen und Mahnung zugleich – nicht zuletzt waren Glocken für Rachmaninoff auch ein Symbol für Zeiten des Friedens. Balmont verzichtete auf Poes lautmalerische Wortwiederholungen und fügte im ersten Teil Zeilen ein, die sich nicht im Original finden:

Что за днями заблужденья
Наступает возрожденье,
Что волшебно наслажденье,
Наслажденье нежным сном.

Dass nach den Tagen des Irregehens
Uns eine Wiedergeburt bevorsteht,
Was für ein magischer Hochgenuss,
Wie das Genießen eines sanften Traums.

In den Gesangsfassungen der Partitur hieß es in Fanny S. Copelands Übertragung: »That beyond illusion's cumber, / Births and lives beyond all number, / Waits a universal slumber – / deep and sweet beyond compare.« Und Berthold Feiwel dichtete für die deutsche Version: »Nach der Zeit des Irregehens, / Naht der Tag des Auferstehens, / Kommt die Lust des Ganz-Vergehens / in des Schlafes süßer Nacht.« Wenn der Tenor seine Zeilen vollendet hat, vernimmt man den Chor elf Takte lang mit Dies irae-Anspielungen – wie in Dantes Hölle und Nekrasows *Frühling* mit »la bouche fermée« –, die bei aller Lebensfreude der Musik an die Sterblichkeit erinnern. Der Text des zweiten Teils (Lento) erzählt von Hochzeitsglocken. Nachdem die Sopranistin davon sang, wie sie zum Himmel aufblickte und »des Mondes Glanz« sah, deutet sich in den mit Dämpfer zu spielenden Bratschen das Dies irae an. Damit signalisierte Rachmaninoff, dass für die junge Braut nun ein Leben voller Verantwortung und neuen Erfahrungen beginnt. Der Chor zitiert zu Beginn und im Verlauf dieses Satzes die melodische Wendung des »grünen Rauschens«, das in Rachmaninoffs Nekrasow-Vertonung *Der Frühling* op. 20 ein Zerwürfnis zwischen Ehepartnern abmildert und zu einem Neuanfang führt. Im dritten Teil schildert Balmont die verheerende Feuersbrunst, während Poe noch ganz allgemein andere Beispiele für Bedrohungen nennt. In dem Presto-Satz werden Sturmgeläute und Gefahren mit äußerster Vehemenz derart lebhaft geschildert, dass selbst ein erfahrener Dirigent wie Henry Wood eingestand, dies sei »sicherlich die schwierigste Partitur die ich je gesehen habe«.[526] Im Schlussteil geht es bei Poe um den Schrecken des Todes, während Balmont über das Sterben reflektiert.

Неизменно-монотонный
Этот возглас отдаленный,
Похоронный тяжкий звон,
Точно стон
Скорбный, гневный
И плачевный
Вырастает в долгий гул,
Возвещает, что страдалец
непробудным сном уснул.

Ausnahmslos eintönig
Ist dieser ferne Ruf,
Ein schweres Totengeläut,

Wie ein Stöhnen,
Trauernd, zornig,
Und beklagenswert
Erwächst es zu einem langen Grollen,
Verkündet, dass der Leidende
mit festem Schlaf entschlummert ist.

[Fanny S. Copeland: »With persistant iteration / They repeat their lamentation, / Till each muffled monotone / Seems a groan / Heavy, moaning, / Their intoning, / Waxing sorrowful and deep, / Bears the message, that a brother passed away to endless sleep.« Berthold Feiwel: »Dieses quälerische, stumpfe / Langgezogene und dumpfe / Monotone Grabgedröhn, / Dies Gestöhn, / Peinlich, grollend, voller Klagen / Wächst sich aus zu hohlem Schrei, / Laut verkündend, dass der Büßer / Ew'gem Schlaf verfallen sei.«]

Im letzten Satz beschließen Totenglocken den Lebenszyklus; die Vorgabe »Lento lugubre« verlangt nach einem langsamen, klagend-traurigen Vortrag. Zu den Zeilen »Und unwillkürlich zittern wir, / Mit unseren Vergnügungen haben wir es eilig. / Und wir schluchzen, wenn wir daran denken, dass wir unsere Augen schließen werden« trug Rachmaninoff Tschajkowskijs Initialen in die Partitur ein; ob der musikalische Gestus nun auf dessen sechste Sinfonie oder *Pique Dame* verweist, sei dahingestellt. (Balmont: »И невольно мы дрожим, / От забав своих спешим. / И рыдаем, вспоминаем, что и мы глаза смежим.«, Copeland: »And we tremble at our doom, / And we think upon the tomb, / Glad endeavour quenched for ever is the silence and the tomb.«, Feiwel: »Unwillkürlich stockt der Fuß, / Alle Lust wird Überfluss, / Jähes Trauern lässt dich erschauern, dass auch dein Auge brechen muss.«) Als Pendant zum Dies irae des Beginns finden sich die noch älteren Pritschets im zweiten und letzten Abschnitt der Chorsinfonie.[527]

Bereits die ersten Aufführungen von *Die Glocken* hinterließen einen tiefen Eindruck. »In Rachmaninoffs neuem Gedicht erklingen mit besonderer Eindringlichkeit die pessimistische Leidenschaft und erhabene Tragik, die für einen großen Künstler und ein edles Herz charakteristisch sind«, meinte man in der *Russischen Musikzeitung* (Русская музыкальная газета). »Aufrichtigkeit und Spontaneität standen Rachmaninoffs Muse schon immer nahe, aber vor diesem tragischen, traurigen Hintergrund zeigen sich konzentriert die Schattierungen von hoffnungsloser Angst und Verzweiflung, die zuerst in der *Toteninsel* auftauchten, in *Die Glocken* mit ungewöhnlicher Klarheit.«[528] Drei Monate nach der Uraufführung in der Hauptstadt eroberte das Werk im Februar 1914 Moskau, und im Herbst sollte es die erste Auslandsaufführung in Sheffield geben, wo der bis zu 200 Personen starke Chor der Sheffield Musical Union, Vorläufer des Sheffield Philharmonic Chorus, zu den besten Ensembles Europas gehörte – erst 1911 war er mit Elgar und Stokowski auf eine erfolgreiche Tournee durch die USA, Kanada und andere Länder gegangen. Doch der Erste Weltkrieg verzögerte alle weiteren Aufführungen. Erst 1921 kam das Werk nach Liverpool und 1936 nach Sheffield. Die nordamerikanische Premiere leitete Stokowski im Februar 1920 in Philadelphia, während in Deutschland das genaue Datum der Erstaufführung in Vergessenheit geriet. Die Widmungsträger – der Dirigent Willem Mengelberg und das Concertgebouworkest in Amsterdam – führten *Die Glocken* zusammen mit Richard Strauss' Kantate *Taillefer* op. 52 am 22. und 23. Dezember 1923 in dem Jahr auf, in dem Rachmaninoff 50 Jahre alt geworden war.

In den 1910er-Jahren wurde Sergej Rachmaninoffs Kontakt zu entfernten Verwandten und Freunden intensiver als der zu seinen engsten Familienangehörigen. Seine Mutter Ljubow war nach Nowgorod in das Haus der von Sergej bewunderten Großmutter gezogen. Da sie sich mit der Familie ihres früheren Mannes nicht verstand, blieb die Lage stets angespannt, wenn Sergej sie zu ihren seltenen Besuchen auf das Gut Iwanowka einlud. Er unterstützte sie bis an ihr Lebensende finanziell, wie auch seinen Vater, der sich in Moskau durchschlug, wo eine neue Partnerin einen Sohn von ihm bekam. Für Sergej blieb der 20 Jahre jüngere Halbbruder Nikolaj stets »der Sohn meines Vaters«, trotzdem unterstützte er mit Geldzuwendungen dessen Ausbildung. Nikolaj wurde Pilot und auch Sergej begeisterte sich für die Aeronautik. Zu seinem Leidwesen kam sein Halbbruder im Ersten Weltkrieg bei einem Aufklärungsflug ums Leben. Der ältere Bruder Wladimir arbeitete zunächst für die Armee in Staraja Russa im Oblast Nowgorod und später im Polizeidienst in Sankt Petersburg sowie Astrachan. Anlässlich eines Besuchs bei der Großmutter in Nowgorod lernte Sergej die Frau seines Bruders kennen. Sie war im fünften Monat schwanger – den Sohn nannte man Sergej und später das erste Mädchen Jelena, um an die jung verstorbene Schwester zu erinnern. Woran Wladimir 1913 verstarb, ist nicht überliefert. Seinen Vater verlor Sergej Rachmaninoff 1916, aber er hielt Kontakt zu seinem jüngeren Bruder Arkadij, auch wenn man sich selten begegnete. Als Sergej 1902 heiratete, absolvierte Arkadij gerade die Militärschule in Moskau und wirkte danach zumeist in Zentralasien: Zunächst beim Militär in Turkestan und später als Mathematiklehrer in Samarkand. Damit hatten alle Familientraditionen ihre Nachfolger gefunden: das Militärische, das Musische und schließlich war der Kiewer Professor, der einst eine Schrift über die Hintergründe der Familie Rachmaninoff herausgebracht hatte, auch Mathematiker.

Parallel zu der Arbeit an *Die Glocken* führte der 40-jährige Rachmaninoff ein Zwiegespräch mit seinem Klavier. Die zweite Klaviersonate entstand als abstraktes Gegenstück zur Chorsinfonie. Sie vermittelt den Eindruck, als sei sie beim Improvisieren entstanden. Rachmaninoff widmete das Stück Matwej Presman, mit dem er als Jugendlicher bei Swerew lebte und lernte. Nicht selten werden die Studienfreunde gemeinsam am Klavier Ideen ausprobiert haben, und die gewaltigen interpretatorischen Herausforderungen der Sonate belegen, was er dem Pianisten Presman zutraute. Der Allegro agitato-Beginn springt mitten ins Geschehen: Das absteigende Arpeggio und die beiden massiven Akkorde könnten durchaus am Schluss einer Sonate stehen, aber bei Rachmaninoffs Opus 36 stolpert man auf diese Weise unmittelbar in die musikalischen Ereignisse hinein. Die Sonate ist nicht – wie so viele Stücke jener Jahre – mit konkreten literarischen oder illustrativen Assoziationen verbunden. Vielmehr wirkt sie wie ein intellektuelles Unikat, bei dem im ersten Satz einmal mit glockenartigen Klängen auf das Opus 35 angespielt wird. Insgesamt erscheint die Musik unebener, impulsiver, scharfkantiger. Rachmaninoff spielte die Klaviersonate selten öffentlich. Er probierte sie erstmals zu Beginn einer Tournee am 5. (18.) Oktober 1913 im Saal der Adelsversammlung in Kursk aus, noch bevor er sie am Schluss seiner Reise in der Hauptstadt und in Moskau vorstellte.[529] Es ist unklar, inwiefern Rachmaninoff Details der Sonate von einer Aufführung zur nächsten variierte. Bei einem neuen Stück, das bei der Uraufführung als längstes Werk des Abends gleich am Anfang erklang, ist es denkbar, dass die Erfahrungen der ersten Aufführungen in die 1914 bei Gutheil publizierte Version eingeflossen sind. Die zweite Klaviersonate ließ Rachmaninoff keine Ruhe. 18 Jahre vergingen, bevor er sich fern der Heimat abermals dieses rhapsodisch angelegten Werks annahm.

Wie fast alle in Europa rechneten die Rachmaninoffs nicht damit, dass es tatsächlich zu einem Krieg kommen würde. Sergej Wasiljewitsch hielt sich über die neuesten Automodelle auf dem Laufenden – seins fuhr er schon seit fünf Jahren –, gönnte sich und den Seinen

Urlaube im finnischen Teil Russlands und entwickelte Pläne für sein Gut Iwanowka. Im Frühjahr 1914 hatte er genug Geld beisammen, um sich endlich einen lang gehegten Wunsch zu erfüllen: Er hatte fast alle erforderlichen Maschinen für die landwirtschaftliche Arbeit zumeist aus solider amerikanischer Herstellung erworben, aber noch fehlte ihm ein benzinbetriebener Trecker mit Verbrennungsmotor der neueren Generation aus den USA. Da er eine Genehmigung des Landwirtschaftsministeriums benötigte, fuhr Rachmaninoff eigens nach Sankt Petersburg, um einer hochrangigen Persönlichkeit, die er kannte, sein Anliegen vorzutragen. Diese wollte es ihm eher ausreden, denn wer auf seinem Anwesen an die hundert Pferde habe, brauche doch keinen Traktor.

»Aber«, sagte er – Rachmaninoffs Schilderung zufolge – schließlich aufgebracht, »wenn Sie wirklich einen bekommen sollten, was wollen Sie dann damit anfangen?«

»Ich werde ihn selbst fahren«, entgegnete der Komponist und Landbesitzer.

Auch wenn es viel Kopfschütteln über sein Vorhaben gab, wurde Rachmaninoff zugesichert, dass sein Antrag angenommen werde und er im Herbst mit dem Trecker für Iwanowka rechnen könne.

»Jedoch habe ich ihn nie gesehen«, erinnerte er sich, »denn im August begann der Krieg.«[530]

Im September 1914 meldete die *Russische Musikzeitung* (Русская музыкальная газета), Rachmaninoff arbeite »an einem gewaltigen sinfonischen Bild, *Der große Krieg*, das einer der neuen Beiträge russischer Komponisten ist, der durch den europäischen Krieg angeregt wurde«.[531] Dieses Werk existierte nicht. Wahrscheinlich musste Rachmaninoff den Eindruck erwecken, an der Heimatfront wertvolle Dienste zu leisten. Als er im August 1915 in Tambow zur Musterung einbestellt wurde, schrieb er an Goldenwejser, er vermute, »wenn sie mich einberufen, dann ist mir eine Stelle als Dirigent im Bischofschor oder als Dirigent im Stadtgarten in Tambow fast garantiert«.[532] Aus gesundheitlichen Gründen wurde er bis auf Weiteres für die künstlerische Arbeit freigestellt.

Bei Kriegsbeginn war Rachmaninoff 41 Jahre alt, seine Frau Natalija 37 und die Töchter Irina und Tatjana elf bzw. sieben. Selbst wenn man im Sommer 1915 noch einmal in das Großfürstentum Finnland fuhr, das als Teil des Russischen Reichs weitgehende politische Autonomie genoss, blieben Sorgen ständige Begleiter. »Der Grund für eine vorzeitige Abreise wird Ihnen natürlich klar sein«, schrieb Natalija

Rachmaninowa Anfang August 1915 aus Ravanti an Metners Frau. »Die Nachrichten vom Kriegsschauplatz spiegeln sich sehr in der Stimmung von S[ergej] W[asiljewitsch] wider. Seine Arbeit geht überhaupt nicht gut voran, in letzter Zeit hat er sogar aufgehört zu arbeiten und liest nur noch Zeitungen.«[533] Mittlerweile erachteten viele die Kulturbeiträge von Militärkapellen und vaterländische Gesänge für gehaltvoller als die von Sinfonieorchestern und Liedinterpreten. Die spärlicher werdenden Konzerterlebnisse wurden für Rachmaninoff immer wichtiger, denn Musik half ihm, nicht vollends in Depressionen zu versinken. »Am dritten Tag, als die Nachrichten besonders ungünstig waren, wurde ich ins Sinfoniekonzert geschleppt, obwohl ich eigentlich nicht hinwollte, wo mir aber die Kompositionen von Tschajkowskij, Korsakow und Glasunow, die ich hörte, Leben einhauchten«, erzählte er in einem Brief. »Meine ›Trauermiene‹ klärte sich auf, und ich sah mit eigenen Augen, dass meine Natur überwiegend musikalisch ist und dass mir eine Kur mit Musik, ›Musikstrahlen‹, sicher verordnet werden kann.«[534]

Solche Musikkuren wären den Staaten sicher auch gut bekommen. Aber militärischer Drill prägte das öffentliche Leben bis in das Schulwesen hinein, sodass ein Historiker wie Ludwig Quidde bestenfalls belächelt wurde, als er schon 1893 Kriegervereinigungen kritisierte »als wirksamstes Mittel, die kleinbürgerliche Gesellschaft mit dem Geiste des Militarismus zu durchdringen«.[535] In Russland wurden von staatlicher Seite Initiativen entwickelt, um Anregungen der sich entwickelnden Friedensbewegungen länderübergreifend wirksam werden zu lassen. Zar Nikolaj II. hielt am 24. August 1899 in einem Memorandum gegenüber Botschaftern anderer Länder fest, die »Erhaltung des allgemeinen Friedens und eine mögliche Reduzierung der übermäßigen Rüstung, die heute alle Nationen belastet«, seien »Ideale, die von allen Regierungen angestrebt werden sollten«. Signale für eine Verständigung sah der Zar als »glückliches Vorzeichen des kommenden Jahrhunderts«. Sie sollten genutzt werden, um durch eine internationale Friedenskonferenz den Zusammenhalt zu fördern.[536] Auf seine Initiative hin wurden mit Unterstützung der niederländischen Königin Wilhelmina 1899 und 1902 die Haager Friedenskonferenzen einberufen, in denen bestimmte Waffen wie Gas oder Sprengstoffabwürfe aus Luftschiffen geächtet wurden. Eine wesentliche Anregung vermittelte einer der Organisatoren der ersten Konferenz, der Eisenbahnmagnat Iwan Blioch. Er stammte aus dem polnischen Teil des Russischen Reichs und publizierte 1898 in russischer Sprache sein Buch *Der Krieg*, das rasch in etlichen Übersetzungen erschien. Er setzte sich darin mit der technischen, volkswirtschaftlichen und politischen Bedeutung von Kriegen auseinander und entwickelte Überlegungen zu einem »internationalen Schiedsgericht« sowie »Bestrebungen zur Beseitigung des Krieges«.[537] Blioch moralisierte nicht, sondern verwarf Kriege, weil sie in Zukunft schädlich und sinnlos waren. Im 19. Jahrhundert rechnete man damit, einen Feldzug innerhalb von Monaten mit einer Entscheidung zu beenden. Kriege der Zukunft hielten Wirtschaftszweige sowie Karrieren in Gang, ja, sie werden »so schwer und verlustreich sein, dass keine einzige Seite in der Lage sein wird, den Sieg zu feiern« und Armeen »vielleicht einen ganzen Winter oder sogar zwei durchhalten« müssen. In Luzern initiierte Iwan Blioch zum Jahrhundertbeginn das erste Internationale Kriegs- und Friedensmuseum, das bis 1919 Bestand hatte. Er wurde für den Friedensnobelpreis nominiert, verstarb aber 1902 im Alter von 66 Jahren, bevor er ihn zugesprochen bekam.

Wie fragil die Situation in seinem eigenen Land war, konnte Rachmaninoff bereits 1905 erleben. Dass die Kulturen, die er auf seinen Reisen vor Ort kennengelernt hatte, im Sommer 1914 mit Waffen aufeinander losgingen, hatte er keineswegs erwartet. Er brauchte es auch nicht, denn die Großmächte planten keineswegs, einen Aggressionskrieg zu beginnen. Sie verstrickten sich aber durch eine fatale Bündnispolitik in Zwangslagen, die ein konsequentes Handeln unvermeidbar scheinen ließen. In der Annahme, mit einem ›Partner‹ mehr Sicherheit zu erlangen, wurden andere Staaten verunsichert und genötigt, sich auf einen denkbaren Ernstfall vorzubereiten. Dabei schrieb man aggressive Absichten stets den anderen zu, während man sich selbst ja ›nur verteidigen‹ wolle. Der britische Außenminister Edward Grey umriss im Dezember 1912 das Dilemma: »Entstände aber ein europäischer Krieg dadurch, dass Österreich gegen Serbien vorginge, und Russland, durch die öffentliche Meinung gezwungen, und um nicht abermals eine Demütigung wie 1909 zu erleben, in Galizien einmarschiere, was uns zu Hilfsleistungen veranlassen würde, so sei die Beteiligung Frankreichs unausbleiblich und die weiteren Folgen absehbar.«[538] Rachmaninoff und seine Familie wurden zu Getriebenen der Ereignisse: Nicht zum ersten Mal versagten die europäischen Staatenlenker, denn schon sechzig Jahre zuvor beim Krimkrieg waren Mechanismen von Klischees und Feindseligkeiten angelegt worden, an die man nach der Ermordung des Thronfolgers von Österreich-Ungarn, Erzherzog Franz Ferdinand, und seiner Gemahlin Sophie am 28. Juni 1914 durch serbische Nationalisten nahtlos anknüpfen konnte. In Russland beobachtete Rachmaninoff unangenehme Veränderungen: Der Krieg führte zu einer Entfremdung von Deutschland, auch wenn viele mahnten, man müsse zwischen der deutschen Kultur und dem Militarismus Preußens differenzieren. Im Mai 1915 kam es in Moskau zu Unruhen mit Plünderungen, die sich gegen deutschstämmige Geschäftsleute richteten; es gab sogar Tote. Auch die Hauptsitze der Musikverlage von Jurgensohn und Gutheil wurden attackiert, woraufhin Karl Gutheil seinen Verlag an Kusewizkijs Éditions Russes de Musique für 300 000 Rubel abtrat und das Land verließ. Passend zum politischen Klima gelangten komponierende Militärkapellmeister vom Schlage eines Wasilij Agapkin zu Ruhm oder Lieder von Dmitrij Bogemskij, deren Musik in Russland bald auf Schellackplatten herauskam. Die Texte waren – wie in den anderen Ländern nicht minder – nationalistisch und diffamierend. Sie sollten die Moral stärken mit Sprücheklopfereien darüber, dass es bei den Deutschen »einfach nicht genug Leute gibt – ha, ha, ha« und sie »schon Bataillone aus Säuglingen bilden müssen – autsch!«. »Der Germane ist Raub gewöhnt«, hieß es, »der Deutsche hat keine Angst vor Gott – allerdings ist das russische Bajonett schrecklich!« Die Bürokraten nicht minder, denn sie änderten den deutsch klingenden Namen der Hauptstadt von Petersburg zu Petrograd.

In Kriegszeiten kam Rachmaninoff nicht umhin, sich auch bei Wohltätigkeitskonzerten zu engagieren. Mit der Musik, die er in jenen Jahren komponierte, knüpfte er an seine Sakralkompositionen an: Die Initiativen von Iwan Blioch, dessen Vorname dem Pendant ›Johann‹ entsprach, führten ihn zu anderen Persönlichkeiten mit dem gleichen Namen: Die 1910 komponierte *Liturgie des Heiligen Johannes Chrysostomos* op. 31 (Литургия святого Иоанна Златоуста) sowie das im ersten Kriegsjahr vollendete Sololied »Nach dem Evangelium des Johannes« (Kapitel 15, Vers 13; Из Евангелия от Иоанна, WoO, TN ii/57) werden in diesem Kontext zu musikalischen und politischen Stellungnahmen. Johannes Chrysostomos, der Schutzpatron der Beter, Redner und Prediger, setzte sich 1500 Jahre zuvor gegen den Missbrauch sowohl staatlicher als auch kirchlicher Autoritäten ein, nutzte sein Verhandlungsgeschick für die Freilassung von Geiseln und nahm Verfolgte in Schutz. Im Gegensatz dazu ist die Identität des Evangelisten Johannes zwar umstritten, aber als gebildeter Theologe wurde er symbolisch mit einem Adler dargestellt, der sich hoch über die anderen erhebt. In Dostoewskijs *Aufzeichnungen aus einem Totenhaus* (Записки из Мёртвого дома) galt der Adler in einem Straflager als Symbol der Freiheit. Der kurze Text des Lieds zitiert die Bibelstelle: »Es gibt keine größere Liebe, als wenn einer sein Leben für seine Freunde hingibt.« Vordergründig mag dies als ein

Appell an die Opferbereitschaft eines Soldaten betrachtet worden sein, aber im Hinblick auf Rachmaninoffs vorangegangene Sakralwerke muss man – wie es vielfach der Fall gewesen sein wird – den Kontext der Worte Jesu an seine Jünger berücksichtigen, da es im Vers zuvor nicht um militärische Gewalt, sondern um Nächstenliebe geht: »Das ist mein Gebot: Liebt einander, so wie ich euch geliebt habe.« Damit knüpfte Rachmaninoff an die dritte Antiphon seiner *Liturgie des Heiligen Johannes Chrysostomos* an, in der die Bergpredigt zitiert wird, und das bald darauf folgende »Vater unser« (Отче наш).

Auch als Rachmaninoff 1915 sein *Vigil* op. 37 komponierte, strebte er danach, den überlieferten Texten eine neue Bedeutung zu verleihen. Nach dem Gesetz der orthodoxen Kirche sollten einige der Hymnen »zu alltäglichen Themen geschrieben werden«, ließ er einen Bekannten wissen, »zum Beispiel: ›Segne, meine Seele‹, ›Lass mich in Frieden scheiden‹, ›Ehre sei Gott in der Höhe‹ usw. Andere können originell ausfallen. In meiner *Vesper* wurde alles, was zur zweiten Möglichkeit passte, bewusst für den Gebrauch vorgetäuscht. Zum Beispiel: ›Gesegnet ist der Mensch‹, ›Mutter Gottes‹ usw.«[539] Für das im März 1915 vom Moskauer Synodalchor uraufgeführte Werk verwendete Rachmaninoff selbst zumeist den Ausdruck *Vesper (Abendgebet)*. Man bezeichnet es auch als *Vigil (Nachtgebet)*, *Großes Abend- und Morgenlob* bzw. *Ganznächtliches Vigil* (Всенощное бдение). Diese Stücke werden nur in Klöstern über die Nacht bis in die frühen Morgenstunden gesungen. Zu den grundlegenden Formen der Gattung gehören das Auferstehungs-Vigil, das an Samstagen beginnt, und das festliche Vigil an den Vorabenden hoher Feiertage. Wie stark dieses Werk Rachmaninoff am Herzen lag, zeigt sein Wunsch, den Lobgesang des Simeon aus der orthodoxen Vesper, »Herr, nun lässt du« (Lukas 2, 29-32) – der dem römischen »Nunc Dimittis« entspricht – bei seiner Beerdigung vorzutragen, was jedoch nicht realisiert wurde. (Für seine Klavierabende hatte er sogar ein Arrangement erstellt.)

Der etwa 80-köpfige Moskauer Synodalchor wurde von Männer- und Knabenstimmen gebildet; in der Konzertpraxis sind für die Kompositionen, die Rachmaninoff für ihn entwarf, später vor allem in westlichen Ländern auch Frauenstimmen eingesetzt worden. In beiden Werken finden sich Elemente, die man auch aus der westlichen Kirchenmusik kennt, wie etwa das Ave Maria, Nunc dimittis, Credo und Vaterunser. Zu den Besonderheiten der orthodoxen christlichen Kirchen gehört, dass die Gottesdienste erheblich länger sind und bei der Musik keine Instrumentalbegleitung gestattet ist. Dies verbietet auch Vokalisen oder Summen des Chors, der dadurch instrumentale Effekte erzeugen würde – das Wort muss im Vordergrund stehen! Dies beeinträchtigte Rachmaninoffs Fantasie keineswegs. Er bereicherte seine Musik durch eine sogenannte ›chorale Orchestrierung‹ bzw. Chororchestrierung, bei der beispielsweise für bestimmte Akzentuierungen der Gesang in den Mittelstimmen verdoppelt wird oder Stimmen geteilt werden, um den Klang reichhaltiger und farbiger auszugestalten.

Wieder gehörte es zu seiner Dramaturgie, in den 15 Stücken traditionelle Stilelemente – wie etwa den Snamennij-Gesang (Neumenmelodien, d. h. Melodien ältester Zeit in den Nummern 8, 9, 12, 13 und 14) sowie den ›Kiewer Gesang‹ des 16. und 17. Jahrhunderts (in den Nummern 4 und 5) – mit seinen Vorstellungen einer gelungenen Stilkopie zu verschmelzen. Als Rachmaninoff das Werk dem Leiter des Synodalchors vorstellte, meldete dieser Bedenken an, da beispielsweise am Schluss des fünften Stücks die Bässe bis zum Kontra-B hinabsteigen müssen (B1, das dritte B unter dem mittleren, eingestrichenen c' auf dem Klavier). »Wo sollen wir solche Bässe finden«, fragte Danilin, »die sind so rar wie Spargel an Weihnachten.« Doch Rachmaninoff blieb gelassen. »Ich kenne die Stimmen meiner Landsleute«, entgegnete er.[540] Zu den wesentlichen Aspekten russischer Chormusik gehört, dass diese durch ein starkes Bassfundament charakterisiert ist. Der Synodalchor hatte Bassisten in seinen Reihen, die den Qualitäten von russischen Oktavisten entsprachen. Während der Umfang des ›Basso profundo‹ in der Opernliteratur des 18. und 19. Jahrhunderts üblicherweise bis zum D2 hinabreicht und manchmal auch das C2 erreicht, bewegt sich ein Oktavist noch eine Oktave unter einen gewöhnlichen Bass, bis zum A1, manche noch tiefer, bis zum C1. Im Westen setzt man sich erst seit relativ kurzer Zeit mit diesem Phänomen auseinander, das ein spezielles Charakteristikum russischer Vokalmusik ist.[541] Rachmaninoff gestaltete einen Archetyp des christlichen Glaubens neu. Eine Vigil ist eine nächtliche Gebetswache vor einem wichtigen Fest des Kirchenjahrs, zu der das Singen und die Lesungen von Psalmen, biblischen sowie weiteren geistlichen Texten gehört. Eine Christmette in der Heiligen Nacht ist zwar auch als Vigil zu betrachten, aber das grundlegende Ereignis des Glaubens ist nicht die Geburt, sondern die Auferstehung an Ostern. Diese wird in den Texten dementsprechend gebührend gefeiert.

Bedenkt man die Zeitumstände der Entstehung und der Uraufführung im Frühjahr 1915, kann man das Opus 37 noch unter einem anderen Blickwinkel betrachten. Seine Freundin Marietta Schaginjan war armenischer Abstammung, deswegen dürfte Rachmaninoff über die historischen Hintergründe Bescheid gewusst haben: Weite Teile des christlichen Armenien litten jahrhundertelang unter der Diktatur der Osmanen und betrachteten das orthodoxe Russland als ihre Schutzmacht. Diese Unterstützung wurde umso dringlicher, als es 1895/96 und 1909 zu Massakern und Pogromen durch die Osmanen kam, bei denen bis zu 300 000 Armenier ermordet wurden. Schaginjan und Rachmaninoff dürften geahnt haben, dass sich Ähnliches wiederholen könnte, als im November 1914 vor der Fatih-Moschee in Konstantinopel der Dschihad gegen die feindlichen Staaten ausgerufen wurde. Verständlicherweise beteiligten sich ab 1914 armenische Freiwilligenbataillone auf russischer Seite an den Kampfhandlungen, was die osmanische Führung zur Stimmungsmache gegen das christliche Volk nutzte, obwohl sich die Mehrheit der auf ihrem Staatsgebiet angesiedelten Armenier loyal zum Osmanischen Reich verhielt. Alles, was Russland und den Briten schadete, war dem Deutschen Reich unter Wilhelm II. recht, und so paktierte man auch mit jenen dem Westen gegenüber feindlich eingestellten Kulturen. Letzten Endes klang ›alternativlose Realpolitik‹ auch besser als ›Mitverantwortung‹, als man nicht einschritt gegen flächendeckende Deportationen und einen Völkermord von zu diesem Zeitpunkt noch nicht gekanntem Ausmaß. Bis 1923 schlachteten die Osmanen 1,5 Millionen armenische Kinder, Jugendliche, Männer und Frauen jeden Alters ab. Da Rachmaninoffs *Ganznächtliches Vigil* zwischen den Genoziden steht, kann man es auch als eine Art Requiem für Armenien betrachten. »Wie stehst du zum Tod, liebe Re? Fürchtest du den Tod«, hatte Rachmaninoff die Freundin einmal gefragt. »Persönlich habe ich für mich niemals die Unsterblichkeit gewünscht. Ein Mensch wird allmählich zermürbt, altert und im hohen Alter fällt er sich selber zur Last. Ich habe von mir schon die Nase voll lange bevor ich alt bin. Aber wenn es etwas im Jenseits gibt, dann ist es furchterregend.«[542]

Armenien war das erste Land der Welt, das im Jahre 301 das Christentum zur Staatsreligion erhob. Die traditionelle Sakral- und Volksmusik beruht auf einem System aus Viertonfolgen, sogenannten Tetrachorden. Da die letzte Note eines Tetrachords auch als erste Note des nächsten fungieren kann, ergibt sich theoretisch eine ›endlose‹ Tonleiter. Tetrachorde und die scheinbar unendliche Melodik christlich-orthodoxer Sakralmusik spielen auch eine wesentliche Rolle in Rachmaninoffs Kompositionen. Darüber hinaus ist Rachmaninoffs *Ganznächtliches Vigil* auch eine Friedensmesse – ein Wachen in dunkler Zeit mit der Hoffnung auf eine bessere Zukunft, wenn es im vorletzten Gesang heißt: »O Herr, befreie die ganze Menschheit von den

Schlingen des Feindes! Du hast Dich Deinen Aposteln gezeigt und sie ausgesandt, Dich zu verkünden; und durch sie hast Du der Welt deinen Frieden geschenkt, o Du, der Du reich an Barmherzigkeit bist!« Ein Experte für russische Kirchenmusik wie Riesemann wies darauf hin, dass »die höheren kirchlichen Stellen den ›Geist der Moderne‹ kritisierten und die Liturgie aus den Gottesdiensten ausschlossen«.[543]

Durch seine Erfahrungen in verschiedenen Ländern, die Veränderungen nach der Revolution von 1905 und die zahlreichen, mitunter einander widersprechenden Vorstellungen einer besseren Zukunft war es Rachmaninoff mittlerweile klar geworden, dass die Welt und ihre Bewohner keine Einheit bilden, sondern alles nur die Summe von Teilen ist. Die Fragmentierung der Wahrnehmung spiegelte sich in der zeitgenössischen Malerei. Debussy hatte einige Jahre zuvor in seinen Klavierstücken der mit *Images* betitelten Zyklen noch einen allgemeinen Ausdruck für ›Bildhaftes‹ verwendet; Rachmaninoff wollte keine flüchtigen Schwarz-Weiß-Skizzen erschaffen, sondern bezog sich mit dem Begriff ›tableau‹ auf farbige Ölgemälde. Wörtlich genommen bezeichnet sein Titel *Études-Tableaux* ›Studien zu Bildern‹. Dies könnten neben gemalten Bildern durchaus auch Szenen eines Theaterstücks oder einer dramatischen Dichtung sein, denn Tschajkowskijs *Manfred-Sinfonie*, die Rachmaninoff als Jugendlicher bearbeitet hatte, trug ja im Untertitel auch die Bezeichnung »en quatre tableaux«. Rachmaninoff war der Erste, der kurze Klavierstücke zum inhalts- und bedeutungsreichen Gesamtkunstwerk erhob: Die insgesamt 17 Stücke bilden eine Fortsetzung der Lyrikvertonungen mit anderen Mitteln. Sie oszillieren zwischen Poesie, optischen Assoziationen und Klangbildern, denen sowohl etwas Unbestimmtes als auch Konkretes eigen ist. Sie fordern die Fantasie des Interpretierenden und des Hörenden geradezu heraus, wenn sie ›impressionistisch‹ mit mal hellen, mal düsteren Lichtwirkungen spielen, und können durch Glockenanklänge sowie Personifizierungen durchaus ›realistisch‹ erscheinen. Als Kusewizkij 1929 den italienischen Komponisten Ottorino Respighi beauftragte, einige der *Études-Tableaux* zu instrumentieren, sah sich Rachmaninoff allerdings genötigt, fünf Etüden auszuwählen und genauere Hinweise zu geben. Auf Anraten seiner Frau charakterisierte er das a-Moll-Stück, das Respighis Reigen eröffnet, als »Meer und Möwen« (op. 39, Nr. 2). Die folgende Etüde in Es-Dur illustriert einen Jahrmarkt (op. 33, Nr. 6), zu dem im nächsten Teil ein »Marche funèbre«, ein Trauermarsch, einen Kontrast bildet (op. 39, Nr. 7). Darauf folgt die Episode »Rotkäppchen und der

Wolf« (op. 39, Nr. 6) und am Ende ein »Marsch« (op. 39, Nr. 9). Die einzige Szene, die Rachmaninoff genauer beschrieb, war der Trauermarsch in c-Moll mit der Tempoangabe ›Lento lugubre‹ (langsam und traurig bzw. klagend): »Das Anfangsthema ist ein Marsch. Das andere Thema repräsentiert den Gesang eines Chores. Beginnend mit dem Satz in 16teln in c-Moll und etwas weiter in es-Moll wird ein feiner Regen angedeutet, unaufhörlich und hoffnungslos. Dieser Satz entwickelt sich und kulminiert in c-Moll – das Glockenspiel einer Kirche. Das Finale kehrt zum ersten Thema zurück, einem Marsch.«[544] Diese fast 20 Jahre nach der Entstehung festgehaltenen Assoziationen – die Rachmaninoff als »die Launen eines Komponisten« bezeichnete – deuten an, dass er als sein eigener Interpret Musik nicht allein als abstraktes Spiel von Tönen betrachtete. »Wenn diese Einzelheiten nicht allzu langweilig für Sie sind und sie Ihnen nützlich erscheinen – ich kann sie auch noch weiter ausführen«, ließ er Respighi in der auf Französisch geführten Korrespondenz wissen.[545] Der Italiener hatte keinen Bedarf, und auf ähnliche Weise wie Ravel Musorgskijs Klavierzyklus *Bilder einer Ausstellung* mit einer auf Hochglanz polierten orchestralen Politur verfälschte, blähte Respighi Rachmaninoffs pianistische Klangbilder für eine große Instrumentalbesetzung auf.

In erster Linie dürfte Rachmaninoff bei diesem Gelegenheitsarrangement an den willkommenen Nebeneinkünften interessiert gewesen sein. Er ließ Respighi sein Schreiben zu dem Ideenhintergrund der *Études-Tableaux* über Gavryil Païchadze zukommen, den Leiter der Éditions Russes de Musique in Paris. »Wenn Ihre finanziellen Verhandlungen mit Respighi glücklich abgeschlossen werden«, schrieb Rachmaninoff dazu, »leiten Sie ihm freundlicherweise den beigefügten Brief weiter.«[546]

Sobald es um den Inhalt seiner Kompositionen ging, wurde Rachmaninoff selten konkret. In den Programmen veröffentlichte er seinerzeit keine detaillierten Erläuterungen, sondern überließ vieles der Fantasie seiner Zuhörerinnen und Zuhörer. Einer seiner Lieblingsautoren, Aleksej Tolstoj, war bereits überzeugt, es sei »gut für die Dichtung, wenn ein Gedanke nur halb ausgeführt wird, damit die Leser ihn vervollständigen können – jeder auf eigene Weise«.[547] Dementsprechend sind Rachmaninoffs *Études-Tableaux*-Zyklen und auch andere seiner Werke offen für individuelle Deutungen. Wenn der erste, ›halb ausgeführte‹ Gedanke zu dem a-Moll-*Étude-Tableau* op. 39, Nr. 2 bei Rachmaninoffs Frau »Meer und Möwen« war, bietet sich beim weiteren Nachsinnen Arnold Böcklins Gemälde »Meeresstille« an.[548] Auf ihm sind drei

Möwen und das Meer zu sehen. Zusätzlich liegt auf einem Felsen aber noch eine nackte weibliche Gestalt mit Fischschwanz – bei der unklar ist, ob sie eine hilflose, verfluchte Meerjungfrau, eine todbringende Sirene oder eine verführerische Nixe ist – und unterhalb des Wasserspiegels erkennt man ein männliches Hybridwesen mit Stachelschwanz. Die weitgehend unabhängig geführten Stimmen – gesanglich in der rechten, mit leichter Wellenbewegung in der linken Hand – scheinen auf die Polarität der Figuren zu verweisen. Dass dieses musikalische Bild von »Meer und Möwen« keine Idylle ist, deutet nach 63 Takten eine Passage mit dem Dies irae-Motiv an.

Glücklichen Umständen ist es zu verdanken, dass überliefert wurde, inwiefern sogar dem kurz zuvor entstandenen Präludium in h-Moll op. 32, Nr. 10 eine konkrete Bildassoziation zugrunde lag. Der Pianist Benno Moiseewitsch erzählte, dass Rachmaninoff 1919 und 1933 Konzerte von ihm besuchte, sich anschließend sehr wohlwollend äußerte und bemerkte: »Besonders möchte ich Ihnen dafür danken, dass Sie mein h-Moll-Prélude gespielt haben.«

»Zufälligerweise ist es mein Lieblingsstück«, entgegnete der Solist des Abends.

»Nun ja«, gestand ihm Rachmaninoff, »mein Lieblingsstück ist es auch.«

Laut Moiseewitsch schuf dies »ein Band der Freundschaft« zwischen den beiden Künstlern[549] und es ermutigte ihn, unmittelbar zu fragen, ob es eine bestimmte Anregung für die Komposition gab. »Er sagte ›Ja‹ mit seiner Bassstimme«, schilderte der Pianist die Begegnung, bei der er nachhakte: »›Gut, dann habe ich die erste Runde gewonnen‹, sagte ich. ›Ich weiß, dass Ihre Idee nicht die meine ist, aber ich weiß, dass meine stimmt.‹ Er sagte: ›In Ordnung, Sie sagen mir, was Sie sich vorstellen, und ich erzähle Ihnen, was ich mir denke.‹ Wir frotzelten eine Weile herum und schließlich sagte ich: ›Nun, meine ist eine lange Geschichte.‹ Und er entgegnete: ›Wenn Ihre Geschichte lang ist, kann sie mit meiner nichts zu tun haben, denn die lässt sich in einem Wort zusammenfassen.‹ Entmutigt setzte ich mich auf einen Stuhl und sagte: ›Nun denn, meinem Empfinden nach stellt es eine Heimkehr dar.‹ Daraufhin schoss ein langer Arm in die Höhe: ›Stop!‹ Also fragte ich: ›Wieso, was habe ich getan?‹ Er antwortete: ›Genau das ist es, es ist die Heimkehr.‹«[550]

Die beiden Exilrussen nahmen Bezug auf Arnold Böcklins Gemälde »Die Heimkehr«.[551] Rachmaninoff erwies sich aber auch als offen gegenüber anderen Impressionen. Als er Moiseewitsch lächelnd eine Postkarte zeigte, auf der eine Verehrerin ihn fragte, ob das cis-Moll-Prélude op. 3, Nr. 2 etwa die Qualen eines Mannes beschreiben solle, der noch lebte, als man seinen Sarg zunagelte, kommentierte er: »Wenn das *Prélude* ein bestimmtes Bild in ihrem Kopf heraufbeschwört, dann würde ich sie nicht desillusionieren.«[552] Die Sorge der Dame war bis ins 20. Jahrhundert hinein weit verbreitet, wie Edgar Allan Poes Erzählung »Die Scheintoten« (The Premature Burial) sowie etliche Erfindungen belegen, die ein Signal gaben, sobald sich in einem Sarg etwas bewegte.

Die *Études-Tableaux* boten ebenfalls viele Deutungsmöglichkeiten. Rachmaninoffs »Studien zu Bildern« sind keine mit leichter Hand niedergeschriebenen Werke. »Tatsächlich habe ich oft festgestellt, dass mir ein kurzes Stück für das Klavier immer viel mehr Kummer und viel mehr Probleme bereitet hat als eine Sinfonie oder ein Konzert«, sagte er im Interview. »In gewisser Weise sorgt die Farbvielfalt der Instrumente beim Schreiben für das Orchester für viele verschiedene Ideen und Wirkungen. Aber wenn ich ein kleines Stück fürs Klavier schreibe, bin ich meiner thematischen Idee ausgeliefert, die prägnant und ohne Umschweife präsentiert werden muss. In meinen Konzerten und Sinfonien kann ich oft flüssig schreiben. Aber jedes kleine Stück, das ich zu Papier gebracht habe, ist durch große Sorgfalt und harte Arbeit entstanden. Denn auszudrücken, was man zu sagen hat, und zwar kurz, klar und ohne Umschweife, ist immer noch das heikelste Problem des schaffenden Künstlers. Als Künstler lernt man nach langer Erfahrung, dass Einfachheit schwieriger ist als Komplexität. Das sollten sich junge Komponisten stets vor Augen halten.«[553]

Durch ihre Publikationsform scheinen sich die Zyklen op. 33 und 39 an die Tradition von Etüden als Übungsstücke anzulehnen, wie sie viele Virtuosen und Komponisten des 19. und frühen 20. Jahrhunderts veröffentlichten. Am ehesten sind sie wie die von Robert Schumann als *Études Symphoniques* publizierten Klavierwerke komplex ausgestaltete Charakterstücke. Eine treffende Analogie zu dem literarisch versierten Schumann bildete eine Einschätzung des russischen Musikwissenschaftlers Boris Asafjew, »im Reich der Sprache wäre Rachmaninoffs Begabung für Klanggebung der Kunst der größten Rhetoriker vergleichbar«.[554] Schumann hatte ursprünglich den Titel »Etüden im Orchestercharakter von Florestan und Eusebius« vorgesehen, Rachmaninoff assoziierte Literatur und Leinwand. Für die Erstveröffentlichung des Zyklus Opus 33 wählte er 1914 sechs Stücke aus (nach heutiger Nummerierung op. 33, Nr. 1–2 und Nr. 6–9).[555] Aus dieser Zeit stammen einige Ausgangsideen für sein viertes Klavierkonzert, darunter der energische Allegro vivace-Einstieg in den ersten Satz. Schon am

12. (25.) April 1914 berichtete die Zeitschrift *Musik* (музыка), Rachmaninoff arbeite an einem neuen Konzertstück. Für diese frühe Entstehungsphase spricht, dass er bei der Publikation seiner *Études-Tableaux* op. 33 das dritte Stück zurückhielt: Er sparte sich eine neun Takte lange Passage aus dem Molto tranquillo-Abschnitt für den langsamen Satz des vierten Klavierkonzerts auf; in diesem – so heißt es – taucht die Melodie nach gut fünf Minuten in der Urfassung ab der Partiturziffer 41, später 39, auf, allerdings ist die Anspielung so zart gehaucht, dass man sie kaum heraushört. Diese Zusammenhänge wurden erst 1947, vier Jahre nach Rachmaninoffs Tod bekannt, als man die nicht veröffentlichten *Études-Tableaux* Nr. 3 und 5 wiederfand. Die Verbindung zu den ›Bilder-Studien‹ legt nahe, dass auch Passagen in abstrakten Werken für Orchester mitunter außermusikalische Assoziationen zugrunde liegen. Ein ebenfalls zurückgehaltenes Stück in es-Moll (op. 33, Nr. 5) enthält sogar Bezüge zu der mit der Faust-Legende verbundenen ersten Klaviersonate und dem Lied »Der Rattenfänger« (op. 38, Nr. 4). Die *Étude-Tableau* op. 33, Nr. 5 hat in Russland den Beinamen »Schneesturm« und gemahnt an das Unwetter im vierten Akt von Glinkas Oper *Ein Leben für den Zaren* sowie an den Höllentornado in Rachmaninoffs *Francesca da Rimini*.

Die enge Verbindung seiner Klaviermusik mit anderen Künsten ist eine späte Frucht der Zusammenarbeit mit den Malerkreisen um Mamontow und den Anregungen durch das Künstlertheater. In der zweiten Hälfte des 19. Jahrhunderts wurde es unter russischen Malern durchaus üblich, Gemälde wie ein Bühnenbild aufzubauen. So weisen bei Wasilij Perows Bild »Die Ankunft der Gouvernante im Haus des Kaufmanns« das Interieur der Wohnung und die vielsagenden Posen der beteiligten Personen deutliche Einflüsse der Schauspielkunst auf.[556] Da Pawel Tretjakow das 1866 entstandene Ölgemälde 1884 für seine Galerie in Moskau erwarb, die Rachmaninoff oft besuchte, ist es äußerst wahrscheinlich, dass der Komponist das Bild kannte. Das erste Stück des Opus 33 ließe sich dahingehend deuten, dass es die unterschiedlichen Emotionen vortrefflich wiedergibt: Die zurückhaltende junge Frau, die den Kopf gesenkt hält, kommt in dem ›Molto marcato‹ auszuführenden, von kurzen Pausen durchsetzten, marschartigen Gehämmer kaum zu Wort. Das im Crescendo und Diminuendo mit ständig wechselnden dynamischen Abstufungen vorzutragende Stimmengewirr scheint die unterschiedlichen Perspektiven einzufangen: Die des Hausherrn, der sich pompös vor dem Ankömmling aufbaut, des Sohns, der angesichts der hübschen jungen Frau seine Arme hinter dem Rücken im

Zaum hält, der neugierig beobachtenden kleinen Tochter, der Damen des Hauses, von denen eine schon die Ärmel hochkrempelt, und der von der neben dem Salon liegenden Kammer am linken Bildrand mit spöttischen Gesichtern beobachtenden Dienerschaft. Vielfach bewegen sich auf der Klaviertastatur beide Hände im Bassbereich, gelegentlich ›positiv‹ aufsteigenden Phrasen stehen ständig – wie giftige Kommentare anmutende – absteigende Klangketten in der linken Hand entgegen. Nur wenige Takte währen jene Passagen, in denen ›die Stimme der Gouvernante‹ mit sanften Legatobögen erklingt, so als ob – im Sinne Dobroljubows – ›Licht‹ in das ›Reich der Finsternis‹ eindringt. Sie werden im Forte rüde abgewürgt, aber dennoch ändert sich etwas, denn allmählich wird die Stimme des Patriarchen immer sanfter, bis die Empfangsszene schließlich im dreifachen Pianissimo endet.

Vergleichbare Gedankenspiele erscheinen plausibel, sofern Rachmaninoff das Bild, Gedicht oder Theaterstück gekannt haben könnte. Aber »das ist für mich und nicht für die Öffentlichkeit«, äußerte er zu seinen möglichen Inspirationsquellen. »Ich glaube nicht, dass der Künstler zu viel über seine Bildvorstellungen preisgeben sollte. Sie sollen ruhig ihre eigenen Bilder von dem entwerfen, was die Musik wohl am meisten ausdrücken mag.«[557]

Schon seinem ersten Biografen, Oskar von Riesemann, fiel auf, dass in den *Études-Tableaux* »neue stilistische Prinzipien« deutlich werden. Sie zeigen sich seiner Meinung nach in der »freien, unsymmetrisch rhythmischen Gestaltung der Motive und Phrasen«.[558] Diese Facetten fallen auch beim siebten Stück von Opus 33 auf, das in der 1914 veröffentlichten Erstausgabe (mit den Nummern 1–3, 6–8) das längste der *Études-Tableaux* war. Die »Moderato«-Stimmung erinnert an Vaughan Williams' *Pastoral Symphony*, einem vier Jahre nach dem Ersten Weltkrieg entstandenen Stück, das aus vier langsamen Sätzen besteht, von denen die ersten drei Moderato-Varianten sind. Wie er bewies Rachmaninoff, dass man keine laute oder dissonante Musik benötigt, um eine unbehagliche Atmosphäre zu erzeugen. In seiner dritten Sinfonie, die alles andere als ›ländlich‹ ist, verarbeitete Vaughan Williams seine Kriegserfahrungen. Der Komponist Anthony Payne meinte, man könne auch »das Kriegsgeschehen vor einem friedvollen Hintergrund« zeigen und verwies auf Arthur Streetons Gemälde »The Somme Valley near Corbie«,[559] auf dem der »Rauch der Kanonen« über einer »majestätischen Landschaft« zu sehen ist.[560] »Das ist tatsächlich Musik aus Kriegszeiten«, bestätigte Vaughan Williams, »und zeigt eher nicht herumhüpfende Lämmlein, wie die meisten Leute annehmen.«[561] Zwar

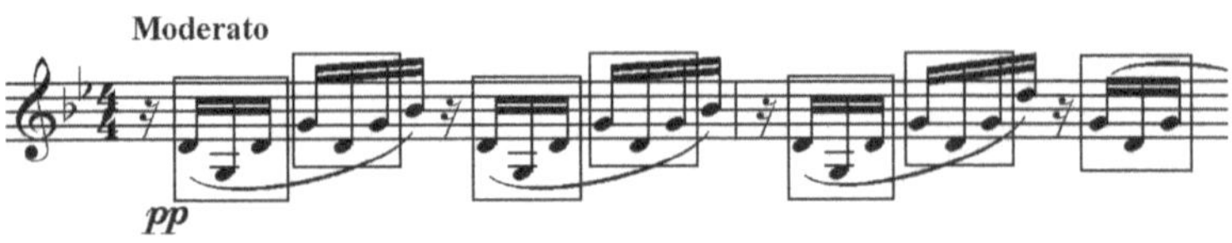

Musikbeispiel 1a: Rachmaninoff, Étude-Tableau op. 33, Nr. 7, Takte 1–2

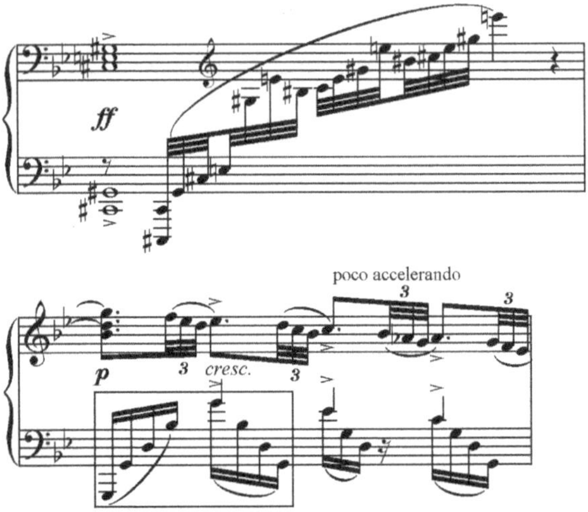

Musikbeispiel 1b: Rachmaninoff, Étude-Tableau op. 33, Nr. 7, Takt 30 und 41

hielt sich Rachmaninoff mit Assoziationen zu seinen ›Bilder-Skizzen‹ zumeist zurück und überließ sie sowohl den Interpreten als auch den Hörern, aber zu seinem op. 33, Nr. 7 passt ein Gemälde, das er allein wegen des Formats in der Tretjakow-Galerie nicht übersehen konnte: Wasilij Wereschtschagins »Die Apotheose des Krieges«.[562] Neben der bedrückenden g-Moll-Stimmung fallen bei dem Stück mit der Tempovorgabe »Moderato« visuelle Parallelen im Notenbild auf, beispielsweise dass es vielfach ›Aufschichtungen‹ von Tonfolgen gibt, die sich zu großen und kleineren (an der anderen Seite wieder ›absteigenden‹) Haufen ballen. In den ersten beiden Takten erinnert die versetzte Anordnung der Noten d-g-d bzw. g-d-g an Augen und Mundhöhlen von Totenschädeln. In der Durvariante hätten die sich wiederholenden, durch Pausen getrennten Klangketten einen schmissigen Fanfarengestus, während sie hier eher den Charakter einer ›traurigen Fanfare‹ bekommen.

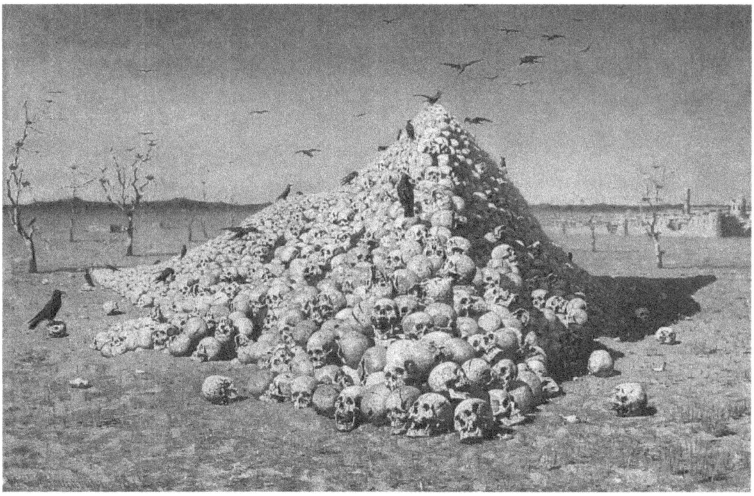

Wereschtschagin, »Die Apotheose des Krieges« (1871)

Im Zentrum von Wereschtschagins Gemälde befindet sich ein pyramidenartig aufgeschichteter Haufen von Schädeln. Inmitten einer ausgedörrten Landschaft steht er dort wie eines jener ›Denkmäler‹, die der Stammesführer Temür ibn Taraghai Barlas – der in Europa besser als Timur Leng bzw. Tamerlan bekannt ist – nach erfolgreichen Schlachten errichten ließ. In dem von Wereschtschagin beschrifteten Rahmen heißt es, das Bild sei »gewidmet allen großen Eroberern, den vergangenen, den gegenwärtigen und den zukünftigen«. Zwar hatte Sergej Rachmaninoff im Gegensatz zu Wereschtschagin nie das Sterben auf den Schlachtfeldern miterlebt, aber sein Großvater und sein Bruder waren Offiziere, sodass dem Komponisten möglicherweise auch durch Augenzeugenberichte das Leid des Krieges keineswegs fremd war. Nicht zuletzt gehörten nach dem Krimkrieg 1853–56, dem Russisch-Osmanischen Krieg 1877/78 und dem Russisch-Japanischen Krieg 1904/05 Kriegsversehrte mit Verletzungen und fehlenden Gliedmaßen zum Stadtbild. Aus den ›Totenschädel-Dreiklängen‹ entwickeln sich Klangbausteine, die aufeinandergeschichtet werden, sich zu ›pyramidenartig‹ auf- und absteigenden Tonfolgen entwickeln bis hin zu einer ›Apotheose‹ über fast drei Oktaven im drittletzten Takt. In diesem findet sich an drei Stellen der Ton fis – dies intensiviert die Dramatik des Klangbilds und führt durch die gesteigerte Spannung eines großen Septakkords (g^{maj7}) wieder zur Tonika zurück. Ein solches Verfahren ist auch charakteristisch für die Liedbegleitung und verbindet in der Miniatur eines

Étude-Tableau Malerei, Literatur und Musik. Als Pendant zum Beginn stürzt die Musik in den letzten beiden Takten von einem kraftvollen »sforzato forte« hinab zu der Umkehrung eines g-Moll-Dreiklangs in der linken und dem grabestiefen G in der rechten Hand.

In einem etwas pathetischen Stil sprach Marietta Schaginjan im November 1912 in einem Artikel davon, man erlebe jetzt »ein ebenso majestätisches wie unmerkliches Schauspiel; ein Schauspiel, dessen ganze Bedeutung erst aus der Ferne deutlich wird, im verheißungsvollen Glas der Zukunft sind wir dabei beim Kampf um die Musikkunst, der sich in der Musik selbst abspielt«. Ihr Resümee lautete: »In der Arbeit von Rachmaninoff kämpft nicht nur die Musik für ihre Kunst, sondern auch die menschliche Persönlichkeit kämpft und verteidigt sich selbst und fordert für sich menschliche, vor allem menschliche Maßstäbe.«[563] Doch der Humanismus der Kunst war in Kriegszeiten nicht gefragt. Anstatt in länderübergreifende Friedensinitiativen zu investieren, bereitete es den Parlamentariern keinerlei Bedenken, lieber gewaltige Finanzmittel in Armeen und Waffen zu pumpen. Protzen konnten die westlichen Staatsführer damit, dass zu Beginn des Jahres 1915 die russischen Truppen sich endgültig aus Ostpreußen zurückziehen mussten, wonach Deutsche und Österreicher die Armee des Zaren auch an anderen Frontabschnitten zurückdrängten. Dabei setzten sie erstmals Giftgas ein.

Nur in kulturaffinen Kreisen fand Beachtung, dass Russland in den ersten elf Monaten des Krieges drei seiner bedeutendsten Komponisten verlor. Schockiert von der Einberufung seines Sohns an die Front, verstarb im August 1914 Anatolij Ljadow, bei dem unter anderem Prokofjew und Mjaskowskij studiert hatten. Anfang April 1915 verschied Aleksandr Skrjabin unter obskuren Umständen mit nur 43 Jahren, und sein Lehrer Taneew zog sich auf der Beerdigung eine schwere Erkältung zu, die aufgrund einer Herzschwäche zu Komplikationen führte. Im Juni trug man auch ihn zu Grabe. Ljadow geriet vorerst in Vergessenheit und wurde erst 30 Jahre nach seinem Ableben wiederentdeckt. Über Rachmaninoffs Lehrer Taneew hieß es in einer Abhandlung zehn Jahre nach seinem Tod, er sei ein »unumstrittener Meister der Kammermusik (vor allem des Streichquartetts)« gewesen und »als das künstlerische Gewissen auf diesem Gebiet schlechthin allgemein anerkannt«. Man habe »stets das Einfache, Spannende und Klare der Musik (das ›Gesunde‹ an ihr) hervorgehoben, und zwar trotz ihrer komplexen Schreibweise«.[564] Skrjabin wurde zum ›Rivalen‹ von Rachmaninoff stilisiert, dabei respektierten beide einander als Musiker, obgleich ihre Weltanschauungen völlig unvereinbar waren.

Als Skrjabin überraschend an einer Blutvergiftung starb, sorgte sich Rachmaninoff mehr um seine Frau Natalija, die an einer Lungenentzündung erkrankt war. Nach einem Erholungsurlaub im finnischen Teil des Russischen Reichs plante er allerdings, Skrjabin in einer Konzerttournee die Reverenz zu erweisen. In der Spielzeit 1915/16 trat er nicht nur mit seinem eigenen zweiten und dritten Klavierkonzert auf, sondern auch zwölf Mal mit Skrjabins Klavierkonzert sowie an 24 Soloabenden, die Skrjabins Musik gewidmet waren. Dabei interpretierte Rachmaninoff unter anderem das *Satanische Gedicht* op. 36, drei Études aus op. 42 und einige der frühen Klaviersonaten. Die Reaktion der Jünger Skrjabins ließ die ästhetischen Unterschiede deutlich zutage treten. »Das Publikum zeigte sich sehr wohlwollend, obwohl es deutlich spürte, dass etwas falsch war«, hieß es in der *Russischen Musikzeitung* (Русская музыкальная газета). »Rachmaninoff spielte mit seiner gewohnten technischen Perfektion und der für ihn natürlichen musikalischen Qualität, aber in seiner Herangehensweise an Skrjabins Werke erfasste er nicht (oder wollte es nicht) die grundlegende Natur dieser Musik – die bisher noch nie dagewesene emotionale Reichhaltigkeit von Skrjabins schöpferischer Kraft. Als wolle er nach einer Logik in Skrjabins harmonischer Struktur suchen, verdichtete Rachmaninoff die Tempi künstlich. Dies zeigte die harmonische Linie mit außerordentlicher Klarheit, aber – dadurch war der vitale Geist dahin!« Dem Bericht zufolge warfen sich die Bewunderer von Skrjabins späteren Klavierwerken enttäuschte Blicke zu, als sie die »harmlose und nüchterne Interpretation« des *Poème Satanique* und die »akademisch kühle Behandlung« der zweiten und fünften Sonate hörten.[565] Keineswegs wurde gewürdigt, dass Rachmaninoff mit seinem Skrjabin-Gedenken durchaus auch andere Publikumskreise auf das Werk aufmerksam machen könnte, sondern kritisiert, dass er es gewagt hatte, ›Heiligtümer‹ der Skrjabin-Gemeinde zu entweihen. »Wenn Skrjabin selbst diese Werke spielte, entschwebte bei ihm alles in irgendeine Höhe, bei Rachmaninoff blieben alle Noten ungewöhnlich präzis und fest auf der Erde«, schilderte der damals 24-jährige Sergej Prokofjew seine Eindrücke. Er hatte aus jugendlicher Begeisterung Skrjabin ein frühes Orchesterstück gewidmet und den ersten Satz der dritten Sinfonie für Klavier zu zwei Händen bearbeitet. »Die Skrjabinanhänger im Saal gerieten außer sich«, beobachtete er voll mitfühlendem Verständnis. »Der Tenor Altschewskij musste an den Frackschößen festgehalten werden und schrie: ›Lasst mich, ich will mich mit ihm auseinandersetzen.‹ Ich versuchte, einen objektiven Standpunkt zu finden, und meinte, dass man ja an die Interpretation des Komponisten gewöhnt sein könne, trotzdem aber andere Auffassungen möglich seien. Als ich ins Künstlerzimmer trat, sagte ich zu Rachmaninoff wie als Antwort auf meine Gedanken: ›Und trotzdem haben Sie herrlich gespielt, Sergej Wasiljewitsch!‹ Rachmaninoff gab mir mit einem gezwungenen Lächeln zur Antwort: ›Sie glaubten wohl, dass ich schlecht spielen würde?‹ und wandte sich jemand anderem zu.«[566] Danach sei es nach Prokofjews Auffassung mit dem zuvor eher »guten Einvernehmen« vorbei gewesen.

Für seine Anhänger gehörte Skrjabins Werk in eine andere Sphäre, denn – so kritisierte man in einem anderen Blatt – gerade bei diesen Stücken sei offensichtlich, »die eigene künstlerische Individualität, die ein Interpret dem Werk eines anderen Komponisten auferlegt, verändert dieses unweigerlich und gibt ihm den Charakter des Ausführenden«. Mit dem Stil Rachmaninoffs erhalte »diese über alle Maßen sinnliche Melodik von Skrjabin zu viel Bodenhaftung«.[567] Marietta Schaginjan berichtete, dass man Rachmaninoff bösen Willen unterstellte, denn man sah in seiner Interpretation »einen ›teuflischen Schachzug‹, den Wunsch, Skrjabin ›bloßzustellen, ihn auszuziehen‹«. Man warf ihm vor, dass er Skrjabin absichtlich »vergröberte und ihn ›terre à terre‹ (zu erdig)« gestalte, ja, dass, »verglichen mit der ›silbernen‹ Darbietung von Skrjabin selbst, bei der er alle kleinsten Nuancen zum Leben erweckte, es einfach unmöglich ist, Rachmaninoffs ›prosaischem‹ Spiel zuzuhören.«[568]

»Skrjabin ist immer noch ein echter Musiker«, äußerte Rachmaninoff gegenüber Marietta Schaginjan. »Er selbst hat dies zu Lebzeiten leider oft vergessen und andere haben es ebenfalls vergessen. Jetzt versuchen sie, eine Art abstruse, ja, völlig abstruse Schule für die Aufführungen von Skrjabin zu schaffen, und wollen endlich begraben, womit er geboren wurde, nämlich seine natürliche Musikalität.« Rachmaninoff betrachtete es als »die Pflicht eines noch lebenden Musikers gegenüber einem anderen, verstorbenen Musiker – der Öffentlichkeit zu vermitteln, wie er seine Musik hört, und deswegen reise er durch Russland und erzähle davon«.[569]

Sein ehrenwerter Versuch, Skrjabins Werk ausschließlich auf den musikalischen Gehalt zu reduzieren, war nichtsdestotrotz gescheitert. Als pure Musik bieten die Sonaten und Sinfonien effektvolle Klangwirkungen, bleiben aber – wie der Erzkatholik Liszt einst an dem Protestanten Bach kritisierte – bloß »Knochen«.[570] Eine wesentliche Zutat fehlte: Die Aura ›heiliger‹ Texte. In Paris, wo Skrjabin eine Zeitlang lebte, wurde Albert Schweitzer durch das Unverständnis katholischer französischer Organisten dazu inspiriert, über die Zusammenhänge von Bibeltexten, Kantaten und der Orgelmusik von Bach nachzudenken und zu publizieren; in Johann Sebastian Bach sah Schweitzer einen »musicien poète«. Auch Skrjabins Musik war ohne Ideologie nicht zu bekommen. Sie brachte neuartige Tonkombinationen, dementsprechend konnten die damit verbundenen ›Weisheiten‹ nur von einem neuen Heilsbringer stammen. Dem huldigte ein im Mai 1912 in der Zeitschrift *Musik* (Музыка) erschienener Artikel mit dem Titel »Skrjabin und Rachmaninoff«. Darin hieß es, mit dem Erstgenannten sei »ein neuer Typ von Komponist in Erscheinung getreten, den es in Russland noch nicht gab«. Fortan galt Skrjabin als Tonsetzer von kosmischen Dimensionen, während Rachmaninoff »nur ein Musiker wie alle Musiker ist, von denen es viele gegeben hat und geben wird«.[571]

Während Rachmaninoff eher als schweigsam galt, dozierte Skrjabin gerne vor seinen Bewunderern. Er brachte den jungen Leonid Sabaneew »völlig aus der Fassung«, als der sich mit »den Untiefen der philosophischen Schemata Skrjabins« konfrontiert sah. Ihm zufolge überrumpelte Skrjabin alle »durch seine Geradlinigkeit und wilde Verwegenheit, mit der er aus grundlegenden Prämissen bis zu den allerverstiegensten logischen Ableitungen vorzudringen pflegte« und sie dadurch »einfach Schachmatt setzte«.[572] Schon 1912 platzierte Sabaneew einen Artikel zum Thema »*Prometheus* von Skrjabin« in dem in München herausgegebenen Almanach *Der blaue Reiter*. »Es ist schwer, bei der Analyse des Skrjabinschen Schaffens die einzelnen Gestaltungen desselben von der allgemeinen Idee, der endgültigen ›Kunstidee‹, die jetzt dem Bewusstsein des Komponisten vollkommen klar geworden ist, zu trennen«, betonte er. »Das ist die Kunstidee als ein gewisser mystischer Vorgang, der zum Erreichen eines ekstatischen Erlebnisses dient – der Ekstase, dem Sehen der höheren Pläne der Natur.«[573] Unter dem Regime der Bolschewiken, das einen Exorzismus religiösen und mystischen Gedankenguts vorantrieb, distanzierte sich Sabaneew aus taktischen Gründen von den esoterischen Grundlagen von Skrjabins Gesamtwerk. Immerhin ermöglichte die politische Entwicklung allen möglichen obskuren Gruppen wie Theosophen, Okkultisten oder Rosenkreuzern, sich zu Verfolgten und Opfern von Repressalien zu stilisieren, deren ›Wahrheitsanspruch‹ unterdrückt wurde.

In der Folge unterließ die Musikwissenschaft des 20. Jahrhunderts ein kritisches Hinterfragen von Skrjabins Gedankengut und machte noch zu seinen Lebzeiten mit seinen ›Lehren‹ die Scharlatanerie salonfähig. Damit adelte sie eine gefährliche anti-aufklärerische, anti-wissenschaftliche und sektiererische Ideologie, weil sie schillernder, greller und exotischer wirkte als die Kunst Rachmaninoffs, hinter der ein ganzes Universum an Kunst- und Kulturgeschichte steht, das man seit damals kaum erkundete. In den Anfangsjahren der Sowjetunion wurde Rachmaninoff als rückständiger Feigling und Flüchtling verachtet, während man Skrjabins ›Klangrevolte‹ mit den Revolutionsbewegungen des eigenen Landes in Verbindung brachte. Dieser Dreiklang von Neuer Musik, Rebellion und Moderne wurde im Westen positiv aufgenommen. Gerade in den ersten beiden Jahrzehnten des neuen Staats hatten die kommunistischen Parteien in der westlichen Welt starken Zulauf und angesehene Intellektuelle priesen die UdSSR, die Lenin schuf und Stalin in seinem eigenen Sinne weiterentwickelte. Das bei Arbeitern und Kulturschaffenden des Westens positive Bild vom kommunistischen Land wurde in den 1930er-Jahren durch einflussreiche Intellektuelle bestärkt. Ein Interview, das eine ›moralische Autorität‹ wie der Präsident des P.E.N.-Klubs (›Poets, Essayists, Novelists‹), H. G. Wells, mit Stalin führte, glich mehr einer Hofberichterstattung. Niemand hinterfragte Phrasen wie »Erziehung ist eine Waffe« und »die herrschende Klasse« müsse »den Weg für die Arbeiterklasse frei machen«.[574] Rachmaninoff war skeptisch. Wiktor Serow, der 1950 eine Biografie in englischer Sprache publizierte, betonte, er habe aus seinen Gesprächen mit ihm »den Eindruck gewonnen, dass Rachmaninoff für sich unterschied zwischen den Menschen in Russland und denjenigen, die das Land regierten und er gab vor, es sei ihm ›ziemlich egal‹, was letztere sagten oder bezüglich seiner Person bzw. seines Werks unternehmen«.[575] Andere Künstler seiner Generation eigneten sich besser für das Erschaffen einer neuen Welt: Die »soziale Kraft«, die die musikalische Energie Skrjabins vorangetrieben habe, meinte 1925 der Volkskommissar für das Bildungswesen, Anatoli Wasiljewitsch Lunatscharskij, sei die Revolution von 1905 gewesen. Skrjabin war davon überzeugt, er könne »ein musikalisches Mysterium schaffen, das sich hin entwickeln würde zu den feierlichen Klängen der Aussöhnung«. Daraufhin werde man in »eine neue Phase des Daseins« eintreten. Übersetze man sein Gedankengebäude in »eine soziale Sprache, erkenne man, dass sich die soziale Erfahrung in seiner Philosophie, in seinen musikalischen Plänen und dementsprechend in seinen Werken spiegelt«.[576] Einen solchen ideologischen Überbau hatte Rachmaninoffs Musik nicht zu bieten. Attraktiv für die atheistische Ideologie des neuen Staates dürfte zudem gewesen sein, dass Skrjabin im Grunde genommen die christliche Mystik pervertierte. Einst hatte der Religionsphilosoph Wladimir Solowjow in der vielfach verehrten Nowgoroder Sophien-Ikone »das wahre, reine und volle Menschtum als die höchste, allumfassende Form und lebendige Seele der Natur des Weltalls« erkannt, die »in der Ewigkeit mit Gott verbunden« sei. Im September 1898 schilderte er in seinem Gedicht *Drei Begegnungen* sein Erfassen der himmlischen Weisheit, die in der Heiligen Sophia Gestalt annahm, deren »Augen voll azurenen Feuers« für ihn »wie das erste Glänzen des Welt- und Schöpfungstages« blickten.[577] Es gehört zu den Absonderlichkeiten der Kulturgeschichtsschreibung, dass man es ›Gebet‹ nennt, wenn jemand mit Gott spricht, wenn indes Gott mit jemandem spricht, ist es eine ›Psychose‹ und erklärt man sich selbst zum ›Gott‹, wird man zum genialen Künstler erhoben. Aleksandr Skrjabins Musik ist untrennbar verbunden mit seiner ›Philosophie‹, die eine ›objektive‹ Interpretation unmöglich macht. Aleksandr Nikolaewitsch verknüpfte sein Komponieren mit einem Denkgebäude, das gebildet wird durch eine undurchsichtige Wand nebulöser Schwaden von Theosophie, Anthroposophie, Esoterik, Mystizismus und Größenwahn. In einer Epoche, in der die Lebensbedingungen der Menschen durch die Forschung auf medizinischem und technologischem Gebiet erheblich verbessert wurden, verschrieb sich Skrjabin wissenschaftsfeindlichen Ideologien und dem Erschaffen seines eigenen Mythos. Nikolaj Metner nannte Skrjabin »einen verrückten Schmetterling«. »Die ersten 48 Opusnummern mochte ich sehr«, erzählte Metner, »sodass er mich bat, bei seinen Konzerten stets in der ersten Reihe zu sitzen, damit er an meinem Gesichtsausdruck erkennen konnte, welchen Eindruck seine wunderbare Musik machte; aber gegen Ende ist er mit all seinen mystischen und theosophischen Phrasen als Künstler vom rechten Weg abgekommen.«[578] Hingegen richtete Rachmaninoff sein Leben nicht nach den Mondphasen aus. In einem Interview fand er im Dezember 1918 eine treffende Charakterisierung: »Meine Musik ist kaum revolutionär, deswegen nehme ich an, muss man sie als evolutionär bezeichnen.«[579] Sein Œuvre lässt sich dementsprechend als eine evolutionäre Kunst charakterisieren, denn wie im Schaffen von Verdi, Nielsen, Sibelius, Metner oder Britten gibt es keine radikalen Brüche, sondern Metamorphosen, bei denen eine humanistische Grundhaltung mit unterschiedlichen Themen und Gestaltungsweisen variiert wird. Verglichen damit legen revolutionäre Künstler wie Wagner, Skrjabin oder Schönberg es geradezu auf harte Schnitte, eine Negation des Vorangegangenen und einen provozierenden Kollisionskurs an.

Evolutionäre Künstler sind zu sehr mit dem Verfeinern ihrer eigenen Werke beschäftigt, als dass sie sich auf Esoteriker, Zahlenmystiker und andere Scharlatane mit obskuren Ideologien einlassen.[580] Ungeachtet vieler wissenschaftlicher und technischer Fortschritte trieb seit dem letzten Drittel des 19. Jahrhunderts der Glaube an Übersinnliches skurrile Blüten: Sogar ein als Arzt ausgebildeter Künstler wie Arthur Conan Doyle hielt Feen für real. Auch der Glaube, dass die Verstorbenen noch unerkannt unter den Menschen wandeln, war seinerzeit sehr verbreitet und Geisterfotografien wie die des Amerikaners William H. Mumler beflügelten die Fantasie. Es galt vielfach als verpönt, Leichen einfach zu verbrennen – teilweise ebneten erst Gerichtsurteile den Weg dafür.[581] Konfrontiert mit Aufrüstung und Kriegen sowie Naturkatastrophen wie dem Ausbruch des Krakatau auf Indonesien vom Mai bis zum August 1883, der zu einer jahrelangen Verdunkelung des Himmels, einem vulkanischen Winter, Frostschäden bei Ernten und Hungersnöten führte, entwickelten sich Endzeitvorstellungen und -fantasien vom Untergang der Welt. Eine Phase der europäischen Geschichte, die der Literat Wjatscheslaw Iwanowitsch Iwanow 1914 als »die Zeit der Verschiebung aller Achsen«[582] bezeichnete, rief auch unter Musikern die unterschiedlichsten Reaktionen hervor. 1898 erschien der Roman *Der Krieg der Welten* von H.G. Wells, der auch in Russland populär war und für die drohende Vernichtung der Menschheit außerirdische Invasoren imaginierte. In der zwischen 1892 und 1896 entstandenen dritten Sinfonie verwendete Mahler für das Alt-Solo Zeilen von Friedrich Nietzsche in dem »Sehr langsam, Misterioso« überschriebenen vierten Satz, die die Mahnung enthalten: »O Mensch! Gib acht! / Was spricht die tiefe Mitternacht? […] Die Welt ist tief, / Und tiefer als der Tag gedacht. / Tief ist ihr Weh«. Auch Skrjabins Werke waren Produkte einer Endzeitstimmung. Man brauchte ›Wissende‹, ›Sehende‹, die gleich Prometheus Licht in das Dunkel bringen konnten. Die von Rachmaninoff geschätzte Wissenschaft erschien vielen zu nüchtern, die Literatur wirkungslos, die Religion zu unspektakulär. Viele russische Künstler teilten vor allem eine Begeisterung für Nietzsche und Wagner. Für Skrjabin war Wagner der Inbegriff eines revolutionären Künstlers. Beide strebten nach einer Umgestaltung der Gesellschaft, die berufene, höherstehende Lebewesen als Ziel hat. Künstlern wurde vielfach etwas mehr Spielraum zugebilligt. Und wenn die Gesellschaft sie partout nicht verstehen wollte, half vielen letzten Endes immer das stereotype Mantra: Wenn niemand meine Kunst versteht, muss ich einfach genial sein. Verrückte Ideen sind indes kein Beweis für Genialität. Die ›Weisheit‹ Skrjabins bewegt sich auf dem

Niveau von Leuten, die allen Ernstes annehmen, »der Mensch war vorhanden, bevor es eine Erde gegeben hat« und dass »Lemurier, Atlantier und Arier« die »Wurzelrassen der Menschheit« seien (Rudolf Steiner).[583] Für sie ist die Überprüfbarkeit kein Kriterium für ›Wissenschaft‹, sondern der Glaube an die »im wissenschaftlichen Streben auftretenden Betätigungsart der menschlichen Seele«. Dementsprechend fantasieren sie von »Wesenheiten, die als Urmensch […], als Planetengeister aller Nationen […] für die Menschen Götter geworden sind«.[584] Erfunden wird ein »Astrallicht«, die »Anima Mundi«, die aus seinem »Lichte« und seinem »lebendigen Feuer« besteht: »Das Astrallicht oder die Anima Mundi ist dual und zweigeschlechtig. Der (ideale) männliche Teil desselben ist rein göttlich und geistig, er ist Weisheit«, wohingegen »der weibliche Teil (der Spiritus der Nazarener) in einem Sinne mit Stoff befleckt« und »daher bereits böse ist« (Jelena Petrowna Blawatskaja).[585] Rachmaninoff hätte solchen Leuten noch nicht einmal seine Hunde anvertraut, geschweige denn seine Kinder. Allerdings begeisterte sich Skrjabin für diesen Humbug, und zahlreiche der genannten Bestandteile – Seele, Götter, Licht, Feuer, männlich, weiblich – bilden Elemente seiner Kompositionen. Die Erkenntnisse der Aufklärung und wissenschaftliche Kriterien sind für diese ›Heilsbringer‹ irrelevant, denn sie behaupten, »die Notwendigkeit intelligenter herrschender und leitender Kräfte wird bis zum heutigen Tage so sehr gefühlt«,[586] dass es sie einfach geben muss.

Mit dem Charisma eines Rasputin gewann Skrjabin zahlreiche Anhänger und postulierte: »Aus meiner Stellung im Weltall, die der Gipfel der allesumfassenden Erkenntnis ist, kann man mit Hilfe logischer Konstruktionen die ganze Geschichte des Weltalls mit allen Einzelheiten ableiten.«[587] Dieses Weltall konnte sich nicht lange an ihm erfreuen, denn er verstarb an einem medizinisch unsachgemäß behandelten Abszess, was ihn zu einem Märtyrer der Bewegung machte. Möglicherweise kostete Skrjabin seine Verstrickung mit Befürwortern obskurer ›Heilmethoden‹ und Feinden der Schulmedizin vorzeitig das Leben. Ein rational denkender Mensch wie Rachmaninoff verließ sich stets auf die besten, professionell ausgebildeten Ärzte. Selbst bei nicht lebensbedrohlichen Erkrankungen vertraute er auf universitär ausgebildete Mediziner und schrieb beispielswese Metner, er werde seiner Frau »ein Medikament mitbringen, das, wie mir versichert wurde, Heuschnupfen vollständig heilt«.[588] Wirklichkeitssinn verträgt sich nicht mit Visionärem. Rachmaninoff nahm eine Gegenposition ein, vergeudete seine Zeit nicht mit esoterischen Fantastereien, sondern schöpfte für seine Kunst aus der Lebenserfahrung. Diese realistische Wahrnehmung des Daseins ermöglicht keine ekstatischen Finali, dementsprechend enden Rachmaninoffs Werke zumeist unvermittelt. Dennoch gehörte er zu den Künstlern, die positive Alternativen boten. Dies rief Gegner auf den Plan, die ihm jegliche Relevanz für die Gegenwart absprachen. Der Komponist und Forscher Boris Asafjew, der 1925 am Leningrader Konservatorium die Musikwissenschaftliche Fakultät etablierte, hatte schon 1915 in einem Presseartikel gespottet, dass die Kaiserliche Russische Musikgesellschaft ihrem Stammpublikum im letzten Konzert der Saison ein Programm mit Vertretern der jungen Komponistengeneration bot, »das sie lange nicht vergessen werden«. »Die Ärmsten!«, fuhr er fort. »Gewohnt, entweder Althergebrachtes oder das neueste Mittelmäßige zu hören, mussten sie in dieser Saison nicht nur gründlich mit Skrjabin Bekanntschaft machen, sondern sogar auch mit Strawinskij in Berührung kommen und außerdem auch noch das zweite Klavierkonzert Sergej Prokofjews über sich ergehen lassen, des musikalischen Untiers und Schreckgespenstes in den Augen aller sich im Schlamm der gewohnten und bis dorthinaus abgeleierter Formen und Phrasen höchst wohlfühlenden Schläfer.« Solche Beiträge verfasste Asafjew seinerzeit anonym, wenn er sich mit seinen »Hoffnungen auf eine bessere Zukunft« befasste, »wofür das interessante Programm dieses Konzerts die Gewähr bietet«.[589] Im zaristischen Russland gab es – wie zuvor in Westeuropa – seit den 1870er-Jahren einen ständigen Konflikt zwischen ›progressiven‹ Kräften und ›traditionell‹ orientierten Kreisen, der vornehmlich in der Presse und Musikpublizistik ausgetragen wurde. Die Uraufführung des zweiten Klavierkonzerts geriet nach Prokofjews Schilderung zu einem handfesten Skandal: »›Zum Teufel mit dieser futuristischen Musik!‹, riefen ein paar Leute. ›Wir sind zum Vergnügen hergekommen, und nicht wegen solcher Musik, die die Katzen besser machen!‹ Die fortschrittlichen Kritiker waren begeistert. Sie schrien: ›Brillant! Welche Frische! Was für ein Temperament! Wie originell!‹«[590] Für Rachmaninoff waren Erfahrungen dieser Art frustrierend. »Er war musikalisch in einer sehr dramatischen Lage und dachte ernsthaft daran, das Komponieren aufzugeben, denn in Moskau wollte niemand mehr seine Musik hören«, notierte Josef Hofmann in seinem Tagebuch. »Er konnte nicht mehr nur für seine Frau komponieren, und wenn er in ein Konzert ging, zeigte ihm die ganze Jugend Moskaus die kalte Schulter. Das ist alles dieser elende Skrjabin. Er hat sie alle mit seiner verrückten Musik demoralisiert.«[591]

Allerdings war er nicht der Einzige, der um die Gunst des Publikums wetteiferte. Im Grunde genommen befand sich Rachmaninoff in guter Gesellschaft von Komponisten, deren Werke nicht ideologisch aufgeladen waren. Nielsen und Sibelius fanden mit ihren Sinfonien und Solokonzerten in Skandinavien Aufmerksamkeit, Elgar und Vaughan Williams in Großbritannien, und unter den deutschsprachigen Komponisten fiel Franz Schmidt auf, der – im Gegensatz zu Deutschland – seinerzeit in Wien vielfach höher geschätzt wurde als Mahler. Unter den russischen Komponisten gewannen Sergej Ljapunow und Maksimilian Schtejnberg Beachtung. Rachmaninoffs herausragende Stellung unter den Komponisten seiner Generation zeigt ein Vergleich mit Ljapunows blechlastigen Kompositionen, die melodisch fade und mitunter wie ein musikalischer Gänsemarsch wirken, wenn die Instrumente nacheinander auftreten, wodurch der Gesamtklang brüchig bleibt, ohne je sinnvoll zu verschmelzen. Schtejnberg, der mit einer Tochter Rimskij-Korsakows verheiratet war und dessen Instrumentationslehre posthum publizierte, schrieb zwischen 1905 und 1942 fünf eindrucksvolle Sinfonien. Letztlich zeigen sie mehr sein hervorragendes handwerkliches Können als Individualität. Er blieb nach kürzeren Auslandsaufenthalten in Russland und übernahm leitende Posten am Petrograder bzw. Leningrader Konservatorium. Da er gut vernetzt war, fand er mit seinen Sinfonien Aufführungsmöglichkeiten und Anerkennung.

Künstler, die sich bewusst progressiv gaben wie Prokofjew, Bartók oder Strawinskij, genossen immer öfter ihre gezielten Provokationen; andere strebten mit ihrem Schaffen eine Veränderung der ästhetischen Wahrnehmung und der Gesellschaft an wie Mjaskowskij, Skrjabin und Schönberg. Diese stellten ihre Arbeit in die Dienste einer politischen Ideologie, weltanschaulicher Scharlatanerie oder neuartiger Kunstkonzepte. Die Aufmerksamkeit der Presse war ihnen gewiss. Selbst eine negative Berichterstattung war Reklame im Dienst ›ihrer Sache‹. Rachmaninoffs an Aleksej Tolstoj, Tschechow und Bunin geschulter, unausgesprochener ethisch-philosophischer Grundlage fehlte das Flair des Tabubruchs und die »Luft von anderen Planeten«, die Schönberg mit seinem zweiten Streichquartett wahrzunehmen glaubte. Die Psychologie von Rachmaninoffs Kunst besaß nicht den Glamour von Skrjabins Überwältigungsstrategie, dessen missionarischer Eifer ihm fremd war. Ljudmila Skalona berichtete, dass er sich aufregte, wenn jemand von der Idee schwärmte, »ein Musikwerk mit Lichteffekten in allen Farben zu bewegen, mit dem Argument, dass beispielsweise

Rot oder Blau oder eine andere Farbe mit dem musikalischen Gedanken des Komponisten verschmilzt und das Werk vervollständigt und unter den Zuhörern weite Verbreitung« findet. »Serjoscha hält das für Unsinn«, erkannte sie. »Wenn er über dieses Thema diskutierte, begann sogar seine Unterlippe vor Empörung zu zittern.«[592] Er reflektierte mit einem sensiblen Bewusstsein für Unschärfen des Daseins über Erlebtes und das Leben. Dies fand Eingang in seine Musik, die zunächst einmal einen Wert an sich besaß. Was eine Zeitung einmal als »Rachmaninoff's Mission« bezeichnete, waren Wohltätigkeitskonzerte. Man verwies auf sein Engagement für den Nachwuchs und auf seine letzte Veranstaltung in den Madison Square Gardens, die 22 000 Dollar für gute Zwecke einspielte.[593] Rachmaninoff stand das Diesseits näher als die Transzendenz. Skrjabin hingegen fand noch im Tode Aufmerksamkeit für etwas, das für den Gehalt von Musik völlig irrelevant ist, sondern eher ein medizinisches Phänomen: die synästhetische Wahrnehmung. Im *British Journal of Psychology* erschien 1915 ein Beitrag, in dem zusammenfassend festgestellt wurde, dass sich »Skrjabins Chromästhetik auf die *Tonart* der Musik« bezieht.[594] Skrjabin imaginierte sogar ein ›Farben-Klavier‹ und bei seinen von der Steiner'schen Farbenlehre angeregten Experimenten schaltete er Beobachtern zufolge »mal dieses und mal jenes Licht hinter dem Flügel ein, und das Zimmer wurde in blaues, gelbes, rotes und violettes Licht getaucht«.[595] Für Rachmaninoff waren ›Farben‹ in der Musik kein Auslöser für Beleuchtungseffekte, sondern bedeuteten vielmehr subtile Veränderungen von Klangnuancen und der Intensität der Tongebung. »Ich persönlich betrachte den Besitz dieses ausgeprägten Farbempfindens als das höchste Privileg eines Komponisten«, sagte er. »Wie gut ein Musiker auch sein mag, ich glaube, er kann niemals das Talent erwerben, die volle Bandbreite musikalischer Farben zu erkennen und wiederzugeben, die das Geburtsrecht des Komponisten ist.«[596] Rachmaninoffs ›Klangfarben‹ kann man nicht sehen, sondern eher als Klangeindruck ›erleben‹. So wie Farben auf einem Liniennetzplan die Struktur von Verknüpfungen verdeutlichen, erhellt Rachmaninoffs Klangfarbenstrategie – auch beim Interpretieren eigener und fremder Werke – die Verästelungen musikalischer Verbindungen. Dabei kann bei einzelnen Phrasen die Tongebung genau so facettenreich sein wie das Changieren von Lichtbrechungen auf Gemälden. Dennoch bieten Rachmaninoffs Klangfarben eher Impulse für die Fantasie als fürs Auge. Sein Spektrum ist schillernd wie ein Regenbogen und am intensivsten, wenn das selbst gestellte Ziel erreicht wurde: Bei seinen

Darbietungen versuchte Rachmaninoff, die Disposition seiner Interpretation auf das auszurichten, was er als »den entscheidenden Punkt« (точка) einer Komposition empfand. Dies war bereits bei seinen Auftritten in Russland der Fall. Als ihm nach einem scheinbar gelungenen Konzert seine Anhänger gratulieren wollten, war »er selbst in einem schrecklichen Zustand, biss sich wütend in seine Lippe« und jammerte, er »müsse verrückt geworden sein, er werde alt, er gehöre zum Alteisen, man solle einen Nachruf für ihn vorbereiten«, erzählte Marietta Schaginjan und zitierte ihn: »›Haben Sie nicht bemerkt, dass ich das Wesentliche verfehlt habe? Mir ist der Punkt entgangen, verstehen Sie!‹ Dann erzählte er mir, dass für ihn jedes Stück, das er aufführe, eine Struktur mit einem Höhepunkt sei. Und für diesen müsse man die ganze Fülle der Klänge so gliedern, sowie der Tiefe und Kraft des Tons eine solche Frequenz und Abmessung verleihen, dass dieser Kulminationspunkt, dem sich ein Musiker wie mit der größten Natürlichkeit, aber eigentlich mit der größten Kunstfertigkeit annähern muss, zum Erklingen und Funkeln gebracht werden soll, als ob am Ende eines Rennens das Zielband herabfällt oder ein Glas durch einen Schlag zerbirst. Je nach Stück kann dieser Höhepunkt am Ende oder in der Mitte liegen; er kann laut oder leise sein, aber der Interpret muss wissen, wie er ihn mit absoluter Berechnung, absoluter Genauigkeit angehen muss, denn wenn er verrutscht, bricht die gesamte Struktur zusammen, das Stück wird unzusammenhängend und bruchstückhaft und vermittelt dem Hörer nicht das, was es vermitteln sollte.«[597]

Nichtsdestotrotz folgten weitere Skrjabin-Hagiographien, bei denen man – wie Margaret Cousins in dem Magazin *The Theosophist* im November 1934 in dem Beitrag »Memorabilia of Scriabine – the Master Musician of Theosophy« – ihn zum Meisterdenker des mystischen Geschwurbels kürte. Hingegen erschien seinen Jüngern die Kunst von Sergej Wasiljewitsch als zu sehr der Realität zugewandt, ja, als zu diesseitig. Rachmaninoff betrachtete die Entwicklungen aus der Distanz wie auch Franz Schmidt, in dessen Musik sich die verschiedenen Ethnizitäten und die Multikulturalität des Habsburgerreichs spiegeln. Rachmaninoffs Kompositionen umfassen ein weites Frequenzspektrum und wandeln sich vielfältig in kleinen Schritten. Sie hätten bestens zu einem demokratischen Russland als konstitutionelle Monarchie gepasst, wenn sich die politischen Verhältnisse anders entwickelt hätten – schließlich wurde seine Musik in etablierten Demokratien wie Großbritannien, Dänemark und den USA begeistert aufgenommen, die ihrerseits einige der besten Sinfoniker des 20. Jahrhunderts hervorgebracht haben.

Rachmaninoff bedrückte indessen das Bewusstsein, dass viele radikale Bewegungen drohten, mehr Zerstörung als Segen zu bringen. Der Ausgang des Krieges wurde entscheidend für die weitere Entwicklung der Musikgeschichte.

Das Jahr 1917 begann für Sergej Rachmaninoff hoffnungsvoll und endete desillusionierend. Der für Russland desaströse Kriegsverlauf führte zu Unruhen im ganzen Land. Der Zar versuchte, den obersten Kriegsherrn zu mimen, allerdings fehlten seinem unzulänglich organisierten und noch immer überwiegend landwirtschaftlich geprägten Land die Ressourcen, um bei lang andauernden Kämpfen mithalten zu können. Für die großen Städte Russlands waren die Frontereignisse zu weit entfernt, um sich vorerst unmittelbar betroffen zu fühlen. Rachmaninoff reizte zunehmend die Vorstellung, ein Ballett zu komponieren, nachdem ihm im Vorjahr der neue Leiter des Sankt Petersburger Mariinskij-Theaters darauf angesprochen hatte. Doch die Suche nach einem geeigneten Sujet gestaltete sich schwierig. Er fragte Siloti, ob er in der Hauptstadt einen Kontakt zu Michail Fokin herstellen könnte, der als Tänzer und Choreograph am Mariinskij-Theater und beim Ballets Russes für Furore gesorgt hatte. Zugleich wolle er sich selbst in Moskau umhören, »obwohl ich hier niemanden kenne«. Dem »lieben Sascha« gestand er, aus »irgendeinem Grund habe ich Angst!«, denn: »Seit Kriegsbeginn steht meine Arbeit still. Nichts kommt heraus und alles ist bis zuletzt widerwärtig.«[598] Als ein mögliches Thema wurden die Skythen in Betracht gezogen, eines der Reiternomadenvölker, die ab dem 8./7. Jahrhundert vor der Zeitrechnung die eurasischen Steppen nördlich des Schwarzen Meeres heimsuchten – eine Welt ohne Schriftkultur, primitiv und gewalttätig. Skizzen entstanden, aber in der unsicheren Gegenwart kam die Ausarbeitung nicht voran.

In den ersten drei Monaten des Jahres 1917 kam Rachmaninoff schon länger geplanten Konzertverpflichtungen nach, die ihn in den Süden Russlands führten. Dabei begegnete er im Januar Marietta Schaginjan zum vorletzten Mal. Man traf sich in der Musikschule in Nachitschewan, das 1928 von Rostow-am-Don eingemeindet wurde, wo Rachmaninoff ein Konzert gab. Es blieben ihnen zwei gemeinsame Stunden vor dem Auftritt, bei dem Rachmaninoff ihr seinen Liederzyklus op. 38 vorstellte. Sie zeigte sich eingeschnappt, dass er nur sechs der von ihr vorgeschlagenen Texte verwendet hatte, was ihn jedoch amüsierte. Am nächsten Morgen musste er zu einem Konzert nach Taganrog weiterreisen. Es waren seine letzten Auftritte in Russland.

Die erste Phase der Revolution von 1917 wurde durch die katastrophale Versorgungslage im Land provoziert. Die Bevölkerung durchlitt einen der kältesten Winter seit Jahren. Das Verkehrssystem brach zusammen, sodass Verpflegungs- und Nachschublieferungen nicht mehr gewährleistet waren. Allein die Androhung einer Rationierung führte in der Hauptstadt zu Panikkäufen und Tumulten. Über 100 000 Arbeiter streikten und die Menschenmassen demonstrierten nicht mehr nur für Brot, sondern auch mit Losungen wie »Nieder mit dem Zaren!« und »Nieder mit dem Krieg!«

Alles eskalierte in Tumulten und Auseinandersetzungen mit Soldaten und Polizisten, von denen sich einige aber auch den Protestierenden anschlossen. Rachmaninoffs Freund Iwan Bunin kam es vor, als habe sich »in unserem tausendjährigen, gewaltigen Haus [...] ein großer Tod ereignet, und das Haus stand nun offen, sperrangelweit offen, und war erfüllt von einer unermesslichen müßigen Menge, für die es nichts Heiliges und Verbotenes mehr gab, in keinem der Zimmer«.[599] Vertreter der jungen Generation waren von den Ereignissen hin- und hergerissen. Lohnte es sich, überhaupt noch seine Abschlussprüfungen zu machen, wenn die Welt, wie man sie kannte, zugrunde geht? Die damals 18-jährige Galina Djuragina, die als Schriftstellerin später in Österreich unter dem Pseudonym Alja (Aleksandra) Rachmanowa veröffentlichte, um ihre in Russland verbliebenen Verwandten zu schützen, hinterließ in ihren Erinnerungen Erfahrungen aus erster Hand. »Die Zeiten sind vorbei, wo das gemeine Volk vor den Vornehmen stillstehen mußte«, zitiert sie die Agitatoren. »Revolution heißt Blut, Rache und Zerstörung! Wir müssen jetzt alles zerstören, um dann erst eine neue Welt aufzubauen!«[600] Um den revolutionär gesinnten Kreisen etwas entgegenzusetzen, initiierte die Leitung der Duma ein provisorisches Komitee »zur Wiederherstellung der Ordnung«. Für einen Berufsrevolutionär wie Trozkij war es das »Paradox« des Februars, dass eine Revolution, die von der Straße ausging, zu einer von den Salons geschaffenen Regierung führte.[601]

Viele waren vorerst erleichtert. »Nach den ersten Tagen der Exzesse, der Kanonaden und der Feuersbrünste kehrte in Petersburg Ruhe ein«, erinnerte sich Tamara Karsawina, die Primaballerina des Mariinskij-Theaters. »Die Proklamationen der neuen Regierung riefen die Bevölkerung auf, ihr zu vertrauen. Die Miliz, die Haussuchungen veranstaltete, bemühte sich, die Bürger zu beruhigen. Die Revolution erlebte eine kurze Periode des Optimismus.«[602] Mit diesen Entwicklungen im Februar 1917 schien sich Rachmaninoff durchaus anfreunden zu können. Die Februarrevolution sei für ihren Cousin »ein freudiges Ereignis« gewesen, meinte Sofja Satina.[603]

Anfang März bildete die Duma eine provisorische Regierung um General Michail Alexejew. Der Generalstabschef des Zaren widersetzte sich dem Befehl, die Rebellion in der Hauptstadt mit Waffengewalt niederzuschlagen. Die Abdankung des Zaren erschien als die sinnvollste Lösung der Konflikte. Die Menschewiken hätten für eine gemäßigte Entwicklung sorgen können, aber die Bolschewiken forderten den kompromisslosen Umsturz. Die Agitation ging weiter. Alja Rachmanowa berichtete von Meldungen und Kundgebungen, bei denen es hieß, die Menschen »brauchen weder den Regenten Michail Aleksandrowitsch noch die provisorische Regierung«, denn: »Wir brauchen den Rat der Soldaten- und Arbeiterdeputierten, denn nur dies ist die echte Volksregierung!«[604] Die Sprache begann, sich zu wandeln. Die Bolschewiken führten die Anreden »Genosse« und »Genossin« ein in der Annahme, damit eine Gleichstellung erzwingen zu können. Geschwätzige Komitees, die keine andere Meinung als die ihre zuließen, tagten vom Morgen bis zum späten Abend. Als die junge Frau aber zu Hause von einem bevorstehenden Kriegsende und neuen Freiheiten schwärmte, teilte niemand ihren naiven Enthusiasmus.

Genauso zeigte sich Rachmaninoff bald ernüchtert. Rückblickend äußerte er gegenüber Riesemann, er habe »schon von Anfang an erkannt, dass man die Revolution falsch angegangen« habe. »Schon im März 1917 hatte ich mich dazu entschlossen, Russland zu verlassen«, sagte er, »aber ich konnte meinen Plan nicht umsetzen, denn in Europa zogen sich die Kampfhandlungen hin, und niemand durfte die Grenze überqueren.«[605]

Manche Musiker gaben sich revolutionär gesinnt. Mjaskowskij war Offizier und entwarf ab Dezember 1917 seine vierte und fünfte Sinfonie. Er schrieb in seinen Notizen, der Krieg habe den Fond seiner »inneren und äußeren Eindrücke stark bereichert« und zugleich zu einer »gewissen Aufhellung« der musikalischen Gedanken geführt – dadurch wiesen seine Kompositionen nun einen »wesentlich ›objektiveren‹ Charakter auf«.[606] Hingegen war Rachmaninoff durch die Ereignisse künstlerisch wie paralysiert. Prokofjew wiederum blendete alles aus, was ihm Unbill bereitete. Er hatte sich aufs Land zurückgezogen und wollte nach Petrograd zurückkehren, um Konzerte zu geben. Aber dann traf »ein Zug mit zerschmetterten Fensterscheiben« ein, »aus dem eine von panischem Schrecken erfüllte Menge Bourgeois herausströmte«. »Man sagte mir, es wäre ein Wahnsinn, an Reisen zu denken«, erinnerte er sich. »›In den Straßen von Moskau und Petersburg gibt es Schießereien‹, erzählten sie, ›Sie werden nie hinkommen können!‹ Es sah tatsächlich so aus, als wäre jetzt kaum Zeit für Konzerte, selbst wenn man die Hauptstadt erreichen würde.«[607] Also bastelte er unverdrossen an einer Kantate weiter, der »Chaldäischen Beschwörung« *Es sind ihrer Sieben* mit Texten von Konstantin Balmont, in der es um den Exorzismus böser Dämonen geht. Prokofjews Werke waren bei den neuen Führungseliten ebenso umstritten wie die von Strawinskij, Mjaskowskij und Rachmaninoff. Dabei fühlten er und einige Gleichgesinnte sich eher der revolutionären Moderne zugehörig als der 18 Jahre ältere Rachmaninoff. Noch im Februar 1917 hatte in Petrograd das Fachmagazin *Der musikalische Zeitgenosse* (музыкальный современник) ein Konzert mit Gegenwartsmusik organisiert, zu dem auch Rachmaninoff und Metner der Einladung gefolgt waren. »Der letztere regte sich in einem fort auf und äußerte: ›Wenn das Musik ist, dann bin ich kein Musiker.‹«, berichtete Prokofjew. »Rachmaninoff dagegen saß da wie eine Bildsäule, und das Moskauer Publikum, das mich im Allgemeinen gut aufnahm, erstarrte zeitweise geradezu, wenn es auf seinen Abgott blickte.«[608] Nicht minder erstarrt waren die Regierungsvertreter angesichts der Agitation der Bolschewiken. Sie waren nicht wehrhaft genug, um sich gegen die Linksradikalen zu behaupten. Ein Mittel der deutschen Kriegsstrategen bestand darin, Lenin die Rückkehr aus dem Exil in das instabile Russland zu ermöglichen.

Im Juni zog sich Sergej Rachmaninoff mit seiner Familie nach Iwanowka zurück. Mittlerweile hatte der Aufstand gegen die früheren Eliten auch das Hinterland erreicht. Rachmaninoff sprach nie gerne über jene Zeit, erzählte aber 1931 dem Musikjournalisten Frederick Herman Martens von einer belastenden Begegnung mit einer bedrohlichen Menschenmenge. Als die Familie Anfang des Sommers 1917 wieder auf das Landgut im Süden zurückkehrte, war es bereits zu willkürlichen Beschlagnahmungen in der Region gekommen. Die im März 1917 an die Macht gelangte Provisorische Regierung erteilte den Bauern zwar Schutzbriefe gegen alle Willkür, aber die Bolschewiki schickten mittlerweile ihre Agitatoren auch aufs Land, um die Bauern aufzuwiegeln. »Eines Tages sagte mir mein Verwalter, dass eine Delegation von Bauern aus der Nachbarschaft darauf beharre, dass ich herauskomme und sie treffe«, erinnerte sich Rachmaninoff. »Schon das Wort ›beharren‹ war mir eher ungewohnt. Ich ging hinaus und verstand sofort, wer ›darauf bestand‹. Inmitten einer Gruppe von etwa hundert Bauern war ein Soldat, den ich noch nie zuvor gesehen hatte. Dieser Soldat ging von einer Gruppe zur anderen, gestikulierte und versuchte, die Bauern zu etwas zu überreden. Hier sah ich zum ersten Mal einen der bolschewistischen Agitatoren (vielleicht einen der Herrscher der zukünftigen UdSSR). Ich näherte mich der Menge, sah jeden von ihnen an und fragte, was sie wollten. Ich kannte alle meine Nachbarn seit vielen Jahren persönlich, weil ich unter ihnen lebte. Sie blieben ganz ruhig. Nur der Agitator war sehr aufgeregt und ergriff das Wort. Er holte einen Zeitungsausschnitt aus der Tasche, drückte ihn mir grob ins Gesicht und fragte mich, ob ich wisse, was darin steht. Ich nahm diesen Ausschnitt, las ihn und … traute meinen Augen nicht. Wahrscheinlich versehentlich oder aus Unachtsamkeit oder aufgrund seiner offensichtlichen Aufregung (dieser Mann roch stark nach Alkohol) gab er mir jedenfalls das Manifest der Provisorischen Regierung, in dem die Regierung die Bauern aufforderte, sich das Land nicht anzueignen, und versprach, die Bodengesetze zu überarbeiten. Das habe ich meinen Zuhörern gesagt.« Dies provozierte den Bolschwiken. Er nahm dem Gutsbesitzer Rachmaninoff die Papiere ab und beschuldigte ihn, indem er sich an die Bauern wandte, dass er sie täusche. »Er sagte, der Ausschnitt enthalte ganz gegensätzliche Worte, also die bolschewistische Formel usw.«, berichtete Rachmaninoff. »Er redete ziemlich lange und versprach abschließend, in Kürze bei mir Rechenschaft abzulegen. Er ging weg und bat andere, mit ihm zu gehen. Einige der Bauern folgten ihm, aber die Mehrheit blieb, und hier passierte ein interessanter Zwischenfall. Ich sah sie wieder ruhig an, ohne ein Wort zu sagen. Gut, vorerst besteht keine Gefahr. Gleich darauf wandte sich aus den hinteren Reihen ein alter Bauer, den ich sehr gut kannte, an mich. Er sagte ungefähr folgendes: Er und alle wissen ganz genau, dass ich irgendwo draußen Geld verdiene, und zwar ein sehr gutes Geld, und dass sie meinen, es wäre viel besser, wenn ich für weitere Verdienste dorthin zurückkehren würde, und ihnen allen freiwillig überlasse, was sich auf Iwanowka befindet. Ich habe ihm geantwortet, dass, wie ihm selbst bekannt sein muss, der größte Teil des Geldes, das ich ›dort‹ verdiene, hier in meinem Gutshof angelegt ist. Ja, sagte er, das wisse man, aber sie bitten mich trotzdem und sie raten mir sogar, diesen Ort so bald wie möglich zu verlassen. Wie um mich zu trösten wiederholte er noch einmal, dass er sicher sei, ›dort‹ draußen, könne ich viel Geld verdienen.«[609]

Es war eine Aufforderung, die man nicht ablehnen konnte. Nach über 20 Jahren drohte das Refugium Iwanowka für den 44-Jährigen zur Bedrohung zu werden. Wohin jedoch sollte er sich wenden? Mit dem

Kulturleben in Deutschland hatte er gute Erfahrungen gemacht, aber die deutschen Politiker zogen alle Register, um Russland zu schaden. Man unterstützte unter anderem die Nationalisten in der Ukraine, die als Vorwand für ein Eingreifen deutscher und österreichischer Truppen an der Westgrenze dienten. Ein besonderer Coup war, das Revolutionsidol Lenin in einem plombierten Eisenbahnwaggon aus dem Exil nach Russland zurückzubringen. Aus der Schweiz kommend, hatten er und seine Verehrer Deutschland mithilfe der dortigen Behörden durchquert und waren über Schweden und Finnland nach Russland gelangt, um die Revolution voranzutreiben. Seine erste Rede hielt Lenin kurz nach seiner Ankunft im April 1917 gegen 23 Uhr von einem Panzerwagen aus auf dem Vorplatz des Finnländischen Bahnhofs. Der Rüstungsminister im britischen Kriegskabinett, Winston Churchill, kommentierte vor dem Unterhaus des Parlaments, die Deutschen hätten Lenin »nach Russland geschickt, so wie man eine Phiole mit Typhus- oder Cholerakultur in die Wasserversorgung einer großen Stadt gießen könnte, und es funktionierte mit erstaunlicher Genauigkeit«.[610]

Die Front wurde durchbrochen, die Deserteure strömten nach Hause. Unorganisierte Soldaten füllten die Züge – sie fuhren auf den Dächern der Waggons, klammerten sich an die Stoßdämpfer. Aus den hungrigen Städten strebten täglich Menschenmassen hinaus auf der Suche nach Nahrung. Die Regierung unternahm verzweifelte Versuche, den Krieg fortzusetzen. »Noch zogen sich die Schützengräben über dreitausend Werst nach Westen hin, aber sie waren nur mehr bloße Löcher«, erinnerte sich Iwan Bunin. »Die Sache war beendet, auf eine absurde, nie dagewesene Weise beendet, denn die Macht über die dreitausend Werst, über die bewaffnete Horde, in die sich eine millionenstarke Armee verwandelt hatte, war bereits in die Hände von ›Kommissaren‹ […] übergegangen. Nicht weniger schrecklich war es aber auch im gesamten übrigen Raum Russlands, wo plötzlich ein gewaltiges, über Jahrhunderte hinweg gewachsenes Leben abbrach und sich eine unschlüssige Form der Existenz ausbreitete, grundloser Müßiggang und widernatürliche Freiheit von allem, was die menschliche Gesellschaft am Leben hält.«[611]

Sergej Rachmaninoffs Welt war zerstört. »In Moskau war schon kein Leben mehr«, schilderte sein Freund Bunin die Lage, »obwohl die neuen Machthaber eine in ihrer Stupidität und großen Eile irrwitzige Imitation einer angeblich neuen Ordnung des Lebens darboten, eines neuen Zeremoniells, ja selbst eines neuen festlichen Gepräges. Dasselbe war, noch in gesteigerter Form, in Petersburg im Gange. Ununterbrochen

Versammlungen, Sitzungen, Meetings, ein Aufruf nach dem anderen erging, ein Dekret nach dem anderen, unermüdlich war die berühmte ›direkte Telefonleitung‹ in Betrieb – und wer schrie und kommandierte damals nicht alles über diese Leitung! – den Newskij entlang rasten unentwegt rot beflaggte Regierungsautos, donnerten überfüllte Lastwagen, marschierten überaus gewandt und präzise Truppen mit roten Fahnen und Musik.«[612] Aber es war nicht mehr kulturell wertvolle Musik, sondern eine, die nur die Gegenwart von Agitation und Parolen abbildete. Den Menschen wollten die neuen Machthaber weismachen, so Bunin, »eben sie, die machthabende Menge, hätte ›in ihrem heiligen Zorn‹ auf ewig die ›Ketten‹ zerschlagen, und sie alle suchten sich selbst und der Menge einzureden, dass sie im Grunde genommen keineswegs die Erben seien, sondern lediglich zeitweilige Verwalter, angeblich doch von der Menge selbst dazu ermächtigt«.[613]

Nach Auffassung des Juristen und Politikers Wladimir Dmitriewitsch Nabokow, dem Vater des Schriftstellers Wladimir Wladimirowitsch Nabokow, waren der Provisorischen Regierung »die Hände gebunden«, als »die Herren Bolschewisten wie eine skrupellose Macht die gegnerische Presse ohne alle Umschweife mundtot« machten. Aufgrund »ihrer Proklamationen über die Freiheit des Wortes sowie ihrer ganzen Ideologie« war die neue Staatsführung zu schwach, um der Zeitungspropaganda wirkungsvoll etwas entgegensetzen zu können oder um »entschlossene Maßnahmen gegen Aktionen von geradezu kriminellem Charakter zu ergreifen, wie etwa die Besetzung des Palais Kschessinskaja und seine Verwandlung in eine Zitadelle und öffentliche Lehrkanzel des zügellosesten Bolschewismus«.[614]

Die »Grundstimmung«, die er beschrieb, beeinträchtigte Rachmaninoff und viele liberal eingestellte Menschen im damaligen Russland. Durch die unübersichtlichen Entwicklungen, die zu ständig neuen Befürchtungen und Ablenkungen führten, erschien es fast unmöglich, sich über einen längeren Zeitraum zu konzentrieren. Rachmaninoff vergrub sich in Moskau in die Überarbeitung seines ersten Klavierkonzerts, während es auf den Straßen zu Unruhen kam. An brauchbare neue Kompositionen zu denken, schien kaum möglich. Die letzten in Russland entstandenen Stücke datierte Rachmaninoff auf den 14. und 15. (27./28.) November 1917: Diese posthum veröffentlichten Werke ohne Opuszahl, jeweils etwa zwei Minuten lang, zeigen Unruhe *(Orientalische Skizze)* und düstere Stimmungen *(Fragmente, Klavierstück in d-Moll)*. »Alles Erlebte erschien wie unwirklich«, empfand Wladimir Dmitriewitsch Nabokow. »Wir konnten nicht glauben, dass es uns gelingen würde, die zwei wichtigsten Aufgaben zu erfüllen: den Krieg fortzusetzen und das Land wohlbehalten zur Konstituierenden Versammlung zu führen.« Monatelang zogen sich allein die Debatten über die Verordnungen der Provisorischen Regierung hin. Dabei ging es unter anderem um die Bildung eines besonderen Gremiums zur Ausarbeitung eines Gesetzes für die Wahlen zur Konstituierenden Versammlung. Als man endlich mit dem Festlegen der Einzelheiten beginnen wollte, so Nabokow, erwies sich »sein Apparat als so kompliziert und umfangreich, dass unmöglich mit einem schnellen Abschluss der Arbeit und der Festsetzung der Wahlen in naher Zukunft zu rechnen war«.[615]

Dieweil kam es immer wieder zu bedrohlichen Unruhen. Die bolschewistische Partei wurde vorübergehend verboten und einige ihrer Führer inhaftiert. Da zum Schutz des Taurischen Palais auch regierungstreue Teile des Militärs hinzugezogen wurden, konnte Lenin agitieren, der Staat sei in den Händen einer konterrevolutionären »Militärdiktatur«, die einen »Bürgerkrieg« gegen das Proletariat führe.[616] Im Juli 1917 kam es zur Umbildung der Regierung, aber wer tatsächlich Einfluss auf die Menschen hatte, zeigte sich nach der Rehabilitierung der Bolschwiken. Sie mobilisierten die Arbeiter und Soldaten, darunter die Kronstädter Matrosen, die schon wenige Monate zuvor bereit gewesen waren, die Koalitionsregierung zu stürzen.

Währenddessen stieg die Zahl der desertierenden Soldaten täglich. Zehntausende von Bauern griffen statt zum Gewehr lieber zum Pflug und kehrten zur Ernte in ihre Dörfer zurück. Es dürfte beängstigend für Rachmaninoff gewesen sein, wenn er hörte, dass sich ab dem Spätsommer die Überfälle von bewaffneten Bauernsoldaten auf etliche Gutshöfe häuften. »Unangenehm waren die Eindrücke, die ich durch den Kontakt mit den Bauern erhielt, die sich als Herren der Lage fühlten«, soll Rachmaninoff laut Riesemanns Erinnerungen gesagt haben. »Ich hätte Russland lieber mit freundlicheren Erinnerungen verlassen.«[617] Auch Iwanowka wurde nach seiner Abreise geplündert und zerstört. Rachmaninoff hat das Leben der ›einfachen Menschen‹ nie idealisiert, was sich bereits in *Aleko* angedeutet hatte. Ein ›Arbeiter- und Bauernparadies‹ ist der Hölle näher als dem Himmel.

SEINE Kunst war nicht mehr gefragt. Lenin schwor seine Anhänger auf eine Aussage von Marx ein: »Der Aufstand ist eine Kunst.« Die sich anbahnende Oktoberrevolution sollte kein Massenereignis werden, das auf der Straße stattfindet, sondern ein Staatsstreich. Um

Gegenmaßnahmen vorzubeugen, hielt Lenin nichts davon, durch die Wahlurne zu einer Entscheidung zu kommen. »Es wäre naiv, eine ›formelle‹ Mehrheit der Bolschewiki abzuwarten«, meinte er, denn »keine Revolution wartet *darauf*.«[618] Nur wenige Menschen unter Lenins Führung waren beteiligt, als die bisherigen Kabinettsmitglieder im Winterpalast festgenommen wurden und man den Delegierten im Ballsaal des Smolnij-Instituts mitteilte, dass die Bolschewiken die Macht übernommen hätten. Die später heroisierten ›revolutionären‹ Menschenmassen drangen erst später in die Palais ein, vornehmlich um sie auszurauben und die Weinkeller zu plündern. Als ›bourgeoise‹ geltende Begriffe wie ›Provisorische Regierung‹ oder ›Minister‹ wurden ersetzt durch Wendungen wie Volkskommissar, Rätekongress und ›Rat der Volkskommissare‹ für die Regierung. Symbolen der alten Ordnung drohte die Zerstörung. »Das Marientheater wurde die Adler und kaiserlichen Wappen los; Jacken voller Fettflecken ersetzten die rot-braunen Uniformen der früheren Diener«, berichtete die Primaballerina Tamara Karsawina. »Ich erinnere mich an eine Wohltätigkeitsaufführung – eine kleine Gruppe grauhaariger verhärmter Menschen saß in der Zarenloge. Das waren alte Polithäftlinge, die vor ein paar Monaten aus Sibirien zurückgekehrt waren. Jetzt wurde ihr Märtyrertum gewürdigt. Aber es kam die zweite Phase der Revolution, sie wurden von einer neuen Welle weggespült und verwandelten sich in Zielscheiben des Spotts. Diese Phase bereitete dem Optimismus ein Ende.«[619]

Bald organisierte sich der Widerstand der gestürzten Landesführer. Die neuen Machthaber wollten alles Vergangene ausrotten und ließen die Zarenfamilie im Juli 1918 in Jekaterinburg erschießen. Man müsse »die Revolution verteidigen und den Feind bezwingen, selbst wenn ihr Schwert gelegentlich auf Unschuldige niedergeht«, verkündete Feliks Dserschinskij, der Leiter der Tscheka, der Geheimpolizei der ›Kommission zur Bekämpfung von Konterrevolution, Spekulation und Sabotage‹.[620] Es kam zu den ersten Kämpfen des Bürgerkriegs, der mit seinen Grausamkeiten das Land gut fünf Jahre lang verheeren sollte. Die Welt des Zarenreichs war durch eine noch schlimmere Gegenwart ersetzt worden. »Alles ist so instabil«, äußerte der Bildungskommissar Anatolij Lunatscharskij gegenüber seiner Frau, »dass ich jedes Mal, wenn ich einen Brief beende, nicht weiß, ob es mein letzter sein wird. Jeden Augenblick könnte ich ins Gefängnis geworfen werden.«[621]

Wenn selbst hochrangige Politiker ihres Lebens nicht mehr sicher waren, befanden sich auch andere in Gefahr, insbesondere wenn sie einen aristokratischen Hintergrund hatten. In dieser kritischen Phase erhielt Rachmaninoff im November 1917 per Telegramm eine Einladung zu Konzertauftritten in Schweden. Der Name des dortigen Konzertmanagers, der ihm in Anbetracht der Entwicklungen möglicherweise bewusst diesen Rettungsanker zuwarf, ist nicht überliefert; aber es war ungewöhnlich, dass die hilfreiche Offerte gerade aus dem Land kam, das seit Jahrhunderten ein Erzrivale Russlands war. Als ob Rachmaninoff nur auf eine passende Gelegenheit gelauert hätte, schien er schon vorab Vorbereitungen getroffen zu haben. Er wusste genau, was zu tun war: Unverzüglich akzeptierte er das Angebot und beantragte für seine vierköpfige Familie Visa für Schweden. Dann mobilisierte er in kürzester Zeit Freunde und Verwandte, die ihn dabei unterstützten, seine Frau, die beiden Töchter und sich selbst in Sicherheit zu bringen. Dazu musste sich Rachmaninoff Geld leihen, aber das war er ebenso gewohnt, wie seine Anhänger und Angehörige sich darauf verlassen konnten, dass er sie entschädigen würde, sobald er sich finanziell wieder konsolidiert hätte. Ein Freund soll auf seine Pianistenhände gezeigt und gesagt haben: »Mach' dir mal keine Sorgen, die garantieren deinen Wechselkurs.«[622]

Für die offiziellen Stellen war es nicht verdächtig, dass ein angesehener Künstler des Landes auf Auslandstournee ging. Die Zeitschrift *Der Tag* (День) meldete fünf Tage vor der geplanten Abreise: »S. W. Rachmaninoff begibt sich auf eine Konzertreise durch Norwegen und Schweden. Die Tournee wird über zwei Monate dauern.«[623] Niemand ahnte, dass sie den ganzen Rest seines Lebens beanspruchen würde.

Nach gregorianischem Kalender erhielten er und seine kleine Familie am 20. Dezember 1917 die Genehmigung, das Land verlassen zu dürfen. Um die Ausreisepapiere abzuholen, begab sich Rachmaninoff eigens in die Hauptstadt. Niemand stellte unangenehme Fragen, warum er in diesen Zeiten ausgerechnet mit seiner ganzen Familie auf Gastspielreise gehen müsse. Vielleicht sind auch Schmiergelder zugesteckt worden, aber warum hätte man daran zweifeln sollen, dass Bürger, die Ländereien und eine hübsche Wohnung in Moskau besaßen, alles hätten aufgeben sollen. Viel Gepäck konnte man auf eine Zugreise nicht mitnehmen und die 500 Rubel, die man pro Kopf ausführen durfte, würden nicht ewig reichen. Mitte Dezember des julianischen Kalenders – nach westlicher Zeitrechnung war es schon kurz vor Heiligabend – begleitete Rachmaninoffs Schwägerin Sofja Satina die Familie abends zum Nikolajewskij-Bahnhof, einem Moskauer Kopfbahnhof mit Verbindungen in den Norden des Landes. Ein Mitarbeiter von Diederichs Klavierfirma hatte für sie die Fahrkarten besorgt und kümmerte sich darum, dass Sergej, Natalija, Irina und Tatjana in dem vollen Zug noch Sitzplätze bekamen.

Ihr einziger Begleiter war der Freund Nikolaj Struwe. Um kein Aufsehen zu erregen, war sonst niemand mit zum Bahnhof gekommen. Schaljapin hatte ihnen noch ein Grußschreiben zukommen lassen zusammen mit einer Packung Kaviar und selbstgemachtem Weißbrot als Reiseproviant – eine Geste, die Rachmaninoff sehr zu schätzen wusste. Den Ausreisenden standen mehrere Grenzübertritte bevor, denn die Finnen hatten das nach dem Oktoberputsch von den neuen Machthabern verkündete Recht auf Sezession genutzt und sich Anfang Dezember für unabhängig erklärt. Noch im selben Monat erfolgte die Anerkennung durch zahlreiche andere Staaten.

Unerwarteterweise verliefen die Zugfahrt und das Überqueren der Grenze zu Finnland problemlos. Der Zollbeamte, der das Gepäck durchsuchte, wurde nur bei einigen Büchern stutzig. Als er jedoch sah, dass es nur Schulbücher der Kinder waren, wünschte er eine gute Weiterreise und viel Erfolg bei den Konzerten.

Mit einem Passieren des Schlagbaums an der Grenze übersprang die Familie 13 Tage und fand sich Weihnachten 1917 in der Welt der westlichen Zeitrechnung wieder. Mit seiner Abreise schlug Rachmaninoff die Tür zum Land seiner Geburt nicht vollends zu. Er hatte wenige Tage, bevor er in den Zug stieg, noch die zweite, umfangreich überarbeitete Fassung seines ersten Klavierkonzerts bei Kusewizkijs Verlag abgegeben, die Auftritte und Tantiemen ermöglichen sollte. Zudem beschwerte er das wenige Gepäck noch mit gut zwei Pfund Papier: Notenskizzen sowie dem handgeschriebenen Libretto und dem Particell zum ersten Akt seiner Oper *Monna Vanna* – das sich als Anregung für andere Opernprojekte eignen mochte. Hinzu kam die Partitur von Rimskij-Korsakows Oper *Der goldene Hahn*, mit der er als Dirigent auftreten könnte, sobald ein geeignetes Ambiente dies zulassen würde. Mit dem Komponisten hatte sich Rachmaninoff einst bei einer Begegnung in Paris intensiv über dieses auf Puschkin zurückgehende Musikdrama über die Absurdität von Machtstreben und Herrschaft unterhalten. Die Sympathie, die er dem Werk entgegenbrachte, kann man durchaus als Indiz für Rachmaninoffs politische Haltung nehmen.

Vorerst jedoch fuhren er und seine Familie einer ungewissen Zukunft entgegen. Die kürzere Passage über die Ostsee nach Stockholm verwarf man, weil sie wegen der Kriegsschiffe und Minen zu gefährlich gewesen wäre. Um auf schwedischer Seite eine Bahnstation zu erreichen, waren die Rachmaninoffs gezwungen, ab der finnischen Grenze zunächst in einem offenen Schlitten weiterzureisen. So bitterkalt es sein mochte – zumindest war man nach dem Überqueren der Grenze in Sicherheit und entfernte sich mit dem Reiseschlitten langsam, aber stetig aus der Gefahrenzone. Erst nach Mitternacht erreichte man den Grenzübergang. Da der Streckenabschnitt der Statens Järnvägar, der schwedischen Staatsbahn, bis zum Grenzort Haparanda erst 1919 endgültig fertiggestellt werden konnte, musste man – wahrscheinlich mit den provisorisch eingerichteten Linien des Güterverkehrs – noch 140 Kilometer überwinden, um ab Boden einen Zug in die fast 1000 Kilometer entfernte Hauptstadt zu erreichen.

In der zurückgelassenen Heimat deutete sich derweil Unheil an. Man verglich die grausamen Straßenkämpfe mit dem Blutsonntag des Januar 1905. »Eine vollkommene Identität von Statusverlust, Zarismus und Bolschewismus, aber während die Mörder dort noch vor den Schatten der Ermordeten erschraken, töten sie hier einfach weiter«, meinte seinerzeit der Historiker Simon Dubnow. »Dort gab es noch Hoffnung, den Glauben ans Volk; dieser Glaube ist jetzt zugrunde gegangen. Die Nacht des Terrors rückt heran.«[624] Die Rachmaninoffs hatten es noch rechtzeitig geschafft, das Land zu verlassen. Nun galt es, sich eine neue Existenz aufzubauen.

Das Doppelleben der russischen Emigration begann: Mit dem Herzen war man in dem Land, das man verlassen hatte, mit dem Intellekt in der real existierenden Gegenwart. »Menschen wie ich sind nie in der Lage, irgendetwas alleine zu machen, und mögen es, wenn sie einen Anstoß bekommen«, hatte Rachmaninoff einmal an seinen Freund Morosow geschrieben.[625] Allerdings hatte er zum damaligen Zeitpunkt nie daran gedacht, dass dieser ›Anstoß‹ auch negative Ursachen haben könnte. Als er mit seiner Frau und der ersten Tochter 1906 nach den revolutionären Vorkommnissen das Land verlassen hatte, brauchte man Abstand zu den Ereignissen, konnte aber sicher sein, zum gegebenen Zeitpunkt wieder zurückzukehren. Nun war die Lage vollkommen anders: Nachdem sich die Bolschewiken 1917 an die Macht geputscht hatten, wurde die radikale Umkehrung aller bisher gekannten Werte eine Tatsache. Die Sorge um die Zukunft, die Furcht vor Repressalien und Gewalt sowie die Angst vor dem sich abzeichnenden Bürgerkrieg zwangen die Familie dazu, die eigene Haut zu retten. Wann und ob jemals eine Rückkehr möglich sein würde, war zu diesem Zeitpunkt nicht abzusehen.

Vertrieben aus seiner vertrauten Umgebung und Sprachgemeinschaft sah sich Rachmaninoff genötigt, andere Wege zu gehen, um sich als Künstler zu behaupten. Die westliche Welt bot dazu völlig neue Möglichkeiten. Dies mag der einzige Trost gewesen sein, als Rachmaninoffs vierköpfige Familie am Nachmittag des 24. Dezembers 1917 in Stockholm eintraf und den Abend in einem Hotelzimmer verbrachte. In Weihnachtsstimmung war man ohnehin nicht, weil nach orthodoxem Ritus das Fest bis zum Februar 1900 erst zwölf Tage und anschließend 13 Tage nach dem gregorianischen Kalender gefeiert wurde. Für die Kinder würde man sich bald den westlichen Gepflogenheiten anpassen müssen. Die Konzerteinladung aus Stockholm ließ sich vorerst auf einen Zeitpunkt verschieben, an dem sich die Rachmaninoffs in dem noch unvertrauten Skandinavien eingelebt hatten. Hierbei half sein Freund Nikolaj Struwe. Er hatte seine Arbeitsstelle für den Russischen Musikverlag nach Kopenhagen verlegt, weil ihm und seiner Frau die Lage in Russland nicht geheuer war und er in Deutschland als ›feindlicher Ausländer‹ nicht mehr geduldet wurde. Im neutralen Dänemark kannte er Familienangehörige. Sobald es möglich war, zogen die Rachmaninoffs in seine Nähe. In Kopenhagens Vorort Klampenborg mieteten sie unweit des Zoos eine Erdgeschosswohnung, in der es auch gestattet war, am Klavier zu üben. Sergej Wasiljewitsch musste seinen Auftrittsverpflichtungen nachkommen und Geld verdienen, um seine Familie zu versorgen und die Schulden zu begleichen. Dafür wurde er im Haushalt von allen Aufgaben entbunden. Allein eine Sekunde der Unvorsichtigkeit mit einem Schnitt des Küchenmessers in die Hand hätte die Existenzgrundlage gefährden können. Er wusste, was er an seiner Familie hatte – es sei »schwierig, eine bessere Frau und Kinder zu finden«, schrieb er einmal einem Freund.[626] Der Künstler im Haus musste lediglich jeden Morgen die mühsame Aufgabe übernehmen, virtuos den Ofen in Gang zu setzen. Die Töchter erkundeten derweil die neue Umgebung mit Fahrrädern.

Acht Wochen nach der Ausreise gab Rachmaninoff sein erstes Konzert am 15. Februar 1918 in Kopenhagen. Er interpretierte sein zweites Klavierkonzert mit dem Kopenhagener Sinfonieorchester unter der Leitung von Georg Høeberg. Einige Tage später stellte er ein Soloprogramm mit eigenen Werken vor. Dadurch gewann er ausreichend Selbstvertrauen, um Mitte März die verschobenen Auftritte in Stockholm nachzuholen. »Ich habe jetzt gelernt, Konzerte anderer Leute zu spielen, zum Beispiel von Liszt, Tschaikowsky, Skrjabin usw.«, schrieb er dem

Dirigenten Modest Altschuler.[627] Von März bis Juli trat Rachmaninoff bei zwölf Konzerten in Stockholm, Malmö, Oslo und Kopenhagen auf, wobei er neben Klavierkonzerten und Soloabenden in Stockholm auch mit einem Sänger namens Skalontz auf der Bühne stand, den er unter anderem bei seinen eigenen Liedkompositionen begleitete. Die Honorare ermöglichten es ihm, geliehene Gelder zurückzuzahlen und genug Freiraum zu erlangen, um entspannter die nächsten Schritte für seine Familie zu planen.

Die Lage änderte sich schlagartig, als seine Frau beim Einkaufen auf dem Markt ausrutschte und sich einen Arm brach. Da sie einen Gipsverband trug, musste Sergej Rachmaninoff gezwungenermaßen vorübergehend alle häuslichen Pflichten übernehmen. Zur Erholung verbrachte man zusammen mit den Struwes den Sommer in Charlottenlund, einem mondänen Küstenort nördlich von Kopenhagen. In der gemeinsam gemieteten Villa sorgte eine Bedienstete für Aufregung, die bei ihrer Einstellung nicht darauf hingewiesen hatte, dass sie Epileptikerin war und bei gelegentlichen Anfällen mehr Hilfe benötigte, als dass sie dem Haushalt welche geben konnte. Die wieder genesene Natalija ließ sich telefonisch von Struwes deutscher Frau beraten, wie man delikate Gerichte der gehobenen Kochkunst zubereitet. »Der arme Sergej Wassiljewitsch (den ich anfangs schlecht ernährt habe) versicherte mir bald, dass er noch nie eine so köstliche Hühnersuppe gegessen habe«, berichtete Natalija stolz.[628]

Eine wichtige Kontaktperson war Modest Altschuler, der mittlerweile in Kalifornien lebte. Zwei Wochen nachdem Rachmaninoff in Kopenhagen angekommen war, ließ er ihn wissen, er habe schon Anfang Herbst mit dem Gedanken gespielt, »nach Amerika zu gehen, in der Hoffnung, dort ein Auskommen zu finden«. Aber noch immer dominierten die Ereignisse in den Schützengräben und auf den Schlachtfeldern das Geschehen, deswegen habe ihm »der amerikanische Konsul in Moskau davon abgeraten, da man sich in Amerika jetzt nur noch um den Krieg kümmert und nicht um Konzerte«.[629] Der Austausch mit Altschuler zeigt allerdings Rachmaninoffs langfristiges strategisches Denken. Es war klar, dass Skandinavien nur eine Zwischenstation in der Emigration sein konnte, da die Länder keine ausreichende kulturelle Infrastruktur besaßen, um über die Runden zu kommen. Er bedauerte, dass »es nicht viele geeignete Städte zum Spielen gibt und die Musik hier schlecht vertreten ist«.[630] In dem vom Krieg zermürbten Westeuropa und den USA war er den Menschen eher als ein Klavier spielender Komponist ein Begriff, der auch dirigierte.

Laut Sofja Satina erhielt Rachmaninoff »nacheinander drei gewinnbringende Angebote«: Eines kam aus New York vom Metropolitan Music Bureau, bei dem ihm Altschuler einen Vertrag für fünfundzwanzig Konzerte vorlegte, wobei er natürlich auch mit eigenen Werken auftreten konnte. Der zweite Vorschlag erreichte ihn von Wolfsons Büro und winkte mit einem Zweijahresvertrag als Dirigent in Cincinnati. Ein drittes Telegramm sandte der Präsidenten der Boston Symphony Society, der Sergej Wasiljewitsch den Posten des Chefdirigenten seines Sinfonieorchesters antrug.

Empfohlen hatte ihn Osip Gabrilowitsch, seines Zeichens ab 1910 Leiter des ›Münchner Konzertvereins‹, dem Vorläufer der Münchner Philharmoniker. Bei Kriegsausbruch wurde Gabrilowitsch 1914 als ›Feind‹ eingestuft und inhaftiert. Er emigrierte über die Schweiz in die USA. Seinerzeit verdankten amerikanische Orchester gerade russischen Dirigenten viel, da diese mit umfassender Erfahrung ihr Profil schärften und die Klangkultur verfeinerten. Zudem engagierten sie sich für angemessene Konzertsäle: Das Detroit Symphony Orchestra ging ein auf Gabrilowitschs Forderungen, einen angemessenen Konzertsaal zur Verfügung zu stellen, und so entstand die über 2000 Zuhörer fassende Orchestra Hall. Gabrilowitsch leitete das ambitionierte Orchester aus Michigan von 1918 bis 1936. Er hatte 1909 die Konzertaltistin Clara Langhorne Clemens geheiratet, die Tochter von Mark Twain. In zweiter Ehe verband sie sich 1944 mit dem 20 Jahre jüngeren russischen Dirigenten Jacques Samosud, der von 1919 bis 1936 die Washington National Opera leitete. Diese Künstler waren ein gutes Beispiel für Rachmaninoff, dass man sich langfristig an einen Ort und ein Ensemble binden kann, um mit seiner Familie ein gesichertes Leben zu führen. Möglicherweise regte Clara Langhorne Clemens sogar das Schreiben an, mit dem sich Cyril Clemens, Twains Cousin dritten Grades, im Juli 1934 an Rachmaninoff wandte, und ihm als Präsident der ›International Mark Twain Society‹ »in Anerkennung der herausragenden Beiträge zur Literatur in Ihrem vorzüglichen Buch *Recollections* mit Freunden die Ehrenmitgliedschaft anzutragen«.[631] Es ist nicht bekannt, dass sich Rachmaninoff darauf eingelassen hätte, zumal Cyril Clemens auch den Mark Twain-Verehrer Benito Mussolini als Ehrenpräsident gewinnen konnte, dessen Name unübersehbar auf dem Briefkopf prangte.

Die Entscheidung darüber, in welche Richtung sich seine musikalische Karriere entwickeln sollte, fiel Rachmaninoff nicht leicht. Er wusste, was er wert war, und lotete die Möglichkeiten der ersten Offerte genauer aus. »Ich möchte, dass Sie sich für den Fall, der sich in

Zukunft ergeben könnte, näher über meine Konditionen informieren«, ließ er Altschuler wissen. »In erster Linie unbedingt und nur Steinway-Klaviere. Zweitens, da mir Konzerte mit Orchesterbegleitung die größten Erfolge und die größte persönliche Freude bereitet haben, möchte ich, dass meine Auftritte zwei Tourneen mit Orchestern umfassen. Eine mit Boston, wie ich es bereits getan habe; die andere mit dem Chicago Symphony Orchestra.«[632]

Rachmaninoff baute vorerst nicht allein auf ein einziges Ensemble. Das Orchester in Cincinnati hatte zwar bereits Werke von Komponisten wie Edward MacDowell und Richard Strauss sowie einige Sinfonien Mahlers erstmals in den USA aufgeführt, aber es spielte nicht in der obersten Liga wie jene Orchester, mit denen Rachmaninoff auf eine Gastspielreise gehen wollte. Schließlich übernahmen Fritz Reiner für elf Jahre und anschließend Eugene Goossens für 14 Jahre die Leitung. Rachmaninoffs Hauptbedenken bestanden darin, dass er Englisch derzeit nur unzureichend beherrschte, und er aus Erfahrung wusste, dass das Amt des Chefdirigenten auch mit viel Verwaltungsarbeit verbunden ist. Dies hätte ihm kaum noch Zeit für das Komponieren gelassen, das dann zudem vornehmlich auf Orchestermusik festgelegt gewesen wäre und den bisherigen flexiblen Wechsel zwischen den Genres unmöglich gemacht hätte. Hingegen hatte sich ein Künstler wie Sergej Kusewizkij schon etliche Jahre zuvor einer erfolgreichen Laufbahn als Dirigent verschrieben, nachdem ihm klar war, dass er nur geringe Ambitionen als Komponist hegte und eine wenig gefragte Karriere als Kontrabassvirtuose leicht aufzugeben war. Kusewizkij erwies sich als ideale Besetzung für die Leitung des Boston Symphony Orchestra, was allein seine Amtszeit von 1924 bis 1949 belegt. Als herausragender Dirigent und Förderer zeitgenössischer Komponisten übte er an der Spitze eines der besten Orchester der Welt nachhaltigen Einfluss auf die Entwicklung der Konzertmusik aus.

Rachmaninoff erschien es am sinnvollsten, seine Geschicke selbst in die Hand zu nehmen. Beruflich hielt er sich mehrere Möglichkeiten offen: Auf der »Declaration of Alien about to depart for the United States«, die er am 17. September 1918 beim amerikanischen Konsulat in Kopenhagen einreichte, gab er als Berufsbezeichnung einfach »artist« an: Künstler.[633] »Ich kann jeden Abend zwei Konzerte spielen, das heißt also, eines – meines, und noch eins – das eines anderen«, schrieb er Modest Altschuler. »Bei solchen Konzerten kann ich es billiger machen, aber nicht weniger als 600 Dollar (beim ersten Mal habe ich 500 bekommen, also habe ich nur hundert Dollar ›draufgeschlagen‹).

Soweit ich mich erinnere, hat Boston in jeder Saison sieben Konzerte und Chicago fünf. Wenn sie etwas für mich arrangieren, dann ergibt dies für mich schon zwölf Konzerte, die mir angenehm sind. Schließlich kann man in mehreren anderen Städten problemlos als Solist bei Sinfoniekonzerten mitwirken. Ich erinnere mich an Philadelphia, Cincinnati, Pittsburgh, Toronto. Was Solorecitals betrifft, so finde ich sie nicht so angenehm, und ich strebe sie nicht unbedingt an. Die Gebühr für sie beträgt 900 Dollar. Wenn es eine große Garantie für die Anzahl der Konzerte gibt, dann können Sie Zugeständnisse machen.«[634] Wiktor Serow meinte, Rachmaninoff habe die lukrativen Angebote der Orchester nicht zuletzt deswegen abgelehnt, weil er weiterhin komponieren wollte. Er berichtete, dass Rachmaninoff Richard Strauss dafür bewunderte, dass er als Dirigent ständig alte und neue Partituren studiere, und deswegen »sein Kopf voll sein muss mit der Musik anderer Komponisten und trotzdem schreibt er gleichzeitig noch seine ihm eigene Musik«, was ungemein schwer sei. Möglicherweise, so Serow, »wollte sich Rachmaninoff für seine eigene Arbeit schonen«.[635]

Er kalkulierte genau, wie er mit seiner Kunst für sich, Natalija, Irina und Tatjana das Überleben sicherstellen konnte. Nachdem seine Möglichkeiten in Skandinavien vorerst ausgeschöpft waren, begab sich Sergej Rachmaninoff mit seiner Familie am 1. November 1918 in Oslo an Bord der ›SS Bergensfjord‹. Der Kapitän musste vorsichtig manövrieren, um Begegnungen mit feindlichen Kriegsschiffen auszuweichen. In der Nacht wurden aus Sicherheitsgründen alle künstlichen Lichtquellen abgeschirmt oder ausgeschaltet. Elf Tage später traf die Familie unbeschadet in New York City ein. Noch als man sich auf hoher See befand, endete der Erste Weltkrieg.

III »Wahrscheinlich werde ich nie auslernen …« (1919–1943) New York – Luzern – Los Angeles

8 Pendeln zwischen den Kontinenten (1919–1926)

Wenige Wochen nach der Ankunft in den Vereinigten Staaten von Amerika schickte Josef Hofmann an Rachmaninoff einen mehrseitigen, mit der Hand auf Deutsch verfassten Brief, den er mit »Lieber Herr Sergeï« überschrieben und der Datumsangabe »14. Jan. 1919 in ›Dollarika‹« versehen hatte. Er dokumentiert auf einzigartige Weise, worüber sich die Künstler ansonsten nur im vertrauten Gespräch ausgetauscht haben und beinhaltet – frei gestaltet mit Hofmanns eigenen Komma- und Rechtschreiberegeln – eine Art Gebrauchsanweisung für die neue Heimat: »Sie haben mir recht guten Wein bei Fisch verabreichen lassen; darf ich Ihnen jetzt ›reinen Wein‹ einschenken? Sie sind etwas enttäuscht und missmutig weil Sie sich gewisse Sachen nicht erklären können. Darf ich Sie nun darauf aufmerksam machen, dass Sie als Pianist in Amerika erst den Ruf erwerben müssen, den Sie als Componist bereits besitzen und dass am Anfang jeder Carriere (in einem neuen Lande oder nach langer Abwesenheit) kleine Überraschungen und Enttäuschungen nicht ausbleiben. Die Tatsache dass Sie ein großer und anerkannter Componist sind bedingt keinesfalls dass Sie auch ein großer Pianist sein müssen, gab es doch einen Beethoven, Schumann, Brahms, Tschaikowsky u. s. w. die auf keinem Instrumente sich hervortaten. Dass Sie eine Ausnahme darin bilden kann Ihnen eher schaden als nutzen genau so wie ich hier zu Lande die übliche Ausicht wegräumen musste dass Wunderkinder sich nie zu Künstlern entwickeln. Sie dürfen daher die Tatsache dass in Ihrem ersten Concert mehr Leute sein werden als im 2ten u dritten nicht als ein Anzeichen von Mangel an Pianistischem Erfolge ansehen. Dass dies so sein wird und so kommen muss, hätte ich Ihnen voraussagen können. Im ersten Concert hatten Sie viele im Publikum die den Componisten Rachmaninoff begrüssen wollten. Dieser Prozentsatz fällt weg im 2ten und dritten Concert. Man hat Sie gesehen. Dann kommen nur diejenigen die Sie hören wollen und ihre Anzahl wird dann ständig anwachsen und zwar im Verhältnis zu Ihrem pianistischem Erfolge. Dazu gehört aber etwas Zeit und Geduld. Diese Geduld muss man eben haben will man sich einen legitimen Platz schaffen d. h. legitim vom rein pianistischem Standpunkte aus betrachtet. Zu sagen: ›in 2 Monaten bin ich ganz fertig‹ ist nicht nur falsch sondern auch unangebracht. Diese Aussicht müssen Sie sich ganz abgewöhnen. Ebenso falsch ist es dem Publikum alles zu Gefallen machen zu wollen. Frau Kreisler – der ich das nicht ins Gesicht sagen konnte – hat ihren Fritz künstlerisch hier beinahe ruiniert und wirft dies dem Publikum jetzt vor. Sonderbarerweise oder vielleicht gerade deshalb, erhoben sich viele warnende Stimmen aus dem Publikum, die ahnend Kreisler auf die Wahl seiner Programme erinnerten. Man muss den gesunden Sinn des Publikums nicht unterschätzen. Sie reagieren zwar schneller auf leichtes Zeug, aber giebt man ihnen nur diese Sorte dann wirkt die Dose nicht mehr.

Das Publikum will nicht nur den Künstler bewundern, sondern auch achten, zu ihm heraufblicken. Ein Herrscher darf und soll zum Volke ein paar Worte in ihrer Sprache sagen, er soll auch gnädig lächeln. Steigt er aber ganz zu ihnen herab, dann verliert er seinen Thron. Ein Herrscher aber der nie dem Volke sichtbar ist, der sich stets nur von seinen Höfflingen umgiebt ist unpopulär. (Siehe: Tendenz (?) von Sergeï Rachmaninoff!)

Der autokratische Herrscher Russlands hat sich nie blicken lassen und ›wie der Herr so der Diener‹, die Tendenz des Landes, die sich bis zur künstlerischen Eigenart der Ausübung fortpflanzte, nahm eine entsprechende Characteristie an. Hier zu Lande ist dies anders und ich darf annehmen dass auch in Russland, von jetzt ab, die entsprechende Sachlage eine wesentliche Änderung erfahren wird. Ich will nicht behaupten, dass dies einen Fortschritt in der Kunst bedeuten wird, denn die wirklich grosse Kunst [ist] aristokratisch oder gar autokratisch, aber den Lauf der Welt – der menschlichen Welt – werden wir arme Schlucker weder ändern noch aufhalten können.

Wird die Kunst demokratisch, so muss sie zuerst verflachen bis die Menge einen höheren Grad von allgemeiner und musikalischer Bildung in sich aufgenommen hat. Dies zu erreichen ist die Pflicht der grossen Künstler. Die latente Grösse, jedoch, ist für diesen Zweck eine ›todt geborenes Kind‹. Um ins Leben gerufen zu werden muss sie allgemein anerkannt werden. Um anerkannt zu werden muss man Beifall finden. Um Beifall zu finden muss die Leute vor allem nicht gleich abschrecken und ihnen die ›bitteren Pillen‹ durch die ihnen süss vorkommenden zu schlucken erleichtern. Lauter ›bittere Pillen‹ nutzen weder der Kunst noch dem Künstler und dem Publikum. Lauter ›süsse Pillen‹ verderben dem Publikum den Apetit obgleich sie (die Leute), ähnlich den Kindern, instinktiv danach lechzen. Herr Kreisler hat, auf Anraten von Frau Kreisler, zu viel mit ›süssen Pillen‹ gewirtschaftet und dadurch beim Publikum, und bei Musikern erst recht, sehr an Ansehen verloren. Alma Glück (sehr erfolgreiche Sängerin hier) ging es ähnlich, Bellmann ebenso, und vielen anderen auch. Diese Künstler haben das Publikum unterschätzt, was stets ein grosser Fehler ist. Andererseits darf man das Auffassungsvermögen, ›en gros‹, desselben nicht überschätzen. Die goldene Mittelstrasse ist hier wohl ebenso angebracht wie in allen anderen irdischen Dingen. Warum ich Sie mit all diesen Betrachtungen langweile? Weil Sie aus einem Lande kommen wo das Wort eines Einzelnen den Status eine anderen bestimmte, wogegen hier die Majorität bestimmt. Entweder die Majorität der Kritik, oder aber die des Volkes. Es ist eben ebenso wie in der Verfassung des Landes so auch in allen Unterabteilungen des Lebens eine demokratische Richtung, die hier massgebend ist. Sie müssen sich in diesem Geist hineinfinden, dann werden Sie sich erst wohl fühlen können. Also weg mit Ihren ›zwei Monaten‹ und frisch und munter drauf los! Hierzu wünscht Ihnen auch noch das beste Glück, Ihr Ihnen stets sehr ergebener und Sie aufrichtig verehrender Josef Hofmann.«[636]

Als Sergej Rachmaninoff Ende 1918 New York zur ersten Station in der neuen Heimat erkor, hatten er und seine Familie den Riss in Zeit und Welt deutlich vor Augen: Die ›Palisades‹ genannten, bis zu 165 Meter hohen senkrechten Klippen, die sich über 80 Kilometer von Staten Island entlang des Hudson River erstrecken. Sie sind Überreste von Vulkanausbrüchen aus der Phase der Erdgeschichte, als der Urkontinent Pangäa zerbarst und seine Bruchstücke auseinanderdrifteten. Rachmaninoff gab in dieser Region die ersten Konzerte in seiner Wahlheimat und erkundete sie mit seinen Straßenkreuzern. Die drohende Zerstörung des Naturdenkmals durch den exzessiven Basaltabbau mit Dynamit konnte zu Beginn des 20. Jahrhunderts verhindert und der Palisades Interstate Park eingerichtet werden. Das Bewusstsein dafür, Wertvolles zu erhalten, gab es auch in der Musik, indem bereits ab der zweiten Hälfte des 19. Jahrhunderts mit den ersten Gesamtausgaben von Bach, Glinka, Händel, Purcell und Schumann begonnen wurde. Bei den beliebtesten russischen Musikern der Jahrhundertwende kümmerte man sich erst viel später um Werkeditionen, sodass die Ausgaben von Stücken Tschajkowskijs ab 1940 und Rimskij-Korsakow ab 1946 zunächst in der Sowjetunion Verbreitung fanden.

Verglichen mit New York wirkten selbst die großen Städte, in denen Rachmaninoff bisher gelebt hatte, wie Dörfer. Bereits 1895 war der ›Big Apple‹ nach London die zweitgrößte Stadt der Welt, im Jahr 1920 zählte man 5 620 048 Einwohner, 1930 schon 6 930 446 Menschen und ab 1940 über sieben Millionen. Den Spitznamen trug der Ort zu Recht, denn er war wirklich ein ›Leckerbissen‹ – ein Journalist hatte ihn aufgebracht, als er Anfang der 1920er-Jahre über Pferderennen in New York berichtete, bei denen die Jockeys Pokale und die Pferde schmackhafte Äpfel als Belohnung erhielten. Anfangs kamen die Rachmaninoffs im Sherry-Netherland Hotel unter, wo sie in der ersten Nacht ein unsäglicher Lärm am Schlafen hinderte. Menschen schrien durcheinander, Autos hupten, ja, eine zunächst erschreckende Unruhe schien die ganze Stadt erfasst zu haben. Erst als sie am nächsten Morgen die Zeitungen aufschlugen, erklärte sich der Aufstand: Die Nachricht vom Kriegsende in Europa hatte die Ostküste der USA erreicht!

Die Ankunft der Rachmaninoffs rief zahlreiche Kollegen, potenzielle Helfer und Geschäftemacher auf den Plan. Unterstützung wurde bereitgestellt, um sich in dem fremden Land zurechtzufinden, Geld, Ratschläge und Konzertagenturen offeriert. Rachmaninoff äußerte gegenüber der Presse zunächst, er sei lediglich »nach Amerika gekommen, um auszuruhen und zu arbeiten«.[637] Unter den Begrüßungsschreiben entdeckte er den Brief einer dänisch-amerikanischen Musikerin, mit der er schon vor dem Krieg korrespondiert hatte. Dagmar Rybner bot ihm ihre Unterstützung an und war verblüfft, dass Natalija Rachmaninowa sie umgehend anrief. »Überflüssig zu erwähnen, dass ich alle meine Pläne für diesen Tag (und viele weitere, die noch folgen sollten) fallen ließ und zum Hotel eilte, wobei ich mir unterwegs noch rasch einen Strauß Rosen schnappte«, erinnerte sie sich an jenen Tag. »Begrüßt wurde ich von Mme. Rachmaninoff, wobei von ihm keine Spur zu sehen war, aber nach einer Weile bewegten sich die Vorhänge des Nebenzimmers leicht, und aus dem Augenwinkel sah ich, wie er mich anschaute. Bald kam er, sehr zurückhaltend, mit seiner ebenso schüchternen jüngeren Tochter Tatjana herein. Ich verstand seine Abneigung, Fremde zu treffen, doch nach einigen Augenblicken einer stockenden Unterhaltung spürte ich, dass er entschieden hatte, ich sei eine zuverlässige Person, der man vertrauen kann. Er zeigte auf sein Klavier, das übersät war mit Briefen, Telegrammen und Nachrichten, und bat mich ihm bei ›all dem‹ zu helfen. Von da an stand ich in der Verantwortung, das Durcheinander von Post und Telefonaten zu entwirren, und später kümmerte ich mich noch um die Masse an Problemen, die er nicht bewältigen konnte, teils weil er der englischen Sprache nicht mächtig war, aber auch die amerikanische Umgangsweise nicht gewohnt war.« Um sich auf bevorstehende Konzerte vorzubereiten, musste sich Rachmaninoff aller Verwaltungsarbeit entledigen. Damit seine Arbeit und das Familienleben in geregelten Bahnen verlaufen konnten, engagierte sich Dagmar Rybner dafür, als Sekretärin »Ordnung in das Chaos zu bringen«.[638] In den ersten Jahren in den USA unterstützte sie den Neuankömmling, um sein Leben als Pianist zu planen. Rachmaninoff unterzeichnete einen Vertrag mit der Konzertagentur von Charles Ellis, der ihm bei der Zusammenarbeit mit dem Boston Symphony Orchestra durch seine Zuverlässigkeit und Effizienz schon angenehm aufgefallen war. Die Wahl eines geeigneten Klaviers war bald entschieden. »Sehr geehrter Herr Steinway, ich freue mich außerordentlich, Ihre Klaviere für meine Konzerte nutzen zu können, denn ich halte sie in jeder Hinsicht für vollkommen«, teilte er der Leitung eines der größten Instrumentenhersteller der Welt mit.[639] Aber auch die denkbar besten Konzertflügel spielten sich nicht von selbst. Um einen Schwerpunkt auf regelmäßige Soloauftritte zu legen, musste sich Rachmaninoff eine andere Vorbereitungsroutine angewöhnen. Glücklicherweise bereitete ihm das Üben Vergnügen. Von einer kurzen Tourneeunterbrechung in Chicago schrieb er Slonow einmal: »Immerhin eine Pause, eine Erholung. Ich bin spazieren gegangen, habe gut geschlafen und geübt. Und der letzte Umstand muntert mich immer auf.«[640] Seine Arbeitsmethode sorgte indes bei so manchen für Irritation. »Wenn er anfing, an einem neuen Stück zu arbeiten, lernte er zunächst die Anordnung der einzelnen Takte und entschied sich für den Fingersatz«, erzählte Arthur Hirst. »Rachmaninoff spielte seine Übungen sehr langsam, und fleißige Schüler wären ermutigt gewesen zu hören, in welch langsamem Tempo dieser größte aller Pianisten zu üben pflegte und mit welcher Akribie er den Klang jedes einzelnen Tons und die Arbeit jeder Hand kontrollierte. Einmal hörte ich ihn aus einem anderen Zimmer auf diese Weise spielen, und obwohl mir jede Note des Stücks, das er übte, vertraut war, konnte ich Liszts *Waldesrauschen* nicht erkennen.«[641] Der Pianist und Musikschriftsteller Abram Chasins belauschte kurz vor einer Verabredung, wie Rachmaninoff Chopins Etüde op. 25, Nr. 6 einstudierte, einem Lehrstück für Terzen. Er spielte die Allegro-Nummer »in einem solchen Schneckentempo, dass ich eine Weile brauchte, um es zu erkennen«, meinte Chasins. »Zwanzig Sekunden pro Takt war sein Tempo für fast eine Stunde, während ich wie gebannt auf der Stelle wartete und nicht in der Lage war, die Glocke zu läuten. Vielleicht erklärt dieser Weg, untrügliche mechanische Fertigkeiten zu entwickeln und beizubehalten, seinen bitteren Sarkasmus gegenüber Kollegen, die ihre Programme zwischen den Konzerten ›nur mal flugs‹ überprüften.«[642] Zur Selbstkontrolle verwendete Rachmaninoff ein

Taschenmetronom und zog das Tempo erst an, sobald er jeden Zwischenschritt vervollkommnet hatte. In einer Mischung aus Scherz und Ernst äußerte er gegenüber Marietta Schaginjan einmal: »Man muss sich jeden einzelnen Winkel ganz genau anschauen und jede Schraube herausdrehen, damit es später leichter fällt, alles zu einem vollständigen Ganzen zusammenzufügen.«[643] Das Endergebnis im Konzert vermittelte dann zuweilen frappierende Eindrücke: »Rachmaninoffs Hände sind so ausdrucksstark, dass ein Gehörloser schwören könnte, er habe die Musik gehört. Die Finger krümmen und schweben und fegen und tanzen; jeder geschmeidige Finger ist individuell; jede Note in einer Harmonie ist lebendig und persönlich.«[644]

Im Dezember 1918 sollten die ersten Konzertveranstaltungen stattfinden. Doch wie in Rachmaninoffs Jugendzeit in Sankt Petersburg brachte eine schwere Infektion seine ganze Familie in Gefahr: Er erkrankte während einer Epidemie, durch die zwischen 1918 und 1920 mehr Menschen ums Leben kamen als durch den Ersten Weltkrieg. Etwa 10 Prozent derjenigen, die an der Spanischen Grippe erkrankten, starben. Dadurch kamen innerhalb von zwei Jahren von den 1,8 Milliarden, die auf der Welt lebten, zwischen 20 Millionen und 50 Millionen Personen ums Leben, manche Schätzungen gehen von bis zu 100 Millionen aus. Natalija blieb verschont, aber ihr Mann und die beiden Töchter waren betroffen. Sie überlebten dank einer guten ärztlichen Versorgung, allerdings gönnte sich Sergej Rachmaninoff nicht die angeratene Erholung, nachdem er das Krankenbett verlassen hatte. Durch Josef Hofmanns Ratschläge sah er sich gedrängt, seinen Namen als Pianist bekannter zu machen. Am 8. Dezember 1918 gab er in Providence das erste Konzert seit seiner Ankunft. Unter anderem folgten Soloauftritte in Boston und New York. Ab Januar 1919 trat Rachmaninoff auch wieder mit Orchestern auf und interpretierte seine ersten beiden Klavierkonzerte als Solist. Die Tournee vermittelte ihm einen Vorgeschmack von dem, was sein Leben von nun an größtenteils ausmachen sollte: Neben einträglichen Aufnahmen für die Schallplattenindustrie in nahegelegenen Orten standen ihm zahllose Reisen und Nächte in Hotels bevor, zigtausende Kilometer in Zugabteilen oder im Auto. Rachmaninoff absolvierte seine Auftrittsserien jedes Jahr vom Herbst bis zum Frühjahr in Universitätsräumen mit knatschendem Parkett und den elegantesten Konzertsälen, er spielte vor Präsidenten und trat im Laufe der Jahre mit den berühmtesten Orchesterleitern der Welt auf. Unter den mehr als 30 Dirigenten, mit denen er nicht nur eigene Werke interpretierte, fanden sich Wilhelm Furtwängler, Sergej Kusewizkij, Willem Mengelberg, Dimitri Mitropoulos, Eugene Ormandy, Artur Rodzińsky, Leopold Stokowski und Bruno Walter. Er hatte schwerste psychische und physischen Krisen überwunden, nach denen er wieder zurück ins Leben gefunden hat. Rein äußerlich schien er jetzt in bester Verfassung zu sein. Zwar hätten die »Jahre der Abwesenheit« nun »die Erinnerung an sein Aussehen getrübt, vielleicht verändert«, meinte der Rezensent des *Boston Evening Transcript* beim Auftritt des 1,98 Meter großen Sergej Wasiljewitsch in der Symphony Hall, doch »keine eindrucksvollere Person als Mr. Rachmaninoff« habe seit vielen Jahren diese Bühne betreten. »Seine Größe überragte beinahe die Tür, durch die er eintrat. Offensichtlich ruht Mr. Rachmaninoff in sich selbst, trägt keine oberflächlichen Stimmungen oder Emotionen zur Schau, kultiviert keine Manieren für das Publikum, schließt sich selbst von der Welt ab, mit der Ausnahme, so weit wie seine Musik und sein Spiel ihn öffnen kann«, fuhr der Konzertberichterstatter fort. »Mit den Händen, mit dem Körper produziert er keinen Trick physischer oder technischer Zurschaustellung. Da sitzt er, gänzlich vertieft in seine Aufgabe, völlig konzentriert. Das Stück endet, mit ernster Höflichkeit begegnet Mr. Rachmaninoff dem Beifall, mit welchem die Zuhörerschaft ihn überhäuft. Er versucht, ihn weder zu bestärken noch zu verlängern. Er kehrt ebenso ruhig wie bald zurück, zum nächsten Programmpunkt.« Bei Zugaben zeigte er sich zumeist großzügig. Er »wartet, sie nicht zu spielen, bis ihn das Klatschen immer wieder zurückruft«, hieß es in einem Bericht. »Er legt sofort mit den Zugaben los und spielt sie großzügig; dabei versteht er durchaus, dass er früher oder später vor einem englischen oder amerikanischen Publikum sein *Prélude* in cis-Moll spielen muss. Mit großem Wohlwollen erfüllt er jede Verpflichtung gegenüber seinen Zuhörern – und verschwindet.«[645] Ein Freund betonte gegenüber der Presse, es sei »falsch anzunehmen, Rachmaninoff hasse das Werk«, im Gegenteil: »Er hält es für ein sehr gut gemachtes Stück. Was ihn stört ist, dass jedes Mal, wenn er sich in der Nähe eines Klaviers befindet, von ihm erwartet wird, es zu spielen.«[646]

In New York wurde bei einem Auftritt mit dem New York Philharmonic Orchestra unter Leitung von Walter Damrosch beim zweiten Klavierkonzert sowohl der Pianist als auch der Komponist gefeiert. »In meiner ganzen Kritikerlaufbahn habe ich selten ein New Yorker Konzertpublikum bewegter, begeisterter und, bildlich gesprochen, so sehr auf der Frequenzhöhe der üblichen Orchesterstimmung oder darüber erlebt; der begeisterte, anhaltende Applaus, den es Herrn Rachmaninoff am Ende des Konzerts entgegenbrachte, war eine ungewöhnliche, spontane und von Herzen kommende Würdigung des Musikers sowohl für seine pianistische als auch kompositorische Leistung«, hieß es im *New York Herald*, bei dem das Opus 18 gewürdigt wurde als »eines der besten und wahrhaftig inspirierendsten Werke seiner Art, die in unserer Zeit geschrieben wurden«.[647] Gehässige Rezensenten schlugen in die gleiche Kerbe wie einst Kjui und bemängelten in den USA, man »kann in dieser Musik keinen ausgeprägten ursprünglichen Sinn für Rhythmus oder Harmonie oder Klangfarbe entdecken« (Paul Rosenfeld), oder in Großbritannien, dass Rachmaninoff sich »in einen dunklen Raum eingeschlossen und sich zu Tode erschrocken hat und dann seinen Seelensturm in die Sprache der Musik übertrug« – »Ich freue mich auf die Zeit, in der sich die Menschen schämen werden, Skrjabin, Tschaikowsky, Rachmaninoff, *Tod und Verklärung* und die Sinfonien von Gustav Mahler zu hören.« (Edward Sackville West).

Mittlerweile konnte Rachmaninoff besser mit negativen Rezensionen umgehen, da ihm von anderer Seite auch viel Achtung entgegengebracht wurde: von Teilen der Presse, herausragenden Musikern und dem Publikum. Für seine Konzerttourneen in Nordamerika entwickelte er Routen mit Fixpunkten, die er regelmäßig ansteuerte, und gelegentlichen Abstechern in die Provinz sowie nach Kuba und Kanada. Sobald er finanziell wieder solide aufgestellt war, ermöglichte er den Angehörigen seiner Frau, den Satins, 1921 das von den Bolschewisten dominierte Russland zu verlassen und sich in Dresden zu etablieren. Ab 1922 ging er auch wieder in Europa auf Konzertreise. Besonders gern trat er in Kopenhagen auf. »Am liebsten fahre ich nach Dänemark«, bekannte er. »Es bringt finanziell nicht viel ein, dorthin zu gehen, aber es ist eine Gefühlssache. Die Dänen hinken sowohl in der Musik als auch in ihrer technischen Entwicklung rund hundert Jahre hinterher; deshalb haben sie noch ein Herz. Es ist so wunderbar, eine ganze Nation zu sehen, die noch ein Herz hat. Sehr bald wird dieses Organ allgemein verkümmern, weil es nutzlos ist; es wird bald nur noch eine Kuriosität sein.«[648] Auch wenn er in großen zeitlichen Abständen in Dänemark gastierte, »hatte das Kopenhagener Musikpublikum Rachmaninoffs Bekanntheit und Berühmtheit als Pianist und Komponist nicht vergessen«, hieß es noch im Oktober 1928 in einer angesehenen Zeitung. Die gespannte Aufmerksamkeit »belohnte Sergej Rachmaninoff mit einem rundum glanzvollen Musikabend, bei dem sein »so wohlklingendes, edles und souveränes, echt ›musikerhaftes‹ Spiel« begeisterte.[649] In einem Interview mit der dänischen Zeitung entgegnete er auf die Frage, ob er gerne seine eigene Musik aufführe: »Ach, nein, nur das Nötigste, am liebsten spiele ich Chopin.«[650]

An Rachmaninoffs Darbietungen bewunderten die Menschen – laut Presseberichten –, dass sein Spiel von »ungewöhnlicher Raffinesse und Einfallsreichtum« war, er aber »nie mit virtuosen Effekten oder Kniffen liebäugelte«. Seine Darbietungen dienten nur dem Komponisten, hieß es beispielsweise, wenn er »bei Chopins Fiorituren den Ton schweben und vibrieren lässt wie ein schmückendes bzw. liebenswertes Ornament, aber dies ist nicht die Hauptsache«, denn es komme »etwas ganz Neues und Überraschendes heraus«, deswegen »bestand keinen Augenblick ein Zweifel daran, dass das Werk selbst entscheidend war, dessen weiser, demütiger und edler Interpret er war«.[651] Eine Bemerkung darüber, dass Rachmaninoff sich seit Langem nicht mehr habe in Berlin blicken lassen und dennoch ein berühmter Künstler sei, kommentierte er augenzwinkernd: »Anscheinend ist es doch möglich, auch fernab von Berlin berühmt zu werden!«[652]

Lebenden Komponisten eröffneten sich Anfang des 20. Jahrhunderts noch andere Möglichkeiten, Aufmerksamkeit zu finden. Bis zum Ersten Weltkrieg waren Auftritte als Pianist oder das Dirigat von Konzerten Ereignisse, die aus damaliger Zeit bestenfalls auf Programmzetteln oder aus Zeitungen überliefert sind. Mit dem Dahinscheiden der Zuschauer jener Veranstaltungen starb nach und nach die Erinnerung daran. Um etwas Bleibendes zu hinterlassen, konnte Rachmaninoff in Russland die Menschen vor allem mit seiner Kammermusik und seinen Vokalkompositionen begeistern, die in vielen Wohnzimmern und Salons auf dem Klavier lagen. Zwar publizierten Verlage Rachmaninoffs Liederzyklen zumeist mit einer singbaren deutschen, französischen oder englischen Übertragung, trotzdem waren diese Stücke im Westen weniger gefragt als in seiner Heimat. Im Westen war es vorerst schwierig, sein Œuvre weiter auszubauen. Aus finanziellen Gründen sah sich Rachmaninoff gezwungen, das Komponieren vorerst hintanzustellen, dafür erkannte er eine weitere Möglichkeit, um als Musiker dauerhaft präsent zu bleiben: Grammophon-Einspielungen.

In seiner Jugend fand es in Russland wenig Aufmerksamkeit, dass schon ab den 1880er-Jahren Thomas Alva Edison Aufnahme-Zylinder entwickelt hatte, die auf einem ›Phonographen‹ abgespielt werden konnten, und Emil Berliner Schallplatten, für die man ein ›Grammophon‹ benötigte. Spätestens bis zum Ersten Weltkrieg setzten sich die Schellackplatten durch, mit denen man ab 1903 bis zu vier Minuten Musik wiedergeben konnte. Klassische Musik spielte bei dieser Entwicklung eine Hauptrolle. Es war der frühen Aufnahmetechnik geschuldet, dass sich insbesondere Blasinstrumente und die menschliche Stimme am besten wiedergeben ließen. Zudem wurde vielfach populäre Musik produziert und allein aufgrund der Abspiellänge zunächst eher Arien aus Opern als Ensembles, zumal erst zwischen 1904 und 1908 doppelseitig bespielte Schallplatten entwickelt wurden. Anfang des 20. Jahrhunderts nahmen in Russland einige Gesangssolisten auch Lieder von Rachmaninoff auf; im Westen spielte Josef Hofmann im April 1911 in New York das *Prélude* op. 3, Nr. 2 ein. Spätestens in Dresden wird Rachmaninoff gewahr geworden sein, dass sich hier eine folgenreiche technische Entwicklung abzeichnete: Die deutsche Gesellschaft Odeon brachte 1909 das erste längere Stück auf vier beidseitig abspielbaren Platten in einem Album heraus. Natürlich wählte man für die frühen Experimente populäre Werke, die auf einen kommerziellen Erfolg hoffen ließen wie die *Nussknacker-Suite* von Tschajkowskij oder Beethovens fünfte Sinfonie, die Artur Nikisch 1913 mit den Berliner Philharmonikern aufnahm und 1916 Josef Pasternack mit dem Victor Concert Orchestra. Die Deutsche Grammophon-Gesellschaft versuchte sich an der ersten Operngesamtaufnahme – Bizets *Carmen* – und das Label HMV produzierte 1917 Sullivans komische Oper *The Mikado*.

Das Medienkarussell war bereits in schwungvoller Bewegung, als Rachmaninoff aufsprang. Als er dies wagte, konnte er schon auf eine verbesserte Technik vertrauen. Gut zehn Jahre zuvor hatten sich die Aufzeichnungsverfahren noch im Entwicklungsstadium befunden, als Skrjabin 1908 für das Leipziger Unternehmen Hupfeld und 1910 in Moskau für Welte-Mignon Klavierrollen aufnahm. Rachmaninoff war in dieser Phase das Verfahren noch zu unausgereift und Konzerte vor Publikum sowie Komponieren erschienen ihm reizvoller. Nun fanden in New York im April 1919 eine Woche lang die ersten Aufnahmesitzungen statt, um Sergej Rachmaninoffs Können als Pianist für die Nachwelt festzuhalten. Die Hintergründe waren nicht allein idealistisch, denn es ging vornehmlich um eine Geschäftsinvestition, die man sich von dem Namen des weltweit anerkannten Interpreten versprach. Der Zeitpunkt für Rachmaninoffs Ankunft in den USA war günstig. Berühmtheiten am Klavier wie der im polnischen Teil des Russischen Reiches geborene Ignacy Jan Paderewski hatten zwar schon ab 1906 Einspielungen auf Welte-Mignon-Rollen vorgenommen, aber der Virtuose und Komponist engagierte sich nun zunehmend in der Politik. Er hatte die Vereinigten Staaten bereist, um Unterstützung für Polen zu finden, wurde im

Januar 1919 zum ersten Ministerpräsidenten des wieder unabhängigen Landes berufen und zum Außenminister, der an der Pariser Friedenskonferenz teilnahm. Dadurch stieg der 13 Jahre jüngere Rachmaninoff zum neuen osteuropäischen Starpianisten im Portfolio großer Plattenfirmen auf: Seine Kompositionen besaßen mehr Substanz und als Pianist arbeitete er präziser als der zuweilen sehr unausgeglichen agierende Paderewski. Dafür verlangte Rachmaninoff, oft mehrere Varianten bzw. ›Takes‹ mitzuschneiden, um eine Auswahl zu haben, obwohl die Aufnahmemedien hohe Kosten verursachten. Bei seinen ersten Sitzungen spielte er unter anderem das populäre Prélude in cis-Moll ein, ferner einen Walzer in A-Dur, Stücke von Chopin sowie eine eigene Transkription der »Lachtäubchen Scherzpolka op. 303« von Franz Behr, die als Rachmaninoffs »Polka de W.R.« bekannt wurde.[653] Nie zuvor war Sergej Rachmaninoff zu Einspielungen eingeladen worden, doch in der Emigration änderte sich sein Lebensrhythmus vollkommen. Bis zum 27. Februar 1942 verging kaum ein Jahr, in dem er nicht Aufnahmen für ein Label vornahm. Dies bedurfte genauso präziser Vorbereitung wie die regelmäßigen Konzerttourneen vom Herbst bis zum Frühjahr. In Russland hatte er sich vornehmlich auf das Dirigieren und Komponieren konzentriert, wobei er sich im Sommer auf die Monate im vertrauten Iwanowka freuen konnte. Einen vergleichbaren Rückzugsort fernab großer Städte hatte er nach 1917 nicht mehr. Wenn er früher als Pianist aufgetreten war, konnte er sich vornehmlich auf seine eigenen Werke konzentrieren. In seinem neuen Leben hingegen war ein breiter gefächertes Repertoire gefragt, das auch zahlreiche Musiker des 18. und 19. Jahrhunderts mit einschloss.

Bald bereute Rachmaninoff, dass er sich für seine ersten Einspielungen auf die Edison Company mit ihren ›Diamond Discs‹ eingelassen hatte, die 1911 erstmals auf den Markt gekommen waren. Sie boten eine der ersten nordamerikanischen Varianten der Plattenherstellung: Etwa fünf Millimeter dicke Tonträger, die nicht aus Schellack bestanden, sondern aus einer Mischung aus Phenol, Formaldehyd, Holzmehl und Lösungsmittel, die mit einer Lackschicht aus phenolhaltigem Kunstharz überzogen war. Sie waren in Europa kaum verbreitet und zudem mit Tiefenschrift aufgenommen worden, die bereits die Grundlage für Walzeneinspielungen war. Die ›Diamond Discs‹ mit einer Grammophonnadel abzuspielen, hätte sie unbrauchbar gemacht, dafür benötigte man umständlich zu installierende Adapter oder speziell dafür geeignete Plattenspieler. Doch Rachmaninoffs Unzufriedenheit mit Edisons Gesellschaft hatte nicht nur technische Gründe. Bei den

Aufnahmesitzungen nahm man zehn Plattenseiten auf, wobei von jeder Seite drei Versionen bzw. ›Takes‹ mitgeschnitten wurden. Man ignorierte Rachmaninoffs Wünsche, nur eine bestimmte Variante der Einspielungen zu verwenden und veröffentlichte auch die nicht autorisierten Alternativen.

Die Konsequenzen blieben nicht aus. Ein Jahr später unterzeichnete Rachmaninoff am 21. April 1920 einen Fünf-Jahres-Vertrag mit der Victor Talking Machine Company. Sie hatte ihren Hauptsitz in Camden in New Jersey gut 100 Kilometer südlich von New York. Zum Marktführer avancierte sie durch die Serienherstellung von Grammophonen mit Federmotoren und die Entwicklung von klanglich zuverlässigen Schallplatten, die weitgehend aus Schieferpulver, Baumwollflock und Schellack bestanden. Nachdem man bereits mit Gesangsstars wie Antonio Scotti, Enrico Caruso, Nellie Melba und Adelina Patti für Furore gesorgt hatte, war Rachmaninoff einer der ersten namhaften Instrumentalsolisten, die die Victor Company verpflichtete. Er hatte 25 Stücke einzuspielen, wofür man ihm einen jährlichen Vorschuss auf Tantiemen in Höhe von 15 000 US-Dollars zugestand. Es wurde der Beginn einer lebenslangen Beziehung.

Edisons Gesellschaft zeigte sich alarmiert. Unverzüglich startete man einen Werbefeldzug, bei dem die Überlegenheit der eigenen Technik angepriesen wurde. Seit 1915 hatte die Edison Company in ganz Nordamerika Ton-Test-Demonstrationen durchgeführt, bei denen Zuhörer Musik hinter einem Vorhang hörten, um sich zu überzeugen, dass Edison-Aufnahmen von einem live gespielten Instrument nicht zu unterscheiden seien. Da Rachmaninoff bei solchen Veranstaltungen nie mitgemacht hätte, bezog sich eine Werbeanzeige mit einem Foto von ihm am Klavier und Hörern hinter einem Vorhang unverkennbar auf die bekannte Präsentationsweise. »Hören Sie Rachmaninoff auf dem ›New Edison‹«, lautete der Reklametext. »Nun können Sie einen direkten Vergleich machen und herausfinden, welcher der beste Phonograph ist. Rachmaninoff höchstpersönlich, der große russische Pianist, ermöglicht Ihnen dies. Er hat Einspielungen für eines der üblichen Aufnahmegeräte gemacht. Wir freuen uns darüber. Denn Sie können nun vergleichen.«[654] Dieser Vergleich fiel indes zu Ungunsten von Edisons Technikern aus. Bei dem seinerzeit noch akustischen Aufzeichnungsverfahren fanden große Aufnahmetrichter Verwendung, die den Klang einer Stimme oder eines Instruments einfingen. Die Arbeit von Edisons Mitarbeitern überzeugte Rachmaninoff nicht, weil die Aufnahmegeräte zu weit vom Klavier entfernt waren, sodass sich auch durch das Material bedingte Nebengeräusche bemerkbar machten.

Für die Victor Company spielte Rachmaninoff bis Ende 1924 insgesamt 67 Plattenseiten mit dem akustischen Aufnahmeverfahren ein, von denen 32 veröffentlicht wurden. Damit übertraf er sogar die in seinem Vertrag festgelegte Anzahl. Dem an technischen Entwicklungen interessierten Musiker konnte nicht entgehen, dass die Aufnahme- und Herstellungsverfahren stetige Fortschritte aufwiesen. Alle paar Jahre verfeinerte man die Produktionsschritte von der aufgenommenen Wachsplatte, dem ›Positiv‹, zur Pressmatrize, dem ›Negativ‹, die für die Massenherstellung verwendet wurde. Der Absatz von Präludien, Rondos und Barkarolen in einer Rachmaninoff-Aufnahme stand indes zurück hinter einem massentauglichen Slowfox-Lied wie »Sonny Boy« aus einem der ersten Tonfilme, *The Singing Fool*, mit dem der Entertainer Al Jolson 1928 erstmals über eine Million Platten in den USA verkaufte.

Rachmaninoff hatte stets die künstlerische Qualität seiner Darbietungen im Blick. Für seine gelungensten Aufnahmen hielt er einen Walzer von Grieg aus den *Lyrischen Stücken* op. 12, Nr. 2 und von Mendelssohn das Spinnerlied aus den *Liedern ohne Worte* op. 67, Nr. 4. Bedauerlicherweise verweigerte Rachmaninoff die Veröffentlichung von 22 Aufnahmen, die er später auch nicht wiederholte. Dazu gehörten ein Satz aus einer Beethoven-Sonate, einige *Études* von Chopin, Liszt-Stücke wie »La Campanella« und sein eigenes *Étude-Tableau* op. 33, Nr. 8. Er wusste genau, dass die Victor-Aufnahmen jede Nuance seiner eigenen Interpretation festhielten und wählte sein Repertoire sorgfältig aus. Gleichzeitig zeigte er sich offen für Experimente, denn Anfang der 1920er-Jahre war die Pionierzeit der Musikaufzeichnung keineswegs beendet. Rachmaninoff musste sich in einem Dschungel von Möglichkeiten an Entdeckungen und Weiterentwicklungen zurechtfinden. Er betrat die Arena zu einer Zeit, als Berufs-Pianolisten zu angesehenen Künstlern zählten, die Kunstspielpianos gekonnt handhabten.[655] Da die beliebten Kunstspielklaviere wie das Elektrische Klavier oder das Pianola als Trägermedium sogenannte ›Klavierrollen‹ bzw. ›Notenrollen‹ verwendeten – also handgefertigte gelochte Papierbänder – und mittels zweier Tretbälge pneumatisch betrieben wurden, bedurften sie für eine künstlerisch beseelte Wiedergabe der Musik eines geschulten Interpreten. Dieser hatte unter anderem diverse Regler wie Knöpfe, Hebel, Schieber oder Druckschalter an der Vorderseite zu bedienen, um die Geschwindigkeit der Notenrolle, die Betonung und die Dynamik der Wiedergabe festzulegen.

Das erste echte Kunstspielklavier mit Reglern wurde um 1900 von der Aeolian Company auf den Markt gebracht, es spielte 65 Töne. Der Name Pianola wurde und wird häufig als Synonym für die gesamten selbstspielenden Klaviere benutzt, vor allem in den englischsprachigen Ländern. Aber die Leipziger Ludwig Hupfeld AG produzierte schon ab 1902 das Kunstspielklavier Phonola, das zuerst 73, später 88 Töne spielen konnte. 1905 gab die Aeolian Company die ersten Künstlerrollen heraus. Diese boten nicht mehr nur einfach von den Noten abgelesene und in die Notenrolle gestanzte Toninformationen, denn diese von leibhaftigen Pianisten eingespielten Rollen gaben schon die Agogik, also die Tempoänderungen der Pianisten beim Klavierspiel wieder. Im gleichen Jahr stellte die Freiburger Firma M. Welte & Söhne ein Konkurrenzprodukt vor: das ›Welte-Mignon‹ getaufte Reproduktionsklavier. Für dieses kostspielige Instrument nahmen in der ersten Dekade des 20. Jahrhunderts berühmte Künstler mitunter für verschiedene Gesellschaften Werke auf, darunter waren Eugen d'Albert, Ferruccio Busoni, Claude Debussy, Aleksandr Glasunow, Edvard Grieg, Josef Hofmann, Fritz Kreisler, Gustav Mahler, Ignacy Jan Paderewski, Camille Saint-Saëns, Emil Sauer, Aleksandr Skrjabin, Max Reger, Richard Strauss und Eugène Ysaÿe. Sergej Rachmaninoff arbeitete fast ausschließlich in Aufnahmestudios in den USA, bis auf eine Ausnahme: Zusammen mit Fritz Kreisler interpretierte er in den neuen Electrola Studios in Berlin am 14. und 15. September 1928 Griegs dritte Violinsonate op. 45.

Ein bedeutender Schritt für Rachmaninoffs Laufbahn auf Tonträgern wurde die Tätigkeit für die American Piano Company, deren Anfangsbuchstaben den Firmennamen Ampico ergaben. Für sie spielte er vom Oktober 1919 bis zum Februar 1929 gut 35 Werke für Notenrollen ein, darunter ein eigenes Arrangement von John Stafford Smiths *The Star Spangled Banner*, Musorgskijs Hopak aus dem Opernfragment *Der Jahrmarkt von Sorotschinzi*, Rimskij-Korsakows Hummelflug aus *Das Märchen vom Zaren Saltan* neben Stücken von Bach, Beethoven, Bizet, Chopin, Kreisler, Mendelssohn, Paderewski, Schubert und Tschajkowskij sowie eine Auswahl eigener Miniaturen, *Préludes* und *Ètudes-Tableaux*.[656] Die erschwinglichen einfacheren Kunstspielklaviere wie auch hochwertige elektrische Klaviere blieben bis in die 1930er-Jahre äußerst beliebt. Für viele Haushalte in den USA gehörte es zum guten Ton, dass ein automatisches Klavier das Wohnzimmer schmückte. Allerdings widersprach Rachmaninoff energisch, als ihm Ende 1939 zu Ohren kam, er komponiere etwas für die 1934 als ›Electrical Musical Instrument‹ patentierte Hammond-Orgel: »Die Meldung, in der es heißt, ich komponiere etwas für Hammonds elektronische Orgel und Sinfonieorchester, kommt für mich völlig überraschend. Ich habe davon noch nie gehört.«[657]

Erst durch seine Zusammenarbeit mit der Victor Company positionierte sich Rachmaninoff neben Komponistengrößen wie Edward Elgar (ab 1914 bei der Gramophone Company), Igor Strawinskij (ab 1928 bei Columbia) und Richard Strauss (ab 1929 bei der Deutschen Grammophon Gesellschaft) als einer der führenden Komponisten und Interpreten, die die modernste Aufnahmetechnik nutzten, um klassische Musik für jedermann erschwinglich in alle Haushalte zu bringen. Die Victor Company wagte schon bald einen kühnen Schritt: Am Montag, den 31. Dezember 1923, startete der Versuch, mit den ausgefeiltesten Möglichkeiten akustischer Aufnahmen in der Trinity Church in Camden den Klang eines Klavierkonzerts von Rachmaninoff einzufangen. Das zweite hielt man für das kommerziell vielversprechendste. Am Anfang stand der ruhigere langsame Satz mit dem Komponisten am Klavier und dem Philadelphia Orchestra unter Leitung von Leopold Stokowski. Das Ergebnis fand aber nicht die Zustimmung von Rachmaninoff, und so traf man sich am ersten Donnerstag des neuen Jahres wieder, wobei es gelang, den zweiten und dritten Satz vollständig aufzunehmen. Bei seinem zweiten Klavierkonzert schien Rachmaninoff die Reihenfolge nicht zu stören, waren doch zwanzig Jahre zuvor auch die letzten beiden Sätze vor dem Moderato-Teil dem Publikum vorgestellt worden. Erst im Dezember 1924 fanden die Musiker zu den nächsten Aufnahmesitzungen für den ersten Satz zusammen. Mit gut zwei Dritteln der Einspielung konnte Rachmaninoff sich anfreunden, der Rest erschien ihm verbesserungsbedürftig. Eine unbefriedigende Einspielung des Klavierkonzerts ließ sich natürlich nicht veröffentlichen und allmählich wurde fragwürdig, ob es sich lohne, weiter an dem Mitschnitt zu feilen, da sich Verbesserungen der Aufnahmemöglichkeiten abzeichneten. Bei akustischen Verfahren war es erforderlich, für die beiden Aufnahmetrichter das benötigte Sinfonieorchester auf die Hälfte zu reduzieren: Nur 7 erste Geigen, 4 zweite Geigen, 3 Bratschen, 2 Celli, 2 Flöten, 2 Oboen, 2 Klarinetten, 4 Hörner, 2 Trompeten, 3 Posaunen und ein Baritonhorn wären für die bei Rachmaninoff erforderliche Besetzungsstärke im Konzertsaal völlig unzulänglich gewesen, für akustische Aufnahmetrichter stellten sie das gerade noch annehmbare Maß dar. Dabei hatte ein Basssaxophon die Kontrabässe zu ersetzen und ein Kontrafagott die Pauken. Der Komponist musste das kleinere B-Modell eines ›Steinway grand piano‹ spielen, das erhöht auf eine Plattform gestellt wurde, damit der Aufnahmetrichter den Klavierklang besser einfangen konnte. All dies stellte eine unerfreuliche Einschränkung dar, die Rachmaninoff nicht behagte. Dennoch vermittelt die Einspielung einiges von dem Schwung und der Vitalität, mit der Rachmaninoff sein Publikum begeisterte. Allerdings standen Techniker schon bereit, um in den folgenden Jahren das Radio und elektrische Tonaufzeichnungsverfahren zu realisieren. Rachmaninoffs Auftritte in Konzertsälen waren zugleich eine gute Werbung für seine Schallplatten.

Im November 1920 erhielten die Rachmaninoffs die Nachricht, dass ihr Freund Nikolaj Struwe in der französischen Hauptstadt tödlich verunglückt war. In einem Pariser Hotel hatte er sich, vertieft in ein Gespräch, über ein Geländer gebeugt und war von einem Fahrstuhl erfasst worden. Die Familie war schockiert. Immer häufiger benötigte Sergej Rachmaninoff ausgedehnte Erholungspausen, um sich zu regenerieren. Im Laufe der Zeit hatten sich Schmerzen in der Hand eingestellt, sodass er sich für das Klavierspiel schonen musste und Briefe zuweilen seinen Töchtern oder seiner Frau diktierte – eine ›Berufskrankheit‹, die in Zeiten, als noch viel mit der Hand geschrieben wurde, auch eine Starpianistin wie Clara Schumann plagte. Bei Rachmaninoff kam noch eine medizinische Besonderheit hinzu, die unter den Oberbegriff Arachnodaktylie, ›Spinnenfingrigkeit‹, fällt: Er hatte vergrößerter Hand- und Fingerknochen, die ungewöhnlich lang und dünn waren. Als Pianist ermöglichte ihm dies – wie einst Bach –, eine Duodezime zu greifen, also ein Intervall, das sich aus Oktave und Quinte zusammensetzt und damit zwölf Tonstufen umspannt, beispielsweise von c bis g'. Der englische Komponist Cyril Smith staunte, dass Rachmaninoff »mit seiner linken Hand C-Es-G-C-G greifen konnte und mit der Rechten C (zweiter Finger)-E-G-C-E (Daumen-Untersatz)«.[658] Genauere Hintergründe wurden zu seinen Lebzeiten nie diagnostiziert, aber eine Akromegalie ist für seine gesundheitlichen Auffälligkeiten wahrscheinlicher als das Marfan-Syndrom. Letzteres geht zumeist mit Wachstumsstörungen und Herzproblemen einher, durch die die Betroffenen nicht alt werden. Nebenerscheinungen der Akromegalie sind Erschöpfungszustände, Magen-Darm-Probleme und Depressionen, die bei Rachmaninoff immer wieder aufgetreten sind. Sie könnten auch Symptome des Karpaltunnelsyndroms erklären.[659] Außergewöhnliche physische Fähigkeiten gingen einher mit ständigen Selbstzweifeln: Sowohl als Komponist wie auch als Interpret war Rachmaninoff nie mit sich zufrieden. »Seit vier Jahren arbeite ich nun sehr hart«, schrieb er im September 1922 an einen Freund, den Moskauer Pianisten und Musikpädagogen Wladimir Robertowitsch Wilschau. »Ich mache einige Fortschritte, aber je mehr ich spiele, umso deutlicher erkenne ich eigentlich meine Unzulänglichkeiten.«[660] Dennoch hatte er sein künstlerisches Ideal deutlich im Blick. »Die großen Interpreten der Vergangenheit waren in den meisten Fällen Komponisten«, sagte er Mitte der 1930er-Jahre in einem Interview. »Wenn Sie ein Komponist sind, haben Sie eine Affinität zu anderen Komponisten. Sie können mit ihrer Vorstellungskraft in Kontakt treten und etwas über ihre Probleme und Ideale erfahren. Sie können ihren Werken *Farbe* verleihen. Das ist für mich das Wichtigste bei meinen Interpretationen am Klavier, die *Farbe*.«[661] In jener Zeit ging er in einem Gespräch für das Magazin *The Monthly Musical Record* ausführlich auf seine Haltung ein: »Meines Erachtens sind dem schöpferischen Künstler zwei lebenswichtige Eigenschaften angeboren, die bei dem Menschen, der nur ein Interpret ist, nicht in gleichem Maße zu finden sind. Das erste ist Vorstellungskraft. Ich behaupte nicht, dass der interpretierende Künstler keine Vorstellungskraft hat; aber man kann mit Sicherheit davon ausgehen, dass ein Komponist die größere fantasievolle Begabung besitzt, denn er muss sich zuerst etwas vorstellen, bevor er es erschaffen kann – sich so stark vorstellen, dass ein konkretes Bild seiner Schöpfung in seinem Kopf lebendig vorhanden ist, bevor eine einzige Note geschrieben wird. Seine fertige Komposition ist ein Versuch, die Essenz dieses Bildes in Musik zu rekonstruieren. Daraus folgt, dass, wenn ein Komponist kommt, um sein eigenes Werk zu interpretieren, sein eigenes Bild im Vordergrund steht, während jeder Musiker, der das Werk eines anderen aufführt, sich ein völlig neues Bild vorstellen muss. Von der Lebhaftigkeit und dem Umfang der Vorstellungskraft des Interpreten hängen der Erfolg und die Vitalität seiner Interpretation weitgehend ab; und in diesem Sinne scheint mir der Komponist-Interpret, dessen Vorstellungskraft von Natur aus so hoch entwickelt ist, gegenüber dem rein ausführenden Künstler im Vorteil zu sein. Die zweite und noch wichtigere Gabe, die den Komponisten von allen anderen Musikertypen unterscheidet, ist eine stark verfeinerte Sensibilität für musikalische Farbgebung. Von Anton Rubinschtejn wurde gesagt, dass kein anderer Pianist eine so schillernde Fülle und Vielfalt an reiner musikalischer Farbigkeit auf den Tasten hervorbrachte. Hörte man seinem Spiel zu, hätte man fast meinen können, er verfüge über die Möglichkeiten eines ganzen Orchesters, denn Rubinschtejn, der auch ein großer Komponist war, besaß dieses intensive Farbgefühl, das sein interpretatives wie auch sein kreatives Schaffen durchdrang.«[662]

Die Konzertreisen brachten eine andere Form von Erfolgsdruck mit sich. Als Komponist stand Rachmaninoff in großen Zeitabständen mit neuen Leistungen im Fokus. Für den Interpreten, der monatelang fast jeden Abend eigene Werke und die anderer Musiker vorstellte, ergaben sich neue Herausforderungen. Er bewältigte sie fulminant, sodass er genug Selbstvertrauen entwickelte, um – zuweilen – jegliche Zweifel an seiner Eignung als Mehrfachbegabung auszuräumen. Allmählich begann ihn zu ärgern, dass seine Klavierfirma, Steinway & Sons, ein Zwei-Klassen-System entwickelt hatte, das die unter Vertrag stehenden Tastenzauberer in ›Pianisten der Klasse A‹ und ›Pianisten der Klasse B‹ einteilte. Zur A-Kategorie gehörten Ignacy Jan Paderewski, Josef Hofmann, Mischa Levitzki und Yolanda Merö, während sich Künstler wie Rachmaninoff und Horowitz in der darunter eingestuften Kategorie befanden. Allen standen natürlich die besten Steinway-Flügel nach Wahl zur Verfügung, aber es gab bei der ansonsten gleichen Behandlung eine einzige Ausnahme: Die Künstler der Kategorie A erhielten für jedes Konzert von der Firma Steinway einen Bonus von 100 Dollar. Rachmaninoff und Horowitz protestierten, weil sie sich ungerecht behandelt fühlten, zumal Paderewski und die Ungarin Yolanda Merö schon ab den 1920er-Jahre kaum noch auftraten. Ihr Ansprechpartner bei der Firma, Aleksandr Greiner, verwies auf die »Traditionen« des Hauses: »Es liegt an der Trägheit des Systems, dass Paderewski und Hofman weiterhin diese Subventionen erhalten.« Rachmaninoff grantelte, dass er »bedauerlicherweise nicht von dieser Systemträgheit betroffen sei«.[663] Immerhin war er nicht nur einer der angesehensten Pianisten im Hause Steinway, sondern auch ein begehrter Interviewpartner und 1922 erschien bei dem Musikverlag Breitkopf & Härtel in New York ein etwa 90 Seiten dünnes Studienbändchen in zweiter Auflage: *Little Biographies: Rachmaninoff.* Verfasser war der Musikjournalist Frederick H. Martens, der 1918 in der gleichen Reihe bereits einen Band über den amerikanischen Pianisten und Komponisten Leo Ornstein verfasst hatte. Rachmaninoff charakterisierte er als »ein Bindeglied zwischen den alten Traditionen und neuen Idealen« sowie als jemanden, der »auf halbem Weg zwischen Futurismus und Impressionismus« stehe.[664]

Um gehaltvolle neue Kompositionen auszuarbeiten, fehlte Rachmaninoff zu Beginn seiner ›amerikanischen Jahre‹ die Zeit. Er hätte es sich einfach machen können: Schon Anfang der 1920er-Jahre übermittelte ihm ein Verleger das Angebot, einige Klavierstücke der »Schwierigkeitsstufe III« zu komponieren und ihm »zur Genehmigung vorzulegen«. Rachmaninoff ließ über seine Sekretärin höflich ablehnen, ohne detaillierte Gründe zu nennen. »Der Brief muss missverstanden worden sein, denn derselbe Verleger schrieb noch einmal, weil er offensichtlich dachte, ich meine es nicht ernst«, erzählte er einem Journalisten. »Er wollte mich wohl nicht beleidigen, und doch war sein Brief beleidigend.« Rachmaninoff lehnte es ab, »kommerziell« Musik zu entwerfen. »Komponieren, die Erschaffung einer neuen musikalischen Idee, die sie in die Schönheit des Tons kleidet, sollte etwas Heiliges sein«, fand er. »Um wahre Musik zu schreiben, kann man sie nicht mit einer technischen Schere zuschneiden, wie ein Schneider ein Stück Stoff, um es musikalisch zu einem Kleidungsstück in Kindergröße zu machen. Inspiration ist zu ernst und edel, um einer solchen Behandlung unterzogen zu werden; wenn ja, ist es keine Inspiration mehr. Und dann hatte ich auch das Gefühl, dass mein Ruf, ohne Überheblichkeit zu sprechen, ausreichend begründet war, um es unnötig zu machen, meine Kompositionen zur ›Genehmigung‹ meines Korrespondenten ›einreichen‹ zu müssen. Wie könnte irgendein Künstler dem Urteil eines Prüfers vertrauen, dessen Standards nicht die Schönheit des musikalischen Denkens und des Ausdrucks, sondern einfache Fingerhaltungen und das Fehlen von Oktaven waren.«[665]

Ebenfalls keinen Wert legte Rachmaninoff darauf, in seiner alten Heimat aufzutreten. Nach einem grausamen Bürgerkrieg mit bis zu zehn Millionen Toten hatten sich Lenin und die Bolschewiken endgültig durchgesetzt und gründeten im Dezember 1922 die Union der Sozialistischen Sowjetrepubliken, die UdSSR. Bereits im Februar 1918 hatten die neuen Machthaber die Zeitrechnung an die westliche Welt angeglichen. Für die alte Kapitale des Zarenreichs ersannen die Bürokraten den Namen Leningrad und verliehen Moskau den Status der Hauptstadt. Mit neuartiger, voll revolutionärem Impetus gewürzter Musik nutzten Nachwuchskünstler die Gunst der Stunde; das Bolschoj-Theater wurde hingegen angeprangert, es biete in Opern wie Tschajkowskijs *Pique Dame* und Rimskij-Korsakows *Die Nacht vor Weihnachten* »monarchistische Propaganda«.[666] Ein Presseartikel umriss 1924 anschaulich die neuen Ideale: »In einer Gesellschaft, die auf Privateigentum gründet, produziert der Künstler Waren für den Markt, er braucht Käufer. Sollen wir dieser kleinen Minderheit schmackhafte, süße Biskuits servieren, wenn die Massen der Arbeiter und Bauern Schwarzbrot benötigen?«[667] Das zentralistisch regierte Land schreckte Rachmaninoff ab, zumal sich nach Lenins Tod 1924 Stalin zum führenden Kopf der Kommunistischen Partei aufschwang. Einige Kollegen waren nicht so skeptisch.

Nikolaj Metner begab sich 1927 auf eine Tournee durch Osteuropa und beschrieb Rachmaninoff lebhaft in einem Brief, wie beeindruckt er war »von Moskau, in blendenden Schnee gehüllt, mit seinen Toboggans [kufenlose Schlitten] und Pferdeschlitten, an denen unablässig Glöckchen bimmeln (anstatt der Autohupen), und seinen zahllosen Straßenhändlern und -händlerinnen, die alle im alten Moskauer Stil gekleidet« waren.[668] Rachmaninoff schickte dem Freund ein Telegramm, in dem er ihm viel Erfolg bei seinen Auftritten wünschte – und dieser bewahrte es als Glücksbringer in seiner Jackentasche auf. Metner spielte vornehmlich eigene Werke und wurde vom Publikum sehr freundlich aufgenommen. Gehässige Kommentare von Kollegen wie Prokofjew blieben nicht aus. Prokofjew war weniger vorsichtig als Rachmaninoff und fühlte sich von der Anerkennung, die er in der UdSSR erhielt, äußerst geschmeichelt.

Sergej Rachmaninoff war durch die Gründung der UdSSR quasi staatenlos geworden. Er organisierte sich so bald wie möglich ein französisches »Certificat d'Identité«, seine Frau hatte einen Schweizer »Pass für Ausländer« und später einen französischen Pass.[669] Der seinerzeit unter russischen Emigranten verbreitete Nansen-Ausweis, ein Reisepass für staatenlose Flüchtlinge, wurde erst ab Juli 1922 vom Völkerbund eingeführt. Auf die Entfernung hielt Rachmaninoff Kontakt zur alten Heimat, indem er zur Unterstützung angesichts der prekären Lage im Land Geld und Pakete nach Moskau, Sankt Petersburg und Kiew schickte. Er konnte es sich leisten, großzügig zu sein, hatte er doch genügend Einkünfte, um sich im Oktober 1921 eine Wohnung am Riverside Drive 33 in Manhattan zu kaufen, die nur einen Kilometer vom Central Park entfernt lag. Diese wurde für die nächsten 20 Jahre das Zuhause für ihn und seine Familie. Der Zusammenhalt blieb stabil, woran seine Persönlichkeit wesentlichen Anteil hatte. Sergej Wasiljewitsch war der ruhende Pol, ungeachtet der zahlreichen beschwerlichen Reisen und trotz des Drucks, den seine zunehmende Prominenz mit sich brachte. Selbst inmitten aller Betriebsamkeit in dem mit viel Hingabe eingerichteten neuen Domizil versuchte er stets, es besser zu machen als seine leiblichen Eltern, denn er wollte seinen beiden Mädchen das Los seiner eigenen Geschwister ersparen. »Die familiäre Zuneigung zeigte sich in jeder Stunde eines jeden Tages«, erinnerte sich Arthur Hirst. »Als er zum ersten Mal England auf einer Recital-Tournee besuchte, waren die beiden Töchter noch jung, und Madame Rachmaninoff blieb bei ihnen in Amerika. Es war schwer für ihn, von ihnen getrennt zu werden, und es war für mich ein unaussprechliches Glück, ihm in seiner

Einsamkeit in London den Trost meiner Hingabe und Kameradschaft schenken zu dürfen. Wie schön war es, seine Augen leuchten zu sehen, wenn ich nach jedem Konzert das Künstlerzimmer betrat, und seine Dankesworte zu hören, wenn ich ihn zurück in sein Hotel begleitet und seine Telegramme an Natalija Aleksandrowna in New York abgeschickt hatte. Sie wusste stets, dass ich die Rolle seines Sekretärs übernahm, und war so freundlich zu sagen, dass sie sich nie Sorgen um ihn machte, wenn ich anwesend war, um mich um ihn zu kümmern. Später stand es dieser vollkommensten aller hingebungsvollen Ehefrauen natürlich frei, ihn immer zu begleiten, und dann war sein Becher des Glücks bis zum Überlaufen gefüllt.«[670] Natalija und Sergej Rachmaninoff bauten sich einen neuen Freundeskreis auf und erzogen die Töchter Irina und Tatjana, die Deutsch, Englisch und Französisch lernten, kosmopolitisch. Beide müssen sehr aufgeweckte Jugendliche gewesen sein, denn Josef Hofmann bezeichnete sie einmal in einem auf Deutsch verfassten Brief als »die ›allwissende‹ Tochter und die ›ahnende‹ Kleine«.[671] Eine Bekannte zitierte Rachmaninoffs Worte, er »lebe mehr in der Neuen Welt als in der Alten«.[672]

Den Kontakt nach Europa wollte man auf keinen Fall abreißen lassen. Im Mai 1922 reiste Rachmaninoff nach vier Jahren wieder über den Atlantik, um in London als Pianist aufzutreten. »Sie waren für uns zu einer mythischen Figur geworden – zu einem Begriff!«, teilte ihm in einem handgeschriebenen Brief in deutscher Sprache die Konzertagentin Louise Wolff aus Berlin mit. »Das Weltmeer – der Krieg – die Umwälzung einer Welt lag zwischen dem Einst u. jetzt. – Nun aber seit ich Ihre Zeilen habe, ist der Begriff Wirklichkeit geworden, u. ich muss Ihnen sagen, wie es mich erfreut hat, von Ihnen zu hören. Auch liegt kein Weltmeer zwischen uns sondern nur die Elbe – u. die kann ja schnell überschritten werden. Ich hoffe von ganzen [*sic*] Herzen, daß wir Gelegenheit haben werden, Sie in Berlin, wo Tausende von glühenden Verehrern Ihrer Kunst leben, als Komponisten, Dirigenten oder Clavierspieler zu feiern.«[673] Rachmaninoff wollte seine Kontakte nach Westeuropa in den kommenden Jahren wieder festigen und die Verbindungen nach Russland nicht vollends abreißen lassen, wenn auch vorerst keine Hoffnung bestand, das zerstörte Iwanowka wieder aufzubauen. Ersatzweise kam die untergegangene Heimat zu ihm: Als das Künstlertheater im Dezember 1923 in New York gastierte, war es, wie ein Anwesender sich erinnerte, »nach mehreren Jahren der Trennung von Russland für ihn wie ein Treffen mit Moskau«. Zusammen mit seiner Familie besuchte er jedes Stück der Gastspiele mehrfach und begab sich dann hinter die Bühne, um die Mitwirkenden zu treffen. Einladungen in Rachmaninoffs neue Residenz folgten. »Wir kamen in den Nächten nach der Aufführung, und was für denkwürdige Nächte das waren!«, hieß es in einem Augenzeugenbericht. »Es gab lebhafte theatralische und musikalische Erinnerungen, Diskussionen über die Ereignisse des Tages, Geschichten, die von unserem Gastgeber, seinem Cousin Aleksandr Siloti, dem Choreografen Michail Fokin, Stanislawskij, Knipper-Tschechowa, Kachalow und Moskwin erzählt wurden. Es war eine Freude, Rachmaninoff zuzusehen, wie er Moskwins scharfsinnigen und lebhaften Geschichten über das Leben hinter den Kulissen unserer Theaterfamilie zuhörte, die im ›saftigen‹ Flair der typischen Moskauer Sprache erzählt wurden, jedes Wort auffing und jede Bewegung von Moskwins ausdrucksstarken Gesichtszügen beobachtete; Rachmaninoffs Antlitz, sonst so nachdenklich und konzentriert, verwandelte sich: es wurde fast kindlich, selbst seine tief eingegrabenen Falten verschwanden, und er gab sich dem glücklichsten und unbeschwertesten Lachen hin, warf den Kopf zurück und wischte die Freudentränen mit dem Handrücken weg.«[674]

Mit Anfang 50 hatte Rachmaninoff seine eigenen Geschichten zu erzählen. In diesen verklärte er die Vergangenheit nicht, denn sie handelten von Sorgen, Zukunftsängsten und vom Überleben in einer anfangs unvertrauten Umgebung. Trotz der scheinbaren Gelassenheit, die er zumeist nach außen an den Tag legte, stellte sich nicht die innere Ruhe ein, um wie etwa Gustav Mahler in der Ferienzeit an seinen Kompositionen zu feilen. Für Mahler reichte seinerzeit eine Tagesreise, um von seiner Arbeitsstätte in Wien zu seinem abgeschiedenen ›Komponierhäuschen‹ in Steinbach am Attersee zu gelangen; einstmals besaß auch Rachmaninoff noch ein Arbeitsrefugium auf dem von seinem Hauptwohnsitz viel weiter entfernten Landgut Iwanowka. Doch mittlerweile war seine Wirkungsstätte ganz Nordamerika, und seine Rückzugsorte fand er in Deutschland und der Schweiz.

Ungeachtet der Belastung durch Konzerttourneen, sah sich Rachmaninoff von seinem sechs Jahre jüngeren Kollegen und Vertrauten Nikolaj Metner in seinen Briefen zum Komponieren gedrängt. Allerdings ließen es seine Ansprüche an sich selbst nicht zu, Gelegenheitswerke zu Papier zu bringen. »Es gibt drei Kategorien von Komponisten«, ließ er Metner wissen. »1. Verfasser populärer Musik, der sogenannten ›Markt‹-Musik, 2. modischer Musik, der sogenannten ›modernen‹ Musik und schließlich 3. ernster, der sogenannten ›seriösen‹ Musik. Die Verleger drucken sehr gern Werke der ersten beiden Kategorien, weil diese Ware sich leicht vermarkten lässt! Und sehr ungern die letzte Kategorie – Ware, die schwer geht. Die ersten beiden sind für die Brieftasche. Die letzte eher ›für die Seele‹!«[675] Er konnte die ersten Ideen einer Komposition aus dem untergehenden Kaiserreich retten und mit auf die beschwerliche Reise in den Westen nehmen – sie bildeten die Grundlage für ein neues Klavierkonzert. Dass sich die Entstehung des Konzerts und seine allmählichen Verwandlungen über ein Vierteljahrhundert hinzogen, fand erst später weitergehende Beachtung. Rachmaninoff mag sich im Laufe der Jahre verschiedene musikalische Einfälle notiert haben, ohne die Muße zu finden, sie näher auszuarbeiten. »Materiell lebe ich völlig sorgenfrei«, schrieb er dem Moskauer Konservatoriumsprofessor Wladimir Wilschau. »Dafür leidet die Gesundheit, aber ich kann schwerlich Umgekehrtes erwarten, wenn ich daran denke, dass ich aufgrund meiner Selbstunzufriedenheit fast mein ganzes Leben keine Ruhe empfunden habe. Früher, wenn ich komponierte, quälte ich mich damit, dass ich schlecht komponiere, jetzt quäle ich mich damit, dass ich schlecht spiele. Im Inneren spüre ich die feste Überzeugung, dass ich beides besser kann. Und damit muss ich leben.«[676] Immerhin war Rachmaninoff klar, dass seine angedachten, unvollendeten Kompositionen ein gewaltiges Potenzial boten. »Aus Übermüdung oder aus der Ungewohntheit heraus zu komponieren (ich habe mich nun schon fünf Jahre nicht mehr mit Komposition beschäftigt), zieht es mich nicht zu dieser Tätigkeit, zumindest verspüre ich selten Lust dazu«, ließ er einen Freund wissen. »Das letztere ist nur der Fall, wenn ich an meine zwei großen Werke denke, die ich kurz vor meiner Ausreise aus Russland begonnen hatte. Wenn ich über sie nachdenke, will ich sie fertigstellen. Das ist wahrscheinlich die einzige Möglichkeit, mich vom toten Punkt wegzubewegen.«[677]

Spätestens als wegen einer Operation seiner geschwollenen Hand in Dresden ein Krankenhausaufenthalt unausweichlich wurde, kam er zu der Einsicht, wie riskant es war, allein auf das Klavierspielen zu vertrauen, wenn er auch mit neuen Kompositionen seiner Familie eine Zukunft bieten konnte. Die jüngere Tochter Tatjana lebte noch bei den Eltern, aber bei ihrer Schwester zeichnete sich allmählich eine feste Beziehung ab. Im August 1924 hatte Rachmaninoff einen erfreulichen Grund, Freunden in den USA mitteilen zu lassen, dass man den Aufenthalt in Deutschland noch verlängere. »Dies geschah ganz unerwartet«, hieß es in dem Schreiben aus Dresden. »Meine ältere Tochter Irina hat sich entschlossen zu heiraten (einen P. Wolkonskij). Wir haben alle unsere Pläne geändert und wohnen hier bis zur Hochzeit, die am 24. September stattfindet; am 25. reise ich dann nach England weiter, wo ich ab dem 2. Oktober drei Wochen lang Konzerte gebe.«[678] Bei dem Mann, der um die Hand von Irina Sergeewna angehalten hatte, handelte es sich um eine gute Partie. Fürst Pjotr Grigorjewitsch Wolkonskij war Spross einer angesehenen Adelsfamilie; ein Maler, der in London ebenso zu Hause war wie in Paris. Die Hochzeitsreise führte standesgemäß nach Italien. Rachmaninoff spielte bei den Feierlichkeiten Klavier.

Gut zehn Monate lang wusste er seine Tochter Irina in Europa bestens verheiratet. Rachmaninoff mochte seinen Schwiegersohn und schätzte ihn, denn »er war so gut und behandelte mich wie meine eigenen Kinder«.[679] Sergej Wasiljewitsch und seine Frau Natalija freuten sich aus der Ferne mit Irina auf das erste Kind, das sie erwartete. Mitte August ereignete sich die Katastrophe: Völlig unerwartet kam drei Wochen vor der Geburt der Enkelin die Nachricht, dass Irinas Mann in einem Pariser Krankenhaus verstorben war. Im Alter von nur 28 Jahren hatte er am 12. August 1925 Selbstmord begangen. »Die arme Irina wurde nicht ganz ein Jahr nach ihrer Hochzeit Witwe«, erinnerte sich Sofja Wladimirowna Satina. »Erst viel später verstand ich, dass Petrick in einem verwirrten Geisteszustand Selbstmord begangen hatte. Aber die älteren Familienmitglieder schwiegen. Es war wie eine Verschwörung, die Außenwelt nicht die volle Wahrheit wissen zu lassen.«[680] Die genauen Hintergründe konnten nie geklärt werden. Seine letzte Ruhestätte fand der Fürst fern seiner Geburtsstadt Moskau in einem der 15 000 Gräber auf dem Cimetière des Batignolles am nordwestlichen Stadtrand von Paris. Auch Sergej Rachmaninoff litt unter dem erschütternden Verlust. Irinas Kind erhielt ihren Namen in der westeuropäischen Schreibweise ›Sophia‹ in Erinnerung an Rachmaninoffs Schwester, die 42 Jahre zuvor eine Diphtherie-Epidemie nicht überlebt hatte. Die Kleine sei »das genaue Ebenbild ihres Vaters« schrieb er einem amerikanischen Bekannten auf Englisch. »Ich mag sie so sehr, dass ich sie jeden Tag besuche. Irina geht es den Umständen entsprechend gut und ich hoffe, dass ich sie beide am 15. September zu uns bringen kann, wo ich dann Sophia in ihrem Kinderwagen herumfahren werde.«[681]

Die Notwendigkeit, weniger zu reisen und mehr zu komponieren, erschien ihm nun immer drängender. Um seinen Töchtern eine anspruchsvolle, sinnstiftende und einträgliche Tätigkeit zu ermöglichen, gründete Rachmaninoff mit ihnen in Paris den Verlag ›Taïr‹ – eine Bezeichnung, die sich aus den Anfangsbuchstaben der Namen ergab: *Ta*tjana und *Ir*ina. In dem Verlag sollten literarische und musikalische Werke russischer Künstler erscheinen, die anderweitig aus kommerziellen, politischen oder konzeptionellen Erwägungen keinen Herausgeber finden konnten. Rachmaninoff baute dabei auf frühere Erfahrungen, denn er kannte viele kreative Menschen aus dem Kreis um den Verleger und Mäzen Mitrofan Petrowitsch Beljaew und hatte selbst im Kuratorium von Sergej Kusewizkijs ›Éditions Russes de Musique‹ mitgewirkt. Zudem war er äußerst belesen und bewunderte Gegenwartsautoren wie Bulgakow, Bunin, Katajew und Achmatowa. Der neue Verlag traf durchaus eine Marktlücke. Nachdem Kusewizkij die Leitung des Boston Symphony Orchestra übernommen hatte, konnte er sich nicht mehr um die Herausgebertätigkeiten bei seiner Éditions Russes kümmern. Dadurch ergab sich für Rachmaninoffs Töchter eine Chance, vor allem weil sie mit Musik *und* Literatur breiter aufgestellt waren. Auch Wladimir Nabokow nahm wegen seines russischen Romans *Die Großtat* (Подвиг, in der deutschen Übersetzung *Die Mutprobe*) mit den Rachmaninoff-Töchtern Kontakt auf, mochte sich aber zunächst nicht mit dem Angebot anfreunden. Als Nabokow einige Jahre später Taïr das Manuskript zu seinem russischen Roman *Die Gabe* (Дар) anbot, hatte der Verlag wegen des vom Krieg bedrohten Europa seine Aktivitäten bereits eingestellt.[682]

Spätestens um 1930 verschwanden die für die Wiedergabe von Schallplatten lange benötigten Grammophontrichter. Einst hatte die *Leipziger Illustrierte Zeitung* im August 1878 über die Tonaufzeichnung geunkt, in der gegenwärtigen Gestalt sei sie »vorerst noch vieler Vervollkommnung fähig«, aber »vorläufig kaum einer praktischen Verwendung«.[683] Mittlerweile hatte sich die Grammophonplatte in den 1920er-Jahren zu einem der beliebtesten Unterhaltungsmedien entwickelt. Während Edisons Betriebe schließlich 1929 die Produktion ihrer Abspielgeräte einstellten, florierte das Geschäft mit den Schellackscheiben, für die es dekorative Tischgrammophone, Grammophonschränke, Kleinstgrammophone und Koffergrammophone gab oder für gehobenere Ansprüche Grammophon-Stiltruhen und imposante Konzert-Schrankgrammophone. Unterdessen hatten in der Sowjetunion Lenin und seine Anhänger den Nutzen von Reproduktionsmedien für Propagandazwecke erkannt, während man im Westen die Stimmen berühmter Persönlichkeiten und die Musik populärer Künstler oft aus dokumentarischen Gründen festhielt. Komponisten wie Rachmaninoff und Elgar stellten ihr Konterfei für Werbeanzeigen der Grammophonindustrie zur Verfügung, waren aber hinsichtlich der Tonaufzeichnung durchaus nicht einer Meinung. Von Elgar dirigierte Konzerte durften im Rundfunk übertragen werden, Rachmaninoff legte bei seinen Auftritten ein Veto ein.

Als Pianist hinterließ er fast zehn Stunden und 40 Minuten eigene Aufnahmen, die akustisch und elektronisch aufgenommen wurden; hinzu kommen fast eine Stunde Einspielungen von Notenrollen für Ampico. Am 20. April 1929 standen endlich Rachmaninoffs erste Aufnahmen als Dirigent an. Bis zu diesem Zeitpunkt hatte er eifrig Englisch gelernt, las Zeitungen im Original und vermochte sich mittlerweile recht ordentlich in der Sprache seiner Wahlheimat ausdrücken. In einem Brief vom April 1928 beglückwünschte ihn Josef Hofmann dazu und meinte, »da Sie jetzt so schön auf Englisch schreiben können, so antworte ich auf Deutsch, damit Sie sehen, dass ich diese edle Sprache noch nicht ganz verlernt habe«.[684] Es wurde beobachtet, wie Rachmaninoff in einem amerikanischen Restaurant seiner Frau die Speisekarte vorlas,[685] und ein Journalist schilderte, dass er langsam sprach, aber sich gut auf Englisch ausdrücken konnte – mit seinem »excellent English« kam er bestens im Westen zurecht.[686]

Rachmaninoff gehörte zu den Emigranten, die realistisch genug waren, sich nicht der Illusion hinzugeben, man könne nach Russland zurückzukehren, ohne Beeinträchtigungen zu akzeptieren. Als Überlebenskünstler hielt er es für angebracht, sich den Gegebenheiten anzupassen, ohne sich vollständig zu assimilieren: Er verkehrte mit Nordamerikanern und Russen, genoss – Beobachtern zufolge – in Texas in einem öffentlichen Speisesaal mittags »Avocado mit Hummersalat, Meeresfrüchtesuppe und einen Gesundheitssalat, unterschrieb den 1,10-Dollar-Scheck mit einem fast unleserlichen Gekritzel und hinterließ der Kellnerin 25 Cent Trinkgeld«,[687] hatte aber den Geschmack an Blini, Pelmeni, Piroggen und Soljanka keineswegs verloren. Er unterstützte seine Töchter, sich in ihrer neuen Heimat zu integrieren und zugleich ihre Wurzeln nicht zu vergessen. Auch wenn er sich zunehmend in seiner neuen Umgebung zurechtfand, dachte er zugleich stets an jene, die keineswegs so privilegiert waren wie er. Rachmaninoff war seit 1925 Mitglied der 1914 gegründeten ›American Society of Composers, Authors and Publishers‹ (kurz ASCAP genannt) und stiftete 1925 zugleich die beträchtliche Summe von 400 Dollar (heute etwa 5000 Dollar), um die russisch-orthodoxe Kirche ›Christ the Savior‹ in Harlem zu erhalten, ohne selbst ein Mitglied der Gemeinde zu sein. Im Jahr 1922 verlieh ihm die University of Nebraska die Ehrendoktorwürde als ›Doctor of Music‹ und trotzdem schrieb er wenige Jahre später zugleich

Drei russische Lieder op. 41, anstatt amerikanische Poeten zu vertonen. Die Texte der vermeintlich heimattreuen Lieder erzählen indes eher vom beschwerlichen Leben, während die seinerzeit in den russischen Klubs der USA beliebten Volks- und Zigeunermelodien sentimental und balalaikaumflort auf Russisch und Romani klagten: »Wir leben in unseren Fantasien, die das Herz mit ihrem Gift verführen«, um daraus zu schlussfolgern: »Wer weiß, was der morgige Tag bringen mag, deswegen gebe ich mich heute der Liebe hin!« Eine ganze Unterhaltungsindustrie war auf die Emigrantensehnsucht abgestimmt. Mit der Welle neuer Einwanderer kamen nach der Revolution und dem Bürgerkrieg etwa eine halbe Million Russen in die USA, von denen viele körperlich, aber nicht mit dem Verstand in der neuen Heimat anwesend waren. Zunehmend breiteten sich in Nordamerika Befürchtungen aus, dass mit den vielen Neuankömmlingen zugleich kommunistische Agitatoren ins Land gelangen könnten. Das Einwanderungsgesetz von 1924 legte schließlich Quoten fest, die – wie es hieß – »›nordische‹ Menschen aus Nord- und Westeuropa gegenüber ›unerwünschten Volksgruppen‹ aus Ost- und Südeuropa den Vorzug« gaben.[688] Hingegen übten in den 1920er- und 1930er-Jahren Emigranten aus den gehobenen Gesellschaftsschichten auf Nordamerikaner und Westeuropäer eine geheimnisumwobene Faszination aus, da man sie vielfach mit dem untergegangenen Zarenreich in Verbindung brachte. Schon bald kursierten Mythen wie jene, dass Großfürstin Anastasia Nikolajewna Romanowa, die vierte Tochter des letzten Zarenpaares, die Massaker überlebt habe. Bereits 1928 machte der in Deutschland gedrehte Stummfilm *Anastasia, die jüngste Zarentochter* Furore.

Auch Rachmaninoff wurde von den meisten Emigranten als ein Repräsentant vergangener Zeiten wahrgenommen. Im Idealfall trugen für manche Menschen seine Kompositionen dazu bei, schwere Depressionen zu überwinden: Durch seine Musik, hieß es in einem Dankesbrief, »lindert sich das seelische Leiden der Russen und gibt ihnen Hoffnung auf eine bessere Zukunft«.[689] Dabei bezog sich dieser Brief auf einen Abend, bei dem Rachmaninoff sein drittes Klavierkonzert gespielt hatte – ein Werk, das lange vor der Emigration und nicht für die Uraufführung vor einem russischen Publikum entstanden war. Schon immer hatte Rachmaninoff künstlerisch in mehreren Welten gelebt. Indem er für seine Einspielungen als Dirigent *Die Toteninsel* und seine Orchesterfassung der *Vokalise* wählte, setzte er ein Zeichen, das kaum jemand wahrnahm. Er deckte damit wesentliche Gestaltungselemente seines Œuvres ab: das Dies irae-Motiv und die Pritschets, die klangliche Umsetzung des Gemäldes eines westeuropäischen Künstlers sowie den allgemeinen musikalischen Ausdruck menschlichen Empfindens. »Der Universalismus setzt die Fruchtbarkeit einer Kultur voraus, die sich nach allen Seiten hin ausbreitet und mitteilt«, betonte Strawinskij seinerzeit, »während der Kosmopolitismus weder Aktion noch Doktrin vorsieht und die teilnahmslose Passivität eines sterilen Nachahmertums zur Folge hat.«[690] Wie er verleugnete auch Rachmaninoff seine Wurzeln nie.

In Konzerten hielt sich Sergej Rachmaninoff mit Auftritten als Dirigent zurück. Als Klaviersolist jedoch erweiterte er kontinuierlich sein Repertoire und trat auch mit Beethovens erstem Klavierkonzert auf und spielte in Soloprogrammen Stücke von Dohnányi *(Étude-Caprice)*, Debussy *(Children's Corner)*, Poulenc *(Novelette* und *Toccata)* und Ravel *(Toccata)*. Zwar bezeichnete ihn 1928 eine Zeitung als einen Vorkämpfer für Metners Musik, dennoch führte er Klavierstücke des russischen Kollegen selten auf. Er protegierte ihn bei jeder Gelegenheit, wobei Frederick T. Steinway in Anbetracht der Organisation einer Tournee durch Nordamerika gegenüber Rachmaninoff in einem deutschsprachigen Brief deutlich betonte, »dass wir die ganze Sache Ihnen zuliebe übernommen haben, und weil Sie uns Herrn Medtner so warm als hervorragenden Künstler empfohlen hatten«.[691] Von der Konzertagentin Louise Wolff bekam Rachmaninoff zu hören, da »die Zeiten wenig gut sind«, sei man »wie alle anderen Unternehmungen gezwungen zugkräftige Solisten zu nehmen« – »Doch will ich wie gesagt jede Möglichkeit in's Auge fassen um Herrn Medtner in würdiger Weise im großen Styl einzuführen. Wie wäre es wenn Sie verehrter Meister ein Concert mit Ihren Werken selbst dirigieren – nur Medtner als Solisten mitwirken lassen wollten?«[692] So weit beabsichtigte Rachmaninoff dann doch nicht zu gehen.

Nachdem er etliche Jahre gebraucht hatte, um in der neuen Umgebung Fuß zu fassen, packte Sergej Rachmaninoff 1926 wieder die Lust zum Komponieren. Bis es so weit war, galt es, verschiedene Hindernisse zu überwinden. Nicht viele hatten Verständnis für lange kreative Pausen – dabei verlangte dem Künstler das Interpretieren ebenfalls Kreativität ab. Prokofjew tönte, dass er unablässig komponiere, wovon ihn auch das Emigrantendasein nicht abhalte. Vielfach handelte sich in den 1920er-Jahren aber um Aufträge zu Ballettmusiken, kürzere Stücke wie Suiten oder Märsche sowie Bearbeitungen früherer Kammermusik und Orchesterwerke wie der zweiten und vierten Sinfonie. Für die dritte

Sinfonie schlachtete er seine erst posthum uraufgeführte Oper *Der feurige Engel* nach einem Stoff von Walerij Brjusow aus, der als symbolistischer Dichter nach dem Krieg im Westen genau so wenig en vogue war wie der belgische Dramatiker Maurice Maeterlinck. Insofern gab es für Rachmaninoff kaum Motivation, mit den zehn Jahre zuvor begonnenen *Monna Vanna*-Plänen fortzufahren, zumal es aus urheberrechtlichen Gründen sinnlos war, an dieser Oper weiterzuarbeiten. Rachmaninoff hatte sein vielversprechendes Particell zum ersten Akt ebenso aufbewahrt wie das Textbuch – während es allerdings im ersten Akt von Texteingriffen und durchgestrichenen Passagen wimmelt, blieben der in nicht minder sorgfältiger Handschrift niedergeschriebene zweite und dritte Akt unangetastet. Dennoch lagen ihm seine Einfälle zu *Monna Vanna* am Herzen, und er bewahrte sie bis zu seinem Lebensende ständig in seinen Akten auf, um sie bei Bedarf jederzeit wieder hervorholen zu können.[693] Dies hätte ihm gute Dienste leisten können, da sich etliche der wertvollen musikalischen Ideen möglicherweise für ähnliche Vorhaben hätten verwenden lassen. Diese Möglichkeit ergab sich nie. Nachdem für Rachmaninoff die Arbeitsbedingungen am Theater auf Dauer unerträglich geworden waren, weil zu viele unterschiedliche Entscheidungsträger individuelle Ansichten durchsetzen wollten, hatte er zusehends den Kontakt zu Opernhäusern verloren. Als Pianist war Rachmaninoff sein eigener Herr, aber er musste dafür in Kauf nehmen, dass ohne unmittelbare Verbindungen zu einem Bühnenensemble Aufführungen eines neuen Opernprojekts nur schwer durchzusetzen waren. Hingegen erwies sich die Zusammenarbeit mit Orchestern und Chören als angenehmer. Wie ein anderer namhafter Emigrant, Prokofjew, vertonte Rachmaninoff ausschließlich russische Texte. Zwar wurde Prokofjews Bühnenwerk *Die Liebe zu den drei Orangen* im Dezember 1921 in Chicago uraufgeführt, allerdings in einer ins Französische übertragenen Fassung, die der Komponist zusammen mit der Sopranistin Véra Janacopulos erstellt hatte. Die Zeitumstände ließen es für Rachmaninoff unrealistisch werden, ein russisches Libretto zu vertonen, das in einer Übersetzung zwar uraufgeführt, aber solange er lebte nie in der Originalsprache an einem Theater in der UdSSR gespielt worden wäre.

Er musste sich wieder anderen Genres zuwenden. Dabei stellte sich in Zeiten, in denen Werke Schönbergs und Strawinskijs zunehmend Beachtung fanden, die Frage: Was bedeutet ›Komponieren‹? Ist es das Notenschreiben, wenn man Opernmelodien zu einer Suite zusammenfasst oder aus einer bald nach der Verwendung vergessenen Ballettmusik ein Kammermusikstück zusammenstellt? Seinerzeit hatte Rachmaninoffs Mentor Tschajkowskij betont, »die Inspiration ist ein Gast; ihr ist nicht daran gelegen, die Faulen zu besuchen«, denn sie »widmet sich nur denen, die sie einladen«.[694] Der aufsteigende Star der sowjetischen Musikszene, Dmitrij Schostakowitsch, vertrat die Auffassung, ehe er ein Werk überarbeite, schreibe er lieber gleich ein Neues. Bei Rachmaninoff waren mit jedem neuen Stück die Ansprüche an sich selbst gestiegen. Er produzierte nicht ein Klavierkonzert nach dem anderen so wie Mjaskowskij seine letztendlich 27 Sinfonien. Ballettmusik reizte ihn vorübergehend, aber er erkannte sicherlich, dass Komponisten dabei – wie beim Film – die Kontrolle über ihre Musik verlieren, die in der Endphase der Produktion den Sequenzen und Tanzschritten angepasst werden muss. Komponieren bedeutete für Rachmaninoff, stets etwas Neues zu sagen – sich treu zu bleiben, aber nie zu wiederholen. Dieser Anspruch führt dazu, dass zwischen den einzelnen Werken ein gründlicher Prozess des Nachdenkens stattfindet, mit dem sich Ergebnisse nicht erzwingen lassen, sondern sich erst allmählich herauskristallisieren. Rachmaninoff ließ sich durch geistreiche Anregungen wie von Marietta Schaginjan inspirieren, aber nie vorschreiben, wie sein nächstes Stück auszusehen habe.

Die Emigranten gaben sich vorerst mit dem zufrieden, was sie bereits kannten. Seine Einspielungen und Übertragungen seiner Musik im Rundfunk boten in den 1920er-Jahren ausschließlich Musik, die zur Zeit des ›alten Russland‹ entstanden war. In Konzerten wollte man vornehmlich das lyrische zweite Klavierkonzert erleben, weniger das expressive dritte oder das wenig vertraute erste Konzert. Als Rachmaninoff in den 1930er-Jahren dann tatsächlich wieder mehr komponierte, entsprach es nicht dem, was vor allem die Musikkritiker von ihm hören wollten. Zu der Zeit als Rachmaninoff im Herbst 1928 sein erstes Pariser Konzert nach der Emigration gab, wurde dort gerade die Zeitschrift *Russland und Slawentum* (Россия и славянство) gegründet. Das erklärte Ziel bestand darin, die »spirituelle Kultur« aller Russen im Ausland zu beschwören, die alte Heimat vom Kommunismus zu »befreien« und Trennendes zwischen den Emigrantenkreisen durch das Bewahren des russischen Kulturerbes zu überwinden.[695] Indem ein Bild von Rachmaninoff abgedruckt wurde, deutete man an, welche Rolle er dabei zu spielen hatte. Der Journalist Lollij Iwanowitsch Lwow, Tatjana Rachmaninoffs literarischer Ratgeber bei Verlag Taïr, publizierte im Folgejahr einen Artikel, in dem es hieß, der Komponist verkörpere »die Essenz des wahren Russland«, denn er »bestärkt den Glauben an Russland und versichert uns, dass Russland nicht nur jenes gestaltlose Chaos ist, das tollwütige Hände dort geschaffen haben« in der zur Sowjetunion umbenannten Heimat.[696] Sein Schwager Wladimir Satin schrieb ihm im Sommer 1930 nach einer Aufführung des dritten Klavierkonzerts, er ermögliche es den Hörern, in einer »guten Vergangenheit« zu leben, in der man nicht über eine »schlimme Zukunft« nachdenken müsse.[697] Diese Einschätzung einer Komposition aufzubürden, die weder ›russisch‹ klingt noch im Zarenreich uraufgeführt wurde, zeigt, wie weit die Vereinnahmung ging.

Rachmaninoff erhielt zahlreiche Dankesschreiben für die Großzügigkeit, mit der er Menschen in Russland und Exilanten finanziell unterstützte, aber er hielt sich mit öffentlichen Äußerungen zurück, nachdem er 1931 in der *New York Times* einmal seine Haltung zur UdSSR unmissverständlich zum Ausdruck gebracht hatte. Zudem widerstrebte es ihm, sich auf Klischees festlegen zu lassen. Er vereinigte als Komponist, Pianist und Dirigent drei Talente in sich, die er jeweils zur gegebenen Zeit pflegte. Sein erster Biograf Riesemann zitierte ihn mit den Worten, er werde »von dem unguten Gefühl geplagt«, sich »auf zu viele Gebiete hinausgewagt« zu haben – »So wie es in der alten russischen Redewendung heißt, habe ich ›drei Hasen gejagt‹. Kann ich mir sicher sein, dass ich einen davon erlegt habe?«[698] Obwohl er mit der fokussierten problemzentrierten Bewältigung der einzelnen Aufgaben gut zurechtkam, gehörten Selbstzweifel zu Rachmaninoffs Naturell. Wenn es darauf ankam, leistete er auf allen Gebieten Hervorragendes. Die Emigrantenkreise saugten sich an seinen Äußerungen fest, in denen er erwähnte, er sei »ein russischer Komponist« und schreibe »russische Musik«.[699] Ein solcher Allgemeinplatz macht ihn allerdings keineswegs zu einem Heimatkünstler. Seine Zeitgenossen Brahms, Mahler, Sibelius, Nielsen, Vaughan Williams, Britten und Bernstein waren nicht minder durch ihre Herkunft geprägt, dennoch schufen sie wie Rachmaninoff Werke, die der ganzen Welt etwas zu sagen haben.

Selbstverständlich teilte Rachmaninoff mit anderen Exilanten den Schmerz, ein Zuhause verloren zu haben. »Andere können das hoffnungslose Heimweh von uns älteren Russen vielleicht nicht verstehen«, merkte er im Dezember 1933 in einem Interview an.[700] Diese Hoffnungslosigkeit peinigte seinerzeit viele, denn längst waren nach den Emigranten aus der UdSSR jene gekommen, die nach dem Wahlsieg der NSDAP in Deutschland das Land verlassen hatten. So wie Rachmaninoff dem Russland Lenins und Stalins den Rücken gekehrt hatte, trat er auch nie im Deutschland der Nationalsozialisten auf. Noch im

September 1933 erhielt er eine Anfrage der ›Konzert-Direktion GEO Albert Backhaus GmbH‹ aus Berlin, die »im Namen und im Auftrag des Philharmonischen Orchesters« anfragte, ob er bereit wäre, »ein Auftreten in einem Konzert des Philharmonischen Orchesters in der kommenden Saison anzunehmen«, denn »das Orchester würde Sie gern mit Issai Dobrowen als Dirigenten für ein Konzert verpflichten«.[701] Rachmaninoff hatte erst im Dezember des Vorjahrs unter Dobrowens Leitung sein drittes Klavierkonzert bei den New Yorker Philharmonikern gespielt. Nach 1930 trat er jedoch nie mehr in Berlin auf. Jener Teil Westeuropas, den Rachmaninoff gerne besucht hatte und in dem seine Töchter noch lebten, geriet zunehmend in Gefahr. Am 11. September 1933 hatte ihm sein Freund Arthur Hirst einen Brief in englischer Sprache geschickt – gespickt mit einigen deutschen Wörtern in Anführungszeichen –, der sowohl veranschaulicht, wie gut Rachmaninoff Englisch verstand, als auch, worüber man sich schon zu diesem Zeitpunkt gewiss auch bei persönlichen Gesprächen austauschte: »Während ich in Basel war, hörte ich viele neue Geschichten über Hitler! Die beste betraf seinen Propagandaminister Goebbels! Wissen Sie, wie er aussieht? Ich habe ein paar Bilder von ihm im Kino gesehen, und er hat ein dünnes kleines Gesicht mit großen Ohren! Irgendein deutscher Humorist hat ihn als ›Wotan seine Micky-Maus‹ tituliert!!! Ich habe stundenlang über den Humor gelacht – besonders wenn ich an Adolf Wotan dachte mit seinem kleinen Zahnbürstenschnurrbart und der Locke eines Verkäufers über seiner Stirn! Es ist gut zu wissen, dass es in diesem armen, umnachteten Land noch etwas Humor gibt! Sie werden es brauchen, bis alles vorbei ist, leider! Die Massensuggestion wird mit fataler ›Tüchtigkeit‹ vorangetrieben, und bald werden wir Millionen junger Deutscher auf dem Weg zu irgendeinem Schlachtfeld finden, mit blitzenden Augen, die in der Ekstase dummer Gefühlsduselei dem Tod entgegeneilen! Dies ist irrsinnig gewordener Idealismus – sonst nichts!«[702]

Seiner Frau erfüllte Rachmaninoff bei einer seiner Gastspielreisen im April 1934 noch einen Wunsch und fuhr mit ihr nach Konzerten in London, Zürich und Paris zu Engagements, die er in Spanien für sie angenommen hatte. Beide waren sehr enttäuscht von den dürftigen Hotelunterkünften und den Konzertbesuchern, die während der Aufführungen miteinander plauderten und es als selbstverständlich hinnahmen, dass die Veranstaltungen nie vor 23 Uhr begannen. Damit hatte sich Spanien auch ohne die kommenden politischen Entwicklungen für sie disqualifiziert. Im November 1934 – in dem Deutschland mit dem faschistischen Italien näher auf Tuchfühlung ging – sprach Rachmaninoff über das einschneidende Trauma der Flucht: »Als ich Russland verließ, ließ ich meinen Drang zu komponieren hinter mir: Mit dem Verlust meines Landes verlor ich auch mich selbst. Dem Exilanten, dessen musikalische Wurzeln, Traditionen und Hintergrund vernichtet wurden, bleibt kein Wunsch nach Selbstdarstellung«.[703] Ihm blieb nur, die Gegenwart so anzunehmen, wie sie sich ihm darbot.

Als Kosmopolit hatte Rachmaninoff seit jeher in den unterschiedlichsten Ländern an seinen Werken arbeiten können und er war beruflich erfolgreich genug, um sich im Exil, wie etwa seinem New Yorker Hauptwohnsitz, behagliche private ›Paläste‹ einzurichten, die seine Wohnungen in Russland noch übertrafen. Im Grunde genommen befand sich seine wahre Heimat immer dort, wo seine Familie war.

Russland ist letztendlich viel zu klein, um damit den Horizont von Rachmaninoffs Musik zu erfassen. Der entscheidende Satz in seinem letzten Interview im Jahr 1941 lautete: »Ich schreibe auf dem Papier die Musik nieder, die ich in mir höre, so natürlich wie möglich.« Erst dann fügte er hinzu: »Ich bin ein russischer Komponist, und das Land meiner Geburt hat mein Temperament beeinflusst und meine Weltanschauung. Meine Musik ist das Produkt meines Temperaments, und so ist es russische Musik; ich habe niemals bewusst angestrebt, russische oder irgendeine andere Art von Musik zu schreiben. Ich wurde stark von Tschajkowskij und Rimskij-Korsakow beeinflusst; aber ich habe, soweit ich weiß, nie jemanden nachgeahmt.«[704]

Daraufhin beschrieb Rachmaninoff den wahren Ursprung seiner Werke: »Wenn ich meine Musik niederschreibe, versuche ich, einfach und unmittelbar das auszudrücken, was mir beim Komponieren am Herzen liegt. Wenn es um Liebe geht oder Bitterkeit oder Traurigkeit oder Religiöses, werden diese Stimmungen ein Teil meiner Musik, und sie wird entweder schön oder bitter oder traurig oder religiös.«[705] Dabei spielten für ihn Anregungen aus anderen Kunstformen immer eine Rolle. Hinsichtlich der zeitgenössischen Musik ließ sich ein Praktiker wie Rachmaninoff nicht durch abstrakte Überlegungen beeindrucken, ihn faszinierten konkrete Beispiele. Die Gegenwartsmusik, die ihn besonders fesselte, hatte sich von den Südstaaten der USA ausgehend mittlerweile auch in den Großstädten des Nordens durchgesetzt: der Jazz. Manche glaubten zunächst, diese neue Ausdrucksform könnte ihm unangenehm sein, und versuchten, ihn davon fernzuhalten. Rachmaninoffs britischer Manager von der Agentur Ibbs and

Tillett erzählte von einem ihm äußerst peinlichen Moment, als man ein Londoner Restaurant betrat, in dem eine Jazz-Band gerade die ersten Takte von Rachmaninoffs weltberühmtem, aber durch ständig wiederholte Darbietungen überstrapazierten cis-Moll-Prélude intonierte. »Dann setzte man an, ein Jazz-Arrangement davon zu spielen«, berichtete Robert Leigh Ibbs, »und alle, die sich auskannten, erwarteten das Schlimmste. Aber Rachmaninoff hörte zu und seine Augen leuchteten auf. ›Bleibt‹, sagte er sanft. Und man blieb bis zum Schluss, als der Komponist mit funkelnden Augen ausrief: ›Was für ein schönes Musikstück! Ich habe jede Note davon genossen.‹ Als die Band dann fortfuhr, Grofés Arrangement der Arie der Königin von Schemacha aus Rimskij-Korsakows Oper *Der goldene Hahn* zu spielen, ging Rachmaninoff sogar so weit zu sagen, dass der Komponist dieser neuen Version applaudiert hätte.«[706] Immerhin hatte er Rimskij-Korsakow und andere Größen der russischen Musik noch persönlich gekannt. Möglicherweise empfand es Rachmaninoff als Kompliment, als Frank Sinatra 1941 das Lied »I think of you« für die Schallplatte einspielte, für das Tommy Dorsey eine Melodie aus dem ersten Satz des zweiten Klavierkonzerts übernahm. Noch ehrenvoller für ihn war sicherlich, dass eine der bedeutendsten amerikanischen Altistinnen, Marian Anderson, im gleichen Jahr sein Lied »In the Silence of the Secret Night« (op. 4, Nr. 3) einspielte.

Rachmaninoff war indes nicht bereit, sich unter seinem Niveau zu amüsieren. »Seiner Askese in der Ernährung entsprach einer puritanischen Einstellung in vielen anderen Dingen, und so sehr er Humor genoss, so verabscheute er in einer Anekdote den Beigeschmack eines ›Raucherzimmers‹«, erzählte Arthur Hirst. »Ebenso widerlich fand er alles Anzügliche auf der Bühne und sein unglückseliger Londoner Manager beging einmal einen schweren Fehler, als er ein bestimmtes populäres Spektakel zum Divertissement des großen Künstlers auswählte. Die Kommentare, die ich am nächsten Tag zu hören bekam, drückten absoluten Ekel aus. Les Folies Bergère oder ähnliche Unterhaltungen dieser Art waren Rachmaninoff ein Gräuel. Es mag sehr wohl sein, dass in diesen Angelegenheiten seine Haltung auf seine überschwängliche Wertschätzung für das weibliche Geschlecht zurückzuführen ist, und diese übermäßige Wertschätzung hing zweifellos mit dem wunderbaren Charakter seiner hingebungsvollen Frau zusammen. Ich könnte niemals über ihn schreiben, ohne zu erwähnen, dass ihm mit seiner ›besseren Hälfte‹ ein wahres Wunder an Anteilnahme und Verständnis sowie eine Musikerin von seltenem Scharfsinn zur Seite stand, obwohl sie das Klavierspielen aufgab, als die Pflichten der Haushaltsführung übernommen werden mussten.«[707]

Wenn Rachmaninoff einen Künstler achtete, so nutzte er – wie einst Tschajkowskij für ihn – seinen guten Namen. So pries er gegenüber Reportern Ferde Grofé, einen amerikanischen Komponisten mit französischen Wurzeln, und beehrte die Uraufführung von dessen *Grand Canyon Suite* durch das Orchester von Paul Whiteman mit seiner Anwesenheit. Öffentlich sang er ein Loblied auf das Ensemble, das bei seinen Jazz-Bearbeitungen auch Streicher verwendete: »Mein Kompliment an Mr. Whiteman! Er hat das beste Orchester seiner Art, das ich je gehört habe. Schon seit langem bin ich ein Bewunderer seiner Arbeit, und jeden Monat schicke ich meiner Tochter in Europa die Schallplatten, die seine bemerkenswerte Gesellschaft herausbringt.«[708]

Rachmaninoff schätzte Whitemans Arrangements wie etwa *By the Waters of the Minnetonka*, aber auch Originalkompositionen. Er gehörte zu den Schirmherren und Förderern des Konzerts, bei dem Gershwins *Rhapsody in Blue* durch Whitemans Orchester uraufgeführt wurde. »Meine Idee war es, in diesem Konzert den Skeptikern die Fortschritte zu demonstrieren, die in der populären Musik seit den Tagen des frühen, unharmonisch klingenden Jazz bis hin zu seinen melodiösen Formen von heute gemacht worden sind«, sagte Whiteman.[709] Rachmaninoff gefiel sein Ansatz. »Der Reiz und die Bedeutung dieses Orchesters für Musiker liegt darin, dass es zweifellos Neuartiges bietet«, betonte Rachmaninoff. »Damit meine ich, dass es das Material auf eine charakteristische und neuartige Weise verarbeitet und entwickelt, die für mich absolut faszinierend ist. Dies darf man wirklich als authentische amerikanische Musik bezeichnen, denn man kann sie, soweit ich weiß, nirgendwo anders hören.«[710] Diese Kunst des musikalischen Ausdrucks muss auch für seine eigenen Klangideale inspirierend gewesen sein. »Mein Freund Metner bezeichnet Mr. Whiteman als den besten Geschichtenerzähler, den er in der Musik kennt«, meinte Rachmaninoff, »und das Geschichtenerzählen ist genau das, was Mr. Whitemans Stücke ausmacht. Hervorragende, pointierte Anekdoten, markig erzählt, voll der menschlichen frisch-fröhlichen Art und Spontaneität, die für amerikanische Menschen so charakteristisch sind.«[711]

Für den eigenen Bedarf ergaben sich durch den Verlag seiner Töchter, Taïr in Paris, neue Publikationsmöglichkeiten. Hinsichtlich des musikalischen Zweigs im Verlagsgeschäft schrieb Rachmaninoff an Metner mit Bezug auf die von ihm charakterisierten Komponistentypen:

»Manchmal hat der Verleger ernster Musik eine ganz winzige Hoffnung auf die Zukunft, d. h. dass der Komponist ernster Musik hundert Jahre alt wird oder, noch besser, wenn er stirbt, dass dann seine Werke in die erste Kategorie gelangen, d. h. populär werden. Aber diese Hoffnung hegt er niemals ernsthaft. Es gibt auf der Welt viele Verleger nur einer der beiden ersten Kategorien, d. h. entweder Verleger nur populärer Musik oder nur moderner Musik. Aber es gibt auf der Welt keinen einzigen Verleger, der nur ›ernste‹ Musik druckt. Eine Ausnahme stellte Beljaew dar, aber das kostete ihn sein gesamtes Vermögen.«[712] Die Strategie für Taïr schien naheliegend: »Wenn die zeitgenössische ›ernste‹ Musik das Licht der Welt erblickt, dann nur dank der von den Verlegern praktizierten Melange, d. h. bei 75 Prozent Anteil an Popularmusik oder modischer Musik riskieren sie einen Anteil von 25 Prozent für die Herausgabe der dritten Kategorie bzw. ›unserer‹. Der von uns gegangene Gutheil, der eine große Menge von Musik meiner Erfindung ertrug, starb nur deswegen eines natürlichen Todes, weil er zusammen mit meinen Werken tausende populärer Stücke druckte. Anders hätte er bankrott gemacht oder sich aufgehängt!«[713]

Zwei von Rachmaninoffs eigenen Arbeiten sollten zu den ersten Publikationen von Taïr gehören: die *Trois Chansons Russes* für Orchester und Chor op. 41 und sein Opus 40: das vierte Klavierkonzert. Um beide Werke zu vollenden und druckreif auszugestalten, musste Rachmaninoff einen radikalen Schritt wagen und riskieren, sich für längere Zeit vom Konzertpodium zurückzuziehen.

9 Vom Komponieren und Interpretieren (1926–1930)

Während eines bitterkalten New Yorker Winters nahm Sergej Rachmaninoff 1926 seine frühen Entwürfe und Skizzen zum vierten Klavierkonzert nach Jahren wieder zur Hand. Das Manuskript der Partitur begleitete ihn auf etlichen Reisen, bis er die Ausarbeitung im Dresdner Villenviertel Weißer Hirsch vollendete. Während der intensiven Arbeit an seinen Kompositionen bekam Rachmaninoff zunehmend Bedenken wegen der Länge des Klavierkonzerts. »Vor der Abfahrt aus Dresden übersandte man mir den überarbeiteten Klavierauszug meines neuen Konzerts«, teilte er dem Widmungsträger, Nikolaj Metner, mit. »Als ich einen kurzen Blick auf den Umfang warf – 110 Seiten –, geriet ich in Panik! Aus Kleinmut hatte ich bis jetzt nicht seine Dauer überprüft. Wahrscheinlich wird man es wie den *Ring* aufführen müssen: an mehreren Abenden hintereinander. Und dabei fiel mir unsere Plauderei zum Thema Längen ein und die Notwendigkeit, sich kürzer zu fassen, einzuschränken und nicht redselig zu sein. Ich war beschämt! Offensichtlich liegt die Hauptursache im dritten Satz. Was habe ich dort zusammengehäuft! In Gedanken begann ich schon (für mich) nach Kürzungsmöglichkeiten zu suchen. Eine fand ich, aber nur acht Takte lang, und zudem im ersten Satz, der hinsichtlich der Länge nicht so beunruhigend ist. Außerdem ›sehe‹ ich, dass das Orchester fast überhaupt nicht schweigt, was ich für ein großes Vergehen halte. Das bedeutet, es handelt sich nicht um ein Konzert für Klavier, sondern um ein Konzert für Klavier *und* Orchester. Ich bemerke außerdem, dass das Thema des zweiten Satzes das Thema des ersten Satzes von Schumanns Konzert ist. Warum haben Sie mir das nicht gesagt?«[714]

Insgesamt ging es um etwa 30 Minuten Musik. Die Klavierkonzerte von Tschajkowskij und Brahms sind länger als jene von Rachmaninoff, der sie allerdings – unter Verwendung des deutschen Begriffs – für nicht ›klaviermäßig‹ befand. Rachmaninoff bevorzugte Stücke, die ihm gut in den Fingern lagen. Wenn er sie selbst spielen musste, sollte im Verhältnis zum Schwierigkeitsgrad ein vertretbarer Zeitaufwand nicht überschritten werden, da er alle Stücke so einstudierte, dass er sie auf dem Podium auswendig vortragen konnte.

Metner holte zu einer Entgegnung aus, die Rachmaninoff genauso weitschweifig fand wie manche Kompositionen des Kollegen. »Ich stimme Ihnen weder hinsichtlich der konkreten Bedenken, dass Ihr neues Konzert zu lang sei, zu, noch im Allgemeinen hinsichtlich Ihrer Haltung zur Dauer«, schrieb er. »Eigentlich hat mich erstaunt, wie wenige Seiten Ihr Konzert hat, wenn man seine Bedeutung bedenkt.« Dann fuhr er mit allgemeinen Erörterungen fort, die Rachmaninoff eher verunsichern mussten. Werke wie Bizets Oper *Carmen* oder Schuberts Lied »Der Doppelgänger« erscheinen ihm »grandioser als eine Sinfonie Bruckners«, meinte Metner. »Kann es wirklich sein, dass Musik gemeinhin so unangenehm ist, dass je weniger man von ihr hört, desto besser? Natürlich gibt es Grenzen hinsichtlich der Länge musikalischer Werke, ebenso wie für Ausmaße einer Malerleinwand. Aber innerhalb dieser menschlichen Einschränkungen, ist es nicht die Länge einer musikalischen Komposition, die den Eindruck von Langeweile hervorruft, sondern vielmehr erweckt die Langeweile den Eindruck von Länge.«[715] Rachmaninoff ging in sich und meinte, es gebe »immer kleinere Korrekturen vorzunehmen, was einfacher ist, wenn man die ganze Komposition einmal gehört hat«. Er arbeitete intensiv daran, dem Werk den letzten Schliff zu geben, bis hin zu dem Stoßseufzer, er »kann kein Ende absehen«.[716] Die Selbstzweifel waren chronisch. Bereits nach Fertigstellung des zweiten Klavierkonzerts hatte er einst geklagt, er »betrachte den ganzen Satz als missglückt«. [717] Der Erfolg gab ihm Unrecht. Doch wie würde man nach so langer Zeit auf ein neues Konzert reagieren?

Mit dem im Oktober 1926 vollendeten vierten Klavierkonzert schlug er wieder einmal unerwartete Wege ein. Am 18. März 1927 gingen viele Berichterstatter zur Premiere beim Philadelphia Orchestra mit der Haltung, nicht etwas Neuartiges erleben zu wollen, sondern Gewohntes. Die am gleichen Konzertabend uraufgeführten *Drei russischen Lieder* op. 41 wurden mit viel Zustimmung aufgenommen. Sie boten eindringliche Musik, wie man sie »von einem Russen« erwartete. Beim Klavierkonzert hingegen reichten die Reaktionen, je nach Höflichkeit des Journalisten, von Irritation über Ablehnung bis hin zu Häme. In den Rezensionen war von »Dürftigkeit und Monotonie« die Rede, »einem endlosen, locker verknüpften Sammelsurium von diesem und jenem« und einer Instrumentierung, die »so üppig wie Nugat« sei: Alles wirke »mal rührselig sentimental, mal elfenhaft geziert, mal äußerst redselig und bis zum Bombastischen aufgeplustert«.[718]

Rachmaninoff begriff, welch ein Desaster über ihn hereingebrochen war. Ihm muss jedoch bewusst gewesen sein, dass einst Berlioz, Brahms, Tschajkowskij und andere von der Kritik auf ähnliche Weise zerfetzt worden waren – man sprach 1859 in der Presse von einer »Oede und Dürre, die wahrhaft trostlos ist« in Brahms erstem Klavierkonzert, und gar »ungesund« sei das ganze Empfinden und Erfinden in dem Stück,[719] und 1881 attackierte der Brahms-Vorkämpfer Eduard Hanslick Tschajkowskijs Violinkonzert als ein Musikstück, das »man stinken hört«.[720] Ungeachtet aller Gehässigkeiten hatten diese Komponisten sich nicht entmutigen lassen und darauf vertraut, es werde schon die geeignete Zeit für ihre Werke anbrechen. So hartgesotten war Rachmaninoff nicht. Ihm kam es vor, als holten ihn die Vermessenheit und die Unzulänglichkeit seiner Jugend ein. Es war wie ein Déjà-vu: Er hatte einst einen 45-minütigen Koloss von Sinfonie geschrieben, mit dem er 30 Jahre zuvor in Sankt Petersburg grandios gescheitert war. Jetzt hatte man ihn mit seinem Klavierkonzert wieder so abgestraft wie einst den blutjungen, erst wenige Jahre zuvor graduierten Komponisten. Damals hatte er das Werk zurückgezogen und weitere Aufführungen untersagt; nun war er in einer Zwangslage: Sein aktuelles Klavierkonzert sollte einer der Verkaufsschlager im Angebot von Taïr werden, dem von seinen Töchtern betreuten Pariser Verlag. Doch das einzige seiner Werke, das bei dem Konzert in Philadelphia Zustimmung gefunden hatte, waren die *Drei russischen Lieder* für Chor und Orchester. Sie erschienen als sein Opus 41 zwar bei Taïr, aber aufgrund der schwierigen Situation in der von Stalin zunehmend dominierten Sowjetunion und der Sprachprobleme in den westlichen Ländern blieb ihre Verbreitung begrenzt. Hingegen gab es zahlreiche außergewöhnliche Pianisten, die er schätzte und die die internationale Sprache seiner Noten verstanden – darunter Hofmann und Moiseewitsch.

Trotz der erneuten traumatischen Erfahrungen sah sich der geschockte Rachmaninoff diesmal genötigt, das Konzert für die längst geplante Veröffentlichung bei Taïr gründlich zu überarbeiten. Die bereits eingegangenen Konzertverpflichtungen mit der Urfassung des neuen Opus erfüllte er und wandte sich dann alsbald der Revision zu. Für Rachmaninoff bedeutete Überarbeiten in erster Linie kürzen. Das Werk sollte verdichtet, in seiner Struktur kompakter und in eine prägnantere Form gebracht werden. Den Sommer 1927 verbrachte er größtenteils damit, Instrumentationsdetails zu variieren und die 1016 Takte der Urfassung des Konzerts um 114 Takte zu straffen. In dieser Version erschien das Werk bei Taïr und wurde von dem namhaften Chopin-Interpreten Lew Pischnow am 2. Dezember 1928 im nordenglischen Manchester zusammen mit dem BBC Orchestra unter der Leitung von Henry Wood erstmals vorgestellt. Da Rachmaninoff nicht selbst am Flügel saß, konnte die BBC das Konzert im Rundfunk übertragen. Die erhoffte positive Resonanz blieb auch diesmal aus. Es kam in den folgenden Monaten zu einigen weiteren Aufführungen in Europa und noch 1935 dirigierte der in Sankt Petersburg geborene Engländer Albert Coates die Taïr-Fassung in Moskau. Zu diesem Zeitpunkt hatte Rachmaninoff das Werk längst aus seinem Repertoire gestrichen. Als jedoch Ende der 1930er-Jahre der Plan reifte, alle seine Klavierkonzerte in seinen eigenen Deutungen auf Schallplatten zu dokumentieren, stand er vor dem Dilemma, für sein Opus 40 eine Lösung hinsichtlich der Fassung finden zu müssen. »In diesem Sommer möchte ich mein viertes Konzert überarbeiten«, ließ er 1938 Jewgenij Somow wissen, »und das wäre bei den ersten beiden Sätzen nicht schwierig. Der Haken liegt beim dritten Satz, bei dem ein ganzer Abschnitt neu komponiert werden muss, und ich fühle mich dem noch nicht gewachsen.«[721]

Das g-Moll-Konzert sollte als letztes von Rachmaninoffs eigenen Interpretationen seiner Klavierkonzerte eingespielt werden. Er zeigte sich erfreut darüber, dass wie bereits 14 Jahre zuvor bei der Premiere der Urfassung wieder das Philadelphia Orchestra und Eugene Ormandy als Partner um ihn versammelt waren. Ormandy hatte 1938 das Orchester als neuer Chefdirigent von Stokowski übernommen. Wieder einmal gab sich Rachmaninoff ungemein selbstkritisch gegenüber seinen eigenen Kompositionen und Leistungen, wenn er nicht vollends zufrieden war.[722] Um eine Aufnahmefassung des vierten Klavierkonzerts zu erstellen, beschnitt der Komponist die 902 Takte lange Taïr-Edition um weitere 78 Takte. Die Konzertpremiere erlebte diese Version in den noch nicht aktiv am Krieg beteiligten USA am 17. Oktober 1941 in Philadelphia. Die Neufassung erwies sich, so der Rezensent des *Philadelphia Record*, als ein Stück »nobler und düsterer romantischer Musik«, die »mitunter fragmentarisch in ihrer Anlage und typisch rachmaninoffhaft in ihrem Geiste« sei. Letzten Endes überzeugte die Virtuosenleistung mehr als die kulturelle Ausbeute der jahrelangen Revisionsbemühungen. Das Stück sei, »bei allem Respekt vor dem großen Künstler, der es geschaffen hat, und vor seinen glänzenden pianistischen Fähigkeiten, eine fade Petitesse«. Immerhin sei Rachmaninoff »ungeachtet all seiner 68 Jahre noch immer einer der lebensstrotzenden und brillantesten jungen Pianisten, die heutzutage auftreten«.[723]

Zu einer erneuten Veröffentlichung wollte sich Rachmaninoff nach diesen Erfahrungen nicht durchringen. Erst nach seinem Tod konnte man – anhand der 1944 beim Verlag seines Managers Charles Foley in New York vorgelegten Edition dieser 824 Takte langen Ausgabe – feststellen, dass der Schöpfer des vierten Klavierkonzerts selbst bei der Platteneinspielung am 20. Dezember 1941 an etlichen Stellen vom Notentext abgewichen war (siehe Anhang »Kürzungen und Überarbeitungen von Rachmaninoffs Werken«). Obwohl Rachmaninoffs letztes Klavierkonzert nie die Popularität seiner beiden Vorgänger erreichte, etablierte sich diese Version als die in den Konzertsälen der Welt bis heute gebräuchliche Fassung. Im Grunde genommen wurden beim Umgang mit dem g-Moll-Konzert die Urteile der Premierenrezensionen in den unterschiedlichsten Schattierungen übernommen. Erst zum Gedenken des 30. Todestags und 100. Geburtstags von Rachmaninoff lenkte ein englischer Musikwissenschaftler die Aufmerksamkeit nachdrücklich auf die früheren Fassungen dieses Stiefkinds der Klavierliteratur.[724]

Die Metamorphosen des vierten Klavierkonzerts gestatten einen faszinierenden Einblick in Rachmaninoffs Werkstatt: Sie verraten viel über seine künstlerische Konzeption, seine Suche nach Neuartigem, sein Pflichtbewusstsein gegenüber seinem Publikum und sein Streben nach Perfektion. Eine vorurteilsfreie Auseinandersetzung mit Rachmaninoffs Kompositionen ist für ein tieferes Verständnis seiner Werke entscheidend, betrachtete er sich doch selbst »zu 85 Prozent als Musiker und zu nur 15 Prozent als Mensch«.[725]

Die bereits erwähnte unscheinbare Verwendung des *Étude-Tableau* op. 33, Nr. 3 im Largo-Satz des Konzerts deutet an, dass Rachmaninoff – wie auch Puccini – oft frühe Skizzen und Entwürfe für seine Werke nutzte. Aus einem Ideenkern entwickelte er komplexe Verästelungen der unterschiedlichsten Stränge: Hauptstimmen, Nebenstimmen, Seitenpfade, Ausschmückungen, gegenläufige Entwicklungen, Verzierungen, lichte Klangfarben, Toneintrübungen, rhythmisches Vorantreiben des Geschehens, retardierende Momente, Ruhezonen, unerwartete Energieschübe und explosionsartige Steigerungen, die sich zu einem gewaltigen Klangmosaik verdichten. Hierin war er Jean Sibelius ähnlich, dem das Komponieren erschien, als habe »Gott einige Steinchen zu einem Mosaik herabgeworfen und nun bat, sie wieder richtig zusammenzufügen«.[726] Als Gegenpol betrachtete Sibelius den Zeitgenossen Gustav Mahler, der meinte, gerade eine Sinfonie solle »wie die Welt sein, sie muss alles umfassen«.[727] Rachmaninoffs Musik kann man als Synthese betrachten. Die Komplexität seiner Erfahrungen und (Ton-)Welt in eine stringente, kompakte Form bringen, Ordnung im Chaos suchen – dies war das Ziel der kompositorischen Arbeit und sein Beitrag zur Musik seiner Zeit. In Europa hatte er Neues geschaffen durch die von ihm erstmals eingeführte Zusammensetzung der Begriffe »Étude« und »Tableau«, für die er in seinen Opera 33 und 39 letztlich insgesamt 17 »Bilder-Etüden« bzw. »Etüden-Bilder« beisteuerte. In den

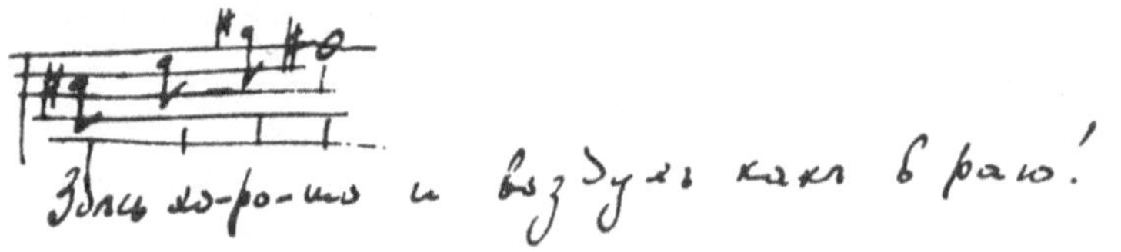

Musikbeispiel 2a: Rachmaninoff, 12 Romanzen, op. 21, Nr. 7 [im Brief vom 15. Juni 1919]

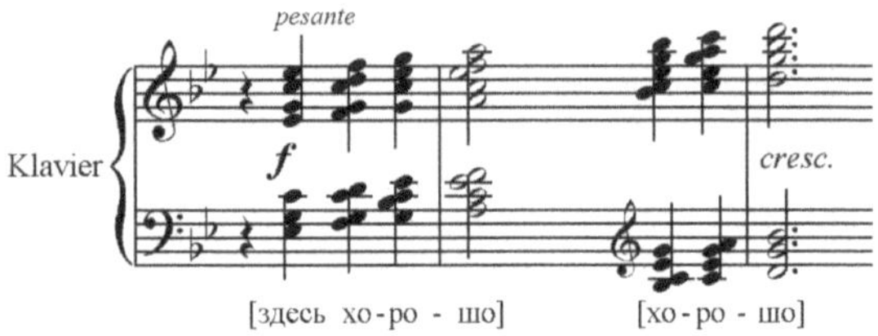

Musikbeispiel 2b: Rachmaninoff, Klavierkonzert Nr. 4 op. 40, erster Einsatz des Klaviers

Vereinigten Staaten von Amerika engagierte er sich nun dafür, dem Jazz Anerkennung zu verschaffen.

Man darf vermuten, dass Rachmaninoff jahrelang nicht der Sinn danach stand, die noch in Russland gesponnenen ersten Fäden der neuen Konzertkomposition weiterzuentwickeln, weil in der frühen Phase nach der Übersiedlung in die USA die Lebensumstände keinen Anknüpfungspunkt an die optimistisch aufsteigende Kernidee des ersten Satzes boten. Dieser Beginn erinnert an eine Wendung aus einem seiner Lieder, die er in seinen Briefen schriftlich mit einem kurzen Notenbeispiel zitierte. So schrieb er im Sommer 1919 aus seinem Sommerdomizil im kalifornischen Palo Alto an seine Assistentin Dagmar Rybner:

»Wir sind in guter Stimmung hier angekommen und jetzt ist schon fast eine Woche vergangen, seit wir in unserer Villa leben. [*Hier ist es schön (– und die Luft ist himmlisch!)*]« (Musikbeispiel 2a)[728]

Mit den ersten Worten »здесь хорошо« (Hier ist es gut bzw. schön) und der dazugehörigen Gesangslinie zitierte Rachmaninoff den Anfang der siebten seiner zwölf Romanzen op. 21. Die gleichen Worte ließen sich auch zu dem vom Klavier angestimmten ersten Thema singen. (Musikbeispiel 2b)

Eine ähnliche aufschwingende Geste leitet das vierte Klavierkonzert orchestral ein, prägt das vom Soloinstrument vorgestellte erste Thema und zieht sich durch den ersten Satz. Im Finale der Urfassung wird die einleitende Klanggeste noch einmal besonders markant aufgegriffen und führt zu einem beschwingten Ausklang, während der Rückbezug in den späteren Versionen des dritten Satzes nach den vielen Kürzungen beliebig und zusammenhanglos wirkt.

Als Rachmaninoff zu Beginn des 20. Jahrhunderts den Liederzyklus schrieb, hatte er gerade eine schwere Depression und Schreibblockade überwunden. Die ersten Skizzen für das Klavierkonzert entstanden später in seinem vertrauten Landgut Iwanowka. An die Ausgangsideen anzuknüpfen, gelang ihm erst, nachdem er wusste, dass seine Tochter Irina nach dem unerwarteten Verlust ihres Mannes ein gesundes und fröhliches Kind zur Welt gebracht hatte – die Enkelin Sophia. Rachmaninoff nahm Kinder ernst und erfreute später sogar seine Enkelin Sophia, indem er privat kleine Verse von ihr vertonte. »Er liebte Kinder«, bestätigte Sofja Wladimirowna Satina, »und hatte eine sehr freundliche und verständnisvolle Art mit ihnen zu sprechen.«[729] Durch den Zusammenhalt der Familie gefestigt, sah er sich in mitunter gehobener Stimmung in der Lage, die ursprünglichen Gedanken zum Klavierkonzert weiterzuspinnen. Die Skizzen, die er aus Russland gerettet hatte, boten Anknüpfungspunkte und eine Grundlage, aber die Arbeit war nicht so weit vorangeschritten, dass er längere Passagen, geschweige denn einen ganzen Satz, hätte übernehmen können. Immerhin wollte er auch seine neuen Lebenserfahrungen integrieren. Entspannt phrasierend, rhythmisch abwechslungsreich und locker, als würde er improvisieren. Diese für den Jazz charakteristischen Merkmale kennzeichnen die Urfassung des Konzerts. Rachmaninoff schätzte diese amerikanische Musikform, die nicht nur in den Metropolen der USA, sondern allmählich auch in Europa zunehmend Beachtung fand. Er liebte es, im privaten Kreis Jazz am Klavier auszuprobieren. Nun ging er 1926 das Wagnis ein, mit Jazz-Elementen in seiner Konzertmusik zu experimentieren. Erst zwei Jahre zuvor hatte er ein Projekt finanziell unterstützt, das in der New Yorker Aeolian Hall als »An Experiment in Modern Music« angekündigt worden war. Auf dem Programm stand unter anderem George Gershwins *Rhapsody in Blue*, bei der erstmals versucht wurde, den Jazz mit konzertanter Sinfonik zu verbinden. Sowohl Gershwins *Rhapsody* als auch die Urfassung von Rachmaninoffs viertem Klavierkonzert beginnen mit einer markanten, absteigenden Klarinettenstimme – bei Rachmaninoff ist der aus dem Orchester deutlich vernehmbare chromatische, ›bluesartige‹ Effekt sogar auf zwei Instrumentengruppen verteilt (wobei das erste Fagott und die zweite Klarinette zunächst die

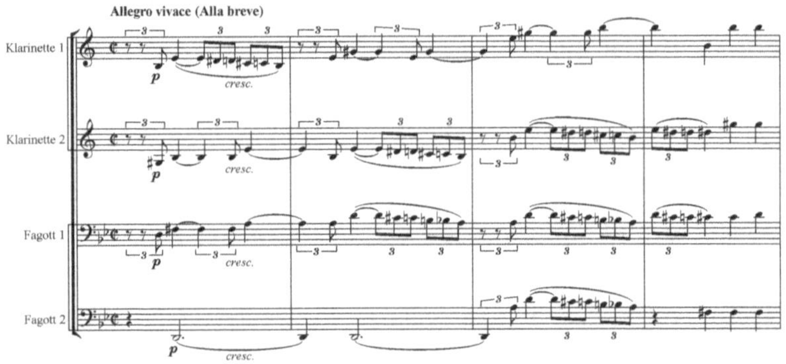

Musikbeispiel 3a: Rachmaninoff, Klavierkonzert Nr. 4 op. 40, Beginn der Urfassung (1926)

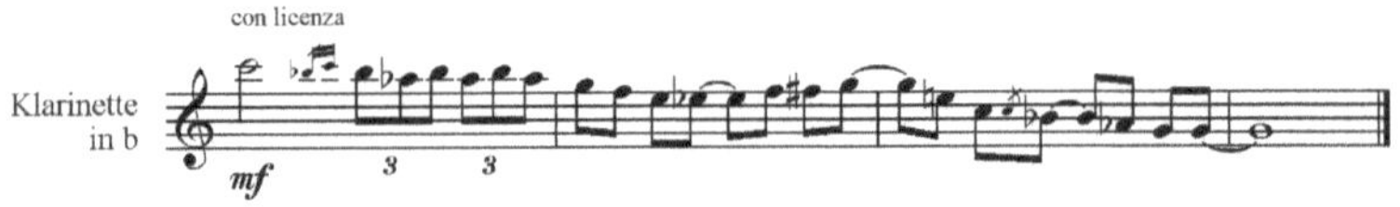

Musikbeispiel 3b: Gershwin, Rhapsody in Blue, Einleitung

Einleitung spiegeln und dann beide Fagotte den Melodieverlauf verdoppeln). Wie so oft in Rachmaninoffs Partituren ergibt dies einen geradezu bildlichen Effekt. (Musikbeispiel 3a)

In den später überarbeiteten Fassungen haben die Instrumente einen gleichförmigen, aufsteigenden Gestus. In dieser Originalfassung zitiert Rachmaninoff Gershwin nicht, erzeugt mit den Stimmen der Klarinetten und Fagotte (3a) aber einen dem Beginn der *Rhapsody in Blue* (3b) vergleichbaren Sog. (Musikbeispiel 3b)

Entscheidend ist, wie die Passagen von den Instrumentalisten ausgeführt werden. Die meisten Musiker in Sinfonieorchestern sind zu ›europäisch-klassisch‹ geprägt, um die erforderliche Wirkung herbeizuzaubern. Bei ›Experimenten in moderner Musik‹ dieser Art, bei ›konzertantem Jazz‹ bieten die Noten eine Richtschnur, doch der Impuls, wie sie vorzutragen sind, muss sich aus der Gestimmtheit und dem ›Feeling‹ des Interpreten entwickeln. Ein Mitschnitt der Urfassung von 1926 ist bei Rachmaninoffs Konzert zwar nicht überliefert, aber Paul Whiteman hat die *Rhapsody in Blue* acht Monate nach der Premiere eingespielt. Der Jazz-Saxophonist und -Klarinettist Ross Gorman gestaltete die einleitende Klarinettenstimme keineswegs im fließenden Legato, sondern kicksend, nonchalant, quäkend und sich windend. Die Freiheiten, die sich Rachmaninoff als Interpret bei der Gestaltung aus dem Augenblick heraus mitunter selbst gestattete, muss gerade bei der Urversion des vierten Klavierkonzerts bei manchen Passagen auch den Orchestermusikern erlaubt sein: Das Werk braucht den jazzigen Sound der *Rhapsody* und des Klavierkonzerts von Gershwin – der Vortrag von Rachmaninoffs Urfassung darf nicht wie eine mechanisch exakte Wiedergabe des Notentextes klingen, sondern so, als ob der Pianist und die Orchestersolisten ihre Parts im Moment des Vortrags spontan kreieren. Der Dirigent Nikolaj Malko betonte, Rachmaninoff sei es beim Komponieren, Klavierspielen und Dirigieren immer darum gegangen, den »Sinn der Musik« zu erfassen. Ein »durchdachtes Voranschreiten der Musik« war ihm wichtiger als eine sklavisch getreue Umsetzung des Notentextes – dem Inhalt maß er mehr Bedeutung bei als der Perfektion! »Pour l'amour de Dieu jouez une fausse note«, sagte Rachmaninoff mit seiner Bassstimme einmal zu einer französischen Pianistin, die ihm vorspielte. »Das war ein mechanisches Klavier, ein Automat, keine menschliche Interpretation«, kommentierte er anschließend gegenüber Malko. »Wenigstens einmal hätte sie danebengreifen müssen.«[730] Er sprach aus Erfahrung: Einmal ging er in der Londoner Queen's Hall sein cis-Moll-Prélude mit solcher Verve an, dass ein Reporter genüsslich berichtete: »Er wartete nicht einmal ab, bis der Applaus verebbte, sondern schleuderte es dem Publikum entgegen wie einen Knochen einem Hund. Und hier ist die Nachricht, die Tausenden von Amateurpianisten ein Trost sein wird: Er hat es gespielt, und er hat es verpatzt. Ja, im schnellen Mittelteil, der für den Laien eine solche Herausforderung ist, hat Rachmaninoff selbst zwei falsche Töne gespielt.«[731] Ein eindrucksvolles Beispiel für eine mehr dem expressiven Ausdruck als der Präzision verpflichteten Gestaltung bildete Rachmaninoffs Aufnahme von russischer Folklore mit der Volksliedsängerin Nadeschda Wasiljewna Plewizkaja, die im Februar 1926 in New York privat entstand zu der Zeit, als er die Arbeit am vierten Klavierkonzert wieder aufnahm.

Stilistisch ist Rachmaninoffs Werk in der Urfassung von 1926 eine ›Rhapsodie für Orchester und Klavier‹ und wurde erst in den Überarbeitungen von 1928 und 1941 zum ›Klavierkonzert‹. Nach der harschen Kritik richtete er sich danach, was sein Publikum und die Disziplin der formalen Gestaltung verlangten. Nicht die unterschiedliche Dauer der Versionen prägt den Unterschied, sondern der Ansatz und ihr Gehalt. Zwar machen die fast 200 gestrichenen Takte etwa ein Fünftel des

Stücks aus, aber da die meisten in den schnellen Ecksätzen getilgt wurden, ergibt dies nur ein Sechstel der Gesamtlänge. Wichtiger als diese musikwissenschaftliche Erbsenzählerei erscheinen die Veränderungen des Charakters der Musik. In allen drei Fassungen geht der zweite Satz mit der Anweisung »attacca subito« unmittelbar in den letzten Satz über. In den Revisionen – d. h. in der 1928 bei Taïr publizierten Originalausgabe und der gestrafften Fassung von 1941 – verwischte Rachmaninoff die Spuren des Improvisatorischen: Das »Allegro vivace« beginnt mit einer Fortissimo-Geste des gesamten, gleich zu Satzbeginn um viele Schlaginstrumente und Piccoloflöte verstärkten Orchesters. Danach setzt das Klavier unmittelbar ein. In der Urversion wirken viele der später gestrichenen bzw. ersetzten Passagen aus Rachmaninoffs viertem Klavierkonzert improvisiert. Der Finalsatz beginnt nach dem Verebben des Largos leise mit nur wenigen Instrumenten, gerade so, als ob man nach der Idylle erst ganz allmählich wieder in den Alltag zurückfinden müsse. Erst nach 17 Takten traut sich das Klavier hinzu. Im Schlusssatz der Urfassung werden in ungebundener rhapsodischer Form eine Vielzahl von Stimmungen und Klangkombinationen erkundet; bei den überarbeiteten Ausgaben befinden sich die Hörer unversehens in der Arena vom Finale des dritten Klavierkonzerts. Rachmaninoff wusste, was er seinem Publikum an Virtuosität schuldig war. Dem gelehrten Streben nach Perfektion versuchte er durch eine kompaktere, zielstrebigere Formgestaltung zu entsprechen. Expressive Details wie die in der Einleitung differenziert gestalteten Stimmen der beiden Klarinetten und Fagotte zähmte er, indem beide Instrumente das Gleiche aus nur noch einer Notenzeile spielen und eine nunmehr aufwärts strebende Linie verdoppeln. Dadurch wird – ähnlich wie bei Robert Schumanns Bearbeitung seiner d-Moll-Sinfonie – das Klangbild dichter und weniger transparent. Wenn sich eine Vielzahl dieser kleinen Anpassungen über etwa tausend Takte erstreckt, verändert sich ein Musikstück dadurch genauso einschneidend wie durch Kürzungen oder das Umkomponieren ganzer Sätze.

Die Haltung von Dmitri Schostakowitsch, bevor er ein Werk überarbeite, schreibe er lieber gleich ein neues, hätte Rachmaninoff gut angestanden. Jedoch wirkten die traumatischen Erfahrungen seiner Jugend ein Leben lang nach. Mit den Strichen, die er später bei der zweiten Sinfonie gestattete, den Kürzungen im zweiten und dritten Klavierkonzert Mitte der 1930er-Jahre, und vor allem einem ›work in progress‹ wie der zweiten Klaviersonate sowie dem ersten und vierten Klavierkonzert hinterließ Rachmaninoff der Musikwelt Probleme wie Verdi mit einigen seiner Opern oder Bruckner mit manchen Sinfonien: Es gibt Entwürfe und verschiedene Fassungen, von denen man oft nicht mit Gewissheit sagen kann, die letzte sei die beste. Stets müssen die Umstände der Entstehung berücksichtigt werden: So handelte es sich bei Rachmaninoffs erstem Klavierkonzert um eine der frühen gewichtigeren Arbeiten eines Studienabsolventen, die der erfahrenere Interpret und Komponist 26 Jahre später für verbesserungswürdig hielt und seinen gereiften Ansprüchen anpasste. Aber wäre dieses nunmehr vierte Klavierkonzert von dem mittlerweile weltberühmten Musiker tatsächlich so drastisch revidiert worden, wenn er durch die vernichtenden Kritiken nicht noch einmal die Traumata des Jahres 1897 durchlebt hätte? Die erste Revision entstand durch den Druck, seinen Töchtern – eine davon alleinerziehende junge Mutter und Witwe – ein ausgefeiltes Werk für den Verlag Taïr zu liefern. Die unnötige Bearbeitung der 1940er-Jahre war das Ergebnis von kommerziellen Erwägungen für die Schallplattenindustrie. Fast könnte man annehmen, dass er mit einer von anderen scheinbar erwarteten, selbst auferlegten Disziplinierung die Urfassung glättete, um – wie Bukinik es formulierte – »seine Seele nicht vor den Menschen zur Schau zu stellen«.[732]

Mit der Kombination der Uraufführungen der *Drei russischen Lieder* und des vierten Klavierkonzerts fasste Rachmaninoff seinen Blick auf zwei Kulturen in Musik. In Anfang der 1930er-Jahre mit der Schreibmaschine getippten Erinnerungen nahm er auf Charakteristika Bezug, die ihm bei beiden aufgefallen waren: »Es gibt einen Zug im amerikanischen Charakter, der unweigerlich meine Bewunderung und meinen Neid erregt. Es ist die amerikanische Selbstbeherrschung, die Zurückhaltung. Ich spreche von dem berühmten amerikanischen Slogan ›Keep smiling‹. Wirklich, es ist ein erstaunlicher Anblick, wenn zwei Amerikaner ätzende Worte austauschen und die ganze Zeit ein charmantes Lächeln auf ihren Gesichtern behalten. Mir zittern in solchen Fällen die Lippen … Oder schauen Sie sich zwei Amerikaner an, die sich gegenseitig grüßen: Es ist immer ein fröhliches: ›Hello! How are you …‹ – ›Oh, fine!‹, dabei setzt man stets ein strahlendes Lächeln auf. Und niemand weiß, was die Menschen wirklich fühlen.

Bei uns Russen ist das ganz anders: Ein Russe trifft auf den anderen. ›Wie geht es dir?‹ Das Gesicht ist traurig und düster. –
›Frag nicht! Schlimm, sehr schlimm sogar! Und wie ist es bei dir?‹ –
›Einfach schrecklich! Es ist Zeit für eine ewige Ruhe! Ich fühle mich müde, habe den Schlaf verloren, habe keine Kraft …‹ etc., etc.

Oder schauen Sie sich die Amerikaner in einem Speisewagen an. Das Essen dort ist oft alles andere als zufriedenstellend, aber wenn der Oberkellner eine Runde unter den Gästen macht und fragt: ›Wie hat Ihnen Ihr Abendessen geschmeckt?‹, antwortet jeder: ›Danke, es war wirklich sehr gut.‹

Ich verwende diese Worte auch immer, aber ich fürchte, mein Gesicht ist dabei alles andere als angenehm. Ein weiteres Beispiel. Ich kenne einige Amerikaner, die ein großes Geschäft haben, das wegen der allgemeinen Depression nicht gut läuft. Schaut sie euch an – was für fröhliche, energische Gesichter! Was für eine erstaunliche Selbstbeherrschung! Menschen mit einem solchen Charakter müssen eine Zukunft haben, denn die Zukunft gehört denen, die Geduld haben und arbeiten. Und wir Russen sind in der Regel Pessimisten. Ist es nicht bezeichnend, dass unser Schriftsteller Tschechow einen Band mit Kurzgeschichten unter dem allgemeinen Titel *Das düstere Volk* herausgegeben hat? Ist es nicht weniger bedeutsam, dass dieser Band Pjotr Tschajkowskij gewidmet ist? Die lebhaften fröhlichen Russen sind Ausnahmen. Ich kannte einen Mann, der mich immer mit den gleichen Worten begrüßte: ›Warum stirbst du, bevor der Tod dich ruft?‹

Ich erinnere mich auch, dass Schaljapin mir immer sagte, wie schrecklich ich auf der Bühne aussehe. Er hielt es für völlig unmöglich und durchquerte, mich nachahmend, mit finsterem Gesicht und gebeugter Gestalt den Raum. Er sagte, dass ein solches Aussehen allein ausreicht, um mir einen vollständigen Misserfolg zu bescheren. Und dann im Gegensatz dazu hat er sofort gezeigt, wie ein Künstler auf der Bühne erscheinen muss und wie er es selbst macht.«[733] Rachmaninoff fühlte sich dennoch in den USA zu Hause. »Das amerikanische Publikum ist im Verständnis der Musik reif geworden und kann den Künstler vom Stümper unterscheiden«, sagte er 1929 im Gespräch mit einem deutschsprachigen Journalisten. »Ich habe elf Jahre in Amerika verlebt, nicht durch die Verhältnisse gezwungen, sondern weil ich Amerika als meine zweite Heimat schätze. Meine beiden Töchter sind in amerikanischen Instituten erzogen worden, die ältere, die den Fürsten Wolkonsky geheiratet hat, absolvierte auch eine amerikanische Universität. Wir alle fühlen uns dort am besten und wollen auch dort bleiben, so lange – so lange die Verhältnisse in meiner unglücklichen russischen Heimat nicht besser werden. Denn schließlich ist die Schreckensherrschaft der Bolschewiken, mag sie noch so lange dauern, nichts als eine historische Episode.«[734] Rachmaninoffs Freund Arthur Hirst erzählte, er habe ihn nie auf seine Zeit in Russland angesprochen, denn er »wollte keine schmerzhaften Gedanken wecken«. – »Die lebendige Gegenwart und Zukunft boten immer genug Stoff für angeregte Gespräche. Aber obwohl ihm Russland viel Kummer bereitete, erheiterte ihn die Energie und Freundlichkeit seiner neuen amerikanischen Landsleute enorm, und ich glaube fest daran, dass er die Umwälzungen in seinem Heimatland mit jenem Fatalismus betrachtete, der ein so starkes Merkmal eines jeden Slawen ist. Ich kann mir auch vorstellen, dass das vorübergehende Verbot seiner Werke durch einige der weniger klugen sowjetischen Behörden ihn nicht übermäßig beunruhigen würde – da er sich gut an die geführten Konflikte und erlittenen Kränkungen im untergegangenen Russland erinnerte, in dem er zum Ruhm aufgestiegen war. Ein Mann von solchem Urteilsvermögen und moralischer Ausgeglichenheit konnte nicht umhin zu wissen, dass die Ebbe und Flut der zeitgenössischen Volksstimmung keine Wirkung auf Kunstwerke hat, die wirklich großartig sind – und ich glaube, ich kann ihn sagen hören bezüglich des Verbots: ›Das macht nichts! In ein paar Jahren werden sie meine Musik mit anderen Augen sehen und besser verstehen.‹«[735] Das Verständnis des vierten Klavierkonzerts wird bis heute von den Rachmaninoff-Klischees überlagert. Die unterschiedlichen Versionen des Werks verdienen im Musikleben die gleiche Berechtigung und Aufmerksamkeit wie etwa die verschiedenen Fassungen von Verdis Oper *Don Carlo(s)* oder Bruckners dritter Sinfonie. Die Urfassung von Rachmaninoffs viertem Klavierkonzert ist weniger gefällig, wohingegen nach der Übergangsversion von 1928 die letzte Bearbeitung das Ergebnis einer selbst auferlegten Disziplinierung war – damit verwandelte Rachmaninoff eine wunderschöne Wildwiese in einen französischen Garten.

Durch die Kritik an dem neuen Werk sah sich Rachmaninoff wieder mit dem Tolstoj'schen Dilemma von einst konfrontiert: »Wer braucht solche Musik?« Er muss überzeugt gewesen sein, mit dem neuen Stück das Problem gelöst zu haben. Durch Mamontow und Tschechow hatte er gelernt, dass Kunst gesellschaftliche Relevanz haben muss, nicht im agitatorischen, sondern im moralischen Sinn. In seinen mit ausgefeilten dynamischen und interpretatorischen Angaben versehenen Instrumentalwerken behandelte er ein Orchester nicht als tumbe Masse, sondern gab jedem einzelnen Mitwirkenden die Gelegenheit, auf individuelle Weise zum großen Ganzen beizutragen. Die durch die Wechselwirkungen von Streichern, Holz- und Blechbläsern nebst Tasten- und Schlaginstrumenten beinahe dreidimensionale Plastizität seiner Musik erhält dadurch eine fast demokratische Legitimierung. Selbst ›Außenseiter‹ werden integriert, wie die zuweilen etwas hilflos-suchend wirkende

Trompetenstimme im dritten Satz des vierten Klavierkonzerts. Diese Besonderheiten kommen am besten in der Urfassung zur Geltung.[736]

Mochte auch sein viertes Klavierkonzert wenig Anklang gefunden haben, Rachmaninoffs zweites Klavierkonzert war nach wie vor äußerst beliebt. Es stand ganz oben auf der Wunschliste der Victor Company. Noch schlummerte die fünf Jahre alte, aber nie freigegebene akustische Aufnahme dieses Werks in den Archiven, als seine Plattenfirma ab März 1925 bereits die ersten elektronischen Aufnahmen produzierte. In der zweiten Hälfte der 1920er-Jahre spielte Rachmaninoff 83 Plattenseiten ein, von denen 14 elektronische Neueinspielungen früherer akustischer Aufnahmen waren. Sechs Einspielungen blieben unveröffentlicht, darunter Chopins As-Dur-Ballade op. 47, ein Skrjabin-Prélude und Liedaufnahmen mit Nadeschda Plewizkaja. Eines der umfangreichsten Projekte war die elektronische Version des c-Moll-Konzerts. Dabei konnte im April 1929 Leopold Stokowskis Philadelphia Orchestra mit der vollen Besetzung von 106 Musikern antreten. Als Aufnahmeort wählte man die Academy of Music und nahm die Aufzeichnung an zwei Tagen vor. Ein Mikrophon, das die alten Aufnahmetrichter ersetzte, wurde etwa zehn Meter über dem Orchester platziert und zeichnete eine lebendige Interpretation auf, bei der sogar der kritischste Hörer – Rachmaninoff selbst – sein Wohlwollen signalisierte.

Eine weise Entscheidung des Victor-Managements war zudem, auch Rachmaninoffs Können als Dirigent zu dokumentieren, da man ohnehin ein Spitzenorchester im Aufnahmestudio hatte. An den folgenden fünf Tagen leitete Rachmaninoff Einspielungen von *Die Toteninsel* op. 29 und seiner Orchesterfassung der *Vocalise* op. 34, Nr. 12. Damit wählte er zwei Werke, die grundlegende Elemente seiner Kompositionen enthalten: Das mittelalterliche Dies irae-Thema spielt eine auffällige Rolle in seinem Opus 29 und die erheblich älteren osteuropäischen Pritschets prägen die *Vocalise*.

Bereits im Vorjahr hatte die Victor Company Aufnahmen von zwei der bedeutendsten Instrumentalsolisten der Welt arrangiert: Dem Geiger Fritz Kreisler, der unter anderem Elgars grandioses Violinkonzert uraufgeführt hatte, und dem Pianisten Sergej Rachmaninoff. Beide trafen sich im März und im Dezember 1928 in den Victor Studios in New York, um Beethovens Violinsonate Nr. 8 in G-Dur, op. 30, sowie Schuberts Violinsonate Nr. 5 in A-Dur, D 574, aufzunehmen. Bei Griegs Violinsonate Nr. 3 unterstützte im September 1928 das Electrola-Studio in Berlin die Aufzeichnung der Tondokumente. Bei den Sitzungen trafen zwei völlig unterschiedliche Temperamente aufeinander. »Kreisler kam immer bestens gelaunt aus dem Studio, stets freudestrahlend wegen der wunderschönen Musik, die er mitgestaltet hatte«, erinnerte sich die Sopranistin Geraldine Farrar. »Rachmaninoff hingegen tauchte mit seinem traurigen Gesicht auf, besorgt über diesen oder jenen Satz, der seiner Meinung nach nicht ganz so herausgekommen war, wie er sollte. Er würde tagelang über der Situation grübeln und schließlich entscheiden, dass eine weitere Aufnahme gemacht werden sollte. Sein Freund Fritz jedoch dachte nur an die Schönheiten ihrer Ensembleleistung und wich der Frage, das Ganze noch einmal zu machen, kunstvoll aus.«[737] Der Plan zu den Aufnahmen entstand bei einem Gespräch über Musik im Haus des gemeinsamen Managers Charles Foley. »Anstatt die Proben an einem Tag im Haus von Herrn Rachmaninoff und am nächsten Tag im Haus von Herrn Kreisler abzuhalten, haben wir uns für neutralen Boden entschieden«, berichtete Foley. »Die beiden Freunde – sie waren zu dieser Zeit enge Freunde geworden – waren bei mir zu Hause versammelt, und der einzige Zuhörer bei ihren Proben war ein Diener, den ich hatte, ein Koreaner, der beide bewunderte, sich aber nicht sehr für westliche Musik interessierte. Er kochte ihnen Kaffee, den sie dankbar und ausgiebig tranken. Dort konnten sie ihre Mäntel und Westen frei ablegen, über Tempi, Schattierungen etc. diskutieren und auch mal streiten, und wie man so schön sagen könnte – die Sau rauslassen.« Später scherzte Rachmaninoff gerne darüber, wie ihn »sein eigener quälender Perfektionismus dazu getrieben hatte, Kreisler zu überreden, das ganze Werk fünfmal aufzunehmen«.[738] Von gut 30 Aufnahmeplatten wurden die besten ausgewählt und alle übrigen zerstört. »Vielleicht gefiel so viel Arbeit Fritz Kreisler nicht ganz«, meinte er. »Er ist ein großartiger Künstler, aber es scheint ihm nicht daran gelegen, zu hart zu arbeiten. Als Optimist wird er voller Enthusiasmus erklären, dass die ersten Probeaufnahmen, die wir machen, wunderbar, hervorragend sind. Aber mein eigener Pessimismus lässt mich unweigerlich glauben und argumentieren, dass sie besser sein könnten. Wenn wir also zusammenarbeiten, Fritz und ich, streiten wir uns immer.«[739]

Veröffentlichen ließ Rachmaninoff schließlich jene Takes, bei denen ihn die wenigstens Bedenken plagten. Noch als ihm die Schubert-Aufnahme zugestellt wurde, grantelte er über Unzulänglichkeiten. »Musikalisch sind alle Platten gut, aber der Gesamteindruck des ganzen Duos erscheint mir etwas dürftig«, ließ er Kreisler wissen. »Trotzdem stimme ich ihrer Veröffentlichung zu. Es irritiert mich ein bisschen, dass wir an manchen Stellen nicht absolut zusammenspielen. Das liegt daran, dass wir zu weit voneinander entfernt waren. Dieser Defekt ist sehr klein, aber Sie und ich werden es bemerken und deshalb bin ich mit ihnen nicht zufrieden.«[740]

Neben diesen Sternstunden der Grammophonindustrie gab es zahlreiche verpasste Gelegenheiten. Bei Aufnahmen mit einem Orchester war Rachmaninoff zwar nicht ganz so pingelig, als wenn er selbst am Klavier saß und Testaufnahmen so lange wiederholen konnte, bis die Finger schmerzten. Allerdings verlangte er eine intensive Probenarbeit zuvor und bot sogar an, selbst die Kosten dafür zu übernehmen. Aber den Orchestern war schon die von ihm verlangte einwöchige Vorbereitung zu viel bei einem effizienten System, das üblicherweise einen, höchstens drei Probentage für Konzertvorbereitungen zuließ. Die Gewerkschaften achteten sorgfältig auf die Einhaltung der Stunden. In Russland war Rachmaninoff eine andere Arbeitseinstellung gewohnt. Er erkannte, dass in seinem Zufluchtsland, den USA, nicht das Werk im Mittelpunkt stand, sondern die Darbietung. Rachmaninoff arrangierte sich damit, komponierte weniger und stellte die Interpretation auf Tonträgern bzw. in Konzerten in den Mittelpunkt. Ein anderer Exilant, Sergej Prokofjew, konnte sich nie damit abfinden. Er bestritt seinen Lebensunterhalt vornehmlich als reisender Klaviervirtuose, wodurch etwa ein Drittel seiner Werke Kompositionen für das Klavier waren. Aber er hinterließ kaum eigene Einspielungen, bis auf einen Mitschnitt als Solist seines dritten Klavierkonzerts vom Juni 1932 in einer Aufnahme aus dem Londoner Abbey Road Studio Nr. 1 mit dem London Symphony Orchestra unter der Leitung von Piero Coppola. Prokofjew liebäugelte damit, mit seiner Familie in die alte Heimat zurückzukehren. Während Rachmaninoff sich auch andernorts in Deutschland, der Schweiz oder den USA wohlfühlte, zeigte sich Sergej Sergeewitsch vom Leben im Ausland enttäuscht. »Ich hatte gehofft, dass ich es mit meiner Musik in Amerika ebenso leicht haben würde wie in den letzten Jahren in Russland«, sagte er. »In Wahrheit aber fand ich ein zwar vortrefflich organisiertes, jedoch durchaus anderes Musikleben vor. Bei uns ist man seit einem ganzen Jahrhundert an Komponisten gewöhnt, die sich etwas ausgedacht haben und das Publikum vor Aufgaben stellen, über die diskutiert wird. Diese Diskussion über Neuerscheinungen in der Musik, über Richtungen und Komponisten stellen einen nicht geringen Bestandteil unseres kulturellen Lebens dar. Amerika hat im Gegensatz dazu keine Komponisten, außer denen, die schon berühmt aus Europa kommen, und das ganze Schwergewicht des Musiklebens liegt auf dem persönlichen Vortrag. In dieser Beziehung galt es, die Ohren steifzuhalten: Eine Nachlässigkeit, die Moskau verzeihen könnte, verzeihen sie hier nie.«[741] Rachmaninoff hatte selbst einen so hohen Perfektionsanspruch, dass er den Wunsch nach höchster Qualität besser nachvollziehen konnte. Aber für die Plattenindustrie war es in erster Linie interessant, nicht alle seine Orchesterwerke zu dokumentieren, sondern in erster Linie jene Konzertstücke, bei denen sich sein Name als Klaviersolist vermarkten ließ. Nie wurde in Erwägung gezogen, ihn als Dirigent seiner zweiten Sinfonie oder als Interpret von Tschajkowskijs Werken aufzunehmen. Eine Einspielung der *Sinfonischen Tänze* mit dem Philadelphia Orchestra scheiterte daran, dass sie der Arrangeur und Dirigent Charles O'Connell nicht mochte, der ab den 1930er-Jahren bei RCA Victor für das Plattenrepertoire zuständig war. Als sich eine Möglichkeit mit dem erheblich günstigeren Chicago Symphony Orchestra abzeichnete, war Rachmaninoff von der Idee nicht angetan, als es hieß, nicht er solle dirigieren, sondern der alte Routinier Frederick Stock. Eine Einspielung der dritten Sinfonie musste lange bis zu einem günstigen Augenblick verschoben werden, weil Rachmaninoff nicht bereit war, sämtliche seiner *Préludes* einzuspielen, welche die erwarteten finanziellen Einbußen wegen geringerer Verkaufszahlen bei Orchesterwerken hätten ausgleichen sollen. Er blieb seinen Prinzipien treu und wollte ausschließlich Interpretationen auf höchstem Niveau bieten. Zugleich musste er sich mit kommerziellen Erwägungen arrangieren. Ihretwegen ließ sich nie ein geplantes Tondokument realisieren, das Rachmaninoffs eigene Interpretation von *Die Glocken* überliefert hätte. Im Anschluss an Konzertaufführungen mit dem Philadelphia Orchestra, den Gesangssolisten Jan Peerce, Susanne Fisher und Mack Harrell sowie dem Westminster Choir wurde eine Einspielung in Erwägung gezogen. Letzten Endes entschieden die Verantwortlichen bei RCA Victor sich dagegen, weil der Kostenaufwand für die umfangreiche Besetzung und die vermuteten geringen Verkaufszahlen in keinem Verhältnis zueinander standen. Dabei war Rachmaninoff zu diesem Zeitpunkt seit fast 20 Jahren eines der besten Zugpferde im Katalog der Firma und hatte vor allem ab Mitte der 1920er-Jahre wesentlich dazu beigetragen, das Label zu unterstützen, als sich mit dem Radio eine neue Konkurrenz entwickelte. Der Börsenkrach im Oktober 1929 und die anschließende Weltwirtschaftskrise trafen die Schallplattenindustrie, Konzertunternehmer und Sinfonieorchester härter als die Rundfunkanstalten. Die Anlage in Camden wurde von der Grammophon- auf die Radioproduktion umgestellt, nachdem das Label Victor schon im

Januar 1929 von der Radio Corporation of America (RCA) übernommen worden war. Ab 1930 begann man mit drastischen Sparmaßnahmen bei den Plattenproduktionen und den Werbemaßnahmen, sodass Musiker wie Heifez, Rubinstein und Horowiz zum britischen Geschäftspartner von Victor wechselten: His Master's Voice (HMV) in London. Auf dem europäischen Markt boten sich aussichtsreichere Absatzmöglichkeiten. Rachmaninoff blieb seiner Firma treu und hielt sich an seine Grundsätze. Viele seiner Interpretationen hätten der Nachwelt erhalten bleiben können, wäre er den naheliegenden Weg gegangen, sein Können als Dirigent und Pianist nicht nur im Studio auf Tonträgern mitzuschneiden, sondern auch Konzertauftritte durch die immer beliebter werdenden Direktübertragungen im Rundfunk zu dokumentieren.

Dieses Medium hatte in den 1920er-Jahren zunehmend an Attraktivität gewonnen. Im Oktober 1922 begann die British Broadcasting Corporation (BBC), ihr Programm auszustrahlen. In den Vereinigten Staaten gab es zu dieser Zeit 30 Rundfunksender, zehn Jahre später schon 20 Mal so viel (618) und 1940 sogar 847. Die Grundlage ihrer Übertragungen war, elektrische Wellen in Töne zu übertragen. Schon bald tüftelten etliche kluge Köpfe daran, dies für verbesserte Musikaufzeichnungen nutzbar zu machen. Plattenfirmen wie Victor, Columbia und Pathé wetteiferten um die Exklusivrechte, aber die Western Electric Manufacturing Company, die bereits große Geschäfte mit Telefonen machte, war bereit, nur Lizenzen für das neue Verfahren zu vergeben. Der Vorteil bestand darin, dass das Klangvolumen elektrisch vorgenommener Grammophonaufnahmen um eineinhalb Oktaven größer und erweiterbar war. Vor allem hohe Töne wurden klarer wiedergegeben und Instrumentalisten konnten vor Mikrophonen wie im Konzertsaal agieren und mussten nicht mehr in einen sperrigen Aufnahmetrichter hineinspielen. Zudem konnten auch Sinfonieorchester bei Monoaufnahmen in voller Besetzung antreten. Rachmaninoff war begeistert. »Als ich meine ersten Platten mit Edison in Amerika machte, kam das Klavier mit einem dünnen, klirrenden Ton heraus – es klang genau wie die russische Balalaika, die, wie Sie vielleicht wissen, ein Saiteninstrument ist, das der Gitarre ähnelt«, äußerte er in einem Interview. »Und die Ergebnisse des akustischen Verfahrens, das ich verwendete, als ich 1920 mit den Aufnahmen für ›His Master's Voice‹ begann, waren alles andere als zufriedenstellend. Erst die Perfektionierung der elektrischen Aufzeichnung in den letzten drei Jahren in Verbindung mit den jüngsten erstaunlichen Verbesserungen bei den Grammophonen selbst, hat uns eine kaum zu überbietende Klangtreue, Vielfalt und Klangtiefe für Klaviere beschert.«[742]

Diese Qualitäten zeigten sich indes nicht bei den frühen Rundfunkübertragungen. Dementsprechend war Rachmaninoff nicht wie Edward Elgar vom Radio und vom Grammophon gleichermaßen begeistert. Der Engländer nahm Einspielungen in den Londoner Abbey Road Studios vor und gestattete von ihm dirigierte Übertragungen aus Konzertsälen wie der Queen's Hall oder der Kathedrale in Hereford. Man hätte Rachmaninoff nur überzeugen müssen, ab den 1920er-Jahren sein Einverständnis zu geben. Elgar überlieferte eigene Deutungen fast aller seiner wichtigen Werke, Rachmaninoff jedoch sträubte sich gegen Aufzeichnungen seiner Konzertauftritte. Es gab mehrfach Anfragen, die ihn zum Grübeln brachten. Von einer Europatournee schickte er im September 1929 Korrespondenz an Somow, der einige Fragen mit seinem amerikanischen Agenten Charles Foley klären sollte: »Laut dem Manager wird mein Konzert in Berlin [am 5. Dezember] ausverkauft sein. Eine Radiogesellschaft bittet um Ausstrahlung. Soll ich zustimmen und welche Gebühr sollte ich fordern? Mein Nettogewinn im letzten Jahr betrug etwa 9000 Mark. Sollte ich in ähnlicher Weise zustimmen, wenn ein solcher Vorschlag in London gemacht wird, und wie viel sollte ich verlangen?« Rachmaninoff selbst betrachtete Konzerte eher als Werbung für seine neuen Grammophonaufnahmen. »Ist die Aufnahme meines zweiten Konzerts schon erschienen?«, erkundigte er sich. »Ich spiele es am 19. Oktober in Den Haag mit Mengelberg, und es wäre gut, die Platten gleichzeitig dort zu haben.«[743]

Nach Rachmaninoffs Auffassung hatte das Radio »einen schlechten Einfluss auf die Kunst«. In einem Interview mit der Zeitschrift *Gramophone* nahm er im April 1931 zu seiner Haltung ausführlich Stellung. Er argumentierte, durch den Rundfunk werde »die ganze Seele und wahre Bedeutung der Kunst zerstört«, da die Technik noch nicht ausgereift sei: »Mir scheint, dass das moderne Grammophon und die modernen Aufnahmeverfahren der drahtlosen Übertragung in jeder Hinsicht musikalisch überlegen sind, insbesondere was die Wiedergabe des Klaviers angeht.«[744] Er hatte unbefriedigende Erfahrung mit dem Rundfunk in den USA, England, Deutschland und der Schweiz gemacht, wo die landeseigenen Sendungen, geschweige denn die aus Moskau, selten störungsfrei zu empfangen waren. Dementsprechend erwiesen sich seine Bedenken als durchaus berechtigt. Noch im April 1937 klagte der Komponist Frank Bridge, dass bei einer Rundfunkübertragung von Werken seines Schülers Benjamin Britten die dürftige Tonqualität vor allem bei Vokalmusik für viele Einbußen sorge. »Abgesehen von ›Our hunting fathers‹ konnte ich kaum eines der anderen Worte verstehen &

deshalb haben sich alle gewundert, um was es überhaupt geht«, meinte er in Bezug auf den Liederzyklus mit diesem Titel.[745] Da für Rachmaninoff instrumentale Details ebenso wichtig waren wie eine genaue Textverständlichkeit, kam er zu dem negativen Urteil im Hinblick auf den damaligen technischen Stand der Tonaufzeichnungen. Wenn man in abgelegenen Orten auf Konzertübertragungen aus dem Radio baute, mochte es noch angehen, aber wo immer es möglich war, sollten sich Musikfreunde eine Aufführung im Konzertsaal gönnen. Deswegen trat er auch bei seinen Tourneen nicht nur in den großen Metropolen auf, sondern auch in abgelegeneren Orten wie Fitchburg (in Massachusetts, nach San Francisco die hügeligste Stadt der USA), Plainfield (New Jersey) und Rutland (Vermont). Sein Anspruch an die Musik bestand nach wie vor darin, sie im Idealfall mit der bestmöglichen Klangqualität live zu erleben oder durch das Auswählen, den Erwerb und das Auflegen einer Platte sie zumindest bewusst wahrzunehmen. Durch den Rundfunk drohte sie, sobald erst einmal das Radio angeschaltet war, zu einer Dauerberieselung im Hintergrund zu verkommen. Pointiert formulierte der scharfzüngige Dirigent und Komponist Constant Lambert seinerzeit: »Je mehr Leute die drahtlosen Übertragungen nutzen, desto weniger hören sie zu.«[746]

Im Westen konnte Rachmaninoff zumindest auf einen besseren technischen Standard vertrauen als in seiner alten Heimat. In der Sowjetunion wurde das Rundfunkwesen erst ab Ende der 1920er-Jahre gefördert, dann aber vor allem als Propagandainstrument. Der hohe Absatz an Empfangsgeräten bewies aber bald die Beliebtheit des neuen Mediums. In den USA und Westeuropa verdrängte das Radio allmählich das heimische Musizieren. Statistiken für Großbritannien verzeichneten schon 1928 einen Absatz von etwa 500 000 Rundfunkempfängern gegenüber 100 000 Klavieren. Radioapparate waren beispielsweise in den USA mit 150 Dollar preiswerter als ein Grammophon, denn in den 1920er-Jahren kostete das günstigste Gerät der Firma Electrola 650 Dollar. Dies war eine beträchtliche Summe in einem Land, in dem das durchschnittliche Jahreseinkommen eines Haushalts bei etwas mehr als 3000 Dollar lag und sogar ein Auto – wie das Ford Model T zu 300 Dollar – für weniger zu bekommen war. Abgesehen von der unzuverlässigen Tonqualität einer Rundfunkübertragung störte Rachmaninoff, dass im Westen die Produktwerbung eine zunehmend stärkere Rolle spielte. Er schätzte es, sich auf das Wesentliche zu konzentrieren. Eine Grammophoneinspielung stellte für ihn ein Tondokument dar, an dem er – sofern erforderlich – Verbesserungen vornehmen konnte. Die

Übertragung eines seiner Konzerte hätte nur einen flüchtigen Eindruck eingefangen und ihn als Solisten oder Dirigenten unnötig unter Druck gesetzt. Selbst wenn er wusste, er könnte die Aufnahme wiederholen, war er schon unruhig genug. »Ich werde sehr nervös, wenn ich Plattenaufnahmen mache, und alle, die ich gefragt habe, sagen, dass sie auch nervös werden«, gestand er.[747] Rachmaninoff konnte bei den Aufnahmesitzungen vieles irritieren, etwa wenn ein Mitschnitt unterbrochen werden musste oder »Glockentöne anzeigten, wann er beginnen sollte«, wie Sofja Satina bezeugte. »Schließlich ersetzte man die Glocken durch Lichtsignale, die ihn aus irgendeinem Grund weniger störten.«[748] Zwischen Studio und Konzertsaal bestand für Rachmaninoff indes ein gewaltiger Unterschied. »Wenn die Testaufnahmen gemacht sind, weiß ich, dass ich sie mir vorspielen lassen kann, und dann ist alles in Ordnung«, sagte er. »Aber wenn die Bühne für die finale Aufnahme vorbereitet ist und mir klar wird, dass diese dann für immer gültig bleiben wird, werde ich unruhig und meine Hände spannen sich an.«[749]

Dabei hatte Charles O'Connell eigentlich den Eindruck, Rachmaninoff interessiere sich nicht für die technischen Aspekte der Tonaufzeichnung und zeige sich »eher gleichgültig gegenüber der Aufnahmequalität an sich«. »Ihm war nur an seiner eigenen Darbietung gelegen«, klagte er, »und er ließ kaum die Veröffentlichung einer Schallplatte zu, auf der sein Spiel nicht makellos war.«[750] Unter den berühmtesten Instrumentalisten seiner Zeit sträubte sich außer Rachmaninoff nur noch Fritz Kreisler gegen Mitschnitte von seinen Konzertauftritten. O'Connell überlieferte, dass Rachmaninoff oft sagte, dass gerade die Aufnahmesitzungen für ihn die beste Lektion dafür waren, was man bei der Aufführung vermeiden sollte.[751]

Durch glückliche Zufälle sind dennoch zwei Live-Mitschnitte entstanden. Der technikbegeisterte Leopold Stokowski hatte Anfang der 1930er-Jahre die Bell Telephone Laboratories (Western Electric) gebeten, ein Tonstudio unter der Bühne der Academy of Music in Philadelphia einzurichten, um Möglichkeiten zur Verbesserung der Aufnahmetechnik auszuloten. Die Tontechniker waren durch eine Telefonleitung mit dem Bell-Laboratorium in Manhattan verbunden, sodass am 3. Dezember 1931 die Probe von Stokowski mit dem Philadelphia Orchestra aufgenommen werden konnte. Da zwei Tage später ein Konzert Rachmaninoffs in Philadelphia anstand, war er zugegen und spielte zwei Solostücke, die von den Bell-Ingenieuren aufgenommen wurden. Allerdings sind mittlerweile die Aufzeichnungen von Webers *Perpetuum mobile* und Liszts *h-Moll-Ballade* verschwunden bzw. verrottet. Eine andere nicht offizielle Aufnahme entstand, als Rachmaninoff am 21. Dezember 1940 dem Dirigenten Eugene Ormandy am Klavier demonstrierte, wie er die *Sinfonischen Tänze* aufgeführt wissen wollte.[752]

So sehr ihn das Grammophon als Medium zur Verbreitung gehaltvoller Musik faszinierte, war es für Rachmaninoff ein Paradoxon, dass Anfang der 1920er-Jahre, als er seine ersten Aufnahmen machte, »die Geschäfte ausgezeichnet liefen, obwohl nur mittelmäßige Aufzeichnungen verfügbar waren«. Nun aber, Anfang der 1930er-Jahre, »wo wir erstklassige Aufnahmen haben, läuft das Geschäft schlechter als je zuvor«.[753] In den 1920er-Jahren lagen die jährlichen Verkaufszahlen von Grammophonplatten durchschnittlich bei 30 bis 40 Millionen. 1928 war das drittbeste Jahr nach 1921 und 1923, doch schon 1929 brach der Absatz von 37 764 906 Tonträgern auf 34 493 447 ein, weil das Weihnachtsgeschäft aufgrund der Krisenlage schlechter als erwartet ausfiel, und 1930 verkaufte man nur noch 17 710 520 Platten. In den folgenden Jahren wurden die Vertriebszahlen mehr als halbiert und erholten sich erst ab 1937 wieder, als man erneut die Zehn-Millionen-Marke überschreiten konnte. Einen Hauptgrund sah Rachmaninoff neben der Wirtschaftskrise darin, dass auf einmal »alle in das Radio vernarrt« waren, und er gab zu bedenken: »In Großstädten wie London oder New York am Radioapparat zuzuhören, wenn man eigentlich in einem Konzertsaal anwesend sein könnte – das käme mir als Sakrileg vor.«[754]

Die Phase der Goldgräberstimmung in der Grammophonindustrie hatte 1929 einen harten Einschnitt erlebt. Sergej Rachmaninoff erlitt auf privater und finanzieller Ebene schwere Verluste. Im September 1929 erhielt er die Nachricht, dass seine Mutter in Nowgorod im Alter von 76 Jahren verstorben war, und vier Wochen später sorgte der Zusammenbruch der Wall Street am ›Schwarzen Freitag‹ für ein Chaos am Börsenmarkt. Durch die daraus resultierende Weltwirtschaftskrise verlor Rachmaninoff viel Geld, das er mit Konzertauftritten erst wieder verdienen musste. Von einer anstrengenden England-Tournee im November 1929 berichtete er, dass ihm die Terminverpflichtungen kaum Zeit ließen, bei hörenswerten Aufführungen seiner eigenen Werke zugegen zu sein: »Am 21. November läuten *Die Glocken* in Manchester. Sir H. Harty dirigiert. Ein ausgezeichneter Musiker! Aber ich werde sie nicht hören können, denn ich spiele an diesem Tag in einer anderen Stadt, von wo aus ich am 22. nach Manchester weiterfahre – einen Tag zu spät. Schade! Natascha hat beschlossen, mich zu verlassen und zum Konzert dorthin zu gehen.«[755] Zumindest hatte er den Trost, dass er bei seinen Auftritten vom Publikum zumeist auf Händen getragen wurde.

»In Holland habe ich fünf Konzerte gegeben«, berichtete er von einer Tournee und fuhr im scherzhaften Tonfall fort: »Sie haben mich dort so verwöhnt, dass, wenn jetzt nicht das gesamte Publikum in corpore bei meinem Auftritt und nach Vollendung eines großen Werkes aufsteht, ich unzufrieden bin. Ich fordere Respekt!«[756] Diesen Respekt erfuhr er in Europa eher durch die Musikliebhaber in seinen Konzerten als durch die Presse und die Musikwissenschaft. Die alte Welt schien vieles zu bieten – sowohl ein gutes Gespür für gehaltvolle Musik als auch ein Ambiente, in dem man sich wohlfühlen konnte.

10 Musen und Moden (1930–1936)

MIT der Spielzeit 1930/31 begann ein grandioses Jahrzehnt für die sinfonische Musik. Das Boston Symphony Orchestra – jenes Ensemble, das Rachmaninoff gut zehn Jahre zuvor den leitenden Dirigentenposten angeboten hatte, feierte sein 50-jähriges Bestehen mit großzügig vergebenen Kompositionsaufträgen. Sechs Jahre zuvor hatte Sergej Kusewizkij das begehrte Amt angetreten, das er ein Vierteljahrhundert lang prägen sollte. Zum Jubiläum lud er führende Musiker ein, mit gehaltvollen Beiträgen die moderne Sinfonik zu bereichern. Der Franzose Albert Roussel, der Schweizer Arthur Honegger, der Amerikaner Howard Hanson, der Ungar Béla Bartók und zwischen den Staaten pendelnde Künstler wie Igor Strawinskij und Sergej Prokofjew ließen sich nicht lange bitten. Unter Kusewizkijs Leitung hatte eine intensive Zusammenarbeit mit dem Rundfunk begonnen – bei der ersten Liveübertragung eines Sinfoniekonzerts lauschten 1926 über eine Million Hörerinnen und Hörer der Musik. Rachmaninoff wollte sich nie durch Kompositionsaufträge unter Zeitdruck setzen lassen und zudem dem Philadelphia Orchestra nicht untreu werden. Er komponierte nicht mehr für Honorare und Tantiemen, sondern nur, wenn er für das, was er musikalisch ausdrücken wollte, die geeignete Form und Darstellungsweise gefunden hatte. Wie er über 30 Jahre zuvor im Zusammenhang mit seinem zweiten Klaviertrio äußerte, flossen beim Komponieren »alle Gedanken, Gefühle und Energien« in ein Werk: »Wie es in einem meiner Romanzen heißt, litt ich die ganze Zeit und war krank in der Seele«, hatte er damals mit Bezug auf das erste Lied aus seinem Zyklus op. 4 geschrieben.[757] Solche Momente kehrten zuweilen wieder.

Der Tod seiner Mutter und die Wirtschaftskrise lähmten seine kreativen Energien. Er gestattete lediglich Respighi, fünf seiner *Études-Tableaux* zu instrumentieren, was wiederum etwas Geld einbrachte, und erstellte eine Klavierversion des ›Hummelflugs‹ aus Rimskij-Korsakows Oper *Das Märchen von Zaren Saltan*. Rachmaninoff war bewusst, dass es in Puschkins Dichtung und dem Bühnenstück unter anderem darum geht, wie man sich durch Aufrichtigkeit und Mut gegen heimtückische Intriganten behaupten kann. Die Natur der russischen Volkspoesie ist hier nicht nur einfach ein Gleichnis, sondern die elementaren Kräfte wie Feuer, Wind und Wasser sowie die Tiere sind mit den Menschen Teil einer ›fabel-haften‹ Wirklichkeit [letztere sind ja auch (Säuge-) Tiere, eine Erkenntnis, die sich seit dem Ende des 19. Jahrhunderts allmählich durchsetzte]. Zentrale Figur der Oper ist ein Lebewesen, das als Schwanenweibchen und Schwanen-Zarewna eine Doppelexistenz führt. Das Publikum in Westeuropa und Amerika mochte beim ›Hummelflug‹ nur eine Virtuosenkapriole goutieren – Rachmaninoff war klar, dass es bei diesem ›Märchen‹ sowohl thematisch als auch musikalisch um Unterschiede und Gemeinsamkeit diverser Lebensformen sowie beim Schwan um zwei Existenzweisen in kulturell unterschiedlichen Umgebungen geht.

Kontrovers diskutiert wurde Anfang der 1930er-Jahre die Frage, wo es denn überhaupt noch russische Musik gebe. Zugespitzt hatte das Problem ein Mann, der mittlerweile unter dem Künstlernamen Arthur Lourié bekannt war. Der Busoni-Verehrer hieß ursprünglich Naum Israilewitsch Lurja und war 26 Jahre alt, als 1917 die Revolution seine Heimat und später das Leben der ganzen Welt auf den Kopf stellte. Er engagierte sich unter Lunatscharskij als erster Leiter der Musikabteilung des Volkskommissariats für Aufklärung, des ›Narkompros‹ (Народный комиссариат просвещения, *Nar*ódnij *Kom*missariát *Pros*weschtschénija). Wörtlich bedeutet der russische Begriff für die Epoche der ›Aufklärung‹ bzw. ›aufklären‹ soviel wie ›Durchlichtung‹ (просвещение von свет, Licht bzw. освещать, beleuchten). In anderen slawischen und romanischen Sprachen ist es ähnlich (osvěta auf Tschechisch, Lumières auf Französisch); auch im Englischen wird bei ›Enlightenment‹ das Bild des ›Lichts‹ verwendet. Da sich Lurja mit den Bolschewiken uneins war, wie man die Menschen am effektivsten erleuchten könne, kehrte er 1921 von einem Deutschlandaufenthalt nicht nach Russland zurück. Mit einer französisch klingenden Variante seines Namens agierte er als Arthur Lourié in Westeuropa und den USA. Im August 1931 positionierte er sich in der Zeitschrift *La Revue Musicale* zu dem Themenkreis »Géographie musicale 1931« mit dem Beitrag »Perspectives de l'École russe«. Seine Grundthese lautete, dass nach der Revolution, dem Bürgerkrieg und der Gründung der Sowjetunion dort keine russische Musik mehr existiere und alles, was dort geschrieben werde, nicht mehr als eine solche bezeichnet werden könne. Die »schreckliche Isolation der Musiker in Sowjetrussland« führte seiner Ansicht nach dazu, dass dort »die russische Musik wieder einmal eine provinzielle Stellung einnimmt wie einst, als sie sich in den Randbereichen der westlichen Musik herumdrückte«.[758] Lourié fand für jeden eine passende Schublade und etablierte Klischeevorstellungen, die bis heute die Fronten abstecken. Was man auch als parallele Entwicklungen, die sich gegenseitig befruchteten, interpretieren könnte, sah er als den ständigen Widerstreit dreier Grundelemente der europäischen Musikkulturen – der deutschen, der romanischen und der slawischen. In Russland, so Lourié, sei man entweder ein echter Slawe oder ein »Westler« wie Tschajkowskij, der »nationale Charakteristika herausbilde mithilfe der technischen Methoden des Westens«, wobei ihm die französische Musik näherstand als die deutsche. Damit begab er sich in Opposition zu denjenigen, die eine enge Verflechtung der russischen mit der deutschen Musik sahen wie Anton Rubinschtejn und Nikolaj Rimskij-Korsakow. Lourié interpretierte die Entwicklung Rimskij-Korsakows anders als diejenigen, die den erfolgreichen Opernkomponisten und Kompositionslehrer als ehemaliges Mitglied der national gesinnten ›Kutschkisten‹ als eine Bereicherung für das Konservatorium in Sankt Petersburg ansahen. Der Begriff geht zurück auf Stassows Gruppenbezeichnung als »mächtiges Häuflein« (могучая кучка, magútschaja kútschka). Lourié und andere russische Komponisten im Westen deuteten die Entwicklung dahingehend, dass das Akademische Rimskij-Korsakow zu seinem Nachteil verändert habe. Anfang der 1860er-Jahre hatte sich um den namhaften Kunstkritiker Wladimir Stassow ein Kreis von selbsternannten ›Novatoren‹ geschart, die eine ursprüngliche, slawische Musik kreieren wollten: Letzten Endes schufen die meisten – Milij Balakirew, Aleksandr Borodin, Zesar Kjui – konventionelle Orchesterwerke und einige wenige Opern. Mit einem herausragenden Talent war Modest Musorgskij gesegnet. Leider blieb er ein Alkoholiker ohne Disziplin, der im Delirium endete und mehr unvollendete als fertiggestellte Werke hinterließ. Sein Freund Nikolaj Rimskij-Korsakow wurde künstlerisch der ambitionierteste von allen und entwickelte sich weiter zu einem Komponisten von subtil instrumentierten und dramatisch ausgefeilten Bühnendramen. Musorgskij hinterließ vielfach rohe Urfassungen, aber gerade das Ursprünglich-Wilde wurde Anfang des 20. Jahrhunderts in Malerei und Musik als seligmachende Kunst gepriesen. Lourié spann das 1880 in *La musique en Russie* angedeutete Narrativ von Kjui weiter, ernannte Musorgskij zur »Antithese« von ›Tschajkowskij nebst Konsorten‹ und steckte damit die Fronten ab zwischen den ›Modernen‹ und den ›Konservativen‹. Bei genauerer Betrachtung standen hinter den vordergründigen Debatten über Nationalismen oder Modernismen aber stets die Auseinandersetzungen und Rivalitäten von hochtalentierten, ehrgeizigen Menschen, die ihr Leben der Musik widmen wollten.[759]

So wie Lourié sich von Sowjetrussland abgewandt hatte, sah auch Rachmaninoff die Entwicklungen in seiner früheren Heimat kritisch. Er hatte sich mit politischen Kommentaren zurückgehalten, um seine

Mutter und seinen Bruder Arkadij nicht zu gefährden. Nachdem aber seine Mutter Ljubow, die zuletzt in Nowgorod lebte, im September 1929 gestorben war, und Arkadij Wasiljewitsch Rachmaninoff eine Stelle als Dozent an der Finanz- und Wirtschaftshochschule in Samarkand erhalten hatte – das weiter vom Machtzentrum Moskau entfernt war als Luzern –, ging Sergej Rachmaninoff noch mehr auf Distanz zur Sowjetunion. Dort war Trozkij Ende 1927 aus der Kommunistischen Partei ausgeschlossen und Stalin de facto Alleinherrscher geworden. Nun besaß er genug Einfluss, ab 1928 die Zwangskollektivierung der Landwirtschaft sowie die Gleichschaltung auf allen Ebenen voranzutreiben. Als schließlich im Januar 1931 der indische Philosoph und Nobelpreisträger Rabindranath Tagore sich überaus positiv zum sowjetischen Bildungs- und Erziehungssystem äußerte, geriet Rachmaninoff ob solcher Ignoranz gegenüber den Vorgängen in seiner früheren Heimat in Rage. Zusammen mit dem namhaften Chemiker Iwan Iwanowitsch Ostromislenskij und dem Schriftsteller Ilja Lwowitsch Tolstoj, einem Sohn von Lew Tolstoj, schickte er am 11. Januar 1931 ein Schreiben an die *New York Times*, das drei Tage später als Leserbrief veröffentlicht wurde, unterzeichnet mit ihren Namen. Die Überschrift lautete: »Tagore über Russland: Der ›Kreis der russischen Kultur‹ stellt einige seiner Aussagen in Frage«. Darin wies man darauf hin, dass Tagores Stellungnahmen einen völlig falschen Eindruck von der Sowjetunion vermitteln, und verurteilte »die kommunistischen Unterdrücker Russlands«. Die drei Russen verwiesen auf Hungersnöte, radikale Maßnahmen gegen Andersdenkende, Lagerhaft, Verurteilungen ohne Prozesse sowie »Gewalttaten, umfassende Mordaktionen und Verstöße gegen die allgemeinen Gesetze«.[760] Die Reaktion aus der UdSSR ließ nicht allzu lange auf sich warten. Als Albert Coates am Moskauer Konservatorium Rachmaninoffs *Die Glocken* aufführte, kam es zu Protesten und Forderungen, keine Werke von anti-sowjetischen Künstlern darzubieten. Die Tageszeitung *Die Wahrheit* (Правда) war mit ihrem Verweis auf Tagore noch faktenorientiert, aber sehr bestimmt in der Verurteilung. Das Konzert fand zu einem Zeitpunkt statt, an dem »der Klassenkrieg einen kritischen Punkt erreicht hat«, hieß es. »Dieses Konzert, dem Krämer und Geistliche applaudierten (ganz gleich, ob dies von den Veranstaltern gewünscht wurde oder nicht), hat sich zu einer politischen Massenveranstaltung der düstersten Reaktion gewandelt.«[761] Die geschwätzige *Moskauer Abendzeitung* (Вечерняя Москва) zeichnete das Bild der Dekadenz dieses Konzertabends: Man spottete über Monotonie, Silberglöckchen und Hysterie in der Musik, ja, und dann »blickt man sich erstaunt um« und sieht nur »ein ziemlich absonderliches Publikum«. Darunter finden sich »alte Männer in Fräcken« neben »alten Frauen, die in vorzeitliche Seidenwaren gehüllt nach Naphthalin stinken«, dazu »Glatzen – schwabbelnde Hälse – geschwollene Augen – lange Handschuhe – Lorgnettes«. Das Lockmittel für diese zu überwindende Bagage war schnell ausgemacht: »Die Musik stammt von einem Emigranten, einem brachialen Feind Sowjetrusslands, Rachmaninoff«, hieß es. »Die Worte (nach Poe) stammen ebenfalls von einem Emigranten – dem Mystiker Balmont; am Dirigentenpult stand der ehemalige Dirigent des Mariinskij-Opernhauses, Albert Coates, der Russland 1917 verließ und nun mit einem ausländischen Pass hierher zurückkehrt. […] Unfassbar! – Für wen war dieses Konzert bestimmt?«[762]

In der Folge wurden in der UdSSR ab März 1931 Rachmaninoffs Werke für mehrere Jahre mit einem Aufführungsverbot belegt und verschwanden aus den Lehrplänen. In offiziellen Resolutionen ließen Leitungsgremien verlauten, wenn »ein oder zwei Gruppierungen Rachmaninoffs Schöpfungen mit dem Vorwand rechtfertigen, dass sie technisch und formal perfekt seien«, dann bedeute dies lediglich, »sie setzen die Klassenpropaganda unter dem Deckmantel der Musik fort«, denn: »Rachmaninoff war und ist ein Diener und ein Werkzeug der schlimmsten Feinde des Proletariats, der Welt-Bourgeoisie und des Welt-Kapitalismus.«[763] Seine Freunde empörte dies mehr als den Komponisten selbst, der hoffte, dass dieser Spuk nur eine vorübergehende Erscheinung bleiben werde.

Es ist nicht verwunderlich, dass gerade zur Zeit der von Lourié angefachten Debatten um die wahre russische Musik und den Verboten unliebsamer Komponisten in der UdSSR sich Rachmaninoff mit einem neuen Opus positionierte. Nach Jahren der Krise und der Stagnation hatten ihm Werke wie das zweite bzw. das vierte Klavierkonzert geholfen, neue künstlerische Ideen auszuprobieren. Auch diesmal diente ihm das Klavier dazu, sich zu artikulieren. Es entstanden keine orthodoxen Sakralwerke, keine Vertonungen russischer Texte, keine Orchesterstücke mit östlichen Motiven, sondern 20-minütige Klaviervariationen. Das Thema stammte aus mediterranen Regionen, wodurch sich Rachmaninoff von einer Vereinnahmung durch russische Emigranten abgrenzte. Mit dem Titel *Variationen über ein Thema von Corelli* op. 42 verwies er auf den bekanntesten Komponisten, der jenes Thema im 17. Jahrhundert verarbeitet hatte, das auf der iberischen Halbinsel seinen Ursprung hat: das ›la folia‹ genannte Tanzmotiv.

Hinter den *Corelli-Variationen* stehen gut zehn Jahre Erfahrung von Emigration, ›Roaring Twenties‹ und Weltwirtschaftskrise. Arcangelo Corelli hatte seinerzeit 15 Variationen geschrieben, bei Rachmaninoff wurden es 20. Das Publikum schien anfangs mit dem Stück überfordert. Nach den Erkenntnissen aus 15 Aufführungen ließ der Komponist seinen Freund Metner zwei Monate später wissen, dass er das Werk noch nie vollständig gespielt habe, da er stets einige der Variationen auslasse, wenn sich im Publikum Unruhe bemerkbar macht. »Immer wenn stärker gehustet wurde, übersprang ich die nächste Variation«, schrieb ihm Rachmaninoff. »Hustete niemand, spielte ich sie in der richtigen Reihenfolge. Bei einem Konzert, ich weiß nicht mehr, wo – in irgendeiner Kleinstadt – war das Gehuste so heftig, dass ich nur zehn Variationen (von 20) gespielt habe. Mein bestes Ergebnis erzielte ich in New York, wo ich 18 Variationen spielen konnte.« Dass dieses improvisierte ›Bearbeiten‹ nicht im Sinne des Komponisten war, belegt seine Zusatzbemerkung: »Ich hoffe jedoch, dass Sie alle spielen werden und dabei nicht an ›Husten‹ leiden.«[764] Anstatt zu mutmaßen, er spiele nicht gut genug, hätte Rachmaninoff vielmehr berücksichtigen sollen, dass die Konzerte zur kalten Jahreszeit stattfanden und viele im Publikum vielleicht nur den berühmten Künstler erleben wollten, anstatt der Musik wirklich zuzuhören. Kaum jemand nahm wahr, wie Rachmaninoff in seinen Variationen op. 42 die Erwartungen unterlief, indem er etliche Kontrapunkte setzte mit einer zumeist eher ruhig wirkenden statt ausgelassenen Musik. Mochten die Reaktionen in Rachmaninoffs Wahlheimat Nordamerika bei der Uraufführung in Montreal im Oktober 1931 und der anschließenden Tournee auch reserviert ausfallen, so gab es auch andere Stimmen, die das Werk positiv beurteilten.

Prokofjew spottete noch, die *Corelli-Variationen* seien »sehr anständig und sicher für die oberen Konservatoriumsklassen geeignet«, aber »natürlich ist das nicht der frühere Rachmaninoff des zweiten und dritten Konzerts«.[765] Selbstverständlich nicht, denn 20 Jahre später waren die kulturellen und politischen Hintergründe völlig andere. Einige Kollegen teilten Rachmaninoff positive Eindrücke mit. Als er die neuen Variationen erstmals in einem Konzert von Nachwuchstalenten aus Goldenwejsers Klavierklasse erlebte, schrieb ihm Wladimir Wilschau im Mai 1934, habe er »mit gieriger und zitternder Aufmerksamkeit« zugehört. Seinem Eindruck nach seien die *Corelli-Variationen* »überhaupt nicht mit den früheren Variationen des Opus 22 vergleichbar, obwohl dies auch ein wunderbares Werk ist, das ich sehr liebe«. Allerdings »übertreffen die neuen sie natürlich an Komplexität, Tiefe und

Schwierigkeit«. Um über das Opus 42 überhaupt »gründlich und würdevoll« sprechen zu können, bedürfe es einer intensiven Auseinandersetzung und mehrmaligen Hörens. Nach Wilschaus Eindruck waren frühere Werke oft mit den Liedern, Kantaten und Sakralkompositionen verbunden, aber ab dem Opus 37 zeige sich ein vielseitigerer Facettenreichtum.[766] Und Konstantin Igumnow ließ ihn im Februar 1942 wissen, dass er in Moskau die *Corelli-Variationen* sogar ins Lehrprogramm für seine Schüler aufgenommen habe.[767] Dies passte zu Prokofjews Beobachtung, in Russland werde mehr über die Werke geredet, anstatt über glamouröse Interpreten.

Der Klavierzyklus ist in Anbetracht des Aufführungsverbots in der Sowjetunion nicht zuletzt auch ein politischer Kommentar. In der Anfangszeit wurde der Foliatanz aufgrund seines mutmaßlich hemmungslosen, ungezügelten Charakters immer wieder verboten. Mit seiner Wahl kommentierte Rachmaninoff die Sanktionen in der UdSSR und unterstrich damit zugleich seine Unabhängigkeit. Als nur zwei Jahre später in Deutschland die Nationalsozialisten an die Macht kamen, kommentierte Rachmaninoff das Geschehen, indem er für Klavier nach dem Scherzo aus dem *Sommernachtstraum* eine *Mendelssohn-Paraphrase* schrieb: Damit griff er Musik eines im Deutschen Reich verbotenen Komponisten auf und erinnerte zugleich an das ›bessere Selbst‹ der Nation, indem er Sätze aus Bachs Partita Nr. 3 in E-Dur (BWV 1006) für sein Instrument bearbeitete. Bei dem Stück nach dem italienischen Musiker entschied sich Rachmaninoff bescheiden für den neutralen Titel »Variationen nach einem Thema von …«, obwohl er wusste, dass Arcangelo Corelli nicht der eigentliche Urheber des musikalischen Themas war. Der nicht genannte Vorname ›Arcangelo‹ verweist auf die Erzengel, die eine Vorrangstellung einnehmen: Einer verwehrt nach der Vertreibung aus dem Paradies die Rückkehr, ein anderer symbolisiert die lebenslange Pilgerschaft. Hätte Rachmaninoff den Tanz ›La Folia‹ genannt, ließe sich der Titel von Opus 42 auch verstehen als »Betrachtungen über den Wahnsinn«, jenen ›Irrsinn‹, der in der UdSSR nach der Machtübernahme Stalins immer schlimmer wurde. Die *Corelli-Variationen* sind ein intellektuelles Stück, das zumeist längst nicht so exaltiert erscheint, wie der Ursprung des Tanzes erwarten ließe. Alles beginnt recht harmonisch, ja reflektierend mit einer sanften, »cantabile« überschriebenen, also zu singenden Version des Wahnsinns-Themas im Andante. Auffallend ist das Pritschetieren in der vierten Variation, einem Andante mit feinen dynamischen Abstufungen zwischen Mezzoforte und Pianissimo. Indem Rachmaninoff die gesamte Tonpalette nutzte, die ein moderner großer Konzertflügel zu bieten hat, wurde es ihm möglich, das Folia-Thema von allen Seiten zu betrachten. Auf ähnliche Weise hatte Robert Delaunay mit einander überlappenden Perspektiven in vielen Varianten den Eiffelturm in seinen Bildern gestaltet. In der modernen Welt, in der zahllose Eindrücke gleichzeitig auf die Menschen einstürmen, kann die Umwelt nur noch fragmentarisch wahrgenommen werden: So wie Delaunays Eiffeltürme die Summe von Teilen sind, bieten Rachmaninoffs *Corelli-Variationen* Betrachtungen aus verschiedenen Blickwinkeln, die nur in ungekürzten Aufführungen durch ihren Kontrastreichtum Sinn ergeben. Von ihrem ganzen Wesen her sind sie nicht auf Wohlklang und Virtuosität hin angelegt, sondern umspielen das Tanzmotiv in kleinen Schritten. Der Künstler kann die moderne Welt nicht mehr formen, sondern nur noch beobachten und über sie nachdenken. Musikalisch entwickelt sich das Opus 42 hin zu einem absoluten Tiefpunkt, wenn sich die Reste von Melodik in der letzten Variation verflüchtigen und in den abschließenden drei langen Takten mit ›ritardando‹ und ›diminuendo‹ in hämmernden tiefen Fortissimo-Tönen zugrunde gehen. Diese Stelle ist umso eindrucksvoller, wenn man sie nicht nur mit der linken Hand spielt, sondern mit beiden Händen die gesamte Körperspannung in diesen Höhepunkt der Variationen legt. Aus diesem Schlussakkord des Abgrunds, in dem die letzte Variation erlischt, entwickelt Rachmaninoff im Mezzoforte eine 17-taktige Andante-Koda, die in D-Dur beginnt und im Pianissimo in d-Moll ausklingt. Der Grundton der ›Orgelpunkt-Oktave‹ in der Koda bleibt in den tiefen Lagen stets ein ›d‹ – möglicherweise eine verborgene Erinnerung an ›Re‹, die Freundin Marietta Schaginjan, zu der der Kontakt durch die Revolution und das Exil abriss. Am Schluss bieten die *Corelli-Variationen* keine Abrundung der Entwicklungen, kein Anknüpfen an den Anfang, sondern verhallen eher wie eine offene, unbeantwortete Frage.

Über aktuelle Entwicklungen war Rachmaninoff stets gut informiert. Er wusste, was in der Welt vorging, hielt sich über die Musik seiner Kollegen auf dem Laufenden, kannte die neuesten Automarken und technischen Entwicklungen, zu deren Verfeinerungen er durch eigene Tonaufnahmen sogar selbst beitrug. Schlugen ihm die politischen und wirtschaftlichen Ereignisse wieder einmal auf den Magen, erfreute ihn stets ein Brief von »Sonetscha«, seiner Schwägerin Sofja Satina. »Du schreibst, dass du an mich gedacht hast und gespürt hast, dass es mir nicht gut geht«, teilte er ihr im Sommer 1931 mit. »Ich habe in letzter

Zeit viel an dich gedacht. Der einzige Unterschied besteht darin, dass der Gedanke an dich eine Art Ruhe und Befriedigung mit sich bringt. Es ist immer schön an dich zu denken!«[768] Zeitungsberichte über Streiks und blutige Unruhen in Deutschland weckten unangenehme Erinnerungen. »Seit drei Tagen ist etwas Neues in die Welt gekommen, das mir meine Einsamkeit verdirbt«, ließ er Sofja wissen. »Ich spreche von einer unruhigen politischen Zeit. Sogar Krieg ist erlaubt. Und wenn man darüber nachdenkt, wird der Sinn der Arbeit unwichtig und kleinlich. Wirklich noch einmal diesen Horror erleben. Ich möchte vor dieser Zeit sterben. Bei meinen Kindern funktioniert das aber nicht so und bei Natascha auch nicht. Gott sei Dank sind sie ruhiger und muntern mich auf. Die heutigen Zeitungen sind nicht so hoffnungslos, aber trotzdem ist die Zeit so, dass sie den ganzen Morgen auf diese Zeitung warten, und wenn sie ankommt, stürzen sie sich darauf. Alles ist wie in den verdammten Kriegszeiten.«[769] Ein erfreuliches Ereignis, das Sergej Rachmaninoff hätte aufmuntern sollen, war die Hochzeit seiner Tochter Tatjana am 8. Mai 1932 in Paris. Ihr Mann Boris Conus stammte aus einer Musikerfamilie, mit der die Familien Rachmaninoff und Satin seit der Studienzeit am Moskauer Konservatorium befreundet waren. Aber wie sich Sofja Wladimirowna Satina erinnerte, ließ sich »Onkel Sergej« bei der Feier gar nicht blicken, da er seinen Schwiegersohn nicht mochte. »Ihre Beziehung war immer auf der kühlen Seite«, meinte sie. »Ganz ehrlich, ich konnte Tanja nie verstehen. Warum hat sie sich von all ihren Bewunderern für ihn entschieden? Ich hielt ihn immer für nicht sehr schlau und er redete gern dummes Zeug.«[770]

Nach einer Hochzeitsreise in Italien ließen sich Boris und Tatiana Conus in Paris nieder, wo er angestellt war. Im folgenden Jahr kam Sergejs und Natalijas Enkel Alexandre zur Welt. Die Enkelkinder sah man zumeist in der Ferienzeit, wenn die Familien in Frankreich oder der Schweiz zusammenkamen. »Es war in der Tat ein Vergnügen, die Hingabe des Maestros an seine Frau und seine beiden Töchter zu betrachten«, erzählte Arthur Hirst, »er war nie so glücklich wie damals, als er sie und seine zwei Enkelkinder unter seinem Dach versammelt hatte; und die Gelegenheiten, bei denen ich das Privileg hatte, diesem intimen Kreis beizutreten, leuchten hell in meiner Erinnerung.«[771]

Die Familie sowie die neuesten innovativen Pläne der Klavierbaufirma Steinway und des Luftfahrtpioniers Igor Sikorskij interessierten Sergej Rachmaninoff mehr als eigene musikalische Projekte. Sikorskij hatte sich bereits in Russland als Flugzeugbauer bewährt und war 1919 in die USA emigriert. Dort trieb er seine Projekte weiter voran, jedoch waren finanzielle Fragen eine gewaltige Belastung für ihn und seine Mitarbeiter. »Wir hatten jedoch unsere hellen Tage«, schrieb er in seinen Memoiren. »Einer davon war, als Herr Sergej Rachmaninoff, der Komponist und Pianist, uns mit einem Abonnement zu Hilfe kam, das allmählich auf 5000 Dollar anstieg. Außerdem stimmte er zu, Vizepräsident der Gesellschaft zu werden, deren Präsident ich damals war. Seine Unterstützung erhöhte die Moral der Gruppe sowie die Ressourcen.«[772] Die meisten von Rachmaninoffs Landsleuten stellten jedoch ganz andere Erwartungen an den Künstler: In der Emigration drängte man ihn ständig zum Komponieren. Schon 1921 hatte ihm Michail Slonow vorgeschlagen, er solle eine Sinfonie schreiben, »die dem eigenen Land gewidmet ist«.[773] In ihr ließen sich musikalisch die unheilvollen Auseinandersetzungen mit Frankreich und Japan darstellen, der Krieg auf eigenem Boden, in den die Bolschewiken Russland gestürzt hatten, sowie die Aussicht auf eine bessere Zukunft durch das Motiv orthodoxer Gesänge und der ›Slawa‹-Melodie »Ehre sei dem Himmel« (слава на небе), die in der Kunstmusik bereits in der Krönungsszene von Musorgskijs Oper *Boris Godunow*, Rimskij-Korsakows *Ouvertüre über russische Themen* op. 28 und im letzten Teil von Rachmaninoffs *Sechs Stücken für vier Hände* op. 11 Verwendung gefunden hat. Er erhielt häufig Briefe, in denen man sich nicht nur für seine Spenden bedankte, sondern ihn zugleich aufforderte, mehr Musik zu schreiben, denn nur er könne das Wesen Russlands in Töne fassen. Zwar hatte Rachmaninoff ein Gemälde von einer russischen Kirche mit Zwiebeltürmen in seiner Wohnung, lebte aber als weltgewandter Mensch nicht in der Vergangenheit.

Jahrzehnte der Passivität entluden sich im Sommer 1932 in einem von Rachmaninoff angeordneten gewaltigen Akt der Aggression: der Sprengung eines riesigen Felsens. Um wieder einen festen Wohnsitz in Europa zu haben, hatte Rachmaninoff zwei Jahre zuvor auf der Halbinsel Hertenstein am Vierwaldstädter See bei Luzern für 205 000 Schweizer Franken ein 1,5 Hektar großes parkähnliches Grundstück gekauft, auf dem sich ein Chalet befand. Riesemann vermittelte den Kontakt zu dem Schweizer Architekten Emil Felix, der einen ersten Entwurf vorlegte. Diesem zufolge könne man das Chalet umbauen und durch einen zum See hin ausgerichteten Neubau ergänzen. Rachmaninoff sagte die Idee dieses Gebäudes mit Flachdach zu, er arbeitete aber lieber mit den Architekten Alfred Möri und Karl-Friedrich Krebs aus Luzern zusammen, die sich bei ihm beworben hatten. Beide gehörten zu den vom Bauhausstil angeregten Vertretern der modernen Architektur, die in den 1930er-Jahren neben dem Haus von Rachmaninoff auch die Lukaskirche in Luzern mit ihrer klaren, sachlichen Formsprache gestalteten. Rachmaninoff kaufte im Sommer 1931 noch 2563 Quadratmeter Land hinzu und plante, aus dem einstigen ›Chalet de Hertenstein‹ solle die ›Villa Senar‹ werden, benannt nach den Besitzern *Se*rgej und *Na*talija *R*achmaninowa.

Dank seiner Einkünfte aus Tantiemen, Konzertauftritten und Tonträgern konnte Rachmaninoff es sich leisten, die wohl radikalste Tat seines Lebens anzuordnen: Er entfernte alles, was an die Vergangenheit erinnerte und gestaltete die Gegenwart neu: Das alte Chalet ließ er abreißen und einen Felsvorsprung am See sprengen, um fünf Meter Gestein abzutragen. Im Geiste der Dessauer Meisterhäuser sollte neben einem Gästehaus mit Garage eine Villa entstehen, die zu dem modernsten Gebäude der Schweiz wurde. Rachmaninoff wünschte sich ein großes Studierzimmer, Salon, Diele, Esszimmer, Küche, zwei Zimmer mit einem Bad für Bedienstete, Keller, Waschraum und vier Schlafzimmer mit drei Badezimmern. Zur Ausstattung gehörten ein separater Eingang für das Personal und eine Sprechanlage, über die man bei Bedarf kommunizieren konnte. »Das beste Zimmer soll das Studium sein, mit großen Fenstern auf den See, dreieinhalb bis vier Meter hoch.«[774] Abgegrenzt durch eine Stufe ist es, als ob man unter dem gleichen Dach in eine andere Welt eintritt. Durch das Panoramafenster sieht man den See, den Pilatus und andere Berge, wobei heute der Blick durch die mittlerweile höher gewachsenen Bäume eingeschränkt wird. Im Zentrum des Raums steht der Flügel, den die Firma Steinway Rachmaninoff 1933 zu seinem 60. Geburtstag schenkte. Hinzu kommen ein Arbeitstisch, Regale, Andenken, private Fotos von Familienmitgliedern, signierte Bilder von Kollegen sowie ein hochformatiges Gemälde, das sich Rachmaninoff neben anderen Bildern 1924 bei der ›Russian Art Exposition‹ in New York gekauft hatte. Es stammte von Sergej Arsenewitsch Winogradow, einem Mitglied der ›Peredwischniki‹, den Rachmaninoff durch dessen Ausstellungen in der Tretjakow-Galerie gekannt haben dürfte. Das Bild trägt den Titel »Ein Kloster« und zeigt eine Schneelandschaft mit kargen Bäumen und einer hellen Dorfkirche mit Zwiebeltürmen.[775]

Im August 1931 richtete sich Rachmaninoff mit seiner Frau im Gästehaus ein, das gerade erst fertiggestellt war. Vorerst musste er viel Fantasie aufwenden, um Ordnung im Chaos der Baustellen zu erkennen. »Ich stehe hier, freue mich an dem Anblick und stelle mir vor, welche Schönheit in meinem Zimmer mit dem großen Fenster herrschen wird«, meinte er dann.[776] Rachmaninoff kaufte sich zu seinem prunkvollen Wagen der Marke ›Lincoln‹ noch ein Motorboot und ein modernes Radio-Grammophon der Marke ›Marconi 344‹. Erst 1934 war die Villa bezugsfertig. »Ich gehe durchs Haus und fühle mich wie ein Millionär – obwohl nicht jeder Millionär so ein Haus hat«, schrieb er stolz seiner Sekretärin.[777]

Der Gemeinderat von Weggis hieß Rachmaninoff in einem mit edlem rot-schwarzem Wappen verzierten und vor Ausrufezeichen strotzenden Brief vom 1. August 1934 offiziell willkommen: »Mit grossem Vergnügen haben wir vernommen, dass Sie mit Ihrer hochverehrten Familie in Ihrem schönen & idyllisch gelegenen neuen Heim eingezogen sind! Bei diesem Anlasse möchten wir nicht verfehlen, Sie in unserer Gemeinde herzlich willkommen zu heißen! An diesen Willkommgruss knüpfen wir noch den Wunsch & die Hoffnung, dass Sie recht viel Freude & Glück erleben auf Ihrer Besitzung, damit Ihr Aufenthalt stets ein recht angenehmer sein möge!« Vier Tage zuvor hatte bereits der Kurverein Weggis dem namhaften Künstler in einem weniger prunkvoll aufgemachten Brief mitgeteilt, dass es »uns eine grosse Ehre« ist, »Sie, sehr verehrter Herr, in unserer Mitte zu wissen«. Man bot den Rachmaninoffs an, sie im Laufe des kommenden Monats »mit einem kleinen Ständchen zu begrüssen, das unsere kleine, aber gute Kurmusik Ihnen bieten möchte« – »Wir hätten die Absicht, Ihnen dieses Ständchen in Form eines kleinen, schlichten Lampionkorsos darzubringen. und za [*sic*] um 9 ½ Uhr Abends eine halbe Stunde auf dem See vor Ihrer Villa zu konzertieren, vorausgesetzt, dass Ihnen dies nicht irgendwie ungelegen käme, und darum fragen wir an. Das Programm unseres kleinen Orchesters wäre wie folgt gedacht: a) *Ruslan und Ludmilla*, Ouverture – Glinka, b) Andante cantabile op 11 aus dem Streichquartett – Tschaikowsky, c) Intermezzo pomposo – Tschaikowsky, d) Moment musical op. 16 No 1 Piano Solo: Hr A. Koehler – Rachmaninoff, e) Prélude – Rachmaninoff.«[778] Selbst in seinem neuen Reich entging Rachmaninoff *Ihm* nicht…

Mehr angetan als von der Musik war er von seinem Bootshaus, in dem er schließlich sogar zwei Motorboote unterbrachte. Die Anlegestelle am Seeufer fand er nach eigenem Bekunden »nicht weniger prachtvoll« als jene in Sewastopol. Über einen sich hinabwindenden Fußweg gelangte man von dem Haus und der Gartenanlage zum See. Wenn die Arbeit es erlaubte, fuhr Rachmaninoff jeden Tag hinaus. »Er steuerte immer selbst; oft war er allein unterwegs«, erzählte ein Freund.

»Diese Leidenschaft hätte uns bei diesem Aufenthalt leicht das Leben kosten können. Eine Stunde vor dem Abendessen sagte Rachmaninoff: ›Ich unternehme eine kleine Spritztour auf den See.‹ Er machte sich in aller Ruhe auf. Alles, was er tat, tat er ruhig und fest; Zögerlichkeit war ihm fremd. Es war ein herrlicher Nachmittag, einer jener seltenen, strahlenden Mai-Nachmittage in den Schweizer Bergen. Wir schlossen uns ihm an. Im letzten Moment entschied sich auch Mr. Ibbs, Rachmaninoffs englischer Konzertagent, mitzukommen. Mr. Ibbs war ein korpulenter Mann mit rundem, gesundem Gesicht. Der See war ruhig wie ein Fischteich. Rachmaninoff saß am Ruder und sanft glitten wir aus dem Bootshaus hinaus auf den See. Wir waren bereits weit vom Ufer entfernt, außer Sichtweite des Hauses, als Mr. Ibbs Rachmaninoff bat, selbst einmal das Steuerruder übernehmen zu dürfen. Rachmaninoff übergab es ihm und setzte sich zu uns auf die hintere Bank. Kaum hatte er sich gesetzt, geschah etwas ganz Merkwürdiges: Ibbs hatte offensichtlich versucht, eine scharfe Kurve zu drehen, aber anstatt zu wenden, begann sich das Boot zu drehen und auf die Seite zu legen. Wir rutschten von der Bank herunter auf den Boden und verfolgten totenstill Ibbs' Reaktion. Er wurde rot wie eine Rübe, während Rachmaninoff sich ruhig erhob – so als wolle er Ibbs einfach Zeit geben, seinen Fehler zu korrigieren –, mit ein paar Schritten zum Ruder eilte und Mr. Ibbs beiseite stieß. Die Bootsschraube knatterte bereits lautstark in der Luft, während der linke Bootsrand das Wasser berührte. Unmittelbar bevor das Boot gekentert wäre und uns unter sich begraben hätte, hatte es Rachmaninoff wieder unter Kontrolle. Wir glitten zurück zur Anlegestelle der Villa Senar. Niemand sagte auch nur ein Wort, und schweigend verließen wir das Boot. Auf dem Weg nach Hause tastete Rachmaninoff mehrmals seine linke Seite ab und runzelte die Stirn. Als wir bereits in der Nähe der Veranda waren, sagte er: ›Erzählt nichts davon Natascha, sie wird mir sonst keine Bootsfahrten mehr erlauben.‹«[779] Hinter dieser scheinbar scherzhaften Bemerkung stand der Umstand, dass seine Frau stets alles unter Kontrolle hatte: »Das Leben in Senar wurde von Tante Natalie nach einem Zeitplan rund um Onkel organisiert«, konstatierte Sofja Wladimirowna Satina. »Das Frühstück wurde nach Belieben denjenigen serviert, die auf die verglaste Veranda herunterkamen. Onkel war ziemlich früh fertig und nach einem Spaziergang im Garten fing er an zu üben. Dem Garten, oder vielleicht sollte er Park genannt werden, gehörte Onkels ganze Aufmerksamkeit, und er gab alle Anweisungen, welche Bäume wo gepflanzt wurden. Er selbst hat dort gelegentlich gearbeitet. Sein Arbeitsplan war festgelegt und änderte sich kaum. Nach seinem Spaziergang kam er ins Musikzimmer und fing an zu üben, immer beginnend mit Tonleitern. Danach spielte er, was er wollte. Das Haus musste absolut ruhig sein, denn wie hätte er sonst arbeiten können? Ich saß oft in einer Ecke neben dem Musikzimmer und hörte zu. Er spielte maximal zwei Stunden lang. Nach seiner Mittagsruhe versammelten sich alle vor dem Haus, um gemeinsam Tee zu trinken. Nach einer Gartenbesichtigung ging es für weitere zwei Stunden zurück ans Klavier.«[780] Den Alltag in New York dürfte Natalija Rachmaninowa ähnlich gut im Griff gehabt haben; dort lagen das Ufer des Hudson und der Central Park für einen Spaziergang in der Nähe. Dabei konnten seine Frau und er eines Sommertags erleben, dass die *Italienische Polka*, die man oft vierhändig gespielt hatte, von einer Kapelle erklang – noch in Russland hatte Rachmaninoff auf Wunsch eines der Siloti-Brüder ein Arrangement für die Blaskapelle der Marineabteilung erstellt. Abgesehen von einigen wenigen Wochenschauaufnahmen für die Berichterstattung in Kinos, gibt es knapp 20 Minuten Filmmaterial – privat in Frankreich, der Schweiz und den USA mit einer 8-mm-Zelluloidkamera aufgenommen[781] –, das einen lebhaften Eindruck von Rachmaninoffs privater Seite vermittelt: Wie er mit seinen erwachsenen Töchtern durch den Garten tanzt und herumalbert, mit einem Zigaretten-Mundstück raucht oder im Gespräch an der Kaffeetafel im Garten. Andere Szenen zeigen ihn vor seinem Haus in New York, mit seinen Autos, am Tennisplatz, mit den Enkeln am Strand, wie er im Liegestuhl die Finger seiner rechten Hand einzeln auf ihre Beweglichkeit testet, sich von seinen Töchtern rudern lässt, mit Kindern und Hunden scherzt und wie er mit Familienmitgliedern vor dem Haus einen Reigen tanzt, bei dem nach einem bestimmten Rhythmus alle in die Hocke gehen, sich erheben und weitermachen. In vertrauter Umgebung gab sich der berühmte Musiker entspannt und ungezwungen.

Was seinem Leben in jenen Jahren Stabilität verlieh, waren das neue Zuhause in der Villa Senar am Vierwaldstädter See, finanzielle Unabhängigkeit und die Familie. Beide Töchter, Irina und Tatjana, waren gesund, intelligent und hatten ihren Platz im Leben gefunden. Wenn ihr Vater voller Übermut und bester Laune war, blieben auch sie von manchen seiner skurrilen privaten Scherze nicht ausgenommen. »Es war Spätsommer, und alle packte die russische Leidenschaft des Pilze-Sammelns«, berichteten Alfred und Katherine Swan. »Man versuchte sich gegenseitig auszustechen, zählte die Pilze, verglich sie und erörterte ihre Schönheit. Rachmaninoff war ein Frühaufsteher und unternahm oft allein Spaziergänge durch die Wälder. Er kam dann zufrieden zurück und war zu Schelmereien aufgelegt (was ihm generell gut lag). Eines Tages überraschte er uns mit den Worten: ›Wißt Ihr, wo es noch Pilze gibt? Rechts um die Ecke, in der Nähe des Hauses, ist eine ganze Wiese voll, die habt Ihr alle übersehen. Ich habe dort über zwanzig Pilze gezählt.‹ Fröhlich stürmte ein ganzer Haufen zu der Wiese, die tatsächlich mit Pilzen übersät war. Aber als wir sie pflücken wollten, stellten wir fest, dass sie nur ins Moos und ins Gras gesteckt waren. Rachmaninoff hatte sie, während alle noch schliefen, gesammelt, ›eingepflanzt‹ und neckte jetzt alle mit selbstzufriedenem Lächeln.«[782] Das für die Schwindelei angemessene Pokerface zu machen, fiel ihm nicht schwer. Aber auch die High-Society blieb von seinem trockenen Humor nicht verschont. Arthur Hirst erzählte, wie »eine New Yorkerin nach einem seiner Konzerte in das Künstlerzimmer vordrang und ihn fragte, ob er ein Engagement annehmen würde, in ihrem Haus zu speisen und anschließend einen privaten Vortrag zu geben« – »So sehr er die Idee nicht mochte, bemühte er sich, umgänglich zu sein und zu helfen, aber er versuchte, den Plan zunichte zu machen, indem er erklärte, dass sein Honorar zwölfhundert Dollar betragen würde. Die Dame war ziemlich ungeniert (vielleicht umso zufriedener!) und fragte weiter, welche Art von Menü ihm zusagen würde. Dann bemerkte sie bei dem Künstler eine gewisse Zurückhaltung und fragte, ob er lieber nur den Vortrag geben und überhaupt nicht speisen wolle. Die Antwort auf diesen Vorschlag kam sofort und die tiefe Stimme vibrierte vor Eifer. ›Oh! Ja – gnädige Frau. Das wäre mir viel lieber – und dann, sehen Sie, würde mein Honorar nur tausend Dollar betragen!‹«.[783]

Für die nächsten sechs Sommer wurde die Villa Senar Rachmaninoffs Residenz fernab des Konzertbetriebs der Großstädte. Sie entwickelte sich zu seinem Erholungs- und Zufluchtsort in Europa, sein ›Iwanowka‹ in der Fremde. Betrachtet man indes den Park und den See, dürften in erster Linie Rachmaninoffs Kindheitserinnerungen an das Gut seiner Großmutter am Ilmensee eine Rolle gespielt haben. »Seit sechs Tagen bin ich nun ›im Paradies‹, in meiner Heimat in der Schweiz«, schrieb er 1935 in einem Brief. »Unser Wetter ist großartig! Aber wie Sie sehen, ist das Paradies auch bei niedrigen Temperaturen möglich.«[784] Einmal war er bereits aus einem Paradies vertrieben worden. Diesmal, so hoffte er, würde der Aufenthalt von Dauer sein.

Um sich den gehobenen Lebensstil leisten zu können mit einer Wohnung in New York sowie einem festen Anker in Europa, seine Töchter in Paris zu unterstützen und noch Geld für wohltätige Zwecke übrig zu haben, konnte Rachmaninoff auf Grammophoneinspielungen und Konzertreisen nicht verzichten. Seine Tourneen waren einträglich, aber zuweilen unbefriedigend. Die Säle, in denen er auftreten musste, glichen keineswegs alle der edlen Carnegie Hall. »Die Bühne der Aula in der High School, in der das Konzert stattfand, war schmucklos und unattraktiv«, hieß es in einem Bericht über einen Auftritt in der in einer kalifornischen Weinregion gelegenen Stadt Stockton. »Der Hintergrund verweist auf billige Rührstücke und herumlaufende Ratten.«[785] Rachmaninoff musste sich mit den Engagements arrangieren, die sein amerikanischer Agent Charles Foley bei den Reisen für ihn zusammenstellte. »Mir missfällt meine Tätigkeit in höchstem Maße!«, schrieb er einem Bekannten. »Die ganze Zeit habe ich nicht eine Zeile komponiert. Ich spiele nur Klavier und gebe sehr viele Konzerte.«[786] Das übliche Pensum bestand aus 40 bis 70 Konzerten zwischen Oktober und April. Am Ende einer Saison fühlte er sich nach eigenem Bekunden »wie eine ausgepresste Zitrone«.[787] Vor allem in den USA war es wichtig, als Interpret im Gespräch zu bleiben. Rachmaninoff hatte landesweit andere Klaviervirtuosen als Konkurrenten und war als ausländischer Komponist weniger gefragt als einheimische Künstler, die sich auch als erste amerikanische Sinfoniker profilierten. Sie verdienten einen bescheidenen Lebensunterhalt vornehmlich als Dozenten an Universitäten und Konservatorien wie etwa Howard Hanson oder Roy Harris, dessen *Symphony 1933* die erste amerikanische Sinfonie wurde, die man mit dem Boston Symphony Orchestra unter Leitung von Sergej Kusewizkij als Grammophonplatte herausgab. Für Rachmaninoff wäre das Unterrichten durch seine früheren negativen Erfahrungen und die unattraktiven Honorare undenkbar gewesen. Er bezifferte seinen Nettoverdienst aus Tantiemen, Schallplattenaufnahmen und Konzerten für das Jahr 1928 auf »etwa 9000 Mark«;[788] eine ansehnliche Summe, wenn man bedenkt, dass in Deutschland Mitte der 1920er-Jahre Arbeiter ungefähr 2000 bis 2500 Mark und Bankangestellte etwa 3000 Mark jährlich verdienten.[789]

Musik der Gegenwart blieb weniger gefragt als ausgezeichnete Interpretationen der Klassiker. »Es scheint ein nicht niedergeschriebenes Zugeständnis zu geben, nach welchem sich unser Musikpublikum nur für das Hören des Besten, Größten und Schönsten in der Musik interessieren muss«, schrieb der amerikanische Komponist Aaron Copland in einem Essay. »Gerade nur das unsterbliche Meisterwerk, das ein unsterblicher Komponist in Töne setzte, scheint der

Publikumsaufmerksamkeit würdig genug zu sein.« An dieser Haltung orientierten sich letztlich auch die Konservatorien, Rundfunksender, Plattenfirmen und Konzertveranstalter. »Wenn man als Komponist lebt«, klagte Copland, »verdient man offenbar, automatisch in die Rubrik: ›Ferner liefen …‹ versetzt zu werden.«[790]

Rachmaninoff konnte auf öffentliche Auftritte nicht verzichten, auch wenn der Konzertmarathon zu gesundheitlichen Problemen führte. Immer häufiger schmerzten die Hände, und als er Alfred Swan die *Corelli-Variationen* vorstellte, klagte er, dass »die Blutgefäße an den Fingerspitzen begonnen haben, zu platzen; blaue Flecken bilden sich«. »Zu Hause rede ich nicht viel darüber«, gestand er dem Freund. »Aber es kann bei jeder Anspannung passieren. Dann kann ich ungefähr zwei Minuten lang nicht mit dieser Stelle spielen; ich muss ein paar Akkorde anschlagen. Wahrscheinlich liegt es am Alter.«[791] Immerhin konnte er 1932 sein 40-jähriges Pianistenjubiläum begehen. Die Angelegenheit mit dem cis-Moll-Prélude sah er unterdessen gelassen. Er nahm die fast obligatorische Forderung nach dieser bestimmten Zugabe gelegentlich mit Humor, wie sich Freunde erinnerten: »Nachdem er seine Humoreske und die ›Gänseblümchen‹ als Zugabe gespielt hatte, wollte der Applaus nicht nachlassen«, erzählte das Ehepaar Alfred und Katherine Swan über ein Konzert in Philadelphia im März 1933. »Er trat wieder heraus, setzte sich ans Klavier und betrachtete nachdenklich die Tasten. Dann drehte er sich zum Publikum und machte eine ratlose Geste mit seinen Händen, als wollte er sagen: ›Ich glaube, mir fällt nichts mehr ein.‹ Diese Szene war so bezaubernd, so menschlich, so intim nach dem rauschenden Konzert zuvor, dass die Leute ganz aus dem Häuschen waren. Eine Stimme rief: ›cis-moll!‹ Rachmaninoff lächelte, nickte und spielte das *Prélude*.«[792] Fünf Jahre später erstellte Rachmaninoff ein Arrangement des *Prélude* für zwei Klaviere, das 1938 beim Verlag seines Managers Charles Foley in New York herauskam. Rachmaninoff spielte diese Fassung nie öffentlich, ermöglichte aber mit dieser etwas einfacheren Version jedermann, sich an dem Stück daheim auszuprobieren. Einen kessen Streich spielte ihm Josef Hofmann mit der Art, wie er das ›Problem‹ in einem seiner Konzerte löste. Zuvor hatte Rachmaninoff den Kollegen noch gebeten: »Lieber Hofmann, wenn Sie das *Prélude* spielen wollen, lassen Sie mich bitte zuerst aus dem Saal …« Hofmann hielt sein Versprechen, allerdings nicht ohne Rachmaninoff zu necken: Er bot zunächst eine Zugabe nach der anderen, und als er bei der zehnten angelangt war, begann er mit den Noten A, Gis und Cis – der berühmten Einleitung zu *Ihm*, dem Präludium in cis-Moll.

Seufzer voller freudiger Erwartung waren im Publikum zu vernehmen und Rachmaninoff wand sich immer tiefer in seinen Sitz hinein. Hofmann hatte jedoch gar nicht die Absicht, sein Stück zu spielen, sondern nutzte die ersten Noten nur, um improvisierend überzuleiten zu Chopins *Fantasie-Impromptu*. Anschließend erhielt er von Rachmaninoff einen gewaltigen Rüffel, der allerdings dadurch abgemildert wurde, dass der Komponist diesen Scherz auf seine Kosten äußerst gelungen fand.[793]

Im Mai 1934 unterzog er sich einer kleineren Operation in der Spezialklinik von Dr. Franz Dengler in Baden-Baden und ging mehrfach zur Kur, wie etwa im französischen Aix-les-Bains. Um seine Hände zu schonen und die Finger warm zu halten, nutzte Rachmaninoff ein elektrisches Heizkissen (siehe Frontispiz). In vertrautem Ambiente konnte er seine Psyche stabilisieren. Der familiäre Zusammenhalt war stark – man hatte auf den vielen gemeinsamen freiwilligen und unfreiwilligen Reisen, auf der Flucht vor Unruhen und Revolutionen genug miteinander durchgestanden. Erholung, Konzerte, Feiern, Gespräche, Singen – alles war ein Teil eines ›normalen‹ Alltags. »An seinem Tisch zu sitzen, war ein reines Vergnügen«, berichtete Arthur Hirst, »und obwohl er selbst sehr enthaltsam war und erschreckend wenig aß, schenkte er jedem glücklichen Gast viel Aufmerksamkeit. Er erinnerte sich immer an meinen Geschmack bezüglich Burgunder – und kannte meine Lieblingszigarrenmarke, obwohl er selbst nur Zigaretten rauchte. Es freute ihn ungemein, einen Gast zu sehen, der sich amüsierte, und ich bereitete ihm dieses Vergnügen ohne Einschränkung und Mühe!«[794] Man redete über alles Mögliche – bis auf Musik. Musik war für Rachmaninoff etwas, das zum Erklingen gebracht werden musste, reines Theoretisieren hasste er. Sein Komponistenkollege Nikolaj Karlowitsch Metner schätzte an ihm, dass »so zu hören wie er« nur Menschen gegeben sei, »die wirklich ›Ohren haben‹«, denn »nur ihnen gelingt es letztendlich, die seelische Größe der Kunst zu verstehen«.[795] Allerdings gelang es selbst Metner nie, Rachmaninoff in tiefergehende Gespräche über Kunst oder Wissenschaft, geschweige denn die Musik zu verstricken. Der sechs Jahre jüngere Metner zeigte sich stolz darauf, Rachmaninoff seit der Jugend zu kennen, jammerte aber, »mit niemandem habe ich so wenig über Musik gesprochen wie mit ihm«.[796] Der Kollege war kein Freund überflüssiger Worte. »Sergej Wasiljewitsch mochte diese Art von Gesprächen nicht, sie waren ihm unheimlich und er beteiligte sich nicht an ihnen«, beobachtete eine Bekannte. »Abstraktheiten konnte er nicht ertragen.«[797]

Aus Rachmaninoffs Blickwinkel betrachtet, erschien Metners Lebensweise »sehr eintönig«. »Ein Künstler kann nicht nur aus sich selbst schöpfen, er bedarf äußerer Eindrücke«, pflegte er dann zu verkünden. »Ich sagte ihm deshalb: ›Sie sollten einmal die Nacht in Spelunken verbringen und sich richtig besaufen.‹ Ein Künstler darf kein Moralist sein.«[798] Ein solcher Künstler schreibt keine Lehrstücke und an edler Formgestaltung orientierte Kunstwerke, sondern Dramen über Rache, Unzucht, Betrug und Töten. Eine von Rachmaninoffs Opern, in der dies am deutlichsten zum Ausdruck kommt, hatte die Musikabteilung des Moskauer Künstlertheaters wieder aufgenommen und im Dezember 1925 bei einem Gastspiel in New York vorgestellt: *Aleko.*

In den 1930er-Jahren konnte Rachmaninoff nicht entgangen sein, dass zuweilen Werke sowjetischer Komponisten wie Mjaskowskij, Prokofjew und Schostakowitsch in den Vereinigten Staaten aufgeführt wurden. Vorerst blieb Schostakowitsch neben den älteren Kollegen noch ein kleiner Fisch in einem großen Teich. Bemerkenswerte Anerkennung wurde ihm jedoch zuteil, als Leopold Stokowski, der sich auch für Mjaskowskij engagierte, mit seinem Philadelphia Orchestra 1932 Schostakowitschs 3. Sinfonie erstmals in den USA aufführte, allerdings ohne den Schlusschor. Mit John Reed hatte zwar ein Nordamerikaner in dem Buch *Ten Days That Shook the World* 1919 einen der wichtigsten Augenzeugenberichte der Revolution geliefert, die in angeblich »zehn Tagen« die Welt »erschütterte«, nichtsdestotrotz hielt man die rebellisch-kommunistischen Verse der Sinfonie für unpassend an einem Industriestandort, an dem man die Gewerkschaftler nicht unnötig anstacheln wollte. Dennoch veröffentlichte *The Philadelphia Inquirer* am 31. Dezember 1932 einen Artikel über das Konzert unter der Überschrift: »Stokowsky stages Red Propaganda« (Stokowski bringt rote Propaganda auf die Konzertbühne). Vor allem linke Kreise bewunderten das Experiment eines kommunistischen Staates aus der Ferne. Auf den ersten Blick hinterließen dessen Initiativen einen positiven Eindruck, vor allem, wenn er gut für die eigenen Geschäfte war. So mancher in den Vereinigten Staaten nannte Josef Stalin kumpelhaft ›Uncle Joe‹, da er in Zeiten der Wirtschaftskrise bei amerikanischen Firmen Tausende neuer Traktoren für die Erfüllung des ersten Fünfjahresplans bestellen ließ. Gerade in dieser Phase erlebte die Kommunistische Partei der USA ihre besten Zeiten. Rachmaninoff standen viele Möglichkeiten offen. Aber er hatte seine Quellen, durch die ihm klar gewesen sein dürfte: Eine Rückkehr in die alte Heimat wäre möglich gewesen, aber gefährlich. Ob ihm zu

Ohren kam, dass seine frühere Muse Marietta Schaginjan mittlerweile eine glühende Verehrerin Stalins war, ist nicht überliefert.

Kurz bevor Sergej Prokofjew sich wieder endgültig in Moskau niederließ, wurde das Verbot von Rachmaninoffs Musik aufgehoben. Die beiden Komponisten waren sich bei Konzerten nur noch sporadisch über den Weg gelaufen. Da Prokofjew ohnehin den Eindruck hatte, dass »er meine Musik ablehnte und von ihr zum Widerspruch gereizt wurde«,[799] ergaben sich wenig Berührungspunkte. Von Rachmaninoff sind allerdings keine bösen Kommentare zu Prokofjew bekannt. Dieser hingegen spottete schon mal über den Älteren, dass sein Schaffen nicht mehr auf der Höhe der Zeit sei. Indes hörte er sich oft Rachmaninoffs Werke im Rundfunk an und meinte, dass sie »Themen von erstaunlicher Schönheit«[800] enthielten, insbesondere das zweite Klavierkonzert. Mit Komponistenkollegen hatten sich auch gegensätzliche Freundeskreise herausgebildet: Während Rachmaninoff guten Kontakt zu Metner in Paris und später London pflegte, blieb Prokofjew mit Mjaskowskij in Moskau in Verbindung. Rachmaninoff konnte aus der Ferne beobachten, dass Prokofjew einen Schritt wagte, der auch ihm offenstand: In die russische Heimat zurückzukehren. Für Prokofjew war dieser Weg heikel, da er als nicht-proletarischer Sohn eines Gutsverwalters im Osten der Ukraine einer missliebigen Bevölkerungsgruppe angehörte. Nachdem er mit 27 Jahren als Spross der Oberschicht 1918 vorsichtshalber ins Exil gegangen war, hatte er weder in Frankreich noch den USA einen Ort gefunden, der ein neuer Lebensmittelpunkt hätte werden können. Er klagte, dass »die Luft der Fremde meiner Inspiration nicht bekommt«.[801] Dieser Haltung stellte Rachmaninoff einen anderen Zugang entgegen: »Wahre Inspiration muss von innen kommen«, betonte er in einem Interview. »Wenn es innen nichts gibt, kann nichts von außen helfen.«[802] Allerdings suchte Prokofjew ständig nach Bestätigung. Vorsichtig streckte er seine Fühler aus und gastierte 1927 erstmals wieder in Moskau. Im Jahr des zehnten Gedenktags der Revolution hatte Rachmaninoff noch nicht vergessen, was die Bolschewiken dem Land angetan hatten. Da es für Prokofjew während der Wirtschaftskrise immer schwieriger wurde, seine Familie mit den Kindern durchzubringen, und da ihm – wie er es nannte – das »seelische Klima« in der Sowjetunion eher behagte, beschloss er, nach einigen weiteren kurzen Gastspielen in die UdSSR zurückzukehren, weil dort Künstler – wie er hoffte – auch in Zukunft angemessen hofiert würden.[803] Im Gegensatz zu Prokofjew machte Rachmaninoff die Entwicklung zunehmend misstrauisch. Da 1927 Stalin als Haupt der kommunistischen Partei uneingeschränkter Alleinherrscher in der UdSSR wurde, zeichnete sich eine radikale Entwicklung der Staatsführung ab. Als 1928 der erste Fünfjahresplan erlassen wurde, deutete alles auf eine strengere Reglementierung des Lebens hin. Diese weitete sich auch auf die Künste aus. Schon zu Beginn der 1930er-Jahre wurden Schriftstellern, Malern und Musikern zunehmend Vorschriften gemacht. Dies lag an der offiziellen Doktrin des »Sozialistischen Realismus«, die 1934 bei einem Kongress festgeschrieben wurde. Sie fand durch die neu gegründete Monatszeitschrift *Sowjetische Musik* (советская музыка) Verbreitung. »Der sowjetische Komponist muss seine Hauptaufmerksamkeit auf die sieghaften, fortschrittlichen Urquellen der Wirklichkeit lenken, auf die heroische Klarheit und Schönheit, die die Seelenwelt des sowjetischen Menschen auszeichnet«, lauteten die ästhetischen Forderungen. »Das alles muss mit musikalischer Bildhaftigkeit erfasst werden, die voller Schönheit und lebensbejahender Kraft ist.« Rachmaninoff war klar, dass Drohungen wie die vom »unerbittlichen Kampf gegen die anti-völkischen, modernen Tendenzen, die den Niedergang und Zerfall der zeitgenössischen bourgeoisen Kultur begleiten«,[804] gegen Werke wie seinen ›symbolistischen‹ Liederzyklus op. 38, das ›jazzige‹ vierte Klavierkonzert und die Verfremdungen russischen Kulturguts in den *Drei russischen Liedern* für Chor und Orchester op. 41 gerichtet waren.

Prokofjew ließ sich von möglichen Einschränkungen nicht abschrecken und beschloss, nach einigen Jahren des Pendelns zwischen Moskau und Paris, sich 1936 endgültig in Moskau niederzulassen. Er erfreute sich zunächst einer auch politisch vielumjubelten Heimkehr. Als populärer sowjetischer Musiker mit internationalem Renommee wurde er in Russland wegen der Erfolge im Ausland geschätzt. Er durchschaute jedoch zu spät, dass er sich mit seiner dauerhaften Rückkehr in einen goldenen Käfig hatte einfangen lassen. Die erste Begeisterung flaute rasch ab, als er merkte, wie er sich damit den Beschränkungen aussetzte, denen Künstler während der Stalin-Diktatur unterworfen wurden. Prokofjew verstand es, sich mit den Gegebenheiten zu arrangieren. Nach seiner Übersiedlung in die Sowjetunion schuf er staatsgenehme Musik in seinem selbstgewählten Stil der »neuen Einfachheit«[805] wie bei dem Ballett *Romeo und Julia*, dem Jugendstück *Peter und der Wolf* und der vaterländischen, Tolstoj verfälschenden Oper *Krieg und Frieden*. Mit dem festen Wohnsitz in der Sowjetunion brachte Prokofjew langfristig nicht nur sich, sondern auch seine Familie in Gefahr. Seine erste Frau – die spanische Sängerin Carolina (Lina) Codina, mit der er zwei Söhne hatte – wurde ein Jahr nach der Scheidung im Februar 1948 zu 20 Jahren Zwangsarbeit wegen Spionage verurteilt, weil sie an ihre Mutter im faschistischen Spanien Geld geschickt hatte. Prokofjew, der am 5. März 1953, also am gleichen Tag verstarb wie Stalin, bekam nicht mehr mit, dass sie nach acht Jahren im Juni 1956 vorzeitig entlassen wurde. Solche Dilemmata ersparte Rachmaninoff sich und seiner Familie, indem er sich von den Institutionen der UdSSR fernhielt und höchstens gezielt Einzelpersonen oder künstlerischen Gruppierungen Unterstützung zukommen ließ.

Rachmaninoff besaß genügend Kontakte, um erahnen zu können, was Künstler in der UdSSR zur Stalinzeit durchmachen mussten. Ihm und seiner Familie ging es im Exil erheblich besser als Komponistenkollegen in der alten Heimat. Dementsprechend wird er sich sehr gewundert haben, dass Prokofjew wieder zurückgegangen war. Obwohl das Verbot von Rachmaninoffs Musik zurückgenommen wurde, boten sich gerade ab 1934 etliche Belege für seine Kritik an der Sowjetunion. Künstler hatten sich mit den Umständen zu arrangieren: Der führende Komponist des Landes war Prokofjews Freund Nikolaj Jakowlewitsch Mjaskowskij, der ununterbrochen Orchesterwerke komponierte und seine gerade entstehende 16. Sinfonie mit der Widmung »Der Luftfahrt« versah. Mjaskowskij verstand es, eine abstrakte Musikgattung mit neuem Inhalt zu füllen. Er sei »so sehr mit dem Ausdruck des Gedankens beschäftigt«, meinte er, dass ihn »das Klangliche als solches nur wenig reizt«.[806] Für den 25 Jahre jüngeren Dmitrij Schostakowitsch war der Klang ein Mittel, um aufzurütteln. Dmitrij Dmitriewitsch war elf Jahre alt, als 1917 die Revolution Russland, ja die ganze Welt, für immer veränderte. Er wuchs in dem nun entstehenden ›Arbeiter- und Bauern-Paradies‹ auf und schrieb Propagandawerke. Es schien, als wolle er ebenfalls seinen Beitrag leisten, in Anbetracht der Ansprüche des ersten Fünfjahresplans und des Komponistenverbands, der aus der Vereinheitlichung von Berufsgruppen hervorgegangen war. Doch während einige Komponisten mit pflichteifrig erstellten *Landwirtschafts-* und *Fabrik-Sinfonien* punkteten, fiel Schostakowitsch mit seiner vierten Sinfonie und der Leskow-Vertonung *Lady Macbeth von Mzensk* in Ungnade. Er hatte die Erwartungen der Staatsmacht nicht erfüllt, während Mjaskowskij stets unauffällig unterhalb des Radars der Behörden agierte. Die Luft wurde zunehmend dünner. Es kam zu sogenannten »Säuberungen«, die umgesetzt wurden durch Bespitzelung der Bevölkerung, Einschüchterungen, Erwartungsdruck, Anklagen, Folter, Schauprozesse, Lagerhaft, politische Morde und Hinrichtungen ohne Verhandlungen, von denen selbst namhafte Persönlichkeiten nicht verschont blieben. Mjaskowskij, Prokofjew und Schostakowitsch versuchten, zu überleben und eine Balance zu finden zwischen staatskonformen Kompositionen und individuellen, persönlichen Werken. Rachmaninoff konnte beobachten, dass Strawinskij, der Russland bereits 1914 verlassen hatte, sich ebenfalls von der Sowjetunion Stalins fernhielt. Er kehrte erst im hohen Alter im September 1962 für einige Konzerte zurück und traf dabei unter anderem den neuen Staatschef Chruschtschjow sowie die Komponisten Schostakowitsch und Chatschaturjan. Als Komponist blieb Strawinskij ein musikalisches Chamäleon, das sich allen kulturellen, situations- und trendgemäßen Hintergründen anpasste; in England bezeichnete man ihn als »einen künstlerischen Wetterhahn«, »der sich immer danach ausrichtet, woher gerade der Wind weht«.[807] Ähnlich vielfältig wie sein Werk war die spätere Auslegung der Musik von Prokofjew und Schostakowitsch. Die Deutungen, die ihnen eine kritische, gar antisowjetische bzw. antikommunistische Haltung zusprachen, entstanden erst in späteren Jahrzehnten und vielfach nach dem Tod der Komponisten. Mitunter entsprachen sie einer von Emigranten gepflegten Vorstellung, wie auch jene von Rachmaninoff als dem ›Ewigen Russen‹. Seine Werke sind nicht so plakativ wie manches bei Prokofjew, Mjaskowskij und Schostakowitsch. Sie zeigen stets, dass auch er sich nicht vollends vereinnahmen lassen wollte und man bei ihm immer das Umfeld der Entstehung mit bedenken muss. Rachmaninoff lebte in mehreren Sphären: Er pendelte zwischen Westeuropa und den USA, zudem musste er stets diplomatisch auftreten, weil er die russischen Emigranten nicht enttäuschen wollte, obwohl er als ein Mann mit einem großen Vermögen einen völlig anderen Lebensstil pflegte. Aus Erfahrung wusste er aber um die Not derjenigen, die wenig haben und war bereit, seinen Möglichkeiten entsprechend, Unterstützung zu bieten.

In der Sowjetunion wurden die Menschen durchaus darüber auf dem Laufenden gehalten, was einige Exilanten trieben, ohne dass ihre Musik in den Konzertprogrammen eine Rolle spielte. »Sergej Rachmaninoff widmet sich überwiegend der Konzerttätigkeit, er spielt seine alten Werke«, kritisierte Prokofjew in der *Moskauer Abendzeitung* (Вечерняя Москва). »Neues hat er fast nicht geschaffen. Wenn er etwas schreibt, so ist es in den meisten Fällen eine Bearbeitung fremden Materials, wie zum Beispiel die *Variationen über ein Thema von Corelli*.«[808] Rachmaninoffs *Rhapsodie über ein Thema von Paganini* für Klavier und Orchester op. 43 wäre für ihn in die gleiche Kategorie gefallen. Zudem hätte Sergej Wasiljewitsch mit den *Corelli-Variationen* kaum den Anforderungen des Sozialistischen Realismus entsprochen. Als ›Variation über den (Folia-)Wahnsinn‹ stellte sein Opus 42 eine Gegenposition zu Prokofjews Haltung und der Staatsästhetik dar.

Rachmaninoffs *Paganini-Rhapsodie* gehört zu seinen vielseitigsten Kompositionen. Mit ihr kamen nun ›Variationen über das Heidentum‹ in einer zunehmend kriegslüsternen Welt hinzu, denn der Name ›Paganini‹ bedeutet soviel wie ›kleiner Heide‹. Niccolò Paganini gestaltete seine 1819 erstmals veröffentlichten 24 Geigencapricen im Stil von Etüden, sodass man Rachmaninoffs Opus 43 als eine Fortsetzung der ›Bilder-Etüden‹ mit anderen Mitteln betrachten kann. Der in Russland beliebte Franz Liszt hatte in der abschließenden a-Moll-Etüde seiner *Six Grandes Études de Paganini* für Klavier das gleiche Thema in Virtuosenmanier verarbeitet. Rachmaninoff gestaltete in seiner 25-minütigen Rhapsodie die Varianten viel flexibler und vielschichtiger. Die harten Schnitte erinnern an die Montage-Technik sowjetischer Agitprop-Filme, die auch etliche Regisseure in Westeuropa beeinflussten. Mitunter scheint es, als seien manche der 24 Variationen – von denen drei Viertel kaum eine Minute lang sind – ›im Stil‹ eines anderen Komponisten geschrieben. Rachmaninoff hat sich nie dazu geäußert, aber es würde auch den Spaß an der Sache verderben, explizit darauf hinzuweisen – genauso wie er sich auch mit den ›nachgeahmten‹ Pilzen einen Scherz erlaubt hatte. Sein Freund Arthur Hirst hielt Rachmaninoffs »scharfen Sinn für Humor« für eine seiner wesentlichen Eigenschaften. »Jeder wahre Musiker, ob er seine Kompositionen aufführt oder ihnen nur zuhört, muss diese überragende Qualität erkennen, da sie immer wieder hervorscheint«, meinte Hirst. »Für diejenigen, die die technische Schwierigkeit so fesselnd und überwältigend finden, dass das Wort ›Spaß‹ schmerzlich unzutreffend wird, möchte ich mein Mitgefühl aussprechen, aber es bleibt die Tatsache, dass Spaß und Humor Hauptbestandteile im Leben und Werk dieses Komponisten waren. Es ist hier nicht meine Aufgabe, diese Tatsache durch Analyse bestimmter Kompositionen zu vertiefen, aber für jeden echten Musiker ist eine solche Demonstration völlig unnötig. Ich kann jedoch etwas über den Spaß und Humor in seinem Leben erzählen. Ich bin nun mal eine Plaudertasche, und meine Plappereien als solche waren für meinen lieben Freund eine Quelle nie versiegender Freude; tatsächlich war sein Sinn für Humor von so seltener Tiefe, dass ich aufgefordert wurde, bestimmte Lieblingsgeschichten immer wieder zu wiederholen, wenn wir uns nach einer längeren Trennung trafen. Es ist gut verständlich, dass er Anekdoten, in denen der Verstand durch ein Verbiegen der

Logik herausgefordert wird, jenen vorzog, die hauptsächlich auf dem Überraschungsmoment beruhen. Er hatte besondere Freude an den Launen der nationalen Gepflogenheiten, Temperamenten und Redeweisen. So liebte er es, wenn er in New York war, zu hören, wie sein Manager, Mr. Foley, den englischen ›Akzent‹ nachahmte, genauso wie er in London schwelgte, als er meine Nachahmung unserer Cousins auf der anderen Seite des Atlantiks hörte.« Hirst hatte seinen Spaß an Rachmaninoffs »Veranlagung zum Lachen«. In seinem Bericht stellte er klar, dass »dem gedruckten Wort zur Ausschmückung seine vibrierende, tiefe Stimme fehlt und die ansteckende Heiterkeit, die seinen ganzen Körper während der Erzählung erschütterte«, und fuhr dann fort: »Einmal reiste er mit dem Zug in eine große Stadt im Mittleren Westen, wo er die Tortur von Pressefotografen und Werbeleuten fürchtete. Um seine eigenen Worte zu zitieren: ›Mein Zug sollte um drei Uhr eintreffen, und als die Zeit näher rückte, wurde ich immer nervöser und immer ungehaltener, ich *hasste* diese Männer mit ihren Kameras. Dann hielt der Zug an und ich musste mich der schrecklichen Angelegenheit stellen – also raffte ich mich auf und machte mich auf den Weg zum Ausgang – und da sah ich ein Gewimmel wie nie zuvor, haufenweise diese scheußlichen Kameras – aber – zu meiner Überraschung stürmten sie alle an *mir* vorbei! Und meine Erleichterung wandelte sich dann in Verärgerung! Denn sie eilten alle zum nächsten Waggon, um Fotos von einem berühmten Boxer zu machen, der mit demselben Zug ankam! Oh! Ich war so wütend!!!‹ Und er war von Kopf bis Fuß erschüttert angesichts des Humors seiner eigenen Situation. Er fuhr fort, wahrheitsgemäß zu erklären, dass der wahre Grund seiner Empörung die implizite Geringschätzung der musikalischen Kunst war – aber die komische Seite des Bildes erfüllte ihn mit unendlicher Freude.«[809]

Die Sprachmelodie bestimmter Ausdrucksweisen und die Bedeutung der Kunst also – geht man von Hirsts Prämisse aus, dass »Spaß und Humor Hauptbestandteile im Leben und Werk« von Rachmaninoff waren, könnte man ihm bei der *Paganini-Rhapsodie* durchaus Parodien zutrauen: Lässt man seiner Fantasie freien Lauf, erinnert die quirlige Variation II an Scarlatti, die perkussive Variation VIII an Bartók, die mit Harfe und Klavierglissandi impressionistisch angehauchte Variation XI an Debussy, Variation XVI gemahnt mit dem Violinsolo an die ›neue Einfachheit‹ Prokofjews, Variation XV wirkt wie eine Jazz-Improvisation, Variation XXI klingt skurril wie manches bei Skrjabin, der maschinengeräuschartige, hämmernde Rhythmus der Variation XXII imitiert Schostakowitsch. Mitunter mag man sich auch an die gipfelstürmenden Avantgardisten der Revolutionszeit erinnert fühlen. Rachmaninoff suggeriert in der ›Un poco piú vivo‹-Variation XX sogar das Bild rasender Eisenbahnen durch Sechzehntelketten in den Violinen und Lokpfeifen, deren Signaltöne durch Flöten und Klarinetten bzw. Oboen und Englischhorn erzeugt werden. Variation XVIII schwelgt wie Gershwin und Variation VII erinnert mit dem Dies irae-Motiv an Rachmaninoff selbst oder gar die Tonkünstler des Mittelalters.[810]

Nach der erfolgreichen Uraufführung im November 1934 im Lyric Opera House in Baltimore mit dem Philadelphia Orchestra unter Leitung von Stokowski und dem Komponisten als Solist plante Rachmaninoff den weiteren Umgang mit dem Werk sorgfältig. »Ich werde es nicht vor dem nächsten Frühjahr veröffentlichen«, ließ er einen Freund wissen. »Ich probiere es noch in New York und London aus, um die nötigen Korrekturen vornehmen zu können.«[811] Rachmaninoff meinte, das Stück habe die Länge eines Klavierkonzerts, ohne zu erwähnen, dass es auch eine verborgene dreisätzige Struktur besitzt. Die meisten Variationen stehen in a-Moll und dementsprechend auch der ›erste Satz‹ (Variation 1 11), der zweite Satz beginnt in d-Moll (Variationen 12–18) und der dritte Satz (Variationen 19-24) kehrt wieder zum a-Moll zurück.

Die *Paganini-Rhapsodie* war nie allein ein abstraktes Konzertstück. Rachmaninoff stand in Kontakt mit dem Choreografen Michail Fokin, der zuerst in Sankt Petersburg und dann für Djagilews Ballets Russes in Paris gearbeitet hatte, ein Jahr nach dem Ersten Weltkrieg in die USA emigrierte und 1932 deren Staatsbürgerschaft annahm. Mit ihm entwarf Rachmaninoff ein Szenario für eine denkbare Umsetzung der Musik im zeitgenössischen Tanztheater: Dabei griff man auf eine Legende zurück, die Heinrich Heine in seiner Erzählung *Florentinische Nächte* nutzte, in der Paganini sogar persönlich auftritt. »Es ist wahr, was die ganze Welt behauptet«, heißt es darin über den Virtuosen, nämlich dass »er sich dem Teufel verschrieben hat, Leib und Seele, um der beste Violinist zu werden, um Millionen zu erfiedeln«.[812] Gegenüber Sofja Satina betonte Rachmaninoff, selbst wenn Klavier und Orchester beteiligt seien, handele »es sich nicht um ein Konzert!« Vielmehr wolle er das Stück »Sinfonische Variationen« nennen. Wilschau ließ er wissen, dass ihm die Bezeichnung »Fantasie« vorschwebe.[813] Der Terminus ›Rhapsodie‹ bot schließlich den meisten Interpretationsspielraum. In der Musik konnte man das Dies irae-Motiv auf den Teufel beziehen und das Hauptmotiv aus dem letzten Stück von Paganinis *24 Caprices* für Solovioline auf den Geiger selbst.

Dieses Konzept lässt sich kaum als ein ›Selbstportrait‹ Rachmaninoffs verstehen, weil er nicht nur ein einziges herausragendes Talent besaß, sondern als Pianist, Dirigent und Komponist sogar drei. Zudem wäre er kaum ein Bündnis mit dem eingegangen, zu dem er mehr als einmal seine Feinde und Unannehmlichkeiten gerne geschickt hätte, wenn er mal wieder »alles zum Teufel« wünschte (все к черту). Das von Heine verarbeitete Motiv des Künstlers, der mit dem Höllenfürsten einen Pakt schließt, trifft vielmehr auf jene zu, die im Deutschland des Nationalsozialismus und in Stalins Sowjetunion arbeiteten: Furtwängler, Schostakowitsch und vor allem Prokofjew, der in dem Jahr, als die *Paganini-Rhapsodie* entstand, sich zur Rückkehr entschlossen hatte.

Das Thema der *Rhapsodie* war eine folgerichtige Wahl: Heine war in Russland und selbst noch in der Sowjetunion anerkannt, wenn auch umstritten, galt aber vielen als umsichtiger politischer Autor. Im November 1918 war ein Heine-Denkmal vor der Petrograder Universität enthüllt worden, dem im nächsten Jahr ein zweites in Moskau folgte, da Lenin Heine sehr schätzte. Rachmaninoff hatte Heine in Übersetzungen vertont sowie Werke von Autoren aus seinem intellektuellen Umfeld. Der ›Teufelsgeiger‹ der Literatur eignete sich für eine szenische Umsetzung. »Zu meiner *Rhapsodie* möchte ich sagen, dass ich mich sehr freuen würde, wenn Sie etwas damit machen«, wandte sich Rachmaninoff im August 1937 in einem Brief an Fokin. »Letzte Nacht habe ich über ein mögliches Thema nachgedacht und folgendes kam mir in den Sinn. Ich werde Ihnen jetzt nur die Hauptstruktur geben; die Details liegen noch im Nebel. Warum nicht die Legende von Paganini wiederbeleben, der für die Perfektion seiner Kunst und für eine Frau seine Seele an einen bösen Geist verkaufte? Alle Variationen, die das Thema Dies Irae haben, repräsentieren den bösen Geist. Die Variationen von Nr. 11 bis Nr. 18 sind Liebesepisoden. Paganini selbst erscheint im ›Thema‹ und erneut, zum letzten Mal, aber besiegt, in Variation Nr. 23. Die ersten zwölf Takte nach all den Variationen bis zum Ende der Komposition repräsentieren den Triumph des Eroberers. Der böse Geist taucht zum ersten Mal in Variation Nr. 7 auf, wo man an der mit 19 bezeichneten Stelle den Dialog mit Paganini über sein eigenes Thema und über das Dies Irae führen kann. Die Variationen Nr. 8, 9, 10 sind die Durchführung des ›bösen Geistes‹. Variation Nr. 11 ist ein Wendepunkt in der Liebesbeziehung. Variation Nr. 12 – das Menuett – zeigt den ersten Auftritt der Frau. Variation Nr. 13 ist das erste Gespräch zwischen der Frau und Paganini. Variation Nr. 19 – Paganinis Triumph, sein teuflisches Pizzicato. Es wäre schön, Paganini mit einer Geige zu sehen, aber natürlich nicht mit einer echten, sondern mit einer fiktiven, fantastischen. Zudem scheint es mir, dass am Ende des Stücks einige Darsteller böse Geister karikieren sollten, die sich in ihrem Kampf um die Frau und Paganinis Kunst befinden. Auf jeden Fall als Karikaturen, die Paganini ähneln. Sie sollten auch mit Geigen zu sehen sein, aber noch fantastischer und grotesker. Du wirst mich nicht auslachen, oder?«[814] Fokin stand hinter den außermusikalischen, parodierenden Facetten des Stücks und schrieb dem Komponisten 1939 aus London: »Ein ballettbesessener Rezent sagte mir scherzhaft: ›Mir ist zu Ohren gekommen, dass Sie Kritiker porträtieren? Kritiker sind unantastbar! Der Kritiker ist eine heilige Persönlichkeit.‹ Ich antwortete, ebenfalls scherzhaft: ›Ich bin mir der Heiligkeit der Kritiker bewusst – und deshalb zeige ich sie mit der Musik des Dies Irae. Wir haben also sowohl Heiligkeit als auch – das Jüngste Gericht; alles, was sie sich wünschen können.‹«[815] Für die Uraufführung der Ballettfassung Ende Juni 1939 am Royal Opera House Covent Garden in London passte Rachmaninoff den Schluss seiner Komposition den Erfordernissen des Theaters an. Die Bühnenversion war eine gute Reklame für die Einspielung. Die Plattenfirma RCA entschied sich schon kurz nach der Premiere dafür, das Werk mit den Originalinterpreten aufzunehmen. Die Sitzung fand am Vormittag des 24. Dezember im ›RCA Victor Church Studio No. 2‹ in Camden statt, das eine härtere Akustik hatte als der zumeist verwendete Saal der Academy of Music in Philadelphia. Auffallend ist indes, wie sorgfältig Rachmaninoff und Stokowski den Klang des Klaviers und der Orchesterinstrumente aufeinander abstimmen. Rachmaninoff gewinnt dem Klavier eine fesselnde Vielfalt an Klangschattierungen ab. Aber er tritt mit seinem Instrument auch mehr als einmal in den Hintergrund und fügt sich in den Gesamtklang des Orchesters ein. Die Besetzung des Philadelphia Orchestra wurde für die Einspielung auf 74 Mitwirkende reduziert. Alle Beteiligten mussten konzentriert und zügig arbeiten, weil das Orchester am Nachmittag für eine Aufnahme von Sibelius' Violinkonzert mit Jascha Heifez gebucht war. Um Wahlmöglichkeiten zu haben, wurde die *Paganini-Rhapsodie* zwei Mal aufgenommen. Rachmaninoff entschied sich dafür, die erste Fassung zu verwenden und mag später bedauert haben, das Werk so kurz nach der Premiere eingespielt zu haben. Als er Metner zwei Jahre später die Aufnahme vorspielte und dieser begeistert war, klagte Rachmaninoff: »Erst jetzt habe ich erkannt, wie schwach diese Aufnahme ist und wie viel besser ich das Werk jetzt spiele. Ich muss es einfach noch einmal aufnehmen.«[816]

Mittlerweile hatte Rachmaninoff als Künstler einen Status erreicht, der schon zu Lebzeiten die Publikation einer umfangreicheren Biografie rechtfertigte. Bereits 1931 hatte man sich mit einer Anfrage an ihn gewandt. Als Sofja Satina über 40 Jahre später erzählte, warum der erste Versuch in seinen Ansätzen steckengeblieben war, sprach sie – ohne Namen zu nennen – von einer Frau, mit der sich Rachmaninoff gut auf Deutsch unterhalten konnte. »Sie versprach, einmal in der Woche für ein oder zwei Stunden zu ihm zu kommen, und er solle erzählen, während sie, ohne ihn zu unterbrechen, alles aufschriebe«, schilderte sie.[817] Die überlieferten maschinengeschriebenen Manuskripte mit handschriftlichen Anmerkungen sind indes als »Recollections of a Vanished World, as told to Frederick H. Martens« archiviert.[818] Möglicherweise hatte der amerikanische Journalist, der Rachmaninoff schon zehn Jahre zuvor interviewt und für den Musikverlag Breitkopf & Härtel ein Broschüre in der Reihe ›Little Biographies‹ verfasst hatte, eine Assistentin bei sich, die stenographierte. Rachmaninoff begann mit seinen Erinnerungen an Iwanowka, sprach auch über seine Arbeit am Bolschoj-Theater und andere Dinge. Als Rachmaninoff die ersten Abschriften erhalten hatte, war er laut Sofja Satina überzeugt, seine Memoiren seien »in einen selbst geschriebenen Artikel umgearbeitet worden, sodass er die weitere Zusammenarbeit ablehnte und den Druck bzw. die Verwendung seines Namens untersagte«.[819] Es kann auch sein, dass Sofja Satina diese Reaktion mit der auf das nächste Projekt durcheinanderbrachte, denn obwohl Frederick Martens ein Jahr jünger war als Rachmaninoff, hinderte ihn an der Weiterarbeit letztendlich sein vorzeitiger Tod im Jahr 1932.

Nach diesen Erfahrungen schien Oskar von Riesemann ein geeigneter Autor zu sein. Er war ein geachteter Musikwissenschaftler und hatte der Familie geholfen, sich in der Schweiz zurechtzufinden. Er traf sich mehrfach mit Rachmaninoff bei dessen Aufenthalten in Luzern und Urlauben in Frankreich. Er wollte das Leben des Künstlers chronologisch aufbereiten und aus erster Hand Informationen zu wichtigen Ereignissen und Kompositionen erhalten. Für den Sommer organisierten die Rachmaninoffs sowie Riesemann und seine Frau eine gemeinsame Reise zu den Bayreuther Festspielen. Anschließend plante Rachmaninoff noch nach Dresden und Paris weiterzureisen, wo er Metner wiedertreffen wollte. Bevor Ende Juli sich sechs Personen in zwei Autos auf die 550 Kilometer lange, zweitägige Reise von Hertenstein nach Bayreuth machten, überreichte Riesemann ihm das Manuskript zu der Biografie. Rachmaninoff war die Originalfassung peinlich. Der

Verfasser ließ den Künstler über Gebühr in der ersten Person von sich sprechen, wobei er keineswegs immer wortgetreu zitierte. Nicht die Stimme und die Einschätzungen des Biografen Riesemann standen im Vordergrund, sondern der Titel *Rachmaninoffs Erinnerungen, diktiert für Riesemann* erweckte den Eindruck, dass er nur der Vermittler sei, damit sich der Künstler selbst beweihräuchern könnte. Über seinen Agenten Foley ließ Rachmaninoff seinem selbsternannten ›Sprachrohr‹ mitteilen, dass der Titel geändert werden müsse. Riesemann reagierte entsetzt: Dieser Titel sei eine Werbeidee des englischen Verlags gewesen und ohne ihn würde das Buch nicht erscheinen. Überdies sei die Übersetzerin seines deutsch verfassten Originalmanuskripts bereits bezahlt worden. Und nicht zuletzt war der keineswegs wohlhabende Riesemann auf das Honorar angewiesen. Rachmaninoff versuchte, die kritische Situation zu entschärfen. Mit »Sehr geehrter Herr Riesemann, ich habe das Manuskript Ihres Buches mit großem Interesse gelesen und möchte Ihnen für das sensible Verständnis danken, mit dem Sie an die Übertragung unserer herzlichen Gespräche in Clairefontaine par Rambouillet herangegangen sind«, beschwichtigte er. »Das zu viel an Wertschätzung einiger meiner bescheidenen Leistungen schreibe ich ausschließlich unserer engen und langen Freundschaft zu. Mit freundlichen Grüßen, Rachmaninoff.«[820] Der Komponist bestand auf Änderungen kritischer Passagen, was Riesemann so aufregte, dass er sich am Tag der Abreise nach Deutschland Morphium injizierte, um Schmerzen in seiner Brust zu lindern. In Bayreuth erlebte man eine gelungene Aufführung von *Die Meistersinger von Nürnberg* und eine mittelmäßige Darbietung von *Parsifal*. Möglicherweise betrachtete Rachmaninoff Riesemann wie den Titelhelden der Oper als ›reinen Toren‹, der mit seinem Buch in bester Absicht zu viel des Guten getan hatte. Er bedauerte, dass die mit Hingabe erarbeitete ›Biografie‹ nach langen Jahren guten Einvernehmens nun zu einem Zerwürfnis mit Riesemann führte. Letzten Endes ließ Rachmaninoff das Buch in der von Dolly Rutherford übersetzten englischen Fassung beim Verlag Macmillan in New York und London erscheinen. Er übernahm selbst die Kosten für zahlreiche kleinere und größere Änderungen. Dabei kürzte er seine ausufernden ›Monologe‹, strich ein Kapitel ganz und versuchte, zumindest das Schlimmste zu verhindern. Ob Riesemann das als *Rachmaninoff's Recollections, told by Oskar von Riesemann* erschienene Buch genießen konnte, ist fraglich, denn er starb am 28. September 1934.

»Sie haben wahrscheinlich schon von Riesemanns Buch mit dem Titel *Rachmaninoffs Erinnerungen, erzählt von Riesemann* gehört«, schrieb

Sergej Wasiljewitsch an Wilschau. »Es wurde in Amerika und England veröffentlicht. Natürlich auf Englisch. Wenn Sie möchten, schicke ich es. Das Buch ist langweilig. Übrigens gibt es viele Unwahrheiten, was beweist, dass nicht ich dieses Buch diktiert habe, sondern Riesemann es einfach geschrieben hat.«[821] Das Werk trug mit dazu bei, das Bild von Rachmaninoff als dem ›ewig wandernden Russen‹ zu etablieren.

Rachmaninoffs »ausgesprochener Fatalismus, sein tiefes Schicksalsbewusstsein« sei »der gleiche Fatalismus, der das russische Volk einst dazu brachte, sich unter dem Tatarenjoch zu beugen (woher teilweise das von Keyserling erwähnte mongolische Blut kam)«, behauptete Riesemann, und – so fuhr er in einem Atemzug fort – der »es ihnen heute erlaubt, unter der Tyrannei des Bolschewismus zu leiden«.[822] Riesemann teilte so manche Erfahrung: Er stammte aus dem Baltikum, war Sohn eines ehemaligen Stadtoberhaupts von Reval (dem heutigen Tallinn) und hatte in München, Moskau, Berlin und Leipzig Musik, Kunstgeschichte, Philologie und Jura studiert. Das juristische Examen legte er in Moskau ab und in Leipzig promovierte er mit der Schrift *Die Notation des alt-russischen Kirchengesanges*, die 1908 in Moskau von der Synodal-Buchdruckerei in deutscher Sprache veröffentlicht wurde. Es gab also etliche gemeinsame Interessen, die Riesemann für Rachmaninoff zu einem interessanten Gesprächspartner machten. Nach der Revolution hatte er Russland ebenfalls den Rücken gekehrt. In dem gut 270 Seiten starken, illustrierten Buch über den Musiker widmete er die ersten elf Kapitel Rachmaninoffs Leben bis zum vierten Klavierkonzert und dem Boykott seiner Werke in der UdSSR, bevor er im zwölften Kapitel knapp auf einige Werke einging. Rachmaninoff schien durch diese Erfahrungen sein Wohlwollen gegenüber Büchern über seine Person verloren zu haben. »Als ich im März in England war, schickte man mir ein weiteres Buch über mich und bat um Genehmigung, es veröffentlichen zu dürfen«, schrieb er im April 1936. »Die Erlaubnis gab ich, las aber nur die ersten drei Kapitel davon. Zu mehr habe ich keine Geduld! Glaube um Gottes willen nicht, dass ich angeben will! Eigentlich sollte bei dieser Art des Schreibens das Talent des Schriftstellers zu spüren sein! Und hier ist es nicht zu erkennen. Weder bei Riesemann (er starb letztes Jahr, deswegen schimpfe ich ihn so wenig), noch bei dem Engländer.«[823] Rachmaninoff hatte wahrscheinlich das Manuskript des Journalisten Watson Lyle erhalten, der bald darauf ebenfalls verstarb. Der Pianist Lew Pischnow sorgte dafür, dass der Band mit seinem Vorwort 1938 beim Londoner Verleger William Reeves herausgegeben wurde. Der biografische Teil endet im zwölften Kapitel damit, dass

Rachmaninoff »seine Angehörigen vom Bolschewismus rettet«[824] und im Mai 1922 wieder zu Konzerten nach England zurückkehrt, wo ihm Lyle zum ersten Mal persönlich begegnete. In den letzten beiden Kapiteln spielen gemeinsame Treffen eine Rolle, zudem wartet das Buch mit einer gut 30-seitigen erläuterten Diskografie auf. Es spricht für Rachmaninoffs Popularität bei Musikliebhabern, dass seine Biografien allmählich umfangreicher wurden.

Ein anderes Buchprojekt beschäftigte Sergej Rachmaninoff ab Dezember 1934, als ihm Nikolaj Metner sein Manuskript zu *Die Muse und die Mode* vorlegte. »In Kalifornien, von wo ich gerade hier angekommen bin und nur drei Stunden Aufenthalt habe, bevor ich nach Washington weiterfahre, erhielt ich den ersten Teil Ihres Buches«, schrieb ihm Rachmaninoff aus Chicago während einer Tournee. »Ich habe ihn in einem Rutsch durchgelesen und möchte Ihnen zu Ihrer Leistung auf einem neuen Gebiet gratulieren. Wie viel Interessantes, Geistreiches und Tiefgründiges steckt darin! Und es kommt zur rechten Zeit. Selbst wenn diese gegenwärtige Krankheit eines Tages vergehen sollte, was ich, offen gestanden, nicht wirklich kommen sehe, wird Ihre Beschreibung davon dauerhaft Bestand haben.« Noch bevor er den zweiten Teil gelesen hatte, sagte Rachmaninoff zu, er werde das Buch »gerne veröffentlichen, sobald ich in Europa bin«.[825] Und neun Tage später schrieb er Metner aus New York: »Gestern habe ich den ganzen Tag im Zug den zweiten Teil Ihres Buchs gelesen. Was für ein wunderbar weiser Mann Sie sind!«[826]

Im Januar traf man sich in der französischen Hauptstadt, um alles für eine Publikation beim ›Familienunternehmen‹ Taïr vorzubereiten. Im Sommer 1935 erschien Nikolaj Metners Buch auf Russisch im Verlag von Rachmaninoffs Töchtern, der Édition Taïr in Paris. Obwohl sich Metner im gleichen Jahr in London niederließ, dauerte es zehn weitere Jahre, bis Alfred Swan eine englische Übersetzung erstellt hatte, die 1945 am amerikanischen Haverford College mit den damals verfügbaren Vervielfältigungsapparaten in einer Auflage von 150 Exemplaren herausgebracht wurde. Als diese vergriffen waren, erschien Metners Schrift 1951, kurz vor seinem Tod, beim Haverford College Bookstore als gedrucktes Buch. Es fand, wie die Originalausgabe, nur begrenzt in interessierten Kreisen Aufmerksamkeit. Der Originaltitel Муза и Мода (защита основ музыкального искусства) wurde mit *The Muse and The Fashion: Being a Defence of the Foundations of the Art* wiedergegeben. Im Untertitel von *Die Muse und die Mode* betonte Metner, sein Buch sei ein Beitrag »zum Schutz [bzw.] zur Verteidigung der Grundlagen der

Kunst der Musik«. Da Rachmaninoff die Veröffentlichung unterstützte, kann man davon ausgehen, dass er die ästhetische Grundhaltung teilte, auch wenn sie in seiner Musik völlig anders zum Ausdruck kam als bei Metner. Dieser hatte den beiden Teilen Gedichte vorangestellt, auf die er im Verlauf seiner Darlegungen auf etwa 150 Seiten zuweilen Bezug nahm. Der Einleitung zierten Verse von Lermontow:

По небу полуночи ангел летел
И тихую песню он пел:
И месяц, и звезды, и тучи толпой
Внимали той песне святой.
Он пел о блаженстве безгрешных духов
Под кущами райских садов,
О Боге великом он пел, и хвала
Его непритворна была.
Он душу младую в объятиях нес
Для мира печали и слез,
И звук его песни в душе молодой
Остался без слов, но живой.
И долго на свете томилась она,
Желанием чудным полна,
И звуков небес заменить не могли.
Ей скучные песни земли.

Ein Engel flog über den Mitternachtshimmel
Und er sang ein leises Lied:
Und der Mond und die Sterne und zahlreiche Wolken
Lauschten diesem Lied des Heiligen.
Er sang über die Glückseligkeit sündloser Geister
Unter den Büschen paradiesischer Gärten,
Er sang über den großen Gott und sein Lobpreisen
War ungeheuchelt.
Er trug eine junge Seele in seinen Armen
Für eine Welt voller Kummer und Tränen,
Und der Klang seines Liedes in der Seele eines Jungen
Blieb wortlos, aber lebendig.
Und lange schmachtete sie in der Welt,
Voll wunderbarer Sehnsucht,
Und die Klänge des Himmels waren nicht zu ersetzen.
Sie langweilten die Lieder der Erde.

»Die Musik ist die Sprache des Unaussprechlichen«, schrieb Metner, wobei er präzisierte: »Unaussprechbarer Empfindungen und unaussprechbarer Gedanken.« Dies war für ihn die einzige sinnvolle Analogie im Hinblick auf »die Substanz, den *Logos* der Musik selbst«, die abgewertet werde durch Triviales und die bei Lermontow angesprochenen »langweiligen Lieder der Erde«.[827] Rachmaninoff hätte ihm nicht widersprochen. Eine »vorsätzliche ›Originalität‹ verleugnet den einzigen ›Ursprung‹ der Kunst«, gab Metner zu bedenken. Für ihn war »künstlerisches Heldentum« eindeutig »immer auf Vollkommenheit gerichtet«, denn ein »Vorwärts« bedeute hier, einen Weg zu beschreiten, auf dem man diese erreichen will. »Solche Wege können wir in einer Zukunft, die es für uns noch nicht gibt, nicht erkennen«, folgerte er. »Solche Wege sind uns in der Vergangenheit viel klarer als in der Gegenwart.« Dementsprechend sei ein »Vorwärts« als »revolutionärer Begriff und populäres Schlagwort in der Kunst« absurd, meinte Metner: »›Auf zu neuen Ufern‹, das Schlagwort der Mehrheit der zeitgenössischen Innovatoren, hat zweifellos einen revolutionären und damit politischen Charakter, aber jedes Schlagwort ist der Politik angemessener als der Kunst, deren schöpferischer Ursprung immer das Individuum und nicht das Kollektiv ist, es ist tragischerweise unvermeidlich, dass der Künstler an seine Individualität gebunden ist.«[828]

Zu Beginn des ersten Kapitels berief sich Metner auf Puschkins Gedicht »Die Muse«, das Rachmaninoff vertont hatte (Муза, op. 34, Nr. 1):

В младенчестве моем она меня любила
И семиствольную цевницу мне вручила;
Она внимала мне с улыбкой, и слегка
По звонким скважинам пустого тростника
Уже наигрывал я слабыми перстами
И гимны важные, внушенные богами,
И песни мирные фригийских пастухов.
С утра до вечера в немой тени дубов
Прилежно я внимал урокам девы тайной;
И, радуя меня наградою случайной,
Откинув локоны от милого чела,
Сама из рук моих свирель она брала:
Тростник был оживлен божественным дыханьем
И сердце наполнял святым очарованьем.

In meiner Kindheit liebte sie mich
Und sie reichte mir eine siebenblättrige Pfeife;
Sie hörte mir mit einem Lächeln zu, und sanft
Erklangen Töne aus dem hohlen Rohrblatt.
Ich habe schon mit schwachen Fingern gespielt
Und wichtige, von den Göttern inspirierte Hymnen,
Und die friedlichen Lieder der phrygischen Hirten.
Von morgens bis abends im stillen Schatten der Eichen
Befolgte ich eifrig die Lehren der geheimnisvollen Maid;
Und, mich mit einer zufälligen Belohnung erfreuend,
Warf sie die Locken von der süßen Stirn zurück,
Und nahm selbst die Flöte aus meinen Händen:
Das Rohr wurde durch den göttlichen Atem belebt
Und erfüllte mein Herz mit heiligem Zauber.

Nach Metners Auffassung stellen sich viele »beim Prozess des musikalischen Schaffens immer nur das Bild einer inspirierenden Muse vor, keiner belehrenden«. Dabei müssen Musiker, wie Puschkin ausführte, »von morgens bis abends sich mit Fleiß bemühen, von ihren Lehren zu profitieren«.[829] Metner nahm in seinen Erörterungen ohne Notenbeispiele Bezug auf Aspekte wie »Einheit, Homogenität und Vielfalt« in der Musik, »Stille und Bewegung«, »die Balance zwischen Einfachheit und Komplexität«, die »Hauptbedeutungen der Musiksprache«, »die Verteidigung der Hauptpositionen der ehemaligen Musiktheorie« sowie »die Harmonielehre als zentrale Disziplin der Musikpädagogik«. Sein Ausgangspunkt lautete: »Einfachheit plus Einfachheit ist gleich Leere, Komplexität plus Komplexität ist Chaos.«[830] Ohne Namen zu nennen, spielte er an auf Prokofjews Konzept der ›Neuen Einfachheit‹ und Schönbergs Reduktion auf zwölf Töne auf der einen Seite sowie auf die überbordende Vielfalt von Klangkonstrukten Skrjabins oder Mjaskowskijs auf der anderen. Nach Metners Vorstellung sollten die Elemente der Musik – Melodie, Harmonik, Rhythmik und Form – ausgewogen verflochten sein.[831] Er beklagte, dass es theoretisierende Dilettanten gäbe, die »nur an die Evolution glauben, sie sich als eine Art sich wandelnder Moden vorstellen«. Diese bemerken »als Anhänger und Prediger von Evolution und Mode lediglich die Bewegung, die Aktion, die Dissonanz in ihrer Abweichung von der Konsonanz«, konstatierte er. Für ihn jedoch war »die Dissonanz ein Begleiter der Konsonanz« und »dissonante Akkorde oder zufällige harmonische Bildungen, aber auch jede Kette von Dissonanzen wird nur durch die allgemeine Anziehungskraft auf die Konsonanz gerechtfertigt«.[832] Jahrhundertelang bewährte und immer wieder neu variierte Erkenntnisse zu leugnen, erschien widersinnig. Nicht nur nach Metners Überzeugung wird der schöpferische Prozess durch Individuen gestaltet, deren künstlerische Theorien grundlegend seien. Die derzeitigen Vordenker »zielen darauf ab, die sie umgebende Realität zu rechtfertigen und verlieren dabei den Bezug zu den grundlegenden Gesetzmäßigkeiten der Musik«, sinnierte er. »Die Musiktheorie vergangener Tage wurde entweder von den zeitgenössischen Modernisten aufgegeben oder sie wird von ihnen als bedeutungslos gewordenes historisches Dokument betrachtet.«[833]

Den zweiten Teil leiteten Verse von Goethe ein:

> Sich zu schmücken begierig, verfolgte den rinnenden Bach einst
> Früh die Muse hinab, sie suchte die ruhigste Stelle.
> Eilend und rauschend indes verzog die schwankende Fläche
> Stets das bewegliche Bild; die Göttin wandte sich zürnend;
> Doch der Bach rief hinter ihr drein und höhnte sie: »Freilich
> Magst du die Wahrheit nicht seh'n, wie rein dir mein Spiegel sie zeiget!«
> Aber indessen stand sie schon fern, am Winkel des Sees,
> Ihrer Gestalt sich erfreuend, und rückte den Kranz sich zurechte.

Dieses Gedicht zeigte für Metner am besten »das Verhältnis der Muse zur Mode«: »Die Muse, Hüterin des Geistes und der ewigen Gesetze der Kunst, die ihr Haupt mit einem Kranz schmückt und ihr Spiegelbild in den gekräuselten Wassern eines reißenden Baches sieht, wendet sich wütend von diesem verzerrten Spiegel ab. Letzterer – der Spiegel der unaufhörlich wechselnden müßigen Moden – ist die unstete, vergängliche Wahrheit der Gegenwart, die Oberfläche unserer Zeit. Das göttliche Antlitz der Muse findet sein wahres Abbild nur in den fernen und stillen Wassern des tiefen Sees – der Ewigkeit.«[834]

Metner meinte, dass die symbolistischen Dichter der Jahrhundertwende kaum symbolreicher schreiben konnten als Puschkin oder Goethe. In dem mit »Der Spiegel und die Muse« überschriebenen Abschnitt befasste er sich zuweilen feuilletonistisch mit den »Eigentümlichkeiten der menschlichen Natur«, die dazu führten, dass uns »die unter der Wasseroberfläche verborgenen Tiefen wenig interessierten und wir ungeduldig darauf warten, dass sich die Oberfläche mit einer Eiskruste bedeckt, auf der wir Schlittschuh laufen können«. Dabei sei sich die heutige Gesellschaft, die

»so stolz ist auf ihre Beschäftigung mit allen möglichen Tiefen, auf ihre psychologische Analyse und auf ihren revolutionären Wagemut«, dennoch »nicht bewusst, dass sie in Wirklichkeit nur auf einer Welle Schlittschuh läuft«, und dies leider nicht nur auf dem Eis, das sich »über den Tiefen der klaren Wasser der großen Kunst gebildet hat, sondern auch über der großen Pfütze auf der Oberfläche der verantwortungslosen ›Schöpfungen‹ der ›Genies‹ von gestern«. Moden waren für ihn nur eine Zeiterscheinung, denn so Metner: »Mode ist ein Synonym für Trägheit. Die Menschen warten, was die Mode aussprechen wird, und wiederholen es dann. Wir müssen alle Moden vergessen, die es je gegeben hat, und uns an die Arbeit machen, um unser künstlerisches Gewissen zu testen.« Für Metner bestand die Aufgabe der Gegenwart in erster Linie in dem Versuch, »die Eiskruste an der Oberfläche der Kunst zu entfernen«. Dabei müsse man sich »gleichzeitig davor hüten, ihre Wasser zu kräuseln, denn nur durch klare Wasser können wir den Grund sehen, wo die Gesetze der Kunst verborgen sind – das kollektive Gewissen ihrer großen Vertreter«.[835]

Um diesem Grund mit den Gesetzen der Kunst näherzukommen, äußerte sich Metner über »Einfluss und Nachahmung«, »Erfahrung und Experiment«, »Begabung und Können«, »Inhalt und Gegenstand« und »die Problematik der zeitgenössischen Kunst«. Als leitende Maxime zitierte er eine Zeile Goethes: »In der Beschränkung zeigt sich erst der Meister.« Damit ließen sich all jene verdammen, die »entweder aus Mangel an Talent oder aus Trägheit den Weg gegangen sind, wo alles erlaubt ist, anstatt der Mahnung zu folgen und sich einzuschränken«. In Goethes Sonett über den Kunstgebrauch folgt noch die Zeile: »Und das Gesetz nur kann uns Freiheit geben«, die Metner wohl als bekannt voraussetzte. Künstler wie er und Rachmaninoff empfanden die musikalischen Gestaltungsregeln nicht als Einschränkung, sondern als Feld ungeahnter Möglichkeiten.

Auch Rachmaninoff wurde mehr als einmal auf die zeitgenössische Musik angesprochen. Im April 1921 nannte er Metners Werke als Beispiel für Kompositionen, die »modern sind im Sinne von wahrer Musik«, denn bei ihm komme es »nie zu einem Durcheinander falscher Töne und bedeutungsloser Harmonien« – »Musikalisch ergeben seine Kompositionen immer Sinn.«[836] Ende 1932 drückte er sich ähnlich poetisch wie Metner aus, als er eine Anfrage des New Yorker Musikjournalisten Walter E. Koons erhielt. Der Organist Koons war Chefredakteur des Magazins *Musical Digest* und schrieb Komponisten, Musikwissenschaftler, Mediziner, Philosophen, Schriftsteller und Politiker an, um ihre Definitionen von Musik zu sammeln. Selbst ein namhaftes Musiklexikon wie *Grove*

Dictionary of Music and Musicians liste zwar alles möglich zum Thema Musik auf, meinte er, »unternimmt aber keinen Versuch, den Begriff ›Musik‹ selbst zu erklären«.[837] Später erschienen die Antworten zum »Mysterium der Musik« in Buchform.[838] Die Literaten und Instrumentalisten drückten sich zuweilen eher sachlich aus, wenn es etwa hieß: »Musik ist die Kunst, Klangmuster zu erzeugen« (George Bernard Shaw) oder »Musik ist ›geordneter Klang‹« (Harold Senniel). Einige Komponisten hingegen – darunter Arnold Schönberg und Sergej Rachmaninoff – wählten poetische Bilder: »Sehr geehrter Herr Koons«, schrieb Schönberg in englischer Sprache, »Musik ist eine Gleichzeitigkeit und Abfolge von Tönen und Tonkombinationen, die so organisiert sind, dass ihr Eindruck auf das Ohr angenehm und ihr Eindruck auf die Intelligenz verständlich ist und dass diese Eindrücke die Kraft haben, okkulte Teile unserer Seele und unserer Gefühlssphären zu beeinflussen und dass dieser Einfluss uns in einem Traumland erfüllter Wünsche oder in einer geträumten Hölle leben lässt. … usw. usw. Was ist Wasser? H2O; und wir können es trinken und uns damit waschen; und es ist durchsichtig; und hat keine Farbe; und wir können darin schwimmen und Schiffe umherfahren lassen; und es treibt Mühlen an … usw. usw.«[839] Schönberg bezog sich zudem auf »eine hübsche und berührende Geschichte« und erzählte noch die Anekdote vom Blinden, der wissen will, wie Milch aussieht.[840]

Rachmaninoff gab seiner Entgegnung eine lyrische Form:[841]

Что такое музыка ! ? то тихая
лунная ночь; это шелесть живыхъ
листьевъ; это отдаленный вечерній
звонъ; это то, что родится только
отъ сердца и, что идетъ только
къ сердцу; это любовь !
Сестра музыки – это поэзия, а мать ея
это грусть !

Was ist diese Musik bloß ! ? Jene stille
Mondnacht; dieses Rascheln lebendiger
Blätter; dieser ferne abendliche
Klang; gar jenes, was nur
dem Herzen entspringt und was nur
zum Herzen geht; sie ist die Liebe !
Die Schwester der Musik – die Poesie, und ihre Mutter,
das ist die Wehmut !

Die Abstände der Satzzeichen finden sich auch im Original. In der von Rachmaninoff geprüften englischen Fassung ist die Zeichensetzung und der Text variiert: »What is Music? How can one define it? Music is a calm moonlight night, / a rustling of summer foliage. / Music is the distant peal of bells and / eventide! / Music is born only in heart and it appeals only to the heart. / It is LOVE. / The sister of Music is Poetry and the mother – Sorrow!«

Und wer ist der Bruder und der Vater?, mag man fragen, der Humor? Rachmaninoff sah einen starken Einfluss von Medien und Musikwissenschaft auf die Haltungen von Musikliebhabern. »Natürlich haben alle Komponisten ihre Bewunderer, ihre Anhänger«, sagte er im April 1923 in einem Interview mit einem amerikanischen Magazin. »Oft sind es die Bewunderer aus persönlichen Neigungen. Sie wissen nicht, was wahre Schönheit in der Klavierkomposition und im Klavierspiel ausmacht. Sie lernen, dass es in Mode ist, bestimmte Phasen des sogenannten Futurismus zu bewundern. Sie mögen die Pose, ›modern‹, ›up-to-date‹ zu sein, und sie tun so, als würden sie die Werke mögen, die kein vernünftig denkender Mensch genießen kann. Solch ein Publikum denkt selten selbst, es ist viel bequemer, dass sie eine Mode akzeptieren, die andere bejubeln, auch wenn diese Mode ganz und gar abscheulich ist. Die menschliche Natur ist in dieser Hinsicht seltsam. Die Zeit jedoch entscheidet zwischen dem Beständigen und dem Künstlichen und bewahrt unweigerlich das Gute, das Wahre und das Schöne.«[842] Damit bekannte er sich zum Humanitätsverständnis der Weimarer Klassik.

16 Jahre später meinte er gegenüber einer französischsprachigen kanadischen Zeitung, dass »das Publikum mehr denn je die Besonderheiten von guter Musik goutieren« könne.[843] Im Gespräch mit einer russischen Emigrantenzeitung in Paris verwendete Rachmaninoff 1933 die Wendung: »Вкус у меня очень консервативный. Я не люблю модернизма.«[844] Der Begriff вкус kann sowohl den ›Geschmack‹ als auch den ›(architektonischen) Baustil‹ bezeichnen. Dies bedeutet, dass Rachmaninoffs Äußerung sich nicht allein auf Vorlieben für bestimmte Komponisten beziehen lässt, sondern er damit auch die Gesamtgestaltung eines Kunstwerks im Blick hat. Seine Äußerung ließe sich übertragen mit: »Ich habe einen sehr konservativen Geschmack bzw. eine sehr konservative Gestaltungsweise. Ich mag den Modernismus nicht.« Hierbei ist ›konservativ‹ nicht im Sinne von ›altmodisch‹ zu verstehen, sondern im Hinblick auf etwas, das dauerhaft und beständig

ist. Seine Bekanntschaft mit Tschechow, Stanislawskij, Mamontow, Rimskij-Korsakow und anderen bot ihm eine Fülle an Erfahrungen und Möglichkeiten. Rachmaninoff schätzte die Archive des kulturellen Gedächtnisses: Als Dirigent und Pianist verstand er es, sowohl in Russland als auch im Ausland, Künstler von einst und jetzt für seine Gegenwart fruchtbar zu machen und selbst Werke zu schaffen, die zu erhalten sich lohnten. Er wollte keine Brücken abbrechen, sondern neue bauen. Bemerkenswerterweise legte selbst ein erfahrener Komponist wie Ralph Vaughan Williams Wert auf das Urteil des Kollegen: »Vielen Dank, dass Sie mir Rachmaninoffs erfreulichen Brief geschickt haben«, schrieb er dem Dirigenten Henry Wood im Juni 1938. »Für mich ist es eine große Genugtuung, dass ihm meine *Serenade* zugesagt hat.«[845]

Rachmaninoff lehnte zeitgenössische Musik nicht generell ab, sondern die Pose des Modernismus (модернизма) – im Gegensatz dazu gibt es auch positive Ausdrücke wie модерн, стиль модерн (modern, moderner Stil). Er schätzte ja auch Gershwin, Metner, Debussy und Skrjabin. Ohne sich genau auf Namen festzulegen, äußerte Rachmaninoff dadurch eher Vorbehalte gegen extreme Formen der Musik seiner Zeit. Dabei ging er nicht auf detaillierte Facetten des Verständnisses der ›Moderne‹ ein – für ein ›modern‹ im Sinne von ›fortschrittlich‹ gibt es den Ausdruck передовой (z. B. in передовая техника, fortschrittliche Technik), während in den 1930er-Jahren andere Begriffe für aktuelle Buchtitel und Kinofilme verwendet wurden wie etwa *Frankenstein or The Modern Prometheus* als Франкенштейн, или Современный Прометей (der zeitgenössische Prometheus) oder *Modern Times* als Новые времена (neue Zeiten).

Rachmaninoff jagte nicht aktuellen Modetrends hinterher, zumal in seiner Zeit ›Modernes‹ nicht immer erstrebenswert war. Die Bolschewiken, die das Leben in seiner Heimat einer – wie sie es nannten – Perestrójka (перестройка) unterzogen, verstanden sich bei ihrer ›Umgestaltung‹ als ebenso modern wie die Nationalsozialisten, die eine ›Neue Zeit‹ für die von Rachmaninoff geschätzte frühere Kulturnation Deutschland einführten. Das Negative an dieser Sicht des Modernen erkannte Rachmaninoff und äußerte in einem Interview, dass Künstler wie Bruno Walter das Land verlassen mussten, sei »unter keinen Umständen zu rechtfertigen«.[846]

Letzten Endes ging es Rachmaninoff vielmehr darum, überzeitliche Werte zum Ausdruck zu bringen wie – gemäß der Ideale Mamontows – eine ›Wahrheit‹ im Sinne von истина (ístina), die der faktischen oder behaupteten правда (práwda) höhere Ideale entgegenstellt.

Grundlage seiner Kunst war nicht das nackte musikalische ›Material‹, sondern das Potenzial ohne Beschränkungen. Der Organist und Musiktheoretiker Iosif Jasser – dessen Lieblingsthema die temperierte Tonleiter war, und der 1932 das Buch *A Theory of Evolving Tonality* publizierte – bat Aleksandr Siloti, ein Treffen mit Rachmaninoff zu arrangieren, um sich mit ihm über neue Tendenzen in der Musik austauschen zu können. Er konnte an einem Januarnachmittag zwei Stunden mit ihm verbringen und war verblüfft, dass es Rachmaninoff »hauptsächlich nicht darum ging zu kritisieren, sondern für sich selbst Informationen aufzusaugen über Fakten, Haltungen und theoretische Strukturen, die ihm neu waren«.[847] Wenn er Kommentare abgab, waren es »in seiner typisch ›lockeren‹ Art ausgedrückte Ideen, die im Wesentlichen mehr seine eigenen musikalischen Ansichten als eine Einstellung zu meiner Arbeit widerspiegelten«, erinnerte sich Jasser. »›Vielleicht‹, sagte er, ›würde ich meine Meinung ändern, wenn ich Ihre neue 19-Ton-Tonleiter tatsächlich hören könnte, aber Sie haben zufällig gesagt, dass es noch keine darauf abgestimmten Instrumente gibt und sogar, dass Ihre gesamte Theorie weiterer, längerer Experimente bedarf.«

Nach Jassers Auffassung gab es eine Verbindung zwischen der gegenwärtigen und der tonalen Musik: »Als ich einige Minuten später versuchte, eine Analogie aus der zeitgenössischen Musik zu ziehen und sie als eine ›hybride‹ Zwischenstufe zwischen dem tonalen System der vergänglichen Gegenwart und dem einer noch nicht erahnten Zukunft zu interpretieren, kniff er leicht die erhobenen Augen zusammen, so als würde er etwas in seinem Innern genauestens untersuchen, und nach einer kleinen Pause sagte er mit einem kleinen Grinsen: ›Hm! Se non è vero …‹«[848]

Jasser ließ nicht locker und entgegnete: »So sei es!«, wodurch er Rachmaninoff aus der Reserve lockte, um seine Überlegungen zu präzisieren: »›Vielleicht haben Sie theoretisch recht‹, bemerkte er und unterschied erneut zwischen ›Theorie‹ und ›Praxis‹, ›aber wenn ich bedenke, dass genau diese ‚Hybridität', wie Sie es nennen, dieses ganze heutige unausgegorene Zeug hervorgebracht hat, dann schleicht sich unwillkürlich der Zweifel ein, ob der eingeschlagene Weg der zeitgenössischen Musik richtig ist, und es bleibt ein Zweifel an der Aufrichtigkeit ihrer Vertreter.‹«[849]

Diese Aufrichtigkeit erkannte Rachmaninoff in dem Engagement von Nikolaj Metner. Dessen Ausführungen waren indes mehr ›musiktheoretische Poetik‹ als konkrete Handlungsanweisung. Viele Komponisten seiner Zeit hätten ihm gewiss zugestimmt, wie etwa Roussel,

Sibelius oder Vaughan Williams. Auch Rachmaninoff ging konform mit Metners Aussage: »Die wahre Funktion der Musik besteht nicht darin, zu unterhalten oder abzulenken, sondern die Empfindungen und Gedanken des Zuhörers zu fesseln, zu bündeln und auf hypnotisierende Weise zu konzentrieren.«[850]

Als er sich mit der Publikation von Metners Überlegungen noch einmal den humanitären Wert von Musik bewusst gemacht hatte, begann Rachmaninoff im Juni 1935 in der Schweiz mit der Komposition der dritten Sinfonie. Seinem Refugium am Vierwaldstätter See sind seine drei letzten großen Orchesterkompositionen ebenso zu verdanken wie seine guten Beziehungen zum Philadelphia Orchestra. Trotz der angenehmen Arbeitsatmosphäre und der Aussicht, von einem der besten amerikanischen Orchester uraufgeführt zu werden, kam er mit dem neuen Projekt nur mühsam voran. Gesundheitliche Beeinträchtigungen wie Erschöpfungszustände, Magen-Darm-Probleme und Schmerzen in den Händen zwangen Rachmaninoff mehrfach zu Unterbrechungen durch Behandlungen. Überdies musste er sich nach Fertigstellung des zweiten Satzes am 18. September auf die bevorstehende kräftezehrende Konzertsaison vorbereiten. Erst als die erneuten Tourneestrapazen überstanden waren, konnte der 63-jährige Musiker am 30. Juni 1936 den letzten Satz seiner dritten Sinfonie fertigstellen. »Beendet. Ich danke Gott«, lautete der Stoßseufzer, den er am unteren Rand der Partitur festhielt.

11 Janusköpfige Sinfonik (1936–1939)

Die Reaktionen auf die Uraufführung von Rachmaninoffs dritter Sinfonie am 6. November 1936 in Philadelphia fielen sehr unterschiedlich aus. Beanstandet wurde nicht die Darbietung von Leopold Stokowski und seinem Philadelphia Orchestra, sondern das Werk selbst. Es sei »eine Enttäuschung«, hieß es in *The Philadelphia Record*, denn es böte nur »Echos« der früheren musikalischen Diktion des Künstlers. Man vermisste »die lyrische Weite des Stils«[851] und befand in der *New York Times*, dass »die äußerlichen Merkmale von Rachmaninoffs Stil in dem Werk offensichtlich sind«, aber »man kann nicht behaupten, dass Mr. Rachmaninoff irgendetwas Neues zu sagen hat«.[852] Bei der europäischen Erstaufführung unter Thomas Beechams Leitung in London beklagte man im folgenden Frühjahr sogar »das völlige Fehlen jener schmelzenden Melodien, die in Rachmaninoffs früheren Werken so reizvoll waren«.[853] Während das Stück den professionellen Kritikern nicht modern genug war, zeigten sich so manche Zuhörer enttäuscht, weil es nicht den Melodienreichtum von Rachmaninoffs 30 Jahre zuvor entstandenen Werken bot. Rachmaninoff ließ sich diesmal nicht so leicht beirren wie nach den Reaktionen auf die erste Sinfonie oder das vierte Klavierkonzert, obwohl er wieder einmal enttäuscht war. »Sowohl die Öffentlichkeit als auch die Kritiker zeigten sich unzufrieden«, ließ er Wladimir Wilschau wissen. Der Komponist war bei den ersten Aufführungen zugegen, als bald nach der Premiere die dritte Sinfonie auch in New York und Chicago erklang. »Sie wurde wunderbar aufgeführt«, schrieb Rachmaninoff an Wilschau. »Eine Rezension bleibt mir schmerzlich im Gedächtnis: dass ich keine dritte Sinfonie mehr in mir hatte. Ich persönlich bin fest davon überzeugt, dass dies eine gute Arbeit ist. Aber – manchmal irren sich auch Komponisten! Wie dem auch sei, ich bleibe vorerst bei meiner Meinung.«[854] Mittlerweile hatte er gelernt, wie er mit Krisenmomenten umgehen kann, ohne sofort sein Selbstvertrauen zu verlieren. Zwar sei die Zeit, in der er an sich selbst geglaubt habe – »wenn es sie jemals gegeben hat« – seit seiner Jugend längst perdu, hatte er bereits Marietta Schaginjan im Frühjahr 1912 anvertraut, aber was ihn psychisch stärkte, hatte seit damals Bestand: »Ist es nicht bezeichnend, dass ich in den letzten 20 Jahren fast keinen anderen Arzt hatte als den Hypnotiseur Dahl und meine beiden Cousinen ersten Grades (von denen ich eine vor zehn Jahren geheiratet habe, da ich sie sehr liebe). All diese Personen oder besser gesagt ›Ärzte‹ haben mir eines beigebracht: Mut zu haben und zu vertrauen. Manchmal ist mir das gelungen.«[855]

Nach einiger Zeit versuchten die russischen Emigranten, die Deutungshoheit zu übernehmen und charakterisierten die Sinfonie als ein Werk, in dem das Heimweh nach dem verlorenen alten Russland zum Ausdruck gebracht würde. Diese Sichtweise setzte sich zunehmend durch, weil sie Russen einen Anknüpfungspunkt bot, Rachmaninoff für sich zu beanspruchen und Kritikern eine Ausrede, nicht weiter über das ihrer Meinung nach unausgegorene, altmodische Getöse nachzudenken. Doch in jeder Dekade gab es auch Gegenstimmen. Um 1920 hieß es in einem Buch über *Contemporary Russian Composers* (Zeitgenössische russische Komponisten), er sei – in Anbetracht von Werken wie *Der Frühling* und *Die Glocken* – im Westen »am bekanntesten als Chorkomponist«.[856] Und in einem 1921 publizierten *Führer durch den Konzertsaal* wurde konstatiert, dass bei Rachmaninoff und Skrjabin, die man als »Häupter« der »Moskauer Schule« bezeichnete, »die Sinfonie als Gemälde seelischer Zustände« aufgefasst werde. Während Skrjabins Sinfonik ungeachtet aller Qualitäten von der deutschen Kritik als »überkünstlich, überlang und bar aller Proportionen« abgelehnt werde, liege Rachmaninoffs persönliche Bedeutung »in der Stärke der musikalischen Naturkraft«: »In der Kunst, mit den Elementarwirkungen der Musik, mit Ausklingen und Anschwellen zu fesseln, steht er auf gleicher Höhe wie A. Bruckner, in der Erfindung seiner Grundideen ist ihm das Glück nicht immer treu, auch ihre Entwicklung scheint von der Gunst des Augenblicks abhängig, bleibt aber immer logisch.« In der Klarinettenmelodie im dritten Satz der zweiten Sinfonie erkannte man eine jener Melodien, »die zwar nicht russisch, aber entschieden volkstümlich« sind. Der Satz, der sich daraus entwickelt, male »traulich und Jean-Paulisch ein Glück in der Beschränkung«.[857] In den 1930er-Jahren sah man Rachmaninoff vor allem in Teilen der britischen Presse vornehmlich als »einen dramatischen Musiker«.[858] Der englische Komponist Roger Sacheverell Coke widmete ihm seine zweite Sinfonie und positionierte ihn nicht als ›russischen Außenseiter‹, sondern als Gleichberechtigten inmitten illustrer Künstlerkreise. »Verschiedene Zeitungskritiker der *Times* liefern das schlimmste Beispiel für bigottes und ignorantes Schreiben über Rachmaninoff«, kommentierte Coke in einem Artikel. »Wie sonst sind solche beleidigenden Äußerungen wie diese zu erklären: ›Es klingt wie raffinierter Tschajkowskij‹ (3. Konzert), oder ›als Musik ist diese *Rhapsodie* gar nicht so übel‹? Ein mit dem *Telegraph* verbundener Rezensent hat sich ebenfalls als völlig ungeeignet erwiesen, über ihn zu schreiben, während der Kommentar eines Kritikers der *Daily Mail* über die *Rhapsodie* bei ihrer Erstaufführung in London lautete, sie sei ›banal wie eine Billigware‹, und ist damit nur ein weiteres Beispiel dafür, wie jemand, der sich voll fieberhafter Verehrung dem *dernier cri* hingibt, sich lächerlich macht, wenn er über einen Komponisten schreibt, der nie den Wunsch gezeigt hat, sich diesen ertragsarmen Kreisen anzuschließen.« Coke bot eine andere Sichtweise: »Die Wahrheit ist, dass Rachmaninoff so ausdrucksstark ist wie Delius, aber mit weitaus größerer Bandbreite; so wichtig wie Strauss, ohne die Strauss'sche Hybris; so nobel wie Elgar, ohne dessen Neigung zum Vulgären und von universellerer Bedeutung; er verfügt über einen so erhabenen und aufrichtigen Intellekt wie Brahms oder Franck und bietet ein Œuvre, das so stimmig ist wie das von Chopin; er verfolgte Ideale so unerschütterlich wie die von Wagner und so unabhängig wie die von Sibelius.« Dass Rachmaninoffs Gesamtwerk im Westen zumindest durch die Biografien bekannt war, belegt Cokes Verweis auf die Vokalmusik sowie die Klavier- und Orchesterwerke. Sein Fazit lautete: »Seine Musik zeigt kein Bestreben, zu verblüffen oder zu beeindrucken; es ist eine natürliche Äußerung einer edlen Seele und eines großen Geistes. Es ist völlig unabhängig von jenem trügerischen Verlangen, zu fesseln und zu schockieren, das zu viele moderne Komponisten kennzeichnet. Die sinnlosen Stilwandel eines Strawinskij, die nüchternen Produkte eines Hindemith, die hohle Protzerei eines Prokofjew, die erschreckende Härte und das ausschließliche Beharren auf technischen Details bei Bartók und besonders bei Schönberg, findet sich nicht in seinem eigenen Stil wieder. Nicht minder erstaunlich und individuell sind seine Melodik, seine Harmonik und sein Rhythmus, während die e-Moll-Symphonie, dieses Wunderwerk an Schärfe und Zartheit, sein feines Gespür für Polyphonie offenbart.« Coke kannte Rachmaninoff persönlich und die Eigenschaften, die ihn seiner Auffassung nach neben der Musik zu einem der bedeutendsten Künstler der Gegenwart machten, beeinträchtigten zugleich auch die Anerkennung. »Als Mensch besitze Rachmaninoff große Würde«, meinte der englische Komponist. »Er ist unsagbar bescheiden, was seine Kompositionen angeht, und ausnahmslos freundlich zu jungen Musikern. Er hat die Überzeugungen und zugleich die Schlichtheit des wahrhaft Großen, folglich lassen ihn das ignorante Gekläffe mancher Kritiker und die scheußlichen Widernatürlichkeiten des Sich-in-Szene-Setzens mancher Zeitgenossen völlig unberührt.«[859] In dieser Hinsicht irrte Coke, denn Rachmaninoffs Überarbeitungen großer Werke waren das Ergebnis der Einschüchterungen von außen.

Alle Komponisten und Gelehrten, die sich in jenen Tagen für das radikal Neue einsetzten – wie etwa Schönberg, Strawinskij oder

Adorno – stellten die Gattung der Sinfonie generell in Frage. Dabei waren gerade die 1930er-Jahre eine großartige Dekade für die Sinfonik, und selbst vor diesem Hintergrund betrachtet, schneidet Rachmaninoffs dritte Sinfonie bestens ab. Den Auftakt bildete eine sinfonische Leistungsschau, die Sergej Kusewizkij anlässlich des 50-jährigen Bestehens des Boston Symphony Orchestra initiiert hatte und die in der Saison 1930/31 einige der bemerkenswertesten Werke des Repertoires erstmals vorstellte. Dabei inspirierte er Arthur Honegger zu seinem sinfonischen Erstling und lockte Albert Roussel, der mit der Marine bereits die halbe Welt bereist hatte, zum ersten und einzigen Mal in die USA, da er die Uraufführung seiner dritten Sinfonie im Oktober 1930 nicht versäumen wollte. Sogar Igor Strawinskij ließ sich für seinen früheren Verleger etwas einfallen, betonte aber stets, dass die *Symphonie de Psaumes*, die er kurz zuvor in Brüssel ausprobiert hatte, »keine Sinfonie ist«, sondern »sinfonisch ausgestalteter Psalmengesang«.[860] Auch Béla Bartóks 1943 im Auftrag Kusewizkijs entstandenes fünfsätziges *Konzert für Orchester* ist eine verkappte Sinfonie. Sergej Prokofjew lieferte für Boston mit seiner ›Vierten‹ einen nur gut 20-minütigen Beitrag. Zu Beginn der 1930er-Jahre pendelte er noch unentschlossen zwischen Westeuropa und der UdSSR und praktizierte genau das, was er Rachmaninoff oft vorwarf: sich nichts Neues mehr einfallen zu lassen. In seiner 1929 in Paris uraufgeführten dritten Sinfonie op. 44 schlachtete er musikalische Motive seiner zu Lebzeiten nie gespielten Oper *Der feurige Engel* aus und 1930 in der vierten Sinfonie op. 47 für Boston Elemente seines erfolglosen Balletts *Der verlorene Sohn* op. 46. Unzufrieden mit dem Ergebnis seines Opus 47 überarbeitete er 17 Jahre später die Sinfonie in einem Maße, das es rechtfertigte, sie dann als Opus 112 herauszugeben, als ob es ein bisher nie dagewesenes Stück sei. Bemerkenswertes steuerten amerikanische Komponisten bei: Aaron Copland entwarf eine *Symphonic Ode* und Howard Hanson stellte seine zweite Sinfonie op. 30 vor. So wie Dvořák gut 30 Jahre zuvor durch seine Professur am Konservatorium in New York dem Musikleben der Neuen Welt Auftrieb gegeben hatte, inspirierten nun Emigranten wie Rachmaninoff junge, zwischen 1895 und 1920 geborene amerikanische Komponisten zu großen, vor allem auch sinfonischen Taten: Noch zu Lebzeiten Rachmaninoffs stellte Aaron Copland 1925 eine erste Sinfonie vor, Virgil Thomson folgte ihm 1928, Roy Harris 1933, Alan Hovhaness 1936, Samuel Barber nebst Walter Piston 1937, David Diamond 1940 (nach zwei zurückgezogenen Werken 1933 und 1935), William Schuman 1941 (nach zwei zurückgezogene Arbeiten 1935 und 1938) und Leonard

Bernstein 1942. Die noch unaufgeführten Sinfonien von Charles Ives kannten zu diesem Zeitpunkt nur Eingeweihte. Rachmaninoff überraschte die Flut an neuen Werken aus den USA keineswegs. Als er wieder einmal ins Schwärmen geriet, hakte der Korrespondent einer Wiener Zeitung nach: »Nehmen Sie es mir nicht übel, Meister, aber es wundert mich, gerade Sie mit so viel Wärme über die Vereinigten Staaten sprechen zu hören. Man sollte doch glauben, daß nichts der amerikanischen Kunst fernerstehen könnte als Ihre abgeklärte, Ruhe atmende, reife und tiefschürfende Musik, die jeder leichten amerikanischen Effekthascherei, wie jedem Tamtam ängstlich aus dem Wege geht ...« Rachmaninoff entgegnet in dem 1929 geführten Interview: »Ich war 1909 zum erstenmal in den Staaten und seither habe ich, so oft ich dorthin fahre, das Gefühl, heimzukehren. Mit fiebernder Neugier frage ich, wie groß der Fortschritt sei, den die Kunst dieses erstaunlichen Landes während meiner Abwesenheit gemacht hat. Denn drüben gibt es noch einen Fortschritt und wie ein herrliches Gewächs erstarkt der Massengeschmack. Unter meinen Augen und unter meiner Hand ist dort ein kunstverständiges Publikum in diesen 20 Jahren herangewachsen und wird noch weiter wachsen in ungeahnte Höhe ... dem amerikanischen Volk steht in der Musik eine großartige Zukunft bevor. Schon heute kann ich behaupten, daß Amerika die beste Orchestermusik der Welt besitzt. Eine unerhörte, einzig dastehende Organisation, die die besten Orchestermusiker aller Länder in sich schließt, das Beste vom Besten ohne nationalen Unterschied. Das Orchester von Philadelphia, das ich abwechselnd mit Stokowski dirigiere, ist, ich kann es ruhig sagen, das beste Orchester der Welt. Aber auch die New Yorker Philharmoniker, die abwechselnd von Toscanini und Mengelberg dirigiert werden (ihr Orchester soll dem Vernehmen nach nächstens auch nach Europa kommen), sowie das von meinem Landsmann Kussentzki [*sic*, Kusewizkij] geleitete Bostoner Orchester stehen ihm keineswegs nach. Indessen können sich solche Kulturschöpfungen weder von der Spekulation auf Gewinn erhalten, noch viel weniger von Staatssubventionen. Darum sind sie in Europa fast undenkbar. Die Erhaltung des erwähnten Konservatoriums in Philadelphia erfordert einen Aufwand von jährlich 300 000 Dollar (über 2 Millionen Schilling). Soviel wendet die Multimillionärin Mrs. Book dem Orchester jährlich als freiwillige Unterstützung zu. Das New Yorker Orchester hingegen verdankt sein Bestehen Mr. Giar, der für dessen Zusammenstellung mehrere Millionen geopfert hat. Man mag über den Privatkapitalismus wie immer denken, das eine steht fest, daß man Kunst und Wissenschaft nicht als nutzbringende

Geschäftsunternehmungen auffassen darf und sie durch bureaukratische Staatssubventionen nicht zur Blüte gebracht werden können. Man vergleiche nur irgendeine europäische Universität oder Akademie mit der nach Rockefeller benannten Gelehrtengesellschaft, die eine in der Alten Welt undenkbar reiche und bequeme wissenschaftliche Organisation aus Spenden des freigiebigen amerikanischen Kapitalismus entwickelt hat. Ja, ich liebe Amerika, weil es das Land des Fortschrittes, des Lebens, der ununterbrochenen freien Entwicklung und nicht zuletzt auch der kühnen Privatinitiative ist. Und ich liebe die States, weil sie (Sie lächeln mit Unrecht) auch die Heimat der Kunst sind. Ich liebe die Amerikaner, weil ich sie besser kenne als der größte Teil derer, die eine schroffe und harte, aber auch sehr ungerechte Kritik an ihnen üben. Der amerikanische Geschäftsmann, der in Europa als herz- und seelenloser, von Raffgier besessener Busineßman gilt, vermag für Kultur und Kunst Opfer zu bringen, wie ich das bei den Kapitalisten der Alten Welt niemals gesehen habe. Der Amerikaner kann ›Geld machen‹, aber er versteht, das gemachte Geld auch auszugeben. Ein Volk, das keine Vergangenheit, keine Geschichte und keinerlei Überlieferungen hat, kann darum auch keine autochthone Kunst besitzen. Aber es verehrt die Kunst mehr als die kulturmüden Europäer und strebt nach dem Verständnis und Genuß dieser Kunst.«[861]

Auch andere aus Russland emigrierte Musiker wie Wladimir Dukelskij oder Nikolaj Beresowskij brachten in den USA Sinfonien heraus, von denen Kusewizkij einige aufführte. Letzten Endes kamen sie über Achtungserfolge nicht hinaus. Rachmaninoff blieb hingegen eine Liga für sich. Er hielt sich auch über die künstlerischen Entwicklungen im Osten Europas auf dem Laufenden. Durch von Artur Rodziński und Leopold Stokowski geleitete Aufnahmen mit amerikanischen Orchestern war Dmitrij Schostakowitschs Orchestermusik ab der zweiten Hälfte der 1930er-Jahre auch breiten Kreisen in den USA bekannt: Seine erste Sinfonie aus den 1920er-Jahren stammte noch aus einer experimentellen Phase, in der im Kulturleben der jungen Sowjetunion fast alles erlaubt war. Dann entdeckte Schostakowitsch die Werke Gustav Mahlers für sich und schuf mit der einstündigen vierten Sinfonie ein derart komplexes, emotionsgeladenes Opus, dass er es aufgrund scharfer Kritik vor der Uraufführung zurückziehen musste. Unterdessen war bereits eine staatskonforme Kunst gefragt, der Schostakowitsch mit seiner fünften und sechsten Sinfonie auch entgegenkam, ohne seine eigene Integrität zu verleugnen. Prokofjews Freund Nikolaj Mjaskowskij, der sich mit den Umständen in der Sowjetunion arrangiert hatte, brachte derweil zwischen 1932 und 1939 die 11. bis 19. seiner insgesamt 27 Sinfonien heraus. So wohlgefällig und instrumental einfallsreich seine Werke auch erscheinen mögen, einige Stücke sind Propagandawerke zu Themen wie »Zum 15. Jahrestag der Oktoberrevolution« (Nr. 12 in g-Moll, 1931–32), »Der Luftfahrt« (Nr. 16 in F-Dur, 1933–34) oder »Zum XX. Jahrestag der Oktoberrevolution« (Nr. 18 in C-Dur, 1937).

Kommunistisch ausgerichtete Künstler, die sich als Sinfoniker in Deutschland und Tschechien fernab der Stalin-Diktatur ausprobieren konnten, waren Kurt Weill und Erwin Schulhoff. Die zweite, 1934 in Amsterdam uraufgeführte Sinfonie Weills hat die Satzdisposition einer Haydn-Sinfonie und ist auch nicht übermäßig groß besetzt, abgesehen von dem mit Gongs und allen möglichen Arten von Trommeln umfangreich besetzten Schlagwerk. Schulhoff schrieb in den 1930er-Jahren vier seiner sechs vollendeten Sinfonien. Seiner politischen Orientierung nach wollte er eine Kunst schaffen, die den breiten Massen unmittelbar zugänglich ist. So wie Mozart einst Menuett, Walzer und Gavotte in seine Werke integrierte, bediente sich Schulhoff beim Jazz und zeitgenössischen Modetänzen seiner Epoche wie Foxtrott, One-Step oder Ragtime.

Unter den skandinavischen Künstlern hatte sich der Finne Jean Sibelius vom Komponieren zurückgezogen, aber der Däne Rued Langgaard ging über das Werk des 1931 verstorbenen Carl Nielsen hinaus und brachte wie einst Asger Hamerik eine Vokalsinfonie mit Chor heraus, als er 1934 in einer Neufassung seine achte von insgesamt 16 Sinfonien vorstellte: »Erinnerungen bei Amalienborg« mit Tenorsolo und gemischtem Chor. Eine der radikalsten Sinfonien jener Zeit ist die im April 1935 in London uraufgeführte ›Vierte‹ von Ralph Vaughan Williams. Von ihr lagen schon bald die ersten Einspielungen vor: Dafür leitete im Oktober 1937 der Komponist das BBC Symphony Orchestra und Adrian Boult im Mai 1938 das NBC Symphony Orchestra. Wie Rachmaninoff war Vaughan Williams klar, dass man nicht völlig auf die Tonalität verzichten muss, um zeitgemäße Musik zu schreiben. In seinen Kompositionen stellte er zuweilen das tonale Zentrum in Frage und experimentierte mit ungewöhnlichen Klangwirkungen. Die vierte seiner neun Sinfonien versah er erstmals nicht mit einem Beinamen. Ihre Konflikte und Spannungen sind in erster Linie musikalischer Natur. Dennoch schrieb jemand dem Komponisten zu dieser Sinfonie, »man sollte sie ›Europa 1935‹ nennen«, denn sie erzähle davon, wie »eine gewaltige Kraft am Werk« sei, die »uns zerschmettern kann«, aber »dennoch wissen wir in unserem Herzen, dass es etwas im Leben gibt, das der Zerstörung widersteht, und Ordnung in der Unordnung schafft«.[862] In Deutschland war die Sinfonik durch die neuen musikalischen Moden so gut wie tot. Dort hieß man in den Medien bis Anfang der 1930er-Jahre vornehmlich die Sinfonien des Böhmen Gustav Mahler willkommen, während man den Österreicher Franz Schmidt aburteilte: Bereits bei der Aufführung der zweiten Sinfonie beim Essener Musikfest hieß es einst genüsslich, über das Werk »schüttelten die Deutschen die Köpfe« und es sei »kurios, dass man in Wien eine Schöpfung, die alle Attribute des tüchtigen Mittelmaßes« habe, »als die Tat eines Genies plakatiere«. In Österreich hingegen würdigte das *Neue Wiener Journal* Schmidts Musik und meinte bereits über die erste Sinfonie – mit einer Spitze gegen den langjährigen Staatsopernleiter Mahler –, »manchmal will es eben die Ironie des Zufalls, dass ein Cellist besser componiert als ein Dirigent«.[863]

Erst vor dem Hintergrund der in den 1930er-Jahren entstandenen Sinfonik zeigt sich die Modernität von Rachmaninoffs dritter Sinfonie. Projiziert man nicht die Erfahrungen der Emigranten auf dieses Werk, sondern weitet den Blick auf die Zeitumstände der Entstehung, ergibt sich ein weitaus differenzierteres Bild. Hätte Rachmaninoff ausschließlich Russland am Herzen gelegen, wäre er in seinem Leben nicht so viel gereist und hätte wie Metner und Prokofjew verstärkt angestrebt, zurückzukehren. Im Prinzip war Rachmaninoff in der ganzen Welt zu Hause, was ihm 1906 nach der weitgehend gescheiterten Revolution auch erleichtert hatte, erstmals in eine selbst gewählte Emigration ins Ausland zu gehen. Sein eigentlicher Rückzugsort in Russland war Iwanowka, den er später durch Senar zu ersetzen versuchte. Unter anderen politischen Umständen wären Aufenthalte oder Gastspiele in Russland vielleicht nicht undenkbar gewesen, aber im Gegensatz zu Prokofjew hatte für ihn die Sicherheit seiner Familie oberste Priorität. Zudem betrachtete er sich zu 85 Prozent als Künstler und nicht als professioneller Russe.[864] Und als Künstler war er sensibel für die Entwicklungen der 30er-Jahre: Dass im Januar 1933 in Deutschland die Nationalsozialisten an die Macht kamen und das Land aus dem Völkerbund austrat, ließ nichts Gutes ahnen. Zwar wurde 1934 die Sowjetunion Mitglied der 1920 in Genf als ›Société des Nations‹ gegründeten Vereinigung, aber der Ausschluss erfolgte prompt 1939 nach Beginn des Kriegs mit Finnland. Wie angespannt die Lage wurde, zeigte der im Oktober 1935 begonnene Krieg des faschistischen Italien in Abessinien und die Aufrüstung in Europa. Der im Juli 1936 ausgebrochene Bürgerkrieg in Spanien deutete an, was allen bevorstand. Rachmaninoff dürfte die bedrohliche Atmosphäre nicht entgangen sein, die Benjamin Britten als den »großen faschistischen Schatten« beschrieb, der »jeden Moment alles zugrunde richten konnte«.[865]

Russische Emigranten sahen in Rachmaninoffs dritter Sinfonie die Sehnsucht nach der Heimat. Damit projizierten sie mehr ihre eigenen Empfindungen auf die Musik, als dass sie auf die Zwischentöne achteten. In einem Brief an Aleksandr Aslanow bestritt Rachmaninoff dementsprechend angebliche russische Bezugnahmen in dem Werk.[866] Weder zeichnet sich die Klangsilhouette von Glocken ab, noch gibt es konkrete Zitate von russischen Volksliedern. Vielmehr findet sich im langsamen zweiten Satz keine Idylle, sondern ein martialisch klingender Allegro vivace-Einschub, der in fast hämische Dies irae-Kickser der Klarinette mündet. Gesteht man der Musik die Bildhaftigkeit der *Études-Tableaux* zu, kann man sie auch als Reflexion darüber betrachten, wie man auf die Gegenwart reagieren kann. In dem Adagio ma non troppo-Satz der dritten Sinfonie treten sowohl die Geige als auch die Klarinette als Soloinstrumente in Erscheinung – beide gehören zum traditionellen Instrumentarium eines Klezmer-Ensembles. Rachmaninoff war gut bekannt mit Künstlern aus der jüdischen Tradition: Kusewizkij war mit deren Melodien aufgewachsen, denn bereits sein Vater war Musiker, der in verschiedenen Ensembles mitwirkte. Zudem kannte Sergej Rachmaninoff die Musikanten-Familie Krejn: Dawid Krejn war Geiger, der 1892 bei der Uraufführung von Rachmaninoffs erstem *Trio élégiaque* mitgewirkt hatte und später als Konzertmeister im Orchester des Bolschoj-Theaters arbeitete. Kusewizkij hatte 1920 Russland verlassen und kehrte wie Rachmaninoff nie mehr zurück; die Krejns arrangierten sich mit dem neuen System und Dawids Bruder Aleksandr, der als ein führender Vertreter der jüdischen Musik in Russland galt, komponierte 1925 regimetreu eine *Threnodie zur Erinnerung an Lenin*. Sergej Rachmaninoff verknüpfte in seiner dritten Sinfonie verschiedene Musiktraditionen miteinander: die exponierte Stellung von Violine und Klarinette im zweiten Satz, die militante Episode und die Todeschiffre des Dies irae-Motivs bzw. des osteuropäischen Pritschetierens sind nicht zuletzt auch ein Kommentar zur Gegenwart.

Die Sinfonie ist indes ein janusköpfiges Werk, das sein volles Potenzial erst ausschöpfen lässt, wenn man sich für neue Sichtweisen öffnet und vor einer Vereinnahmung durch das ›empfundene Russische‹ schützt. Einem Mann, der vor Präsidenten spielte und der vielfach in der New Yorker Carnegie Hall aufgetreten ist, dürfte kaum entgangen sein, wie Andrew Carnegie nicht nur den 1891 eröffneten und nach ihm benannten Konzertsaal unterstützte, sondern 1910 auch den ›Carnegie Endowment for International Peace‹ initiierte, dessen langjähriger Leiter Nicholas Murray Butler 1931 den Friedensnobelpreis erhielt. Mit öffentlichen Stellungnahmen zur Politik hielt sich Rachmaninoff nach den Erfahrungen mit dem Brief an die *New York Times* 1931 zurück. Ab 1934 machte vor allem in Europa auch die Peace Pledge Union von sich reden, die viele Künstler und Gelehrte unterstützten wie Aldous Huxley, Bertrand Russell und Benjamin Britten. Vaughan Williams setzte sich auf seine Weise seit vielen Jahren aktiv für pazifistische Bestrebungen ein und schuf mit seiner im Oktober 1936 uraufgeführten und veröffentlichten Kantate *Dona nobis pacem* einen bedeutenden Appell für Konfliktlösungen ohne Waffen. In ihr sind außer lateinischen Texten noch Zeilen des amerikanischen Dichters Walt Whitman eingeflochten und des englischen Politikers John Bright, der sich seinerzeit gegen den Krimkrieg ausgesprochen hatte. Vaughan Williams wurde Vizepräsident der Federal Union, einer im November 1938 in England gegründeten pro-europäischen, föderalistischen Gruppe, die alsbald den »Entwurf der Verfassung der Vereinigten Staaten von Europa« vorlegte. Die Vorstellung, Völkerverständigung mit ästhetischen Idealen zu verknüpfen, fand viele Anhänger. Als russischer Künstler konnte Rachmaninoff sehr wohl in der ganzen Welt zu Hause sein, denn Vaughan Williams sprach vielen aus dem Herzen mit der Überzeugung: »Wir sollten einander durch unsere Kunst kennen und lieben, und es muss unsere eigene Kunst sein, nicht ein farbloser Kosmopolitismus.« Seine Worte ähneln Rachmaninoffs Äußerungen über die Bedeutung der russischen Kultur für ihn, als Vaughan Williams meinte, er glaube, dass »die eigene Gemeinschaft, die eigene Sprache, die Gebräuche und die Religion wesentlich sind für unser geistiges Wohlbefinden«. Nur aus »diesen ›starken Verknüpfungen‹, können wir ein vereintes Europa und eine Weltföderation errichten«.[867]

Diesen Idealen entspricht Rachmaninoffs Musik, denn ihre formale Grundlage und die motivische Verarbeitung gehen auf die wesentlichen klassischen Prinzipien zurück, zugleich werden diese aber gebrochen, indem er Elemente der osteuropäischen Musik einfließen lässt. Selbst in kurzen Stücken wie etwa den *Études-Tableaux* op. 39, Nr. 5 und 6 wechselt Rachmaninoff mitunter unversehens von den Viertonfolgen, den schon in der Antike gebräuchlichen Tetrachorden, zu den Trichorden der slawischen Musik. In symmetrischen Strukturen wird die Harmonik ›verzerrt‹, indem eine lineare Entwicklung durch unerwartete chromatische Verfremdungen verformt wird, was zu ›harmonischen

Überschreitungen‹ führt. Nicht zuletzt ordnet Rachmaninoff seine vermeintlich abstrakten Kompositionen dem Symbolcharakter von Musik unter, da er durch seine freie Nutzung der unterschiedlichen Klangsphären seine Werke um rhetorische, literarische, visuelle, semiotische und dramaturgische Dimensionen bereichert.[868]

Höchstwahrscheinlich erlebte Vaughan Williams Rachmaninoff bei Gastspielen in London und lernte ihn kennen, als er bei der Uraufführung der *Sea Symphony* sein eigenes zweites Klavierkonzert vortrug. Einer der bedeutendsten Interpreten der Sinfonik des Engländers, Adrian Boult, setzte sich seit 1910 für Rachmaninoff ein, korrespondierte mit ihm und spielte in den 1950er-Jahren etliche Werke für die Schallplatte ein. Der Dirigent der Uraufführung von Rachmaninoffs dritter Sinfonie und einer seiner wichtigsten Fürsprecher, Leopold Stokowski, war ein Studienkollege von Vaughan Williams am Royal College of Music in London.[869]

Bereits im Dezember 1924 hatte er Vaughan Williams' dritte Sinfonie in Philadelphia vorgestellt. Diese Hintergründe betten Rachmaninoffs dritte Sinfonie in eine völlig andere Tradition ein. In den Premierenbesprechungen spielten russische Aspekte kaum eine Rolle. Vielmehr sah man das Werk »frei von den früheren Verbindungen zu Tschajkowskij«, sodass man Rachmaninoff bescheinigte, das »Idiom ist viel mehr als zuvor das nur ihm eigene«.[870] Für Irritation sorgte bei manchen »eine gewisse Diffusität«, eine »Tendenz, Details zu arg auszuwalzen und unnötig in die Länge zu ziehen«.[871] Einige geäußerte Befürchtungen, das Werk sei zu umfangreich, führten dazu, dass der übervorsichtige Rachmaninoff einige Kürzungen empfahl, die er auch selbst in seiner Einspielung berücksichtigte.

Es gab auch Lob für »ein hinsichtlich der musikalischen Konzeption, der Komposition und der Instrumentierung herausragendes Werk«. Vordergründig erscheine das Stück beispielsweise im ersten Satz »konventionell mit seiner einleitenden Vorstellung von zwei kontrastierenden Hauptthemen«, die »in gewohnter Weise in Charakter und Tonalität einander gegenübergestellt sind«, allerdings »zollt die Ausarbeitung der Tradition nur höflichen Respekt«. Rachmaninoff habe »in diesem Werk ein weiteres Beispiel gegeben, dass es nicht notwendig ist, dissonante Musik zu schreiben, um die Originalität zu erreichen, die die größte – und gewöhnlich die einzige – Forderung der Ultramodernen ist«.[872]

Als die Flaute der Grammophonindustrie nach der Wirtschaftskrise allmählich überwunden war, konnte Rachmaninoff das Werk drei

Jahre nach der Uraufführung am 11. Dezember 1939 in Philadelphia aufnehmen. Gut drei Monate zuvor hatte in Europa ein Krieg begonnen, der sich innerhalb von zwei Jahren zum Weltkrieg ausweiten sollte. Rachmaninoff beschäftigte zu diesem Zeitpunkt mehr, dass er nach über 20 Jahren zum ersten Mal wieder als Konzertdirigent auftrat. Er hatte – wie einst in Russland – eines der herausragenden Orchester des Landes vor sich. »Die besten Orchester Amerikas: in Philadelphia (mit dem ich Schallplatten mache) und in New York«, schrieb er in einem Brief. »Wer sie nicht gehört hat, weiß nicht, was ein Orchester ist.«[873] Da ihm für eine Platteneinspielung drei Proben zu wenig waren, arrangierte das Philadelphia Orchestra in Absprache mit RCA Victor für ihn zwei Aufführungen in Philadelphia und eine in New York, bevor man die dritte Sinfonie unter Leitung des Komponisten im Studio aufnahm. Dabei wurde sein Opus 44 in einem großen Schwung durchgespielt. Nur drei Mal mussten einzelne Stellen nachgebessert werden. Diese geradlinige, fesselnde Interpretation scheint im Stil der ›Neuen Sachlichkeit‹ gehalten, die auch manche von Rachmaninoffs Interpretationen seiner Klavierwerke auszeichnet. Dadurch treten Facetten zutage, die die dritte Sinfonie in ihrer Gegenwart verankern und ihr zugleich eine überzeitliche Bedeutung verleihen. Überschrieb Erwin Schulhoff seine sechste Sinfonie op. 94 als »Symfonie Svobody« (Freiheitssinfonie), so könnte man Rachmaninoffs ›Dritte‹ als ›Friedenssinfonie‹ charakterisieren. Seine Musik erzählt von der Hoffnung auf Harmonie in einer sich spaltenden Welt. Mehr als einmal werden im ersten Satz die Instrumentalgruppen aufgeteilt, indem beispielsweise Hörner jeweils unterschiedliche Melodielinien spielen oder die Stimmen der Streicher ›divisi‹ zerfasern. Der Eindruck des Diffusen mochte sich einstellen, weil die wenigen Passagen eines melodischen Aufschwungs nicht ausgekostet werden, sondern bald wieder verebben oder abreißen. Eine mehrfach »dolce« bzw. »cantabile« anklingende ›friedvolle‹ Melodie muss sich mit bedrohlich wirkenden Entwicklungen auseinandersetzen, an denen gestopfte Hörner, Bassklarinette und das an klappernde Knochen gemahnende Xylophon beteiligt sind. Lyrische Schönheit erscheint mitunter wie von einem Trauerschleier umhüllt. Die Sologeige wirkt wie ein verlorenes Individuum inmitten des Geschehens. Das zu sorgfältige Ausfeilen von Details konnten nur jene beanstanden, die bei russischen Komponisten den breiten Pinselstrich erwarteten, anstatt ein Ausgestalten von Einzelheiten mit weichem, feinem Künstlerpinsel. Rachmaninoff hatte nicht nur Richard Strauss persönlich erlebt, sondern auch mit Gustav Mahler zusammengearbeitet und bewunderte ihre Werke. Bei allen drei Künstlern, die als Komponisten ihr Können als formidable Dirigenten einbrachten, sind gerade die filigranen Einzelheiten wichtig und jede Einzelstimme zählt. Insbesondere Rachmaninoffs dritte Sinfonie strotzt vor instrumentalen Feinheiten.

Wieder einmal erscheint seine Musik nur auf der Oberfläche konventionell hinsichtlich der formalen Anlage. Indem seine dritte Sinfonie drei Sätze hat, anstatt wie bisher vier, verweist er eher auf seine Klavierkonzerte oder die Anfänge der Sinfonik im 18. Jahrhundert. In der Tiefenstruktur seiner Werke zeigen sich Ambiguität, Doppeldeutigkeit, verborgene Ängste und Spannungen, die von Dirigenten sorgfältig herausgearbeitet werden müssen. Dadurch öffnen sich Räume für neue Deutungsmöglichkeiten, die die bisherigen Ansätze und das Verständnis von Rachmaninoffs Leistungen bereichern. Der phrygische Modus in der Einleitung der dritten Sinfonie mit Hörnern, Soloklarinette und Solocello erinnert an den Beginn von Rachmaninoffs Oper *Aleko* aus der Jugendzeit.[874] Die Anspielung verweist darauf, dass Gewalt in allen Schichten der Gesellschaft gang und gäbe ist. Im zweiten Satz gibt es etliche Solopassagen für Violine, Bratsche, Flöte und Bassklarinette, die sich in einer gedrückten Adagio ma non troppo-Stimmung behaupten müssen. Ein zuweilen brutaler, scherzoartiger Allegro vivace-Einschub untergräbt die vermeintliche ›Idylle‹. Eine Andeutung des Dies irae, gefolgt von pritschetierenden Passagen mutet wie ein Nachsinnen über die Gegenwart an. Ein harter, ruppiger Rhythmus leitet den unruhigen Finalsatz ein. Frühere Themen scheinen erneut auf, aber Melodien können sich nicht entfalten. Eine vielstimmige Nervosität – mit militärischen Trommelwirbeln im Hintergrund – bestimmt das Geschehen und der herbeigezwungene Allegro vivace-Endspurt wirkt wie das Pfeifen im dunklen Wald. Was den einen nicht radikal genug war, erschien Metner geradezu »modernistisch«.[875] In Rachmaninoffs Kontrastieren der Ausdrucksmöglichkeiten zeigen sich die Widersprüche der Gegenwart vom Idealismus der Pazifisten bis hin zum Mahnen der Realisten. Zwischen Vaughan Williams vierter Sinfonie, die mehr Dies irae-Anspielungen enthält als Rachmaninoffs Opus 44, und Roy Harris verhaltener ›Dritter‹, die Kusewizkij als die erste große Sinfonie eines amerikanischen Komponisten begrüßte und uraufführte, bietet die a-Moll Sinfonie das am weitesten gefächerte emotionale Spektrum.

Ein Schlüsselmoment der dritten Sinfonie ist ab dem zentralen zweiten Satz ein auffälliges ›instrumentales Zitat‹: die Celesta. Als junger Mann muss Rachmaninoff die Aufregung mitbekommen haben, die ein sensationeller Coup Tschajkowskijs hervorrief: Für seine sinfonische

Dichtung *Der Wojwode* organisierte sich der ältere Freund und Förderer im Sommer 1891 heimlich dieses Instrument aus Paris. Erst fünf Jahre zuvor hatte es der Harmoniumbauer Auguste Mustel entwickelt und benannte es in Anlehnung an das französische Wort ›céleste‹, ›himmlisch‹. Der Name bezieht sich auf den obertonreichen, seidig zarten Klang. Rachmaninoff wird in Musikerkreisen viel über Tschajkowskijs Aktion und das Konzert gehört haben, an dem auch sein Cousin Aleksandr Siloti beteiligt war. Auf dessen Initiative hin erschien 1897 die Partitur im Druck. Grundlage von *Der Wojwode* ist Puschkins Übersetzung von Mickiewicz' Dichtung, die daran erinnert, wie Krieg die Menschen verroht und die selbstzerstörerische Gewaltspirale auch ins private Leben hineingetragen wird. Die Celesta ist das markante Klangsymbol in einer Liebesszene und dementsprechend verwendet sie auch Rachmaninoff im instrumentalen Drama seiner dritten Sinfonie als positive Klangfarbe. Man kann dies als Rachmaninoffs ›Dona nobis pacem‹-Appell deuten. Aber im vorletzten Takt der Sinfonie findet sich ein vielsagendes Detail, das Piccoloflöte, zwei Flöten, zwei Oboen, Englischhorn, zwei Klarinetten, vier Hörner, zwei Trompeten, die dritte Posaune, die Tuba, die Violinen und die Kontrabässe abrupt herausschleudern: Die Tonfolge zitiert den Beginn des elften Lieds aus dem Zyklus op. 21: »Ich bin kein Prophet, ich bin kein Kämpfer.« (Musikbeispiel 4)[876]

Verglichen mit der ungebrochenen Beliebtheit der zweiten Sinfonie führte die ›Dritte‹ zumeist ein Schattendasein. Einer Aufführungsstatistik von Orchestern in den USA zufolge erklang sie bis kurz vor Rachmaninoffs 100. Geburtstag in 25 Spielzeiten bei 16 verschiedenen Orchestern 25 Mal, wohingegen die zweite Sinfonie ab 1910 von 26 amerikanischen Orchestern ein wenig über 200 Mal gegeben wurde – dies ergibt durchschnittlich pro Spielzeit ein Aufführungsverhältnis von 3:1 zugunsten der ›Zweiten‹.[877] In Anbetracht der Konkurrenz an neuer Sinfonik hatte es die a-Moll-Sinfonie schwer, weil nicht beachtete wurde, wie gut sie sich im Verhältnis zu dieser bewährte. Für die meisten Hörer wirkte die Klangsprache einfach nur unvertrauter als die der schon zum ›Klassiker‹ avancierten zweiten Sinfonie. Zum aktuellen Sinfoniker-Genie wurde in den USA schon 1939 Roy Harris mit seiner dritten Sinfonie gekürt. Rachmaninoff vertraute indes bis zuletzt auf die ihm eigenen Ausdrucksmittel. »Die Zeit mag die Techniken von Musik ändern«, meinte er einmal, »aber sie kann nie ihre Mission ändern.«[878]

Als empathische Persönlichkeit passte Rachmaninoff in ein Land wie die USA mit seinem Mäzenatentum und Charity-Veranstaltungen. Er

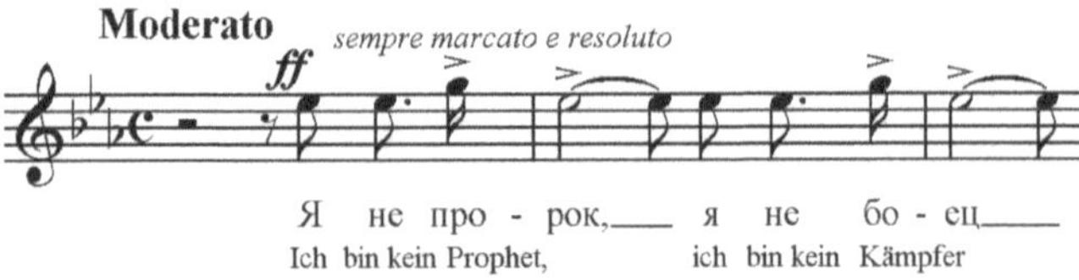

Musikbeispiel 4a: Rachmaninoff, »Ich bin kein Prophet« (Я не пророк, op. 21, Nr. 11)

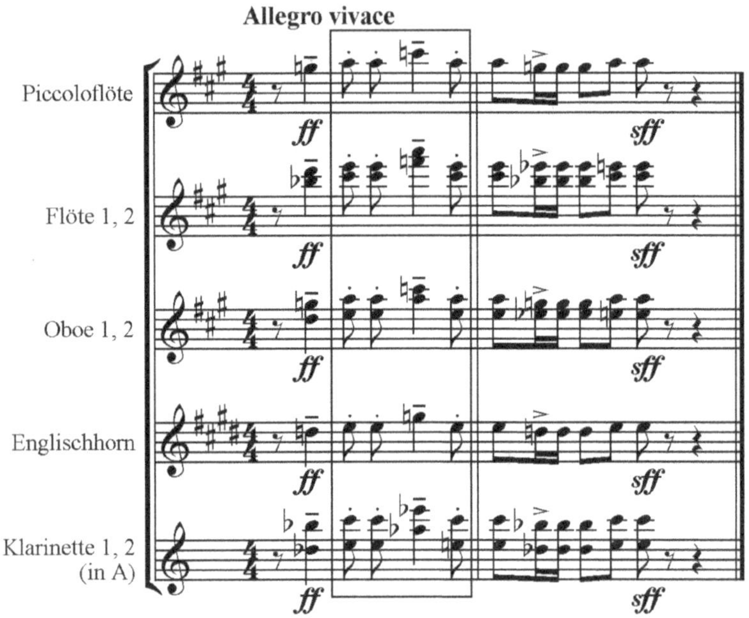

Musikbeispiel 4b: Rachmaninoff, Sinfonie Nr. 3 op. 44, die letzten beiden Takte mit den fünf ersten Notenzeilen (es spielt das gesamte Orchester)

hielt sich bei seinen eigenen Hilfsinitiativen aber zumeist im Hintergrund. Der Kontakt lief normalerweise über sein Sekretariat und er entschied, ob und in welcher Höhe Spenden- oder Förderbeträge überwiesen werden sollten.

In bestimmten Fällen gab er seinen Namen für eine gute Sache: Er war Fördermitglied des Amerikanischen Roten Kreuzes und akzeptierte es im Oktober 1922, den Vorsitz des Russischen Komitees beim Amerikanischen Roten Kreuz zu übernehmen, um Spendengelder für die nach dem Bürgerkrieg notleidenden Menschen in seiner früheren

Heimat zu sammeln. Im Februar 1943 erhielt er vom Amerikanischen Roten Kreuz Dankesbriefe, nachdem er mit ermöglicht hatte, russischen Kriegsgefangenen in Finnland 5000 Verpflegungspakete zukommen zu lassen. In den 1920er-Jahren unterstützte Rachmaninoff den ›European Children's Fund‹ der ›American Relief Administration‹ mit Geldspenden für Lebensmittel.[879] Rachmaninoff streute sein Vermögen und gab für bestimmte Projekte vierstellige Summen aus, anderen ließ er zuweilen auch kleinere Beträge überweisen wie 20 Dollar (denen heute dreistellige Beträge entsprechen). Mitunter hatte er es mit aggressiven Bittstellern zu tun, die sich beschwerten, wenn er nichts oder nach ihrer Auffassung zu wenig gab.[880] »Böse Zungen verbreiteten Gerüchte, er verdiene ein riesiges Vermögen, und er wurde von mittellosen Landsleuten belagert, die um Hilfe bettelten«, erzählte Arthur Hirst. »Eines Tages, als wir allein in seinem Zimmer waren, wandte er sich mit einem Ausdruck von unermesslichem Schmerz auf seinem Gesicht zu mir und sagte: ›Was kann ich tun? Was *kann* ich tun? Mehr traurige Briefe – von mehr leidenden Menschen! Sie glauben, ich sei aus Geld gemacht! Sie meinen, ich sei ein Millionär! Ich kann unmöglich *allen* armen russischen Flüchtlingen helfen. Ich kann unmöglich *allen* meinen armen leidenden Landsleuten helfen. Ich muss meine Frau und meine Kinder ernähren und versuchen, für sie vorzusorgen, wenn ich nicht mehr bin (und ich glaube nicht, dass ich diese Strapazen lange überstehen werde). Ich hasse es, diese armen, armen Leute ablehnen zu müssen, und ich fürchte jede Post, und ich fürchte die bemitleidenswerten Gesichter derer, die ins Künstlerzimmer kommen, weil ich lediglich ‚Nein!' sagen kann!‹ Ich habe keinerlei Zweifel daran, dass dieses Dilemma ihm den tiefsten Schmerz seines ganzen Lebens verursachte, und als ich einmal hörte, wie ein russischer Bekannter den hochherzigen Riesen als ›Geizhals, der seine Dollars zählt‹ bezeichnete, erklärte ich die wahre Lage in einer eher sehr bestimmten als höflichen Ausdrucksweise.«[881]

Rachmaninoff war reich, aber seine Mittel waren nicht unerschöpflich. Er unterstützte auch Künstler aus der alten Heimat finanziell und mit Empfehlungen, wobei ihm klar war, dass die Arbeitsmöglichkeiten sehr begrenzt waren. »Ich schicke dir heute 1500 Drachmen«, ließ er den Geiger und ehemaligen Leiter des Konservatoriums in Rostow, Nikolas Awerino, in einem Brief aus New York wissen. »Verzeih mir, dass es so wenig ist! Mehr kann ich nicht geben. Du schreibst und fragst nach Amerika!? Gott schütze dich, wenn du hierher gelangen willst. Für jeden Musikplatz gibt es zehn Bewerber. Ja, du wirst kein Visum nach den neuen Regeln erhalten, die vor ein paar Wochen erschienen sind, und das alles wegen des Zustroms von beispiellosen Ausländern. Geh lieber nach Paris, London, oder wohin auch immer du willst, nach Europa, aber vergiss die ›Dollarprinzessin‹.«[882]

Die Kontaktpflege mit Familienangehörigen in der Sowjetunion gestaltete sich schwierig. In den russischen und amerikanischen Archiven sind nur wenige Briefe überliefert. Zuweilen halfen Bekannte, durch die er wusste, dass seine Mutter »oft an ihn dachte und sehr traurig war, dass es so lange keine Nachricht« von ihm gab. Sie schilderten Sergej auch, wie seine Mutter verstarb, die an Ödemen, Nerven- und Erstickungsanfällen litt, was man mit Kampferspritzen zu lindern suchte.[883] Sein jüngerer Bruder Arkadij hatte zwar eine Stelle als Mathematikdozent in Samarkand, lebte aber wahrscheinlich in sehr einfachen Verhältnissen, da ein erhaltener Brief auf schlichtem Rechenkästchenpapier geschrieben wurde. Darin geht es nicht um einen intellektuellen Austausch oder aktuelle Erlebnisse, sondern um Notwendigkeiten wie das Zustellen von Paketen oder Geld, einen Mantel, Unterwäsche, Überhemden, Socken und Schuhen mit den erforderlichen Größenangaben.[884] Auch alte Freunde waren natürlich nicht vergessen, insbesondere Iwan Bunin. Von ihm hatte er lernen können, vieles aus einer weiter gefassten Perspektive zu betrachten. »Seit ich erkannt habe, dass das Leben dem Besteigen der Alpen gleichkommt, war mir alles klar«, sagte dieser einmal. »Es gibt ein paar Dinge, die unwandelbar, organisch sind, und gegen die einfach nichts kann getan werden: Tod, Erkrankungen, Liebe, und alles Übrige sind Nebensächlichkeiten.«[885] Beim Erklimmen des ›Lebensgebirges‹ konnte ihm Rachmaninoff behilflich sein. »Ich wende mich mit einer seltsamen Bitte an Sie, die Sie wegen der Aussichtslosigkeit meiner schon langjährigen Emigration verstehen und verzeihen werden«, schrieb ihm Bunin 1924. »Haben Sie irgendeine Möglichkeit, einen der reichen Amerikaner dazu zu bewegen, mir zu helfen? Wie viele andere bin ich aller Besitztümer beraubt. Die Einnahmen sind vernachlässigbar. Ich habe in den besten Kreisen Europas auf anständige Weise an Popularität gewonnen (so sehr, dass ich zu den Kandidaten für den Nobelpreis gehöre), aber Ausländer, die mich übersetzen und veröffentlichen, zahlen entweder nichts (unter Ausnutzung unseres Mangels an Rechten) oder nur ein paar Cent usw. Aber ich fasse mich kurz, Sie verstehen mich ohne Worte: *Armut.* Ich freue mich, von Ihren Erfolgen zu hören. Gott segne Sie. Herzlichst, Iw[an] Bunin.«[886] Kaum jemand konnte sich besser in seine Notlage hineinversetzen als Rachmaninoff. In den USA lernte er, dass es in manchen Fällen genügt, als Unterstützer oder Ehrenvorsitzender seinen guten Namen für ein Projekt zu geben.

Eines der spektakulärsten Beispiele konnte man sogar in Wochenschauberichten bewundern: Im April 1939 war der farbigen Sängerin Marian Anderson von den ›Daughters of the American Revolution‹ untersagt worden, vor einem gemischten Publikum in der Constitution Hall in Washington, D.C. aufzutreten. Durch die Unterstützung der First Lady Eleanor Roosevelt und des Präsidenten Franklin D. Roosevelt durfte sie ihr Können am Ostersonntag, dem 9. April 1939, an einem symbolreichen Ort in der Hauptstadt vorstellen: unter freiem Himmel auf den Stufen des Lincoln Memorial. 75 000 Menschen erlebten das Konzert vor Ort und Millionen an den Radiogeräten. Andersons ausdrucksstarke Altstimme eignete sich besonders gut für nordische und slawische Gesänge; selbstverständlich kannte sie auch Rachmaninoffs Musik und hatte einige seiner Lieder im Repertoire.

Im Jahr 1939 war das Columbia Broadcasting System das größte Hörfunk- und Fernseh-Netzwerk der USA, denn man hatte gerade neben dem Erfolgsmodell Radio mit der Ausstrahlung eines einstündigen, täglichen TV-Programms in New York City begonnen. CBS führte unter seinen Nutzerinnen und Nutzern eine Umfrage durch mit der Frage, welcher lebende Komponist wohl noch in 100 Jahren gespielt werden würde? »Von der Öffentlichkeit erhielt Rachmaninoff den dritten Platz in einer Liste mit zehn Namen«, meldete das Magazin *Newsweek* im Dezember. »Nur Jean Sibelius und Richard Strauss lagen vor ihm; hinter ihm landeten Strawinskij, Prokofjew und Schostakowitsch.«[887] Sich bei diesem hohen Ansehen noch auf Rachmaninoff als Pianisten zu berufen, wäre zusätzlich attraktiv gewesen, allerdings gab es bei ihm keine ›Schüler‹ im eigentlichen Sinne. Es war bekannt, dass er sich für den Nachwuchs engagierte. So zitierte ihn im Mai 1933 eine Zeitung mit den Worten: »Es gibt viele Menschen, die gerade jetzt Hilfe brauchen, besonders junge Menschen, Studenten, die nicht genug Geld finden, um ihr Studium und ihre Verpflegung zu bezahlen, oder sogar eine Arbeit finden, um über die Runden zu kommen.«[888] Allerdings beschwerten sich seine Ehefrau und seine Tochter Tatjana bei dem Musikjournalisten Harold Schonberg zu Recht, als dieser behauptet hatte, die Pianistin Gina Bachauer sei Rachmaninoffs ›Schülerin‹ gewesen.[889] Seine Einstellung zum Unterrichten hatte sich seit seinen ersten Jahren als ›Freier Künstler‹ nicht geändert. Und nach seiner Emigration stellte er 1921 in einem Interview klar: »Klavierunterricht erfordert viel Geduld, und ich befürchte, ich bin nicht annähernd geduldig genug, um zu unterrichten.«[890] Es gehörte allerdings in den gesellschaftlichen Kreisen, in denen er verkehrte, zu seinen Verpflichtungen, dass er sich zuweilen junge Pianistinnen und Pianisten anhören musste. Er befand aber nur wenige für gut genug, um sich die Mühe zu machen, ihnen Ratschläge zu geben. Ruth Slenczynska rühmt sich bis ins 21. Jahrhundert hinein, die letzte noch lebende Klavierschülerin von Rachmaninoff zu sein. Sergej Wasiljewitsch lernte die in Sacramento geborene Tochter eines polnischen Einwanderers 1934 kennen, als sie neun Jahre alt war. Sogar Reporter fragten ihn, was er von dem musikalischen Wunderkind halte. »All diese öffentlichen Auftritte sind schlecht für sie. Es ist zu schade, zu schade«, meinte er. »Und ich habe es ihrem Vater gesagt. Ich warnte ihn, dass sie nicht so viel spielen sollte. Sie sollte all die Jahre üben, üben, üben. Alle Stücke, die sie spielt, sind zu groß. Sie spielt Dinge, die sie sich in ihrem Alter nicht leisten kann.«[891] Er konnte nicht mehr miterleben, dass sie sich zu einer angesehenen Konzertpianistin entwickelte, die zahlreiche Aufnahmen hinterließ und vor allem mit ihren Chopin- und Rachmaninoff-Interpretationen Anerkennung fand. Dabei imitierte sie Rachmaninoff nicht, sondern entwickelte ihren eigenen Stil. Sie erinnerte sich, dass er ihr Selbstvertrauen vermittelte, indem er ihr sagte: »Wer bist du? Du bist bloß ein Kind. Warum solltest du gut genug sein? Schaue nicht in einen Spiegel; schaue dir die Musik an.«[892] Diese Empfehlung kam von einem Spitzenpianisten, der sich selbst nie für gut genug hielt und unablässig an seiner Technik und dem Verständnis von Musik arbeitete. Von einem systematischen Unterricht kann keine Rede sein, vielmehr gab Rachmaninoff eher allgemeine Hinweise. Sie beherzigte sie: Ein Konzertpianist sollte stets in großen musikalischen Linien denken und beim Phrasieren große musikalische Bögen gestalten. »Spiele für den Menschen in der letzten Reihe der Galerie; der wahre Höhepunkt wird ihn erreichen, nachdem der Ton das Klavier verlassen hat«, riet er ihr. »Der musikalische Bogen hat die Form einer Meereswelle, die auf den Strand fällt, nachdem sie ihren höchsten Punkt erreicht hat.«[893] Ruth Slenczynska zufolge betonte Rachmaninoff stets: »Große musikalische Linie, großer Musiker; kleine musikalische Linie, kleiner Musiker.«[894]

AUCH wenn Rachmaninoff mit seiner Familie mit der Schweiz in einem neutralen Land lebte, so bereiteten die Vorgänge in den Nachbarstaaten zunehmend Sorgen. In einem Brief berichtete er einer Bekannten in den USA, dass es in Europa »wenig Sonne gebe; sehr wenig!«, denn »es ist hitler'sches Wetter«.[895] Im Februar 1938 hatte er als Pianist noch einen Soloabend in Wien gegeben. Dann erfolgte im März der ›Anschluss‹

Österreichs an das Deutsche Reich. Kurz darauf sagte er einen geplanten Auftritt in Wien ab, bei dem er seine dritte Sinfonie und *Die Glocken* hätte dirigieren sollen. Die Rachmaninoffs waren alarmiert. Sergej Wasiljewitsch teilte den Somows noch im gleichen Monat mit, dass man »hier in Europa wie auf einem Vulkan lebt« – »Niemand weiß, was morgen passieren wird. Und alle gehen davon aus, dass morgen ein Krieg beginnen könnte. Und ich bin ein Mann, wie Ihr wisst, der sehr unentschlossen ist, und ratlos, was ich tun soll. Ich bin mir nur eines bewusst: Wenn wir nach ›Senar‹ fahren und Kämpfe beginnen, dann finden wir uns wie in einer Mausefalle wieder. Europa in Richtung Amerika zu verlassen und Tanjuscha hier zu lassen, das lässt das Herz nicht zu usw.«[896]

Als Rachmaninoff im April erfuhr, dass sein leukämiekranker Freund Fjodr Schaljapin in Paris im Sterben lag, besuchte er ihn mehrfach. Zwei Tage vor seinem Tod fand die letzte Begegnung statt. »Wie zuvor gelang es mir, ihn ein wenig zu aufzuheitern«, schilderte Rachmaninoff seiner Cousine Sofja Satina, »und kurz bevor ich ging, begann er mir zu erzählen, dass er nach seiner Genesung ein weiteres Buch für Künstler schreiben wolle, dessen Thema das Theater sein würde. Er sprach natürlich sehr, sehr langsam. Atemlos! Das Herz schlug kaum! Ich ließ ihn ausreden und sagte beim Aufstehen, dass ich auch Pläne habe: dass ich, sobald ich mich von meinen Auftritten zurückziehe, ein Buch schreiben werde, dessen Thema Schaljapin sei. Er schenkte mir ein Lächeln und streichelte meine Hand. Hierauf trennten wir uns. Für immer und ewig!«[897]

Als gegen Ende des Jahres den Deutschen das Sudetenland überlassen wurde, zog sich die Schlinge immer enger zusammen. »Er spürte die prekäre Weltlage«, erinnerte sich ein Freund Rachmaninoffs, »und glaubte fest daran, dass die Schweiz der sicherste Ort in Europa sei.«[898] Zunächst wollte Rachmaninoff bleiben, »komme was wolle!«, wie er im Mai 1939 an Sofja Satina schrieb. Nach reiflicher Überlegung, auch zusammen mit dem Musiker-Freund Wasilij Wercholanzew, erschien es ihm aber ratsam, Europa für eine Weile den Rücken zu kehren: »Ich hatte hier nur einen Gleichgesinnten: das ist Wasja. Er setzte all seine Eloquenz ein, um Natascha zum Gehen zu überreden. Seine Überlegung war: Wenn wir weggehen und es in Europa keine Komplikationen gibt, verlieren wir nur einen Sommer. Wenn wir wegen eines Krieges hier festsitzen, dann verlieren wir alles.«[899]

Die Vernunft und die Vorsicht behielten die Oberhand. Rachmaninoff gab sein letztes Konzert in Europa am 11. August 1939, als er bei den Luzerner Festwochen unter Ernest Ansermets Leitung Beethovens erstes Klavierkonzert und seine eigene *Paganini-Rhapsodie* spielte. Die geplante Abreise und die Überfahrt auf der letzten Passage der ›Queen Mary‹ musste jedoch verschoben werden, weil der Maharadscha des indischen Fürstenstaats Mysore ihn nach dem Auftritt in seiner Garderobe aufsuchte und bat, mit seiner 40-köpfigen Delegation Senar zu besichtigen. Zwei Tage später hatte man die Gäste, die sich selbst eingeladen hatten, auf dem eigenen Anwesen. Der eigentliche Hintergrund war, dass die Tochter des Maharadschas eine große Bewunderin Rachmaninoffs war und ihr Vater darauf bestand, dass der Künstler am folgenden Morgen in seinem Hotel in Luzern zum Frühstück kommen und seinen Augenstern spielen hören sollte. Rachmaninoff folgte auch dieser gesellschaftlichen Verpflichtung, um den hohen Schweizer Gast nicht zu brüskieren, lauschte dem unerwartet guten Klaviervortrag der jungen Dame und bewunderte einen Film über die Hochzeit des Thronfolgers von Mysore. Dann machten er und die Seinen sich unverzüglich auf den Weg nach Paris. Man besuchte noch einmal die Kinder und Enkel, die so bald wie möglich in die USA nachkommen sollten. Anschließend traten Sergej und Natalija ihre Schiffspassage an Bord der ›Aquitania‹ an, um in die Vereinigten Staaten von Amerika zu gelangen. An Bord gab es bereits Sicherheitsmaßnahmen zum Schutz vor U-Booten und die Bullaugen wurden verdunkelt. Am 23. August 1939, einen Tag bevor der deutsch-sowjetische Nichtangriffspakt unterzeichnet wurde, stach das Schiff in See.

12 Projekte in Zeiten des Krieges (1939–1943)

Rachmaninoff verließ Europa in dem Bewusstsein, wieder nach Senar zurückzukehren, sobald der Krieg vorbei war. Dies wird unter anderem dadurch belegt, dass er etliche Noten und Bücher zurückließ, als er von seinem Domizil in der Schweiz abreiste. 1939 erschienen Pressemeldungen, dass der berühmte Künstler die amerikanische Staatsbürgerschaft beantragt habe. Über die neue Wahlheimat sagte er: »Dies ist der einzige Platz auf der Welt, wo ein Mensch für das respektiert wird, was er ist und was er tut, wobei es unwichtig ist, wer er ist und woher er kam.«[900] Er behielt die gewohnte Routine in seinem Arbeitsrhythmus bei, verschaffte sich aber in jenen Jahren anregende Abwechslung, indem er seit langer Zeit wieder Klavierkonzerte anderer Komponisten ins Repertoire aufnahm. Bereits im Oktober 1937 hatte er Beethovens erstes Klavierkonzert interpretiert mit dem Sinfonieorchester von Cincinnati unter der Leitung des englischen Dirigenten Eugene Goosens. Er erwog weitere eigene Kompositionen und konnte sich immer wieder darauf freuen, Geborgenheit in seiner Wohnung in New York zu finden. Mit seiner Familie hatte Rachmaninoff prägende Jahre durchgestanden, sodass er einem Freund einmal anvertraute: »Über *sie* sollte ein Buch geschrieben werden!«[901]

Noch war der Krieg weit entfernt und die USA nicht beteiligt. Zwischen New York und Hawaii im Westen sowie Paris im Osten lagen jeweils etwa 6000 Kilometer, dennoch beschlich Sergej Rachmaninoff ein Unbehagen. Nach Abschluss des deutsch-sowjetischen Nichtangriffspakts vom August 1939 hatte die Wehrmacht im September Polen überrannt und die UdSSR regelte ab Ende November jahrelange Gebietsstreitigkeiten mit Finnland durch den Winterkrieg, der die Grenze weiter nach Norden verschob und die Finnen zwei Jahre später zu Verbündeten der Deutschen machte. Sowjetische Truppen waren kampferfahren: Sie mussten sich bereits seit Juli 1938 gegen erneute Versuche der Japaner behaupten, in Asien mehr Einfluss zu gewinnen.

Auf die Kämpfe reagierte Sergej Rachmaninoff indirekt. Führende Komponisten der kriegsbeteiligten Länder nahmen in ihren Werken unmittelbar darauf Bezug; in Rachmaninoffs Œuvre gibt es keine Tagesaktualität, bei ihm hatte das Indirekte Methode. Gerade jetzt wäre eine Zusammenarbeit mit Filmgesellschaften im Sinne der antifaschistischen Aktivitäten denkbar gewesen. Dmitrij Schostakowitsch steuerte Kompositionen zu etlichen Propagandafilmen bei, die Rachmaninoff teilweise sogar in den USA erleben konnte. Dabei liefen sie wie 1939 *Die Wiborger Seite* (Выборгская сторона) als *New Horizons* zuweilen mit neuen Titeln. Prokofjew hielt in einem erst später publizierten Beitrag fest, dass ab 1941 jeder unverzüglich das Seinige beitragen wollte und die erste Reaktion der Komponisten auf die Vorgänge »natürlich Lieder und Märsche heroischen Charakters« waren, »das heißt solche Musik, die unmittelbar an der Front erklingen konnte«. Er selbst habe zwei Lieder und einen Marsch geschrieben und eine Oper nach Lew Tolstojs Roman *Krieg und Frieden* realisieren können.[902] Im Westen zeigten sich viele zurückhaltender. Ralph Vaughan Williams entwarf unter anderem 1940 die Musik zu dem Filmdrama *49th Parallel*, bei dem der Regisseur Michael Powell betonte, er »hoffe, den Amerikanern damit Angst einzujagen«, um sie zum Kriegseintritt zu bewegen.[903] Bereits 1914 hatte Vaughan Williams zu den Künstlern gehört, die sich freiwillig zum Militär meldeten. Die Erfahrung des Kriegs prägten sein persönliches Reifen, und in seinem 1940 veröffentlichten Artikel »Der Komponist in Kriegszeiten« vertrat er einen Standpunkt, der sicherlich schon 1914 das Agens seines Handelns war: »Einige Glückspilze können, so glaube ich, ihre Kunst weiterbetreiben, als ob nichts geschehen wäre. Für sie ist der Krieg lediglich eine ärgerliche Belästigung ihres geistigen und demnach ihres wahren Lebens. Ich habe junge Komponisten gekannt, die verärgert von diesem ›langweiligen Krieg‹ gesprochen haben. Ich muss zugeben, dass mich solch eine Bezeichnung schockiert«, schrieb Vaughan Williams und fuhr fort: »Was immer dieser Krieg sein mag, er ist nicht langweilig. Er mag unnötig sein, er mag falsch sein, aber man kann ihn nicht ignorieren: Er wird unser Leben genauso beeinflussen wie das der nachfolgenden Generationen.«[904] Der Engländer reagierte außer mit Filmmusiken vor allem mit seiner fünften und sechsten Sinfonie auf den Zweiten Weltkrieg. Eine gewichtige Stellungnahme war Schostakowitschs *Leningrader Sinfonie*, die auch in Großbritannien, Skandinavien und den USA Furore machte. In den Vereinigten Staaten demonstrierte man in jener Phase nationales Selbstbewusstsein: 1943 wurde Walter Pistons zweite Sinfonie als eines der eindrucksvollsten Orchesterwerke der letzten zehn Jahre gepriesen und als bedeutende amerikanische Sinfonie gewürdigt. Im gleichen Jahr erhielt Howard Hansons als »Requiem« betitelte vierte Sinfonie den Pulitzer-Preis. William Schuman und David Diamond, die in den 1930er-Jahren noch frühe Sinfonieversuche zurückgezogen hatten, profilierten sich in den Kriegsjahren mit neuen Werken in diesem Genre. Auch etablierte Komponisten wie Roy Harris schrieben politisch motivierte

Werke: 1944 bezeichnete er seine sechste Sinfonie als »Gettysburg Address Symphony«. Damit nahm er Bezug auf die historische Rede von Abraham Lincoln, der am 19. November 1863 anlässlich der Einweihung des Soldatenfriedhofs auf dem Schlachtfeld von Gettysburg das demokratische Selbstverständnis von Rachmaninoffs Wahlheimat bekräftigt hatte. Zwar sind die Werke rein orchestral gestaltet, aber die einzelnen Sätze nehmen Bezug auf Texte. Auch Rachmaninoff wandte sich in diesen Jahren wieder musikliterarischen Aspekten zu. Er pflegte immer noch guten Kontakt zu dem nun in den USA lebenden Schriftsteller Wladimir Nabokow, und bat ihn, englische Fassungen einiger Vokalkompositionen genau zu prüfen. Bestand die Möglichkeit, für die Chorsinfonie *Die Glocken* eine englische Übertragung zu erstellen, die das Werk Poes *The Bells* näherbringt? Nabokow versuchte sich auch an einer englischen Version vom Monolog des Barons im zweiten Bild von Rachmaninoffs Puschkin-Vertonung *Der geizige Ritter*. Der Komponist war indes so sehr mit Konzertauftritten, Schallplattenaufnahmen und einem anderen Kompositionsprojekt beschäftigt, dass eine weitere Textvertonung ein Projekt für die Zukunft war.

Die Flut an neuen sinfonischen Kompositionen um sich herum nahm Rachmaninoff eher am Rande zur Kenntnis. Einmal erlebte er eine Probe von David Diamonds erster Sinfonie, die Mitropoulos bei den New Yorker Philharmonikern leitete, verließ sie aber vorzeitig. Der junge Komponist zeigte sich äußerst beunruhigt, und Mitropoulos sprach Rachmaninoff anschließend darauf an. Er hatte angenommen, die Probe würde mit seinen *Sinfonischen Tänzen* beginnen. »Sagen Sie Mr. Diamond bitte«, entschuldigte er sich, »dass dies nichts Persönliches war oder irgendetwas mit seiner Sinfonie zu tun gehabt hätte. Mir fehlt einfach die Zeit, um mir neue Musik von amerikanischen Komponisten anzuhören.«[905] Wie die Programmgestaltung der Sinfonieorchester aussah, wird ihm trotzdem nicht entgangen sein.

In seinen eigenen Projekten spielten Moden, Trends oder aktuelle Ereignisse keine unmittelbare Rolle. Bei Rachmaninoff galt es, zwischen den Zeilen bzw. Noten zu lesen. Mitte August 1940 vollendete er ein Orchesterstück, das er in einem Brief an Eugene Ormandy als »ein neues sinfonisches Werk« bezeichnete. »Es heißt *Fantastische Tänze*«, teilte er dem Dirigenten mit. »Ich habe mit der Instrumentierung angefangen. Leider beginnt am 14. Oktober meine Konzerttournee, also ich muss intensiv üben und weiß daher nicht, ob ich mit dem Instrumentieren bis zum November fertig werde.«[906] Eine Woche später hatte er sich indes auf den Titel *Sinfonische Tänze* festgelegt, weil der in den USA beliebte Dmitrij Schostakowitsch 1926 bereits seine drei Klavierstücke op. 5 als »Fantastische Tänze« herausgebracht hatte. »Man hätte das Stück einfach *Tänze* nennen können«, meinte Rachmaninoff in einem Interview, »aber ich habe befürchtet, die Leute würden annehmen, ich hätte Tanzmusik für Jazzorchester geschrieben.«[907] Als Hommage an den Künstler, der ihn schon zu Beginn seiner Laufbahn beeinflusste hatte, Edvard Grieg, entschied sich Rachmaninoff schließlich für den Titel *Sinfonische Tänze*, wie der Skandinavier eine 1896 entstandene Bearbeitung von vier Volksmelodien genannt hatte. Rachmaninoffs Werk hat jedoch mit volkstümlichen Klängen gar nichts gemein und ist erheblich vielschichtiger.

Während sich so manche Künstler den Verstand mit Alkohol und Drogen vernebelten, vollzog Rachmaninoff seine Arbeitsroutine mit eiserner Disziplin. »Um 8 Uhr morgens trank Sergej Wasiljewitsch Kaffee und machte sich um halb 9 an die Komposition«, erzählte seine Frau. »Ab 10 Uhr spielte er zwei Stunden lang Klavier und bereitete sich auf die bevorstehende Konzertsaison vor. Von 12 bis 1 Uhr arbeitete er wieder an den *Tänzen*. Um 1 Uhr aß er zu Mittag und legte sich zur Ruhe, aber ab 15 Uhr, mit einer Essenspause, arbeitete er bis 22 Uhr an der Komposition. Er wollte die *Tänze* zum Beginn der Konzertsaison fertigstellen, koste es, was es wolle. Sergej Wasiljewitsch hat sein Ziel erreicht, aber ich habe mich die ganze Zeit voller Sorgen um ihn gekümmert. Abends bekam er Augenprobleme, weil er die Partitur mit seiner kleinen Handschrift schrieb. Danach musste er noch viel Arbeitszeit investieren, obwohl er eigentlich auf seiner Konzertreise war. An jedem großen Bahnhof, an dem wir anhielten, erwarteten ihn Druckfahnen der *Sinfonischen Tänze*, und Sergej Wasiljewitsch machte sich schnell an die Korrektur.«[908]

Der Krieg in Europa mag Erinnerungen geweckt haben an eine angedachte Komposition, die bereits zu Beginn des Ersten Weltkriegs skizziert worden war. Da Rachmaninoff zuweilen frühere Ideen wiederverwendete, erscheint die Behauptung des Choreographen Kasjan Goleizowskij glaubwürdig, Teile der *Sinfonischen Tänze* hätten ihren Ursprung in einem noch in Russland geplanten Ballett mit dem Titel *Die Skythen*. Es thematisierte die martialischen Reiternomaden aus dem 8. und 7. Jahrhundert vor der Zeitrechnung, die in Teile des späteren Zarenreichs vordrangen. Rachmaninoff hatte das Projekt schließlich aufgegeben, weil die Aufführungsmöglichkeiten fraglich waren und Prokofjew alsbald mit seiner brachialen *Skythischen Suite* die Gemüter erregte. Einige musikalische Gedanken aus der Zeit um 1915 soll Rachmaninoff in sein Opus 45 übernommen haben.

1940 ergaben sich zudem erneute Kontakte zu dem Choreographen Michail Fokin und damit die Möglichkeit, aus dem dreisätzigen neuen Werk ein Ballett zu realisieren. Fokin war 1932 amerikanischer Staatsbürger geworden und arbeitete mittlerweile für verschiedene Ballettcompagnien. Noch bevor Rachmaninoff Ormandy in seine neue Komposition einführte, spielte er sie im August 1940 Fokin vor. Wie spontan und lebhaft es bei solchen Präsentationen zugegangen sein mag, veranschaulicht eine Reminiszenz von Robert Russell Bennett. »Ich war erfreut zu sehen, dass seine Herangehensweise an das Klavier ganz ähnlich war wie die von uns allen, wenn wir versuchen, den Klang eines Orchesters am Klavier nachzuahmen«, erzählte der amerikanische Komponist. »Er sang, pfiff, stampfte, ließ seine Akkorde dahinbrausen und gebärdete sich keineswegs, wie man es von einem so bedeutenden und fehlerfreien Klaviervirtuosen erwarten würde.«[909] Kein Wunder, dass Fokin eine Weile brauchte, um die Eindrücke, die auf ihn einstürmten, zu verarbeiten. »Vielen Dank, dass Sie mir Ihre wunderbare Komposition vorgestellt haben, die ich unbedingt kennenlernen wollte«, schrieb der Künstler fünf Wochen später. Er hatte bereits mehr als 70 Ballettchoreographien entworfen und einem Komponisten vom Rang Rachmaninoffs versicherte er, dass die Erfordernisse der Musik Vorrang haben müssten vor den tänzerischen Elementen. Er glaubte, seinen Worten entnommen zu haben, dass er Bedenken wegen des Walzer-Rhythmus im zweiten Satz hege, äußerte aber in einem Brief: »Wenn mir die Freude am Schaffen von Tänzen zu Ihrer Musik wieder geschenkt wird, dürfte ich diese rhythmische Unterstützung gar nicht nötig haben.«[910] Der Walzer wirkt gebrochen und prismenartig in die unterschiedlichsten Bestandteile zerlegt. Trotz des Titels bietet Rachmaninoffs Opus 45 generell keine konventionelle Tanzmusik. Michail Fokin verstand, dass diese Kompositionsweise ausgesprochen freier, ausdrucksvoller Bewegungen bedurfte. Ursprünglich schwebten Rachmaninoff für die einzelnen Sätze sogar Titel vor – Mittag, Dämmerung, Mitternacht –, aber er verwarf diese Idee schließlich. »Ein Komponist hat immer seine eigenen Vorstellungen von seinen Werken, aber ich glaube nicht, dass er sie jemals preisgeben muss«, meinte er schließlich. »Jeder Hörer sollte für sich seine eigene Bedeutung in der Musik entdecken.«[911] Die Möglichkeit, mit Fokin eine getanzte Interpretation des Orchesterwerks mit seinen drei Mollsätzen zu erarbeiten, scheiterte daran, dass der Choreograf im August 1942 im Alter von 62 Jahren in New York unerwartet verstarb.

Sorgfältig feilte Rachmaninoff an der Instrumentation. Er musste jede freie Minute nutzen, als Mitte Oktober seine Konzerttournee in Detroit begann. Ormandy hatte die Uraufführung für den Januar angesetzt und erwartete im Dezember die vollständige Partitur. Für besondere Klangwirkungen konsultierte Rachmaninoff Orchestermusiker, die er gut kannte, und ließ sich unter anderem von einem Trompeter der New Yorker Philharmoniker beraten, ob bestimmte Passagen, die er im Sinn hatte, auf seinem Instrument ausführbar seien. An den befreundeten Komponisten Robert Russell Bennett, der auch ein bedeutender Arrangeur für Broadway-Musicals von Gershwin, Porter und Rodgers war, wandte er sich mit einem speziellen Anliegen. Er wollte im ersten Satz ein Saxofon verwenden, war aber unsicher, welches aus dieser Instrumentenfamilie sich am besten eignen würde. Er lud den Kollegen zu sich nach Huntington zum Mittagessen ein. »Als er meine Frau und mich am Bahnhof abholte, fuhr er den Wagen selbst [wahrscheinlich seinen ›Pierce-Arrow‹] und nach knapp hundert Metern hielt er plötzlich an, wandte sich zu mir um und sagte: ›Ich fange also in As an?‹ Ich entgegnete: ›Das stimmt.‹, und er sagte: ›In Ordnung.‹ Und dann fuhr er zu seinem Haus.«[912]

Im Januar 1941 gönnte sich Rachmaninoff eine zweiwöchige Pause von seiner Tournee, um den letzten Orchesterproben beizuwohnen. Von den Vorbereitungen sind Tondokumente überliefert, bei denen Rachmaninoff dem Dirigenten Eugene Ormandy am Klavier anhand von längeren Passagen aus jedem der drei Sätze seine Vorstellungen vermittelt.[913] Ungeachtet der den Umständen geschuldeten gewöhnungsbedürftigen Tonqualität, werden die Ansprüche des Komponisten deutlich: Er veranschaulicht die Tempi und die Phrasierung, wobei er am Klavier auch versucht, die Nebenstimmen der Orchesterinstrumente hervortreten zu lassen, und bei Bedarf ein gerufenes »Badabada-BAA« die Pauken illustriert (zwei Takte vor Probenziffer 22). Seine Interpretation ist unsentimental und energiegeladen. Er bindet auch ruhige Passagen so ein, dass die Komposition ein großer Bogen umspannt: Es gibt kein Verharren im Augenblick, sondern eine stetige Bewegung hin zu Zielpunkten. Selbst scheinbar entspannte Passagen, die ein Innehalten und Reflektieren signalisieren, müssen als Spannungsfelder ständig unter Strom stehen und dabei 20 bis 30 Takte im Voraus gedacht werden – nur so gelingt es, die Unruhe und das Drängende von Rachmaninoffs Kompositionen überzeugend umzusetzen. Bei der Generalprobe der *Sinfonischen Tänze* wandte sich Rachmaninoff an das Orchester und sagte: »Vor Jahren habe ich für den großen Schaljapin komponiert.

Jetzt ist er tot, und so komponiere ich für eine neue Art von Künstler, das Philadelphia Orchestra.«[914] Nach der erfolgreichen Uraufführung im Saal der Academy of Music Anfang Januar 1941 stellte das Orchester Rachmaninoffs Werk in New York vor. »Der anhaltende Applaus war zweifellos eher eine Hommage an ihn selbst als an seine Musik, denn die Neuheit erreicht nirgendwo seine besten Standards«, unkte der Rezensent des *World-Telegram* über die Huldigung, als sich der Komponist auf der Bühne verbeugte. »Das Stück wimmelt nur so von schrägen Klängen«, hieß es, »besonders die Bläsersektion, die wahrlich ein Rendezvous von Gespenstern bietet«, aber insgesamt »zieht sich eine düstere Langeweile« durch das Werk.[915]

In den USA stieß das Stück vielfach auf Unverständnis. Wahrscheinlich brachte so mancher den Begriff ›Dances‹ mit etwas Unterhaltsamem in Verbindung und fand Dies irae- und Pritschet-Anklänge unpassend. Mit Befremden erwähnten Beobachter der ersten Aufführungen, die *Sinfonischen Tänze* »könnten als Ballett zu einem makabren Thema dienen« mit ihrer »scheppernden, dürftigen Imitation von Saint-Saëns' *Dansc Macabre*«.[916] Das klangschöne Virtuosenstück des Franzosen hat mit Rachmaninoffs Musik nichts gemein, aber Kritiker ließen weiterhin gerne Namen von Komponisten fallen, für deren Musik sie eine Schublade gefunden hatten. Rachmaninoffs Kunst braucht indes einen weiten Horizont: Für in der Kunst bewanderte Europäer schwingt bei »Tänzen« auch die Assoziation ›Totentanz‹ mit, jene mittelalterlichen Darstellungen, die ein rechtschaffenes Leben anmahnen, denn alles Streben nach Rang und Ruhm ist vor der Majestät des Todes eitel. Zu den bedeutendsten Darstellungen, derer sich Rachmaninoff bewusst gewesen sein muss, gehört der mit Texten versehene, fast 30 Meter lange und zwei Meter hohe, auf Leinwand gemalte Totentanz aus dem 15. Jahrhundert in der Lübecker Marienkirche. Von 1928 bis 1930 gastierte Rachmaninoff mit Soloabenden nicht allzu weit entfernt in Hamburg. Das Kunstwerk in Lübeck wurde bei dem Bombenangriff in der Nacht zum 29. März 1942 zerstört, aber immerhin blieb etwa ein Viertel dieses Totentanzes in einer eigenhändig angefertigten Replik des Künstlers erhalten. Sie steht in der Nikolaikirche in Reval, dem heutigen Tallinn, das bis 1918 zum Russischen Reich gehörte. Der steinerne, über zwölf Meter lange Dresdner Totentanz aus dem 16. Jahrhundert befand sich in den Jahren, in denen Rachmaninoff in der Stadt lebte, an der Friedhofsmauer des Inneren Neustädter Friedhofs, der sich nördlich der Elbe in dem gleichen Stadtteil befand wie Rönischs Pianomanufaktur. Als Dirigent hatte Rachmaninoff Liszts Dies irae-gesättigten

Totentanz für Klavier und Orchester mit Siloti als Dirigent drei Mal in Russland aufgeführt und im November 1939 – nur wenige Wochen vor Beginn der Komposition – als Solist mit dem Minneapolis Symphony Orchestra unter der Leitung von Dimitri Mitropoulos. Nur ein Rezensent zeigte sich verständnisvoller: Olin Downes, der auf der Gehaltsliste von Steinway & Sons stand. »Die *Tänze* sind einfach in ihrer Grundanlage, sinfonisch hinsichtlich ihrer Beschaffenheit und Proportion«, schrieb er in der *New York Times*. »Fragte man Mr. Rachmaninoff, was er mit diesen Tänzen meinte, würde er zweifellos die aufrichtige, korrekte und überaus logische Antwort geben, dass er beabsichtigte, Musik zu schreiben. Es ist indes auch wahr, dass die Musik aus einer Quelle im Individuum entspringt, die tiefer liegt als alle, die ein Chirurg bisher untersucht hat, und deren sich der Künstler selbst möglicherweise nicht bewusst ist, und nur aus dieser Quelle geht bedeutende, lebendige Kunst hervor. Eine Melancholie, ein Fatalismus, nicht hektisch oder exhibitionistisch, findet sich vielfach bei Rachmaninoff. Die *Tänze* haben keine vordergründige Verbindung zueinander. Sie könnten leicht eine Reihe von Stimmungen widerspiegeln, die in einer bestimmten lockeren Abfolge präsentiert werden – in der es um Natur, Erinnerungen und Träumereien geht, in denen so manches, was schön oder verheißungsvoll erscheint, in Wirklichkeit nichts als Illusion und Enttäuschung ist –, und das alles ist gestaltet mit einer unprätentiösen, melodischen, sinnlich gefärbten und bewundernswert komponierten Musik.«[917]

Die *Sinfonischen Tänze* bieten aus den unterschiedlichsten Blickwinkeln viele Perspektiven. Manche sahen darin Bezugnahmen auf Rachmaninoffs frühere Werke, wie gegen Ende des ersten Satzes ein Zitat aus der ersten Sinfonie in einer Dur-Variante. Zudem ist ein Klavier vollends in den Orchesterklang integriert, was weit über die bisher schon enge Wechselbeziehung von Tasteninstrument und Orchester hinausgeht. Wie der gesamten Musik von Rachmaninoff ist den ›Tänzen‹ eine Dynamik eigen, der Dirigenten und Orchester nur mit einem vorwärtsdrängenden Gestus gerecht werden können. Als Dmitri Mitropoulos das Werk im November 1942 mit seinem Minneapolis Symphony Orchestra einstudierte, beobachtete Rachmaninoff vom Seitenflügel aus das Geschehen. Der Musikrezensent des *Minneapolis Star Tribune* sah, wie der Komponist unruhig die Stirn runzelte und anfing laut mit den Fingern zu schnippen, damit der Dirigent das Tempo anzieht. Mitropoulos unterbrach und Rachmaninoff ging zu ihm ans Pult. Er strich bei der Tempoanweisung zum ersten Satz in »Non Allegro« das Wort »non« und der Kritiker meinte zunächst, er korrigiere einen Druckfehler in der Partitur. Aber Mitropoulos verstand, dass die Angabe keineswegs bedeuten sollte, die Musik ›nicht schnell‹ zu spielen, sondern vielmehr »nicht so schnell wie es auf den ersten Blick aussehen mag«.[918] Für Rachmaninoff wurde der griechische Dirigent der ideale Interpret des Werks. Er bat ihn, es einen Monat später auch mit den New Yorker Philharmonikern aufzuführen, damit er sich die Rundfunkübertragung mitschneiden könne. Mitropoulos ersetzte Skrjabins angekündigtes *Le Poème de l'Extase* durch Rachmaninoffs neueste Komposition und versetzte das Orchester mit den *Sinfonischen Tänzen* in Ekstasen. Er erachtete es geradezu als seine »Mission«, das Publikum mit der Musik der Gegenwart vertraut zu machen. Allerdings war er oft von der halbherzigen Reaktion der Zuschauer enttäuscht: Als er einmal in einem Konzert die revolutionäre und die maßvolle Moderne verband, indem er Anton Weberns *Sinfonie für Kammerensemble* op. 21 mit Rachmaninoffs *Sinfonischen Tänzen* kombinierte, wollte ihm der Komponist Milton Babbitt anschließend zu den Darbietungen gratulieren. Aber Mitropoulos' Laune war frostig. Er zog mit schmalen Lippen an einer Zigarette und fuchtelte erregt in Richtung des Publikums. »Sehen Sie?«, ärgerte er sich. »Noch nicht mal *dieser* Scheiß gefällt ihnen!«[919]

Dem zentralen Andante con moto-Satz, bei dem sich in den Skizzen noch der Hinweis »Dämmerung« findet, ist etwas Morbides eigen. Die Soloviolline hat manches gemein mit Mahlers totentanzartiger Passage aus dem zweiten Satz der vierten Sinfonie, ohne indes sarkastisch zu wirken. Das Pritschetieren von Oboe und Englischhorn beschwört eine bedrückende Stimmung herauf. Eine Solotrompete leitet eine unheimliche Passage ein, die mit der Spielanweisung »lamentoso« (klagend) versehen ist. Als ›Tanz‹ lässt sich das Werk höchstens mit den Mitteln des ›Modern Dance‹ bewältigen – pikanterweise verglich die Kulturkritikerin Jane Jacobs, die ab 1935 in New York lebte, das lebhaft-vibrierende Leben der Straßen mit dem Tanz und meinte, man kann ihn als »die Kunstform der Stadt« betrachten, ja, vielmehr als »ein komplexes Ballett bei dem die einzelnen Tänzer und die Ensembles alle bestimmte Rollen übernehmen, die sich auf wundersame Weise gegenseitig verstärken und ein geordnetes Ganzes bilden«.[920] Obwohl sich moderne Ausdrucksformen des Tanzes bereits ab den 1920er-Jahren herausgebildet hatten, dauerte es lange, bis sich Choreografen erstmals an die *Sinfonischen Tänze* wagten.

Im d-Moll-Schlusssatz donnern Paukenschläge wie Kanonen und ein ›spanischer‹ Rhythmus mit Tamburin erinnert an ein Land, das in den 1930er-Jahren durch einen Bürgerkrieg gespalten wurde. Das

Dies irae in Glockenschlägen und Trompete, das Pritschetieren der Bassklarinette sowie die wie tanzende Skelette klingenden Xylophone kommentieren die Gegenwart. Neben dem Tod steht auch die Hoffnung auf ein Wiederauferstehen: Gegen Schluss vernimmt man auch einen Verweis auf den neunten Teil des *Ganznächtlichen Vigils*, »Gelobt seist du, o Herr« (благословенъ еси Господи). Als das Auferstehungsthema sich am Ende abzeichnet, notierte Rachmaninoff an dieser Stelle in der Partitur das Wort »Hallelujah« (аллилуя).[921]

Als die Deutschen im April 1940 Dänemark und Norwegen sowie im Mai 1940 Frankreich und die Benelux-Staaten überfielen, dürfte Rachmaninoff klar gewesen sein, dass Europa ein sehr unsicheres Territorium geworden war, selbst wenn die Schweiz sich neutral verhielt. »Ich bin sehr traurig und besorgt um Tatjana«, schrieb er im Dezember 1939 an Aleksandr Greiner. »Als ich Europa verließ, kaufte ich ihr ein kleines Anwesen vierzig Meilen von Paris entfernt [Condé-sur-Vesgre], wo sie bis auf ihren kleinen Jungen ganz allein lebt. Ihr Mann ist zum Glück nicht an der Front, aber er dient irgendwo in Frankreich als Ausbilder. Nur mit einem so starken Charakter wie Tatjana sind solche Umstände zu ertragen. In den letzten zwei Monaten hat sie es geschafft, einen französischen Pass und einen Führerschein zu bekommen. Diese letzte Tatsache beunruhigt mich nicht weniger als der Krieg. Ich habe bei ihr nie das Talent zum Autofahren gespürt. Nun, ich schätze, es geht jetzt nur noch um meine Kinder.«[922]

Wochenlang war die Verbindung zu Tatjana, ihrem Mann Boris Conus und dem Enkel Alexandre abgerissen. Nachdem der deutsche West-Feldzug Ende Juni 1940 erfolgreich beendet war, versuchte Sergej Rachmaninoff, über das Rote Kreuz, Freunde und Rundfunksender den Verbleib seiner Angehörigen ausfindig zu machen. Zahlreiche Telegramme wurden über den Atlantik hin- und hergeschickt. Rachmaninoff mache sich »schreckliche Sorgen«, hieß es in einem davon.[923] Boris Conus hatte in der französischen Armee gedient, war aber nun demobilisiert. Man erfuhr, dass die Familie mittlerweile in Hautevienne zwischen Lyon und Genf im unbesetzten Gebiet lebte. Rachmaninoff stellte Anträge, um sie aus Frankreich in die USA zu holen. Auf den 16. Juli 1940 ist eine telegraphische Mitteilung der Unterstützer Rachmaninoffs datiert, dass ›Tatjana Rachmaninoff Conus‹ sich endlich gemeldet und darum gebeten habe, dass man ihr auf sicherem Wege 100 Dollar zukommen lassen könne. In einer Nachricht vom 24. Juli hieß es, dass »der Vater empfiehlt, unverzüglich beim nächst gelegenen amerikanischen Konsulat die Zulassung zur Einwanderung der gesamten Familie zu beantragen« – »Eidesstattliche Erklärungen folgen durch das Außenministerium. Finanzielle Sicherheiten sind garantiert.«[924] Die ›National City Bank of New York‹ bestätigte Rachmaninoff zwei Tage später mit den entsprechenden Duplikaten, dass man an das Außenministerium in Washington die erforderlichen Informationen geschickt habe, damit Tatjana und ihre Familie einreisen könne: »Sie werden feststellen, dass wir genaue Angaben zum Umfang ihres persönlichen Kontos angegeben haben, da wir davon ausgehen, dass diese Informationen in solchen Fällen erforderlich sind.« Im Außenministerium dürfte es keine Bedenken gegeben haben. Der Antragsteller hatte sich bereits im Vorjahr um die amerikanische Staatsbürgerschaft bemüht, nachdem seine Tochter die französische erhalten hatte. Er war zwei Mal eingeladen worden, im Weißen Haus zu musizieren, und die Bank würdigte ihn als einen ihrer zuverlässigsten Kunden: »Mr. Rachmaninoff ist, wie Sie wissen werden, ein herausragender Komponist und Pianist. Er ist seit 1918 ein hochgeschätzter Einleger unserer Bank und weist eine ansehnliche Bilanz auf. Sein Kontostand bei Geschäftsschluss gestern betrug 50 255,75 Dollar (fünfzigtausendzweihundertfünfundfünfzig Dollar und fünfundsiebzig Cent), und der Durchschnittsbetrag für die ersten sechs Monate dieses Jahres betrug 58 000 Dollar (achtundfünfzigtausend Dollar). Wir sind der Meinung, dass man sich auf die Angaben von Mr. Rachmaninoff verlassen kann und dass er finanziell in der Lage ist, alle Verpflichtungen zu erfüllen, die für den Unterhalt seiner Tochter und ihrer Familie entstehen könnten.«[925] [Nach der heutigen Kaufkraft entsprach die Summe auf dieser Bank über einer Million Dollar.]

Nachdem die französische Regierung die Ausstellung der Pässe verschleppte, zogen Tatjana und die Ihren wieder in das Anwesen in Condé-sur-Vesgre bei Paris zurück, das ihr Vater für sie erworben hatte. Dies erschwerte Rachmaninoffs europäischen Helfern die Unterstützung. In einer telegraphischen Nachricht vom 1. Oktober 1940 hieß es, die »schwer erreichbare Tochter Rachmaninoffs ist wieder verloren gegangen«, denn »sie war so dumm, vor drei Wochen in das besetzte Gebiet zu gehen, und seitdem konnten wir keinen Kontakt mehr zu ihr aufnehmen«. Weil Sergej Rachmaninoff darum bat, »sie wieder aufzuspüren«, wirkten die Mitarbeiter der National Broadcasting Company genervt: »Ich weiß nicht, wie er sich fühlen würde in Anbetracht dieses ständigen Katz- und Mausspiels.«[926]

Schließlich gelang es auch mit Hilfe seines Schweizer Anwalts, Dr. Albert Riedweg, sie wieder ausfindig zu machen. Tatjana erhielt endlich die erforderlichen Papiere, wollte vorerst allerdings nur allein für zwei Monate über Spanien und Portugal in die USA reisen. Zur großen Enttäuschung von Sergej und Natalija telegrafierte sie dann aber am 23. Dezember 1940 in englischer Sprache: »DARLING DESPERATELY SORRY BUT THINK WISER POSTPONE VISIT FORGIVE TROUBLE CAUSED LOVE TO YOU ALL MERRY CHRISTMAS TATIANA CONUS« (»Meine Lieben, es tut mir schrecklich leid, aber ich denke, es ist klüger, den Besuch zu verschieben. Verzeiht mir die Umstände, die ich bereitet habe. Liebe euch allen, frohe Weihnachten, Tatjana Conus.«).[927]

Tatjana blieb schließlich in Paris, und Rachmaninoff versuchte, ihr gelegentlich Hilfspakete zukommen zu lassen.

Sein Opus 45 hatte Rachmaninoff keineswegs in dem Bewusstsein geschrieben, sein letztes Werk zu komponieren. Er befand sich wie zur Zeit des Ersten Weltkriegs und der Emigration in einer Phase, in der er abwarten musste, wie sich die Lage entwickeln würde. »Ich vermisse es, in diesem Jahr in Europa aufzutreten«, gestand er 1940 in einem Interview, »aber dort hat momentan niemand Zeit für die Künste.« Der Reporter berichtete, dass Rachmaninoff den Blick über den Innenhof auf die dahinter liegende Stadt schweifen ließ und hinzufügte: »Musik kann nur dort gelingen, wo es Frieden und Ruhe gibt – wie hier.«[928] Schon bald änderte sich die Situation dramatisch. Im Verlauf des Jahres 1941 wurde das Territorium von Rachmaninoffs alter und neuer Heimat zum Kriegsschauplatz. Für Rachmaninoff im Osten der USA war es später Abend, als deutsche Truppen am 22. Juni 1941 zwischen 3:00 Uhr und 3:30 Uhr Ortszeit die Sowjetunion angriffen. Allein in den prägenden Orten seiner Jugend starben Millionen: In dem 871 Tage lang durch eine Blockade von der Außenwelt abgeschnittenen Leningrad, in dem von deutschen Einheiten besetzten Nowgorod und in dem durch Bombenangriffe brennenden Moskau. Auch die Musik wurde zu einem Mittel des Kampfes. Rachmaninoff beteiligte sich an Wohltätigkeitskonzerten für sowjetische Kriegsopfer und erlebte mit, dass Schostakowitschs *Leningrader Sinfonie* am 19. Juli 1942 von Arturo Toscanini als antifaschistische Manifestation in New York aufgeführt und im Radio übertragen wurde. In diesen Tagen zierte ein gestelltes Bild von Schostakowitsch in Feuerwehrkluft die Titelseite des Magazins *Time*. Rachmaninoff schrieb nie Agitationsmusik; seine Würdigung Russlands in jenen Zeiten fiel mehr als bescheiden aus: Das letzte Werk, das er komponierte, war seine Klavierfassung des »Wiegenlieds«, des ersten Stücks aus Tschajkowskijs *Sechs Romanzen* op. 16. Es war einst Rimskij-Korsakows Frau Nadeschda gewidmet, die noch lebte, als Rachmaninoff Russland verlassen hatte. Rachmaninoff verband mit dieser Melodie die Erinnerung an seine Schwester Jelena, die sie oft gesungen hatte mit ihrem Bruder als Partner am Klavier. Der Krieg hinterließ seine Spuren bei ihm: Ein Beobachter berichtete, immer wenn das Gespräch auf die Ostfront kam, sah man, wie ihn dies mitnahm, denn »allein der Gedanke daran, dass Millionen von Russen umkamen und kostbare alte russische Monumente barbarisch zerstört wurden, ließ ihn erschauern«.[929]

Ein halbes Jahr später wurden auch die USA in den Krieg hineingezogen. Rachmaninoff befand sich zwischen zwei Tourneeauftritten in Detroit und St. Louis, sodass es für ihn gerade um die Mittagszeit war, als am 7. Dezember 1941 kurz nach 6:10 Uhr Ortszeit die ›Operation Ai‹ startete: der unerwartete Angriff der Kaiserlich Japanischen Marineluftstreitkräfte auf die in Pearl Harbor vor Anker liegende amerikanische Pazifikflotte. Einen Tag nach dem japanischen Militärschlag befand sich Rachmaninoffs Wahlheimat im Krieg mit Japan. Drei Tage später folgte die Kriegserklärung der europäischen Verbündeten des Kaiserreichs, Deutschland und Italien.

Nie hätte sich Rachmaninoff ideologisch vereinnahmen lassen, zudem ahnte er als erfahrener Theatermann, dass der Film dem Komponisten die gleichen Selbstbeschränkungen abverlangt wie das Ballett. Er wollte es sich ersparen, wie Schostakowitsch zu jammern, dass eine »sinfonische Episode im Film nicht vollständig gespielt wurde und an vielen Stellen von Dialogen und Geräuscheffekten überdeckt war«[930] oder wie Britten zu lamentieren, es sei »ein höllischer Tag« gewesen, weil er »mit der Uhr in der einen und einem Stift in der anderen Hand« versuchte, die Einfälle zu einem »gottverdammten Thema auf die Sekunden abzustimmen« in »Partituren für nicht mehr als sechs oder sieben Instrumentalisten«.[931] So mancher Komponist betrachtete die Arbeit für den Film als eine Maßnahme, sich in Disziplin zu üben. »Ein Filmproduzent hätte mit Mahlers endlosen Codas und Dvořáks fünf Abschlüssen zu jedem Satz kurzen Prozess gemacht«, scherzte Vaughan Williams, der jedoch daran glaubte, »dass der Film das Potenzial für eine Verschmelzung aller Künste in sich birgt, von der Wagner nie zu träumen gewagt« hätte. »Walt Disney hat mit *Fantasia* die Richtung gewiesen«, meinte er. »Doch muss es immer ein Zeichentrickfilm sein?«[932]

Rachmaninoff hatte ein Faible für Disneys Filme. Er lernte Walt Disney 1942 persönlich kennen, als er mit Horowiz die Filmstudios besuchte. Dabei wurde ihnen auch ein früher Micky Maus-Film gezeigt, *The Opry House* (1929), bei dem Disneys berühmteste Cartoonfigur in einer knapp dreiminütigen Klavierrecital-Parodie sich unter anderem auch am cis-Moll-Prélude versucht. Rachmaninoff nahm es mit Humor und äußerte, er sei »nie zuvor so bewegt gewesen, wie durch die Aufführung vom großen Maestro Maus«.[933] Bei dem leicht chaotischen Auftritt von Micky Maus werden nur Schnipsel des cis-Moll-Prélude sowie von Liszt *Ungarischer Rhapsodie* Nr. 2 angespielt. Fast alle Kinobesucher dürften damals Rachmaninoffs Musik sofort erkannt haben.

Rachmaninoff wollte – anders als Igor Strawinskij – 1940 allerdings keinen Beitrag zu dem Film *Fantasia* leisten. In dem zweistündigen Episoden-Trickfilm werden unterschiedliche Szenen und Geschichten gezeigt, die ansonsten mit Musik von verstorbenen Komponisten wie Bach, Tschajkowskij, Dukas, Beethoven, Ponchielli, Musorgskij und Schubert ausgestattet wurden. Dafür konnte man renommierte Interpreten wie das Philadelphia Orchestra mit Leopold Stokowski gewinnen. Als erfahrener Arrangeur von Musikstücken und Orchesteraufstellungen kürzte Stokowski gut drei Stunden Musik so, dass sie einen zweistündigen Film begleiten konnte. Rachmaninoff beeindruckte auch nicht, dass erstmals ein Film im Mehrkanalton aufgenommen wurde. Hierfür hatte man eigens den sogenannten »Fantasound« entwickelt, und um einen ›Raumklang‹ zur Wirkung zu bringen, mussten Kinos mindestens 30 weitere Lautsprecher um die Sitzbereiche herum positionieren. Von Strawinskij gab es zunächst keine Beanstandungen, nur in späteren Jahren behauptete er, dass er das Ganze entsetzlich fand und mäkelte an Stokowski und seinem Orchester herum. Andere namhafte Orchester- und Opernkomponisten aus Europa passten sich aus finanziellen Gründen den Umständen an. Für Erich Wolfgang Korngold gab es statt Uraufführungen an Hofopern ab den 1930er-Jahren Premieren in Hollywood, während Laurence Olivier als Hauptdarsteller und Regisseur von einem musikalischen Enfant terrible wie William Walton Musik für Kinofassungen von drei Shakespeare-Dramen erhielt. Auch führende Künstler der UdSSR huldigten dem neuen Medium. »Beim Komponieren von Filmmusik hatte ich die Gelegenheit, meine Kräfte auch im rein illustrativen Genre zu erproben«, schwärmte Schostakowitsch, für den diese Arbeit seit Ende der 1920er-Jahre eine wichtige

Einkommensquelle darstellte.[934] Alle waren bereit, Kompromisse einzugehen. Indes wollte Rachmaninoff nie die Kontrolle über seine Musik verlieren und hielt sich fern vom Filmgeschäft. Vielmehr erachtete er es als notwendig, zwischen Dezember 1939 und Februar 1940 sein erstes Klavierkonzert und im Dezember 1941 sein viertes Klavierkonzert einzuspielen. Da er diese Werke im Nachhinein immer wieder überarbeitet hatte, konnte er durch Aufnahmen mit dem Philadelphia Orchestra und Eugene Ormandy die eigenen Ansprüche deutlich machen: fesselnde Interpretationen der kompakten Spätfassungen, unsentimental und energiegeladen. Mit diesen knapp eine halbe Stunde langen Versionen setzte Rachmaninoff einen Kontrapunkt zu Nachahmern wie dem englischen Filmkomponisten Richard Addinsell, der für das 1941 vorgestellte Kinodrama *Dangerous Moonlight* über den polnischen Widerstand gegen den Einmarsch der Deutschen ein kurzes Klavierkonzert beigesteuert hatte, das als massentaugliches *Warsaw Concerto* den anspruchsvollen Werken Rachmaninoffs den Rang abzulaufen drohte. Es wurde zum Vorbild für etliche der ›tabloid concertos‹, ›Boulevardkonzerte‹, die im Kino und Konzerten mit Unterhaltungsmusik Mode wurden. Die Gleichstellung von mittelmäßigen Nachahmungen mit seinen differenzierten Konzertkompositionen schadete Rachmaninoffs Ruf, da er sich nach seinem Tod nicht mehr dagegen wehren konnte. Zwischen den Boulevardstücken und seinem Klangkosmos liegen Welten. Noch um die Wende zum 21. Jahrhundert wurde Rachmaninoffs Musik missbraucht, als der Pianist Alan Kogosowski den Charakter des Trio op. 9 verfälschte, indem er es schwülstig orchestriert als *Concerto Élégiaque* herausbrachte (1993), und als der Pianist, Arrangeur und Filmkomponist Alexander Warenberg 2007 Rachmaninoffs vermeintliches ›fünftes Klavierkonzert‹ vorstellte (2007), für das er eine Kurzfassung der zweiten Sinfonie mit Pianoforteschmalz zu sentimentalem Virtuosenkitsch verballhornte. Da Rachmaninoffs Musik in Europa mittlerweile nicht mehr dem Copyright unterliegt, können Verlage mit neuen Werken ›im Stile von‹ weiterhin Geschäfte machen.

Was Rachmaninoff fehlte, war die Anerkennung der Fachpresse und der Musikwissenschaft. In politischen Angelegenheiten hielt er sich zurück und war keiner Nation eindeutig zuzuordnen. Hingegen repräsentierten Komponisten wie Dmitrij Schostakowitsch, Ralph Vaughan Williams und Benjamin Britten als führende Musiker der Alliierten im Zweiten Weltkrieg moralische Werte und hohe Kunst. Vaughan Williams publizierte seit den 1920er-Jahren selbst etliche Artikel zu Fragen von politischer sowie künstlerischer Verantwortung. Journalisten wiesen schon ab Anfang der 1940er-Jahre auf Parallelen zwischen Britten und Schostakowitsch hin, und kurz nach Rachmaninoffs Tod erschienen die ersten gehaltvollen Bücher über sie.[935] Selbst ein Emigrant wie Igor Strawinskij war vor Rachmaninoff gewürdigt worden mit der 1931 bei der Pariser Edition Rieder erschienenen Biografie von André Schaeffner. Unter Musikern und Musikwissenschaftlern machte sich zunehmend der Einfluss der ›Internationalen Gesellschaft für Neue Musik‹ bemerkbar, die sich kurz nach Rachmaninoffs Emigration in die neue Welt im alten Europa im August 1922 in Salzburg formiert hatte. Ihr Dachverband ISCM (International Society for Contemporary Music) fand 1923 seinen Hauptsitz in London. Die Gesellschaft etablierte sich als internationales Netzwerk zur Förderung der ›Neuen Musik‹. Zu den Gründungsmitgliedern gehörten Béla Bartók, Paul Hindemith, Arthur Honegger, Zoltán Kodály, Darius Milhaud, Richard Strauss, Anton Webern und Egon Wellesz. Unterstützt wurde sie auch von Musikern, die nicht nach Salzburg kommen konnten wie Alban Berg, Maurice Ravel, Ottorino Respighi, Arnold Schönberg und Igor Strawinskij. In den folgenden Jahren wurden in den unterschiedlichsten Ländern weitere Begegnungstreffen mit Konzertveranstaltungen und Uraufführungen realisiert.[936] Rachmaninoff richtete seine Reiseplanung nicht nach den Projekten der IGNM aus. Selbst als die ›Internationale Gesellschaft für Neue Musik‹ ab 1941 auch in den USA tagte – 1941 in New York, 1942 in San Francisco –, hielt er sich fern. Möglicherweise störte ihn, dass die IGNM nicht immer wählerisch war mit ihren Veranstaltungsorten. Dass die Treffen mehrfach in dem von Mussolini regierten Italien stattfanden, passte zu den Entwicklungen, da sich ›moderne‹ Gruppierungen wie etwa die Futuristen mit den Faschisten aussöhnten und einen Sammelband wie *Futurismo e Fascismo* dem »großen und teuren Freund Mussolini« widmeten. Zudem sympathisierte – mehr oder weniger intensiv – so mancher zeitgenössische Komponist wie Mascagni, Pfitzner, Respighi, Strauss, Strawinskij oder Webern mit den Faschisten. Da es nun mal um Musik der Gegenwart ging, beteiligten sich auch Künstler mit einer völlig anderen politischen Ausrichtung trotz etlicher ästhetischer und ideologischer Bedenken. »Ich mache mich gerade auf den Weg nach Prag zum ›Freak‹-Festival«, schrieb beispielsweise Vaughan Williams an einen Bekannten.[937]

Dieser Teil der Musikszene hatte einflussreiche ideologische Unterstützung. Im Einklang mit den Verfechtern der ›Neuen Musik‹ widmete sich der Soziologe und Amateurkomponist Theodor Wiesengrund

Adorno bereits ab Ende der 1920er-Jahre in Artikeln dem Schaffen Schönbergs und Bergs. Er war im Februar 1938 in die USA emigriert und arbeitete dort an seiner ideologischen Kampfschrift zur *Philosophie der Neuen Musik*, die er 1948 in Los Angeles abschloss und 1949 in Tübingen erstmals veröffentlichte. »Nicht Verteidigung, sondern Angriff«, umriss er seine Devise,[938] für die er Mitstreiter suchte und fand. Adorno wurde Rachmaninoffs Nemesis. Die Vielfalt der zeitgenössischen Musik reduzierte er auf die von ihm konstruierten Gegensätze »Schönberg und der Fortschritt« sowie »Strawinskij und die Restauration«, einem seiner vielen Feindbilder. Der »Seismograph von Schönbergs« Œuvre galt Adorno dabei als Richtschnur und Wertmaßstab,[939] obwohl ihn anwiderte, dass Schönberg einst bei einer Begegnung im April 1925 mit ihm gesprochen hatte, »wie etwa Napoleon mit einem jungen Adjutanten sprechen mag, der von einem entlegenen Kriegsschauplatz kommt, für den er natürlich Interesse zeigen muss, dessen Verhältnisse er aber längst vergessen hat«; zudem störte ihn, dass Schönberg »ein ruheloses, verhetztes jüdisches Spielergesicht, nichts ›Abgeklärtes‹« habe.[940]

Einig waren sich die Vertreter der Neuen Musik allerdings bei Schönbergs Postulat »Alle Kunst ist neue Kunst«.[941] Adorno meinte, »an farbigem Wohllaut übertrafen Schönberg und Berg« alle »Feste der Impressionisten« und es sei geradezu »absurd, daß der allbeliebte Tschaikowsky, der noch die Verzweiflung mit Schlagermelodien portraitiert« selbst von Hörern, die man eigentlich für gebildet halten sollte, goutiert werde.[942] Tschajkowskijs Freund Rachmaninoff war gar nicht der Erwähnung wert. Einen Gegenpol zu Metners *Die Muse und die Mode* bildete das Konzept vom ›Fortschritt des musikalischen Materials‹. »Die neuen Mittel der Musik«, so Adorno, »sind aus der immanenten Bewegung der alten hervorgegangen, von der sie sich zugleich durch qualitativen Sprung absetzt.«[943] Alle Kunst, die nicht das Neue wagte, galt als falsch und nicht mehr als ›Kunst‹ akzeptabel. Adorno stellte den von ihm entwickelten Begriff des »musikalischen Materials« in den Vordergrund und kritisierte in einem im März 1932 in dem Magazin *Schweizerische Musikzeitung und Sängerblatt* veröffentlichten Artikel über »die Instrumentation von Bergs frühen Liedern«: »Nie ist das romantische Orchester, auch das virtuose von Strauss und Schreker, aus dem musikalischen Material selbst entwickelt, sondern dem, was musikalisch geschieht, als Hülle umgelegt; sie dekoriert es, will ihm eben die Fülle und Schlagkraft erwirken, die nicht mehr darin ist.« Das von ihm vielfach beschworene »Material«, durch das an den Komponisten »Anweisungen« ergehen, war ihm »sedimentierter Geist, ein gesellschaftlich, durchs Bewusstsein von Menschen hindurch Präformiertes«.[944] Durch seine tiefschürfenden Einsichten fühlte Adorno sich berufen, einen »Kanon des Verbotenen« zu etablieren,[945] in dem er Techniken, Formen und Klänge früherer Tage anprangerte. Auf den Index setzte er unter anderem die »Schäbigkeit« des verminderten Septakkords, zudem formale Symmetrie und motivisch-thematische Arbeit.[946] Das von dem in Breslau und Freiburg aktiven Musikwissenschaftler Erich Doflein entwickelte Konzept von einer »Musik im Delta« statt einer Geradlinigkeit des Materialfortschritts[947] bügelte Adorno platt mit dem Argument: »Es gibt keinen friedfertigen Sozialatlas des Musiklebens; so wenig wie einen der Gesellschaft.«[948]

Als Adorno und seine Anhänger nach dem Zweiten Weltkrieg seine vor allem in Mitteleuropa wirksame Ideologie zum Dogma erhoben und zahlreiche zeitgenössische Komponisten – wie Sibelius, Vaughan Williams, Britten und Rachmaninoff – zu Parias machten, fanden Gegenpositionen wie in der britischen und amerikanischen Philosophie im kontinentalen Westeuropa keine Beachtung. In seinem rigorosen Einsatz für die Neue Musik führte Adorno eine bolschewistische Rigorosität in den Kulturdiskurs ein. Für die Ideologen der Neuen Musik galt, wie in der Sowjetunion der 1920er-Jahre, die Losung »in der Kunst ist jeder Vorstoß ›nach links‹ auch ein Vorstoß nach vorne«.[949] Alle Vertreter der Kunst früherer Jahrhunderte könne man bedenkenlos »vom Dampfschiff der Moderne über Bord werfen«.[950] Adorno verstand etwas von Diktatoren – er war selbst einer. Unbehagen regte sich sogar bei Kommunistenkollegen wie Brecht, der in seinem Arbeitsjournal beklagte, bei Adorno seien »ausschließlich bautechnische, beinahe mathematische Erwägungen und Postulate der Logik bei der Anordnung des tonalen Materials« zugelassen. »Wenn der Adorno nur einmal verstehen würde, dass Musik von Menschen für Menschen gemacht wurde«, kommentierte der Komponist Hanns Eisler, »würde er diesen abstrakten Unsinn nicht sagen.«[951] Arnold Schönberg verwendete deftigere Formulierungen und beanstandete Adornos »quatschigen Jargon«.[952] Schon der in der angelsächsischen Welt einflussreiche Philosoph Alfred North Whitehead betrachtete es als eine »Gefahr für die Philosophie«, wenn man mit »vorgefassten Prämissen Befunde verzerre«.[953] Aufgrund einer solchen Denkweise unterwarfen sich Großbritannien, Skandinavien und die USA nie der Ideologie Adornos. Sie zeigten sich offen für ein Delta der unterschiedlichsten kompositorischen Angebote, während man in den an Diktaturen und vereinheitlichende Regime gewöhnten Ländern wie Deutschland, Frankreich nebst Italien Adornos Schriften zum Kanon der Gegenwart kürte. Dennoch versuchten die Vertreter der ›Neuen Musik‹ durch etliche Emigranten wie Schönberg und Adorno sowie eine geschickte Kontaktpflege, auch in den Vereinigten Staaten ihre Netzwerke aufzubauen.

Ein Künstler wie Rachmaninoff war bei dieser Denkrichtung der Feind. Bei seiner Musik ergötzte sich Adorno noch nicht einmal unter seinem Niveau. Er hasste sie einfach und gönnte niemandem, daran Gefallen zu finden. Ein Frühwerk wie das *Prélude* in cis-Moll op. 3, Nr. 2 von 1892 war ihm ein besonderer Dorn im Auge. Es war vermutlich das einzige Stück von Rachmaninoff, das Adorno näher kannte. Es dürfte ihm gereicht haben, da von seiner Warte aus Rachmaninoff sich ohnehin mit dem Beelzebub ›Grammophonindustrie‹ eingelassen hatte, sodass er ihn in seinem zwischen 1934 und 1940 entstandenen Artikel »Musikalische Warenanalyse« guten Gewissens zur Schlachtbank führen konnte.[954] Adornos Auffassung nach schrieb Rachmaninoff Musik voller »Größenwahn« für »infantile Erwachsene«. »Aus Stücken für die Jugend und Schülerkonzerten sind Stellen vertraut, die grandioso überschrieben sind«, hob Adorno an. »Kinder imitieren die Erwachsenen; womöglich die Liszt paukenden Virtuosen. Es klingt ungeheuer schwierig, jedenfalls sehr laut. Aber es ist tröstlich leicht: das spielende Kind weiß genau, dass die kolossale Stelle nicht fehlgehen kann, und ist im Voraus des Triumphes gewiss, der keine Anstrengung kostet. Diesen Kindertriumph hält das Präludium für infantile Erwachsene fest. Es hat seine Beliebtheit den Hörern zu verdanken, die sich mit dem Spieler identifizieren. Sie wissen, sie könnten es ebenso gut. Indem sie die Macht bestaunen, die die vier Notensysteme im vierfachen Fortissimo bezwingt, bestaunen sie sich selber. Es wachsen ihnen die imaginären Tatzen. Psychoanalytiker haben den Nerokomplex entdeckt. Das Präludium hat ihn vorweg befriedigt. Es erlaubt dem Größenwahn sich auszutoben, ohne dass er dingfest zu machen wäre. Keiner kann den donnernden Akkorden nachrechnen, dass der Dilettant, der sie makellos hinlegt, an ihnen zum Weltbeherrscher wird.« In dem Stück erkannte Adorno »die Düsternis der Vernichtung, die der slawische Jargon des Stückes androht zugleich und verherrlicht«. Hinsichtlich der »Anlage der Riesenbagatelle« erging sich Adorno in allgemeinen Äußerungen, zu denen sein Beispiel gar nicht passte: »Fast alle tonale Musik«, behauptete er, gäbe heutzutage »die Chance zur Kraftgeste in der Schlusskadenz« (Rachmaninoffs op. 3, Nr. 2 endet im dreifachen Pianissimo), sie sei »affirmativ« (was bei Rachmaninoffs Musik keineswegs immer der Fall ist) und zur »Bekräftigung« diene das Ritardando, denn »an seiner Kraft misst der Spieler die eigene, indem er sein Ungestüm zu bändigen, sich zurückzuhalten vermag«. Adorno behauptete, das *Prélude* in cis-Moll sei »eine einzige Schlusskadenz: wenn man will, ein einziges unersättliches, wiederholtes Ritardando«. Dabei unterschied er nicht zwischen dem Eindruck, der durch Defizite der Interpretation entsteht, und der Komposition selbst. Metner hatte in seiner von Rachmaninoff in grundlegenden Fragen geteilten Ästhetik darauf hingewiesen, dass die »wahre Funktion der Musik« keineswegs darin bestehe »zu unterhalten oder abzulenken«, sondern stets »Empfindungen und Gedanken« der Zuhörenden mit zu berücksichtigen seien.[955] Für Adorno hingegen spielte der Mensch mit seinem Humor, seinen Sorgen, seinen Unsicherheiten und Leidenschaften ebenso wenig eine Rolle wie der Umstand, dass Rachmaninoff stets genaue Spielanweisungen in seine Partituren schrieb und beim cis-Moll-Prélude gar kein Ritardando verlangte. Dennoch behauptete Adorno, Rachmaninoff habe die Musik »in nachromantischem Verschleiß« nun »vollends von allem Inhalt – allem musikalisch sich Ereignenden – emanzipiert und als Ware auf den Markt geworfen«. Adorno sah »ihre russische Mystik« wirken, wo es keine gab, und postulierte, Rachmaninoffs Kompositionen erlaubten noch »dem stumpfesten Gehör, sich zurechtzufinden«, da sie mit der »Urgewalt der Konvention« ausgestattet ist, die alles »billig zum Laufen« bringt und »virtuose Geläufigkeit« vortäuscht. Da Adorno in den USA erst ab den 1970er-Jahren rezipiert wurde, kam das Gift seiner Ästhetik nicht so zur Wirkung wie in Mitteleuropa, wo es verhängnisvolle Konsequenzen zeitigte. Damit schleuderte er Künstler aus Skandinavien, Großbritannien und Russland sowie den Jazz für Jahrzehnte in den Orkus. Der von Adorno verachtete spanische Philosoph und Soziologe José Ortega y Gasset ging einen moderaten Weg, als er 1925 seine Beobachtungen festhielt in einem Essay, das er »Die Entmenschlichung der Kunst« überschrieb (»La deshumanización del arte«, erst 1964 auf Deutsch veröffentlicht als »Die Vertreibung des Menschen aus der Kunst«). Er betonte, er sei zwar »nahe daran« zu meinen, die neue Kunst habe »bis jetzt nichts hervorgebracht, was der Mühe lohnt«, aber versuche man »dem Sinn der neuen Kunstabsicht nachzuspüren«, dann setze dies »einen Zustand vorherigen Wohlwollens voraus«. Ortega y Gasset betonte seine Neutralität, denn ihn »trieb nur die Lust, zu begreifen, und weder Zorn noch Begeisterung«.[956] Er ging von der Unpopularität der neuen Musik aus, ja, sie habe »die Masse gegen sich und wird sie immer gegen sich haben«. Den Grund sah er darin, dass sie »wesentlich volksfremd« sei: Im 19. Jahrhundert wurde ein neuartiges Bühnenwerk wie Hugos *Hernani* zum Skandal, weil verstanden wurde, was vor sich ging. Im 20. Jahrhundert werde die Kunst der Gegenwart »von der ›kompakten Majorität‹ nicht verstanden« und Ortega y Gasset postulierte: »Das Charakteristikum der neuen Kunst vom ›soziologischen Standpunkt‹ ist nach meiner Meinung eben diese Einteilung, die sie an der Öffentlichkeit vollzieht, die Zweiteilung in die Klassen derer, die verstehen, und derer, die nicht verstehen.« Die große Masse fühle sich »durch die neue Kunst in ihren ›Menschenrechten‹ verletzt«,[957] da diese Kunst nicht mehr »ein Auszug aus dem Leben« sei. Die Gegenwart verfolge »eine Tendenz zur Reinigung der Kunst«, die allerdings »zu einer fortschreitenden Ausmerzung der menschlichen-allzumenschlichen Elemente« führt. Es entsteht keine Kunst mehr, die vielen zugänglich ist, sondern eine »Kastenkunst«, die zu einer »Vertreibung des Menschen aus der Kunst« führe. »Wir haben den Arbeitsimperativ zu akzeptieren, den unsere Epoche uns auferlegt«, schlussfolgerte Ortega y Gasset. Es gebe »eine neue Fühlfähigkeit«, und in dieser Sphäre wendet sich der Künstler »nicht mehr oder weniger der Wirklichkeit zu, er wendet sich gegen sie«, denn »er hat sich frank und frei vorgenommen, ihren menschlichen Aspekt zu zerbrechen, sie zu entmenschlichen«. Hervorgerufen werden schließlich »spezifisch ästhetische Emotionen«.[958]

Auch Rachmaninoff wandte sich der ›ästhetischen‹ Kunst zu und schrieb ab den 1920er-Jahren ausschließlich abstrakte Musik ohne Texte oder Titel – mit einer Ausnahme: die *Drei russischen Lieder* für Chor und Orchester op. 41. Das Werk wurde zusammen mit dem vierten Klavierkonzert im März 1927 in Philadelphia mit dem Toronto Mendelssohn Choir und dem Philadelphia Orchestra unter der Leitung von Leopold Stokowski uraufgeführt. Die abstrakte Kunst wurde distanziert aufgenommen, das Werk für Chor und Orchester äußerst positiv. Da es sich um Volksmelodien handelt, hätte eigentlich eine unbegleitete Fassung für einen Chor ausgereicht, zumal sie leichter aufzuführen wäre. Unabhängig von den Beschränkungen der russischen Sakralmusik wollte Rachmaninoff den Texten indes mehr Profil und Substanz verleihen. Da er die Lieder durch die ausdrucksvollen dunklen Gesangsstimmen der Volkslied-Sängerin Nadeschda Plewizkaja und des Bassisten Fjodor Schaljapin kennenlernte, sind sie ausschließlich für Altistinnen und Bässe gestaltet. Nur eine Viertelstunde beansprucht seine letzte Chorkomposition, aber mit der Konzentration auf Gesangsstimmen und einem umfangreich besetzten Orchester mutet sie an wie eine Chorsinfonie im Miniaturformat. Rachmaninoff geht im Hinblick auf die Kürze und die Satzdisposition zurück zum Ursprung der Sinfonik, verankert seine *Drei russischen Lieder* aber zugleich in der Moderne, in der die Verbindung von Gesang und Instrumentalmusik ein auffälliges Charakteristikum von Sinfonien geworden ist. Rachmaninoffs Opus 41 ist Metapher und ganz im Sinne von Ortega y Gasset Kunst als ein »Kern erlebter Wirklichkeit«.[959] Die Texte verklären seine verlorene Heimat nicht, sondern zeigen in e-, d- und h-Moll auf die Wunden. Die Verse von »Über den Fluss« (Через речку, op. 41, Moderato) erzählen in einer Art Enten-Fabel von denen, die sich aufschwingen und davonfliegen, und den passiven, die zurückbleiben. Im mittleren Satz, »Ach, du, Wanka« (Ахъ, ты, Ванька, op. 41, Lento) geht es um die Klagen einer Verlassenen. Ob ihr Mann in den Krieg zieht oder auf Dienstreise geht, ist unklar, jedenfalls hat sie Angst vor dem Alleinsein und dem furchteinflößenden Schwiegervater. Das Finale mit »Erbleicht, meine Wangen, errötet« (Белилицы румяницы вы мои, op. 41, Allegro moderato, alla marcia) erzählt von einem eifersüchtigen Ehemann, der seine Frau schlägt. Wie so oft verzichtete Rachmaninoff auf einen massiven Orchesterklang, sondern nutzt seine reiche Instrumentalpalette individuell. Dabei werden von den Vokalstimmen und den Instrumenten jeweils unabhängige Melodien vorgetragen und auch die Singenden instrumental eingesetzt, wenn sie im zweiten Lied mit »la bouche fermée« pritschetierende Klagelaute anstimmen. Ungeachtet einer einfach anmutenden Harmonik moduliert Rachmaninoff unablässig und mit exponierten Passagen – wie im zweiten Lied bei Partiturziffer 13: Hier wird eine Wendung wie »Das verrückte Köpfchen, Wanka, ist deins« (Разудала головушка, Ванька, твоя) mit einem dissonanten Septimakkord (e^7) hervorgehoben, der in den Chorstimmen in das Dies irae-Viertonmotiv mündet. Die Passage wird nur von der ersten Klarinette und vom Fagott begleitet.[960] Eine derartige Gestaltung russischer Volksmelodien hätte kaum der Ideologie des Sozialistischen Realismus entsprochen.

José Ortega y Gasset meinte, dass »ein Wechsel des kollektiven Weltgefühls zuerst an Kunst und reiner Wissenschaft sichtbar wird, weil diese die freiesten menschlichen Aktivitäten und am wenigsten eng mit den sozialen Bindungen einer Epoche verknüpft sind«.[961] Die erste Hälfte des 20. Jahrhunderts bot dafür treffende Beispiele, als es in der Physik zu bahnbrechenden Theorien und Entwicklungen kam. Der bereits in den 1910er-Jahren geprägte Begriff ›Quantensprung‹ fand in den 1920er-Jahren Anerkennung und auch in Rachmaninoffs englischsprachiger Umgebung Verbreitung als ›quantum jump‹ bzw. ›quantum leap‹. Entgegen der physikalischen Bedeutung wurde der Begriff im Alltag im Sinne großer Entwicklungssprünge verballhornt. Dabei bezeichnete er beim Bohr'schen Atommodell vielmehr Atome, die ihren Energiewert bloß in diskreten Schritten ändern. Entsprechend der Grundannahme, dass Abläufe in der Natur kontinuierlich sind, ergeben sich Übergänge von einem Zustand zu einem anderen in kleinen ›Sprüngen‹. »Was die musikalische Entwicklung anbelangt, von der Sie sagen, dass sie im Laufe der Geschichte unweigerlich stattfindet, kann dies natürlich nicht ganz geleugnet werden«, äußerte Rachmaninoff gegenüber dem Musikwissenschaftler Iosif Jasser, »aber es scheint mir persönlich – und nicht nur mir –, dass tonale Systeme dazu neigen, sich viel langsamer und unmerklicher zu ändern, als viele Menschen glauben.«

Mochten auch manche Experimentatoren mit explosionsartigen Entwicklungen für einen gewaltigen Schub in irgendeine Richtung sorgen, verantwortlich für ›Quantensprünge‹ in ihrer ursprünglichen Bedeutung – bei der es sich um physikalisch kleine Änderungen des Energieniveaus eines Elektrons in einem Atom, Molekül oder Festkörper handelt – waren jene Künstler, die nicht laut tönend ihre nächsten weltumstürzenden Meisterwerke ankündigten, sondern konsequent immer wieder aufs Neue an Nuancen feilten. Jasser schilderte, wie Rachmaninoff ihm dies verdeutlichte:

»›Sie wissen wahrscheinlich, wie gerne Sergej Iwanowitsch Taneew die verschiedenen Stufen der musikalischen Evolution demonstrierte?‹

Ich sagte nein.

›Nein?‹ In seiner Stimme lag ein Hauch von Überraschung. ›Dann lohnt es sich, es zu zeigen!‹

Er saß am Klavier und spielte einige Takte eines banalen Wiener Walzers und sagte mit einem breiten Lächeln:

›Dies stellt laut Taneew die erste Stufe der Evolution dar, und dies – wie Sergej Iwanowitsch sagte – ist die zweite Stufe‹ (Rachmaninoff wiederholte die Takte) – ›und schließlich würde Taneew immer mit den Worten enden: Hier ist die dritte Stufe!‹ (Rachmaninoff spielte wieder dieselben Takte.)

Als lebendiges Beispiel für die charakteristische ›Diskussionsmethode‹ von Taneew war dieser musikalische Witz sicherlich merkwürdig. Allerdings muss ich gestehen, dass mich die Art und Weise, wie Rachmaninoff diese Passage dreimal hintereinander spielte, viel mehr beeindruckt hat. Obwohl die Fragmente exakte Wiederholungen zu sein schienen, zeichnete sich jedes durch einen anderen ›Atem‹ aus, der weder in Worten noch in schriftlichen Notizen festgehalten werden kann. Soweit ich damals verstehen konnte, lag der Sinn von Taneews Illustration in seiner subtilen Vermittlung dieser kaum wahrnehmbaren Interpretationsunterschiede.«[962]

Dementsprechend vollzogen sich mit dem Werk Rachmaninoffs die wahren ›Quantensprünge‹: Mit formal flexiblen, mit modernen Instrumenten ausgestatteten und an musikalischen Gesten reichen Orchesterwerken – die auch Chorsinfonik nebst sinfonischen Klavierkonzerten umfassen – erweiterte er das Spektrum der Möglichkeiten. Im Sinne von Ortega y Gasset, der meinte, dass »ein neuer Stil sehr oft durch bewusste und betonte Ablehnung der überlieferten entstanden ist«, ja, dass »fast die ganze neue Kunst aus Negationen der alten aufbaut«,[963] stehen Rachmaninoffs prägnante Konversationsopern Wagners Monumentaldramatik gegenüber, erkundet er mit seinen Orchesterkompositionen anderes Terrain als Glasunow, Tschajkowskij, Bruckner, Brahms, Sibelius nebst Vaughan Williams und wagte mit Vokalwerken symbolreiche Experimente bis hin zu einem Vokalisengesang in einem Liederzyklus, der die menschliche Stimme zu einem Instrument macht, welches das Klavier begleitet.

Zum kulturellen Klima ab den späten 1920er-Jahren, in dem sich Rachmaninoff bewegte, gehörte neben José Ortega y Gasset die amerikanische Philosophin Susanne K. Langer. Selbst wenn Rachmaninoff keine ihrer Abhandlungen gelesen haben mag, dürfte ihm durch Gespräche im Kollegenkreis klar geworden sein, dass es in den Vereinigten Staaten eine ganz andere kulturelle Atmosphäre gab als im gespaltenen Europa. Schon in den 1920er-Jahren deuteten sich in Artikeln Positionen an, die in den 1930er- und frühen 1940er-Jahren klarer ausformuliert wurden, um später – in Nuancen variiert – in prägnante Thesen gefasst zu werden. Dabei entwickelten sich philosophische Ausrichtungen, die sich intensiv mit den Künsten und auch der Musik auseinandersetzten.

Den Ausgangspunkt bildete der deutsche Philosoph Ernst Cassirer, der Überlegungen zu den Grundlagen der Kultur anstellte und diese als die Art und Weise definierte, wie der Mensch durch Symbole Sinn erzeugt. Zwischen 1923 und 1929 publizierte er sein Hauptwerk *Philosophie der symbolischen Formen*. Als symbolische Form definierte er eine »Energie des Geistes«, mit der »ein geistiger Bedeutungsgehalt an ein konkretes sinnliches Zeichen geknüpft und diesem innerlich zugeeignet wird«.[964] Der Engländer Alfred North Whitehead knüpfte 1927 mit seinem Buch *Symbolism: Its Meaning and Effect* daran an und stellte in seinem zwei Jahre später publizierten Buch *Process and Reality* eine Theorie der Wahrnehmung vor, in der er sich unter anderem über Subjektivität und Objektivität Gedanken machte sowie die »ästhetischen Gesetzmäßigkeiten in bestimmten Künsten« nebst einer »Theorie der Gefühle«.[965]

Die einige Jahrzehnte jüngere amerikanische Philosophin Susanne K. Langer veröffentlichte bereits 1930 mit ihrem Buch *The Practice of Philosophy* die erste ihrer mehr praxisbezogenen Erörterungen und 1935 mit *An Introduction to Symbolic Logic* eine Einführung in die Auseinandersetzung mit der Symbolforschung. Schließlich publizierte Langer 1942 ihr Whitehead gewidmetes Buch *Philosophy in a New Key*, dessen Titel eine musikbezogene Anspielung enthält und sich als »Philosophie in einer neuen Tonart« übertragen ließe (ihre in Mitteleuropa arg verspätet wahrgenommenen Überlegungen wurden erst 1965 als *Philosophie auf neuem Wege* übersetzt). Darin setzte sie sich mit dem Symbol im Denken, im Ritus und in der Kunst auseinander. Hatte Cassirer der Ausdrucks-Wahrnehmung sowie dem Beitrag der Kunst zur Intensivierung von Wirklichkeit Bedeutung beigemessen und Whitehead eine »synoptische Vision« von Wissenschaft, Kunst, Moral und Religion angestrebt,[966] stellte für Langer die Gefühlsebene mit ihrem nicht-diskursiven Charakter ein wesentliches Element dar. Die Kompositionen Rachmaninoffs, von dem sie als kulturinteressierte, musikkundige Wissenschaftlerin sicher ein Konzert besucht hat, bieten dazu prägnante Fallstudien. Ihr Ziel – und auch das ihrer Vorgänger – war eine »Neuorientierung der Philosophie«, denn allein »die Untersuchung von Symbol und Bedeutung ist ein Ausgangspunkt philosophischen Denkens«, meinte Langer. »Wir brauchen nicht das Vorhandensein eines transzendentalen ›menschlichen Geistes‹ anzunehmen, wenn wir z. B. die Funktion der symbolischen Transformation als natürliche Tätigkeit verstehen.«[967] Im Delta der vielen Möglichkeiten modernen Komponierens bot Rachmaninoff zahlreiche Details: Auf den ersten Blick scheint sein Lied »Für sie« (К ней, op. 38, Nr. 2) eine Liebesromanze zu sein. In Belijs Versen spricht jemand, der glaubt, die Rufe der Liebsten zu hören oder es sich nur einbildet. Chromatische Phrasen im Klavier und tonale Ambiguität vermitteln die Unsicherheit des Hoffens und Wartens. Sprachbilder von den »Lichtern des Abends« sowie Zeilen wie »die Gräser sind in Perlen gekleidet« und »von irgendwoher ist ein trauriger Gruß zu hören« legen nahe, dass die erzählende Person oder die Partnerin verstorben ist und man vergeblich wartet (eine Situation, die der des

Fürsten Rostislaw in der jugendlichen sinfonischen Dichtung vergleichbar ist). Die Mehrdeutigkeit erreicht ihren Höhepunkt, wenn es heißt: »Mit erhobenen Armen: / Ich warte auf dich / In Strömen von Lethe / fortgerissen / mit des blassen Lethes / Fluten …« In der griechischen Mythologie trank man am Eingang zum Totenreich vom Wasser des Flusses Lethe, damit man sich nicht mehr an sein vergangenes Leben erinnert, um wiedergeboren zu werden. Die Lethe-Passage gestaltet Rachmaninoff mit zahlreichen Kreuz- und *b*-Vorzeichen, die der Musik eine Uneindeutigkeit verleihen (Musikbeispiel 5). In seinen Kompositionen gibt es zahllose Details wie dieses, bei denen die Frage des ›Materials‹ irrelevant ist – wesentlich ist die symbolische Bedeutung in Bezug auf den Text, Inhalt und die Erfahrungen der Gegenwart.

Susanne K. Langers die Logik betonenden Zugang kann man durchaus als ein Pendant zu Rachmaninoffs interpretatorischem Ansatz als Pianist sehen. Vielfach wurde sein Spiel von Beobachtern als zu nüchtern erachtet, sei es bei eigenen Werken, bei Beethoven oder gar bei Skrjabin. In Rezensionen sprach man zuweilen vom »kalten weißen Licht der Analyse« und dass »der prägnante Anschlag, die stark ausgeprägten Rhythmen, das intellektuelle Erfassen der musikalischen Ideen und das Gespür für die relative Bedeutung von Phrasengruppierungen verkündeten, dass Rachmaninoff ein intellektueller, kein emotionaler Künstler ist«. Bei ihm sei alles »akademisch ausgewogen« und selbst »der Stakkato-Touch von Princeton« aus den Lehrbüchern fehle nicht.[968] Aber was vermag eine musikalische Interpretation oder eine Philosophie zu leisten? Sein Kommilitone Michail Bukinik empfand es als eine Tugend, dass Rachmaninoff »die Nacktheit der Gefühle vermieden« und seine eigenen Kompositionen »wie ein außenstehender Beobachter angegangen« sei. »Bei großen Komponisten-Interpreten, zum Beispiel A. Rubinschtejn oder A. Skrjabin, habe ich so etwas nicht bemerkt«, meinte Bukinik. »An dieser Besonderheit habe ich immer den frühen, stolzen und verschwiegenen Rachmaninoff erkannt.«[969] Leonard Bernstein, der mit Rachmaninoffs Präsenz in den USA aufgewachsen ist, meinte einmal, »ein Kunstwerk gibt keine Antwort auf Fragen, es fordert sie heraus« und »seine wesentliche Bedeutung liegt in der Spannung, welche die gegensätzlichen Antworten hervorrufen«.[970] Damit paraphrasierte er Susanne K. Langers Postulat, dass »eine Philosophie mehr durch die Formulierung der Probleme gekennzeichnet« ist, »als durch die Lösungen, die sie bietet«.[971] Sie ging davon aus, das Symbolische sei »besonders geeignet für den Ausdruck von Ideen, die sich der sprachlichen ›Projektion‹ widersetzen«. Der symbolische

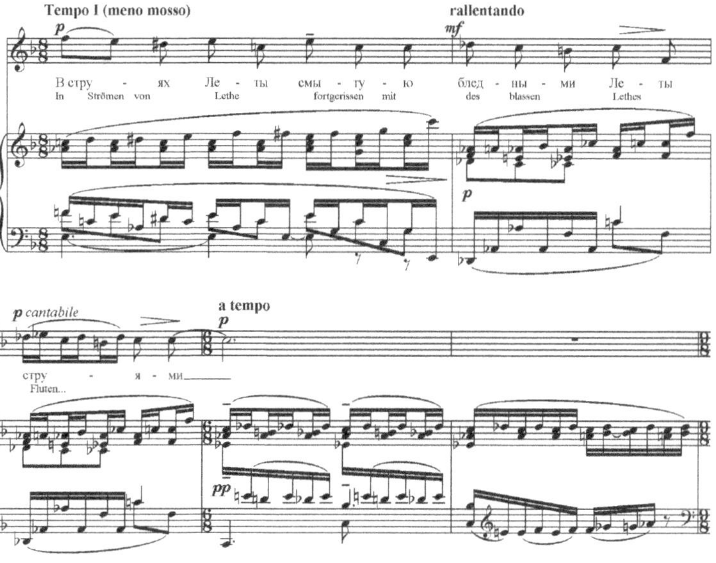

Musikbeispiel 5: Rachmaninoff, »Für sie« (К ней, op. 38, Nr. 2)

Charakter der »Sinnesdaten« findet seinen Ausdruck in »einer ›Sprache‹ der Sinne, einer musikalischen ›Tonsprache‹, einer ›Sprache‹ der Farben usw.« Durch die fehlende Vokabulartrickkiste »kann es auch kein Wörterbuch der Bedeutung von Linien, Schatten oder anderen Elementen bildnerischer Technik geben«[972] und natürlich trifft dies auch auf die musikalischen ›Linienführungen‹ und ›Schattierungen‹ zu. In dem Kapitel »Vom Sinngehalt der Musik« hob Langer hervor, dass die Musik »in ausgezeichneter Weise ›nichtdarstellend‹« sei, ja, »die reine Form, als welche sie erscheint, ist nicht bloß Zierrat, sondern ihr Wesen selbst«. Langer meinte, dass »›künstlerische Bedeutung‹ zu dem sinnlichen Kunstgebilde als solchem gehört; dieses allein schön ist, und es enthält alles, was zu seiner Schönheit beiträgt«.[973]

»Musik ist ebensowenig die Ursache von Gefühlen wie deren Heilmittel«, betonte sie. »Wenn sie einen emotionalen Inhalt hat, so ›hat‹ sie ihn in demselben Sinne wie die Sprache ihren begrifflichen Inhalt – nämlich symbolisch.«[974] Durch Marietta Schaginjan hatte sich Rachmaninoff bereits viel bewusster der symbolischen Dimension von Dichtung und Musik zugewandt. Diese Entwicklung riss durch Krieg, Revolution, Trennung und Exil vorübergehend ab. Das Verbindungsglied, das Rachmaninoff bis zu seinem Lebensende mit sich herumschleppte, war die unvollendete Partitur der Oper *Monna Vanna*. Doch in einem Umfeld, das die Sprache, in der er Texte vertonen konnte, nicht verstand, blieb ihm nur noch die reine ›Sprache‹ der Musik. Aber dieser wurde in der Öffentlichkeit oft ein falsches Verständnis von ›Gefühl‹ aufoktroyiert. »Wenn nämlich die Musik wirklich eine Sprache des Gefühls ist, so bringt sie vor allem zum Ausdruck, *was* der Komponist vom menschlichen Fühlen weiß, nicht wie oder wann dieses Wissen erworben wurde«, betonte Langer.[975] Um zu verstehen, warum Rachmaninoff seine erste Sinfonie und das vierte Klavierkonzert auf eine bestimmte Weise gestaltet hat, ist es wesentlich, sich mit seinen persönlichen Erfahrungen und seinem Wissen um die menschliche Natur auseinanderzusetzen. Die Bedeutung dieser Kompositionen als Kunstwerke liegt indes darin, dass sie einen allgemeinen Ausdruckscharakter besitzen, der Identifikationspunkte für viele bietet.

»Die künstlerische Idee ist immer eine ›tiefere‹ Vorstellung«, betonte Langer und unterschied verschiedene Gestaltungsformen, die bei den Rezipienten »das emotionale Echo« hervorrufen.[976] Als »naivste Art«, die ›Sprache‹ der Musik zu ›lesen‹, betrachtete sie lautmalerische Effekte und programmatische Kompositionen, zu denen Rachmaninoff – wie viele Komponisten zur Jahrhundertwende – mit *Fürst Rostislaw*, *Der Fels* und *Die Toteninsel* auch Beiträge geliefert hatte. »Solche ›Lautmalerei‹ ist keineswegs modern; sie reicht bis ins dreizehnte Jahrhundert zurück«, betonte Langer. Anspruchsvoller war es, »eine – mehr im subjektiven Sinne – ›dramatische‹ Musik, die eine Sprache des Gefühls sei und als solche verstanden wird«, zu gestalten. In einer Tragödie oder Komödie ergibt sich dabei eine »beschreibende Darstellung von Gefühlen«. Als »reine Instrumentalmusik ohne jede dramatische Handlung« spricht die Musik die Dinge an sich aus, »die Leidenschaft, die Liebe, die Sehnsucht selbst«.[977] Rachmaninoff gestaltete Kompositionen auf den unterschiedlichen Ebenen der symbolischen Kommunikation: Vokalstücke und Instrumentalwerke, aber er erschloss sich auch unverbrauchte Sektoren der künstlerischen Gestaltung. Mit seinen *Études-Tableaux* kreierte er ›Symbolmusik‹, bei der er die Deutung bewusst dem Hörer überließ. Aber auch in der Tiefenstruktur vieler seiner Werke finden sich subtile Signale: Als beim eher getragenen *Prélude* op. 32, Nr. 10 im 34. Takt ein leidenschaftlicher Höhepunkt angedeutet wird, wenn im h-Moll-Präludium eine C-Dur-Tonfolge anklingt, kann man dies als ein – unbewusstes – Zeichen von Optimismus deuten. Scheinbar ist der Kulminationspunkt erreicht, den Rachmaninoff für jedes Stück als wesentlich erachtete. Aber der Eindruck verflüchtigt sich. Die Lento-Stimmung kehrt zurück und erst ab Takt 48 schwingt sich die Musik in wellenartigen Steigerungen auf zum entscheidenden »Punkt«: einem viergestrichenen Fis.[978] Verblüffenderweise soll dieser Aufschwung mit einem Diminuendo ausgeführt werden und in einem Pianissimo münden – eine pianistische Herausforderung! Bis zuletzt oszilliert das Stück emotional zwischen Niedergeschlagenheit und positiver Gestimmtheit: In den letzten Takten flackern Akkorde zwischen h-Moll und H-Dur, wobei auch der Ton Fis wieder aufscheint.[979]

Mit leichten harmonischen Veränderungen statt greller Dissonanzen fing Rachmaninoff die Stimmungen seiner Zeit subtil ein. Allerdings stieß eine sich allmählich entwickelnde, evolutionäre Herausbildung zeitgenössischer Musik auf Widerstand. Phasen des Experimentierens, Kriegsverwerfungen und Revolutionen bedingten ein deformiertes ästhetisches Bewusstsein in Europa. Rachmaninoff war in einer Welt aufgewachsen, in der dem Schönen ein moralischer Wert beigemessen wurde. Im neuen Jahrhundert lösten sich Wertvorstellungen auf und wurden neu festgelegt.

Während Langer den Symbolgehalt von Kunst erforschte, befasste sich Rachmaninoff ab seinem vierten Klavierkonzert nur noch mit Kompositionen, die unabhängig von Texten sind, keine Bildassoziationen nahelegen oder den Ideengehalt von Dramen wiedergeben. Aber selbst bei Musik ohne thematische Verankerung ›geht es um etwas‹, allerdings handelt es sich eher um offene Kunstwerke, die unterschiedliche Assoziationsmöglichkeiten bieten. Bereits 1930 hatte Susanne K. Langer auf dem Weg zu ihrer Kunsttheorie betont: »Die Bedeutung liegt im Ausdruck, der von einer Ordnung abhängt; und die Kunst, sehr subtile Gedanken auszudrücken, ist die Kunst, sehr subtile Formen zu erkennen sowie sehr feine Muster in Natur, Gedanken und Empfinden.«[980] Ihre Philosophie der Symbole, des Fühlens und der Form steht Rachmaninoffs Œuvre am nächsten.

Im Gegensatz zu Beethoven, der nach der Fertigstellung seiner Klaviersonate op. 28 meinte, er sei mit seinen »bisherigen Arbeiten nicht zufrieden«, deswegen wolle er von nun an »einen anderen Weg beschreiten«,[981] ließen Rachmaninoff frühere Werke mitunter jahrelang keine Ruhe. Wie schon das letzte Klavierkonzert zeigte, ging Rachmaninoffs Perfektionsdrang so weit, dass er sich lieber frühere Werke noch einmal vornahm, bevor er etwas Neues komponierte. Ein Stück, das ihm besonders am Herzen lag, war die zweite Klaviersonate. Er hatte das im Herbst 1913 uraufgeführte Werk selten gespielt, weil es ihm wegen seines improvisatorischen Gestus noch zu ungeordnet erschien. Nachdem er glaubte, seine Ideen präziser formuliert zu haben, waren neben etlichen Änderungen im Detail der Revision 120 Takte zum Opfer gefallen, die die Zweitfassung um einige Minuten verkürzen. Sie wirkt straffer, das Notenbild erscheint lichter, die Akkordballungen sind weniger gedrängt. Dennoch ist sie keineswegs leichter zu spielen, sondern lediglich transparenter in der Faktur. Rachmaninoff stellte seine neue Variante erstmals am 10. Dezember 1931 in Portland, Maine, vor und zwei Tage darauf in New York. Hinsichtlich der Unterschiede sprach Riesemann in seiner 1934 veröffentlichten Biografie davon, dass »die Originalfassung ziemlich ernst« gestaltet sei, und die neue Version »völlig andere Aspekte einbringt«. Auf Einzelheiten ging er nicht ein, sondern verwies eher allgemein auf die »empfindsamen Details« und die Bedeutung der »Gesamtanlage«, die in den Ecksätzen »gewaltige Strukturen biete, die das Äußerste an Klangmöglichkeiten aus dem Klavier herausholen«.[982] Zugespitzt formuliert ließe sich feststellen, dass die Überarbeitung pianistisch gestaltet ist, während die Originalversion sinfonisch gedacht war: 1913 war der Weg das Ziel; 1931 ermöglichen die Kürzungen, schneller die Gipfelpunkte anzusteuern. Dementsprechend fehlen später im ersten und dritten Satz jeweils längere »poco a poco cres. e accel.«-Passagen, die mit allmählichen Tempo- und Intensitätssteigerungen zu markanten Stellen hinführen. Die Erstfassung entstand parallel zu *Die Glocken* op. 35 und spielt nach einer subtilen Vorbereitung mit einer Glockenpassage als Zielpunkt des Kopfsatzes auf die Chorsinfonie an. Die zweite Klaviersonate war 1913 eine verschleierte Sinfonie; 18 Jahre später nähert sie sich mehr einem Klavierstück mit etlichen signifikanten Passagen an. Zu diesem Zeitpunkt – zwischen den *Corelli-Variationen* und der *Paganini-Rhapsodie* – faszinierte Rachmaninoff zunehmend die pianistische Prägnanz. Die spätere Version scheint eine zunehmende Sehnsucht nach Ruhe und Harmonie beeinflusst zu haben; die Originalfassung bietet bis in die letzten Takte hinein schärfere Kontraste und größere Intervallsprünge. Letzten Endes war die Umgestaltung 1931 nur die erste der ›Variationen über die Sonate‹. 1940 gab Rachmaninoff Wladimir Horowitz seinen Segen, als ihm dieser erstmals eine Mischfassung vorstellte, die etliche Elemente der frühen Ausgabe bewahrte. Da er als Komponist auch die Perspektive des Interpreten kannte, wusste der Ältere: »Man studiert die Werke anderer immer als etwas Neues, außerhalb von sich selbst: Es ist nie möglich, sicher zu sein, die Absichten eines anderen Komponisten in der Aufführung zu verwirklichen. Wenn andere Pianisten mit mir meine eigenen Werke einstudierten, habe ich die Erfahrung gemacht, dass es dem Komponisten selbst sehr schwer fallen kann, dem Interpreten seine eigenen Gefühle zu einem Werk zu vermitteln und die Art und Weise, wie es seiner Meinung nach gespielt werden sollte.«[983] Nicht nur feilte Horowiz noch lange nach Rachmaninoffs Tod an ›seiner‹ Klaviersonate, auch andere namhafte Pianisten wagten sich an hybride Versionen. Die Grundlage bildete Rachmaninoffs künstlerisches Angebot: Nach der Erstausgabe im Verlag Gutheil erschien die Überarbeitung 1931 bei der Edition Taïr in Paris – beide öffnen Möglichkeitsräume, in denen sich eigene Konnotationen erschließen lassen. Wie Jahrzehnte zuvor die *Préludes* erweiterte Rachmaninoff sein Angebot, aus dem die Interpreten wählen können. Er schuf damit das Kunstwerk ›Klaviersonate Nr. 2‹, das Pianistinnen und Pianisten einlädt, nicht reproduzierend, sondern wahrlich kreativ damit umzugehen.

Ein flexibler Umgang mit den zur Verfügung stehenden Möglichkeiten bildete für Rachmaninoff den Ausgangspunkt, wenn er seine Art von zeitgenössischer Musik schrieb. Es lag ihm fern, sie nach wie auch immer gearteten Ästhetiken der Tonkunst, futuristischen Konzepten, festgelegten Theorien oder Philosophien auszurichten. Da er Deutsch und Französisch sprach und mittlerweile brauchbares Englisch, waren die einschlägigen Publikationen für ihn kein Buch mit sieben Siegeln. Dennoch stand ihm nicht der Sinn danach, sich publizistisch in die zum Teil erbittert geführten intellektuellen Debatten einzumischen. »Ich hatte eine Unterhaltung mit den Eheleuten N. über neue Musik«, erzählte er als Beispiel. »Abschließend meinte Mrs. N.: ›Sie verstehen nichts von moderner Musik, Sergej Wasiljewitsch.‹ Das war im Beisein meiner Prinzessin [der Tochter Irina], die mich in solchen Situationen immer kneift oder am Ärmel zupft, damit ich nicht in Diskussionen eintrete. So geschah es auch dieses Mal. Ich sagte nichts, war aber sehr verärgert.«[984] Bei anderer Gelegenheit führte er gerne als Vorbild die Repliken seines einstigen Kompositionsprofessors Taneew an: »Es gab einen gewissen Petrow, der Studieninspektor am Konservatorium war. Er unterrichtete zugleich auch Geographie und schrieb für eine kleine Zeitung. Nach der Aufführung von Skrjabins *Prométhée* lief er zu Taneew und fragte ihn: ›Wie hat Ihnen das Stück gefallen?‹ Taneew antwortete: ›Nicht besonders.‹ Petrow erwiderte: ›Sie verstehen diese Musik nicht, Sergej Iwanowitsch‹, und tätschelte ihm herablassend die Schulter. Taneew pflegte niemals sofort zu erwidern. Er sprach wenig, aber immer mit Gewicht – ohne Ungereimtheiten. Auch dieses Mal schwieg er eine Weile, aber nur, um angemessen zu reagieren. Und dann sagte er: ›Ich wusste nicht, dass es zum Musik-Verstehen nicht ausreicht, ihr sein ganzes Leben zu widmen, sondern man dazu auch noch Geographielehrer sein muss.‹«[985] Die Generationenkonflikte wiederholten sich. »Wahrscheinlich werde ich nie auslernen«, schrieb Rachmaninoff einmal an einen Freund, »und wenn ich ausgelernt habe, dann vielleicht am Vorabend meines Todes.«[986]

Da die gesundheitlichen Probleme zunahmen, wurde dem 68-jährigen Rachmaninoff geraten, nach Kalifornien mit seinem milderen Klima umzuziehen. Und so vollzog er einen weiteren radikalen Schritt in seinem Leben, verkaufte seine Wohnung in New York und erwarb im Sommer 1942 eine Villa in dem fast 4000 Kilometer Luftlinie entfernten Beverly Hills. Es war kein Landsitz mehr wie auf Iwanowka oder Luzern, sondern ein Haus in einer guten Wohngegend, dem Elm Drive, das immerhin über »einen Garten mit vielen Blumen und einigen Bäumen verfügte, darunter ein Orangen-, ein Zitronen- und ein Nektarinenbaum«.[987]

Rachmaninoff und seine Frau waren zufrieden, obwohl er meinte, er habe »im Allgemeinen kein Glück mit Häusern«. »In meinem Leben habe ich sechs Häuser gekauft«, erzählte er. »Davon war nur das in New York ein Erfolg, und ich habe es zufriedenstellend verkauft. Die anderen habe ich entweder verloren, wie in Russland, oder praktisch verloren, wie in Deutschland und der Schweiz. Dieses letzte hier wird mir wahrscheinlich von den Japanern weggenommen werden, obwohl ich ehrlich gesagt kaum glaube, dass sie bis hierher kommen werden. Wenn sie kommen, dann nur wegen meines Hauses. Das ist Glück!«[988]

Bald siedelte sich Wladimir Horowiz mit seiner Familie nicht weit entfernt in der Tower Road an. Man besuchte sich oft und spielte – wie man es schon in der Schweiz getan hatte – Duette zum eigenen Vergnügen. Bei zwei Gelegenheiten veranstaltete man inoffizielle ›Konzerte‹, die vornehmlich Familienmitgliedern zugänglich waren. Auf dem Programm standen dann Werke von Mozart und Rachmaninoffs zweite *Suite* für zwei Klaviere. Dabei entstand sogar die Idee, dereinst in besseren Zeiten damit gemeinsam öffentlich aufzutreten. Rachmaninoff, der glaubte, in seiner Karriere sicher schon alles gesehen zu haben, war als Interpret auch eingeladen, am 17. und 18. Juli 1942 im Hollywood Bowl vor 5000 Menschen zu spielen. Er wählte ein russisches Programm, das gut angenommen wurde, zumal die Sowjetunion unterdessen ein wichtiger Kriegsverbündeter im Kampf gegen Deutschland war und entscheidend dazu beitrug, dass die Alliierten gewinnen konnten.

Rachmaninoff klagte indes in einem Brief an einen Freund, »neben dem Scheck für diese Konzerte erhielt ich auch einen Hexenschuss« – »Ich kann mich kaum auf den Beinen halten und beim Gehen sehe ich aus wie ein Komma. Geschieht mir recht! Man sollte den Jüngeren nichts vor der Nase wegschnappen und sich in meinem Alter nicht dorthin drängen, wo man nicht hingehört!«[989]

Auch Igor Strawinskij wohnte in der Nähe und Rachmaninoff wusste, dass dessen Kinder ebenfalls in Frankreich festsaßen. Zwar erkundete man musikalisch verschiedene Pfade im Delta, aber Rachmaninoff hatte stets den *Feuervogel* sowie *Petruschka* bewundert und Strawinskij schätzte den zwei Jahre jüngeren Kollegen als Pianisten. »Ich bin gespannt darauf, mich mit jemandem auszutauschen, dessen Familie, wie meine, dort drüben ist und mit dem ich über Möglichkeiten sprechen könnte, Geld und andere Dinge zu schicken«, ließ Rachmaninoff eine gemeinsame Freundin wissen. »Ich bin mir nicht sicher, ob ich ihn und seine Frau zu mir nach Hause einladen könnte – was ich gerne tun würde – weil ich nicht weiß, wie er meine Einladung aufnehmen würde. Wären Sie so freundlich, ihre Fühler auszustrecken, um seine Reaktion auf eine solche Idee abzuschätzen?« Sie sei »hocherfreut« über das Angebot, lautete die spontane Reaktion von Strawinskijs Frau. »Als ich Rachmaninoff anrief, dass er sie direkt einladen könne, wurde ich gebeten, auch zu kommen«, erzählte die Augenzeugin. »Vor dem Abendessen und währenddessen hatten sie neben dem Austausch von Neuigkeiten über ihre Familien in Frankreich eine sehr lebhafte Diskussion über musikalische Angelegenheiten – aber kein Wort über Kompositionen. Sie sprachen über Manager, Konzertbüros, Agenten, Tantiemen und die ASCAP [American Society of Composers, Authors and Publishers]. Es war ein herzliches Treffen; beide Komponisten waren froh, dass die alte Barriere niedergerissen war. Später erwiderten die Strawinskijs die Gastfreundschaft. Beim ersten Abendessen erwähnte Strawinsky, dass er Honig mag, und innerhalb weniger Tage fand Sergej Wasiljewitsch ein großes Glas mit feinem Honig und brachte es persönlich an die Tür von Strawinskij.«[990]

Noch ahnte Sergej Rachmaninoff nicht, dass das Jahr 1942 viele ›letzte Male‹ bringen würde: die letzten Plattenaufnahmen, die letzten eigenen Bearbeitungen für Konzerte, den letzten Auftritt in der Carnegie Hall (am 18. Dezember 1942 mit der *Paganini-Rhapsodie* und den New Yorker Philharmonikern unter Leitung von Dmitri Mitropoulos, die nach der Pause noch – diesmal mit großem Erfolg – die *Sinfonischen*

Tänze spielten). Man feierte auch die letzten amerikanischen Weihnachten. Das russisch-orthodoxe Weihnachtsfest am 7. Januar konnte Rachmaninoff wegen Konzertverpflichtungen viele Jahre lang kaum berücksichtigen. Anfang 1943 verbrachte er es mit seiner Frau in Los Angeles, um sich anschließend zu erholen, bevor sie am 1. Februar 1943 ihre Bescheinigungen erhielten, dass beide nun US-amerikanische Staatsbürger geworden waren.

Rachmaninoff war zu Ohren gekommen, dass man in Moskau sein 50-jähriges Bühnenjubiläum gewürdigt hatte. Er zeigte sich froh darüber, dass die amerikanische Presse mit anderen Meldungen beschäftigt war, da ihm nicht der Sinn nach Festveranstaltungen stand. Lediglich im Kreis von Freunden genoss er eine Überraschungsparty nach den Konzerten mit Mitropoulos und freute sich über ein neues Klavier, dass ihm die Firma Steinway in sein Domizil an der Westküste schickte. Einem Reporter des Magazins *Life* gestattete er, Fotos in seinem frisch bezogenen Heim zu machen. Täglich bereitete er sich drei Stunden lang auf die Fortsetzung seiner Tournee vor, obwohl ihn ein unangenehmer Husten und ständige Müdigkeit plagten. Er klagte zuweilen über Schmerzen auf der linken Seite, seine Haut verfärbte sich gelblich und er verlor an Gewicht. Als Amerikaner setzte Sergej Rachmaninoff seine Konzerttournee am 3. Februar mit einem Solo-Klavierprogramm am State College, Pennsylvania, fort. Zwei Tage später folgte ein Auftritt in Columbus, Ohio. Mit dem Chicago Symphony Orchestra unter der Leitung von Hans Lange interpretierte er an zwei Abenden Beethovens erstes Klavierkonzert und die eigene *Paganini-Rhapsodie*.

Als ihm erneut Schmerzen zu schaffen machten, diagnostizierte ein Arzt eine Rippenfellentzündung und Neuralgie. Er empfahl eine Pause, aber Rachmaninoff setzte seine Reise über Louisville nach Knoxville fort, wo er unbedingt einen verschobenen Termin wahrnehmen wollte. Dort gab er mit einem Soloprogramm am 17. Februar 1943 sein letztes Konzert. Auf dem Weg zum nächsten Auftritt in Florida ging es ihm so schlecht, dass seine Frau mit ihm bereits in Atlanta den Zug verließ. Er versuchte, sich zu entspannen und die Tournee zu verkürzen, indem er nach einigen Tagen gleich nach New Orleans weiterfuhr. Die Erschöpfungszustände und die Schmerzen ließen nicht nach. Da er mehr den russischen Ärzten vertraute, brach er die Tournee ab, um unverzüglich nach Kalifornien zurückzukehren. Weil zu Kriegszeiten die Zugverbindungen in erster Linie dem Militärpersonal vorbehalten waren, musste er eine 60-stündige Reise überstehen, bis er Los Angeles erreichte. Im Krankenhaus entdeckte man bei Röntgenaufnahmen kleine Flecken auf der Lunge. »Wie Sie sehen, viel Lärm um nichts«, schrieb Rachmaninoff einem Bekannten. »Ich habe Irina fast zu Tode erschreckt und Sonitschka hätte beinahe ihre Arbeitsstelle aufgegeben und so weiter. Mir ist das peinlich und ich fühle mich schuldig.«[991] Der Arzt empfahl, ihn noch länger zur Beobachtung im Krankenhaus zu behalten, aber Rachmaninoff wollte sich in seinem Haus am Elm Drive zurückziehen, um wieder zu Kräften zu kommen. Anfang März kehrte er heim, wo sich eine russische Krankenschwester um ihn kümmern sollte. Als sein Körper Schwellungen aufwies, ordnete sein Arzt in Absprache mit einem amerikanischen Kollegen einen kleinen operativen Eingriff und weitere Tests an, die endgültig Klarheit brachten: Rachmaninoff litt an unheilbarem schwarzem Hautkrebs, der bereits Leber, Lunge, Knochen und Muskeln befallen hatte.

Ausreichende Erholung und ein gesunder Lebensstil gehörten nicht zum Berufsalltag von Sergej Rachmaninoff. Er war ein Kettenraucher geblieben, aber gerade das – so suggerierte die amerikanische Werbung zwischen 1927 und 1952 – schadete keineswegs, denn Mediziner empfahlen das Rauchen in Reklamen sogar. Die Ärzteverbände legten keinen Widerspruch ein, da ihnen viel Geld durch Werbeanzeigen in den medizinischen Fachzeitschriften zufloss. »More Doctors smoke Camels than any other Cigarettes«, pries man in einer Markenwerbung, bei der die Anfangsbuchstaben ›MD‹ (Medical Doctor) rot hervorgehoben wurden. Der üblicherweise auf den fachmännischen Rat von Schulmedizinern vertrauende Sergej Wasiljewitsch wurde in diesem Fall wie viele andere getäuscht.

Den politischen, gesellschaftlichen und kulturellen Umbruch nach dem Ersten Weltkrieg hatte Rachmaninoff gut überstanden. Den Wandel, der mit dem Zweiten Weltkrieg einherging, erlebte er nicht mehr. Das Ende seines Lebens wurde absehbar, als die Kämpfe im Pazifik, in Afrika und Europa, alle anderen Nachrichten überlagerten. In den letzten Wochen las ihm seine Frau aus Büchern von Puschkin und aus den Zeitungen über die Erfolge der russischen Armee vor. Morphium verschaffte ihm Erleichterung von den Schmerzen. »Drei Tage vor seinem Tod begann Rachmaninoff für längere Zeit das Bewusstsein zu verlieren«, erinnerte sich sein Arzt. »Natalija Aleksandrowna, die zu dieser Zeit nicht von seiner Seite wich, sagte, er habe in seinem Delirium oft die Hände bewegt, als ob er ein Orchester dirigiere oder Klavier spiele.«[992] Am Morgen des 28. März 1943 verstarb Sergej Wasiljewitsch kurz vor seinem 70. Geburtstag. Die Familie erhielt eine Flut von Beileidstelegrammen und -schreiben von Institutionen sowie berühmten und weniger bekannten Menschen. Eines der ausführlichsten und bewegendsten kam vom Cleveland Orchestra, verfasst von der Vize-Ehrenpräsidentin und -Geschäftsführerin Adella Prentiss Hughes, ihres Zeichens Pianistin, Orchestermanagerin und 1918 Mitbegründerin des Sinfonieorchesters ihrer Heimatstadt. »Die Erinnerungen an große Musik, die uns Mr. Rachmaninoff über einen Zeitraum von 20 Jahren nahegebracht hat, sind lebendig«, ließ sie ›My dear Mrs. Rachmaninoff‹ einleitend wissen und schloss mit den aufrichtigen Worten: »Die liebevollen und wertschätzenden Gedanken tausender Menschen müssen in dieser Zeit Ihr Trost sein. Was Mr. Rachmaninoff der Welt schenkte, war so gewaltig, dass Worte nicht ausreichen. Bitte teilen Sie meinen Brief mit Ihrer Tochter, die ich zuletzt am Vassar [College] gesehen habe.«[993] Sergej Wasiljewitsch wurde auf dem Kensico-Friedhof bei dem Ort Valhalla, Westchester County, nördlich von New York beigesetzt, auf dem viele Künstlergräber zu finden sind, darunter der Schauspieler Robert De Niro sen., der Komiker Danny Kaye, der Theater- und Filmproduzent Florenz Ziegfeld sowie die Opernsängerinnen Geraldine Farrar und Anna Moffo.

Die abgebrochene Tournee stand symbolisch für ein unvollendetes Künstlerleben. Ihm fehlten die gut 15 bis 20 zusätzlichen Jahre, die gleichaltrigen Komponisten wie Vaughan Williams und Sibelius vergönnt waren, um das Ende von Krieg, Stalin-Ära und ab März 1959 eine erneute Annäherung und den Kulturaustausch zwischen dem äußersten Osten Europas und dem Westen durch das als »Agreement on Cultural Exchanges« bezeichnete Abkommen zu erleben. Rachmaninoff hatte noch etliche Pläne: Erheblich weniger Solo-Konzertauftritte, lesen, komponieren, eine Tournee mit der farbigen Altistin Marian Anderson,[994] und vielleicht hätte ihn diese Zusammenarbeit letzten Endes noch zu einer weiteren Chorsinfonie oder einer Oper angeregt. In seinen Unterlagen fanden sich Texte des Patriarchen Germogen und von G. W. Glinka zum orthodoxen Ritus sowie ein handgeschriebenes Operntextbuch: буря, die russische Fassung von Shakespeares *Der Sturm*. Der Komponist hatte mit seinem Landsmann, dem nach Italien emigrierten Schriftsteller Aleksandr Amfiteatrow darüber korrespondiert. Amfiteatrow war der Sohn jenes Priesters, der Rachmaninoff kurz vor seiner Hochzeit beraten hatte. Der Dramenstoff passte gut zu der Lebenserfahrung des Künstlers, allerdings hatte er noch keine Muße gefunden, mit der Arbeit zu beginnen: In dem sorgfältig ausgearbeiteten Libretto gibt es keine Notizen oder Anmerkungen.[995]

Als Sergej Rachmaninoff starb, schrieb Benjamin Britten gerade an seinem Liederzyklus *Serenade*, von dem er im Folgejahr seine erste Schallplattenaufnahme einspielte, und Leonard Bernstein, Sohn von Einwanderern aus dem Zarenreich, hatte seine erste Sinfonie vollendet, die im kommenden Januar uraufgeführt wurde. Wie Sergej Rachmaninoff gehörten beide zu den seltenen Dreifachbegabungen, die als Dirigent, Pianist und Komponist Herausragendes leisteten. Im Gegensatz zu ihnen zeigte sich Rachmaninoff mit Äußerungen und Erläuterungen viel zurückhaltender. Als sein Biograf Watson Lyle mit Rachmaninoff einmal über Inspiration sprach und das, was sie hervorruft, blieb ihm in der Erinnerung »sein feingeschnittenes Profil« haften, das sich »vor der getrübten Fensterscheibe abhob, sein nach vorne gerichteter Blick, seine auf dem Schoß ehrfurchtsvoll gefalteten Hände, als er ruhig entgegnete: ›Es gibt einige Dinge, die uns verborgen bleiben‹; und für eine Weile sprach niemand von uns«.[996]

Einfache Erklärungsmuster passen nicht zu Rachmaninoffs vielschichtigem Œuvre. Er hat noch nicht einmal überliefert, ob er für sich eine Antwort auf Tolstojs Frage gefunden hatte, inwiefern irgendjemand solche Musik, seine Musik, brauche. Ein kluger Mensch sagte einmal, dass man drei Mal sterbe: Das erste Mal, wenn das Herz aufhört zu schlagen; das zweite Mal, wenn man beerdigt wird und das dritte Mal, wenn zum letzten Mal jemand den Namen ausspricht. Dieses allerletzte Mal liegt für Sergej Rachmaninoff noch in weiter Ferne, denn seine Leistungen gehen weit über Lew Tolstojs Nützlichkeitsdenken hinaus. Mit gebührendem Abstand darf man sagen, Rachmaninoff ist etwas viel Wichtigeres gelungen: Mit seinem Werk bestärkte er eine historische Verbindung, die Nordamerika, Westeuropa und Russland als östlichstes Land Europas kulturell miteinander verknüpft. Welcher moderne Komponist kann das schon von sich behaupten? Der Journalist Robert Croan von der *Post-Gazette* in Pittsburgh fragte den Musiker einmal, warum er so öffentlichkeitsscheu war und so wenig Interviews gab. »Ach, wissen Sie, Mr. Croan«, sagte Rachmaninoff, »ich wurde dazu erzogen, niemals zu lügen. Aber ich kann auch nicht die Wahrheit sagen.«[997] In seiner Musik war er jedenfalls immer authentisch.

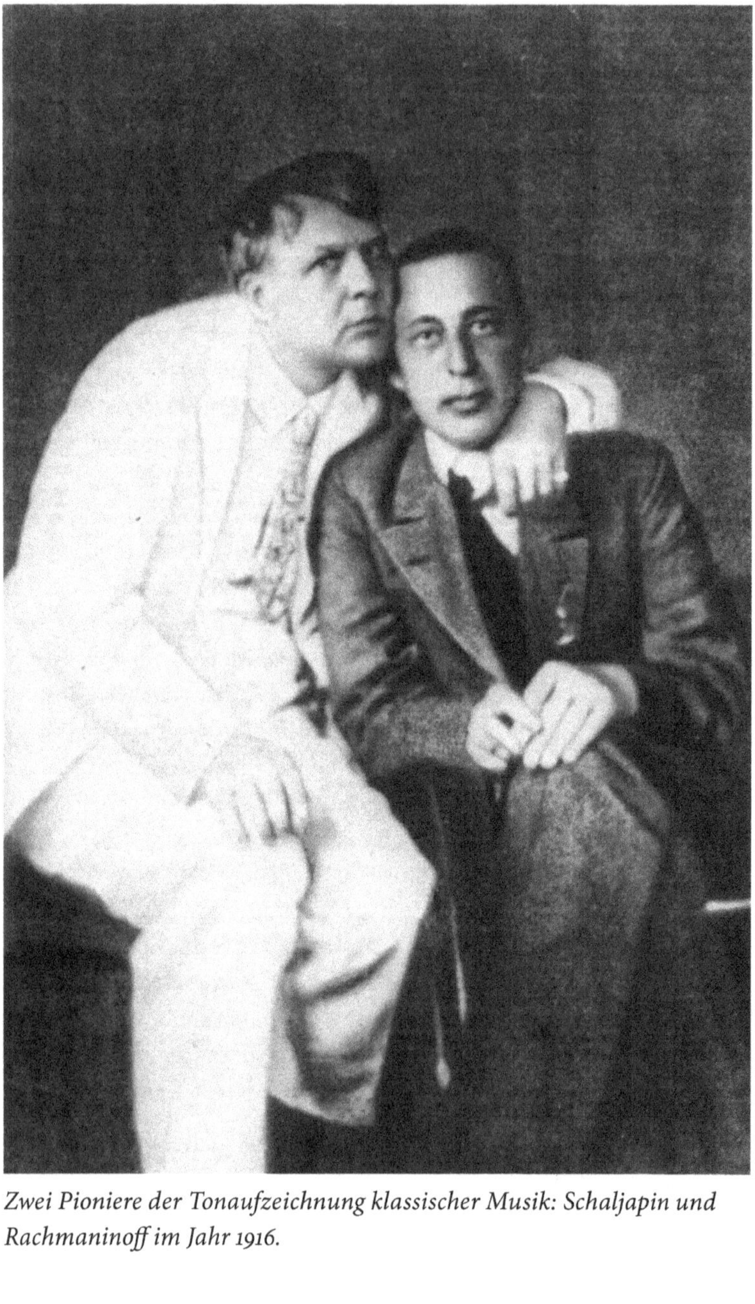

Zwei Pioniere der Tonaufzeichnung klassischer Musik: Schaljapin und Rachmaninoff im Jahr 1916.

Epilog: »Keine Süßigkeiten, ganz bösartig!« – Rachmaninoff in Aufnahmen und im Konzert

SCHON in frühen Konzertbesprechungen wurde auf Aspekte hingewiesen, die wesentlich sind für Sergej Rachmaninoffs Musik. So hieß es über einen Auftritt in Dresden im März 1912: »Ein Meisterstück dagegen war die heikle Begleitung des Rachmaninoffschen Klavierkonzertes seitens des Dirigenten (Kutzschbach) und seitens der Kapelle. Hier war eben geprobt worden, nicht bloß durchgespielt. So ward's ein Genuß für sich.«[998] Rachmaninoffs Musik stellt enorme interpretatorische Anforderungen. Man kann sich nicht auf ein wie auch immer geartetes ›Gefühl‹ verlassen, das für Rachmaninoff irrelevant war. Berichten zufolge trug er als Pianist seine eigenen Werke sowie die von anderen Komponisten mitunter ›zu sachlich‹ vor. Andererseits wird immer wieder erzählt, dass er über eine gewaltige Palette an Klangfarben verfügte, die er nicht nur dem Klavier entlockte, sondern auch Orchestern. Als Dirigent agierte er mit großem Elan und verstand es, dynamische, mitreißende Aufführungen zu gestalten. Eine Darbietung seiner Klavierkonzerte mit ihm als Dirigenten und einem klugen Interpreten wie Aleksandr Siloti muss völlig andere Perspektiven dieser Werke gezeigt haben als Konzerte von denjenigen, die lediglich mit Virtuosität und solider ›Begleitung‹ beeindrucken wollen. Die ›Neue Sachlichkeit‹ von Rachmaninoffs eigenem Klaviervortrag fand ihr Pendant in der kühlen Eleganz der Villa Senar, deren Modernität seinen Kompositionen in nichts nachsteht.

Erlebt man seine Musik in Konzerten oder durch Aufnahmen, zeigt sich, dass das größte Problem die zahllosen mittelmäßigen Interpretationen sind. Rachmaninoffs eigene Aufnahmen zeigen seinen Elan und eine korrekte Umsetzung der Stücke, lassen aber viel Spielraum, um es anders zu machen. Gefragt ist eigentlich eine gekonnte Balance zwischen Korrektheit und Vitalität. Dies umfasst Aspekte wie die Agogik, Klangbalance, Transparenz und Orchesteraufstellung (bis zum Ersten Weltkrieg in Russland, Deutschland und den USA noch mit geteilten ersten und zweiten Geigen; Henry Wood verstieß um 1910 als einer der Ersten dagegen und Leopold Stokowski experimentierte ab den 1920er-Jahren zuweilen beliebig).

Setzt man sich mit Rachmaninoffs Lebenserfahrungen auseinander, zeigen sich Parallelen zu Benjamin Britten und Leonard Bernstein, die ebenfalls herausragende Pianisten, Dirigenten und Komponisten waren. »Wenn man Brittens Musik hört, ihr wirklich zuhört, sie nicht nur oberflächlich wahrnimmt, wird einem etwas sehr Düsteres bewusst«, sagte Leonard Bernstein einmal. »Es gibt da verschiedene Zahnräder, die sich drehen, aber nicht ganz ineinandergreifen, und sie können einen großen Schmerz verursachen.«[999] Dies könnte man auch über Rachmaninoff sagen. Und noch mehr: Der Dirigent Gerd Albrecht erzählte einmal, dass bei der Hauptprobe zu einer Janáček-Oper der Regisseur Bohumil Herlischka, ehemaliger Dirigierschüler von Zdeněk Chalabala, hinter ihm saß und am Ende der Probe sagte: »Das Orchester klingt wunderschön.« Albrecht dachte zunächst, dies sei ein Kompliment und bedankte sich. Daraufhin fügte Herlischka hinzu: »Viel zu schön für Janáček!«[1000] Auch für Rachmaninoffs Musik ist purer Schönklang unangebracht. Zu Recht rief bei der Probe eines Rachmaninoff-Stücks der Dirigent Mariss Jansons dem Orchester zu: »Keine Süßigkeiten, ganz bösartig!«[1001]

Wohlige Klangwonnen werden Rachmaninoffs Kompositionen nicht gerecht. Dies gilt für seine Instrumentalstücke ebenso wie für die Vokalwerke. Von den Opern sowie der Vokal- und Sakralmusik gibt es nicht allzu viele Einspielungen; zu bevorzugen sind auf jeden Fall jene mit muttersprachlichen Sängerinnen und Sängern. Dies zeigt sich beispielsweise an Dmitrij Kitaenkos vitaler, eindringlicher Einspielung von *Die Glocken* op. 35 mit dem Chor und Solisten des Bolschoj-Theaters und dem Philharmonischen Orchester Moskau. Wertvolle Informationen zu empfehlenswerten Soloaufnahmen der Lieder finden sich in Richard Sylvesters Analysen.[1002]

Bei Interpretationen von Rachmaninoffs Musik ist der Mut zum Risiko gefragt. Zur Orientierung kann man sich nur auf für jedermann zugängliche Aufnahmen beziehen: Das Hintergründig-Vitale der Musik vermitteln die Energie, mit der Martha Argerich und das Radio-Symphonie-Orchester Berlin unter der Leitung von Riccardo Chaillys Leitung das dritte Klavierkonzert angehen; die zart-herbe und im nächsten Moment aggressive Art, mit der Arturo Benedetti Michelangeli in seiner phänomenalen Einspielung des vierten Klavierkonzerts gemeinsam mit dem Philharmonia Orchestra unter Ettore Gracis das Wesentliche erfasst und der mitreißende Schwung, mit dem Zoltán Kocsis, die San Francisco Symphony und Edo de Waart die letzten Fassungen der Klavierkonzerte präsentieren. Ihnen hätte man es gerne verziehen, wenn im Live-Konzert einmal etwas schiefgegangen wäre – die geballte Dynamik dieser Interpretationen bliebe davon unbeeinträchtigt. Dies meinte Rachmaninoff, als er über eine korrekte, aber fade Virtuosin sagte: »Wenigstens einmal hätte sie danebengreifen müssen.«[1003]

Ein »durchdachtes Voranschreiten« der Musik zeigen die spannenden Aufnahmen der Klavierkonzerte mit Denis Matsuew und dem spielfreudigen Orchester des Mariinskij-Theaters unter Walerij Gergiew (wobei das vierte Konzert noch aussteht). Die differenzierten dynamischen Anweisungen werden genau beachtet (grandios allein Matsuews Beginn des zweiten Klavierkonzerts) und die Musik entwickelt sich in einem lebhaften Fluss, der eine zunehmende Sogwirkung entfaltet. Der Pianist Daniil Trifonow ist ein nicht minder beeindruckender Rachmaninoff-Interpret, allerdings sind seine Auftritte mit den erwähnten Orchestern aus San Francisco und Sankt Petersburg nicht in Mitschnitten überliefert – seine Aufnahmen von Solostücken sind empfehlenswert, ansonsten werden seine Interpretationen durch einen nicht gleichwertigen Dirigenten beeinträchtigt.

Es reicht nicht, die Klavierkonzerte einfach nur zu ›begleiten‹ und in den Sinfonien und Orchesterwerken für Oberflächenglanz und ein sauberes Zusammenspiel zu sorgen. Was viele bei Mahler- und Strauss-Interpretationen beanstanden würden, lässt man bei Rachmaninoff einfach durchgehen. Wie vielschichtig Rachmaninoffs Kompositionen sind, vermitteln die herausragenden Interpretationen von Dirigenten verschiedener Generationen wie Kurt Sanderling, Edo de Waart, Walerij Gergiew, Mariss Jansons und Wasilij Petrenko. In ihnen zeigt sich, wie widerspenstig, aufbrausend, aggressiv, begeistert, verzweifelt, schwelgend und klagend Rachmaninoffs Musik klingen kann und in Anbetracht seiner Lebenserfahrungen klingen muss. Auch im Hinblick auf die Solo-Stücke für Klavier sind neben den bereits genannten Künstlern vor allem Wladimir Aschkenasij, Katja Buniatischwili, Boris Giltburg, Nikolaj Luganskij, Swjatoslaw Richter und Jewgeni Sudbin beeindruckende Interpreten.

Rachmaninoffs eigene zwischen 1919 und 1942 entstandene Aufnahmen sind beim Label RCA Victor erschienen. Dem Pianisten und Dirigenten Wladimir Aschkenasij und dem Label Decca ist es zu verdanken, dass das Gesamtwerk von Rachmaninoff in einer Box mit 32 CDs für alle Musikfreunde zugänglich ist, auch mit (fast allen) Varianten bei den überarbeiteten Werken (*Rachmaninov – The Complete Works*, Decca 478 6765). So homogen – im Gegensatz beispielsweise zu Prokofjew und Strawinskij – das kompositorische Œuvre von Sergej Wasiljewitsch Rachmaninoff auch wirken mag, zeigt sich indes bei genauerer Betrachtung der mittlerweile zugänglichen Urfassungen eigener Werke eine beträchtliche stilistische Entwicklung. Diese vollzog sich bedächtig, wie auch das nach außen hin gelassen wirkende Auftreten des

Künstlers nichts von den einschneidenden Veränderungen in seinem Privatleben und seiner Lebenswelt verriet. In der Forschung und im Konzertrepertoire verdient Rachmaninoff die gleiche Sorgfalt und den gleichen Respekt wie jeder große Komponist. Er ist der beste Beweis dafür, dass im Delta der Möglichkeiten zeitgenössischen Komponierens moderne Musik nicht nur etwas für den Kopf, sondern auch fürs Herz sein kann.

* * *

Anhang A: Thematische Werk-Zusammenhänge

Vokalmusik (a cappella, Lied, Oper)	Orchestrales/(Vokal-)Sinfonisches	Visuelles, literarisches & musikalisches Umfeld
	1890–1897	
Aleko (Oper, 1891)	I Konzert für Klavier und Orchester Nr. 1 WoO	*Fürst Rostislaw,* WoO (Orchester, A. Tolstoi, 1891)
Die Gottesmutter im Gebet (Chorkonzert, 1893)	II Sinfonie Nr. 1 in d-Moll op. 13	*Prélude* in cis-Moll op. 3, Nr. 2 (1892)
6 Lieder op. 4 (1890–93)		*Der Fels* op. 7 (Orchester, Lermontow/Tschechow, 1893)
6 Lieder op. 8 (1893)		*Trio élégiaque* Nr. 1, WoO (1892)
12 Lieder op. 14 (1896)		*Trio élégiaque* Nr. 2, op. 9 (1893)
	1900–1906	
12 Lieder op. 21 (1901-02)	III Konzert für Klavier und Orchester Nr. 2 op. 18	Sonate für Cello und Klavier op. 19 (1901-02)
Der geizige Ritter op. 24 (Oper, 1903–05)	IV *Frühling* für Bariton, Chor und Orchester op. 20	*10 Préludes* op. 23 (1901-03)
Francesca da Rimini op. 25 (Oper, 1900–06)		*Chopin-Variationen* op. 22 (1903)
15 Lieder op. 26 (1906)		
	1907–1914	
Liturgie des Hlg. Johannes Chrysostomos op. 31 (Chor, 1910)	V Sinfonie Nr. 2 in e-Moll op. 27	Klaviersonate Nr. 1 in d-Moll *(Faust,* 1908)
	VI Konzert für Klavier und Orchester Nr. 3 op. 30	*Die Toteninsel* (Orchester, Böcklin, 1909)
14 Lieder op. 34 (1912)	VII *Die Glocken* für Solisten, Chor & Orchester op. 35	*13 Préludes* op. 32 (1910)
Ganznächtliche Vigil op. 37 (Chor, 1915)		*Études-Tableaux* für Klavier op. 33 (1911)
6 Lieder op. 38 (1916)		Klaviersonate Nr. 2 in h-Moll (1913)
		Études-Tableaux für Klavier op. 39 (1916)
	1926–1928	
	VIII Konzert für Klavier und Orchester Nr. 4 op. 40	
	IX *Drei russische Lieder* für Chor und Orchester op. 41	*Corelli-Variationen* op. 42 (1931)
		Revision Klaviersonate Nr. 2 in h-Moll (1931)
	1934–1940	
	X *Paganini-Rhapsodie* für Klavier & Orchester op. 43	Revision des 1. und 4. Klavierkonzerts (1917–41)
	XI Sinfonie Nr. 3 in a-Moll op. 44	
	XII *Sinfonische Tänze* für Orchester op. 45	

Anhang B: Kürzungen und Überarbeitungen von Rachmaninoffs Werken

Bei etlichen wichtigen Werken Sergej Rachmaninoffs nahmen einige Interpreten Kürzungen bzw. Bearbeitungen vor. Auch wenn der Komponist Horowizs Arrangement der zweiten Klaviersonate akzeptierte, ist dies kein Freibrief, dass jeder Interpret machen kann, was er oder sie will. Grundsätzlich sind Bearbeitungen von umfangreicheren Stücken nicht akzeptabel.

Rachmaninoff revidierte einige seiner Werke selbst auf unterschiedliche Weise. Für den praktischen Gebrauch in Konzerten überarbeitete er kürzere Klavierstücke leicht, wie 1940 aus den fünf *Morceaux de Fantaisie* op. 3 von 1891 die Nummern 3 (*Mélodie* in E-Dur) und 5 *(Serenade)*. Ähnlich verfuhr er 1922 mit der »Bizet-Paraphrase« des Menuetts *aus L'Arlésienne* (1900) und 1940 mit der *Humoreske* in G-Dur aus den *Morceaux de Salon* op. 10 (Nr. 5, 1894) und dem *Moment musical* op. 16, Nr. 2 (1896). Einige dieser Varianten zeigen sich auch bei seinen früheren und späteren Einspielungen eigener Werke.

Darüber hinaus nahm er gravierende Einschnitte in die Substanz größerer Kompositionen vor, die in verschiedenen offiziellen Fassungen vorliegen, wie die Klavierkonzerte Nr. 1 und Nr. 4 sowie die zweite Klaviersonate. Dabei handelt es sich nicht immer um Verbesserungen. Gegenüber einem Freund, der ihn kritisierte, äußerte Rachmaninoff, dass seiner Meinung nach »gute Musik auch durch schlechte Instrumentierung ›hindurchscheint‹, und ich finde nicht, dass die Instrumentierung völlig verfehlt war«.[1004] (Was sich hier auf die erste Sinfonie bezog, gilt auch für andere seiner Werke.) Die Originalfassungen – insbesondere des ersten und vierten Klavierkonzerts und der zweiten Klaviersonate – sind den Überarbeitungen ebenbürtig, denn sie sind mutiger und verdienen bei Konzerten die gleiche Aufmerksamkeit.

Klavierkonzert Nr. 1 in fis-Moll, op. 1 (1891, revidiert 1917–19)
Rachmaninoff hat das Werk grundlegend überarbeitet und den letzten Satz weitgehend neu geschrieben (Einzelheiten siehe Haupttext). Diese Version wurde 1919 veröffentlicht. Die Partitur der Urfassung des Konzerts erschien 1971 beim Verlag Musika in Moskau.

Originalfassung: Karina Wisniewska, Moskauer Radio-Sinfonieorchester, Wladimir Fedoseew (1993)/Alexander Ghindin, Helsinki Philharmonic Orchestra, Wladimir Aschkenazij (2001)

Version von 1917–19: Zoltán Kocsis, San Francisco Symphony, Edo de Waart (1985)/Denis Matsuew, Mariinskij Orchester, Walerij Gergiew (2014)

Trio élégiaque Nr. 2 in d-Moll op. 9 für Violine, Cello und Klavier bzw. Harmonium (1893, revidiert 1907 und 1917)
In der Originalfassung des Trios verlangte Rachmaninoff im zweiten Satz ein Harmonium. Dessen Stimmführung macht es dem Pianisten so gut wie unmöglich, beide Instrumente zu spielen. Dadurch dürfte es das einzige Klaviertrio sein, bei dem zeitweilig vier Instrumente und Ausführende erforderlich sind. Bei der Überarbeitung im Jahr 1907 verzichtete Rachmaninoff auf das Harmonium. Zu den weiteren Änderungen gehörte unter anderem, dass die sechste Variation (im Original für Soloklavier) neu geschrieben wurde. Für Aufführungen 1917 nahm Rachmaninoff eine Straffung des Aufbaus vor und strich etliche Takte. Die Erstfassung von 1894 und die erste Überarbeitung 1907 erschienen beim Verlag Gutheil, die Version von 1917 gab 1950 der Moskauer Verlag Muzgiz heraus.

Originalfassung 1893: Michael Schäfer (Klavier), Ilona Then-Bergh (Violine), Wen-Sinn Yang (Cello), Kang-Un Kim (Harmonium) (2016)
Version von 1907: Andreï Korobeinikov (Klavier), Tatiana Samouil (Violine), Pavel Gomziakov (Cello) (2022)
Version von 1917: Luba Edlina (Klavier), Rostislav Dubinsky (Violine), Yuli Turovsky (Cello) (Borodin-Trio, 1989)

Sinfonie Nr. 1 in d-Moll, op. 13 (1895–97)
Bei der ersten Sinfonie nahm der Dirigent der Uraufführung, Aleksandr Glasunow, einige Kürzungen vor. Er strich im ersten Satz die Takte 276–289 und im zweiten Satz die Takte 302–340. Diese Version wurde teilweise auch bei Einspielungen verwendet. Rachmaninoff hat das Werk nach der Uraufführung nie überarbeitet.

Originalfassung: Wasilij Petrenko, Royal Liverpool Philharmonic Orchestra (2013)
Version von Glasunow 1897: Kurt Sanderling, Leningrader Philharmoniker (1952)

Sinfonie Nr. 2 e-Moll op. 27 (1906–08)

In der Konzertpraxis wurden im Laufe der Jahre mehr oder weniger starke Kürzungen vorgenommen, die – abgesehen von der Wahl der Tempi – an der zuweilen deutlich abweichenden Spieldauer zu erkennen sind. Bei der ersten Einspielung kam Nikolaj Sokolow 1928 auf eine Zeit von 46:19 Minuten, während die vollständige Fassung 1970 bei Genadij Roschdestwenskij 66:13 Minuten in Anspruch nimmt (wobei sie sehr schleppend dargeboten wird).

Bei frühen Aufführungen wurde die Wiederholung der Exposition immer gespielt. Nach dem Ersten Weltkrieg nahmen Dirigenten zum Teil gravierende Striche vor: Bei den 17 Eingriffen wurden vier bis 76 Takte gestrichen, insgesamt über 300 Takte. Bis in die 1970er-Jahre hinein glaubten Dirigenten, das Werk dadurch leichter spielbar zu machen. Zwar behauptete Eugene Ormandy, die Eingriffe seien zwischen 1933 und 1935 vom Komponisten »offiziell abgesegnet« worden, aber dabei handelte es sich nur um ein vorübergehendes, zähneknirschendes Abnicken, um Aufführungen nicht zu gefährden. Später sagte Rachmaninoff dem Dirigenten, dass er Kürzungen der zweiten Sinfonie nie grundsätzlich gebilligt habe und ihm die Streichungen missfielen.[1005]

Originalfassung: Genadij Roschdestwenskij, London Symphony Orchestra (1970)/Walerij Gergiew, Kirow Orchester Sankt Petersburg (1993)

Versionen mit unterschiedlichen Kürzungen: Nikolaj Sokolow, Cleveland Orchestra (1928, 46:19)/Eugene Ormandy, Minneapolis Symphony (1934, 45:21)/Artur Rodzinski, New York Philharmonic (1945, 43:26)/Dimitris Mitropoulos, Minneapolis Symphony Orchestra (1947, 44:30)/Kurt Sanderling, Leningrader Philharmoniker (1956, 54:07)/Eugene Ormandy, Philadelphia Orchestra (1959, 47:56)/Jewgenij Swetlanow, Staatliches Symphonieorchester der UdSSR (1968, 53:59)/ Eugene Ormandy, Philadelphia Orchestra (1973, 56:14)

Die Toteninsel op. 29 (1908/09)

Bei seiner eigenen Aufnahme nahm Rachmaninoff im April 1929 Kürzungen von insgesamt 62 Takten vor. Dies mag den Aufnahmebedingungen geschuldet sein, denn die 1909 beim Verlag Gutheil veröffentlichte Fassung ist vollkommen überzeugend.

Fassung von 1909: Edo de Waart, Rotterdamer Philharmoniker (1978)

Version von 1929: Sergej Rachmaninoff, Philadelphia Orchestra (1929)

Klavierkonzert Nr. 3 d-Moll op. 30 (1909)
Üblicherweise wird mit Recht die ungekürzte Version aufgeführt. Rachmaninoff genehmigte Horowitz um 1930, Streichungen vorzunehmen und scheint sie aus praktischen Gründen zuweilen bei eigenen Auftritten selbst genutzt zu haben. Die Eingriffe sind überflüssig, denn die Originalfassung ist tadellos.

Originalfassung: Zoltán Kocsis, San Francisco Symphony, Edo De Waart (1984)/Martha Argerich, Berliner Radiosinfonieorchester, Riccardo Chailly (1995)/Denis Matsuew, Mariinskij Orchester, Walerij Gergiew (2009)/Khatia Buniatischwili, Tschechische Philharmonie, Paavo Järvi (2016)
Version von 1939: Sergej Rachmaninoff, Philadelphia Orchestra, Eugene Ormandy (1939/40)

Sonate Nr. 2 b-Moll op. 36 (1913, revidiert 1931)
Die Originalfassung von 1913 kürzte Rachmaninoff 1931 um 120 Takte und nahm noch einige Änderungen in Details vor. Abgesehen von dieser ›Variation über eine Sonate‹ gestattete er dem Pianisten Wladimir Horowitz 1940, eine eigene Hybridfassung aufzuführen. Die zweite Klaviersonate ist eine Art ›work in progress‹ geworden, bei dem sich mangels Live-Aufnahmen nicht mehr feststellen lässt, inwiefern Rachmaninoff selbst bei Konzertauftritten den Notentext variierte. Horowitz legte ab den 1960er-Jahren noch andere Kombinationsmöglichkeiten der beiden Varianten vor. Der improvisatorisch-rhapsodische Gestus der beiden Sonaten regte auch andere an, eigene Versionen zu erstellen. Hélène Grimaud entwickelte 2004 für sich eine Mischfassung, die von ihrer ersten, kürzeren Einspielung von 1992 erheblich abweicht (I Allegro agitato 7:13 vs. 9:50; II Non allegro – Lento 4:54 vs. 7:25; III L'istesso tempo – Allegro molto 5:43 vs. 5:53). Bei den Hybridversionen wird weitgehend die längere Erstfassung von 1913 verwendet. Auch Howard Shelley und Nikolaj Luganskij nahmen 1982 bzw. 2011 Versionen auf, in die sie Elemente aus der Überarbeitung von 1931 integrierten.

Fassung 1913 – Zoltan Kocsis (1995)
Fassung 1931 – Boris Giltburg (2012)
Mischfassungen – Horowitz (1978), Shelley (1982), Grimaud (1985/2004), Luganskij (2012)

Rhapsodie über ein Thema von Paganini op. 43 (1934)
Für die vom Royal Ballet am Opernhaus Covent Garden uraufgeführte Ballettfassung überarbeitete Rachmaninoff die Rhapsodie und fügte einen neuen Schluss hinzu. Davon liegt keine Einspielung vor.

Konzertfassung: Andrej Gawrilow, Philadelphia Orchestra, Riccardo Muti (1991)

Klavierkonzert Nr. 4 g-Moll op. 40 (1926, revidiert 1928 und 1941)
Es gibt insgesamt drei Fassungen, die 1926, 1928 und 1941 entstanden. Nach Kritik an der Uraufführung erstellte Rachmaninoff 1928 eine auch publizierte überarbeitete Version, die schon auf die spätere Variante verweist, die Rachmaninoff selbst einspielte. Für die Aufnahme im Jahr 1940 überarbeitete er die frühere Fassung von 1928 noch einmal. Wie stets bei seinen Revisionen sind die späteren Ausgaben ausgewogener, geschmeidiger und entbehren etlicher Kontraste, die seiner Musik die Würze verleihen. Die letzte Version ist die heutzutage gängige. Sie kam bereits 1943 beim Verlag von Charles Foley in New York heraus. 63 Jahre nach Erscheinen der Zweitfassung beim Verlag Taïr kam es 1991 zur ersten Einspielung. Es dauerte eine weitere Dekade, bis 2001 die erste CD-Einspielung der Urfassung erschien und 2003 die Rekonstruktion der Partitur bei Boosey & Hawkes. Damit bietet sich zukünftig die Möglichkeit, für Konzerte zwischen den verschiedenen Möglichkeiten zu wählen. Einspielungen der Urfassung belegen, dass diese Version gleichwertig, wenn nicht sogar vorzuziehen ist.

Fassung von 1926: Alexander Ghindin, Helsinki Philharmonic Orchestra, Wladimir Aschkenazij (2001)/Yevgeny Sudbin, North Carolina Symphony, Grant Llewellyn (2008)/Alain Lefèvre, Orchestre Symphonique de Montréal, Kent Nagano (2012)
Fassung von 1928: William Black, Iceland Symphony Orchestra, Igor Buketow (1991)
Fassung von 1941: Sergej Rachmaninoff, Philadelphia Orchestra, Eugene Ormandy (1941)/Zoltán Kocsis, San Francisco Symphony, Edo de Waart (1982)

Sinfonie Nr. 3 a-Moll op. 44 (1935–36)
An dieser Sinfonie nahm Rachmaninoff für die eigene Einspielung Retuschen vor. Die 1937 im Musikverlag von Charles Foley veröffentlichte Partitur sollte indes ungekürzt gespielt werden.

Fassung von 1937: Edo de Waart, Rotterdamer Philharmoniker (1978)/Mariss Jansons, Sankt Petersburger Philharmoniker (1992)/Kurt Sanderling, Radio-Sinfonieorchester Stuttgart (1995)
Version von 1939: Sergej Rachmaninoff, Philadelphia Orchestra (1939)

Sinfonische Tänze op. 45 (1940/41)
Es gibt nur geringfügige Ergänzungen des Komponisten, die während der Vorbereitungen zur Uraufführung hinzukamen. Später wurden sie bei Konzerten oft ignoriert, sind aber als »Composer's Amendments« im Begleitmaterial zu der 2005 von Boosey & Hawkes veröffentlichten Partitur enthalten. Besonders auffällig ist eine Passage bei Partiturziffer 7 im ersten Satz: Hier bleibt das Klavier nicht mehr nur Teil der Perkussionsinstrumente, sondern tritt deutlich mit einem virtuosen ›Auftritt‹ hervor, indem es die Melodie zwei Mal mit einer schnellen chromatischen Tonleiter in Terzen begleitet. Es gibt zwar von der Uraufführung keinen Mitschnitt, aber dieser Moment ist in einer Einspielung der New Yorker Philharmoniker unter Leitung von Dmitri Mitropoulos vom 20. Dezember 1942 deutlich zu hören, ebenso bei den Aufnahmen von Erich Leinsdorf (1953) und Eugene Goossens (1960).

Originalfassung: Dmitri Mitropoulos, New York Philharmonic (1942)
Konzertfassung: Mariss Jansons, Sankt Petersburger Philharmoniker (1994)

Danksagung

Eine umfangreiche Biografie wie diese zu verfassen, ist undenkbar ohne die Unterstützung vieler Menschen aus Ost und West. Die grundlegenden Briefeditionen und Biografien zu Rachmaninoff, die nicht so zahlreich sind, wie er es verdient, werden bei den Literaturhinweisen genannt. Darüber hinaus haben mir etliche Fachartikel und Gespräche wertvolle Anregungen vermittelt.

Das Manuskript ganz oder teilweise gelesen und wichtige Hinweise gegeben haben (in alphabetischer Reihenfolge): Claudia Jacobs, Jakob Knaus, Beate Koltzenburg, Anna Komichko, Georg Krug, Gerlinde Lidolt, Sigrun Lüttgens, Richard B. Meyer, Elger Niels, Jana Polianowskaja und Rainer Wendler.

Weitere Hinweise verdanke ich Dorothee Amelung, Donald Dryden, James Brooks Kuykendall, Elena Lachozvianskaia, Olga Lischenko, Friedhelm Schneidewind, Anna Slezko, Mark Stehle, Ettore Volontieri und Wouter de Voogd. Für die Unterstützung bei der Recherche verdienen die Mitarbeiterinnen und Mitarbeiter verschiedener Institutionen Anerkennung, darunter Nataly Emelina und Mikhail Bryzgalo (Russisches Nationalmuseum für Musik, Moskau), Jan Lauridsen, Robin Rausch und James Wintle (Library of Congress, Washington), Elger Niels und Wouter de Voogd (Rachmaninoff Network) sowie Ettore Volontieri (Serge Rachmaninoff Foundation, Luzern).

Robin Gordon-Powell vom Verlag Amber Ring in London unterstützte mich wieder einmal mit seiner sorgfältigen Gestaltung der Notenbeispiele.

Die Recherchereisen und die Arbeit an diesem Buch wurden unterstützt durch die VG Wort mit dem im Rahmen des von der Beauftragten der Bundesregierung für Kultur und Medien (BKM) initiierten Programms ›Neustart Kultur VG Wort‹.

Nicht zuletzt danke ich meiner engagierten Agentin Aenne Glienke sowie Wolf-Rüdiger Osburg, Bernd Henninger, Hans-Jürgen Paasch, Judith Hilgenstöhler und Alexander Blumtritt vom Osburg-Verlag, dass sie die Gestaltung und Veröffentlichung dieser Biografie ermöglicht haben.

Nicht zu vergessen sind auch die hilfsbereiten Mitarbeiter und Mitarbeiterinnen der Bibliothek des Musikwissenschaftlichen Instituts in Heidelberg und der Universitätsbibliothek Heidelberg für die Beschaffung von zum Teil schwer zugänglichen Büchern. Am Ende dieser

Biografie gibt es kein separates Verzeichnis der gesamten verwendeten Literatur. Die wichtigsten Quellen finden sich in den Literaturhinweisen und den Anmerkungen.

Bildnachweis

Titelbild – Rachmaninoff-Gemälde von Boris Schaljapin (1904–1979), ein Sohn des Bassisten Fjodr Schaljapin. Quelle: New York Phil Shelby White & Leon Levy Digital Archives.

Frontispiz – Sergej Wasiljewitsch Rachmaninoff (1873–1943), Quelle: Victor I. Seroff, *Rachmaninoff*, New York 1950, Illustration Section.

Karikatur Rachmaninoffs mit Unterschrift – Quelle: Hamburger Abendblatt, 5. Dezember 1930.

Musikbeispiel 2a – Sergej Bertensson/Jay Leyda, *Sergej Rachmaninff: A Lifetime in Music,* New York University Press, New York 1956.

Wassilij Wereschtschagin, »Die Apotheose des Krieges« (1871), Wikimedia commons, Alex Soft.

Ausgabe von Liedern Rachmaninoffs mit deutschem Text (1899) – Quelle: Archiv des Autors.

Schaljapin und Rachmaninoff – Quelle: Maxim Gorky, *Chaliapin,* London 1967.

Notensatz © Robin Gordon Powell

In Fällen, bei denen der Rechteinhaber nicht festzustellen ist, ist der Verlag bereit, nach Anforderung rechtmäßige Ansprüche abzugelten.

Literaturhinweise und Anmerkungen

Die Literaturhinweise zu Sergej Rachmaninoff und seiner Zeit sowie die in den Anmerkungen genannten Bände und Artikel bieten Anregungen, um das Thema weiter zu vertiefen. Die Titel werden bei der ersten Erwähnung mit vollständigen bibliografischen Angaben genannt, danach in Kurzform.

Bei den Quellenangaben verweisen die Abkürzungen RNMM auf das Russische Nationalmuseum für Musik in Moskau (das frühere Glinka-Museum) und LoC auf die Library of Congress in Washington.

Die in den Anmerkungen verwendeten Ziffern bezeichnen folgende Literatur zu Sergej Rachmaninoff:

[1] Sarui Apetowna Apetjan (Hrsg.; зарyи Апетовна Апетян), С. В. Рахманинов: Письма (Briefe), Moskau 1955.

[2] Sarui Apetowna Apetjan (Hrsg.; заруи Апетовна Апетян), Рахманинов: Литературное наследие (Literarischer Nachlass), All-Unions-Verlag ›Sowetskij Kompositor‹:
1. Band (1890–1909), Moskau 1975,
2. Band (1910–1933), Moskau 1980,
3. Band (1934–1943), Moskau 1980.

[3] Sarui Apetowna Apetjan (Hrsg.; заруи Апетовна Апетян), Воспоминания о Рахманинове (Erinnerungen an Rachmaninoff), Musika,
1. Band, Moskau 1988,
2. Band, Moskau 1988.

[4] Andreas Wehrmeyer (Hrsg.), *Rachmaninow aus der Nähe: Erinnerungen und kritische Würdigungen von Zeitgenossen*, Verlag Ernst Kuhn, Berlin 2003.

[5] Sergej Bertensson/Jay Leyda, *Sergej Rachmaninoff: A Lifetime in Music*, Indiana University Press, Bloomington/Indiana 2001 (Erstausgabe 1956).

[6] Barrie Martyn, *Rachmaninoff: Composer, Pianist, Conductor*, Scolar Press, Aldershot 1990.

[7] Maria Biesold, *Sergej Rachmaninoff 1873–1943: Zwischen Moskau und New York – Eine Künstlerbiographie*, 2. Auflage, Quadriga, Berlin 1999 (Erstausgabe: Beltz, Weinheim/Berlin 1991).

[8] Max Harrison, *Rachmaninoff: Life, Works, Recordings*, Continuum, London 2006.

[9] Ljudmila Kowaljowa-Ogorodnowa (Людмила Ковалёва-Огороднова), Сергей Рахманинов – биография (Sergej Rachmaninoff – Biografie), 2 Bände, Wita Nowa, Sankt Petersburg 2015.

[10] Sergej Fedjakin (Сергей Федякин), Рахманинов (Rachmaninoff), Moskau 2018.

[11] Rebecca Mitchell, *Sergej Rachmanninoff*, Reaktion Books Ltd., London 2022.

[12] Philip Ross Bullock (Hrsg.), *Rachmaninoff and His World*, The University Press of Chicago, Chicago 2022.

Anmerkungen

1 [9], Band 1, S. 21.
2 Andrej Markewitsch/Mark Harrison, »Great War, Civil War, and Recovery: Russia's National Income, 1913 to 1928«, in *Journal of Economic History*, 71. Jg., Nr. 3, 2011, S. 672–703, hier S. 684
3 [3], Band 1, S. 182.
4 [5], S. 122.
5 [5], S. 163.
6 Siehe die Bücher von Apetjan, Bertensson/Leyda, Harrison und Martyn (vgl. Literaturverzeichnis).
7 [5], S. 98.
8 Brief vom 29. September 1929 – [2], Band 2, S. 267.
9 Statistisches Bundesamt (Hrsg.), *Von den zwanziger zu den achtziger Jahren – Ein Vergleich der Lebensverhältnisse der Menschen*, Verlag W. Kohlhammer, Mainz 1987, S. 34 ff.
10 Briefe vom 26. Juli 1940 – LoC 43/22.
11 Robert Threlfall/Geoffrey Norris (Hrsg.), *A Catalogue of the Compositions of S. Rachmaninoff*, Scolar Press, London 1982.
12 Frederick H. Martens, »Rachmaninoff talks of Russia and America«, in *The Musical Observer*, April 1921, S. 12.
13 Siehe https://welt-der-glocken.de/
14 [5], S. 184.
15 Siehe https://www.rachmaninoff.org/ und Thomas Schacher, »Rachmaninows Villa wird zum Treffpunkt für alle«, in *Neue Zürcher Zeitung*, 23. Dezember 2021; Alexander von Däniken, »Rachmaninoff-Villa gehört nun dem Kanton Luzern – und soll dereinst Unesco-Weltkulturerbe werden«, in *Luzerner Zeitung*, 4. April 2022; Jan Brachmann, »›Das ist Welterbe!‹ – In Sergej Rachmaninows Villa Senar hat ein neues Kulturzentrum Einzug gehalten: Es hegt große Pläne«, in *Frankfurter Allgemeine Zeitung*, 22. August 2022.
16 Siehe Gleb Grakow (Глеб Граков), »музыкальное наследие Рахманинова« (Das musikalische Erbe Rachmaninoffs), in Московские епархиальные ведомости (Moskauer Diözesanblatt), Nr. 7–8, 2006, S. 158–159.
17 Marietta Sergeewna Schaginjan (Мариэтта Сергеевна Шагинян), »воспоминания о С. В. Рахманинове« (Erinnerungen an Rachmaninoff, 1955), in [3], Band 2, S. 140 f.
18 Donald Mitchell/Philip Reed (Hrsg.), *Letters from a Life – The Selected Letters and Diaries of Benjamin Britten*, Band 1 (1923–1939), Faber and Faber, London 1991, S. 206.
19 Meinhard Saremba, »Opern von Britten und Henze bei den Schwetzinger Festspielen 1954–1983«, Musikfeature des SWR Baden-Baden, Erstsendung: 11. Mai 2022.
20 Rachmaninoff, »Some critical moments in my career«, in *The Musical Times*, Band 71, Nr. 1048, 1. Juni 1930, S. 558.
21 *Mannheimer Morgen*, 21. Dezember 2021.

22 Siehe Orlando Figes, *Nataschas Tanz – Eine Kulturgeschichte Russlands*, Berlin Verlag, Berlin 2003, unter anderem S. 24 f., 141, 313 f.

23 Arthur Hirst, »Rachmaninoff the Man«, undatiertes, maschinengeschriebenes Manuskript – LoC 51/19.

24 Albert Schweitzer, *J. S. Bach*, Breitkopf & Härtel, Leipzig 1908, S. 421.

25 Rachmaninoffs Musik wird oft in Filmen genutzt, er selbst ist aber selten Thema des Kinos. Entsprechende Produktionen sind eher in Russland und der englischsprachigen Welt verbreitet. Der Film Поэма о крыльях (*Poem of Wings*, Gedicht über Flügel, 1980) von Daniil Chrabrowizkij erzählt von dem Flugpionier Iwan Sikorskij, mit dem Rachmaninoff Kontakt pflegte, und dementsprechend taucht er öfter auf. Zwölf Jahre später schuf A. Kosachew die Filmbiographie Сергей Рахманинов: две жизни (*Sergej Rachmaninoff: Two Lives*, Zwei Leben, 1992). Andrej Konchalowskij realisierte eine Dokumentation unter dem Titel *Sergei Rachmaninoff* (2003). Eher fiktiv ist Pawel Lungins Spielfilm ветка сирени (*Lilac Branch*, Fliederzweig, 2007). Artem Vargaftik gestaltete 2012 einen Film über Rachmaninoff in der Reihe ›Scores Do not Burn‹ (Partituren verbrennen nicht). Der englische Regisseur Tony Palmer realisierte die Dokumentation *Rachmaninoff: Harvest of Sorrow* (1998) und edierte 2017 mit privatem Filmmaterial, das er von Rachmaninoffs 2012 verstorbenem Enkel Alexandre Conus erhalten hatte, die DVD/CD-Box *Sergei Rachmaninoff: His letters, his home movies and his own recordings* (Isolde Films, TPCD-DVD 195).

26 Classic FM, 20. Mai 2014 (http://www.classicfm.com/composers/rachmaninov/news/symphony-manuscript-auction/#Bu80CZO7HD27uCFW.97)

27 Attila Csampai, »Hören & Sehen – Attila Csampais Auswahl«, in *Crescendo*, September/Oktober 2017, S. 19.

28 Constantin Floros, »Rachmaninow – Kunst oder Kitsch?«, in *Das Orchester*, Januar 2017, S. 27–29.

29 Igor Strawinskij, *Poetics of Music in the Form of Six Lessons*, Harvard University Press 1947, S. 93. Strawinskij hielt die Vorlesungen im Rahmen der Charles Eliot Norton Lectures in französischer Sprache; eine englische Übersetzung erschien 1947. Siehe zu diesem Rezeptionsproblem unter anderem Richard Taruskin, »Non-Nationalists, an Other Nationalists«, in ders., *Russian Music at Home and Abroad: New Essays*, University of California Press, Oakland 2016, S. 33–51.

30 [7], S. 12.

31 Andreas Wehrmeyer, *Sergej Rachmaninow*, Rowohlt-Verlag, Reinbek 2000, S. 113.

32 Ewald Reder, *Sergej Rachmaninow: Leben und Werk (1873–1943)*, 3., überarbeitete Auflage, Triga, Gelnhausen 2007, S. 474.

33 Ebenda, S. 474.

34 Ebd., S. 420.

35 Igor Fjodorowitsch Belsa, *Alexander Nikolajewitsch Skrjabin*, Verlag Neue Musik, Berlin 1986, S. 85.

36 Joseph Yasser, »Progressive Tendencies in Rachmaninoff's Music«, in *Tempo*, Cambridge University Press, Nr. 22, Winter 1951/52, S. 24 f.

37 [4], S. 239.

38 Man höre die CD mit der von Rachmaninoff geschätzten *Rhapsody in Blue* von Gershwin mit der Columbia Jazz Band unter Leitung von Michael Tilson Thomas (1976, CBS Records SMK 42240).

39 Erst nach der Machtübernahme der Bolschewiken stellte Russland ab Februar 1918 die Zeitrechnung vom julianischen auf den im Westen schon seit dem 16. Jahrhundert weitgehend gängigen gregorianischen Kalender um. Deswegen fand nach westlicher Zeitrechnung die russische *Oktober*revolution 1917 im *November* statt.

40 [5], S. 88.

41 Leopold Schmidt, »Aus den Konzerten«, in *Berliner Tageblatt und Handels-Zeitung*, 38. Jg., Nr. 608, 30. November 1909, S. 2.

42 Basanta Koomar Roy, »Rachmaninov Is Reminiscent«, in *The Musical Observer*, Mai 1927.

43 Siehe Rebecca Mitchell, »In Search of Russia: Sergej Rakhmaninov and the Politics of Music Memory after 1917«, in Philip Ross Bullock/Pauline Fairclough (Hrsg.), *1917 and Beyond: Continuity, Rupture and Memory in Russian Music*, The Modern Humanities Research Association, Cambridge 2019, S. 136–168.

44 Paul Zschorlich, »Rachmaninoff«, in *Deutsche Zeitung*, 23. November 1928.

45 [5], S. 368.

46 [4], S. 262.

47 Alexander Goldenweiser, »Aus meinen persönlichen Erinnerungen an Sergej Rachmaninoff«, in [4], S. 155.

48 Hirst, »Rachmaninoff the Man« – LoC 51/19.

49 Hinweis von Anna Slezko und Gerlinde Lidolt.

50 Richard Pipes, *Russland vor der Revolution – Staat und Gesellschaft im Zarenreich*, Verlag C. H. Beck, München 1977, S. 155.

51 Sofja Aleksandrowna Satina, »Aufzeichnungen über meinen Schwager und Cousin Sergej Rachmaninow«, in [4], S. 3 f. Sofja Aleksandrowna Satina (1879–1975) war die Schwester von Rachmaninoffs Ehefrau Natalija.

52 Goldenweiser in [4], S. 153.

53 August Püringer, »Konzert der Kgl. Kapelle«, in *Dresdner Zeitung*, 17. März 1912.

54 Goldenweiser in [4], S. 153.

55 A.A. Trubnikowa, »Sergej Rachmaninoff«, in Огонек, Nr. 4, 1946, S. 20–21; zitiert nach [3], Band 1, S. 116.

56 Zwar ist Turgenjews 1862 erschienener Roman über Generationenkonflikte in Deutschland als *Väter und Söhne* bekannt, allerdings lautet die korrekte Übertragung des Originaltitels *Väter und Kinder* (Отцы и дети). In den Jahren 1868/69 kam Tolstojs Epos *Krieg und Frieden* erstmals in Buchform heraus. Der Titel ist im Original doppelsinnig, da миръ sowohl ›Frieden‹ als auch ›Welt‹ bedeuten kann. Für Dostoewskijs 1873 als Buch publizierten Roman *Die Dämonen* ist *Böse Geister* (Бесы) der treffendere Titel.

57 S. A. Satina in [4], S. 6.

58 [9], Band 1, S. 17 f.

59 S. A. Satina in [4], S. 6.

60 Ebd., S. 7.
61 Brief aus dem Jahr 1934 – [5], S. 3.
62 S. A. Satina in [4], S. 6 f.
63 S. A. Satina in [4], S. 7.
64 Roy, »Rachmaninov Is Reminiscent«, in *Musical Observer*, Mai 1927.
65 William R. Trotter, *Priest of Music: The Life of Dimitri Mitropoulos*, Amadeus Press, Portland 1995, S. 393.
66 Figes, *Nataschas Tanz – Eine Kulturgeschichte Russlands*, Berlin 2003, S. 39.
67 Ebd., S. 184.
68 Brief vom 26. November/8. Dezember 1875 – Alexander Poznansky, *Tchaikovsky: The Quest for the Inner Man*, Schirmer Books, London 1992, S. 166.
69 S. A. Satina in [4], S. 8.
70 Marlies Höck / Helmut Hahn, »Korynebakterien«, in Sebastian Suerbaum u. a. (Hrsg.), *Medizinische Mikrobiologie und Infektiologie*, Springer-Verlag, Heidelberg 2016, S. 310
71 Brief vom 31. Dezember 1907 – [2], Band 1, S. 443 f.
72 S. A. Satina in [4], S. 9.
73 [9], Band 1, S. 44.
74 [4], S. 255.
75 S. A. Satina in [4], S. 9.
76 Ebd., S. 10.
77 S. A. Satina in [4], S. 10.
78 [5], S. 184.
79 Oskar von Riesemann, *Rachmaninoff's Recollections told to Oskar von Riesemann*, The Macmillan Company, New York 1934, S. 31. Erhalten ist nur die von Rachmaninoff bearbeitete, ins Englische übersetzte Buchversion. Das deutsche Originalmanuskript ist nicht überliefert; möglicherweise ging es im Krieg während eines Brandes in England verloren. Wie zuverlässig Riesemann zitierte, ist nicht immer klar. Allerdings dürfte die Tendenz der Aussagen stimmen, da Rachmaninoff letztendlich den Druck genehmigte. Bei Zeitungsinterviews muss man ebenfalls darauf vertrauen, dass der Journalist sorgfältig gearbeitet hat, da Antworten zumeist nur mitstenografiert wurden und die Artikel aus Zeitgründen Rachmaninoff kaum zur inhaltlichen Überprüfung vorgelegt worden sind.
80 Riesemann, *Rachmaninoff's Recollections*, New York 1934, S. 33.
81 S. A. Satina in [4], S. 11.
82 Figes, *Nataschas Tanz – Eine Kulturgeschichte Russlands*, Berlin 2003, S. 35.
83 Marianna Butenschön, *St. Petersburg – Stimmen zur Stadtgeschichte*, Osburg Verlag, Hamburg 2021, S. 372.
84 Ebd., S. 24.
85 Ebd., S. 368.
86 Ebd., S. 368.
87 Figes, *Nataschas Tanz – Eine Kulturgeschichte Russlands*, Berlin 2003, S. 176.

88 Brief vom 1. Juni 1864 – Berthold Litzmann, *Clara Schumann – Ein Künstlerleben nach Tagebüchern und Briefen, Band 3: Clara Schumann und ihre Freunde 1856 – 1896*, Breitkopf & Härtel, Leipzig 1908, S. 154.
89 Andreas Wehrmeyer (Hrsg.), *Sergej Taneev – Musikgelehrter und Komponist: Materialien zu Leben und Werk*, Verlag Ernst Kuhn, Berlin 1995, S. 203.
90 Michail Jewsejewitsch Bukinik, »М. Е. Букиник« (M. E. Bukinik, 1946), in [3], Band 1, S. 213.
91 Lucian Schiwietz u. a. (Hrsg.), *Adolph Henselt und der musikkulturelle Dialog zwischen dem westlichen und östlichen Europa im 19. Jahrhundert*, Studiopunkt-Verlag, Sinzig 2004, S. 240.
92 Sofja Wladimirowna Satina, *A 20th Century Life: The memoirs of Sophia Satin*, Rachmaninoff Society, London 1997, S. 37. Sofja Wladimirowna Satina (1915–1996) war die Tochter von Rachmaninoffs Cousin Wladimir Satin.
93 Schiwietz, *Adolph Henselt*, Sinzig 2004, S. 238.
94 Brief vom 11. (24.) Juni 1891 – [2], Band 1, S. 171.
95 Matwej Leontjewitsch Presman (М. Л. Пресман), »Уголок музыкальной Москвы восьмидесятых годов« (Ein Winkel des musikalischen Moskaus der achtziger Jahre, 1938), in [3], Band 1, S. 158.
96 [5], S. 10.
97 M. L. Presman in [3], Band 1, S. 173 f.
98 [5], S. 11.
99 [5], S. 10.
100 S. A. Satina in [4], S. 13.
101 Peter Gay, *Kult der Gewalt – Aggression im bürgerlichen Zeitalter*, Siedler Verlag, München 2000, S. 166.
102 S. A. Satina in [4], S. 13.
103 Ebd., S. 12.
104 M. L. Presman in [3], Band 1, S. 152.
105 M. E. Bukinik in [3], Band 1, S. 213.
106 M. L. Presman in [3], Band 1, S. 152.
107 M. L. Presman, in [3], S. 193.
108 M. E. Bukinik in [3], Band 1, S. 214.
109 [2], Band 1, S. 47 f.
110 M. E. Bukinik in [3], Band 1, S. 213.
111 Wehrmeyer (Hrsg.), *Sergej Taneev*, Berlin 1995, S. 192.
112 Ebd., S. 216 f.
113 Ebd., S. 217.
114 M. E. Bukinik in [3], Band 1, S. 214.
115 Ebd., S. 214.
116 Von einer *Suite in D-Dur* (WoO) gibt es eine Einspielung auf Rachmaninoffs eigenem Flügel: »Denis Matsuev: Unknown Rachmaninoff« (Sony BMG 88697155912), aufgenommen im Mai 2007 auf Rachmaninoffs Steinway-Flügel aus der Villa Senar in Hertenstein, Gemeinde Weggis, bei Luzern. Die Authentizität dieses Werks (wie auch die einer Fuge in d-Moll von 1891) ist umstritten. Das Manuskript der Klavierfassung der *Suite in D-Dur* wurde erst nach der Jahrtausendwende in der Sammlung

Aleksandr Silotis im Archiv des 1912 gegründeten Glinka-Museums in Moskau entdeckt (seit 2018 das Russische Nationale Musikmuseum). Es wurde vermutet, dass es sich bei der *Suite in D-Dur* um die Klavierversion einer Orchestersuite handelt, die nie zur Aufführung kam und zuweilen wie ein verkapptes Klavierkonzert wirkt (der Beginn erinnert an die Ritardando-Überleitung zum »con passione«-Einsatz der Streicher im ersten Satz des zweiten Klavierkonzerts). Der niederländische Komponist und Rachmaninoff-Forscher Elger Niels wies darauf hin, dass das ›Autograph‹ nur sehr wenige Merkmale von Rachmaninoffs Handschrift erkennen lässt und die Musik noch weniger Merkmale seines Stils aufweist. Wenn man das Manuskript als ›echt‹ anerkennen will, wäre es auf die zweite Hälfte der 1880er-Jahre zu datieren. (Korrespondenz vom 30. August 2022)

117 David Ewen, »Music Should Speak from the Heart«, in *The Etude Music Magazine* (Philadelphia), 59. Jg., Nr. 12, Dezember 1941, S. 848.

118 [5], S. 20.

119 [5], S. 21.

120 [5], S. 25.

121 [5], S. 24.

122 Roy, »Rachmaninov Is Reminiscent«, in *Musical Observer*, Mai 1927.

123 M. E. Bukinik in [3], Band 1, S. 214.

124 Brief vom 28. September (11. Oktober) 1908 – [1], S. 454.

125 Brief vom 11. (23.) Juni 1891 – Charles F. Barber, *Lost in the Stars: The Forgotten Musical Life of Alexander Siloti*, The Scarecrow Press, Lanham, Maryland/Oxford 2002, S. 45.

126 Brief vom 11. (23.) Juli 1891 – [1], S. 176.

127 Brief vom 26. März (7. April) 1891 – [1], S. 42.

128 Siehe David Butler Cannata, *Rachmaninoff and the Symphony*, Studien Verlag, Innsbruck/Wien 1999.

129 Brief vom 20. Juli (1. August) 1891 – [1], S. 54.

130 Brief vom 20. Juli (1. August) 1891 – [1], S. 54.

131 Brief vom 24. Juli (5. August) 1891 – [1], S. 55.

132 [5], S. 28.

133 Goldenweiser in [4], S. 153.

134 M. L. Presman, in [3], Band 1, S. 168.

135 Ewen, »Music Should Speak from the Heart«, in *The Etude*, Dezember 1941, S. 804.

136 M. E. Bukinik in [3], Band 1, S. 213.

137 Brief vom 11. (23.) Juni 1891 – Barber, *The Forgotten Musical Life of Alexander Siloti*, Lanham, Maryland/Oxford 2002, S. 50.

138 [5], S. 33.

139 [4], S. 157.

140 [4], S. 157.

141 [4], S. 187.

142 [4], S. 158 f.

143 [4], S. 187 f.

144 Brief vom 10. (22.) Dezember 1890 – [1], S. 32.

145 [3], Band 1, S. 215.

146 Igor Fjodorowitsch Belsa, *Alexander Nikolajewitsch Skrjabin*, Verlag Neue Musik, Berlin 1986, S. 66.

147 Brief vom 14. (26.) Mai 1897 – Christoph Hellmundt (Hrsg.), *Alexander Skrjabin: Briefe*, Verlag Philipp Reclam jun., Leipzig 1988, S. 135.

148 [4], S. 187.

149 Karte vom 24. Januar 1918 – LoC 44/22. In einer Zusatzbemerkung ergänzte Nina Grieg noch: »Leider ist mir die französische Sprache nicht geläufig, Englisch aber falls es Ihnen angenehmer ist.« Zu diesem Zeitpunkt sprach Rachmaninoff noch nicht gut genug Englisch, was sich in den folgenden Jahren aber änderte. Von Jugend an waren ihm Französisch und Deutsch vertraut.

150 Brief vom 17. Februar (1. März) 1878 – Ena von Baer/Hans Pezold (Hrsg.), *»Teure Freundin«: Peter Tschaikowskis Briefwechsel mit Nadeshda von Meck*, Gustav Kiepenheuer Verlag, Leipzig/Weimar 1988, S. 137.

151 Referenzaufnahme 1. Klavierkonzert (Fassung 1892) – Karina Wisniewska, Moskauer Radio-Sinfonieorchester, Wladimir Fedoseew (1993): »Allegro scherzando«-Abschnitt (III/0:01–3:03, 5:52–8:40), mit Übergang zum »Animato« beginnt das eigentliche Finale (III/8:41–10:22), »Andante espressivo«-Episode (III/3:04–5:51);
Referenzaufnahme 1. Klavierkonzert (Fassung 1919) – Denis Matsuew, Mariinskij-Orchester, Walerij Gergiew (2014): Andante ma non troppo-Episode, statt espressivo (III/1:58–4:58).

152 Riesemann, *Rachmaninoff's Recollections*, New York 1934, S. 77.

153 Die Diagnosen fallen in den verschiedenen Quellen unterschiedlich aus. In den frühesten Biografien, verfasst von Menschen, die Rachmaninoff persönlich kannten, wird auf Malaria (Bertensson/Leyda) und Hirnhautentzündung (Riesemann, Lyle) verwiesen. Die Symptome sind ähnlich. Möglicherweise handelte es sich um eine virale Hirnhautentzündung, die sich mit den damaligen Möglichkeiten besser behandeln ließ. Die Ursachen der Krankheiten waren im 19. Jahrhundert bereits bekannt (Parasiten bzw. Bakterien oder Viren), weitere Zusammenhänge und Medikamente wurden erst im Laufe der Zeit erkundet und entwickelt, was etlichen Medizinern den Nobelpreis einbrachte.

154 Riesemann, *Rachmaninoff's Recollections*, New York 1934, S. 77.

155 Figes, *Nataschas Tanz – Eine Kulturgeschichte Russlands*, Berlin 2003, S. 196.

156 Riesemann, *Rachmaninoff's Recollections*, New York 1934, S. 77.

157 Ebd., S. 98.

158 Wiktor Michailowitsch Wasnezow (1848–1926), »Nach der Schlacht des Fürsten Igor Swjatoslawitsch mit Polowzern« (После побоища Игоря Святославовича с половцами), Öl auf Leinwand, 1880, 205 × 390 cm, Tretjakow-Galerie, Moskau.

159 [5], S. 331.

160 Victor I. Seroff, *Rachmaninoff*, Simon & Schuster, New York 1950, S. 5.

161 Referenzaufnahme *Fürst Rostislaw* (TN ii/44) – Sinfonieorchester der UdSSR, Jewgenij Swetlanow (1968): Stimmung der Niederlage (ab 0:01), positive Erinnerungen (ab 4:50), Warnrufe/Entsetzen (ab 8:14) ungehört verhallende Posaunen- und Tuba-Rufe (ab 11:55).

162 Es gibt ein Orchesterarrangement, um anzudeuten, wie eine *Boris Godunow*-Vertonung von Rachmaninoff für die Bühne geklungen haben könnte. Der Monolog des Pimen (WoO, TN ii/80/2) findet sich auf CD 5, Track 2 der Box »Rachmaninov: Complete Operas, Cantatas & Fragments« (Iwan Koslowskij, Philharmonisches Orchester Moskau, Israel Gusman, 1955; Profil Edition Günter Hänssler 15 CD PH21036) und auf Track 6 der CD »Russian Arias, Volume 1« (Sergej Larin, Philharmonia Orchestra, Gennadij Roschdestwenskij, 1997; Chandos CHAN 9603).

163 Alexander Blok, *Ausgewählte Aufsätze*, Suhrkamp-Verlag, Frankfurt a. M. 1964, S. 13 ff.

164 Karlheinz Barck u. a. (Hrsg.), *Ästhetische Grundbegriffe (Band 5): Postmoderne – Synästhesie,* Stuttgart/Weimar 2010, S. 175.

165 Meinhard Saremba, *Leoš Janáček: Zeit – Leben – Werk – Wirkung*, Bärenreiter, Kassel 2001, S. 146.

166 Geoffrey Norris, »Rakhmaninov's Student Opera«, in *The Musical Quarterly*, 59. Jg., Nr. 3, Juli 1973, S. 441.

167 [5], S. 53.

168 Ewen, »Music Should Speak from the Heart«, in *The Etude*, Dezember 1941, S. 848.

169 Brief vom 21. (…) Oktober 1890 – [2], Band 1, S. 157.

170 Dorothea Redepenning, *Geschichte der russischen und sowjetischen Musik, Band 1: Das 19. Jahrhundert*, Laaber-Verlag, Laaber 1994, S. 320.

171 [3], Band 2, S. 202

172 Iwan Bunin, *Čechov – Erinnerungen eines Zeitgenossen*, Friedenauer Presse, Berlin 2004, S. 171.

173 Pjotr Kropotkin, *Ideale und Wirklichkeit in der russischen Literatur*, Diogenes, Zürich 2003, S. 93.

174 Der Titel von Tschechows Erzählung На пути (1886) wird im Deutschen unterschiedlich wiedergegeben: »Unterwegs«, »In der Passagierstube« bzw. »Auf dem Weg«. In einem der berühmtesten Dramen der Filmgeschichte, *Brief Encounter* (*Kurze Begegnung*, England 1945), findet sich eine vergleichbare Situation: Eine verheiratete Frau lernt einen anderen Mann im Wartesaal einer Eisenbahnstation kennen. Rachmaninoffs zweites Klavierkonzert, das beide in einem Konzert erleben, erhält eine substanzielle Rolle, indem es ihr Zögern und ihre Zweifel begleitet. Hier wurde Rachmaninoffs Musik zum Kristallisationspunkt tiefer menschlicher Empfindungen. Ihre Profanisierung begann spätestens 1955 mit der Filmkomödie *The Seven Year Itch* (*Das verflixte siebente Jahr*, USA 1955), in der Rachmaninoffs zweites Klavierkonzert auf Schallplatte dazu herhalten muss, eine Frau gefügig zu machen.

175 Referenzaufnahme *Der Fels* op. 7 – Rotterdam Philharmonic Orchestra, Edo de Waart (1976): schwebende Leichtigkeit (ab 4:55), aufgeregtere Stimmen (ab 9:50).

176 Notiz vom 9. (21.) November 1898 – [2], Band 1, S. 312.

177 Roy, »Rachmaninov Is Reminiscent«, in *Musical Observer*, Mai 1927.

178 Ebd.

179 Richard D. Sylvester, *Rachmaninoff's Complete Songs (Russian Music Studies)*, Indiana University Press, Bloomington & Indianapolis 2014, S. 13.

180 Brief 4977 in Пётр Ильич Чайковский (Pjotr Iljitsch Tschajkowskij), Полное собрание сочинений: литературные произведения и переписка (Gesamtausgabe: Literarische Werke und Korrespondenz), Moskau 1953–1981.
181 Brief 4996 in ebd.
182 Klaus von Beyme, *Politische Theorien in Russland 1789–1945*, Westdeutscher Verlag, Wiesbaden 2001, S. 105.
183 Walter Jens (Hrsg.), *Kindlers Neues Literatur-Lexikon*, Band 5, Kindler Verlag GmbH, München 1988, S. 512.
184 Kropotkin, *Ideale und Wirklichkeit in der russischen Literatur*, Zürich 2003, S. 318.
185 Iwan Alexeewitsch Bunin (Иван Алексеевич Бунин), »С. В. Рахманинов« (S. W. Rachmaninoff, 1950), in [3], Band 2, S. 25 f.
186 Brief vom 17. (30.) November 1901 – [2], Band 1, S. 309.
187 Brief vom 7. Juni 1940 – [2], Band 3 S. 179 + 353.
188 Brief vom 3. (15.) Oktober 1893 – [2], Band 1, S. 227 f.
189 [5], S. 62.
190 Alexander Poznansky, *Tschajkowskijs Tod: Geschichte und Revision einer Legende*, Atlantis/Schott, Mainz 1998, S. 158.
191 Ebd., S. 158.
192 Ebd., S. 159.
193 Ebd., S. 159.
194 Ebd., S. 166.
195 Laut Autograph in RNMM.
196 Referenzaufnahme *Trio élégiaque* Nr. 2, op. 9 – Beaux Arts Trio (1986): Thema der Variationen (II/ ab 0:01); Referenzaufnahme *Der Fels* op. 7 – Rotterdam Philharmonic Orchestra, Edo de Waart (1976): Thema (ab 2:29).
197 M. E. Bukinik in [3], Band 1, S. 188 f.
198 Brief vom 24. Juli (5. August) 1894 – [2], Band 1, S. 132 f.
199 Hélène Carrère d'Encausse, *Nikolaj II. – Das Drama des letzten Zaren*, Paul Zsolnay Verlag, Wien 1998, S. 88 f.
200 Carrère d'Encausse, *Nikolaj II.*, Wien 1998, S. 95.
201 Wilhelm Beckmann, *Im Wandel der Zeiten – Autobiografie*, Mittler Verlag, Berlin 1930, S. 39 f.
202 Elena Fabianowna Gnesina (Елена Фабиановна Гнесина), »О Рахманинове (Über Rachmaninoff, 1955), in [3], Band 1, S. 205 f.
203 [6], S. 373.
204 Brief vom 9. (21.) November 1895 – [2], Band 1, S. 247.
205 *Signale für die musikalische Welt*, 40. Jg., Nr. 66, Dezember 1882, S. 1044.
206 Jelena J. Schukowskaja (Е. Ю. Жуковская), »Воспоминания о моем учителе и друге С. В. Рахманинове« (Erinnerungen an meinen Lehrer und Freund S. W. Rachmaninoff, 1955), in [3], Band 1, S. 254 f.
207 Ebd., S. 254.
208 S. W. Satina, *A 20th Century Life*, London 1997, S. 30.
209 Brief vom 7. (19.) Dezember 1896 – [2], Band 1, S. 253 f.
210 Yasser, »Progressive Tendencies in Rachmaninoff's Music«, in *Tempo*, Winter 1951/52, S. 17.

211 Ebd., S. 16.
212 Riesemann, *Rachmaninoff's Recollections*, New York 1934, S. 97 f.
213 Oskar von Riesemann, *Die Notationen des altrussischen Kirchengesanges*, Synodal Buchdruckerei, Moskau 1908.
214 Brief vom 11. (23.) Januar 1897 – [2], Band 1, S. 256 f.
215 Andrej Nikolajewitsch Krjukow, *Alexander Konstantinowitsch Glasunow*, Verlag Neue Musik, Berlin 1988, S. 86.
216 Ljudmila Kowaljowa-Ogorodnowa (Людмила Ковалёва-Огороднова), Сергей Рахманинов и санкт-петербурге (Rachmaninoff und Sankt Petersburg), Planeta Musiki, Sankt Petersburg 2021, S. 164 f.
217 Brief vom 6. (18.) Mai 1897 – [2], Band 1, S. 261.
218 Paul Zschorlich, »Rachmaninoff«, in *Deutsche Zeitung*, 23. November 1928.
219 Robert C. Ridenour, *»Nationalism, Modernism, and Personal Rivalry«, in 19th-Century Russian Music*, UMI Research Press, Ann Arbor, Michigan, 1981, S. 76.
220 [5], S. 71.
221 Geoffrey Norris, *Rachmaninoff (Dent Master Musicians)*, Dent, London 1993, S. 101.
222 [5], 72.
223 Die Orchesterstimmen von Rachmaninoffs erster Sinfonie wurden in der Bibliothek des Leningrader Konservatoriums aufbewahrt. Der Komponist selbst hatte 1895 einen Klavierauszug für vier Hände erstellt. Pawel Lamm rekonstruierte 1944 die Partitur, die 1947 veröffentlicht wurde. Die restaurierte Partitur wurde erstmals am 17. Oktober 1945 im Großen Saal des Konservatoriums in Moskau mit dem Staatlichen Sinfonieorchester der UdSSR unter der Leitung von Aleksandr Gauk vorgestellt.
224 Iwan Sollertinskij, *Von Mozart bis Schostakowitsch*, Reclam-Verlag, Leipzig 1979, S. 271.
225 Ebd., S. 272.
226 Referenzaufnahme Sinfonie Nr. 1 – Royal Liverpool Philharmonic Orchestra, Wasilij Petrenko (2012): Kontraste/Zerklüftetes (I/ab 4:15, ab 11:20), Fuge (I/ab 5:05), Dies irae (II/ab 2:38, 7:38), Pritschetieren (I/ab 3:55, III/ab 0:01), Militärkapellen (IV/ab 0:07), ›Schostakowitsch‹ (IV/ab 9:15), Hemmung (IV/ 9:55 und 11:50).
227 Ewen, »Music Should Speak from the Heart«, in *The Etude*, Dezember 1941, S. 804.
228 Brief vom 18. (30.) März 1897 – [2], Band 1, S. 260.
229 Brief vom 8. (21.) Mai 1912 – [2], Band 2, S. 424.
230 Brief vom 19. Januar 1931 – LoC 40/15.
231 Brief vom 6. (18.) Mai 1897 – [2], Band 1, S. 261.
232 Brief vom 6. (18.) Mai 1897 – [2], Band 1, S. 261.
233 Brief vom 30. Juli (11. August) 1897 – [2], Band 1, S. 264.
234 Brief vom 4. (16.) September 1897 – [2], Band 1, S. 267.
235 Brief vom 24. September (6. Oktober) 1897 – [2], Band 1, S. 267 f.
236 Zu Rachmaninoffs Besuchen bei Lew Tolstoj gibt es widersprüchliche Angaben bezüglich der Termine und der Häufigkeit. Riesemann erwähnt nur eine Begegnung, während Schaljapin, die Swans und Goldenwejser

von zwei Besuchen ausgehen, was letztlich wahrscheinlicher ist. Auch die Bewertung der Treffen fiel unterschiedlich aus. Meistens werden sie als eine negative Erfahrung geschildert. 30 Jahre später sah Rachmaninoff die Ereignisse in einem milderen Licht. Es ist unklar, ob es sich um eine Erinnerungsverzerrung handelt oder Rachmaninoff die Begegnung mit dem berühmten Schriftsteller im Narrativ seines Lebens aufwerten wollte.

237 Lew Tolstoj, *Was ist Kunst?*, Verlag Eugen Diederichs, Leipzig 1902, S. 2 f.

238 [5], S. 75.

239 [5], S. 75.

240 Olga Haldey, *Mamontov's Private Opera: The Search for Modernism in Russian Theater*, Indiana University Press, Bloomington/Indianapolis 2010, S. 63.

241 Ortrud Westheider/Michael Philipp/Henning Schaper (Hrsg.), *Impressionismus in Russland – Aufbruch zur Avantgarde*, Prestel, München/London/New York 2021, S. 20.

242 Haldey, *Mamontov's Private Opera*, Bloomington/Indianapolis 2010, S. 64.

243 Maxim Gorkij, *Mein Freund Fjodor – Das Leben Schaljapins*, Rainer Wunderlich Verlag, Tübingen 1960, S. 158 f

244 [5], S. 87.

245 Fjodor Schaljapin, *Ohne Maske – Erinnerungen*, Drei Masken Verlag AG, Berlin 1933, S. 124.

246 Gorkij, *Mein Freund Fjodor*, Tübingen 1960, S. 187.

247 Ebd., S. 163 f.

248 Haldey, *Mamontov's Private Opera*, Bloomington/Indianapolis 2010, S. 68.

249 Ebd., S. 130.

250 Ebd., S. 64.

251 Ebd., S. 65.

252 Brief vom 29. September 1898 – Haldey, *Mamontov's Private Opera*, Bloomington/Indianapolis 2010, S. 65.

253 Brief vom 22. August 1899 – Ebd., S. 66.

254 Hirst, »Rachmaninoff the Man« – LoC 51/19.

255 Haldey, *Mamontov's Private Opera*, Bloomington/Indianapolis 2010, S. 172.

256 Ebd., S. 188.

257 John Nelson, *The Political in Rimsky-Korsakov's Operas*, Cambridge Scholars Publishing, Cambridge 2022, S. 8.

258 Gorkij, *Mein Freund Fjodor*, Tübingen 1960, S. 159.

259 Ebd., S. 164.

260 [5], S. 78.

261 [5], S. 78.

262 Brief vom 19. (31.) Oktober 1897 – [1], S. 151.

263 Brief vom 19. (31.) Oktober 1897 – [1], S. 151.

264 Brief vom 19. (31.) Oktober 1897 – [1], S. 151.

265 Brief vom 28. Juli (9. August) 1898 – [1], S. 165.

266 Bunin, *Čechov*, Berlin 2004, S. 175.

267 Brief vom 28. August (9. September) 1898 – [5], S. 83.

268 [5], S. 83.

269 Brief vom 15. Dezember 1897 – Henri Troyat, *Tschechow – Leben und Werk*, Deutsche Verlags-Anstalt, Stuttgart 1987, S. 236.
270 Brief vom 11. April 1889 – Gerhard Dick/Wolf Düwel (Hrsg.), *Anton Tschechow: Briefe 1879–1904*, Rütten & Loening, Berlin 1968, S. 138.
271 Prof. Bernhard Vogel, »Opern- und Concertaufführungen in Leipzig«, in *Neue Zeitschrift für Musik*, 61. Jg., Heft 46, 14. November 1894, S. 512.
272 James Francis Cooke, »My Prélude in C-sharp minor«, in *The Delineator – A Journal of Fashion, Culture an Fine Arts*, 28. Jg., Nr. 2, Februar 1910, S. 127.
273 [5], S. 86.
274 [5], S. 86 f.
275 Brief vom 6. (18.) Dezember 1897 – [1], S. 157.
276 Brief vom 6. (18.) Dezember 1897 – [1], S. 157.
277 Siehe u. a. die Briefe vom 22. (30.) November 1897 und 6. (18.) Dezember 1897 – [2], Band 1, S, 273 f.
278 Brief vom 13. (26.) April 1917 – [2], Band 2, S. 101.
279 Brief vom 13. (26.) April 1917 – [2], Band 2, S. 101.
280 Brief vom 16. (29.) Mai 1900– [2], Band 1, S. 559.
281 Ljudmila D. Rostowzowa (Л. Д. Ростовцова), »Воспоминания о С. В. Рахманинове« (Erinnerungen an S. W. Rachmaninoff, 1949), in [3], Band 1, S. 247.
282 Brief vom 13. (26.) April 1917 – [2], Band 2, S. 101.
283 Siehe Milton H. Erickson/Ernest L Rossi, *Hypnotherapie: Aufbau, Beispiele, Forschungen*, Klett-Cotta, Stuttgart 2015; Björn Migge, *Hypnose und Hypnotherapie*, Beltz, Weinheim 2018; Wilhelm-Gößling u. a., *Hypnotherapie bei Depressionen: Ein Manual für Psychotherapeuten*, Kohlhammer, Stuttgart 2020. Nach Informationen von Claudia Jacobs und Dorothee Amelung.
284 [11], S. 210.
285 [5], S. 90.
286 Riesemann, *Rachmaninoff's Recollections*, New York 1934, S. 112.
287 Elger Niels, »Nikolai Dahl's Cure – Good Luck or Good Practicing?«, auf https://www.rachmaninoff.org
288 Brief vom 3. September 1928 – [2], Band 2, S. 241.
289 Briefe vom 2. und 13. Mai 1938 – [2], Band 3, S. 130 und 219.
290 Unter anderem in den Briefen vom 22. November (4. Dezember) 1897 und 6. (18.) Dezember 1897 – [2], Band 1, S. 273 f.
291 M. S. Schaginjan in [3], Band 2, S. 106.
292 M. S. Schaginjan in [3], Band 2, S. 140 f.
293 Siehe Seite 304 und Endnote 659.
294 Brief vom 8. (21.) Mai 1912 – [2], Band 2, S. 47 f.
295 Anton Schindler, *Biographie von Ludwig van Beethoven*, Aschendorff'sche Buchhandlung, Münster 1840, S. 241.
296 Brief vom 8. (21.) und 10. (23.) Mai 1900 – [2], Band 1, S. 294 f.
297 Brief vom 18. (31.) Juli 1900 – [2], Band 1, S. 300.
298 Iwan Bunin, »Die Nacht« (Ночь, 1925).

299 Iwan Bunin (И. А. Бунин), Собрание сочинений (Gesammelte Werke), Band 9, Moskau 1965, S. 542.

300 Bunin, *Čechov*, Berlin 2004, S. 66.

301 Igor Jampolskij (Hrsg., Игорь Г. Ямпольский), А. К. Толстой: Сочинения (A. K. Tolstoj: Werke), Moskau 1964, S. 422 ff.

302 [12], S. 44.

303 Ilja Jefimowitsch Repin (1944–1930), »Kreuzprozession im Gouvernement Kursk« (Крестный ход в Курской губернии), 1880/83, Öl auf Leinwand, 178 × 285,4 cm, Tretjakow-Galerie, Moskau.

304 Brief vom 26. April (8. Mai) 1869 –Jampolskij, *A. K. Tolstoj: Werke*, Moskau 1964, S. 280.

305 Brief vom 8. (21.) Juni 1901 – [2], Band 1, S. 306.

306 [8], S. 93.

307 Referenzaufnahme Sonate für Cello und Klavier op. 19 – Natalie Clein, Charles Owen (2006): Anspielung auf op. 21, Nr. 1: 1:18, 2:25 f., 4:10, 5:14 f., 9:50 f.

308 Brief vom 22. Oktober (4. November) 1901 – [2], Band 1, S. 309.

309 Rachmaninoff blieb mit Nikolaj Dahl auch weiterhin schriftlich in Kontakt. Dieser wirkte mindestens einmal bei einer Aufführung von Rachmaninoffs zweitem Klavierkonzert mit: Im Jahr 1928 spielte er Bratsche im Orchester der Amerikanischen Universität in Beirut. Der Solist und Dirigent Arcadie Kougell informierte nach der Aufführung das Publikum, dass der Widmungsträger höchstpersönlich das Orchester verstärkt habe. Nikolaj Dahl musste sich erheben und seinen persönlichen Applaus entgegennehmen.

310 [4], S. 226. Der ukrainisch-russische Schlager entstand 1922. Bublitschki sind ein in Osteuropa verbreitetes Gebäck, das Brezeln ähnelt. Zu hören sind die privaten Mitschnitte auf Track 3 und 4 der dritten CD der Edition »Rachmaninoff plays *Symphonic Dances* – Newly discovered 1940 recording«, Marston Records 53022-2 (3 CDs).

311 A. A. Trubnikowa (А. А. Трубникова), »Сергей Рахманинов« (Sergej Rachmaninoff, 1946), in [3], Band 1, S. 125 f.

312 Natalija Aleksandrowna Rachmaninowa (Н. А. Рахманинова), »С. В. Рахманинов« (S. W. Rachmaninoff, 1947), in [3], Band 2, S. 292.

313 N. C., »The Brand Lane Concerts: Rachmaninoff«, in *Manchester Guardian*, 25. November 1929.

314 H. S., »Rachmaninoff in Dresden: Das Konzert im Gewerbehaus«, in [ohne Angabe], 24. November 1928 – LoC 57/8.

315 [9], Band 1, S. 172.

316 N. A. Rachmaninowa in [3], Band 2, S. 318.

317 Sylvester, *Rachmaninoff's Complete Songs*, Bloomington & Indianapolis 2014, S. 120.

318 Wladimir Szylkarski/Wilhelm Lettenbauer/Ludolf Müller (Hrsg.), *Deutsche Gesamtausgabe der Werke von Wladimir Solowjew. Kritik der abstrakten Prinzipien. Vorlesungen über das Gottmenschentum*, Erster Band, Erich Wewel Verlag, München 1978, S. 547.

319 Institut für russische Literatur (Hrsg., Институт русской литературы), Н. А. Некрасов: Полное собрание сочинений и писем (N. A. Nekrasow: Gesamtwerk und Briefe), Band 10, Moskau 1952, S. 344 f.

320 Michael Scott, *Rachmaninoff*, The History Press Ltd., Stroud 2008, S. 62.

321 [5], S. 106 f.

322 [5], S. 107.

323 Martens, »Rachmaninoff talks of Russia and America«, in *The Musical Observer*, April 1921, S. 12.

324 [5], S. 107.

325 [5], S. 109.

326 [3], Band 2, S. 202.

327 Nikolaj Rimskij-Korsakow, *Chronik meines musikalischen Lebens*, Verlag Philipp Reclam jun., Leipzig 1968, S. 425 f.

328 Gorkij, *Mein Freund Fjodor*, Tübingen 1960, S. 165.

329 [5], S. 109.

330 [5], S. 108.

331 Siehe Igor Simin (Игорь Зимин), »Балы в императорских дворцах« (Bälle in den Kaiserpalästen), in ders. (Hrsg.), Взрослый мир императорских резиденций: Вторая четверть XIX – начало XX века (Die Erwachsenenwelt der kaiserlichen Residenzen – Vom zweiten Viertel des 19. bis zum Beginn des 20. Jahrhunderts), Zentrpoligraf, Moskau 2011; und Richard Wortman, *Scenarios of Power: Myth and Ceremony in Russian Monarchy*, Princeton University Press, Princeton 1995.

332 Manfred Alexander/Günther Stökl, *Russische Geschichte*, Nikol Verlag, Hamburg 2018, S. 522.

333 Alexej Konstantinowitsch Tolstoj (Лев Николаевич Толстой),МПроект постановки на сцену трагедии »Смерть Иоанна Грозного« (Das Projekt zur Inszenierung der Tragödie »Der Tod von Iwan dem Schrecklichen«), Moskau 1866.

334 Konstantin Apollonowitsch Sawizkij (1844–1905), »Auf in den Krieg!« (На войну), Öl auf Leinwand, 1888, 207,5 × 303,05 cm, Russisches Staatsmuseum, Sankt Petersburg.

335 [2], Band 1, S. 584.

336 Carrère d'Encausse, *Nikolaj II.*, Wien 1998, S. 174.

337 Brief aus dem Jahr 1939 – [2], Band 3, S. 171.

338 Marshall Berman, *All That Is Solid Melts into Air: The Experience of Modernity*, Verso, London/New York 2010 (Erstausgabe 1982), S. 253 f.

339 Orlando Figes, *Hundert Jahre Revolution – Russland und das 20. Jahrhundert*, Hanser Berlin, München 2017, S. 36.

340 Walter Sablinsky, *The Road to Bloody Sunday*, Columbia University Press, Princeton 1976, S. 344.

341 Erklärung vom 16. (29.) Januar 1905 – [2], Band 1, S. 354.

342 Ebd.

343 Krjukow, *Alexander Konstantinowitsch Glasunow*, Berlin 1988, S. 110.

344 Ebd., S. 113.

345 Josif Filippowitsch Kunin, *Nikolai Andrejewitsch Rimski-Korsakow*, Verlag Neue Musik, Berlin 1981, S. 141.

346 Ebd., S. 142.

347 Petition, verfasst zwischen dem 21. und 29. März (3. und 11. April 1905) – [2], Band 1, S. 356 f.

348 Rimskij-Korsakow, *Chronik meines musikalischen Lebens,* Leipzig 1968, S. 429.

349 [5], S. 115.

350 Auch in Offenbachs 1881 uraufgeführter Oper *Hoffmanns Erzählungen* werden unsaubere Geschäfte mit »dem Juden Elias« abgewickelt; bei Bedarf ließen sich in Rachmaninoffs Oper *Der geizige Ritter* durch geringfügige Anpassungen aus dem »проклятый жид«, dem »verwünschten Juden«, wie ihn der Sohn des Barons nennt, ein »проклятый банкир«, ein »verwünschter Bankier« machen. Rachmaninoff selbst hat, wenn erforderlich, geringfügige Anpassungen am Notentext vorgenommen, wie etwa bei der englischen Gesangsfassung von *Die Glocken.*

351 [5], S. 179.

352 Tagebuch vom 5. März 1904 – Wehrmeyer (Hrsg.), *Sergej Taneev,* Berlin 1995, S. 181.

353 [6], S. 158.

354 Zitiert nach Sigrid Neef/Hermann Neef, *Handbuch der russischen und sowjetischen Oper,* Henschelverlag Kunst und Gesellschaft, Berlin 1985, S. 385.

355 S. W. Satina, *A 20th Century Life,* London 1997, S. 30.

356 Norman Cameron [Pseudonym von Norah C. Barr Adams], »The Composer as Interpreter«, in *The Monthly Musical Record,* November 1934,

357 Brief vom 4. (17.) Mai 1906 – [1], S. 272.

358 Ebd.

359 Ebd.

360 Brief vom 16. (29.) Juni 1907 – [2], Band 1, S. 436.

361 Brief vom 24. Mai (6. Juni) 1906 – [2], Band 1, S. 387.

362 Brief vom 3. (16.) Juli 1906 – [2], Band 1, S. 393.

363 Brief vom 21. August (3. September) 1906 – [2], Band 1, S. 397.

364 Ebd., S. 398.

365 Ebd., S. 398.

366 Ebd., S. 398.

367 Ebd., S. 398.

368 Ebd., S. 398.

369 Mechthild Keller/Karl-Heinz Korn (Hrsg.), *Russen und Rußland aus deutscher Sicht, 19./20. Jahrhundert: Von der Bismarckzeit bis zum Ersten Weltkrieg,* Wilhelm Fink Verlag, München 2000, S. 792. Die vom Lew Kopelew Forum im Köln initiierten Publikationen sind unentbehrlich zum Verständnis der westeuropäisch-russischen Wechselbeziehungen. Die Buchreihe *Russen und Rußland aus deutscher Sicht/Deutsche und Deutschland aus russischer Sicht* analysiert ab dem 9. Jahrhundert über 1000 Jahre Kulturgeschichte.

370 [7], S. 96.

371 Erich Haenel/Eugen Kalkschmidt (Hrsg.), *Das alte Dresden: Bilder und Dokumente aus zwei Jahrhunderten,* Verlagsgruppe Weltbild GmbH, Würzburg 1977 (Originalausgabe 1934), S. 461.

372 Brief vom 27. Oktober (9. November) 1906 – [2], Band 1, S. 404.

373 Ebd., S. 403.
374 Brief vom 27. Oktober (9. November) 1906 – [2], Band 1, S. 403 f.
375 Brief vom 8. (21.) November 1906 – [2], Band 1, S. 408.
376 Brief vom 31. März (13. April) 1907 – [2], Band 1, S. 430.
377 Brief vom 20. Februar 1931 – [2], Band 2, S. 297.
378 Paul Hiller, »Musikbriefe und Berichte: Köln«, in *Musikalisches Wochenblatt/Neue Zeitschrift für Musik,* 38./74. Jg., Heft 28, 11. Juli 1907, S. 619.
379 E. Rudakow (Е. Рудаков), С. Р. Рахманинов, 2. Auflage, Musika, Moskau 1988, S. 31.
380 Brief vom 27. Oktober (9. November) 1906 – [2], Band 1, S. 404 f.
381 Prof. Dr. Paul Pfitzner, »Musikbriefe und Berichte: Dresden«, in *Musikalisches Wochenblatt/Neue Zeitschrift für Musik,* 38./74. Jg., Heft 26, 27. Juni 1907, S. 575.
382 C. K., »Musikbriefe und Berichte: Leipzig«, in *Musikalisches Wochenblatt/Neue Zeitschrift für Musik,* 38./74. Jg., Heft 22, 30. Mai 1907, S. 491.
383 Rachmaninoffs Rönisch-Flügel mit der Produktions-Nummer 59183 steht heute in dem Museum auf seinem Landsitz Iwanowka. Das Kaufdatum und der Preis lassen sich nicht mehr feststellen, da die Pianomanufaktur und sämtliche Dokumente bei dem Bombenangriff am 13. Februar 1945 vernichtet wurden. Seither produziert Rönisch in Großpösna bei Leipzig. Reste des alten Fabrikgebäudes im Dresdner Wallgässchen sind bis heute erhalten und beherbergen unter anderem das Museum Körnigreich zu Ehren des Künstlers Hans Körnig.
384 Dr. Roderich von Mojsisovics, »Dekadenz in der Musik?«, in *Musikalisches Wochenblatt,* 37. Jg., Heft 9, 1. März 1906, S. 173.
385 Meinhard Saremba, *Clara Schumann, Johannes Brahms und das moderne Musikleben,* Osburg Verlag, Hamburg 2021, S. 160 ff.
386 Prof. Dr. Paul Pfitzner, »Tonkünstlerfest vom 29. Juni bis 2. Juli«, in *Musikalisches Wochenblatt/Neue Zeitschrift für Musik,* 38/74. Jg., Nr. 28, 11. Juli 1907, S. 616 f.
387 Pfitzner, »Tonkünstlerfest«, in *Musikalisches Wochenblatt/Neue Zeitschrift für Musik,* 11. Juli 1907, S. 617.
388 Karl August Krauss, »*Sonnenwende,* Oper in drei Akten. Dichtung und Musik von Ernst Hartenstein. Uraufführung im Hof- und Nationaltheater am 17. März 1907«, in *Musikalisches Wochenblatt/Neue Zeitschrift für Musik,* 38/74. Jg., Nr. 13/14, 29. März 1907, S. 315.
389 Prof. Dr. Paul Pfitzner, »Musikbriefe und Berichte: Dresden«, in *Musikalisches Wochenblatt/Neue Zeitschrift für Musik,* 38/74. Jg., Nr. 2, 6. Juni 1907, S. 514.
390 Brief vom 27. November (10. Dezember) 1906 – [2], Band 1, S. 412 f.
391 Brief vom 8. (21.) Dezember 1906 – [2], Band 1, S. 414.
392 Brief vom 29. Januar (11. Februar) 1907 – [2], Band 1, S. 423. Pjotr Arkadjewitsch Stolipin (1862–1911), der Minister für Innere Angelegenheiten, hatte nach terroristischen Anschlägen ein neues Kriegsrecht eingeführt.
393 Brief vom 8. (21.) Dezember 1906 – [2], Band 1, S. 414.
394 Brief vom 29. Januar (11. Februar) 1907 – [2], Band 1, S. 423.
395 Brief vom 31. März (13. April) 1907 – [2], Band 1, S. 431.
396 Brief vom 22. Dezember 1906/4. Januar 1907 – [2], Band 1, S. 418.

397 Brief vom 21. Oktober (3. November) 1906 – [2], Band 1, S. 402 f.
398 Brief vom 21. Oktober (3. November) 1906 – [2], Band 1, S. 402.
399 *The Monthly Musical Record,* April 1914, zitiert nach Robert Matthew-Walker, *Rachmaninoff: The Illustrated Lives of the Great Composers,* Omnibus Press, London 2010, Kapitel 6.
400 Brief vom 31. März (13. April) 1907 – [2], Band 1, S. 431.
401 Brief vom 29. Januar (11. Februar) 1907 – [2], Band 1, S. 422.
402 Ebd.
403 Brief vom 31. März (13. April) 1907 – [2], Band 1, S. 430.
404 Brief vom 29. Januar (11. Februar) 1907 – [2], Band 1, S. 422.
405 Arthur Neisser, »Ein russisches Musikfest in Paris«, in *Musikalisches Wochenblatt/Neue Zeitschrift für Musik,* 38./74. Jg., Nr. 25, 20. Juni 1907, S. 561.
406 Brief vom 29. Januar (11. Februar) 1907 – [2], Band 1, S. 423.
407 Hirst, »Rachmaninoff the Man« – LoC 51/19.
408 [5], S. 356 f.
409 Brief vom 3. (16.) Juli 1906 – [5], S. 126.
410 Brief vom 24. Juni (7. Juli) 1907 – [5], S. 140.
411 [5], S. 132.
412 Brief vom 29. Juni (12. Juli) 1908 – [1], S. 348.
413 [5], S. 357.
414 Brief vom 24. November (7. Dezember) 1906 – [1], S. 305.
415 Brief vom 29. Januar (11. Februar) 1907 – [1], S. 318.
416 Brief vom 2. (15.) August 1907 – [2], Band 1, S. 439.
417 Brief vom 31. März (12. April) 1908 – [2], Band 1, S. 446.
418 Brief vom 24. Januar (6. Februar) 1908 – [2], Band 1, S. 444 f.
419 Referenzaufnahme Sinfonie Nr. 2 – Kirov Orchestra Sankt Petersburg, Walerij Gergiew (1994): Die einzige Aufnahme, in der Celli und Kontrabässe an markanten Stellen im Kopfsatz deutlich separat zu hören sind (I/ab 0:01 und 22:27), Konflikt (I/ab 5:55, 10:04, 13:07–17:45, ab 21:10), dramatische und ›revolutionäre‹ Ausbrüche (I/ab 0:54 und ab 6:38), Schlaginstrumente (I/ab 16:69, II/ab 5:09, IV/ab 0:54), Solovioline (I/ab 12:50, III/ab 6:58), Dies irae (II/ab 8:02), Pritschet (I/Englischhorn ab 4:10, Fagott ab 14:15, III/ab 3:48), Meno mosso-Einschub (II/ab 3:15 und 4:30), Schatten (III/ab 3:18), bedrohliche Eintrübungen (IV/ab 6:38 und 9:18).
420 Julie A. Buckler, *The Literary Lorgnette: Attending Opera in Imperial Russia,* Stanford University Press, Stanford, California 2000, S. 5.
421 [7], S. 205.
422 [5], S. 144.
423 Adolf Schultze, »Konzerte: Berlin«, in *Musikalisches Wochenblatt/Neue Zeitschrift für Musik,* 40. Jg., Heft 37, 9. Dezember 1909, S. 534.
424 Leopold Schmidt, »Aus den Konzerten«, in *Berliner Tageblatt und Handels-Zeitung,* 38. Jg., Nr. 608, 30. November 1909, S. 2.
425 Siehe beispielsweise Peter Panoff, »Zur Erkenntnis des nationalen Stils in der russischen Musik«, in *Signale für die musikalische Welt,* 85. Jg., Nr. 23, 8. Juni 1927, S. 862–864.

426 August Püringer, »Konzert der Kgl. Kapelle«, in *Dresdner Zeitung,* 17. März 1912. Raskolnikow ist der Protagonist in Fjodor Dostoewskijs Roman *Verbrechen und Strafe* (Преступление и наказание, 1866). Die Geschichte wurde zwischen 1882 und 1912 acht Mal ins Deutsche übertragen, teilweise mit verschiedenen Titeln, unter anderem als Raskolnikow's *Schuld und Sühne.* Ein 1907 erschienener Roman von Michail Arzibaschew trägt den Titel *Ssanin* (Ссанин). Das Buch kam 1909 in einer deutschen Fassung heraus. Da die Titelfigur gegen zahlreiche gesellschaftliche Konventionen verstößt, wurde das Werk in Russland von der zentralen Zensurbehörde verboten und stand auch in anderen Ländern, darunter Deutschland, zeitweilig auf dem Index.

427 August Püringer, »Konzert der Kgl. Kapelle«, in *Dresdner Zeitung,* 17. März 1912.

428 Max Marschalk in *Vossische Zeitung,* 268, 14. November 1928.

429 S. I. Schlifstein (Hrsg.), *Sergej Prokofjew: Dokumente, Briefe, Erinnerungen,* VEB Deutscher Verlag für Musik, Leipzig 1961, S. 140.

430 Ewen, »Music Should Speak from the Heart«, in *The Etude,* Dezember 1941, S. 804.

431 Um die komplexe Dynamik des Zögerns, des Zauderns, des Innehaltens, des Neuansetzens, des Perspektivenwechsels und des Zweifelns zu erfassen, führte der Schweizer Soziologe Kurt Lüscher den Begriff ›Vaszillieren‹ ein (nach dem Lateinischen ›vacillare‹ für schwanken, unsicher sein). Dieser ist umfassender als das auf polare Spannungsfelder bezogene ›Oszillieren‹. Nach Lüschers Verständnis von Ambivalenz ist die Suche nach Bedeutungen und die Handlungsbefähigung mit der Vorstellung der dynamischen Entfaltung persönlicher Identität verbunden: Der Umgang mit Ambivalenzen ist nicht nur belastend, sondern auch anregend für innovative Denk- und Verhaltensweisen. Siehe u. a. Kurt Lüscher, »Ambivalenzen – Beziehungen – Identitäten: Skizze einer transdisziplinären Heuristik«, in Bernhard Groß/Verena Krieger/Michael Lüthy/Andrea Meyer-Fraatz (Hrsg.), *Ambige Verhältnisse: Uneindeutigkeit in Kunst, Politik und Alltag,* Transkript-Verlag, Bielefeld 2021, S. 129–152; ders., »›Homo ambivalens‹: Herausforderung für Psychotherapie und Gesellschaft«, in *Psychotherapeut,* Nr. 55, 2010, S. 136–146.

432 James Francis Cooke, »My Prélude in C-sharp minor«, in *The Delineator – A Journal of Fashion, Culture an Fine Arts,* 28. Jg., Nr. 2, Februar 1910, S. 127.

433 In den vergangenen 20 Jahren wurden in der Forschung dialektische Konzepte entwickelt, die erheblich flexibler und differenzierter sind als das traditionelle binäre Modell, dem zufolge Musik entweder modern ist oder nicht. Wichtige Beiträge hierzu sind beispielsweise die Untersuchungen von Daniel M. Grimley (Nielsen, Vaughan Williams), James Hepokoski (Sibelius), J. P. E. Harper-Scott (Elgar) und Philip Rupprecht (Britten). Für Rachmaninoffs Musik stehen entsprechende Analysen noch aus.

434 Die Vielseitigkeit von Rachmaninoffs Musik führte bei Untersuchungen zu spannenden Ergebnissen: Bei Computeranalysen zu dem Aspekt »Neuheit und Einfluss kreativer Arbeiten und Quantifizierung von Fortschrittsmustern basierend auf probabilistischen Referenznetzwerken«, die bei 900 Klavierkompositionen durchgeführt wurden, die von 19 Komponisten zwischen etwa 1700 und 1910 geschrieben wurden, ergab sich:

Sergej Rachmaninoff ist – aufgrund der höchsten kombinierten Neuheitspunktzahl – der innovativste Komponist jener Zeit. Die Wissenschaftler analysierten die Partituren darauf, wie sich Musikkompositionen von allen früheren Klavierstücken und von früheren Klavierwerken desselben Komponisten unterschieden. Sie stellten fest, dass Kompositionen aus der Zeit von 1750 bis 1820 tendenziell die niedrigsten Neuigkeitswerte aufwiesen, während Komponisten aus der Ära von 1820 bis 1910 tendenziell hohe Neuheitswerte hatten. Das Modell unterschied jede neue Musikperiode von der vorherigen durch den Aufstieg neuer dominanter und höchst einflussreicher Komponisten, die auf dramatische Verschiebungen in den Musikstilen hindeuteten. Rachmaninoffs Œuvre war neuartig im Vergleich zu den anderen Kompositionen der Studie, und seine späteren Werke waren neuartig im Vergleich zu seinen früheren Werken. Der Grad der Neuartigkeit sagt nichts über den Einfluss aus. Beethovens Klavierkompositionen wurden in der unteren Hälfte der ›Neuheiten‹ eingestuft, dennoch war er einer der einflussreichsten Künstler des 19. Jahrhunderts. Das angewandte Modell ermöglicht es, den Grad gemeinsamer Melodien und Harmonien zwischen vergangenen und zukünftigen Werken zu berechnen und die Entwicklung westlicher Musikstile zu beobachten, indem es zeigt, wie prominente Komponisten sich gegenseitig beeinflusst haben. Siehe: Doheum Park/Juhan Nam/Juyong Park, »Novelty and influence of creative works, and quantifying patterns of advances based on probabilistic references networks«, in *European Physical Journal Data Science* 9, 2 (2020).

435 [6], S. 312.

436 [5], S. 153.

437 Als Rachmaninoff mit Schaljapin Boitos *Mefistofele* einstudierte, muss man in der russischen Übersetzung von 1888 auf folgende Zeilen aus dem Epilog gestoßen sein (hier mit deutscher Fassung des Originals und der russischen Version): »Re d'un placido mondo / D'una landa infinita, / A un popola fecondo / Voglio donar la vita. […] Sotto una savia legge / Vo'che surgano a mille / A mille e genti e gregge / E case e campi e ville.« (Als König einer friedvollen Welt / eines endlosen Landes, / möchte ich einem fruchtbaren Volk / Leben schenken. […] Unter einem weisen Gesetz / will ich Tausende erheben, / tausend Völker und Herden, / Und Häuser, Felder und Villen.) Die russische Fassung von 1888: »правит хотелъ бы я народом, / где бъвсевъдоволъстве жили, / чтобъ счастъе и свобода / всегда въ стране царили […] то бы мудрые законы / всехъ къ миру призывали, / чтобъ гражданъ миллионы / судъбу благословляли!« (Ich möchte das Volk regieren, / wo es zufrieden lebt, / damit Glück und Freiheit / immer im Land herrschen […] Denn mit weisen Gesetzen / wären alle (auf der Welt) zum Frieden aufgefordert / damit Millionen von Bürgern / ein gesegnetes Schicksal haben!)

438 Referenzaufnahme Klaviersonate Nr. 1 op. 28 – Aleksis Weissenberg (1987): Moderato (III/ab 4:02 und ab 9:10)

439 [5], S. 152.

440 M. S. Schaginjan in [3], Band 2, S. 155.

441 Brief vom 19. Dezember (1. Januar) 1909 – [2], Band 1, S. 466.

442 Brief vom 28. November (11. Dezember) 1908 – [2], Band 1, S. 464.

443 Adolf Frey, *Arnold Böcklin: nach den Erinnerungen seiner Zürcher Freunde,* Stuttgart/Berlin 1903; Fritz Ostini, *Böcklin,* Bielefeld 1904; Johannes Manskopf, *Böcklins Kunst und die Religion,* München 1905; Ernst Berger, *Böcklins Technik,* München 1906.

444 Arnold Böcklin (1827–1901), »Die Toteninsel«, Erste Version: Mai 1880 – Öl auf Leinwand, 111 × 155 cm, seit 1920 in der Öffentlichen Kunstsammlung im Kunstmuseum Basel; Zweite Version: Juni 1880 – Öl auf Holz, 74 × 122 cm, seit 1926 im Metropolitan Museum of Art New York; Dritte Version: 1883 – Öl auf Holz, 80 × 150 cm, seit 1980 in der Alten Nationalgalerie der Staatlichen Museen zu Berlin; Vierte Version: 1884 – Öl auf Kupfer, 81 × 151 cm, in Besitz des Kunstsammlers Heinrich Baron Thyssen, in seiner Berliner Bankfiliale bei einem Bombenangriff im Zweiten Weltkrieg zerstört, aber es gibt noch eine Schwarzweiß-Fotografie; Fünfte Version: 1886 – Öl auf Holz, 80 × 150 cm, seit 1886 im Museum der bildenden Künste Leipzig.

445 [2], Band 1, S. 95.

446 Brief vom 8. (21.) März 1909 – [2], Band 1, S. 473.

447 [2], Band 1, S. 622.

448 Brief vom 6. (19.) Juni 1909 – [2], Band 1, S. 479.

449 Felix Krämer (Hrsg.), *Schwarze Romantik – Von Goya bis Max Ernst,* Städel Museum, Frankfurt a. M. 2012, S. 19.

450 Referenzaufnahme *Die Toteninsel* op. 29 – Rotterdam Philharmonic Orchestra, Edo de Waart (1978) – Schleier (0:01 f., 20:20 f.), Bewegung des Wassers (3:38 f., 8:43 f.), drei statische Intermezzi (ab 4:50, ab 9:48, ab 11:28), Dies irae (ab 16:07), Stimmungen wechseln von Lento (0:01) über »Un poco più vivo« (ein wenig belebter, ab 7:20), »Un poco più mosso« (etwas bewegter, ab 8:00), Tranquillo (9:58), Largo (10:55), »Più vivo« (13:30), Allegro molto (14:15), Meno mosso (14:33) zu »Più vivo e poco a poco accelerando e crescendo« (lebhafter und nach und nach schneller und lauter werden, ab 15:28), Allegro molto (15:52) zu Largo (ab 16:07).

451 Arnold Böcklin, »Die Lebensinsel«, Öl auf Mahagoni, 1888, 93,3 × 40,1 cm, Kunstmuseum Basel.

452 Brief vom 6. (19.) Juni 1909 – [2], Band 1, S. 479.

453 Ebd., S. 479.

454 Abner and Jeanne Thorp, »Memories of the Master«, undatiertes, maschinengeschriebenes Manuskript – LoC 51/31.

455 Richard Taruskin, »Written for Elephants: Notes on Rach 3«, in Richard Taruskin, *Russian music at home and abroad: new essays,* University of California Press, Oakland, California 2016, S. 134.

456 RNMM.

457 Brief vom 15. April 1935 – [2], Band 3, S. 479 f.

458 Brief vom 30. April 1935 – [2], Band 3, S. 49 f.

459 Brief vom 22. Mai 1935 – [2], Band 3, S. 479 f.

460 Brief vom 30. April 1935 – [2], Band 3, S. 49 f.

461 Ewen, »Music Should Speak from the Heart«, in *The Etude,* Dezember 1941, S. 804.

462 Brief vom 30. April 1935 – [2], Band 3, S. 49 f.

463 Paul Zschorlich, »Rachmaninoff«, in *Deutsche Zeitung*, 23. November 1928.

464 Referenzaufnahme 3. Klavierkonzert op. 30 – Khatia Buniatishvili, Tschechische Philharmonie, Paavo Järvi (2016) – das vorgegebene Thema (I, ab 0:05), Klavier nach 31 Takten (II/ab 1:59); Partiturziffer 33 (II/ ca. 7:02), Partiturziffer 48 (III/ab 2:56); Adagio (II/0:01–6:53), ›Scherzo‹ (II/ab 6:54–III/bis 8:01), Lento (III/ ab 6:07), Partiturziffer 59 f. (III/ab 8:02).

465 Peter Payer, *Der Klang der Großstadt*, Böhlau Verlag, Wien/Köln/Weimar 2018, S. 126 f.

466 Konstantin Sergeewitsch Stanislawskij (1863–1938) fasste seine Erfahrungen ab 1926 schriftlich für Buchprojekte zusammen, jedoch kam es zu Verzögerungen und die Bände erschienen ab den 1930er-Jahren zum Teil posthum. Mit unterschiedlichen Titeln kamen sie auch in Übersetzungen heraus. Der grundlegende Band ist *Die Arbeit des Schauspielers an sich selbst* (Рабóта актёра над собóй, 1936).

467 Dieter Hoffmeier, *Stanislavskij – Auf der Suche nach dem kreativen Schauspieler: Neue Einblicke in sein Wirken*, Verlag Urachhaus, Stuttgart 1993, S. 238.

468 Dieter Hoffmeier (Hrsg.), *Toporkov: Stanislavskij bei der Probe*, Parthas Verlag, Berlin 1997, S. 235 f.

469 Cameron, »The Composer as Interpreter«, in *The Monthly Musical Record*, November 1934, S. 201.

470 »The Philharmonic Again: Sunday Afternoon Concert in Carnegie Hall with Rachmaninoff as Soloist«, in *New York Times*, 17. Januar 1910.

471 Interview mit Jorge Bolet, auf: *The Complete Josef Hofmann, Vol. 9: Miscellaneous Recordings with interviews about Hofmann*, Marston Records 52058-2.

472 Interview mit Nadia Reisenberg, auf: *The Complete Josef Hofmann, Vol. 9: Miscellaneous Recordings with interviews about Hofmann*, Marston Records 52058-2.

473 Interview mit Gian Carlo Menotti, auf: *The Complete Josef Hofmann, Vol. 9: Miscellaneous Recordings with interviews about Hofmann*, Marston Records 52058-2.

474 Briefe vom 14. März 1919, 8. August 1921, 20. Oktober 1919 – LoC 44/38.

475 Thorp, »Memories of the Master« – LoC 51/31.

476 Die Vitalität von Horowitz' Interpretation, die Rachmaninoff seinerzeit erlebte, lässt sich am besten nachvollziehen an der Aufnahme mit dem von Albert Coates im Dezember 1930 in der Londoner King's Hall geleiteten London Symphony Orchestra. In allen späteren Aufnahmen finden sich viele Ungenauigkeiten und die Manierismen des älteren Horowitz. Zumindest die Horowitz-Interpretationen der 1920er- und 1930er-Jahre waren so überzeugend, dass ihm Rachmaninoff auch Kürzungen durchgehen ließ.

477 [5], S. 161.

478 Joseph Horowitz, *Classical Music in America: A History of Its Rise and Fall*, W. W. Norton & Company, New York/London 2005, S. 185.

479 Horowitz, *Classical Music in America*, New York/London 2005, S. 416.

480 William Malloch, »I Remember Mahler«, Radiosendung aus dem Jahr 1964 mit Erinnerungen von Musikern, die unter der Leitung von

Gustav Mahler bei den New Yorker Philharmonikern spielten, und anderen, die ihn damals kannten.

481 William Malloch, »I Remember Mahler« (1964).

482 [5], S. 163.

483 [5], S. 122.

484 [5], S. 152.

485 [5], S. 152.

486 [5], S. 144.

487 [7], S. 233 f.

488 [9], Band 2, S. 176 ff. Um 70 Guineen zu verdienen, musste um 1910 ein gelernter Handwerker 212 Tage arbeiten (https://www.nationalarchives.gov.uk/currency-converter).

489 Michail Alexandrowitsch Wrubel (1856–1910), »Fliederblüten« (Сирень), Öl auf Leinwand, 1900, 160 × 177 cm, Tretjakow-Galerie, Moskau.

490 [5], S. 174 f.

491 Brief vom 15. (28.) Juli 1909 – [2], Band 2, S. 481.

492 Ebd., S. 480.

493 Hirst, »Rachmaninoff the Man« – LoC 51/19.

494 M. S. Schaginjan in [3], Band 2, S. 141.

495 Siehe Manfred Hildermeier, *Geschichte Russlands: Vom Mittelalter bis zur Oktoberrevolution*, C. H. Beck, München 2016, S. 108 f.

496 Brief vom 31. Juli (13. August) 1910 – [1], S. 395.

497 Brief vom 22. August (4. September) 1910 – [1], S. 398.

498 [9], Band 1, S. 257.

499 Brief vom 8. (21.) Mai 1912 – [2], Band 2, S. 49.

500 Brief vom 29. März (11. April) 1912 – [2], Band 2, S. 45.

501 James Francis Cooke, »My Prélude in C-sharp minor«, in *The Delineator – A Journal of Fashion, Culture an Fine Arts*, 28. Jg., Nr. 2, Februar 1910, S. 127.

502 Sergej Senkow (Сергей Сенков), Рахманинов – Гений признанный и непонятый (Rachmaninoff – Das anerkannte und missverstandene Genie), Moskau 2018, S. 61.

503 [5], S. 182.

504 *Rachmaninoff Plays Symphonic Dances (Newly Discovered 1940 Recording)*, Marston Records (3 CD). Neben Aufnahmen von Künstlern, die mit Rachmaninoff zusammenarbeiteten, findet sich Rachmaninoffs Demonstration der *Sinfonischen Tänze* auf CD 1 Track 1–6 und CD 3 Track 6–9.

505 Cameron, »The Composer as Interpreter«, in *The Monthly Musical Record*, November 1934, S. 201.

506 Brief vom 14. (27.) Februar 1912 – [2], Band 2, S. 42 f.

507 Brief vom 14. (27.) Februar 1912 – [2], Band 2, S. 42.

508 Brief vom 15. (28.) März 1912 – [2], Band 2, S. 43.

509 Brief vom 15. (28.) März 1912 – [2], Band 2, S. 43.

510 M. S. Schaginjan in [3], Band 2, S. 104.

511 Peter Gay, *Die Macht des Herzens – Das 19. Jahrhundert und die Erforschung des Ich*, Verlag C. H. Beck, München 1999, S. 400.

512 Brief vom 15. (28.) März 1912 – [2], Band 2, S. 43.

513 Brief vom 19. Juni (2. Juli) 1912 – [2], Band 2, S. 51.
514 [5], S. 184.
515 [5], S. 184.
516 [5], S. 184. Rachmaninoff spielte auf den mit »Adagio lamentoso – Andante« überschriebenen Finalsatz von Tschajkowskijs sechster Sinfonie an.
517 Riesemann, *Rachmaninoff's Recollections,* New York 1934, S. 171.
518 Brief vom 12. April 1908 – [5], S. 145.
519 N. A. Rachmaninowa in [3], Band 2, S. 298.
520 Brief vom 10. (23.) Juli 1913 – [2], Band 2, S. 60.
521 [5], S. 187.
522 [5], S. 184.
523 [5], S. 184.
524 [5], S. 184.
525 [5], S. 184.
526 [5], S. 323.
527 Referenzaufnahme *Die Glocken* op. 35 – Larin, Michailowa, Masurok, Chor des Bolschoj-Theaters, Philharmonisches Orchester Moskau, Dmitrij Kitaenko (1986): »Zeilen, die sich nicht im Original finden« (I/ab 2:32), Dies irae (I/ab 3:01, II/ab 0:01 und ab 7:31, IV/ab 6:33), Pritschetieren (II/ab 5:51, IV/ab 0:08), »melodische Wendung des grünen Rauschens« (II/ab 2:33, 4:22 und 6:41), Tschaikowskijs Initialen (IV/3:01), »Balmont reflektiert über das Sterben« (IV/ab 3:13).
528 [5], S. 187.
529 [2], Band 2, S. 396 und Band 3, S. 443.
530 Sergej Rachmaninoff, »Recollections of a Vanished World, as told to Frederick H. Martens; I. Ivanovka«, maschinengeschriebenes Manuskript – LoC 50/1–2.
531 [2], Band 2, S. 402.
532 Brief vom 9. (22.) August 1915 – [2], Band 2, S. 82.
533 Brief vom 3. (16.) August 1915 – [2], Band 2, S. 266.
534 Brief vom 3. (16.) August 1915 – [2], Band 2, S. 266.
535 Volker Ullrich, *Die nervöse Großmacht – Aufstieg und Untergang des deutschen Kaiserreichs 1871–1918,* S. Fischer, Frankfurt am Main 2014, S. 401.
536 Jörn Leonhard, *Die Büchse der Pandora: Geschichte des Ersten Weltkriegs,* C. H. Beck Verlag, München 2014, S. 71.
537 Iwan Stanislawowitsch Blioch (Иван Станиславович Блиох), Война – Будущая война и её экономические последствия (Der Krieg – Der zukünftige Krieg und seine wirtschaftlichen Folgen), Moskau 1897. In anderen Schreibweisen findet sich der Name von Blioch (1836–1902) auch als Ivan Bloch, Jean de Bloch oder Johann von Bloch.
538 Christopher Clark, *Die Schlafwandler – Wie Europa in den Ersten Weltkrieg zog,* Deutsche Verlags-Anstalt, München 2013, S. 458.
539 Brief vom 30. April 1935 – [3], S. 49. Rachmaninoff bezog sich auf folgende Abschnitte aus seinem *Vigil* op. 37: »Благослови, душе моя, Господа» (2: Segne, meine Seele, o Herr), »Ныне отпущаеши« (5: Herr, nun lässt du deinen Diener in Frieden scheiden), «Славословие« (12: Ehre sei Gott in der Höhe und Friede auf Erden den Menschen guten Willens), »Блажен

муж« (3: Gesegnet ist der Mensch, der nicht im Rat der Gottlosen wandelt) und »Богородице« (6: Sei gegrüßt, o jungfräuliche Gottesmutter).

540 [5], S. 191.

541 Siehe unter anderem https://www.oktavism.com

542 M. S. Schaginjan in [3], Band 2, S. 141.

543 Riesemann, *Rachmaninoff's Recollections,* New York 1934, S. 167.

544 Brief vom 2. Januar 1930 – [2], Band 2, S. 169 f.

545 Brief vom 2. Januar 1930 – [2], Band 2, S. 170.

546 Brief vom 2. Januar 1930 – [2], Band 2, S. 169.

547 Brief aus dem Jahr 1854 – Jampolskij, *A. K. Tolstoj: Werke,* Moskau 1964, S. 28.

548 Arnold Böcklin (1827–1901), »Meeresstille« (1887), Tempera und Firnisfarbe auf Holz, 103 × 150 cm, Kunstmuseum Bern.

549 Christian Labrande/Donald Sturrock, *The Art Of Piano: Great Pianists of the 20th Century,* WNET Channel 13, New York 1999 (Warner Bros 3984-29199-2).

550 Ebd.

551 Arnold Böcklin (1827–1901), »Die Heimkehr«, 78 × 100 cm, Privatsammlung.

552 [5], S. 296.

553 Ewen, »Music Should Speak from the Heart«, in *The Etude,* Dezember 1941, S. 848.

554 Ernst Kuhn (Hrsg.), *Sergej Rachmaninow – Zugänge zu Leben und Werk,* Verlag Ernst Kuhn, Berlin 2007, S. 6.

555 Die Nummerierung der *Études-Tableaux* ist mitunter missverständlich, deswegen ist die Angabe der Tonart nützlich. Heutzutage orientiert sich die Bezifferung an den nach Rachmaninoffs Tod herausgegebenen Zyklen mit allen 17 Stücken. Als Rachmaninoff zu Respighis Anfrage Stellung nahm, betrachtete er die »Jahrmarkts-Szene« als »op. 33, Nr. 4«, weil er sich zum damaligen Zeitpunkt auf die Erstveröffentlichung bezog.

556 Wasilij Grigorjewitsch Perow (1834–1882), »Die Ankunft der Gouvernante im Haus des Kaufmanns« (Приезд гувернантки в купеческий дом), Öl auf Holz, 1866, 44 × 53,3 cm, Tretjakow-Galerie, Moskau.

557 [5], S. 218.

558 Riesemann, *Rachmaninoff's Recollections,* New York 1934, S. 237.

559 Arthur Streeton (1867–1943), »The Somme Valley near Corbie«, Öl auf Leinwand, 1918/19, 153 × 245,5 cm, Australian War Memorial, Canberra.

560 Alain Frogley/Aidan J. Thomson (Hrsg.), *The Cambridge Companion to Vaughan Williams,* Cambridge University Press 2013, S. 318.

561 Paul Harrington, »Holst and Vaughan Williams: Radical Pastoral«, in Christopher Norris (Hrsg.), *Music and the Politics of Culture,* St. Martin's Press, London 1989, S. 115.

562 Wasilij Wasiljewitsch Wereschtschagin (1842–1904), »Die Apotheose des Krieges (Апофеоз войны)«, Öl auf Leinwand, 1871, 127 × 197 cm, Tretjakow-Galerie, Moskau.

563 Marietta Schaginjan (Мариэтта Шагинян), »С. В. Рахманинов: Музыкально-психологический этюд« (S. W. Rachmaninoff:

Musikalische und psychologische Studie«, in Труды и дни (Werke und Tage), Nr. 4–5, 1912, S. 97–114; zitiert nach [3], Band 2, S. 482 f.

564 Wasilij Jakowlew, »Sergej Ivanovič Taneev – Leben und Werk (1925)«, in Wehrmeyer (Hrsg.), *Sergej Taneev,* Berlin 1995, S. 57.

565 [5], S. 196.

566 Schlifstein (Hrsg.), *Sergej Prokofjew,* Leipzig 1961, S. 141.

567 [5], S. 197.

568 M. S. Schaginjan in [3], Band 2, S. 137.

569 M. S. Schaginjan in [3], Band 2, S. 138.

570 Litzmann, *Clara Schumann: Ein Künstlerleben,* Band 3, Leipzig 1908, S. 26.

571 [10], S. 229.

572 Leonid Sabanejew, *Erinnerungen an Alexander Skrjabin,* Berlin 2005 (Originalausgabe: Moskau 1925), S. 56 f.

573 Leonid Sabanejew, »*Prometheus* von Skrjabin«, in Wasilij Kandinskij/Franz Marc (Hrsg.), *Der blaue Reiter,* Piper Verlag, München 1912, S. 57–68.

574 *The New Statesman and Nation,* 27. Oktober 1934.

575 Seroff, *Rachmaninoff,* New York 1950, S. 207.

576 Anatolij Lunatscharskij, »Taneyev and Scriabin«, in ders., *On Literature and Art,* Progress Publishers, Moskau 1965.

577 Ernst Benz, *Die Vision,* Ernst Klett Verlag, Stuttgart 1969, S. 588 f.

578 Barrie Martyn, *Nicolas Medtner: His Life and Music,* Scolar Press, Aldershot 1995, S. 112.

579 Dorothy J. Teall, »Rachmaninoff Champions Music of Native Land«, in *Musical America,* 7. Dezember 1918, S. 3 f.

580 Siehe z. B. Beat A. Föllmi, »›Schönberg ist Theosoph‹: Anmerkungen zu einer wenig beachteten Beziehung«, in *International Review of the Aesthetics and Sociology of Music,* 30. Jg., Nr. 1 (Juni 1999), S. 55–63.

581 Noch 1914 wurden beispielsweise in einem protestantischen Land wie Großbritannien nur 0,2 Prozent der Toten verbrannt. Siehe das Kapitel »The Victorian Way of Death«, in A. N. Wilson, *The Victorians,* London, 2007, S. 279–283.

582 Marina Lobanova, *Mystiker, Magier, Theosoph, Theurg: Alexander Skrjabin und seine Zeit,* Bockel-Verlag, Neumünster 2020, S. 32.

583 Rudolf Steiner, *Aus der Akasha-Chronik,* Kapitel »Von der Herkunft der Erde«, »Die lemurische Rasse«, »Unsere atlantischen Vorfahren« und »Übergang der vierten in die fünfte Wurzelrasse«.

584 Helena Petrowna Blawatskaja, *The Secret Doctrine* (1888, frz. *Doctrine Secrète,* dt. *Die Geheimlehre),* Band 1.

585 Ebd., Band 1.

586 Ebd., Band 3.

587 Siegfried Schibli, *Alexander Skrjabin und seine Musik – Grenzüberschreitungen eines prometheischen Geistes,* R. Piper & Co. Verlag, München 1983, S. 306.

588 Brief vom 17. Dezember 1934 – [2], Band 3, S. 34.

589 Schlifstein (Hrsg.), *Sergej Prokofjew,* Leipzig 1961, S. 296.

590 Sergei Prokofjew, *Aus meinem Leben / Sowjetisches Tagebuch 1927,* M&T Verlag AG, Zürich/St. Gallen 1993, S. 47 f.

591 Tagebuch vom 2. Dezember 1911 – [6], S. 235.
592 L. D. Rostowzowa in [3], Band 1, S. 236 f.
593 N. N., »Rachmaninoff's Mission«, in *Continental Daily Mail,* 2. Mai 1933.
594 Charles S. Myers, »Zwei Fälle von Synästhesie«, in *The British Journal of Psychology,* Vol. VII (1914–15), Cambridge 1915, zitiert nach Christoph Hellmundt (Hrsg.), *Aleksander Skrjabin: Briefe,* Philipp Reclam jun., Leipzig 1988, S. 385.
595 Karin v. Maur (Hrsg.), *Vom Klang der Bilder – Die Musik in der Kunst des 20. Jahrhunderts,* Prestel Verlag, München 1985, S. 342.
596 Cameron, »The Composer as Interpreter«, in *The Monthly Musical Record,* November 1934, S. 201.
597 M. S. Schaginjan in [3], Band 2, S. 156.
598 Brief vom 1. (14.) November 1914 – [2], Band 2, S. 45.
599 Butenschön, *St. Petersburg,* Hamburg 2021, S. 204.
600 Alja Rachmanowa, *Studenten, Liebe, Tscheka und Tod – Tagebuch einer russischen Studentin,* Verlag Anton Pustet, Salzburg 1931, S. 123 ff.
601 Figes, *Hundert Jahre Revolution,* München 2017, S. 91 f.
602 Butenschön, *St. Petersburg,* Hamburg 2021, S. 207.
603 Sofja Aleksandrowna Satina (Софья Александровна), »Записка о С. В. Рахманинове« (Anmerkungen zu S. W. Rachmaninoff), in [3], Band 1, S. 47.
604 A. Rachmanowa, *Studenten, Liebe, Tscheka und Tod,* Salzburg 1931, S. 129.
605 Riesemann, *Rachmaninoff's Recollections,* New York 1934, S. 184.
606 Soja Konstantinowa Gulinskaja, *Nikolai Jakowlewitsch Mjaskowski,* Neue Musik, Berlin 1985, S. 76 f.
607 Prokofjew, *Aus meinem Leben / Sowjetisches Tagebuch 1927,* Zürich/St. Gallen 1993, S. 70.
608 Schlifstein (Hrsg.), *Sergej Prokofjew,* Leipzig 1961, S. 144 f.
609 Rachmaninoff/Martens, »Recollections of a Vanished World« – LoC 50/1–2.
610 Martin Gilbert, *Winston S. Churchill,* Band 4 (1917–1922), Heinemann, London 1975, S. 355.
611 Butenschön, *St. Petersburg,* Hamburg 2021, S. 202.
612 Ebd., S. 203 f.
613 Ebd., S. 204.
614 Ebd., S. 206.
615 Ebd., S. 206 f.
616 Figes, *Hundert Jahre Revolution,* München 2017, S. 108.
617 Riesemann, *Rachmaninoff's Recollections,* New York 1934, S. 185.
Heute erinnert ein Museum an Rachmaninoff: Der ›Museum-Gutshof S. W. Rachmaninoff Iwanowka‹ (Музей-усадьба С.В. Рахманинова Ивановка) wurde ab 1971 mit Hilfe des Russischen Nationalmuseums für Musik und des Glinka-Museums aufgebaut. Im Juni 1982 fand die offizielle Eröffnung statt und seitdem finden dort auch Konzerte und Kurse statt (https://ivanovka-museum.ru/).
618 Figes, *Hundert Jahre Revolution,* München 2017, S. 114.
619 Butenschön, *St. Petersburg,* Hamburg 2021, S. 207.

620 Jörn Leonhard, *Die Büchse der Pandora: Geschichte des Ersten Weltkriegs*, C. H. Beck Verlag, München 2014, S. 820.
621 Figes, *Hundert Jahre Revolution*, München 2017, S. 119.
622 [5], S. 206.
623 [2], Band 2, S. 275.
624 Butenschön, *St. Petersburg*, Hamburg 2021, S. 218 f.
625 Brief vom 29. August 1906 – [2], Band 1, S. 234.
626 Brief vom 15. April 1936 – [2], Band 3, S. 77.
627 Brief vom 26. März 1918 – [2], Band 2, S. 106.
628 N. A. Rachmaninowa in [3], Band 2, S. 300.
629 Brief vom 12. Januar 1918 – [2], Band 2, S. 105.
630 Ebd.
631 Brief vom 15. Juli 1934 – LoC 43/30.
632 Brief vom 26. März 1918 – [2], Band 2, S. 106.
633 LoC 52/16.
634 Brief vom 26. März 1918 – [2], Band 2, S. 66.
635 Seroff, *Rachmaninoff*, New York 1950, S. 220.
636 Brief vom 14. Januar 1919 (Hervorhebungen und Eigenheiten der Schreibung im Original) – LoC 44/37.
637 [5], S. 214.
638 [5], S. 214.
639 Mit diesem Schreiben wirbt die Firma Steinway noch heute (https://www.steinway.com/artists/sergei-rachmaninoff).
640 Brief vom 20. Februar 1931 – [2], Band 2, S. 189.
641 Hirst, »Rachmaninoff the Man« – LoC 51/19.
642 [6], S. 399.
643 M. S. Schaginjan in [3], Band 2, S. 157.
644 N. C. [Norman Cameron; Pseudonym von Norah C. Barr Adams], »Music in London: Rachmaninoff«, [ohne Angabe der Zeitung], 14. Mai 1934 – LoC 57/10.
645 [5], S. 215 f.
646 N.N., »Truth about Rachmaninoff«, in *Star*, 1. Mai 1933.
647 [5], S. 217.
648 [5], S. 221.
649 *Berlingske Politiske og Avertissementstidende* (ab 1936 in *Berlingske Tidende)*, 3. Oktober 1928 – LoC 57/6.
650 Ebd.
651 *Berlingske Politiske og Avertissementstidende* (ab 1936 in *Berlingske Tidende)*, 2. Oktober 1928 – LoC 57/6.
652 [5], S. 221.
653 ›W. R.‹ steht für Wassilij Rachmaninoff, denn diese Polka war ein Lieblingsstück von Sergej Rachmaninoffs Vater. Möglicherweise nahm Sergej Wasiljewitsch an, dass sein Vater sie selbst erfunden habe. Erst in der zweiten Hälfte des 20. Jahrhundert wurde Franz Behr als Urheber bekannt.
654 [6], S. 440.

655 Heutzutage sind Berufs-Pianolisten eine originelle Rarität. Von dem englischen Konzertpianolisten Rex Lawson gibt es auch Aufnahmen seiner Bearbeitung von Rachmaninoffs *Paganini-Variationen* auf einem Aeolian 88-Noten Pianola, das mit einem großen Steinway-Konzertflügel verbunden ist. Siehe auch http://www.pianola.org/ und https://www.musica-mechanica.de

656 Die Notenrollen, die Rachmaninoff zwischen 1919 und 1929 für die Firma Ampico aufnahm, wurden in neuerer Zeit für Produktionen diverser Labels auf verschiedenen Reproduktionsflügeln eingespielt, darunter auf einem neun Oktaven umfassenden Konzertflügel der Firma Estonia (Decca 1978/79), einem SE290-Computerflügel von Bösendorfer (Telarc 1996) und einem Steinway-Flügel durch das Zenph-Studio (Sony/RCA Red Seal 2009).

657 Brief vom 4. Januar 1940 – LoC 40/10.

658 [8], S. 270, [11], S. 216.

659 Manoj Ramachandran/Jeffrey K Aronson, »The diagnosis of art: Rachmaninov's hand span«, in *Journal of the Royal Society of Medicine,* 99 (10), Oktober 2006, S. 529–530. Zu den Symptomen siehe auch https://www.endokrinologie.net/akromegalie.php

660 Brief vom 9. September 1922 – [2], Band 2, S. 129.

661 Basil Maine, »Conversation with Rachmaninoff«, in *Musical Opinion,* Oktober 1936, S. 14 f.

662 Cameron, »The Composer as Interpreter«, in *The Monthly Musical Record,* November 1934, S. 201.

663 Harold C. Schonberg, *Howowitz: His Life and Music,* Simon & Schuster, New York 1992, S. 128.

664 Frederick H. Martens, *Little Biographies: Rachmaninoff,* Breitkopf & Härtel, 2. Auflage, New York 1922, S. 5.

665 Martens, »Rachmaninoff talks of Russia and America«, in *The Musical Observer,* April 1921, S. 12.

666 Gregor Tassie, *The Three Apostles of Russian Music: The Soviet Avant-garde,* Rowman & Littlefield Publishing Group, London 2022, S. 66.

667 Ebd., S. 68.

668 Martyn, *Nicolas Medtner,* Aldershot 1995, S. 185.

669 LoC 52/22.

670 Hirst, »Rachmaninoff the Man« – LoC 51/19.

671 Brief vom 20. Dezember 1918 – LoC 44/38.

672 E. R. Winter-Roschanskaja (Е. Р. Винтер-Рожанская), »Из воспоминаний« (Aus den Erinnerungen), in [3], Band 2, S. 24.

673 Brief vom 31. Mai 1922 (Hervorhebungen im Original) – LoC 49/20.

674 [5], S. 230.

675 Brief vom 14. Januar 1926 – [5], S. 242.

676 Brief vom 9. September 1922 – [1], S. 486.

677 Brief vom 15. April 1923 – [1], S. 489.

678 Brief vom 27. August 1924 – [2], Band 2, S. 157 f.

679 [5], S. 245.

680 S. W. Satina, *A 20th Century Life,* London 1997, S. 25.

681 [5], S. 240.

682 Yuri Leving, »Singing *The Bells* and *The Covetous Knight:* Nabokov and Rachmaninoff's Operatic Translations of Poe and Pushkin«, in Will Norman/Duncan White (Hrsg.), *Transitional Nabokov,* Peter Lang Publishing Group, New York 2009, S. 205–228; Yuri Leving, *Keys to »The Gift«: A Guide to Vladimir Nabokov's Novel,* Academic Studies Press, Boston 2011.

683 Stadtmuseum Ludwigshafen am Rhein (Hrsg.), *Als die Maschinen sprechen lernten – Phonographen und Grammophone aus der Sammlung Schoppmann,* Obigheim 1986, S. 14.

684 Brief vom 4. April 1928 – LoC 44/38.

685 [5], S. 365.

686 N. N., »Rachmaninoff's Mission«, in *Continental Daily Mail,* 2. Mai 1933.

687 [5], S. 365.

688 Natalie K. Zelensky, *Performing Tsarist Russia in New York – Music, Émigrés, and the American Imagination,* Indiana University Press, Bloomington 2019, S. 70.

689 Rebecca Mitchell, *Nietzsche's Orphans: Music, Metaphysics, and the Twilight of the Russian Empire,* Yale University Press, New Haven/London 2015, S. 138.

690 Dorothea Eberlein, *Russische Musikanschauung um 1900,* Gustav Bosse Verlag, Regensburg 1978, S. 141.

691 Brief vom 10. November 1921 – LoC 48/3.

692 Brief vom 31. Mai 1922 – LoC 49/20.

693 Es gab später zwei Versuche, Rachmaninoffs Particell zum ersten Akt von *Monna Vanna* vollständig zu instrumentieren. Die daraus entstandenen Aufnahmen vermitteln einen Eindruck davon, was der Musikwelt durch Maeterlincks Fehlentscheidung bei der Rechtevergabe entgangen ist. Die Version von Igor Buketow spielte der Dirigent und Arrangeur 1991 in englischer Sprache selbst ein (Chandos CHAN 8987), und die Fassung von Gennadij Below wurde 2009 mit russischen Sängern unter Leitung Wladimir Aschkenasij aufgenommen (Ondine ODE 1249-2).

694 David Brown, *Tchaikovsky: A Biographical and Critical Study (The Crisis Years: 1874–1878),* London 1983, S. 235.

695 Mitchell, »In Search of Russia«, in Bullock/Fairclough (Hrsg.), *1917 and Beyond,* Cambridge 2019, S. 140.

696 Lollij Iwanowitsch Lwow, »Рахманинов«, in *Russland und Slawentum* (Россия и славянство), Nr. 52, 23. November 1929, S. 3.

697 Brief vom 13. März 1930 – LoC 47/41.

698 Riesemann, *Rachmaninoff's Recollections,* New York 1934, S. 1.

699 Ewen, »Music Should Speak from the Heart«, in *The Etude,* Dezember 1941, S. 848. Arnold Schönberg betonte am 30. März 1931 bei einer Diskussion mit Eberhard Preussner und Heinrich Strobel im Berliner Rundfunk: »Sie nennen das *Tristan*-Stil oder Spätromantik; warum nicht *Parsifal*-Stil oder *Meistersinger*-Stil? Ich komme ebenso von diesem her wie auch von Brahms. Sie hören in meiner Musik noch immer *Tristan*-Klänge! Aber selbst wenn das richtig wäre: Ein chinesischer Dichter ist doch nicht nur etwas, das chinesisch klingt, sondern: er sagt doch auch etwas!«

700 *New York Evening Post,* 26. Dezember 1933.

701 Brief vom 2. September 1933 – LoC 42/62.
702 Brief vom 11. September 1933 – LoC 44/36.
703 Norman Cameron (Pseudonym von Norah Barr Adams), »The Composer as Interpreter«, in *The Monthly Musical Record,* Nr. 64, November 1934, S. 201.
704 Ewen, »Music Should Speak from the Heart«, in *The Etude,* Dezember 1941, S. 848.
705 Ebd.
706 [5], S. 289.
707 Hirst, »Rachmaninoff the Man« – LoC 51/19.
708 [5], S. 237.
709 Ekkehard Jost, *Sozialgeschichte des Jazz,* Zweitausendeins, Frankfurt am Main 2004, S. 83.
710 [5], S. 237.
711 Ebd.
712 Brief vom 14. Januar 1926 – [2], Band 2, S. 184 f.
713 Ebd, S. 185.
714 Brief vom 9. September 1926 – Sarui Apetovna Apetjan (Hrsg.; Зapуи Апетовна Апетян), Н. К. Метнер: Письма (Metner: Briefe), Moskau 1973, S. 548.
715 Brief vom 13. September 1926 – Ebd., S. 337 f.
716 Brief vom 9. Oktober 1926 – [2], Band 2, S. 201.
717 Brief vom 22. Oktober 1901 – [1], S. 202.
718 [5], S. 248 f.
719 *Signale für die musikalische Welt,* 17. Jg., Nr. 7, 3. Februar 1859, S. 71 f.
720 Eduard Hanslick, *Concerte, Componisten und Virtuosen der letzten fünfzehn Jahre: 1870–1885 (Kritiken),* Allgemeiner Verein für deutsche Literatur, Berlin 1886, S. 296.
721 Brief vom 19. Juli 1938 – [2], Band 3, S. 135.
722 Einen Überblick über veröffentlichte und abgelehnte Aufnahmen vermittelt [8], S. 390–401.
723 Edwin Schloss, »Orchestra Features Pianist«, in *The Philadelphia Record,* 18. Oktober 1941, S. 11.
724 Robert Threlfall, »Rachmaninoff's Revisions and Unknown Version of Fourth Concerto«, in *Musical Opinion,* Nr. 96/97, 1973, S. 235–237.
725 [5], S. 379.
726 Nils-Eric Ringbom, *Jean Sibelius: Ein Meister und sein Werk,* Walter-Verlag, Olten 1950, S. 178.
727 Ebd., S. 125.
728 Brief vom 15. Juni 1919 – [5], S. 219.
729 S. W. Satina, *A 20th Century Life,* London 1997, S. 38.
730 [4], S. 214 f.
731 H. S. G., »Rachmaninoff muffs it«, in *News Chronicle,* 1. Mai 1933.
732 [3], Band 1, S. 188 f.
733 Rachmaninoff, »Keep smiling«, etwa 1931, maschinengeschriebenes Manuskript – LoC 51/32.

734 C. Benedek, »Warum Rachmaninow für Amerika schwärmt«, in *Neues Wiener Journal*, 8. Dezember 1929.

735 Hirst, »Rachmaninoff the Man« – LoC 51/19.

736 Referenzaufnahme 4. Klavierkonzert (Fassung 1926) – Yevgeny Sudbin, North Carolina Symphony, Grant Llewellyn (2008): aufschwingende Geste im Finale aufgegriffen (I/ab 0:01, III/ab 8:22), *Étude-Tableau* op. 33, Nr. 3 im Largo-Satz (II/ab 5:27), »attacca subito« (III/ ab 0:01, Klavier erst ab 0:17), Trompetenstimme (III/0:13, 4:17, 8:02);
Referenzaufnahme 4. Klavierkonzert (Fassung 1928) – William Black, Isländisches Sinfonieorchester, Igor Buketow, (2002): »attacca subito« (III/ ab 0:01), Kürzungen(III/ab 8:35 usw.), Rückbezug in den späteren Versionen (III/9:07);
Referenzaufnahme 4. Klavierkonzert (Fassung 1941) – Arturo Benedetti Michelangeli, Philharmonia Orchestra, Ettore Gracis (1958): »attacca subito« (III/ ab 0:01), Auftaktgeste im Finale aufgegriffen (I/ab 0:01, III/ab 6:30).

737 [6], S. 442 f.

738 [6], S. 442.

739 [6], S. 442

740 [6], S. 443.

741 Schlifstein (Hrsg.), *Sergej Prokofjew*, Leipzig 1961, S. 150 f.

742 Sergej Rachmaninoff, »The Artist and the Gramophone«, in *Gramophone*, April 1931, S. 525 f.

743 Brief vom 29. September 1929 – [2], Band 2, S. 267.

744 Rachmaninoff, »The Artist and the Gramophone«, in *Gramophone*, April 1931, S. 525 f.

745 Mitchell/Reed (Hrsg.), *Letters and Diaries of Benjamin Britten*, Band 1, London 1991, S. 433.

746 Constant Lambert, *Music Ho! – A Study of Music in Decline*, Faber & Faber, London, 1937, p. 163.

747 Alfred & Katherine Swan, »Rachmaninoff: Personal Reminiscences«, in *The Musical Quarterly*, Januar 1944, S. 11.

748 [6], S. 445.

749 Swan, »Rachmaninoff: Personal Reminiscences«, in *The Musical Quarterly*, Januar 1944, S. 11.

750 Charles O'Connell, *The Other Side of the Record*, Alfred A. Knopf Inc., New York 1947, S. 167.

751 Ebd.

752 Veröffentlicht als »Rachmaninoff plays *Symphonic Dances* – Newly discovered 1940 recording«, Marston Records 53022-2 (3 CDs).

753 Rachmaninoff, »The Artist and the Gramophone«, in *Gramophone*, April 1931, S. 525 f.

754 Ebd.

755 Brief vom 3. November 1929 – [2], Band 2, S. 268.

756 Ebd.

757 Brief vom 17. (29). Dezember 1893 – [2], Band 1, S. 229 f.

758 *La Revue Musicale*, 12. Jg., Nr. 117/118 (»Géographie musicale 1931«), 1. August 1931, zitiert nach Richard Taruskin, »Is there a ›Russia Abroad‹

in Music?«, in Richard Taruskin, *Russian music at home and abroad: new essays,* University of California Press, Oakland, California 2016, S. 140–161.

759 Siehe Robert C. Ridenour, *Nationalism, Modernism, and Personal Rivalry in 19th-Century Russian Music,* Ann Arbor 1981.

760 Sergej Rachmaninoff/Iwan Ostromislenskij/Ilja Tolstoij, »Tagore on Russia: The ›Circle of Russian Culture‹ Challenges Some of His Statements«, in *New York Times,* 15. Januar 1931, S. 24.

761 Riesemann, *Rachmaninoff's Recollections,* New York 1934, S. 203.

762 [5], S. 273 f.

763 Riesemann, *Rachmaninoff's Recollections,* New York 1934, S. 204.

764 Brief vom 21. Dezember 1931 – [2], Band 2, S. 321 f.

765 Brief vom 18. März 1932 – Schlifstein (Hrsg.), *Sergej Prokofjew,* Leipzig 1961, S. 268.

766 Brief vom 8. Mai 1934 – [2], Band 3, S. 156.

767 Brief vom 18. Februar 1942 – [2], Band 3, S. 276.

768 Brief vom 16. Juli 1931 – [2], Band 2, S. 307.

769 Ebd.

770 S. W. Satina, *A 20th Century Life,* London 1997, S. 34.

771 Hirst, »Rachmaninoff the Man« – LoC 51/19.

772 Igor Ivan Sikorsky, *The Story of the Winged-S: An Autobiography,* Dodd, Mead & Co., New York 1939, S. 157.

773 Mitchell, »In Search of Russia«, in Bullock/Fairclough (Hrsg.), *1917 and Beyond,* Cambridge 2019, S. 157 f.

774 Serge Rachmaninoff Foundation (Hrsg.), *Villa Senar – Sergej Rachmaninoffs Traum von einem Haus / Sergej Rachmaninoff's Dream of a House,* Weggis 2016, S. 4.

775 Sergej Arsenewitsch Winogradow (1869–1938), »Ein Kloster« (монастырь), Öl auf Leinwand, 1923, Musikstudio der Villa Senar, Weggis.

776 Rachmaninoff Foundation (Hrsg.), *Villa Senar,* Weggis 2016, S. 27.

777 Ebd.

778 Briefe vom 28. Juli und 1. August 1934 – LoC 49/20.

779 [4], S. 265 f.

780 S. W. Satina, *A 20th Century Life,* London 1997, S. 307.

781 Siehe die DVD *Sergei Rachmaninoff: His letters, his home movies and his own recordings* (Isolde Films, TPCD-DVD 195).

782 [4], S. 224.

783 Hirst, »Rachmaninoff the Man« – LoC 51/19.

784 Brief vom 30. April 1935 – [2], Band 3, S. 50.

785 [5], S. 238.

786 [5], S. 226.

787 [5], S. 301.

788 Brief vom 29. September 1929 – [2], Band 2, S. 267.

789 Statistisches Bundesamt (Hrsg.), *Von den zwanziger zu den achtziger Jahren – Ein Vergleich der Lebensverhältnisse der Menschen,* Verlag W. Kohlhammer, Mainz 1987, S. 34 ff.

790 Aaron Copland, *Musik von heute – Führende Komponisten Europas und Amerikas*, Humboldt-Verlag, Wien 1947, S. 108.

791 Swan, »Rachmaninoff: Personal Reminiscences«, in *The Musical Quarterly*, Januar 1944, S. 8 f.

792 Swan, »Rachmaninoff: Personal Reminiscences«, in *The Musical Quarterly*, Mai 1944, S. 182 f.

793 Interview mit Charles Rosen, auf: *The Complete Josef Hofmann, Vol. 9: Miscellaneous Recordings with interviews about Hofmann*, Marston Records 52058-2.

794 Hirst, »Rachmaninoff the Man« – LoC 51/19.

795 [3], 2. Band, S. 184.

796 [4], S. 227.

797 [3], 2. Band, S. 116 f.

798 [4], S. 228.

799 Schlifstein (Hrsg.), *Sergej Prokofjew*, Leipzig 1961, S. 141.

800 Ebd., S. 371.

801 Ebd., S. 150 ff.

802 Roy, »Rachmaninov Is Reminiscent«, in *Musical Observer*, Mai 1927.

803 Schlifstein (Hrsg.), *Sergej Prokofjew*, Leipzig 1961, S. 150 ff.

804 Boris Schwarz, *Musik und Musikleben in der Sowjetunion*, Wilhelmshaven 1982, S. 190.

805 Prokofjew, *Aus meinem Leben / Sowjetisches Tagebuch 1927*, Zürich/St. Gallen 1993, S. 122.

806 Soja Konstantinowa Gulinskaja, *Nikolai Jakowlewitsch Mjaskowski*, Neue Musik, Berlin 1985, S. 84.

807 Cecil Gray, *Sibelius*, Oxford University Press, London 1931, S. 148.

808 Schlifstein (Hrsg.), *Sergej Prokofjew*, Leipzig 1961, S. 197.

809 Hirst, »Rachmaninoff the Man« – LoC 51/19.

810 Referenzaufnahme *Paganini-Rhapsodie* op. 43, Andrej Gawrilow, Philadelphia Orchestra, Riccardo Muti (1991): Scarlatti (II/, Bartók (VIII), Debussy (XI), Prokofjew (XVI), Skrjabin (XXI), Schostakowitsch (XXII), Lokpfeifen (XX/ab 0:15), Jazz-Improvisation (XV), Gershwin (XVIII), Dies irae (VII, X, XXIV/ab 0:44).

811 Seroff, *Rachmaninoff*, New York 1950, S. 210 f.

812 Heinrich Heine, *Florentinische Nächte*, 1836, Erstes Buch.

813 [5], S. 304 f.

814 Brief vom 29. August 1937 – [2], Band 3, S. 114.

815 [5], S. 350.

816 Brief vom 29. März 1935 – [2], Band 3, S. 45.

817 Brief vom 23. November 1974 – [2], Band 1, S. 485.

818 Sergej Rachmaninoff, »Recollections of a Vanished World, as told to Frederick H. Martens«, maschinengeschriebene Manuskripte und Anmerkungen – LoC 50/1–2, 83/9–10.

819 Brief vom 23. November 1974 – [2], Band 1, S. 486.

820 [10], S. 373.

821 Brief vom 15. April 1936 – [2], Band 3, S. 77.

822 Riesemann, *Rachmaninoff's Recollections,* New York 1934, S. 209. Die Anspielung bezieht sich auf Graf Hermann Keyserlings 1928 publiziertes Buch *Das Spektrum Europas.*

823 Brief vom 15. April 1936 – [2], Band 3, S. 77.

824 Watson Lyle, *Rachmaninoff: A Biography,* William Reeves, London 1938, S. 175.

825 Brief vom 8. und 17. Dezember 1934 – [2], Band 3, S. 33 f.

826 17. Dezember 1934 – [2], Band 3, S. 34.

827 Nikolaj Metner (Николай Карлович Метнер), Муза и Мода (engl. Übersetzung von Alfred J. Swan 1935, veröffentlicht 1951: *The Muse and The Fashion),* »Einleitung«. Hervorhebungen von Metner. Bei den folgenden Quellenangaben werden die entsprechenden Kapitel in deutscher Sprache angegeben. Eine deutsche Übersetzung von Metners Buch gibt es noch nicht.

828 Nikolaj Metner, *Die Muse und die Mode,* »Teil 2: Abenteuer und Heroismus in der Kunst«.

829 Ebd., »Kapitel 6: Die sich selbst genügende Dissonanz«.

830 Ebd., »Einleitung: Die Balance zwischen Einfachheit und Komplexität«.

831 Ebd., »Kapitel 4: Stile«.

832 Ebd., »Kapitel 6: Die sich selbst genügende Dissonanz«.

833 Ebd., »Kapitel 3: Das Gesetz und die Regeln«.

834 Ebd., »Teil 2: Der Spiegel der Muse, Einleitung«.

835 Ebd., »Teil 2: 1. Modernismus«.

836 Martens, »Rachmaninoff talks of Russia and America«, in *The Musical Observer,* April 1921, S. 12.

837 Brief vom 14. April 1934 – Erwin Stein (Hrsg.), *Arnold Schoenberg: Letters,* University of California Press, Berkeley/Los Angeles 1987, S. 187.

838 Walter E. Koons, *The Mystery of Music: a tuneful adventure in three movements,* Vantage Press, New York 1976.

839 Brief vom April 1934 – Stein (Hrsg.), *Arnold Schoenberg: Letters,* Berkeley/Los Angeles 1987, S. 186.

840 Ebd., S. 186. Schönberg an Koons: »Ich kenne eine schöne und berührende Geschichte. Ein Blinder fragte seinen Führer: ›Wie sieht Milch aus?‹ Der Führer antwortete: ›Milch sieht weiß aus.‹ Der Blinde: ›Was ist ›weiß‹? Nennen sie mir etwas, das weiß ist!‹ Der Führer: ›Ein Schwan. Es ist ein vollkommenes Weiß und er hat einen langen weißen und gebogenen Hals.‹ Der Blinde: ›… Ein gebogener Hals? Wie ist das?‹ Der Führer, der mit seinem Arm die Form eines Schwanenhalses nachahmt, lässt den Blinden die Form seines Arms fühlen. Der Blinde (der sanft mit seiner Hand am Arm des Führers entlangfährt): ›Jetzt weiß ich, wie Milch aussieht.‹«

841 Maschinengeschriebene zweisprachige Kopie – LoC 40/23.

842 Sergej Rachmaninoff, »New Lights on the Art of the Piano«, in *The Etude, Music Magazine,* Volume 41, Number 4, April 1923, S. 223.

843 Marcel Ouimet, »Dix minutes avec Serge Rachmaninoff«, in *Le Droit* (Ottawa), 18. Januar 1939, S. 4.

844 Последние новости (Letzte Neuigkeiten), 30. April 1933, zitiert nach [2], Band 1, S. 125.

845 Michael Kennedy, *The Works of Ralph Vaughan Williams,* Oxford University Press, 2. Auflage, London 1980, S. 403.

846 Последние новости (Letzte Neuigkeiten), 30. April 1933, zitiert nach [2], Band 1, S. 127.

847 [5], S. 281.

848 »Wenn es nicht wahr ist, so ist es gut erfunden.« Die Redewendung soll auf Giordano Bruno zurückgehen. – Iosif S. Jasser (Иосиф Самуилович Яссер), »Мое общение с Рахманиновым« (Meine Gespräche mit Rachmaninoff), in [3], Band 2, S. 352–372.

849 [5], S. 283.

850 Metner, *Die Muse und die Mode,* »Teil 2: 13. Die Problematik der zeitgenössischen Kunst«.

851 Edwin Schloss in *The Philadelphia Record,* 7. November 1936.

852 Olin Downes in *The New York Times,* 11. November 1936.

853 A. M. Henderson in *Musical Opinion,* April 1938.

854 Brief vom 7. Juni 1937 – [2], Band 3, S. 110 f.

855 Brief vom 8. (21.) Mai 1912 – [2], Band 2, S. 47 f.

856 M. Montagu Nathan, *Contemporary Russian Composers,* C. Palmer & Hayward, London 1917, S. 172.

857 Hermann Kretzschmar, *Führer durch den Konzertsaal (I. Abteilung: Sinfonie und Suite, Band I/II),* 6. Auflage, Breitkopf & Härtel, Leipzig 1921, S. 649 und 652 ff.

858 N. N., »Rachmaninoff the Great: Notable recital at the Dome«, in *Brighton & Hove Herald,* 21. März 1936.

859 Roger Sacheverell Coke, »Scathing Reply to his English Detractors«, maschienengeschriebenes Manuskript und gedruckter Artikel ohne Quellenangabe – LoC 43/14.

860 Brief vom 12. August 1930 – Paul Griffiths, *Stravinsky,* Dent, London 1993, S. 104.

861 C. Benedek, »Warum Rachmaninow für Amerika schwärmt«, in *Neues Wiener Journal,* 8. Dezember 1929.

862 Michael Kennedy, *Vaughan Williams,* Oxford University Press, London 1980, S. 246.

863 Carmen Ottner (Hrsg.), *Das Ende der Symphonie in Österreich und Deutschland (1900–1945),* Doblinger, Wien 2014, S. 71 und 74.

864 [5], S. 379.

865 Mitchell/Reed (Hrsg.), *Letters and Diaries of Benjamin Britten,* Band 1, London 1991, S. 618.

866 Scott, *Rachmaninoff,* Stroud 2008, S. 177.

867 Michael Kennedy, *Vaughan Williams,* Oxford University Press, London 1980, S. 324.

868 Für differenzierte Analysen von Rachmaninoffs Musik siehe beispielsweise [Namen in der Schreibweise der Publikationen] William Flanagan, »Sergej Rachmaninoff: A Twentieth-Century Composer«, in *Tempo,* Cambridge University Press, Nr. 22, Winter 1951/52, S. 4–8; Joseph Yasser, »Progressive Tendencies in Rachmaninoff's Music«, in *Tempo,* Cambridge University Press, Nr. 22, Winter 1951/52, S. 11–25; Anastassia Ivanova, *Sergei Rachmaninoff's Piano Concertos: The Odyssey of a Stylistic*

Evolution, University of Maryland 2006 (Dissertation); Charles Fisk, »Nineteenth-Century Music? The Case of Rachmaninov«, in *19th-Century Music,* Vol. 31, No. 3 (Spring 2008), S. 245–265; Blair Johnston, *Harmony and Climax in the Late Works of Sergei Rachmaninoff,* University of Michigan 2009 (Dissertation); Gerhardus Petrus Maritz, *Rachmaninoff, Horowitz, and the discursive arena between (re)composition and performance: The case of Rachmaninoff's Piano Sonata Opus 36,* Nelson Mandela Metropolitan University 2014 (Diplomarbeit); Tegan Niziol, »Progressive Chromatic Processes in Rachmaninoff's *Étude-Tableau* op. 33, no. 8«, in *Nota Bene: Canadian Undergraduate Journal of Musicology,* Vol. 7, Iss. 1, Article 5 (2014); Gregory Martynenko, »Structural Interaction of Poetry and Music Components in Songs by Sergei Rachmaninoff«, in Polina Eismont/Natalia Konstantinova (Hrsg.), *Language, Music, and Computing,* Springer Cham LMAC, St. Petersburg 2015, S. 127–139; Yoon-Wha Roh, *A comparative study of the twenty-four preludes of Alexander Scriabin and Sergei Rachmaninoff,* Indiana University 2015 (Dissertation); Ildar D. Khannanov, »Function and Deformation in Sergej Rachmaninoff's *Études-Tableaux* op. 39, Nos. 5 and 6«, in *Res Musica* 7 (2015), S. 84–104; Vadim Rakochi (Вадим Ракочи), »Трансформация оркестровки в Рапсодии на тему Паганини Сергея Рахманинова и джазовые идиомы« (Transformation der Instrumentierung von Rachmaninoffs *Rhapsodie über ein Thema von Paganini* und Jazz-Idiome), in Проблемы Музыкальной Науки (Probleme der Musikwissenschaft), September 2020; Marina Frolova-Walker, »Love Triumphant: Rachmaninoff's Eros, the Silver Age, and the Middlebrow«, in [12].

869 Siehe https://www.stokowski.org/Stokowski_and_Vaughan_Williams.htm

870 [5], S. 325.

871 [5], S. 325.

872 Samuel L. Laciar in *Public Ledger,* 7. November 1936.

873 Brief vom 15. April 1936 – [2], Band 3, S. 77.

874 Blair Johnston, »Modal Idioms and Their Rhetorical Associations in Rachmaninoff's Works«, in *Journal of the Society for Music Theory,* 20. Jg., Nr. 4, Dezember 2014.

875 [6], S. 334.

876 Referenzaufnahme Sinfonie Nr. 3 – Radio-Sinfonieorchester Stuttgart, Kurt Sanderling (1995): melodischer Aufschwung verebbt (I/ab 2:57, 7:04), friedvolle Melodie (I/ab 2:10), bedrohliche Stimmen (I/ ab 8:05, 9:40 usw.), Xylophon (I/11:20), martialischer Allegro vivace-Einschub (II/ ab 5:30), Dies irae in Klarinetten (II/ab 9:03), Pritschets (II/ ab 9:55, III/ab 8:11), militante Episode und Nervosität (III/ab 0:44-1:12, 3:15-7:19), Celesta (II/ab 1:59, 3:40, 7:20, 8:45, 9:08, III/ab 4:33), Zitat (III/13:01).

877 Kate Hevner Mueller, *Twenty-Seven Major American Symphony Orchestras – A History and Analysis of their Repertoires: Seasons 1842–43 through 1969/70,* Indiana University Studies, Bloomington 1973, S. 270 f.

878 Ewen, »Music Should Speak from the Heart«, in *The Etude,* Dezember 1941, S. 804.

879 LoC 42/15, 67.

880 LoC 42/15, 67.

881 Hirst, »Rachmaninoff the Man« – LoC 51/19.
882 Brief vom 1. November 1920 – [2], Band 2, S. 110. Rachmaninoff spielt auf die Operette *Die Dollarprinzessin* von Leo Fall an, die 1907 in Wien uraufgeführt wurde.
883 Brief vom Herbst 1929 – [2], Band 2, S. 502.
884 Undatierter Brief – LoC 47/1.
885 Tagebuch vom 2. Mai 1929 – Galina Nikolajewna Kusnezowa, Грасский дневник (Tagebücher aus Grasse), Moskau 1995 (Erstausgabe 1967), S. 101.
886 Gawril Simonow/Ljudmila Kowaljowa-Ogorodnowa (Гаврил Симонов/Людмила Ковалёва-Огороднова), Бунин и Рахманинов – биографический Екскурс (Bunin und Rachmaninoff – Biografischer Exkurs), Russkij Put, Moskau 2006, S. 169 f.
887 [12], S. vii.
888 N. N., »Rachmaninoff's Mission«, in *Continental Daily Mail*, 2. Mai 1933.
889 Ely Haimowitz, »The Rachmaninoff-Bachauer Myth«, in *The Juilliard Journal*, November 2010.
890 Martens, »Rachmaninoff talks of Russia and America«, in *The Musical Observer*, April 1921, S. 12.
891 [5], S. 301.
892 Ruth Slenczynska, *Music at Your Fingertips*, Da Capo Press, New York 1976, S. 12.
893 Interview mit Ruth Slenczynska, in Yuan-Pu Chiao, *The Changing Style of Playing Rachmaninoff's Piano Music*, King's College, University of London 2012 (Dissertation), S. 200.
894 Ruth Slenczynska, »Grandfatherly Guidance«, in *Clavier*, 12. Jg., Nr. 7, Oktober 1973, S. 15–16.
895 [5], S. 348.
896 Brief vom 27. März 1938 – [2], Band 3, S. 124.
897 Brief vom 20. April 1938 – [2], Band 3, S. 125.
898 A. J. & E. Swan (А. Дж. и Е. Сваны), »Воспоминания о С. В. Рахманинове« (Erinnerungen an Rachmaninoff), in [3], Band 2, S. 201.
899 Brief vom 20. Mai 1939 – [2], Band 3, S. 150 f.
900 Robert Matthew-Walker, *Rachmaninoff: His Life and Times*, Midas Books, Tunbridge Wells 1980, S. 108.
901 Brief vom 15. April 1936 – [2], Band 3, S. 77.
902 Sergej Prokofjew, »Der Künstler und der Krieg«, in Schlifstein (Hrsg.), *Sergej Prokofjew*, Leipzig 1961, S. 226.
903 Michael Powell, *A Life in Movies: An Autobiography*, Knopf, New York 1986, S. 347.
904 Imogen Holst/Ursula Vaughan Williams (Hrsg.), *Heirs and Rebels*, London 1959, S. 90.
905 Trotter, *The Life of Dimitri Mitropoulos*, Portland 1995, S. 156.
906 Brief vom 21. August 1940 – [2], Band 3, S. 182.
907 [6], S. 347.
908 N. A. Rachmaninowa in [3], Band 2, S. 313 f.
909 [5], S. 361.
910 Brief vom 23. September 1940 – [5], S. 360.

911 [5], S. 361.

912 [5], S. 361.

913 *Rachmaninoff Plays Symphonic Dances (Newly Discovered 1940 Recording),* Marston Records (3 CD). Zu erleben sind aus dem ersten Satz die Takte 1–41, 48–236 und 241–263; aus dem zweiten Satz T. 1–176 und T. 182 bis Schluss; und aus dem dritten Satz T. 8–214.

914 [5], S. 363.

915 [5], S. 363.

916 L. Biancolli in *World-Telegram,* 8. Januar 1941.

917 Olin Downes in *The New York Times,* 8. Januar 1941.

918 Richard Taruskin, »Rachmaninoff plays *Symphonic Dances* – Newly discovered 1940 recording«, CD-Beiheft zu der gleichnamigen Box mit historischen Aufnahmen von Rachmaninoff und Mitropoulos, Marston Records 53022-2 (3 CDs), S. 11 f.

919 Trotter, *The Life of Dimitri Mitropoulos,* Portland 1995, S. 287, 293.

920 Jamin Creed Rowan, *The Sociable City: An American Intellectual Tradition,* University of Pennsylvania Press, Philadelphia 2017, S. 146.

921 Referenzaufnahme *Sinfonische Tänze* op. 45 – Sankt Petersburger Philharmoniker, Mariss Jansons (1994): Klavier (I/ab 1:22), Anspielung erste Sinfonie (I/ab 10:16), Walzer-Rhythmus (II/ab 0:09), Solovioline (II/ab 0:51), Oboe und Englischhorn (II/ab 1:35), lamentoso (II/ab 6:10), Paukenschläge (III/ab 0:44), spanischer Rhythmus (III/ab 0:56 und 2:59), Dies irae (III/ab 10:10), Pritschtieren (III/ab 3:38 und 5:05), Anspielung auf *Vigil* (III/ab 12:16).

922 Brief vom 21. Dezember 1939 – [2], Band 3, S. 170.

923 Telegramm vom 5. Juli 1940 – LoC 43/22.

924 Telegramm vom 24. Juli 1940 – LoC 43/22.

925 Briefe vom 26. Juli 1940 – LoC 43/22.

926 Telegramm vom 1. Oktober 1940 – LoC 43/22.

927 Telegramm vom 23. Dezember 1940 – LoC 43/22.

928 [5], S. 369.

929 Glenn Plaskin, *Horowitz: A Biography of Vladimir Horowitz,* Macdonald & Co., London/Sydney 1983, S. 222.

930 Christoph Hellmundt/Krzysztof Meyer (Hrsg.), *Dmitrij Schostakowitsch: Erfahrungen – Aufsätze, Erinnerungen, Reden, Diskussionsbeiträge, Interviews, Briefe,* Leipzig 1983, S. 86.

931 Humphrey Carpenter, *Benjamin Britten: A Biography,* Faber & Faber, London 1992, S. 64 f.

932 Ralph Vaughan Williams, »Composing for the Films«, in *National Music and Other Essays,* Oxford University Press, London 1963, S. 160 ff.

933 [5], S. 372.

934 Christoph Hellmundt/Krzysztof Meyer (Hrsg.), *Dmitrij Schostakowitsch: Erfahrungen – Aufsätze, Erinnerungen, Reden, Diskussionsbeiträge, Interviews, Briefe,* Leipzig 1983, S. 85 f.

935 Siehe Meinhard Saremba, *»Keeping the cultural door open« – Britten und Schostakowitsch: Eine Künstlerfreundschaft im Schatten der Politik,* Osburg Verlag, Hamburg 2022, S. 22 ff. und 234 f.

936 Zu Rachmaninoffs Lebzeiten waren die Veranstaltungsorte: 1923 Salzburg, 1924 Prag/Salzburg, 1925 Prag/Venedig, 1926 Zürich, 1927 Frankfurt am Main, 1928 Siena, 1929 Genf, 1930 Liège/Brüssel, 1931 Oxford/London, 1932 Wien, 1933 Amsterdam, 1934 Florenz, 1935 Prag, 1936 Barcelona, 1937 Paris, 1938 London, 1939 Warschau/Krakau, 1941 New York. Das vorerst letzte Treffen während des Krieges fand 1942 in San Francisco statt.

937 Hugh Cobbe (Hrsg.), *Letters of Ralph Vaughan Williams: 1895–1958*, Oxford University Press, Oxford 2008, S. 150.

938 Theodor Wiesengrund Adorno, *Klangfiguren: Musikalische Schriften (1)*, Suhrkamp Verlag, Berlin/Frankfurt a. M. 1959, S. 261.

939 Theodor W. Adorno, *Philosophie der Neuen Musik*, 2. Auflage, Europäische Verlagsanstalt, Frankfurt a. M. 1958, S. 19.

940 Richard Klein/Johann Kreuzer/Stefan Müller-Doohm (Hrsg.), *Adorno-Handbuch: Leben – Werk – Wirkung*, J. B. Metzler'sche Verlagsbuchhandlung/Carl Ernst Poeschel Verlag, Stuttgart 2011, S. 119.

941 Ebd., S. 51.

942 Adorno, *Philosophie der Neuen Musik*, Frankfurt a. M. 1958, S. 18.

943 Klein/Kreuzer/Müller-Doohm (Hrsg.), *Adorno-Handbuch*, Stuttgart 2011, S. 53.

944 Walther Müller-Jentsch, *Adorno und Andere: Soziologische Exkurse zu Kunst und Literatur*, Transcript Verlag, Bielefeld 2022, S. 41.

945 Theodor W. Adorno, *Gesammelte Schriften, Band 12: Philosophie der neuen Musik*, Frankfurt/M. 1975, S. 40.

946 Klein/Kreuzer/Müller-Doohm (Hrsg.), *Adorno-Handbuch*, Stuttgart 2011, S. 53.

947 Erich Doflein, »Gewinne und Verluste in neuer Musik und Musikerziehung«, in *Vorträge und Programme der VIII. Arbeitstagung des Instituts für neue Musik und Musikerziehung in Lindau 1955*, Hagnau 1955, S. 5-33.

948 Klein/Kreuzer/Müller-Doohm (Hrsg.), *Adorno-Handbuch*, Stuttgart 2011, S. 56.

949 Zitiert nach Wolfgang Mende, *Musik und Kunst in der sowjetischen Revolutionskultur*, Böhlau Verlag, Köln 2009, S. 14.

950 Zitiert nach Sjef Houppermans/Peter Liebregts/Jan Baetens/Otto Boele (Hrsg.), *Modernism Today*, Editions Rodopi, Amsterdam/New York 2013, S. 135.

951 Hanns Eisler, *Gespräche mit Hans Bunge: Fragen Sie mehr über Brecht*, VEB Deutscher Verlag für Musik, Leipzig 1975, S. 25 f.

952 Klein/Kreuzer/Müller-Doohm (Hrsg.), *Adorno-Handbuch*, Stuttgart 2011, S. 119.

953 Alfred North Whitehead, *Process and Reality*, (Gifford Lectures 1927–28, corrected edition), The Free Press/Macmillan Publishing, New York 1978 (Erstausgabe 1929), S. 337.

954 Neben Rachmaninoffs frühem Prélude (1892) kritisierte Adorno noch Gounods »Ave Maria« (1859), Dvořáks »Humoreske« op. 101 (1894) und den langsamen Satz aus Tschajkowskijs fünfter Sinfonie (1888) als »Ware«. Siehe Theodor W. Adorno, *Quasi una fantasia: Musikalische Schriften (2)*, Suhrkamp Verlag, Frankfurt a. M. 1963.

955 Metner, *Die Muse und die Mode*, »Teil 2: 13. Die Problematik der zeitgenössischen Kunst«.

956 José Ortega y Gasset, *Die Vertreibung des Menschen aus der Kunst,* Deutscher Taschenbuch Verlag, München 1964 *(La deshumanizacion del arte,* Erstveröffentlichung 1925), S. 38 f.

957 Ebd., S. 8 f.

958 Ebd., S. 13 ff.

959 Ebd., S. 18.

960 Referenzaufnahme *Drei russische Lieder* op. 41 – Chor des Mariinskij-Theaters, BBC Philharmonic Orchestra, Gianandrea Noseda (2011): exponierte Passagen (ab 0:55).

961 Ortega y Gasset, *Die Vertreibung des Menschen aus der Kunst,* München 1964, S. 30.

962 I.S. Jasser in [3], Band 2, S. 362 f.

963 Ortega y Gasset, *Die Vertreibung des Menschen aus der Kunst,* München 1964, S. 31 f.

964 Birgit Recki, *Kultur als Praxis: Eine Einführung in die Philosophie Ernst Cassirers,* Akademie Verlag, Berlin 2004, S. 54.

965 Alfred North Whitehead, *Process and Reality (Gifford Lectures 1927–28),* The Free Press/Macmillan Publishing, New York 1978 (Erstausgabe 1929), S. 219–282.

966 Brian G. Henning/Joseph Petek (Hrsg.), *Whitehead at Harvard (1924–1925),* Edinburgh University Press, S. 132.

967 Susanne K. Langer, *Philosophie auf neuem Wege,* Fischer Taschenbuch Verlag, Frankfurt a. M. 1992 (Erstausgabe 1965), S. 7 f.

968 [5], S. 217.

969 [3], Band 1, S. 189.

970 Peter Gradenwitz, *Leonard Bernstein – Eine Biografie,* Atlantis Musikbuch-Verlag, Zürich 1990, S. 256 f.

971 Langer, *Philosophie auf neuem Wege,* Frankfurt a. M. 1992 (Erstausgabe 1965), S. 12.

972 Ebd., S. 99 ff.

973 Ebd., S. 207 f.

974 Ebd., S. 215 f.

975 Ebd., S. 219.

976 Ebd., S. 206 und 210.

977 Ebd., S. 217 ff.

978 Referenzaufnahme *Prélude* op. 32, Nr. 10 – Swjatoslaw Richter (1971): Takt 34 f. (2:25), Takt 48 f. (3:35).

979 Robert S. Buxton, *Musical Time and Memory: A Bergsonian Interpretation of Sergei Rachmaninoff's Prélude Op. 32 No. 10 in B Minor,* University of North Texas 2018 (Dissertation).

980 Susanne K. Langer, *The Practice of Philosophy,* H. Holt & Co., New York 1930, S. 102. Siehe auch die Fortsetzung Susanne K. Langer, *Fühlen und Form – Eine Theorie der Kunst (Feeling and Form: A Theory of Art Developed from Philosophy in a New Key,* Erstveröffentlichung 1953), Felix Meiner Verlag, Hamburg 2018.

981 Sven Hiemke (Hrsg.), *Beethoven-Handbuch,* Bärenreiter-Verlag, Kassel 2017, S. 424.

982 Riesemann, *Rachmaninoff's Recollections,* New York 1934, S. 199 und 238.

983 Cameron, »The Composer as Interpreter«, in *The Monthly Musical Record,* November 1934, S. 201.
984 [4], S. 239.
985 [4], S. 239.
986 Brief vom 9. September 1922 – [1], S. 486.
987 [5], S. 372.
988 [11], S. 187.
989 [5], S. 374.
990 [5], S. 374.
991 [5], S. 381 f.
992 [5], S. 383.
993 Brief vom 6. April 1943 – LoC 43/13. Das Vassar College ist eine Elitehochschule in Poughkeepsie im Bundesstaat New York.
994 Nach Informationen von Elger Niels.
995 Aleksandr Walentinowitsch Amfiteatrow (Александр Валентинович Амфитеатров), буря (Der Sturm), Libretto und Korrespondenz – LoC 42/18 und 50/6.
996 Watson Lyle, *Rachmaninoff: A Biography,* William Reeves, London 1938, S. 205.
997 Schonberg, *Horowitz,* New York 1992, S. 113.
998 August Püringer, »Konzert der Kgl. Kapelle«, in *Dresdner Zeitung,* 17. März 1912 – LoC 57/8.
999 Donald Mitchell/Philip Reed/Mervyn Cooke (Hrsg.), *Letters from a Life – The Selected Letters and Diaries of Benjamin Britten,* Band 3 (1946–1951), London 2004, S. 86.
1000 Meinhard Saremba, *Leoš Janáček: Zeit – Leben – Werk – Wirkung,* Bärenreiter, Kassel 2001, S. 417.
1001 *Mariss Jansons und das Symphonieorchester des Bayerischen Rundfunks proben Rachmaninow, Schostakowitsch, Strawinsky, Tschaikowsky,* BR-KLASSIK (4 CD-Box), Produktnummer 900931.
1002 Richard D. Sylvester, *Rachmaninoff's Complete Songs (Russian Music Studies),* Indiana University Press, Bloomington & Indianapolis 2014.
1003 [4], S. 214 f.
1004 Brief vom 6. (18.) Mai 1897 – [2], Band 1, S. 261.
1005 [6], S. 186.

Personenverzeichnis

Achmatowa, Anna Andreewna (1889–1966), russisch-sowjetische Lyrikerin 313
Addinsell, Richard Stewart (1904–1977), britischer Filmkomponist 425
Adés, Thomas (geb. 1971), englischer Komponist und Dirigent 25
Adorno, Theodor Wiesengrund (1903–1969), deutscher Soziologe und Philosoph 393, 427 ff., 501
Afanasjew, Aleksandr Nikolajewitsch (1826–1871), russischer Herausgeber von Volksmärchen 170
Agapkin, Wasilij Iwanowitsch (1884–1964), russisch-sowjetischer Militärmusiker 248
Aho, Kalevi (geb. 1949), finnischer Komponist 25
Albrecht, Gerd (1935–2014), deutscher Dirigent 450
Aleksandr II. (1818–1881), 1855–81 Zar von Russland 16, 30 f., 51, 77, 101
Aleksandr III. (1845–1894), 1881–94 Zar von Russland 51, 100 f., 112, 160
Aleksandrowa, Nadeschda, russische Sängerin 83
Alexander, Günther, deutscher Kunstmäzen 208
Altani, Ippolit Karlowitsch (1846–1919), russischer Dirigent 155, 157, 168
Altschuler, Modest; eigentlich Moisei Isaacovich Altschuler (1873–1963), russisch-amerikanischer Dirigent 201, 220 f., 285 ff.
Amfiteatrow, Aleksandr Walentinowitsch (1862–1938), russischer Schriftsteller 446
Amfiteatrow, Walentin Nikolajewitsch (1836–1908), russischer Geistlicher 148, 446
Anderson, Marian Elina-Blanche (1897–1993), US-amerikanische Altistin 322, 407, 446
Ansermet, Ernest (1883–1969), Schweizer Dirigent 409
Archangelskij, Aleksandr Andreewitsch (1846–1924), russischer Kirchenmusiker und Chorleiter 98
Argerich, Martha (geb. 1941), argentinisch-schweizerische Pianistin 23, 450, 457
Arzibaschew, Michail Petrowitsch (1878–1927), russischer Schriftsteller 480
Asafjew, Boris Wladimirowitsch (1884–1949), russisch-sowjetischer Musikwissenschaftler 108, 255, 268
Aschkenasij, Wladimir Dawidowitsch (geb. 1937), russischer Pianist und Dirigent mit isländischer Staatsbürgerschaft 451, 491
Aslanow, Aleksandr Petrowitsch (1874–1960), russisch-sowjetischer Dirigent 398
Auer, Leopold (1845–1930), ungarisch-österreichischer Geiger 53
August von Löwis of Menar (1881–1930), baltischer Literaturwissenschaftler und Volkskundler 170
Awerino, Nikolaj Konstantinowitsch (1872–1948), russischer Geiger und Musikpädagoge 223 f., 405

Babbitt, Milton (1916–2011), US-amerikanischer Komponist 419
Bach, Johann Sebastian (1685–1750), deutscher Komponist 21 f., 188 f., 193, 222, 231, 262 f., 291, 302, 304, 354,
Bachauer, Gina (1913–1976), griechische Pianistin 407
Backhaus, Wilhelm (1884–1969), deutscher Pianist 187, 189, 320
Baklanow, Georgij Andreewitsch (1880–1938) russischer Bariton 168
Balakirew, Milij Alekseewitsch (1836–1910), russischer Komponist 350
Balmont, Konstantin Dmitriewitsch (1867–1942), russischer Dichter 211, 235 ff., 240 ff., 275, 352, 485
Bantock, Granville (1868–1946), englischer Komponist 214
Barber, Samuel (1910–1981), US-amerikanischer Komponist 393
Barnay, Ludwig; eigentlich Ludwig Weiß (1842–1924), deutscher Schauspieler 53

Bartók, Béla (1881–1945), ungarischer Komponist 21, 269, 348, 372, 392 f., 426, 495

Battistini, Mattia (1856–1928), italienischer Bariton 53

Beard, George Miller (1839–1883), US-amerikanischer Neurologe 216

Beecham, Thomas (1879–1961), britischer Dirigent 390

Beethoven, Ludwig van (1770–1827), deutscher Komponist 15, 21, 23, 32 f., 49, 68, 73, 77 ff., 110, 132, 140 f., 182, 184 f., 187, 192 f., 219, 222, 237, 289, 298, 301 f., 216, 338, 409, 411, 424, 436, 439, 444, 481

Behr, Franz (1837–1898), deutscher Komponist 299, 489

Beketowa, Jekaterina Andreewna (1855–1892), russische Schriftstellerin 225

Belij, Andrej; eigentlich Boris Nikolaewitsch Bugajew (1880–1934), russischer Schriftsteller 235, 435

Belinskij, Wissarion Grigorjewitsch (1811–1848), russischer Literaturkritiker und Philosoph 80

Beljaew, Mitrofan Petrowitsch (1836–1903), russischer Musikverleger und Mäzen 70, 87, 225, 313, 324

Below, Gennadij (geb. 1939), russischer Komponist 491

Bennett, Robert Russell (1894–1981), US-amerikanischer Komponist 415 f.

Beresowskij, Nikolaj Tichonowitsch (1900–1953), russischer Geiger und Komponist 395

Berg, Alban (1885–1935), österreichischer Komponist 21, 25, 38, 426 ff.

Berliner, Emil (1851–1929), deutscher Erfinder 297

Berlioz, Louis Hector (1803–1869), französischer Komponist 33

Bernstein, Leonard (1918–1990), amerikanischer Komponist, Pianist und Dirigent 19, 21, 319, 393 f., 436, 447, 449 f.

Bertensson, Sergej (1885–1962), russisch-amerikanischer Musikwissenschaftler 138, 140, 469

Bizet, Georges (1838–1875), französischer Komponist 83, 119, 126, 184, 298, 302, 326, 454

Blawatskaja, Helena Petrowna; geborene Helena Petrowna von Hahn-Rottenstein (1831–1891), russlanddeutsche Okkultistin 267

Blioch, Iwan Stanislawowitsch; auch Jan Gotlib Bloch bzw. Johann von Bloch (1836–1902), polnisch-russischer Eisenbahnpionier 246 ff., 485

Blok, Aleksandr Aleksandrowitsch (1880–1921), russischer Schriftsteller 79, 82

Blumenfeld, Feliks Michailowitsch (1863–1931), russischer Pianist 87

Böcklin, Arnold (1827–1901), Schweizer Maler 22, 208 ff.211, 253 f., 453, 482, 486

Bogemskij, Dmitrij Anisimowitsch (1878–1931), russischer Schriftsteller 248

Bogolepow, Nikolaj Pawlowitsch (1846–1901), russischer Volksbildungsminister 144

Bogoljubow, Aleksej Petrowitsch (1824–1896), russischer Maler 118

Boito, Arrigo (1842–1918), italienischer Komponist und Schriftsteller 207, 401

Bonaparte, Napoléon (1769–1821), französischer General 46, 427

Borodin, Aleksandr Porfirjewitsch (1833–1887), russischer Chemiker und Komponist 76, 81, 119, 132, 156, 350

Bortnjanskij, Dmitrij Schtepanowitsch (1751–1825), russischer Komponist 227

Boult, Adrian (1889–1983), britischer Dirigent 396, 400

Brahms, Johannes (1833–1897), deutscher Komponist 23, 25, 46, 56, 86, 109 ff., 185, 193, 198, 201, 289, 319, 325 ff., 392, 434, 491

Brandukow, Anatolij Andreewitsch (1859–1930), russischer Cellist 145, 148, 199

Bridge, Frank (1879–1941), englischer Komponist 343

Bright, John (1811–1889), britischer Politiker 399

Britten, Benjamin (1913–1976), englischer Pianist, Dirigent und Komponist 19, 21, 25, 67, 240, 265,

319, 343, 398 f., 423, 425 f., 428, 447, 449, 480

Brjusow, Walerij Jakowlewitsch (1873–1924), russischer Schriftsteller 113, 235, 317

Bruckner, Anton (1824–1896), österreichischer Komponist 23, 67, 112, 201, 326, 335, 337, 391, 434

Bruno, Giordano (1548–1600), italienischer Gelehrter 497

Buketow, Igor Konstantin (1915–2001), russisch-amerikanischer Dirigent 458, 491, 493

Bukinik, Michail Jewsejewitsch (1872–1947), ukrainisch-sowjetischer Cellist und Musikpädagoge 52, 55, 57, 59, 64, 68, 70, 99, 107, 236, 335, 436

Bulgakow, Michail Afanassjewitsch (1891–1940), russisch-sowjetischer Schriftsteller 313

Bülow, Hans von (1830–1894), deutscher Pianist und Dirigent 38, 53, 189

Buniatischwili, Khatja (geb. 1987), georgisch-französische Pianistin 451, 457

Bunin, Iwan Alekseewitsch Bunin (1870–1953), russischer Schriftsteller 88, 95 f., 127, 141 ff., 152, 170, 269, 273, 277 f., 313, 406,

Butakowa, Sofja Aleksandrowna; geborene Litwinowa (1823–1904), Sergejs Großmutter 16, 41 ff., 48, 74, 113, 243, 362

Butler, Nicholas Murray (1862–1947), US-amerikanischer Philosoph und Publizist 399

Byron, George Gordon Noel (1788–1824), englischer Dichter 16 f., 53, 81, 83, 90, 110 f.

Cage, John (1912–1992), US-amerikanischer Künstler 25

Carnegie, Andrew (1835–1919), schottisch-amerikanischer Stahlmagnat und Philanthrop 398 f.

Caruso, Enrico (1873–1921), italienischer Tenor 300

Chailly, Riccardo (geb. 1953), italienischer Dirigent 23, 450, 457

Chalabala, Zdeněk (1899–1962), tschechischer Dirigent 450

Charcot, Jean-Martin (1825–1893), französischer Neurologe 136

Chasins, Abram (1903–1987), US-amerikanischer Pianist und Musikschriftsteller 293

Chatschaturjan, Aram (1903–1978), armenisch-sowjetischer Komponist 370

Ching, Michael (1958-), amerikanischer Komponist und Dirigent 19

Chomjakow, Alexej Stepanowitsch (1804–1860), russischer Schriftsteller 235

Chopin, Fryderyk Franciszek (1810–1849), polnischer Pianist und Komponist 29, 33, 68, 71, 149, 167, 218, 231, 293, 297, 299, 301 f., 327, 338, 365, 392, 408, 453

Chrabrowizkij, Daniil Jakowlewitsch (1923–1980), russischer Filmregisseur 464

Chruschtschjow, Nikita Sergeewitsch (1894–1971), sowjetischer Politiker 370

Churchill, Winston (1874–1965), englischer Politiker 277

Clemens, Clara Langhorne (1874–1962), amerikanische Konzertaltistin 286

Clemens, Cyril (1902–1999), US-amerikanischer Schriftsteller 286

Coates, Albert (1882–1953), englischer Dirigent 328, 351 f., 483

Coke, Roger Sacheverell (1912–1972), englischer Komponist 48, 391 ff.,

Collin, Heinrich Joseph von (1771–1811), österreichischer Schriftsteller 78

Colonne, Édouard Juda (1838–1910), französischer Dirigent 233

Conus, Alexandre (1933–2012), Rachmaninoffs Enkel 137, 356, 361, 410, 420, 464

Conus, Boris Juliewitsch (1904–1988), russisch-französischer Musiker 356, 420

Conus, Leo[n]; auch Lew Eduardowitsch Konjus (1871–1944), russisch-französischer Pianist 68

Conus, Tatjana Sergeewna; geborene Rachmaninowa (1907–1961), Sergejs Tochter 197, 237 f., 245, 282, 288, 292, 309, 311 f., 318, 356, 361, 407, 420 ff.

Copeland, Fanny Susan (1872–1970), irische Übersetzerin und Linguistin 240 ff.
Copland, Aaron (1900–1990), amerikanischer Komponist 363 f., 393
Corelli, Arcangelo (1653–1713), italienischer Komponist 352 ff., 364, 370, 440, 453
Cranbrook – siehe Seebohm

d'Albert, Eugen (1864–1932), britischer Komponist und Pianist 53, 184, 302
d'Annunzio; Gabriele (1863–1938), italienischer Schriftsteller 128, 175
Dahl, Nikolaj Wladimirowitsch (1860–1939), russischer Arzt und Therapeut 136 ff., 140 ff., 145, 147, 390, 475
Damrosch, Walter Johannes (1862–1950), US-amerikanischer Dirigent 221, 295
Danilin, Nikolaj Michajlowitsch (1878–1945), russisch-sowjetischer Chorleiter und Musikpädagoge 226, 228 f., 250
Danilowa, Maria, russische Cellistin 237 ff.
Dante Alighieri, (1265–1321), italienischer Schriftsteller 127 f., 141, 169, 171 f., 174 f., 194, 241
Dargomischskij, Aleksandr Sergeewitsch (1813–1869), russischer Komponist 34, 79, 119, 125 f., 156, 169
Dawidow, Jurij L., russischer Journalist 90, 97
De Niro Sr., Robert Henry (1922–1993), US-amerikanischer Maler und Vater von Robert De Niro 446
de Waart, Edo (geb. 1941), niederländischer Dirigent 450 f., 455 ff., 470 f., 482
Debussy, Achille-Claude (1862–1918), französischer Komponist 174, 252, 302,316, 372, 387, 395
Delaunay, Robert (1885–1941), französischer Maler 355
Delius, Frederick (1862–1934), englischer Komponist deutscher Abstammung 392
Dengler, Franz, deutscher Arzt 365
Diamond, David Leo (1915–2005), US-amerikanischer Komponist 299, 393, 412 f.
Disney, Walter Elias ›Walt‹ (1901–1966), amerikanischer Trickfilmzeichner und Filmproduzent 424
Djagilew, Sergej Pawlowitsch (1872–1929), russischer Impresario 117, 123, 196, 204, 373
Djubjuk, Aleksandr Iwanowitsch; auch Alexandre Dubuque (1812–1898), russischer Pianist, Komponist und Musikpädagoge französischer Abstammung 47
Djuragina, Galina; Pseudonym Alja Rachmanowa (1898–1991), russische Schriftstellerin 273 f.
Dobroljubbow, Nikolaj Aleksandrowitsch (1836–1861), russischer Philosoph und Literaturkritiker 80, 257
Dobrowen, Isaj Aleksandrowitsch (1891–1953), norwegischer Dirigent 320
Dorsey, Tommy; eigentlich Thomas Francis Dorsey (1905–1956), US-amerikanischer Jazzmusiker 322
Dostoewskij, Fjodor Michajlowitsch (1821–1881), russischen Schriftsteller 34, 51, 122, 150, 153, 203, 248, 465, 480
Downes, Edward Olin Davenport (1911–2001), amerikanischer Musikwissenschaftler 418
Dserschinskij, Feliks Edmundowitsch; auch Dzierżyński (1877–1926), polnisch-russischer Revolutionär 280
Dubnow, Simon (1860–1941), russischer Historiker 283
Dukelskij, Wladimir Aleksandrowitsch, auch Vernon Duke (1903–1969), russisch-amerikanischer Komponist 395
Duse, Eleonora Giulia Amalia (1858–1924), italienische Schauspielerin 53
Dvořák, Antonín Leopold (1841–1904), böhmischer Komponist 393, 423, 501

Edison, Thomas Alva (1847–1931), US-amerikanischer Erfinder 297, 299 f., 313, 342

Eisler, Hanns (1898–1962), deutscher Komponist 428
Elgar, Edward (1857–1934), britischer Komponist 111, 240, 243, 269, 303, 313 f., 338, 343, 392, 480
Elisaweta I. (1709–1761), 1741–1762 Zarin von Russland 30 f.
Enescu, George (1881–1955), rumänischer Komponist, Violinist und Dirigent 19
Eötvös, Péter (geb. 1944), ungarischer Komponist und Dirigent 25
Esposito, Eugenio, italienisch-russischer Dirigent 123

Fall, Leo (1873–1925), österreichischer Komponist 499
Farrar, Geraldine (1882–1967), US-amerikanische Sopranistin 339, 446
Fauré, Gabriel (1845–1924), französischer Komponist 174, 195
Feiwel, Berthold (1875–1937), österreichischer Schriftsteller 240 ff.
Felix, Emil (1875–1941), Schweizer Architekt 240
Fet, Afanasij Afanasjewitsch (1820–1892), russischer Dichter 83, 90 f., 93, 103, 151, 235
Février, Henry (1875–1957), französischer Komponist 195
Fiedler, August Max (1859–1939), deutscher Dirigent 221
Fisher, Susanne (1903–1990), US-amerikanische Sopranistin 341
Fjodor I. (1557–1598), 1584–98 Zar von Russland 143
Fokin, Michail Michajlowitsch; auch Michel Fokine (1880–1942), russisch-amerikanischer Choreograf 272, 310, 373 f., 375, 415
Foley, Charles, US-amerikanischer Konzertmanager 328, 339, 343, 363 f., 372, 377, 458
Franz Ferdinand Carl Ludwig Joseph Maria von Österreich-Este (1863–1914), Thronfolger von Österreich-Ungarn 247
Franz Joseph I. (1830–1916), Kaiser von Österreich 112
Furtwängler, Wilhelm (1886–1954), deutscher Dirigent und Komponist 109, 215, 295, 374

Gabrilowitsch, Clara – siehe Clemens, Clara
Gabrilowitsch, Osip Solomonowitsch (1878–1936), russisch-amerikanischer Dirigent 286
Gapon, Georgij Apollonowitsch (1870–1906), russischer Geistlicher 163
Gasset, José Ortega y (1883–1955), spanischer Philosoph 430 ff., 434
Gauk, Aleksandr Wasiljewitsch (1893–1963), ukrainisch-sowjetischer Dirigent 472
Gay, Maria (1879–1945), katalanische Mezzosopranistin 185
Georg II. (1826–1914), Herzog von Sachsen-Meiningen und Theaterreformer 122 f.
Gergiew, Walerij Abisalowitsch (geb. 1953), sowjetisch-russischer Dirigent 451, 455 ff., 469, 479
Gershwin, George (1898–1937), US-amerikanischer Komponist 26, 216, 323, 331 f., 333, 373, 387, 416, 465, 495
Giltburg, Boris (geb. 1984), israelischer Pianist 451
Glasunow, Aleksandr Konstantinowitsch (1865–1936), russischer Komponist 11, 87, 105, 107 ff., 156, 166, 196, 220, 225, 246, 302, 434, 455
Glier, Rejnhold Morizewitsch; auch Glière (1874–1956), russisch-sowjetischer Komponist 165 f., 220
Glinka, Michail Iwanowitsch (1804–1857), russischer Komponist 19, 32 f., 58, 81, 83, 87, 124, 156 f., 181, 205, 256, 291, 359
Gnesina, Jelena Fabianowna (1874–1967), russische Pianistin 103, 471
Goebbels, Paul Joseph (1897–1945), deutscher Politiker 320
Goethe, Johann Wolfgang von (1749–1832) 94, 206 f., 383 f.
Gogol, Nikolaj Wasiljewitsch (1809–1852), russischer Schriftsteller 38, 80 f.
Goldenwejser, Aleksandr Borisowitsch (1875–1961), russischer Pianist 56, 68 f., 116, 145, 165 f., 212, 231, 238, 245, 353, 472
Goleizowskij, Kasjan, russischer Choreograph 414

Golenischew-Kutusow, Arsenij Arkadjewitsch (1848–1913), russischer Komponist 84
Gontscharow, Iwan Aleksandrowitsch (1812–1891), russischer Schriftsteller 80
Goossens, Eugène Aynsley (1893–1962), englischer Dirigent und Komponist 287, 459
Gorkij, Maksim (1868–1936), russischer Schriftsteller 159, 235,
Gorodezkij, Sergej Mitrofanowitsch (1884–1967), russischer Schriftsteller 235
Gounod, Charles (1818–1893), französischer Komponist 501
Gracis, Ettore (1915–1992), italienischer Dirigent 450, 493
Grauerman, Grigorij Lwowitsch (1861–1921), russischer Neurologe 137
Greiner, Alexander W. (1918–1958), Mitarbeiter von Steinway & Sons 147, 306, 420
Grieg, Edvard Hagerup (1843–1907), norwegischer Pianist und Komponist 71 ff., 76, 187, 189, 301 f., 338, 414
Grieg, Nina; geborene Nina Hagerup (1845–1935), dänisch-norwegische Sopranistin 72, 469
Grimaud, Hélène (geb. 1969), französische Pianistin 457
Grimley, Daniel M., britischer Musikwissenschaftler 480
Grofé, Ferde (1892–1972), US-amerikanischer Komponist 322 f.
Gumiljow, Nikolaj Stepanowitsch (1886–1921), russischer Schriftsteller 235
Gurlitt, Friedrich Louis Moritz Anton ›Fritz‹ (1854–1893), deutscher Kunsthändler 208
Gutheil, Aleksandr (1818–1882), deutsch-russischer Musikverleger, Gründer des Verlags A. Gutheil 74, 83, 86 f., 131, 149, 167, 226, 244, 248, 324, 441, 455 f.
Gutheil, Karl Aleksandrowitsch (1851–1921), russischer Musikverleger, Sohn von A. Gutheil 74, 83, 86 f., 131, 149, 167, 226, 244, 248, 324, 441, 455 f.
Hamerik, Asger (1843–1923), dänischer Komponist 396
Händel, Georg Friedrich (1685–1759), deutscher Komponist 56, 187, 193, 291,
Hanson, Howard Harold (1896–1981), US-amerikanischer Komponist 348, 363, 393, 412
Harper-Scott, J. P. E. (geb. 1977), britischer Musikwissenschaftler 480
Harrell, Mack Kendree (1909–1960), US-amerikanischer Bariton 341
Harris, Roy Ellsworth (1898–1979), US-amerikanischer Komponist 110, 363, 393, 402 f., 412
Harty, Hamilton (1879–1941), irischer Komponist und Dirigent 346
Haydn, Joseph (1732–1809), österreichischer Komponist 396
Heifez, Josif Ruwimowitsch (Chejfez), genannt Jascha (1901–1987), russisch-amerikanischer Geiger 342, 375
Heine, Heinrich (1797–1856), deutscher Schriftsteller 92, 105, 161, 373 f.,
Helfgott, David (geb. 1947), australischer Pianist 22
Henselt, Georg Martin Adolf von (1814–1889), deutscher Pianist und Komponist 21, 38, 47, 52
Henze, Hans Werner (1926–2012), deutscher Komponist 25
Hepokoski, James Arnold (geb. 1946), US-amerikanischer Musikwissenschaftler 480
Herlischka, Bohumil (1919–2006), tschechischer Regisseur 450
Hertz, Heyman Henrik (1798–1870), dänischer Schriftsteller 85
Herzen, Aleksandr Iwanowitsch (1812–1870), russischer Publizist 45, 93, 237
Hicks, Scott (geb. 1953), australischer Filmregisseur 22
Hindemith, Paul (1895–1963), deutscher Komponist 392, 426
Hirst, Arthur, englischer Pianist, Lektor und Journalist 21, 29, 122, 197, 227, 293, 308, 320, 322, 336, 356, 362, 365, 371 ff., 405

Hitler, Adolf (1889–1945), deutscher Politiker österreichischer Herkunft 209, 320, 408

Høeberg, Georg Valdemar (1872–1950), dänischer Dirigent 284

Hofmann, Josef; auch Józef Kazimierz Hofmann (1876–1957), polnischer Pianist 53, 114, 189, 217 f., 268, 289, 291, 294, 298, 302, 306, 309, 314, 327, 364 f.

Honegger, Arthur (1892–1955), französisch-schweizerischer Komponist 348, 393, 426

Horowiz, Wladimir Samojlowitsch; auch Horowitz/Gorowiz (1903–1989), russisch-amerikanischer Pianist 12, 212, 218 f., 306, 342, 424, 440 ff., 454, 457, 483

Hosaeus, Hermann Kurt (1875–1958), deutscher Bildhauer 187

Hovhaness, Alan (1911–2000), US-amerikanischer Komponist 393

Hughes, Adella Prentiss (1869–1950), nordamerikanische Pianistin und Orchestermanagerin 446

Hugo, Victor-Marie (1802–1885) 79, 131, 431

Humperdinck, Engelbert (1854–1921), deutscher Komponist 119

Huxley, Aldous Leonard (1894–1963), britischer Schriftsteller 399

Ibbs, Robert Leigh (1869–1942), britischer Konzertmanager 244, 321 f., 360

Igumnow, Konstantin Nikolaewitsch (1873–1948), russisch-sowjetischer Komponist 56, 206 f., 354

Ives, Charles (1874–1954), amerikanischer Komponist 94, 159

Iwan IV. Wasiljewitsch Grosnij (1530–1584), 1547–84 Zar von Russland 94

Jacobs, Jane; geborene Butzner (1916–2006), amerikanisch-kanadische Journalistin 419

Janáček, Leoš (1854–1928), mährisch-tschechischer Komponist 173, 450

Jansons, Mariss (1943–2019), sowjetisch-lettischer Dirigent 450 f., 459, 500

Jasser, Iosif Samuilowitsch; auch Yasser, Joseph (1893–1981), russisch-amerikanischer Organist und Musikwissenschaftler 25, 212 f., 388, 433, 497

Johannes von Antiochia; genannt Chrysostomos (ca. 344–407), Erzbischof von Konstantinopel 228, 248, 453

Johannes, Evangelist 248

Jurgenson, Peter; auch Pjotr Iwanowitsch Jurgenson (1836–1904), estnisch-russischer Musikverleger 65, 87, 100, 134 f., 181, 248

Kachalow, Wassilij Iwanowitsch (1875–1948), russisch-sowjetischer Schauspieler 310

Kalinnikow, Wasilij Sergeewitsch (1866–1901), russischer Komponist und Dirigent 134 f., 220

Karsawina, Tamara (1885–1978), russisch-sowjetische Tänzerin 273

Kastalskij, Aleksandr Dmitriewitsch (1856–1926), russischer Musikwissenschaftler und Chorleiter 229

Katuar, Egor; auch Georges Catoire (1861–1926), russischer Pianist 56

Kaye, Danny (1911–1987), US-amerikanischer Schauspieler 446

Keyserling, Eduard Graf von (1855–1918), deutscher Schriftsteller 378, 496

Kienzl, Wilhelm (1857–1941), österreichischer Komponist 184, 191

Kisin, Jewgenij Igorewitsch; auch Kissin (geb. 1971), sowjetisch-russischer Pianist 23

Kitaenko, Dmitri Georgijewitsch (geb. 1940), sowjetisch-russischer Dirigent 450, 485

Kjui, Zesar Antonowitsch; auch César Cui (1835–1918), russischer Komponist französischer Abstammung 109 f., 169, 296, 350

Knipper, Olga Leonardowna; verheiratete Knipper-Tschechowa (1868–1959), russisch-sowjetische Schauspielerin 310

Kocsis, Zoltán (1952–2016), ungarischer Pianist 450, 455, 457 f.

Kodály, Zoltán (1882–1967), ungarischer Komponist 426

Kogosowski, Alan (geb. 1962), australischer Pianist 425

Koons, Walter Emmet Charles (1892–1982), US-amerikanischer Musikjournalist 384 f., 496

Koppel-Ellfeld, Franz (1838–1920), deutscher Jurist und Intendant 183

Korinfskij, Apollon Apollonowitsch (1868–1937), russischer Schriftsteller 235

Korngold, Erich Wolfgang (1897–1957), mährisch-amerikanischer Komponist 424

Körnig, Hans (1905–1989), deutscher Maler und Graphiker 478

Korowin, Konstantin Alekseewitsch (1861–1939), russischer Maler 118

Kougell, Arcadie (1898–1985), russisch-amerikanischer Dirigent 475

Krebs, Karl-Friedrich (1880–1945), Schweizer Architekt 357

Kreisler, Fritz (1875–1962), österreichisch-amerikanischer Geiger 290, 302, 338 f., 345

Krejn, Dawid (1869–1926), russischer Geiger 398

Krejzer, Elena – siehe Schukowskaja, Elena Juljewna

Krilow, Iwan Andreewitsch (1769–1844), russischer Fabeldichter 183

Kruglikow, Semjon Nikolaewitsch, russischer Musikkritiker 166

Kügelgen, Franz Gerhard von (1772–1820), deutscher Porträt- und Historienmaler 206

Kusewizkij, Sergej Aleksandrowitsch (1874–1951), russisch-amerikanischer Dirigent 9, 225 f., 248, 252, 282, 287, 295, 313, 348, 363, 393 ff., 398, 402,

Kusmin, Michail Alekseewitsch (1872–1936), russischer Schriftsteller 235

Kutzschbach, Hermann Ludwig (1875–1938), deutscher Dirigent 449

Lambert, Constant Leonard (1905–1951), englischer Dirigent und Komponist 344

Lange, Hans (1884–1960), deutsch-amerikanischer Dirigent 444

Langer, Susanne K. (1895–1985), US-amerikanische Philosophin 434 ff., 439

Langgaard, Rued (1893–1952), dänischer Komponist 396

Lawson, Rex (geb. 1948), englischer Konzert-Pianolist 490

Lean, David (1908–1991), britischer Filmregisseur 22

Lehár, Franz (1870–1948), österreichisch-ungarischer Komponist 193

Lenin; eigentlich Wladimir Iljitsch Uljanow (1870–1924), russisch-sowjetischer Politiker 144, 153, 163, 264, 268, 275, 277, 279 f., 307, 313, 319, 374, 398

Lermontow, Michail Jurjewitsch (1814–1841), russischer Dichter 15 f., 62, 79, 86, 88 f., 95, 105, 129, 152 f., 380 f., 453

Leskow, Nikolaj Semjonowitsch (1831–1895), russischer Schriftsteller 369

Levitzki, Mischa (1898–1941), US-amerikanischer Pianist 306

Lewin, Iosif Arkadjewitsch; auch Josef Lhévinne (1874–1944), russisch-amerikanischer Pianist 103

Ligeti, György (1923–2006), österreichisch-ungarischer Komponist 25

Lincoln, Abraham (1809–1865), 1861–1865 Präsident der USA 407, 413

Liszt, Franz (1811–1886), ungarischer Pianist und Komponist 21, 38, 47, 52, 189, 191, 206 f., 262, 284, 293, 301, 346, 371, 417, 424, 429

Litwin, Felija; auch Félia Litvinne (1860–1936), russisch-französische Sopranistin 53

Liwen, Aleksandra Andreewna (?–1914), russische Adelige 115 f., 142

Ljadow, Anatoli Konstantinowitsch (1855–1914), russischer Komponist 71, 87, 260

Ljapunow, Sergej Michajlowitsch (1859–1924), russischer Komponist und Pianist 269

Lodischenskaja, Anna Aleksandrowna, Gattin von Pjotr Losischenskij und Schwester von Nadeschda Aleksandrowa 82, 111

Lodischenskij, Pjotr Wiktorowitsch, russischer Musiker 82 f., 141

Lourié, Arthur Vincent; eigentlich Naum Israilewitsch Lurja (1891–1966), russischer Komponist 349 f., 352
Luganskij, Nikolaj Lwowitsch (geb. 1972), russischer Pianist 451, 457
Lunatscharskij, Anatolij Wasiljewitsch (1875–1933), sowjetischer Politiker 264, 280, 349
Lwow, Lollij Iwanowitsch (1888–1970), russisch-sowjetischer Journalist 318

MacDowell, Edward Alexander (1860–1908), US-amerikanischer Komponist 287
Maeterlinck, Maurice Polydore Marie Bernard (1862–1949), belgischer Schriftsteller und Dramatiker 174 f., 194 f., 317, 491
Mahler, Gustav (1860–1911), böhmisch-österreichischer Dirigent und Komponist 21, 23, 26, 53, 108, 110 f., 130, 191 f., 199 f., 204, 220 ff., 233, 266, 269, 287, 296, 302, 310, 319, 329, 395, 397, 401, 419, 423, 451, 483 f.
Majkow, Apollon Nikolaewitsch (1821–1897), russischer Schriftsteller 235
Malko, Nikolaj Andrejewitsch (1883–1961), ukrainisch-sowjetischer Dirigent 333
Mamontow, Sawwa Iwanowitsch (1841–1918), russischer Industrieller und Kunstmäzen 117 ff, 122 ff., 125 ff., 129, 133, 140, 156, 166, 172, 176, 207 f., 256, 337, 387
Marija Aleksandrowna; geborene Marie von Hessen und bei Rhein (1824–1880), Frau von Zar Aleksandr II. (1818–1881), 1855–81 Zar von Russland 100, 148
Martens, Frederick Herman (1874–1932), US-amerikanischer Musikschriftsteller 275, 306, 376,
Marx, Karl (1818–1883), deutscher Philosoph und Gesellschaftstheoretiker 279
Mascagni, Pietro (1863–1945), italienischer Komponist 83, 184, 426
Massenet, Jules (1842–1912), französischer Komponist 195
Matsuew, Denis Leonidowitsch (geb. 1975), russischer Pianist 451, 455, 457, 469
McMillan, James (geb. 1959), schottischer Komponist und Dirigent 25
Melba, Nellie (1861–1931), australische Sopranistin 300
Mendelssohn Bartholdy, Jakob Ludwig Felix (1809–1847), deutscher Dirigent und Komponist 193, 301 f., 354
Mengelberg, Willem (1871–1951), niederländischer Dirigent 243, 295, 343, 394
Menotti, Gian Carlo (1911–2007), US-amerikanischer Komponist 218
Mérimée, Prosper (1803–1870) französischer Schriftsteller 83
Merö, Yolanda (1887–1963), ungarisch-amerikanische Pianistin 306
Messiaen, Olivier (1908–1992), französischer Komponist 67
Metner, Nikolao Karlowitsch (1879–1951), russischer Komponist und Pianist 12, 166, 217, 226, 246, 265, 267, 275, 308, 310, 316, 323, 325 f., 353, 365 ff., 375 f., 379 ff., 383 f., 387, 388 f., 397, 402, 427, 430, 496
Meyerbeer, Giacomo (1791–1864), deutsch-französischer Komponist 184
Michelangeli, Arturo Benedetti (1920–1995), italienischer Pianist 450, 493
Milhaud, Darius (1892–1974), französischer Komponist 426
Mitropoulos, Dimitri (1896–1960), griechischer Dirigent 38, 295, 413, 418 f., 443 f., 456, 459, 500
Mjaskowskij, Nikolaj Jakowlewitsch (1881–1950), russisch-sowjetischer Komponist 110, 260, 269, 274 f., 318, 366 f., 369 f., 382, 395
Moffo, Anna (1932–2006), US-amerikanische Sopranistin 446
Moiseewitsch, Benno (1890–1963), russischer Pianist 254, 327
Möri, Alfred (1880–1936), Schweizer Architekt 357
Morosow, Nikita Semjonowitsch (1864–1925), russischer Musiker 40, 68, 70, 142, 145, 166, 179 ff., 183, 187, 192 f., 194 ff., 198, 206, 211, 225 f., 237, 283

Moskwin, Iwan Michajlowitsch (1874–1946), russisch-sowjetischer Schauspieler 310
Mozart, Wolfgang Amadé (1756–1791), deutscher Komponist 23, 56, 60, 111, 119, 126, 169, 184, 186 f., 189 f., 228, 396, 442
Mueller-Stahl, Armin (geb. 1930), deutscher Schauspieler 22
Mumler, William H. (1832–1884), US-amerikanischer Fotograf 266
Musorgskij, Modest Petrowitsch (1839–1881), russischer Komponist 12, 34, 79, 119 f., 125 f., 144, 158 f., 170, 180, 182, 220 f., 253, 302, 350, 357, 424

Nabokow, Wladimir Dmitriewitsch (1870–1922), russischer Jurist und Politiker 278 f.
Nabokow, Wladimir Wladimirowitsch (1899–1977), russisch-amerikanischer Schriftsteller 278, 313, 413
Napravník, Eduard (1839–1916), böhmisch russischer Dirigent und Komponist 171, 175
Nekrasow, Nikolaj Alexeewitsch (1821–1878), russischer Schriftsteller 105, 152 ff., 174, 241
Nemirowitsch-Dantschenko, Wladimir Iwanowitsch (1858–1943), russischer Theaterregisseur 80
Nielsen, Carl (1865–1931), dänischer Komponist 25, 107, 110, 265, 269, 319, 396, 480
Nikisch, Arthur (1855–1922), ungarischer Dirigent 53, 112, 146, 177, 187, 192 f., 208, 233, 298
Nikolaj I. Pawlowitsch (1796–1855), 1825–55 Zar von Russland 33, 81, 123
Nikolaj II., geboren als Nikolaj Aleksandrowitsch Romanow (1868–1918), 1894–1917 Zar von Russland 101, 160, 164, 167, 175, 182, 235, 246
Nono, Luigi (1924–1990), italienischer Komponist 25
Nørgård, Per (geb. 1932), dänischer Komponist 25
O'Connell, Charles (1900–1962), amerikanischer Dirigent 341, 345
Offenbach, Jakob ›Jacques‹ (1819–1880), deutsch-französischer Komponist und Cellist 184, 350
Olenin, Pjotr Sergeewitsch (1874–1922), russischer Bariton 122
Olivier, Laurence (1907–1989), britischer Schauspieler und Regisseur 424
Orlow, Wasilij Sergeewitsch (1857–1907), russischer Chorleiter 98
Ormandy, Eugene (1899–1985), amerikanischer Dirigent ungarischer Herkunft 233, 295, 328, 346, 413, 415 f., 425, 456 f., 458
Ostromislenskij, Iwan Iwanowitsch (1880–1939), russischer Chemiker 351
Ostrowskij, Aleksandr Nikolaewitsch (1823–1886), russischer Schriftsteller 80
Ozawa, Seiji (geb. 1935), japanischer Dirigent 23

Paderewski, Ignacy Jan (1860–1941), polnischer Pianist und Politiker 298 f., 302, 306
Paganini, Niccolò; auch Nicolò Paganini (1782–1840), italienischer Geiger 370 ff., 374 f., 410, 440, 443 f., 453
Païchadze, Gavryil, Musikverleger 253
Palmer, Tony (geb. 1941), britischer Filmregisseur 464
Pasternack, Josef Alexander (1881–1940), polnisch-amerikanischer Dirigent 298
Patti, Adelina (1843–1919), spanisch-italienische Sopranistin 53, 300
Payne, Anthony (1936–2021), britischer Komponist 257
Peerce, Jan (1904–1984), US-amerikanischer Tenor 341
Penderecki, Krzysztof Eugeniusz (1933–2020), polnischer Komponist 21, 240
Petrenko, Wasilij Eduardowitsch (geb. 1976), russischer Dirigent 451, 455, 472
Petrunkewitsch, Iwan Iljitsch, russischer Politiker 179
Pfitzner, Hans Erich (1869–1949), deutscher Komponist 191, 426
Phillips, Stephen (1864–1915), englischer Schriftsteller 175
Pischnow, Lew Nikolaewitsch (1891–1959), ukrainisch-britischer Pianist 327, 378

Piston, Walter (1894–1976), US-amerikanischer Komponist 394, 412
Platon (428–347 v. d. Z.), griechischer Philosoph 56
Pleschtscheew, Aleksej Nikolaewitsch (1825–1893), russischer Dichter 161
Pleyel, Camille (1788–1855): frz. Klavierfabrikant 187
Plotin (205–270), griechischer Philosoph 227
Polenow. Wasilij Dmitriewitsch (1844–1927), russisch-sowjetischer Maler 118
Polonskij, Jakow Petrowitsch (1819–1898), russischer Schriftsteller 235
Popow, Gawriil Nikolaewitsch (1904–1972), russisch-sowjetischer Komponist 19
Powell, Michael Latham (1905–1990), britischer Filmregisseur 412
Presman, Matwej Leontjewitsch (1870–1941), russischer Pianist 48 f., 51 f., 54, 61, 67, 69, 71, 244
Prjanischnikow, Ippolit Petrowitsch (1847–1921), russischer Bariton 43
Prokofjew, Sergej Sergeewitsch (1891–1953), ukrainisch-sowjetischer Komponist 110 f., 130, 169, 204, 212, 220, 226, 260 ff., 268 f., 274 f., 308, 316 f., 340, 348, 353 f., 366 ff., 374, 382, 392 f., 395, 397, 407, 412, 414
Purcell, Henry (1659–1695), englischer Komponist 291
Puschkin, Aleksandr Sergeewitsch (1799–1837), russischer Schriftsteller 22, 30, 34, 45, 54, 78 ff., 88, 90 ff., 95, 105, 150, 153, 159, 168 ff., 175, 194, 197, 235 f., 282, 348, 381 ff., 403, 413, 445

Rachmaninoff, Aleksandr Gerasimowitsch (?–1812), Garde-Offizier, Sergejs Urgroßvater 31
Rachmaninoff, Arkadij Aleksandrowitsch (1808–1881), russischer Armeeangehöriger, Sergejs Großvater 32 f., 34, 37
Rachmaninoff, Arkadij Wasiljewitsch (1880–1945), russischer Mathematiker, Sergejs Bruder 37, 112, 244, 351, 406
Rachmaninoff, Gerasim Jewlewitsch, Garde-Offizier, Sergejs Ururgroßvater 29 f.
Rachmaninoff, Iwan Iwanowitsch (1826–1897), russisch-ukrainischer Mathematiker 29, 244
Rachmaninoff, Jelena Wasiljewna (1868–1885), russische Sängerin, Sergejs Schwester 17, 28, 35, 37, 39, 42 ff., 54, 59, 74, 135, 139, 197, 238, 243, 423
Rachmaninoff, Nikolaj Wasiljewitsch (1893–1917), Sergejs Halbbruder, russischer Pilot 243
Rachmaninoff, Wasilij Arkadjewitsch (1841–1916), pensionierter russischer Offizier des Grodno'schen Husaren-Regiments, Sergejs Vater 29, 34 f., 36 f., 39, 41, 43, 48, 64, 80, 86 f., 243
Rachmaninoff, Wladimir Wasiljewitsch (1871?–1913), russischer Armeeangehöriger, Sergejs Bruder 36 f., 39 ff., 42, 238, 243
Rachmaninowa, Irina Sergeewna – siehe Wolkonskaja
Rachmaninowa, Ljubow Petrowna; geborene Butakowa (1853?–1929), Sergejs Mutter 29, 34 ff., 37, 39, 40 ff., 48, 61 f., 87, 243, 346, 348, 351, 406
Rachmaninowa, Natalija Aleksandrowna; geborene Satina (1877–1951), russische Pianistin und Ehefrau von Sergej Rachmaninoff 61 ff., 64, 132, 135 f., 147 ff., 155, 179, 196 ff., 230, 237, 245 f., 261, 282, 285, 288, 292, 294, 309, 312, 356, 358, 361, 410, 422, 445, 465
Rachmaninowa, Sofja (?–1883), Sergejs Schwester 35, 39, 54, 59, 74, 135, 139, 238, 312
Rachmaninowa, Tatjana Sergeewna – siehe Conus
Rasputin, Grigorij Efimowitsch (1869–1916), russischer Prediger 148, 214, 267
Rathaus, Daniil Maksimowitsch; auch Ratgaus (1868–1937), russischer Schriftsteller 84, 90 f., 135
Ravel, Joseph Maurice (1875–1937), französischer Komponist 159, 253, 316, 426
Reisenberg, Nadia (1904–1983), US-amerikanische Pianistin und Musikpädagogin 218

Repin, Ilja Efimovich (1844–1930), russischer Maler 118, 144, 475
Reznicek, Emil Nikolaus Joseph (1860–1945), österreichischer Komponist 191
Richter, Hans; eigentlich János Richter (1843–1916), österreichisch-ungarischer Dirigent 240
Richter, Swjatoslaw Teofilowitsch (1915–1997), sowjetisch-russischer Pianist 451, 502
Riedweg, Albert (1867–1936), Schweizer Rechtsanwalt 422
Riesemann, Bernhard Oskar von (1880–1934), deutsch-baltischer Musikwissenschaftler 75, 106 f., 137 f., 237, 252, 257, 274, 279, 319, 357, 376 ff., 440, 466, 469, 472
Rihm, Wolfgang (geb. 1952), deutscher Komponist 25
Rilke, Rainer Maria (1875–1926), böhmischer Lyriker 7
Rimskaja-Korsakowa, Nadeschda Nikolaewna (1848–1919), russische Pianistin 423
Rimskij-Korsakow, Nikolaj Andreewitsch (1844–1908), russischer Komponist 30, 34 f., 62, 70 f., 81, 87 ff., 90, 92, 98, 119 f., 123, 125 f., 133, 156, 158 f., 165 ff., 169 ff., 173, 196, 205, 212, 220, 223, 228, 269, 282, 291, 302, 307, 321 ff., 348, 350, 357, 387, 423
Rodziński, Artur (1892–1958), polnisch-amerikanischer Dirigent 395, 456
Romanowa, Anastasija Nikolaewna (1901–1918), Großfürstin von Russland 315
Rönisch, Albert (1859–1917), deutscher Klavierbauer 189, 478
Rönisch, Hermann (1855–1925), deutscher Klavierbauer 189, 478
Roosevelt, Anna Eleanor (1884–1962), US-amerikanische Diplomatin 407
Roosevelt, Franklin Delano (1882–1945), 1933–45 Präsident der USA 407
Roschdestwenskij, Gennadij Nikolaewitsch (1931–2018), sowjetisch-russischer Dirigent 456, 470
Rosenfeld, Paul (1890–1946), US-amerikanischer Journalist 296
Rosing, Wladimir Sergeewitsch (1890–1963), russisch-amerikanischer Opernleiter 169 f.
Roussel, Albert (1869–1937), französischer Komponist 110, 348, 388, 393
Rubinschtejn, Anton Grigorjewitsch (1829–1894), russischer Pianist und Komponist 38, 46 f., 53 ff., 62, 81, 119, 157, 166, 184, 189, 225, 305, 350
Rubinschtejn, Nikolaj Grigorjewitsch (1835–1881), russischer Pianist 58
Rubinstein, Artur; auch Arthur Rubinstein (1887–1982), polnisch-amerikanischer Pianist 218, 342
Rupprecht, Philip, britischer Musikwissenschaftler 480
Russell, Bertrand (1872–1970), walisischer Philosoph 399
Rybner, Dagmar de Corval (1890–1965), dänische Musikerin 292 f., 330

Sabaneew, Leonid Leonidowitsch (1881–1968), russischer Musikschriftsteller 56, 106, 263
Sabela-Wrubel, Nadeschda Iwanowna (1868–1913), russische Sopranistin 172
Sachnowskij, Jurij Sergeewitsch (1866–1930), russischer Musikkritiker 75, 86
Salina, Nadeschda Wasilewna (1864–1956), russische Sopranistin 155
Samosud, Jacques Aleksandria (1894–1966), russisch-amerikanischer Dirigent 286
Sanderling, Kurt (1912–2011), deutscher Dirigent 451, 455 f., 459, 498
Sataewitsch, Aleksandr Wiktorowitsch (1869–1936), russisch-sowjetischer Ethnograph und Komponist 106, 114 f., 126
Satin, Aleksandr Aleksandrowitsch (1873–1896), Sergejs Cousin 62, 100
Satin, Wladimir Aleksandrowitsch (1881–1944), Gutsbesitzer und Sergejs Schwager 62, 319, 467
Satina, Natalija – siehe Rachmaninowa, Natalija Aleksandrowna
Satina, Sofja Aleksandrowna (1879–1975), russisch-amerikanische Botanikerin und Sergejs Schwägerin 62, 138, 274, 281, 286, 345, 355 f., 373, 376, 409, 465
Satina, Sofja Wladimirowna (1915–1996), Tochter von Rachmaninoffs

Cousin Wladimir Satin 176, 312, 331, 360, 467
Satina, Warwara Arkadjewitscha; geborene Rachmaninowa (1852–1941), Sergejs Tante 31, 61 ff., 82, 142
Sawizkij, Konstantin Apollonowitsch (1844–1905), russischer Maler 161, 476
Schaginjan, Marietta Sergeewna [›Re‹] (1888–1982), armenisch-sowjetische Schriftstellerin 114, 234 ff., 250 f., 260, 262, 271 f., 294, 318, 355, 367, 390, 437,
Schaljapin, Boris Fjodorowitsch (1904–1979), russischer Künstler 461
Schaljapin, Fjodor Iwanowitsch (1873–1938), russischer Bassist 82, 117, 120 f., 125 f., 128, 136, 141, 151, 158 f., 165, 168, 176, 196, 206, 282, 336, 409, 416, 431, 448, 461, 472, 481
Schiller, Friedrich (1759–1805), deutscher Schriftsteller 93, 203, 237
Schillings, Max Emil Julius von (1868–1933), deutscher Komponist 184, 191
Schindler, Anton Felix (1795–1864), österreichischer Musikschriftsteller 141
Schkafer, Wasilij Petrowitsch (1867–1937), russischer Tenor und Regisseur 122
Schnittke, Alfred (1934–1998), sowjetisch-deutscher Komponist 25
Schönberg, Arnold (1874–1951), österreichisch-amerikanischer Komponist 21, 24 f., 38, 174, 191, 204 f., 269, 317, 382, 385, 392, 426 f., 428 f., 491, 496
Schonberg, Harold C., amerikanischer Musikjournalist 407
Schostakowitsch, Dmitrij Dmitriewitsch (1906–1975), russisch-sowjetischer Komponist 7, 19, 21, 59, 81, 110 ff., 159, 205, 212, 240, 318, 334, 366, 369 f., 372, 374, 395, 407, 411 f., 414, 422 ff, 472, 495
Schtejnberg, Maksimilian Oseejewitsch (1883–1946), russisch-sowjetischer Komponist 269
Schtejnberg, Maksimilian Oseewitsch (1883–1946), russischer Komponist und Musikpädagoge 269
Schubert, Franz Peter (1797–1828), österreichischer Komponist 36, 106, 302, 326, 338 f., 424
Schukowskaja, Elena Juljewna; geborene Krejzer (1875–1961), russische Sopranistin und Pianistin 135
Schuman, William Howard (1910–1992), US-amerikanischer Komponist 393, 412
Schumann, Clara; geborene Wieck (1819–1896), deutsche Pianistin 33, 46, 304
Schumann, Robert (1810–1856), deutscher Komponist 72, 184, 196, 255, 289, 291, 325, 334
Schweitzer, Albert (1875–1965), deutsch-französischer Arzt, Philosoph und Musikwissenschaftler 21 f., 263
Scontrino, Antonino Maria (1850–1922), italienischer Komponist 175
Scotti, Antonio (1866–1936), italienischer Bariton 300
Senniel, Harold, US-amerikanischer Pianist 385
Serow, Aleksandr Nikolaewitsch (1820–1871), russischer Komponist 119, 121, 126
Serow, Walentin Aleksandrowitsch (1865–1911), russischer Maler 118 f.
Serow, Wiktor Iljitsch (1902–1979), russisch-sowjetischer Musikschriftsteller 264, 288
Setschenow, Iwan Michailowitsch (1829–1905), russischer Physiologe 136
Shakespeare, William (1564–1616), englischer Dramatiker 90, 110, 125, 127, 175, 424, 446
Shaw, George Bernard (1856–1950), irischer Schriftsteller 385
Sibelius, Johan Julius Christian ›Jean‹ (1865–1957), finnischer Komponist 21, 25, 107, 110, 174, 265, 269, 319, 329, 375, 389, 392, 396, 407, 428, 434, 446, 480
Sikorskij, Igor Iwanowitsch (1889–1972), russisch-ukrainisch-amerikanischer Luftfahrtpionier 356 f., 464
Siloti, Aleksandr Iljitsch (1863–1945), russischer Pianist und Dirigent 42, 44, 46 ff., 52, 55, 60, 62 f., 65, 67 ff., 73 ff., 130 ff., 141 f., 146, 148 ff.,

168, 188, 195, 207, 216, 220, 225, 272, 310, 361, 388, 403, 418, 449, 468
Simon, James (1880–1944), deutscher Schriftsteller 206
Sinatra, Frank; eigentlich Francis Albert Sinatra (1915–1998), US-amerikanischer Sänger 322
Skalona, Ljudmila (1874–1962), Sergejs Cousine zweiten Grades 63 f., 86, 96, 106, 108, 113, 269
Skalona, Natalija (1868–1943), Sergejs Cousine zweiten Grades 63 ff., 85, 96, 106, 113, 126, 133, 141, 145
Skalona, Wera (1875–1909), Sergejs Cousine zweiten Grades 63 f., 86, 91, 94, 96, 106, 113, 135
Skalontz, schwedischer Sänger 285
Skrjabin, Aleksandr Nikolaewitsch (1871–1915), russischer Komponist 38, 53, 56, 66 ff., 71 f., 114, 130, 173, 187, 196, 208, 212, 216, 220, 226, 260 ff., 263 ff., 269 ff., 284, 269, 298, 302, 338, 372, 382, 387, 391, 419, 436, 441, 495
Slenczynska, Ruth (geb. 1925), nordamerikanische Pianistin 408
Slonow, Michail Akimowitsch (1868–1930), russischer Bariton 62, 66, 74, 87, 100, 104, 141, 166, 180, 184, 194 f., 212, 293, 357
Smetana, Bedřich (1824–1884), böhmischer Komponist 222
Smith, Cyril James (1909–1974), britischer Pianist 304
Smith, John Stafford (1750–1836), britischer Komponist 302
Smolenskij, Stepan Wasiljewitsch (1848–1909), russischer Kirchenmusiker und Musikwissenschaftler 227
Sokolskij, Nikolaj Nikolaewitsch, russischer Komponist 98
Sollertinskij, Iwan Iwanowitsch (1902–1944), russisch-sowjetischer Kulturwissenschaftler 110 f.
Solodownikow, Gawrila Gawrilowitsch (1826–1901), russischer Unternehmer und Philanthrop 124 ff.
Solowjow, Wladimir Sergeewitsch (1853–1900), russischer Philosoph und Dichter 121 f., 151, 215, 235, 265
Somow, Jewgenij (1881–1962), Rachmaninoffs Sekretär 328, 343, 409
Spinoza, Baruch de (1632–1677), niederländischer Philosoph 56, 171
Stählin, Karl (1865–1939), deutscher Historiker 45
Stalin, Iosif Wissarionowitsch; eigentlich Iosseb Bessarionis dse Dschughaschwili (1878–1953), georgisch-sowjetischer Politiker 27, 264, 307, 319, 327, 351, 354, 366 ff., 374, 396, 446
Stanislawskij, Konstantin Sergeewitsch (1863–1938), russisch-sowjetischer Regisseur 122 f., 195, 216 f., 310, 387, 483
Stasow, Wladimir Wasiljewitsch (1824–1906), russischer Kunstkritiker 118
Steinway, Frederick Theodore (1860–1927), US-amerikanischer Klavierbauer 293, 306, 316
Stock, Frederick Stock (1872–1942), deutscher Dirigent 341
Stockhausen, Karlheinz (1928–2007), deutscher Komponist 25
Stokowski, Leopold Anthony (1882–1977), englisch-amerikanischer Dirigent 243, 295, 303, 328, 338, 345, 366, 373, 375, 390, 394 f., 400, 424, 431, 449
Stolipin, Pjotr Arkadjewitsch (1862–1911), russischer Politiker 193, 478
Strauss, Richard (1864–1949), deutscher Komponist 110, 176, 182, 184, 187, 189, 191, 197 f., 208, 243, 287 f., 302 f., 392, 401, 407, 426 f., 451
Strawinskij, Igor (1882–1971), russischer Komponist mit französischer und amerikanischer Staatsbürgerschaft 7, 21, 24 f., 38, 159, 204, 226, 268 f., 275, 303, 316 f., 348, 370, 392 f., 407, 424, 426 f., 443, 451, 464
Streeton, Arthur Ernest (1867–1943), australischer Maler 257, 486
Struwe, Nikolaj Gustawowitsch (1876–1920), russischer Musiker 208, 225, 282, 284 f., 304
Suk, Josef (1874–1935), tschechischer Komponist 240
Sullivan, Arthur (1842–1900), englischer Komponist 56, 102, 298
Swan, Alfred Julius (1890–1970), russisch-amerikanischer Musikwissenschaftler 361, 364, 379, 472, 496
Swan, Katherine, 361, 364, 472

Swerew, Nikolaj Sergeewitsch (1833–1893), russischer Pianist und Pädagoge 9, 42, 44, 47 ff., 52 ff., 61 f., 96, 213, 244
Swerewa, Anna Sergeewna, Schwester von N. S. Swerew 48
Swetlanow, Jewgenij Fjodorowitsch (1928–2002), sowjetisch-russischer Dirigent 456, 469
Sylvester, Richard D. (1934–2021), US-amerikanischer Slawis 450

Tagore, Rabindranath (1861–1941), indischer Philosoph 351
Tamagno, Francesco (1850–1905), italienischer Tenor 53
Taneew, Sergej Iwanowitsch (1856–1915), russischer Komponist 12, 25, 46, 49, 55 f., 58 f., 61 f., 65, 67 ff., 72 f., 84, 89, 107, 112, 148, 165 f., 171, 220, 260, 433 f., 441,
Thomas, Dylan (1914–1953), walisischer Schriftsteller 7
Thomson, Virgil (1896–1989), US-amerikanischer Komponist 393
Thuille, Ludwig (1861–1907), österreichischer Komponist 191
Timur Leng; auch Tamerlan; eigentlich Temür ibn Taraghai Barlas (1336–1405), zentralasiatischer Militärführer 259
Tissot, Claude Joseph (1801–1876), französischer Philosoph 52
Tjuttschew, Fjodor Iwanowitsch (1803–1873), russischer Dichter und Diplomat 16, 22, 77, 91 ff., 95, 235,
Tolbusin, Sergej Petrowitsch (1874–1927), Ehemann von W. D. Skalon 135
Tolstaja, Nadeschda Illarionowna; verheiratete Taneewa (1860–1937), russische Adelige 148
Tolstoj, Alexej Konstantinowitsch (1817–1875), russischer Schriftsteller 76 f., 91, 94 f., 142 ff., 161, 253, 269, 453
Tolstoj, Ilja Lwowitsch (1866–1933), Russischer Schriftsteller und Sohn von Lew Tolstoj 351
Tolstoj, Illarion Nikolaewitsch (1832–1904), russischer Adeliger 148
Tolstoj, Lew Nikolaewitsch (1828–1910), russischer Schriftsteller 26 ff., 34, 82, 91, 95, 111, 115 f., 134, 150, 153, 203, 337, 351, 368, 412, 447, 465, 472
Tretjakow, Pawel Michajlowitsch (1832–1898), russischer Kaufmann und Kunstmäzen 47, 121, 159, 206, 208, 256, 258, 358
Tretjakow, Wera, Tochter von P. M. Tretjakow und Ehefrau von Alexander Siloti 47
Trifonow, Daniil Olegowitsch (geb. 1991), russischer Pianist 451
Trotter, William R. (1943–2018), US-amerikanischer Schriftsteller 38
Trozkij, Lew; eigentlich Lew Dawidowitsch Bronschtejn (1879–1940), russischer Politiker 273, 351
Tschajkowskij, Modest Iljitsch (1850–1916), russischer Schriftsteller 98, 127 f., 141, 171 f., 175, 237
Tschajkowskij, Pjotr Iljitsch (1840–1893), russischer Komponist 12, 17, 19, 30, 34, 36, 38 f., 43, 47, 53 ff., 58, 60 f., 64 f., 67 f., 72 f., 76, 81, 84 f., 89 ff., 94, 96 ff., 107, 111, 120, 127 f., 139, 141, 154 ff., 171 f., 175, 182, 193, 197, 200, 220, 222 f., 227 ff., 233, 237, 242, 246, 252, 291, 298, 302, 307, 318, 321, 323, 325 ff., 336, 341, 350, 391, 400, 402 f., 423 f., 427, 434, 485, 501
Tschechow, Anton Pawlowitsch (1860–1904), russischer Schriftsteller 79, 82, 88 f., 95, 128 f., 135, 141 ff., 150, 152, 170, 239, 269, 310, 336 f., 387, 435, 470
Turgenjew, Iwan Sergeewitsch (1818–1883), russischer Schriftsteller 34, 465
Twain, Mark; eigentlich Samuel Langhorne Clemens (1835–1910), amerikanischer Schriftsteller 286

Vaughan Williams, Ralph (1872–1958), englischer Komponist 25, 236, 257, 269, 319, 387, 389, 396, 399 f., 402, 412, 423, 425 f., 428, 434, 446, 480
Verdi, Giuseppe (1813–1901), italienischer Komponist 12, 33, 56, 73, 119, 169, 184, 265, 334, 337
Verga, Giovanni (1840–1922), italienischer Schriftsteller 83
Victoria; geborene Princess Alexandrina Victoria of Kent (1819–1901), 1837–1901 britische Königin 100, 102

Waart, Edo de (geb. 1941), niederländischer Dirigent 450 f., 455 ff., 470 f., 482
Wagner, Richard (1813–1883), deutscher Komponist 24, 56 f., 101, 119, 184, 190, 193, 208, 222, 265 f., 392, 423, 434
Walter, Bruno (1876–1962), deutscher Dirigent 295, 387
Walton, William Turner (1902–1983), englischer Komponist 424
Wang, Yuja (geb. 1987), chinesische Pianistin 23
Warenberg, Aleksandr (geb. 1952), sowjetisch-ukrainischer Pianist und Filmkomponist 425
Wasiljewa, Warwara; nach der Heirat Warwara Wasiljewa Panina (1872–1911), russische Altistin 82
Wasnezow, Wiktor Michajlowitsch (1848–1926), russischer Maler 76, 469
Weber, Carl Maria von (1786–1826), deutscher Dirigent und Komponist 169, 184, 346
Webern, Anton (1883–1945), österreichischer Komponist 24, 419, 426
Weill, Kurt (1900–1950), deutsch-amerikanischer Komponist 396
Wellesz, Egon Joseph (1885–1974), österreichisch-britischer Komponist 426
Wells, Herbert George (1866–1946), englischer Schriftsteller 264, 266
Wercholanzew, Wasilij Wasiljewitsch, russischer Musiker 409
Werkowskij, Jurij Nikandrowitsch (1878–1956), russisch-sowjetischer Schriftsteller 235
Werstowskij, Aleksej Nikolaewitsch (1799–1862), russischer Komponist 33, 126
Whitehead, Alfred North (1861–1947), britischer Philosoph 428, 434 f.
Whitman, Walt[er] (1819–1892), US-amerikanischer Dichter 236, 399
Widor, Charles-Marie Jean Albert (1844–1937), französischer Organist und Komponist 21
Wilder, Billy; eigentlich Samuel Wilder (1906–2002), österreichisch-amerikanischer Filmregisseur 22
Wilhelm I. (1797–1888), erster Deutscher Kaiser 112
Wilhelm II. (1859–1941), letzter Deutscher Kaiser 100, 251
Wilhelmina von Oranien-Nassau (1880–1962), Königin der Niederlande 246
Wilschau, Wladimir Robertowitsch (1868–1957), russischer Pianist und Musikpädagoge 305, 311, 353 f., 373, 378, 390
Winogradow, Sergei Arsenjewitsch (1869–1938), russischer Maler 358, 494
Wolff, Louise (1855–1935), deutsche Konzertagentin 309, 316
Wolkonskaja, Irina Sergeewna; geborene Rachmaninowa (1903–1925), Sergejs Tochter 106, 155, 179 f., 196 ff., 230, 237 f., 245, 282, 288, 309, 311 f., 331, 360, 441, 445 f.
Wolkonskij, Pjotr Grigorjewitsch (1897?–1925), russischer Adeliger und Sergejs Schwiegersohn 311 f.
Wolkonskij, Sophia Petrowna (1925–1968), Sergejs Enkelin 312, 331, 356, 361, 410
Woloschin, Maksimilian Alexandrowitsch (1877–1932), russischer Schriftsteller 235
Wood, Henry (1869–1944), britischer Dirigent 19, 241, 327, 387, 449
Woronzowa-Daschkowa, Ekaterina Romanowna (1743–1810), russische Gelehrte 46
Woyrsch, Felix (1860–1944), deutscher Komponist 210
Wrubel, Michail Alexandrowitsch (1856–1910), russischer Maler 22, 119, 172, 174, 206, 225, 484

Yasser, Joseph – siehe Jasser, Iosif Samuilowitsch
Ysaÿe, Eugène-Auguste (1858–1931), belgischer Geiger 53, 221, 302

Zabela-Wrubel, Nadeschda Iwanowna (1868–1913), russische Sopranistin 120, 172
Zandonai, Riccardo (1883–1944), italienischer Komponist 175

Żeleński, Tadeusz ›Boy‹ (1874–1941), polnischer Schriftsteller 25
Ziegfeld, Florenz (1869–1932), US-amerikanischer Theaterproduzenz 446
Zimerman, Krystian (geb. 1956), polnischer Pianist 23
Zucchi, Virginia (1849–1930), italienische Primaballerina und Ballettpädagogin 64